Die Anwendbarkeit des Konzernprivilegs im Rahmen von Art. 102 AEUV

Europäische Hochschulschriften

European University Studies

Publications Universitaires Européennes

Reihe II **Rechtswissenschaft**

Series II Law

Série II Droit

Band/Volume **5824**

Wiebke Carstensen

Die Anwendbarkeit des Konzernprivilegs im Rahmen von Art. 102 AEUV

PL ACADEMIC RESEARCH

Bibliografische Information der Deutschen Nationalbibliothek
Die Deutsche Nationalbibliothek verzeichnet diese Publikation in der Deutschen Nationalbibliografie; detaillierte bibliografische Daten sind im Internet über http://dnb.d-nb.de abrufbar.

Zugl.: Düsseldorf, Heinrich-Heine-Univ., Juristische Fakultät, Diss., 2015

Erstgutachter: Prof. Dr. Christian Kersting
Zweitgutachter: Prof. Dr. Hans Jürgen Meyer-Lindemann

D 61
ISSN 0531-7312
ISBN 978-3-631-67294-5 (Print)
E-ISBN 978-3-653-06504-6 (E-Book)
DOI 10.3726/978-3-653-06504-6

PL Academic Research ist ein Imprint der Peter Lang GmbH.
Peter Lang – Frankfurt am Main · Bern · Bruxelles · New York · Oxford · Warszawa · Wien

Diese Publikation wurde begutachtet.

www.peterlang.com

Meinen Eltern

Vorwort

Die vorliegende Arbeit wurde im Sommersemester 2015 von der Juristischen Fakultät der Heinrich-Heine-Universität Düsseldorf als Dissertation angenommen. Für die Drucklegung konnten Literatur und Rechtsprechung bis Dezember 2015 berücksichtigt werden.

Mein besonderer Dank gebührt meinem Doktorvater Herrn Prof. Dr. *Christian Kersting*, LL.M. (Yale). Er stand mir stets unterstützend zur Seite und gewährte mir zugleich die notwendige Freiheit bei der Auswahl des Themas und dessen Bearbeitung, welche es mir ermöglichte, meine Tätigkeit als Rechtsanwältin auch während der Erstellung der Dissertation auszuüben. Herrn Prof. Dr. *Hans Jürgen Meyer-Lindemann* danke ich für die zügige Erstellung des Zweitgutachtens.

All jenen, die mich während der Zeit der Dissertation auf unterschiedlichste Weise unterstützt haben, möchte ich ebenfalls danken. Allen voran sind dies meine Eltern, die auf dem langen Weg der juristischen Ausbildung stets an mich geglaubt und mich in jeglicher Hinsicht bestärkt und gefördert haben.

Diese Arbeit wäre nicht möglich gewesen ohne die uneingeschränkte Unterstützung meines Arbeitgebers. Insbesondere danke ich Herrn *Dr. Markus Wirtz*, LL.M. und Frau Dr. *Silke Möller*, LL.M. für die Möglichkeit, mein Dissertationsvorhaben neben der Mandatsarbeit umzusetzen.

Herrn *Daniel Grätsch*, Herrn *Jari Greiner*, Herrn *Daniel Misch* und Herrn *Friedrich Schulenburg* danke ich für die Bereitschaft zur Durchsicht des Manuskripts sowie für zahlreiche konstruktive Mittags- und Kaffeepausen, die die unzähligen Stunden in der Bibliothek angenehmer gestaltet haben. Für die ebenso wertvolle moralische Unterstützung in allen Lebenslagen danke ich meinen lieben Freunden Frau *Daniela Frerck*, Herrn *Rüdiger Hahn* und Herrn *Thomas Ceyrowsky*.

Schließlich gilt mein ganz besonderer Dank meinem Verlobten Herrn *Oliver Schröder*, der mir stets zur Seite stand und mir die nötige Kraft gegeben hat, diese Arbeit zu verwirklichen.

Berlin, im Januar 2016 *Wiebke Carstensen*

Inhaltsverzeichnis

§ 1 Einleitung

A. Problemstellung

Das europäische Wettbewerbsrecht kennt zwei zentrale Verbotstatbestände: das Kartellverbot in Art. 101 des Vertrags über die Arbeitsweise der Europäischen Union („AEUV") und das in Art. 102 AEUV verankerte Verbot des Missbrauchs einer marktbeherrschenden Stellung. Während es beim Kartellverbot darum geht, wettbewerbswidrige Vereinbarungen und abgestimmte Verhaltensweisen zwischen mehreren Marktteilnehmern zu unterbinden, zielt Art. 102 AEUV auf einseitige Maßnahmen besonders marktstarker Unternehmen ab, die dazu geeignet sind, den freien Handel zu beeinträchtigen.

Beide Normen folgen dem übereinstimmenden Regelungsziel der Aufrechterhaltung eines wirksamen und unverfälschten Wettbewerbs innerhalb des Gemeinsamen Markts der Europäischen Union. Die Normadressaten beider Regelungen sind Unternehmen, ohne dass der Unternehmensbegriff jedoch im europäischen Kartellrecht legal definiert wäre. Der heute als nahezu allgemein anerkannt geltende funktionale Unternehmensbegriff hat sich aus der Entscheidungspraxis der Europäischen Kommission und der Rechtsprechung der Unionsgerichte entwickelt. Er gilt für alle Bereiche des europäischen Kartellrechts, also sowohl für Kartell- und Missbrauchsverbot als auch für die Fusionskontrolle nach der *Verordnung (EG) Nr. 139/2004* („FKVO").

Ein sich in diesem Zusammenhang zwangsläufig stellendes Problem ist der Umgang mit Unternehmensverbünden, die sich aus mehreren Einzelgesellschaften zusammensetzen. In einer Welt stetig fortschreitender Globalisierung nimmt die Entstehung großer Konzerne zu. Während die individuelle Ausgestaltung der gesellschaftsrechtlichen Verbundenheit unterschiedlichste Ausprägungen haben kann, stellt sich die generelle Frage, wie dieser Verbundenheit im Rahmen kartellrechtlicher Vorschriften Rechnung zu tragen ist.

Zur Erfassung derartiger Konzernsachverhalte haben die Europäische Kommission (auch „Kommission") und die europäischen Gerichte den Begriff der „wirtschaftlichen Einheit" entwickelt, wonach verbundene Gesellschaften unter bestimmten Voraussetzungen als ein einziges Unternehmen betrachtet werden. Das dahinter stehende Prinzip ist die angemessene Berücksichtigung der mit den unternehmerischen Verflechtungen einhergehenden Ressourcen- und möglichen Marktmachtaddition. Die Folgen dieser Betrachtung sind vielfältig und schlagen sich in allen Anwendungsbereichen des europäischen Kartellrechts nieder: Im Kontext der Fusionskontrolle werden Umsätze und Marktanteile von derart verbundenen Unternehmen wechselseitig zugerechnet; ähnlich kann in die Marktmachtbetrachtung bei Art. 102 AEUV die gesamte wirtschaftliche Einheit einbezogen werden; im Rahmen von Art. 101 AEUV führt die Annahme einer wirtschaftlichen Einheit dazu, dass etwa die Konzernmuttergesellschaft für Kartellverstöße ihrer Tochtergesellschaften bußgeldrechtlich haften muss.

Die Annahme einer wirtschaftlichen Einheit hat jedoch auch Auswirkungen auf das Binnenverhältnis zwischen den miteinander verbundenen Unternehmen. Neben möglichen Regressansprüchen wegen Kartellverstößen einzelner Konzerngesellschaften ist das wichtigste Element der wirtschaftlichen Verflechtung das sogenannte „Konzernprivileg". Dieser bislang fast ausschließlich im Zusammenhang mit dem Kartellverbot diskutierte Begriff besagt, dass grundsätzlich kartellrechtswidriges Verhalten, wie etwa Preisabsprachen oder Gebietsaufteilungen, keinen Verstoß darstellen, sofern sie zwischen konzernverbundenen Unternehmen stattfinden. Damit wird dem Umstand Rechnung getragen, dass die innere Ausgestaltung von Konzernbeziehungen Teil der unternehmerischen Entscheidungsfreiheit ist und jedenfalls keinen unmittelbaren Bezug zum freien Markt hat.

Die Herleitung des Konzernprivilegs ist umstritten. Nahezu allen bislang vertreten Theorien ist jedoch gemein, dass sie an Tatbestandsmerkmale des Art. 101 AEUV anknüpfen und das Prinzip des Konzernprivilegs damit *a priori* ausschließlich beim Kartellverbot ansiedeln. Damit geht einher, dass auch die europäischen Entscheidungsorgane in Fällen, in denen sie über einen Verstoß gegen Art. 102 AEUV zu entscheiden haben, das Konzernprivileg regelmäßig mit keinem Wort erwähnen. Nur sehr vereinzelt wird in der Literatur darauf hingewiesen, dass vor dem Hintergrund eines einheitlichen Unternehmensbegriffs und dem bei Art. 102 AEUV ebenso relevanten Begriff der wirtschaftlichen Einheit das Konzernprivileg auch im Rahmen des Missbrauchsverbots zur Anwendung kommen kann. Eine vertiefte Auseinandersetzung mit dieser Frage hat bislang jedoch nicht stattgefunden.

Dabei kann das Konzernprivileg auch im Kontext des Missbrauchstatbestands durchaus Relevanz entfalten. Das teilweise vorgebrachte Argument, das Konzernprivileg komme deshalb bei Art. 102 AEUV nicht zum Tragen, weil es sich dort um einseitige Maßnahmen handelt, geht fehl. Mit dem Verbot der Diskriminierung von Handelspartnern in Art. 102 Abs. 2 c) AEUV beinhaltet das Missbrauchsverbot einen Tatbestand, in dem mindestens drei Parteien involviert sind. Im Rahmen dieses Tatbestands kann eine Bevorzugung oder Ungleichbehandlung konzernangehöriger Gesellschaften im Vergleich zu externen Handelspartnern die Frage nach einer möglichen Binnenprivilegierung aufwerfen. Die Relevanz dieses Problems zeigt sich auch daran, dass etwa im deutschen Kartellrecht die Prüfung und Anwendung des Konzernprivilegs beim Missbrauchstatbestand (§§ 19, 20 Gesetz gegen Wettbewerbsbeschränkungen „GWB“) seit Jahrzehnten höchstrichterlich anerkannt ist.

Die vollständige Vernachlässigung des Konzernprivilegs bei Art. 102 AEUV stellt einen nicht nachvollziehbaren Systembruch dar, wenn, wie es die Europäische Kommission und die Gerichte propagieren, das europäische Kartellrecht einem einheitlichen Zweck folgt und den Artt.101 und 102 AEUV derselbe Unternehmensbegriff zugrunde liegt.

B. Ziel der Untersuchung

Die folgende Arbeit hat zum Ziel, die Bedeutung des Konzernprivilegs im Rahmen des europäischen Missbrauchstatbestands zu beleuchten. Dabei soll insbesondere untersucht werden, ob für die bisherige Nichtanwendung des Konzernprivilegs durch die Europäische Kommission und die europäischen Gerichte eine sachliche Rechtfertigung besteht oder ob das Prinzip wie beim Kartellverbot auch für Art. 102 AEUV Geltung entfalten muss.

Im ersten Teil der Arbeit (**§ 2**) werden zunächst die Grundlagen des Konzernprivilegs dargestellt. Ausgehend von dem allgemein gültigen funktionalen Unternehmensbegriff des europäischen Wettbewerbsrechts, widmet sich die Arbeit den noch immer umstrittenen Voraussetzungen einer wirtschaftlichen Einheit, die als Bedingung für das Konzernprivileg unabdingbar ist. Es soll zudem auf die in der europäischen Grundrechtecharta verankerten wirtschaftlichen Grundfreiheiten eingegangen werden, die als verfassungsrechtliche Herleitung für die Idee einer Konzernbinnenprivilegierung betrachtet werden können.

In **§ 3** widmet sich die Arbeit der Herleitung des Konzernprivilegs. Die Tauglichkeit der bislang vertreten Theorien, die sämtlich an Tatbestandsmerkmalen des Kartellverbots anknüpfen, wird hinterfragt und ein eigener Vorschlag zur Begründung des Konzernprivilegs entwickelt. Im Folgenden (**§ 4**) wird untersucht, ob das Missbrauchsverbot nach Art. 102 AEUV grundsätzlich einen Anwendungsbereich für das Prinzip des Konzernprivilegs bietet. Zu diesem Zweck wird die Struktur der Norm kurz dargestellt und mögliche Anwendungsfälle des Konzernprivilegs identifiziert.

Bevor die tatsächliche Umsetzbarkeit anhand konkreter Missbrauchstatbestände untersucht wird, geht **§ 5** auf die deutsche Rechtsprechung ein, die das Konzernprivileg in ständiger Praxis auf das Missbrauchsverbot nach §§ 19, 20 GWB anwendet.

In **§ 6** erfolgt schließlich die eigentliche Anwendung des Konzernprivilegs auf das Missbrauchsverbot des Art. 102 AEUV. Der tatbestandliche Rahmen wird konkretisiert und die Umsetzbarkeit auf der Grundlage der verschiedenen Anknüpfungspunkte zur Herleitung des Konzernprivilegs untersucht. Anschließend werden die Grenzen der Privilegierung aufgezeigt, um so zu einem angemessenen Rahmen für die Geltung des Konzernprivilegs im europäischen Kartellrecht zu kommen. Im Dienste der praktischen Umsetzung werden die Ergebnisse in das Prüfungsschema des Art. 102 AEUV eingefügt und unter § 7 in einem Fazit zusammengefasst.

§ 2 Grundlagen des Konzernprivilegs – Unternehmensbegriff, wirtschaftliche Einheit und grundrechtliche Anknüpfung

Das Konzernprivileg besagt, dass innerhalb eines zu einer wirtschaftlichen Einheit verbundenen Konzerns die Anwendbarkeit kartellrechtlicher Verbotsvorschriften ausgeschlossen ist. Daher fallen Absprachen zwischen konzernzugehörigen Unternehmen, etwa über Preise oder Absatzgebiete, nicht unter Art. 101 Abs. 1 AEUV. In Bezug auf das Kartellverbot ist dies ein inzwischen allgemein anerkanntes Prinzip des europäischen Wettbewerbsrechts.[1] Im Rahmen des Verbots des Missbrauchs einer marktbeherrschenden Stellung nach Art. 102 AEUV hingegen findet das Konzernprivileg in der europäischen Rechtspraxis bislang nahezu keine Berücksichtigung.[2]

Zum Verständnis des Konzernprivilegs müssen zunächst die rechtlichen Grundlagen kurz dargestellt werden. Dies umfasst sowohl die grundrechtliche Herleitung für die Privilegierung von Konzernunternehmen als auch die wesentlichen Begriffe des „Unternehmens" und der „wirtschaftlichen Einheit" im europäischen Kartellrecht.

Beide Begriffe sind in ihren Details höchst umstritten. Dies betrifft insbesondere die zahlreichen Aspekte zum Inhalt des Unternehmensbegriffs, etwa in Bezug auf Arbeitnehmer, soziale Tätigkeiten, Aufgaben der öffentlichen Hand oder freie Berufe. Im Hinblick auf den Schwerpunkt der Arbeit wird sich die folgende Darstellung auf einen kurzen allgemeinen Teil zum Unternehmensbegriff und die für die hiesige Bearbeitung relevante Frage der Unternehmenseigenschaft von öffentlich-rechtlichen und sozialen Tätigkeiten beschränken.

A. Der Unternehmensbegriff des europäischen Kartellrechts

I. Autonomer Begriff des Unionsrechts

Das Kartellrecht richtet sich an Unternehmen und Unternehmensvereinigungen. Eine Legaldefinition des Begriffs „Unternehmen" findet sich allerdings weder in den europäischen Verträgen, Richtlinien und Verordnungen, noch im deutschen

1 *Schroeder*, WuW 1988, 174, 276; *Thomas*, ZWeR 2005, 136.

2 *Schröter/Bartl* in: Schröter/Jakob/Klotz/Mederer, Europäisches Wettbewerbsrecht, Art. 102 AEUV Rn. 247; *T. Mäger* in: Mäger, Europäisches Kartellrecht, S. 330 Rn. 17.

GWB.[3] In anderen Bereichen der Rechtsordnung, wie etwa in § 14 BGB existiert zwar eine Definition, diese ist jedoch nach ganz herrschender Meinung schon für das deutsche Recht nicht allgemeinverbindlich.[4] Vielmehr wird der Unternehmensbegriff als Zweckbegriff verstanden, dessen Bedeutung nur im Zusammenhang mit dem jeweiligen spezifischen Gesetzeszweck zu bestimmen ist.[5]

Auf der Ebene des europäischen Kartellrechts können nationalrechtliche Ansätze ohnehin keine Geltung beanspruchen, da der Unternehmensbegriff des EU-Kartellrechts als „autonomer Begriff des Unionsrechts" verstanden wird, dessen einheitliche Anwendung in allen Mitgliedstaaten eine unabhängige Bestimmung erfordert.[6] Diese hat sich ausschließlich an Ziel und Zweck des europäischen Kartellrechts zu orientieren.

II. Funktionaler Unternehmensbegriff

Das Ziel des EU-Kartellrechts ist es, den Binnenmarkt der Europäischen Union vor Wettbewerbsbeschränkungen und Wettbewerbsverfälschungen jeglicher Art zu schützen und einen freien, redlichen und wirksamen Wettbewerb zu gewährleisten.[7] Diesem umfassenden Gesetzeszweck entsprechend ist der kartellrechtliche Unternehmensbegriff kein institutioneller, sondern ein funktionaler.[8] Bei der Beurteilung einer Einheit kommt es nicht auf deren Organisationsform und

---

3 *Herrmann* in: MüKo EU-Wettbewerbsrecht, Einl. Rn. 950; *Weiß*, Der Unternehmensbegriff im europäischen und deutschen Kartellrecht, S. 25.

4 *Nordemann* in: Loewenheim/Meessen/Riesenkampff, § 1 GWB Rn. 18.

5 BGH, Urteil vom 26. Oktober 1959, WuW/E BGH 359, 360 – *Gasglühkörper*; *Krauß* in: Langen/Bunte, Deutsches Kartellrecht, § 1 GWB Rn. 32; *Nordemann* in: Loewenheim/Meessen/Riesenkampff, § 1 GWB Rn. 18; *Weiß*, Der Unternehmensbegriff im europäischen und deutschen Kartellrecht, S. 78; *Zimmer* in: Immenga/Mestmäcker, Wettbewerbsrecht GWB, § 1 GWB Rn. 27.

6 OLG Düsseldorf, Urteil v. 28. August 1998, EuZW 1999, 188, 189; *Herrmann* in: MüKo EU-Wettbewerbsrecht, Einl. Rn. 947; *Gleiss/Hirsch* in: Kommentar zum EG-Kartellrecht, Art. 85 Abs. 1 EG Rn. 5.

7 Präambel des *Vertrags über die Arbeitsweise der Europäischen Union*, ABl. 2008 C-115/47 („AEUV"); Protokoll über den Binnenmarkt und den Wettbewerb, ABl. 2007 C-306/156; EuGH, Urteil v. 21. Februar 1973, Rs. 6/72, ECLI:EU:C:1973:22 Rn. 23 – *Continental Can*; *Schröter* in: Schröter/Jakob/Klotz/Mederer, Europäisches Wettbewerbsrecht, Vorb. zu den Art. 101-109 AEUV Rn. 10.

8 *Emmerich* in: Immenga/Mestmäcker, EU-Wettbewerbsrecht, Art. 101 Abs. 1 AEUV Rn. 8; *Hengst* in: Langen/Bunte, Europäisches Kartellrecht, Art. 101 AEUV Rn. 5; *Krauß* in: Langen/Bunte, Deutsches Kartellrecht, § 1 GWB Rn. 32; *T. Mäger* in: Mäger, Europäisches Kartellrecht, S. 44 Rn. 15.

gesellschaftsrechtliche Einordnung, sondern auf ihre Funktion innerhalb der Wettbewerbsordnung an.[9]

Seit der Entscheidung des Europäischen Gerichtshofs[10] in der Sache *Höfner und Elser* wird ein „Unternehmen" als „jede eine wirtschaftliche Tätigkeit ausübende Einheit unabhängig von ihrer Rechtsform und der Art ihrer Finanzierung" definiert.[11] Das Europäische Gericht[12] und die Europäische Kommission[13] haben sich dieser Begriffsbestimmung angeschlossen.[14] Der Begriff beansprucht einheitliche Gültigkeit für alle Bereiche des europäischen Kartellrechts, mithin für das Kartellverbot nach Art. 101 AEUV, für das Missbrauchsverbot nach Art. 102 AEUV, für die Fusionskontrolle nach der FKVO und auch für den Anwendungsbereich des Art. 106 AEUV, der öffentliche Unternehmen betrifft.[15]

1. *Relativer Unternehmensbegriff*

Die funktionale Betrachtung führt zu einem tätigkeitsbezogenen, in Abgrenzung zu einem strukturbezogenen, Unternehmensbegriff. Es kommt nicht auf die Marktposition an sich, sondern auf die spezifische Verhaltensweise des zu beurteilenden Marktteilnehmers an. Diese muss, als Anwendungsvoraussetzung der europäischen Kartellrechtsvorschriften dazu geeignet sein, den Wettbewerb

---

9 *Emmerich*, Kartellrecht, § 3 Rn. 24; *Gippini-Fournir/Mojzesowicz* in: Loewenheim/Meessen/Riesenkampff, Art. 81 Abs. 1 Rn. 39.; *Jones/Sufrin*, EC Competition Law, S. 126.

10 Nachfolgend „EuGH" oder „Gerichtshof".

11 EuGH, Urteil v. 12. Juli 1984, Rs. 170/83, ECLI:EU:C:1984:271 Rn. 11 – *Hydrotherm v. Compact*; EuGH, Urteil v. 23. April 1991, Rs. C-41/90, ECLI:EU:C:1991:161 Rn. 21 – *Höfner und Elser*; EuGH, Urteil v. 17. Februar 1993, Rs. C-159/91, ECLI:EU:C:1993:63 Rn. 17 – *Poucet und Pistre*; EuGH, Urteil v. 19. Februar 2002, Rs. C-309/99, ECLI:EU:C:2002:98 Rn. 46 – *Wouters.*

12 Nachfolgend „EuG" oder „Gericht".

13 Nachfolgend „Kommission" oder „Europäische Kommission".

14 EuG, Urteil v. 10. März 1992, Rs. T-11/89, ECLI:EU:T:1992:33 Rn. 311 – *Shell*; EuG, Urteil v. 14. Juli 1994, Rs. T-66/92, ECLI:EU:T:1992:84 Rn. 32 – *Herlitz*; EuG, Urteil v. 12. Dezember 2000, Rs. T-128/98, ECLI:EU:T:2000:290 Rn. 107 – *Aéroports de Paris*; Kommission, Entscheidung v. 15. September 1989, ABl. 1989 L-284/36 Rn. 38 – *Filmeinkauf deutscher Fernsehanstalten*; Kommission, Entscheidung v. 27. Oktober 1992, ABl. 1992 L-326/31 Rn. 43 – *Fußballweltmeisterschaft 1990*

15 *Herrmann* in: MüKo EU-Wettbewerbsrecht, Einleitung Rn. 948; *Mestmäcker/Schweitzer* in Immenga/Mestmäcker, EU-Wettbewerbsrecht, Art. 106 Abs. 1 AEUV Rn. 1; *Mestmäcker/Schweitzer*, Europäisches Wettbewerbsrecht, § 9 Rn. 6; *Bellamy/Child*, European Community Law of Competition Rn. 2-003.

zu beeinträchtigen.[16] Aufgrund der verhaltensbezogenen Definition ist der Unternehmensbegriff relativ. Nach Generalanwalt Jacobs im Urteil *Albany* ist der Unternehmensbegriff stets „konkret im Hinblick auf die zur Prüfung anstehende besondere Tätigkeit zu ermitteln".[17]

Die Relativität des Unternehmensbegriffs kommt insbesondere bei der Beurteilung natürlicher Personen zum Tragen. Eine natürliche Person kann, wenn sie beispielsweise an einem Unternehmenskauf oder -verkauf beteiligt ist, als Unternehmen auftreten, während sie bei der Nachfrage von Gütern für den Eigenbedarf als Privatperson agiert.[18] Dies gilt auch für Hoheitsträger oder Kirchen, denen, wie unten noch näher ausgeführt werden wird, für einzelne Tätigkeiten eine Unternehmenseigenschaft zugesprochen wird, während sie in anderen Bereichen ihres Handelns nicht als Unternehmen angesehen werden.[19] Künstler gehen einer unternehmerischen Tätigkeit nur dann nach, wenn sie ihre künstlerischen Leistungen gewerblich verwerten, sind im Übrigen hingegen nicht als Unternehmen zu qualifizieren.[20] Zu Recht bezeichnet daher *Harms* das „Unternehmen" als „Zweckbegriff, dessen Inhalt nach der *ratio* der vielen Gesetze, die ihn verwenden, jeweils neu zu bestimmen ist".[21] Im Rahmen des Kartellrechts ist das Unternehmen funktional-wettbewerbsbezogen zu definieren.

2. Wirtschaftliche Tätigkeit

Der Bezugspunkt für den von der europäischen Rechtsprechung entwickelten Unternehmensbegriff ist die wirtschaftliche Tätigkeit. Entscheidend ist mithin die Frage, welches Verhalten eine wirtschaftliche Tätigkeit darstellt.[22]

a) Gewinnerzielungsabsicht und Entgeltlichkeit

Wirtschaftliches Handeln ist nicht gleichzusetzen mit Gewinnerzielung. Die Gewinnerzielungsabsicht ist nach ganz herrschender Ansicht in Rechtsprechung, Kommissionspraxis und Literatur zwar ein regelmäßiger, aber kein zwingender

---

16 *Weiß*, Der Unternehmensbegriff im europäischen und deutschen Kartellrecht, S. 97.

17 Schlussanträge GA *Jacobs* v. 28. Januar 1999 in Rs. C-67/96, ECLI:EU:C:1999:28 Rn. 207 – *Albany.*

18 EuGH, Urteil v. 11. Oktober 1983, Rs. 210/81, ECLI:EU:C:1983:277 – *Demo Studio Schmidt*; Kommission, Entscheidung v. 17. September 1976, ABl. 1976 L-254/40 – *Reuter/BASF*; *Roth/Ackermann* in: FK EU-Kartellrecht, Art. 81 Abs. 1 EG Rn. 42.

19 *Herrmann* in: MüKo EU-Wettbewerbsrecht, Einleitung Rn. 952.

20 Kommission, Entscheidung v. 26. Mai 1978, ABl. 1978 L-157/39, 40 – *RAI/UNITEL.*

21 *Harms* in: FS Hartmann, S. 165, 177.

22 *Jones/Sufrin*, EC Competition Law, S. 124.

Bestandteil der Unternehmenseigenschaft.[23] Sie ist daher allenfalls in Grenzfällen als Indiz im Rahmen einer Gesamtbetrachtung zu würdigen.[24]

Die Frage, ob eine wirtschaftliche Tätigkeit die Entgeltlichkeit eines Waren- oder Dienstleistungsangebots voraussetzt, ist differenzierter zu beantworten. Der EuGH hat zwar in einigen Entscheidungen das Vorliegen einer wirtschaftlichen Tätigkeit ausdrücklich mit der Entgeltlichkeit begründet.[25] In späteren Urteilen hat er jedoch auch unentgeltliche Dienstleistungen, wie etwa die Arbeitsvermittlung der deutschen Bundesanstalt für Arbeit, als wirtschaftlich-wettbewerbliches Verhalten angesehen, da eine solche Dienstleistung in anderen Mitgliedstaaten üblicherweise nur gegen Entgelt erbracht werde.[26] Der Gerichtshof nimmt hier eine generalisierende Betrachtung vor, wonach es nicht auf die Entgeltlichkeit im konkreten Einzelfall ankommt, sondern darauf ob die betreffenden Güter oder Dienstleistungen auf dem insoweit relevanten Gemeinsamen Markt allgemein entgeltlich angeboten werden.[27]

Die Anknüpfung an eine „allgemeine" Entgeltlichkeit fügt sich in das europarechtliche Gesamtkonzept eines einheitlichen Binnenmarktes ein, dessen äußerer Rahmen durch die europäischen Grundfreiheiten abgesteckt wird. Da das Wettbewerbsrecht ein Element zur Verwirklichung des europäischen Binnenmarktkonzepts ist, kann nur solches Verhalten in den Anwendungs- und Schutzbereich

---

23 EuGH, Urteil v. 29. Oktober 1980, verb. Rs. 209-215/78 und 218/78, ECLI:EU:C:1980:248 Rn. 88 – *van Landewyck*; EuGH, Urteil v. 23. April 1991, Rs. C-41/90, ECLI:EU:C:1991:161 Rn. 21 – *Höfner und Elser*; EuGH, Urteil v. 11. Dezember 1997, Rs. C-55/96, ECLI:EU:C:1997:603 Rn. 21 – *Job Centre*; Kommission, Entscheidung v. 27. Oktober 1992, ABl. 1992 L-326/31 Rn. 43 – *Fußballweltmeisterschaft 1990*; Kommission, Entscheidung v. 12. April 1999, ABl. 1999 L-125/12 Rn. 50 – *P&I Clubs*; *van Bael/Bellis*, Competition Law of the European Community, S. 18; *Faull/Nikpay*, The EC Law of Competition Rn. 3.27; *Hengst* in: Langen/Bunte, Europäisches Kartellrecht, Art. 101 AEUV Rn. 8; *Jones/Sufrin*, EC Competition Law, S. 124 f.; *Mestmäcker/Schweitzer*, Europäisches Wettbewerbsrecht, § 8 Rn. 32.

24 *Weiß*, Der Unternehmensbegriff im europäischen und deutschen Kartellrecht, S. 131.

25 EuGH, Urteil v. 18. Juni 1998, Slg. 1998 I-3851 Rn. 37 – *Zollspediteure*; EuGH, Urteil v. 12. September 2000, Slg. 2000 I-6451 Rn. 76 – *Pavlov*; EuGH, Urteil v. 19. Februar 2002, Slg. 2002 I-1577 Rn. 47 f. – *Wouters*.

26 EuGH, Urteil v. 23. April 1991, Slg. 1991 I-1979 Rn. 21 – *Höfner und Elser*; vgl. auch EuGH, Urteil v. 11. Dezember 1997, Slg. 1997 I-7119 Rn. 21 f. – *Job Centre II*.

27 EuGH, Urteil v. 27. September 1988, Rs. C-35/96, ECLI:EU:C:1998:303 Rn. 15-19; *Roth/Ackermann* in: FK EU-Kartellrecht, Art. 81 Abs. 1 EG Rn. 41; *Weiß*, Der Unternehmensbegriff im europäischen und deutschen Kartellrecht, S. 133.

der Wettbewerbsregeln fallen, das den Grundfreiheiten entspricht.[28] Die für die Bestimmung unternehmerischen Handelns maßgebliche Grundfreiheit ist die Dienstleistungsfreiheit. Dienstleistungen im Sinne der Verträge sind gemäß Art. 57 Abs. 1 AEUV alle „Leistungen die in der Regel gegen Entgelt erbracht werden, soweit sie nicht den Vorschriften über den freien Kapital- und Warenverkehr und über die Freizügigkeit der Personen unterliegen". Die regelmäßige Entgeltlichkeit einer Tätigkeit definiert demnach den Schutzbereich der Dienstleistungsfreiheit und damit den Unternehmensbegriff der Wettbewerbsregeln.[29] Die Einschränkung, dass Leistungen lediglich „regelmäßig" bzw. „gewöhnlich" gegen Entgelt erbracht werden müssen, trägt dem Umstand Rechnung, dass auch solche Marktteilnehmer erfasst werden sollen, deren eigenes Angebot zwar unentgeltlich ist, die aber mit Anbietern von entgeltlichen Leistungen in Konkurrenz treten.[30] Dies ist im Sinne eines umfassenden Schutzes der wettbewerblichen Ordnung erforderlich.[31]

Der Begriff der Entgeltlichkeit ist zudem weit zu verstehen. Er setzt kein synallagmatisches Austauschverhältnis voraus. Es genügt, wenn ein unmittelbarer Zusammenhang zwischen Leistung und Gegenleistung besteht.[32] Allerdings muss die Gegenleistung in einem angemessenen Verhältnis zur Leistung stehen. Nur ein wirtschaftlich gleichwertiges Entgelt, welches hinter dem Wert der Leistung nicht unverhältnismäßig zurückbleibt, stellt nach Vorstellung des Gerichtshofs eine marktmäßige Gegenleistung dar.[33] Die Bewertung der Angemessenheit muss im Einzelfall, je nach Art und Qualität der Leistung und den jeweiligen Marktbedingungen erfolgen. Eine verallgemeinerungsfähige Formel lässt sich angesichts der Besonderheiten einzelner Märkte nicht aufstellen.[34]

---

28 *Jennert*, WuW 2004, S. 37, 45.

29 Siehe dazu ausführlich *Benicke*, EWS 1997, 373, 375.

30 *Benicke*, EWS 1997, S. 373, 376; *Gippini-Fournier/Mojzesowicz* in: Loewenheim/Meessen/Riesenkampff, Art. 81 Abs. 1 EG Rn. 41; *Zäch*, Grundzüge des Europäischen Wirtschaftsrechts Rn. 467.

31 So auch *Jennert*, WuW 2004, S. 37, 43.

32 EuGH, Urteil v. 22. Januar 2002, Rs. C-218/00, ECLI:EU:C:2002:36 Rn. 42 – *Cisal*; *Herrmann* in: MüKo EU-Kartellrecht, Einleitung Rn. 959; *Krispenz*, Das Merkmal der wirtschaftlichen Tätigkeit im Unternehmensbegriff des europäischen Kartellrechts, S. 57.

33 EuGH, Urteil v. 27. September 1988, Rs. 263/86, ECLI:EU:C:1988:451 Rn. 17 f. – *Humbel*; EuGH, Urteil v. 17. Februar 1993, Rs. C-159/91, ECLI:EU:C:1993:63 Rn. 8 ff. – *Poucet und Pistre*; *Krispenz*, Das Merkmal der wirtschaftlichen Tätigkeit im Unternehmensbegriff des europäischen Kartellrechts, S. 60.

34 *Krispenz*, Das Merkmal der wirtschaftlichen Tätigkeit im Unternehmensbegriff des europäischen Kartellrechts, S. 61; vgl. auch *Stockenhuber* in: Grabitz/Hilf/Nettesheim, Art. 101 AEUV Rn. 57.

Festzuhalten bleibt, dass auch die Entgeltlichkeit kein Synonym für unternehmerisches Handeln ist. Nicht jede entgeltliche Leistung stellt notwendigerweise eine wirtschaftliche Tätigkeit dar, wie am Beispiel entgeltlicher hoheitlicher Handlungen deutlich wird.[35] Ebenso wenig verhindert Unentgeltlichkeit zwangsläufig die Annahme einer wirtschaftlichen Tätigkeit. Insofern kann die Entgeltlichkeit der angebotenen Güter oder Dienstleistungen nur eines von mehreren Kriterien zur Bestimmung der wirtschaftlichen Tätigkeit sein.[36]

b) Dauer

Die Dauer einer Tätigkeit kann auf der Grundlage des funktionalen Unternehmensbegriffs allerdings keine Bedeutung für die Beurteilung ihrer Wirtschaftlichkeit haben. Ziel und Zweck des funktional begründeten Kartellrechts ist ein umfassender Schutz des gemeinschaftlichen Wettbewerbs, so dass auch kurzfristige Maßnahmen, die diesem Zweck zuwiderlaufen, vom Anwendungsbereich der Wettbewerbsregeln erfasst sein müssen.[37]

Diese Ansicht ist nicht unumstritten.[38] Unter Bezugnahme auf die inzwischen überholte Rechtsprechung des EuGH zum Vertrag der Europäischen Gemeinschaft für Kohle und Stahl („EGKS-Vertrag“) verlangen Teile der Literatur auch heute noch eine gewisse Dauerhaftigkeit einer wirtschaftlichen Tätigkeit.[39] Der EuGH selbst hat dieses Erfordernis jedoch seit dem Urteil *Höfner und Elser* aufgegeben.[40] Zum Teil wird zwar bezweifelt, ob die bloße Nichterwähnung in dieser Entscheidung mit einer tatsächlichen Abkehr des Gerichtshofs von diesem Merkmal gleichzusetzen ist.[41] Angesichts der Tatsache, dass der EuGH in dieser Leitentscheidung die Definition des funktionalen Unternehmensbegriffs

---

35 EuGH, Urteil v. 18. März 1997, Rs. C-343/95, ECLI:EU:C:1997:160 Rn. 24 – *Cali & Figli.*

36 Anders *Jennert*, WuW 2004, 37, 43, der Entgeltlichkeit und Gewinnerzeilungsabsicht gleichermaßen als Abgrenzungskriterium ablehnt.

37 *Roth/Ackermann* in: FK EU-Kartellrecht, Art. 81 Abs. 1 EG Rn. 39; *Herrmann* in: MüKo EU-Wettbewerbsrecht, Einleitung Rn. 961; *Schröter* in: von der Groeben/Schwarze, Vor Art. 101-105 AEUV Rn. 70; *Weiß*, Der Unternehmensbegriff im europäischen und deutschen Kartellrecht, S. 127.

38 Vgl. etwa Ritter/Braun/Rawlinson, European Competition Law, S. 40: “The business activities must be of some duration.”

39 *Hengst* in: Langen/Bunte, Europäisches Kartellrecht, Art. 101 AEUV Rn. 8; *Lange*, EuR 2008, S. 3, 4; *Stockenhuber* in: Grabitz/Hilf/Nettesheim, Art. 101 Rn.58.

40 EuGH, Urteil v. 23. April 1991, Rs. C-41/90, ECLI:EU:C:1991:161 Rn. 21 – *Höfner und Elser.*

41 *Herrmann* in: MüKo EU-Wettbewerbsrecht, Einleitung Rn. 961; *Stockenhuber* in: Grabitz/Hilf/Nettesheim, Art. 101 AEUV Rn. 58.

erstmals formuliert hat und damit eine grundsätzlich neue Richtung der Auslegung eingeschlagen hat, kann jedoch eine bewusste Entscheidung gegen das Dauerhaftigkeitspostulat unterstellt werden.

Dem steht auch nicht die Rechtsprechung des EuGH zur „Stetigkeit einer wirtschaftlichen Betätigung" entgegen.[42] Die zitierten Entscheidungen betreffen ausschließlich die Feststellung der Unternehmenseigenschaft im Rahmen der Zurechnung von Kartellverstößen innerhalb einer wirtschaftlichen Einheit. Bei der Zurechnung zwischen verbundenen Unternehmen haben institutionelle Auslegungskriterien, und damit auch die Dauerhaftigkeit, eine eigenständige Bedeutung. Diese Betrachtung lässt sich nicht auf den allgemein tatbestandlich zu bestimmenden Unternehmensbegriff übertragen, der, wie ausgeführt, einem rein funktonalen Konzept folgt und daher auch kurzfristige Marktaktivitäten erfassen muss.[43] Ein Privatmann, der etwa ein Unternehmen erwirbt oder veräußert, gilt im Rahmen dieses Vorgangs regelmäßig als Unternehmen.[44]

Vor diesem Hintergrund gelten auch potentielle Unternehmen als Unternehmen. Im Sinne eines umfassenden Wettbewerbsschutzes fallen auch künftige wirtschaftliche Tätigkeiten in den Anwendungsbereich der Artt. 101, 102 AEUV, sofern eine realistische Aussicht besteht, dass das fragliche Unternehmen tatsächlich in den Markt eintreten wird.[45]

3. *Marktbezug*

a) *Grundsätzliches*

Das Erfordernis einer Wettbewerbsbeeinträchtigung schließt vom Begriff der wirtschaftlichen Tätigkeit alle rein internen Verhaltensweisen, die auf das Innenverhältnis eines Unternehmens begrenzt sind, aus. Nur marktbezogene Tätigkeiten fallen unter den Unternehmensbegriff, also solche, mit denen ein Subjekt am Wettbewerbsgeschehen des Markts teilnimmt und in Konkurrenz zu

---

42 EuG, Urteil v. 10. März 1992, Rs. T-11/89, ECLIL:EU:T:1992:33 Rn. 311 – *Shell*; EuG, Urteil v. 12. Januar 1995, Rs. T-102/92, ECLI:EU:T:1995:3 Rn. 50 – *Viho Europe.*

43 *Weiß*, Der Unternehmensbegriff in europäischen und deutschen Kartellrecht, S. 128.

44 Kommission, Entscheidung v. 17. September 1976, ABl. 1976 L-254/40, 42 – *Reuter/BASF*; Kommission, Entscheidung v. 12. Dezember 1983, ABl. 1983 L-376/22 Rn. 23 – *Nutricia*; *Herrmann* in: MüKo EU-Wettbewerbsrecht, Einleitung Rn. 961.

45 EuGH, Urteil v. 11. Juli 1985, Rs. 42/84, ECLI:EU:C:1985:327 – *Remia BV u.a.*; Kommission, Entscheidung v. 17. September 1976, ABl. 1976 L-254/40, 45 – *Reuter/BASF*; *Emmerich* in: Immenga/Mestmäcker, EU-Wettbewerbsrecht, Art. 101 Abs. 1 Rn. 12.

anderen Wirtschaftsteilnehmern tritt.[46] In ständiger Entscheidungspraxis definieren der EuGH[47] und die Europäische Kommission[48] die wirtschaftliche Tätigkeit als „jede Tätigkeit die darin besteht, Güter oder Dienstleistungen auf einem bestimmten Markt anzubieten".

b) Tätigkeiten der öffentlichen Hand

Die allgemeine Definition des EuGH, eine wirtschaftliche Tätigkeit bestehe darin, Güter oder Dienstleistungen auf einem bestimmten Markt anzubieten, schließt alle hoheitlichen und rein sozialen Tätigkeiten von der Unternehmenseigenschaft aus.[49] Auch die öffentliche Hand kann sich jedoch wirtschaftlich betätigen und gilt insoweit als Unternehmen. Grundsätzlich kommt im Rahmen dieser unternehmerischen Tätigkeit auch die Anwendung des Konzernprivilegs in Betracht. Für die weitere Untersuchung ist daher relevant, wie rein hoheitliches oder soziales Agieren der öffentlichen Hand von der unter den Unternehmensbegriff zu fassenden Wirtschaftstätigkeit abzugrenzen ist.

aa) Grundsätzliche Anwendbarkeit der Wettbewerbsregeln

Auch Handlungen der öffentlichen Hand können eine wirtschaftliche Tätigkeit darstellen. Da es auf die Rechtsform und die innere Struktur der handelnden Einheit nicht ankommt, sind grundsätzlich alle öffentlichen Einrichtungen wie etwa staatliche Gesellschaften, öffentlich-rechtliche Körperschaften, Anstalten und Stiftungen des öffentlichen Rechts und auch der Staat selbst vom Unternehmensbegriff umfasst, sofern sie sich am Markt betätigen.[50] Schon aufgrund der Regelung in Art. 106 Abs. 1 AEUV, welche bestimmt, dass die Mitgliedstaaten

---

46 EuGH, Urteil v. 1. Juli 2008, Rs. C-49/07, ECLI:EU:C:2008:376 Rn. 27 f. – *MOTOE*; *Herrmann* in: MüKo EU-Wettbewerbsrecht, Einleitung Rn. 972; *Mestmäcker/Schweitzer* in: Immenga/Mestmäcker, EU-Wettbewerbsrecht, Art. 106 Abs. 1 Rn. 1.

47 EuGH, Urteil v. 16. Juni 1987, Rs. 118/85, ECLI:EU:C:1987:284 Rn. 7 – *Kommission/Italien*; EuGH, Urteil v. 12. September 2000, verb. Rs. C-180 – 184/98, ECLI:EU:C:2000:428 Rn. 75 – *Pavlov*; EuGH, Urteil v. 24. Oktober 2002, Rs. C-82/01, ECLI:EU:C:2002:617 Rn. 79 – *Aéroports de Paris*.

48 Kommission, Entscheidung v. 10. Februar 1999, ABl. 1999 L-69/24 Rn. 22 – *Ilmailulaitos/Luftfartsverket*; Kommission, Entscheidung v. 15. Juni 2001, ABl. 2001 L-233/37 Rn. 70 – *Eco-Emballages*.

49 *Herrmann* in: MüKo EU-Wettbewerbsrecht, Einleitung Rn. 972.

50 *Herrmann* in: MüKo EU-Wettbewerbsrecht, Einleitung Rn. 977; *Ritter/Braun/Rawlinson*, European Competition Law, S. 45; vgl. auch Mitteilung der Kommission vom 19. Januar 2010, Leistungen der Daseinsvorsorge, ABl. 2001 C-17/04 Rn. 21.

in Bezug auf „öffentliche Unternehmen“ keine den Wettbewerbsregeln widersprechenden Maßnahmen treffen dürfen, und der sich in Abs. 2 anschließenden Ausnahme für „Dienstleistungen von allgemeinem wirtschaftlichen Interesse“ ist von der Einbeziehung der öffentlichen Hand in den Anwendungsbereich der Wettbewerbsregeln auszugehen.[51] Die Rechts- und Organisationsform der öffentlichen Unternehmen ist dabei unerheblich.[52]

bb) Hoheitliches Handeln vs. nichthoheitliches Handeln

Im Hinblick auf die Aktivitäten staatlicher Einrichtungen ist zwischen hoheitlichen und nichthoheitlichen Tätigkeiten zu differenzieren.[53] Hoheitliches und wirtschaftliches Handeln schließen sich nach ganz herrschender Meinung aus, so dass es entscheidend darauf ankommt, nach welchen Merkmalen die Abgrenzung erfolgt.[54]

Eine wirtschaftliche Tätigkeit der öffentlichen Hand liegt nach der allgemeinen Definition vor, wenn sie „Güter oder Dienstleistungen auf einem bestimmten Markt anbietet“,[55] sich also mit ihrem Handeln am Wettbewerb beteiligt und damit den Marktmechanismen ebenso unterworfen ist wie ein privatwirtschaftlich organisiertes Wirtschaftssubjekt.[56]

---

51 *Emmerich* in: Immenga/Mestmäcker, EU-Wettbewerbsrecht, Art. 101 Abs. 1 AEUV Rn. 31.

52 *Mestmäcker/Schweitzer*, Europäisches Wettbewerbsrecht, § 9 Rn. 32; *Müller*, Die Sonderstellung öffentlicher Unternehmen, S. 14.

53 EuGH, Urteil v. 18. März 1997, Rs. C-343/95, ECLI:EU:C:1997:160 Rn. 16 – *Diego Calì & Figli.*

54 EuGH, Urteil v. 18. März 1997, Rs. C-343/95, ECLI:EU:C:1997:160 Rn. 16 – *Diego Calì & Figli*; *Emmerich*, Kartellrecht, § 3 Rn. 37; *Gleiss/Hirsch*, Kommentar zum EG-Kartellrecht, Art. 85 Abs. 1 EG Rn. 21; *Jennert*, WuW 2004, S. 37, 41 ff.; *Ritter/Braun/Rawlinson*, European Competition Law, S. 45; *Roth/Ackermann* in: FK EU-Kartellrecht, Art. 81 Abs. 1 EG Rn. 90; *Weiß*, Der Unternehmensbegriff im europäischen und deutschen Kartellrecht, S. 286; siehe zum deutschen Recht: BGH, Urteil v. 9. März 1999, WuW/E DE-R 289, 291, 293 – *Lottospielgemeinschaft*; *Zimmer* in: Immenga/Mestmäcker, GWB, § 1 Rn. 26.

55 EuGH, Urteil v. 16. Juni 1987, Rs. 118/85, ECLI:EU:C:1987:284 Rn. 7 – *Kommission/Italien*; EuGH, Urteil v. 12. September 2000, verb. Rs. C-180/98 bis 184/98, ECLI:EU:C:2000:428 Rn. 75 – *Pavlov*; EuGH, Urteil v. 19. Februar 2002, Rs. C-309/99, ECLI:EU:C:2992:98 Rn. 47 – *Wouters*.

56 Vgl. z.B. EuGH, Urteil v. 8. November 1983, Rs. 96/82, ECLI:EU:C:1983:310 – *IAZ* (im staatlichen Auftrag und im Interesse des Gesundheitsschutzes durchgeführte Regulierung von Trinkwasseranschlüssen als wirtschaftliche Tätigkeit eingestuft).

Eine hoheitliche Tätigkeit liegt jedenfalls vor, wenn sich eine öffentlich-rechtliche Körperschaft, die durch Gesetz geschaffen wurde, in Übereinstimmung mit diesem Gesetz verhält und nicht zu Erwerbszwecken handelt.[57] Die Ausübung von Hoheitsgewalt wird im europäischen Recht eng gefasst und bezieht nur solche Aktivitäten ein, die aufgrund von Zwangsbefugnissen zu den typischen wesentlichen Staatsaufgaben gehören.[58] Die Abgrenzung ist allerdings im Einzelfall nicht unproblematisch. Insbesondere aufgrund der unterschiedlichen Rechtssysteme und -traditionen der Mitgliedstaaten bereitet die Entscheidung darüber, welche Tätigkeiten der öffentlichen Hand „typischerweise wesentliche Staatsaufgaben" darstellen, Schwierigkeiten.[59] Mitgliedstaatliche Maßstäbe helfen bei der Zuordnung nur begrenzt weiter, weil es um einen allgemeingültigen, unionsrechtlich legitimierten Begriff geht.[60] Es bestünde die Gefahr eines Verstoßes gegen das Prinzip des *effet utile*, wenn die Anwendbarkeit der europäischen Wettbewerbsregeln für bestimmte Einrichtungen zur Disposition der Mitgliedstaaten stünde.[61] Allerdings können die in den mitgliedstaatlichen Rechtsordnungen verankerten Kriterien zur Definition wesentlicher Staatsaufgaben nicht vollständig ignoriert werden. Dafür spricht bereits die begrenzte Kompetenz der Union, nur auf den Gebieten tätig werden zu dürfen, die ihr von den Mitgliedstaaten übertragen wurden. Ausgehend von den Rechtstraditionen der Mitgliedstaaten, die insoweit den nötigen Anknüpfungspunkt bieten, ist rechtsvergleichend zu ermitteln, ob die konkrete Tätigkeit überwiegend als hoheitlich oder als nichthoheitlich qualifiziert wird.[62]

---

57 Schlussanträge GA *Trabucchi* in EuGH, Urteil v. 18. Juni 1975, Rs. 94/74, ECLI:EU:C:1975:64 - *IGAV/ENCC*.

58 EuGH, Urteil v. 18. Juni 1975, Rs. 94/74, ECLI:EU:C:1975:81 - *IGAV/ENCC*; EuGH, Urteil v. 19. Januar 1994, Rs. C-364/92, ECLI:EU:C:1994:7 Rn. 27 ff. - *SAT Fluggesellschaft/Eurocontrol*; *Ehricke* in: Loewenheim/Meessen/Riesenkampff, Art. 86 EG Rn. 23.

59 *Werner*, Der Begriff der wirtschaftlichen Tätigkeit im europäischen Kartellrecht, S. 64.

60 *Emmerich* in: Immenga/Mestmäcker, EU-Wettbewerbsrecht, Art. 101 Abs. 1 AEUV Rn. 33; *Wernicke* in: Grabitz/Hilf/Nettesheim, Art. 106 Rn. 24; *Müller*, Die Sonderstellung öffentlicher Unternehmen, S. 12.

61 *Weiß*, Der Unternehmensbegriff im europäischen und deutschen Kartellrecht, S. 287.

62 *Emmerich* in: Immenga/Mestmäcker, EU-Wettbewerbsrecht, Art. 101 AEUV Rn. 33; *Schröter* in: von der Groeben/Schwarze, Vor Art. 101-105 AEUV Rn. 85 ff; *Werner*, Der Begriff der wirtschaftlichen Tätigkeit im europäischen Kartellrecht, S. 65; a.A.: *Bechtold/Brinker/Bosch/Hirsbrunner*, EG-Kartellrecht, Art. 86 Rn. 20; *Krispenz*, Das Merkmal der wirtschaftlichen Tätigkeit im Unternehmensbegriff des Europäischen Kartellrechts, S. 74.

Die Europäische Kommission hat im Jahr 2001 in der *Mitteilung zu Leistungen der Daseinsvorsorge in Europa* Beispiele für hoheitliche Tätigkeiten aufgeführt, die als solche nicht den Wettbewerbsregeln unterfallen sollen.[63] Dazu gehören unter anderem die innere und äußere Sicherheit, die Justizverwaltung und Dienstleistungen im Zusammenhang mit nationalen Bildungssystemen. Diese Liste ist allerdings nicht abschließend, sondern betrifft nur den Kern der hoheitlichen Aufgaben.

Hoheitliche Tätigkeit ist nicht gleichzusetzen mit Leistungen der Daseinsvorsorge. Nach der Definition der Europäischen Kommission handelt es sich bei letzteren um „marktbezogene oder nichtmarktbezogene Tätigkeiten, die im Interesse der Allgemeinheit erbracht und daher von den Behörden mit spezifischen Gemeinwohlverpflichtungen verknüpft werden".[64] Leistungen der Daseinsvorsorge können mithin sowohl hoheitliche als auch wirtschaftliche Tätigkeiten darstellen. Der in Art. 106 AEUV verwendete Begriff der „Dienstleistungen von allgemeinem wirtschaftlichen Interesse" betrifft marktbezogene Tätigkeiten, die im Interesse der Allgemeinheit erbracht werden und daher von den Mitgliedstaaten mit besonderen Gemeinwohlverpflichtungen verbunden werden".[65] Die Dienstleistungen im Sinne des Art. 106 AEUV stellen mithin die Fallgruppe der „marktbezogenen Tätigkeiten" der Daseinsvorsorge dar.[66] Marktbezug bedeutet dabei, dass sowohl öffentliche als auch private Unternehmen diese Aufgaben erfüllen können.[67] Der Marktbezug ist demnach das entscheidende Kriterium für die Abgrenzung hoheitlicher gegenüber wirtschaftlicher Tätigkeiten. Nur für letztere gilt nach Art. 106 Abs. 1 AEUV die grundsätzliche Anwendbarkeit der Wettbewerbsnormen mit der Ausnahmeregelung in Art. 106 Abs. 2 AEUV, während hoheitliche Tätigkeiten von Vornherein von den europäischen Wettbewerbsvorschriften ausgenommen sind.

(1) Öffentliche Unternehmen nach der Transparenzrichtlinie

Art. 106 Abs. 1 AEUV bezieht die Tätigkeiten von öffentlichen Unternehmen und Unternehmen, denen die Mitgliedstaaten besondere oder ausschließliche

63 Mitteilung der Kommission vom 19. Januar 2001, Leistungen der Daseinsvorsorge in Europa, ABl. 2001 C-17/4 Rn. 28-30.

64 Mitteilung der Kommission vom 19. Januar 2001, Leistungen der Daseinsvorsorge in Europa, ABl. 2001 C-17/04, Anhang II.

65 Mitteilung der Kommission vom 19. Januar 2001, Leistungen der Daseinsvorsorge in Europa, ABl. 2001 C-17/04, Anhang II.

66 Vgl. *Müller*, Die Sonderstellung öffentlicher Unternehmen, S. 15.

67 Mitteilung der Kommission vom 19. Januar 2001, Leistungen der Daseinsvorsorge in Europa, ABl. 2001 C-17/04 Rn. 21.

Rechte gewähren, in den Anwendungsbereich der Wettbewerbsregeln ein. Der Begriff des öffentlichen Unternehmens ist im europäischen Kartellrecht nicht legal definiert; fest steht allerdings, dass es sich auch dabei um einen unionsrechtlichen Begriff handelt.[68]

Die *Transparenzrichtlinie* der Europäischen Kommission, welche die Offenlegung der finanziellen Verhältnisse öffentlicher Unternehmen betrifft, definiert öffentliches Unternehmen in Art. 2 (b) als „jedes Unternehmen, auf das die öffentliche Hand aufgrund Eigentums, finanzieller Beteiligung, Satzung oder sonstiger Bestimmungen, die die Tätigkeit des Unternehmens regeln, unmittelbar oder mittelbar einen beherrschenden Einfluss ausüben kann".[69] Beherrschender Einfluss wird nach der Transparenzrichtlinie vermutet, wenn „die öffentliche Hand unmittelbar oder mittelbar (i) die Mehrheit des gezeichneten Kapitals des Unternehmens besitzt oder (ii) über die Mehrheit der mit den Anteilen des Unternehmens verbundenen Stimmrechte verfügt oder (iii) mehr als die Hälfte der Mitglieder des Verwaltungs-, Leistung- oder Aufsichtsorgans des Unternehmens bestellen kann".[70] Diese Definition kann jedoch für das Wettbewerbsrecht nur in begrenztem Maß fruchtbar gemacht werden.[71] Der EuGH entschied bereits 1982, damals noch in Bezug auf die erste Transparenzrichtlinie, dass dieser Begriff des öffentlichen Unternehmens keine Allgemeingültigkeit habe, sondern nur für den Anwendungsbereich der Richtlinie selbst gelte.[72] Angesichts der begrenzten Zielsetzung der *Transparenzrichtlinie* (Offenlegung der finanziellen Verhältnisse öffentlicher Unternehmen) ist dem insoweit zuzustimmen, dass die Definition für eine Abgrenzung im Bereich des Wettbewerbsrechts jedenfalls nicht ausreicht. Der wettbewerbsrechtliche Unternehmensbegriff wird nicht allein anhand gesellschaftsrechtlicher Beherrschungsverhältnisse bestimmt, sondern funktional nach dem Sinn und Zweck der Wettbewerbsregeln. Im Rahmen dieses funktionalen Unternehmensbegriffs kann die in der Transparenzrichtlinie

---

68 EuGH, Urteil v. 16. Juni 1987, Rs. 118/85, ECLI:EU:C:1987:284 Rn. 11 – *Italien/Kommission*; *Burgi*, EuR 1997, S. 261, 265.

69 Richtlinie 2006/111/EG der Kommission vom 16. November 2006 über die Transparenz zwischen den Mitgliedstaaten und den öffentlichen Unternehmen sowie über die finanzielle Transparenz innerhalb der Unternehmen (nachfolgend: Transparenzrichtlinie), Art. 2 (b).

70 Europäische Kommission, Transparenzrichtlinie, Art. 2 (b) (i) – (iii).

71 A.A. *Burgi*, EuR 1997, S. 261, 266.

72 EuGH, Urteil v. 6. Juli 1982, Rs. 188/80, ECLI:EU:C:1982:257 Rn. 24 – *Transparenzrichtlinie*; *Mestmäcker/Schweitzer* in: Immenga/Mestmäcker, EU-Wettbewerbsrecht, Art. 106 Abs. 1 Rn. 37.

zum Ausdruck kommende Beherrschungskomponente lediglich als Grundvoraussetzung eines öffentlichen Unternehmens bzw. als Auslegungshilfe für Art. 106 AEUV fungieren.[73]

(2) Rechtsprechung des EuGH

Da der Unternehmensbegriff rein funktional und nicht institutionell zu bestimmen ist, kennt das Unionsrecht keine organisationsrechtlich definierten Ausnahmetatbestände für bestimmte Arten von öffentlichen Einrichtungen. Die Abgrenzung von hoheitlichen zu wirtschaftlichen Tätigkeiten hat daher anhand autonomer unionsrechtlicher Kriterien zu erfolgen.[74] Die europäische Rechtsprechung hat jedoch bislang keine einheitlichen Kriterien für die Zuordnung zu wirtschaftlichem oder hoheitlichem Handeln aufgestellt, sondern lediglich für einzelne Arten von Tätigkeiten deren hoheitlichen Charakter ausdrücklich festgestellt.[75]

In der Rechtssache *SAT Fluggesellschaft/Eurocontrol* entschied der Gerichtshof, dass die Kontrolle und Überwachung des Luftraums eine typischerweise hoheitliche Tätigkeit sei.[76] Die als internationale Organisation mit regionaler Aufgabenstellung zu qualifizierende Eurocontrol ist zuständig für Flugverkehrskontrolle im europäischen Luftraum sowie für die Festsetzug und Einziehung der Streckengebühren, die für die Nutzung des Luftraums der jeweiligen Staaten fällig werden. Die Gebührensätze werden von den Mitgliedstaaten individuell festgelegt und von Eurocontrol im Auftrag der Staaten eingezogen und an diese ausgezahlt.[77] Zur Begründung der Hoheitlichkeit stellte der EuGH unter anderem auf die Finanzierung durch und Aufgabenwahrnehmung für

---

73 *Jung* in: Calliess/Ruffert, Art. 106 Rn. 12; *Stadler* in: Langen/Bunte, Europäisches Kartellrecht, Art. 106 AEUV Rn. 19; *Weiß*, Der Unternehmensbegriff im europäischen und deutschen Kartellrecht, S. 286; a.A. *Müller*, Die Sonderstellung öffentlicher Unternehmen, S. 13, der die Definition der Transparenzrichtlinie als allgemeingültig ansieht und auf Art. 106 AEUV überträgt; wohl auch *Burgi*, EuR 1997, S. 261, 266; *Ritter/Braun/Rawlinson*, European Competition Law, S. 760 f.

74 *Mestmäcker/Schweitzer*, Europäisches Wettbewerbsrecht, § 9 Rn. 32.

75 So *Ehricke* in: Loewenheim/Meessen/Riesenkampff, Art. 86 EG Rn. 24; *Emmerich* in: Immenga/Mestmäcker, EU-Wettbewerbsrecht, Art. 101 Abs. 1 AEUV Rn. 33; *Herrmann* in: MüKo EU-Wettbewebsrecht, Einleitung Rn. 984; *Weiß*, Der Unternehmensbegriff im Europäischen und deutschen Kartellrecht, S. 288.

76 EuGH, Urteil v. 19. Januar 1994, Rs. C-364/92, ECLI:EU:C:1994:7 Rn. 30 – *SAT Fluggesellschaft/Eurocontrol.*

77 EuGH, Urteil v. 19. Januar 1994, Rs. C-364/92, ECLI:EU:C:1994:7 Rn. 23 – *SAT Fluggesellschaft/Eurocontrol.*

die Mitgliedstaaten sowie auf die mangelnde Ausschlussmöglichkeit ab. Selbst Fluglinienbetreiber, welche die fälligen Streckengebühren nicht entrichten, können von der Flugraumüberwachung nicht ausgeschlossen werden, so dass es sich nicht um eine freiwillig erbrachte wettbewerbliche Dienstleistung handele.[78] Die Fluggesellschaft SAT war der Ansicht, die Gebührenfestsetzung und Einziehung stelle eine wirtschaftliche Tätigkeit dar. Der EuGH verneinte dies und führte aus, diese Tätigkeit sei nicht von den übrigen Aufgaben der Eurocontrol zu trennen. Eurocontrol nehme durch die Gesamtheit ihrer Tätigkeiten „für Rechnung der Vertragsstaaten Aufgaben von allgemeinem Interesse wahr", welche typisch hoheitliche Vorrechte darstellten und mithin keinen wirtschaftlichen Charakter hätten.[79]

In der Rechtssache *Diego Calì & Figli* stellte sich die Frage, ob die Überwachung der Gewässer im Hafen von Genua als wirtschaftliche Tätigkeit zu qualifizieren sei. Die Überwachung erfolgte nicht durch den Staat selbst, sondern durch eine konzessionierte Gesellschaft, die für ihre Tätigkeit Gebühren von den Hafennutzern erhob. Der EuGH lehnte dennoch eine wirtschaftliche Tätigkeit ab und begründete dies mit dem Allgemeininteresse und dem Interesse des Umweltschutzes, welches zu den „wesentlichen Staatsaufgaben" gehöre. Es mache keinen Unterschied, ob diese Aufgabe vom Staat selbst oder von einer Einrichtung ausgeübt werde, die der Staat mit besonderen oder ausschließlichen Rechten ausgestattet hat.[80]

Im Urteil *Aéroports de Paris* unterschied der Gerichtshof zwischen unterschiedlichen Arten von Tätigkeiten. Die Verwaltung von Flughäfen sah er als eine typischerweise hoheitliche Tätigkeit an, während er den Abschluss von Verträgen über die Erbringung von Bodendienstleistungen als wirtschaftliche Tätigkeit einstufte.[81]

Nach der Rechtsprechung des EuGH ist die Einstufung als hoheitliche oder wirtschaftliche Tätigkeit mithin stets eine anhand der konkreten Umstände zu treffende Einzelfallentscheidung.

---

78 EuGH, Urteil v. 19. Januar 1994, Rs. C-364/92, ECLI:EU:C:1994:7 Rn. 24 – *SAT Fluggesellschaft/Eurocontrol.*

79 EuGH, Urteil v. 19. Januar 1994, Rs. C-364/92, ECLI:EU:C:1994:7 Rn. 28 ff. – *SAT Fluggesellschaft/Eurocontrol.*

80 EuGH, Urteil v. 18. März 1997, Rs. C-343/95, ECLI:EU:C:1997:160 Rn. 17 – *Diego Calì & Figli.*

81 EuGH, Urteil v. 24. Oktober 2002, Rs. C-82/01, ECLI:EU:C:2002:617 Rn. 74 ff. - *Aéroports de Paris.*

(3) Literaturmeinungen

Einige Literaturstimmen knüpfen an die Ausnahmeregeln der Art. 45 Abs. 4, Art. 51 Abs. 1 und Art. 62 AEUV (ex Art. 39 Abs. 4, Art. 45 Abs. 1 und Art. 55 EG) an, um wirtschaftliche von privilegiert hoheitlicher Tätigkeit abzugrenzen.[82] Die Normen beziehen sich allerdings nur auf den absoluten Kernbereich staatlichen Handelns, wie etwa die innere und äußere Sicherheit des Staates oder den Strafvollzugsdienst. Diese Bereiche nennt zwar auch die Kommission beispielhaft in ihrer *Mitteilung zu Leistungen der Daseinsvorsorge*, eine Beschränkung auf diese Fälle würde den Bereich der rein hoheitlichen Tätigkeiten jedoch zu eng begrenzen und bliebe deutlich hinter der Fallpraxis des EuGH zurück.[83] Daher können die Bestimmungen der Grundfreiheiten lediglich als Ausgangspunkt für die Definition des von den Wettbewerbsregeln ausgenommenen hoheitlichen Bereichs fungieren.[84]

Mit dem abstrakten Merkmal des Marktbezugs als Zuordnungskriterium für wirtschaftliches Handeln trifft die Europäische Kommission auf überwiegende Zustimmung in der Literatur, die ebenfalls an den Wettbewerbsbezug der fraglichen Aktivität anknüpft. Ausgehend vom Sinn und Zweck der Wettbewerbsregeln konstatiert etwa *Jennert*, eine wirtschaftliche Tätigkeit liege nur dort vor, wo „sich eine Tätigkeit grundsätzlich zur Erbringung im Wettbewerb eignet“[85] und *Emmerich* spricht vom „hypothetischen Wettbewerbstest“ als einzig geeignetem Mittel zur Lösung der schwierigen Abgrenzungsproblematik.[86] Auch die Literatur ist sich weitgehend einig, dass Aufgaben, die „originär und untrennbar an das Staatswesen gebunden“ sind,[87] vom Anwendungsbereich der Wettbewerbsregeln auszuklammern sind. Mit einer allgemeingültigen Definition dieser originären Staatsaufgaben tut sich jedoch auch die Literatur schwer.

82 *Burgi*, EuR 1997, S. 261, 266; *Ehlermann*, ECLR 1993, S. 61, 66; *Jennert*, WuW 2004, S. 37, 43; *Werner*, Der Begriff der wirtschaftlichen Tätigkeit im europäischen Kartellrecht, S. 65 ff.

83 EuGH, Urteil v. 19. Januar 1994, Rs. C-364/92, ECLI:EU:C:1994:7 Rn. 18 – *SAT Fluggesellschaft/Eurocontrol*; EuGH, Urteil v. 18. März 1997, Rs. C-343/95, ECLI:EU:C:1997:160 Rn. 22 – *Diego Calì & Figli*; so auch *Mestmäcker/Schweitzer* in: Immenga/Mestmäcker, EU-Wettbewerbsrecht, Art. 106 Abs. 1 Rn. 17.

84 So wohl auch *Werner*, Der Begriff der wirtschaftlichen Tätigkeit im europäischen Kartellrecht, S. 67 ff.

85 *Jennert*, WuW 2004, S. 37, 45.

86 *Emmerich* in: Immenga/Mestmäcker, EU-Wettbewerbsrecht, Art. 101 AEUV Rn. 34.

87 *Jennert*, WuW 2004, S. 37, 47.

cc) Die Öffentliche Hand als Abnehmer

(1) Die FENIN-Doktrin

Die obigen Ausführungen betreffen ausschließlich Sachverhalte, in denen die öffentliche Hand als Anbieter bestimmter Leistungen auftritt. Umstritten ist, inwieweit sich die angebotsbezogene Abgrenzung von hoheitlichen im Gegensatz zu wirtschaftlichen Tätigkeiten auch auf das Nachfrageverhalten der öffentlichen Hand auswirkt.

Das EuG hat dazu in der Rechtssache *FENIN* eine wegweisende Entscheidung getroffen, die in der Literatur auf scharfe Kritik gestoßen ist,[88] allerdings vom EuGH bestätigt wurde.[89] In *FENIN* ging es um die Frage, ob die spanischen Behörden, welche die nationale gesetzliche Krankenversicherung verwalten (SNS) eine marktbeherrschende Stellung missbrauchten, indem sie ihre Rechnungen bei den im Verband FENIN organisierten Herstellern von Medizinprodukten regelmäßig erst mit einer Verzögerung von durchschnittlich 300 Tagen beglichen. FENIN erklärte, dies bedeute eine erhebliche Vermögenseinbuße für die Unternehmen, weil diese rund 80% ihrer Produkte über die Krankenkassen absetzten. Überdies beglich SNS seine Rechnungen gegenüber anderen Geschäftspartnern innerhalb eines deutlich kürzeren Zeitraums, so dass aus Sicht von FENIN eine Ungleichbehandlung im Sinne des damaligen Art. 82 EGV (jetzt Art. 102 AEUV) vorlag. Die Europäische Kommission war in ihrer Entscheidung auf die Beschwerde von FENIN zu dem Ergebnis gekommen, bei SNS handele es sich nicht um ein Unternehmen, so dass die Wettbewerbsregeln auf sie nicht anwendbar seien.

Dieser Beurteilung schloss sich das EuG an. Es ging dabei von der vom EuGH formulierten allgemeinen Definition aus wonach eine wirtschaftliche Tätigkeit jede Tätigkeit ist, die darin besteht, Güter oder Dienstleistungen auf einem bestimmten Markt *anzubieten*.[90] Weiter führte das Gericht aus, der Charakter der Nachfragetätigkeit richte sich nach der späteren Verwendung des betreffenden Guts. Soweit die gesetzlichen Krankenkassen auf der Anbieterseite eine rein soziale und damit nichtwirtschaftliche Tätigkeit ausübten, sei auch die Beschaffung

---

88 *Bornkamm* in: FS Blaurock, S. 41 ff; *Mestmäcker/Schweitzer* in: Immenga/Mestmäcker, EU-Wettbewerbsrecht, Art. 106 Abs. 1 Rn. 33 f.;

89 EuG, Urteil v. 4. März 2003, Rs. T-319/99, ECLI:EU:T:2003:50 – *FENIN*, bestätigt durch EuGH, Urteil v. 11. Juli 2006, Rs. C-205/03 P, ECLI:EU:C:2006:453 – *FENIN*; vgl. auch EuGH, Urteil v. 26. März 2009, Rs. C-113/07 P, ECLI:EU:C:2009:191 – *SELEX*.

90 EuGH, Urteil v. 16. Juni 1987, Rs. 118/85, ECLI:EU:C:1987:284 Rn. 7 – *Kommission/Italien*; EuGH, Urteil v. 18. Juni 1998, Rs. C-35/96, ECLI:EU:C:1998:303 Rn. 36 – *Zollspediteure*.

der zu diesem Zwecke erworbenen Güter nicht als unternehmerische Tätigkeit zu qualifizieren. Nachfrage und spätere Verwendung seien nicht voneinander zu trennen, weshalb die Krankenkassen beim Erwerb der Medizinprodukte nicht wirtschaftlich tätig seien.[91] Das Gericht begründete dies damit, dass der wirtschaftliche Charakter einer Tätigkeit durch das *Anbieten* von Gütern oder Dienstleistungen auf einem bestimmten Markt gekennzeichnet sei, nicht durch die Einkaufstätigkeit an sich. Eine eigenständige Abgrenzung von Nachfragetätigkeiten der öffentlichen Hand scheide demnach aus. Der Begriff richte sich stets akzessorisch nach der Zuordnung der späteren Angebotstätigkeit.

Der EuGH bestätigte die Entscheidung des Gerichts ohne nähere Ausführungen[92] und folgte damit Generalanwalt Maduro, der in seinen Schlussanträgen ausführte, die Nachfrage sei nur die Kehrseite des Angebots und könne daher nicht getrennt beurteilt werden.[93] In der Entscheidung *SELEX* setzte die Rechtsprechung diese Linie fort und stellte damit klar, dass die in *FENIN* aufgestellte Theorie der Akzessorietät zwischen Erwerb und Verwendung von Produkten nicht auf soziale Einrichtungen beschränkt sei, sondern für alle Institutionen gelte, die Güter für nicht wirtschaftliche Tätigkeiten einkaufen.[94]

(2) Kritik

In der Literatur wird diese Rechtsprechung kritisiert.[95] Zum einen laufe die Akzessorietätsthese dem Grundsatz eines tätigkeitsbezogenen Unternehmensbegriffs zuwider. Denn die Beurteilung der Nachfrage erfolge nicht anhand des eigenständigen Charakters dieser Tätigkeit. Vielmehr werde die Unternehmenseigenschaft der jeweiligen Institution anhand der Angebotstätigkeit beurteilt und davon das Wesen der vorgelagerten Nachfrage abgeleitet. Dies komme

---

91 EuG, Urteil v. 4. März 2003, Rs. T-319/99, ECLI:EU:T:2003:50 Rn. 36 – *FENIN*.

92 EuGH, Urteil v. 11. Juli 2006, Rs. C-205/03 P, ECLI:EU:C:2006:453 – *FENIN*.

93 Schlussanträge GA *Maduro* in EuGH, Urteil v. 11. Juli 2006, Rs. C-205/03 P, ECLI:EU:C:2005:666 Rn. 62 – *FENIN*.

94 EuG, Urteil v. 12. Dezember 2006, Rs. T-155/04, ECLI:EU:T:2006:387 Rn. 65 – *SELEX*, bestätigt durch EuGH, Urteil v. 26. März 2009, Rs. C-113/07, ECLI:EU:C:2009:191 Rn. 102 – *SELEX*.

95 *Kersting*, JECLP 2011, 473, 475; *Kersting/Faust*, WuW 2011, S. 6, 9; *Mestmäcker/Schweitzer* in: Immenga/Mestmäcker, EU-Wettbewerbsrecht, Art. 106 Abs. 1 Rn. 34; *Stadler* in: Langen/Bunte, Europäisches Kartellrecht, Art. 106 AEUV Rn. 15; zustimmend hingegen *Schröter* in: von der Groeben/Schwarze, Vor Art. 101-105 AEUV Rn. 64 ff.; *Stockenhuber* in: Grabitz/Hilf/Nettesheim, Art. 101 AEUV Rn. 56.

einem institutionellen Unternehmensbegriff sehr nahe[96] und widerspricht dem Grundsatz des europäischen Wettbewerbsrechts, dass eine Tätigkeit dann als wirtschaftlich zu bezeichnen und der Wettbewerbsregulierung unterworfen ist, wenn sie Einfluss auf das Wirtschaftsleben hat und ihrer Art nach geeignet ist, diejenigen Wirkungen am Markt hervorzurufen, die die Wettbewerbsregeln gerade verhindern wollen.[97] Nachfrage, sofern sie nicht dem eng begrenzten Bereich des privaten Verbrauchs zuzuordnen ist, ist als solche durchaus geeignet, die Wettbewerbsverhältnisse des Markts spürbar zu beeinflussen: Unabhängig von der späteren Verwendung der Güter kann eine Konzentration von Nachfragemacht zu Wettbewerbsbeeinträchtigungen führen. Das geht schon aus dem Gesetz selbst hervor: Art. 102 (a) AEUV verbietet die Erzwingung von unangemessenen Einkaufspreisen, Art. 101 Abs. 1 (a) AEUV die Festsetzung von Ankaufspreisen und Art. 101 Abs. 1 (c) AEUV die Aufteilung von Versorgungsquellen. Nachfrage kann mithin für sich genommen ein wettbewerbsbeschränkendes Verhalten darstellen.[98] Ob es sich bei dem übermächtigen Nachfrager um einen privatwirtschaftliches Unternehmen oder eine Einrichtung mit sozialer Zweckrichtung handelt, macht für die betroffenen Marktteilnehmer keinen Unterschied.[99] Insoweit kann auch der Argumentation des Generalanwalts Maduro in seinen Schlussanträgen zum *FENIN*-Urteil nicht gefolgt werden, wenn er formuliert, die Nachfrage sei die Kehrseite des Angebots. Die Angebotstätigkeit, auf die der Generalanwalt und der Gerichtshof sich beziehen, ist die nachgelagerte, von der streitigen öffentlich-rechtlichen Einheit ausgeübte Tätigkeit. Diese findet aber auf einem anderen Markt statt. Am Beispiel *FENIN* verdeutlicht: als Nachfrager betätigte sich SNS auf dem Markt für medizinische Erzeugnisse für Krankenhäuser, während die Angebotstätigkeit den Markt für staatliche Gesundheitsdienstleistungen stattfand.[100]

---

96 *Bornkamm* in: FS Blaurock, S. 41, 42.

97 Schlussanträge GA *Jacobs* v. 13. September 2001in der Rs. C-218/00, ECLI:EU:2001:448 Rn. 71 – *Cisal*; Schlussanträge GA *Jacobs* v. 27. Oktober 2005 in der Rs. C-222/04, ECLI:EU:C:2005:655 Rn. 78 – *Cassa di Risparmio di Firenze*; *Mestmäcker/Schweitzer* in: Immenga/Mestmäcker, EU-Wettbewerbsrecht, Art. 106 Abs. 1 Rn. 34.

98 Vgl. *Stadler* in: Langen/Bunte, Europäisches Kartellrecht, Art. 106 AEUV Rn. 15.

99 *Herrmann* in: MüKo EU-Wettbewerbsrecht, Einleitung Rn. 995, der allerdings im Ergebnis der Rechtsprechung zustimmt.

100 *Mestmäcker/Schweitzer* in: Immenga/Mestmäcker, EU-Wettbewerbsrecht, Art. 106 Abs. 1 Rn. 34 Fn. 146.

Hinzu kommt, dass sich der EuGH mit der überraschend schlichten Bestätigung der vom EuG aufgestellten Akzessorietätsthese in Widerspruch zu seiner eigenen früheren Rechtsprechung setzt. In verschiedenen Entscheidungen hatte der Gerichtshof die Nachfragetätigkeit an sich als wirtschaftliche Tätigkeit, die den Wettbewerb beeinträchtigen kann, qualifiziert.[101] Interessanterweise hat der EuGH sogar in der Entscheidung *AOK-Bundesverband*, mit der er die *FENIN*-Rechtsprechung des EuG grundsätzlich bestätigt, noch eine differenziertere Betrachtung von Angebot und Nachfrage der Sozialversicherungsträger vorgenommen. Es ging um die Frage, ob die Festsetzung von Festbeträgen für Arzneimittel durch die gesetzlichen Krankenkassen als Abnehmer ein kartellrechtswidriges Verhalten nach Art. 81 EGV (jetzt Art. 101 AEUV) darstellt. Der Gerichtshof stellte zunächst den solidarischen und damit nichtwirtschaftlichen Charakter der Angebotstätigkeit der gesetzlichen Krankenkassen gegenüber ihren Versicherungsnehmern fest. In einem weiteren Schritt wandte sich der EuGH der Frage nach der Einordnung der Festbetragsfestsetzung, also der eigentlich streitigen Nachfragetätigkeit, zu. Er prüfte, ob diese den von den Krankenkassen wahrgenommen rein sozialen Aufgaben zuzurechnen sei, oder ob sie darüber hinaus ginge und eine wirtschaftliche Tätigkeit darstelle.[102] Zwar verneinte der EuGH im Ergebnis den wirtschaftlichen Charakter dieser Tätigkeit mit der Begründung, dass die Festlegung der Festbeträge einen integralen Bestandteil des deutschen Systems der sozialen Sicherheit darstelle und zur Erhaltung desselben erforderlich sei. Jedoch lässt die Formulierung und Begründung des Gerichtshofs durchaus eine ergebnisoffene Prüfung erkennen. Von einer automatischen Akzessorietät und generellen Freistellung der Sozialversicherungsträger von den Wettbewerbsregeln ging der EuGH offensichtlich nicht aus.[103] Umso überraschender ist es, dass der EuGH in *FENIN* ohne jegliche nähere Begründung oder weitere Ausführungen die Entscheidung des EuG bestätigte.[104]

Auch die mitgliedstaatliche Rechtsprechung bestätigt, dass die Nachfrage – auch von Sozialversicherungsträgern – losgelöst von deren Angebotstätigkeit

---

101 EuGH, Urteil v. 28. März 1985, Rs. 298/83, ECLI:EU:C:1985:150 – *CICCE*; EuGH, Urteil v. 12. September 2000, verb. Rs. C-180/98 bis C-184/98, ECLI:EU:C:2000:428 Rn. 86 ff. – *Pavlov*; vgl. auch Kommission, Entscheidung v. 27. Oktober 1992, ABl. 1992 L-326/31 – *Fußballweltmeisterschaft 1990*.

102 EuGH, Urteil v. 16. April 2004, verb. Rs. C-264/01, C-306/01 & 355/01, ECLI: EU:C:2004:150 Rn. 59 – *AOK-Bundesverband*.

103 So auch *Bornkamm* in: FS Blaurock, S. 45.

104 *Korah*, EC Competition Law and Practice, S. 49 [2.2.1.2.2]; *Herrmann* in: MüKo EU-Wettbewerbsrecht, Einleitung Rn. 997.

beurteilt werden kann.[105] Im Urteil *Gummistrümpfe* formulierte der BGH unmissverständlich, der Umstand, dass die öffentlich-rechtliche Aufgabe, die die Sozialversicherungsträger gegenüber ihren Mitgliedern zu erfüllen hätten, nichts an der privatrechtlichen Natur der Verträge mit den Lieferanten ändere. Vielmehr ergebe die Würdigung des wirtschaftlichen Gesamtvorgangs, dass sich die Sozialversicherungsträger als Nachfrager wie typische Unternehmen am Markt beteiligten.[106] Hinsichtlich dieser Tätigkeit bestehe kein Unterschied zu privaten Versicherungsträgern.[107] Ähnlich positionierte sich das nordirische Competition Commission Appeal Tribunal in seinem Urteil *Bettercare*, indem es das Nachfrageverhalten einer mit der Finanzierung und Organisation der Altenpflege betrauten öffentlichen Einrichtung unabhängig von der Qualifikation ihrer Angebotstätigkeit prüfte und zu dem Ergebnis kam, die Zielsetzung und die potentiellen Marktwirkungen sprächen für eine wirtschaftliche Tätigkeit.[108]

Nicht zuletzt stützt auch die Europäische Kommission mit ihrer Formulierung in der Entscheidung *Filmeinkauf deutscher Fernsehanstalten* die These, dass Angebot und Nachfrage gleichermaßen wirtschaftliche Tätigkeiten darstellen können. Demnach umfasst der funktionale Unternehmensbegriff „jede auf den Austausch von Waren oder Dienstleistungen gerichtete Tätigkeit ohne Rücksicht auf die Rechtsform und unabhängig von der Absicht der Gewinnerzielung“.[109]

Die eigenständige Beurteilung des Nachfrageverhaltens ist vorzugswürdig und sollte auch im europäischen Wettbewerbsrecht so erfolgen. Weder aus systematischer noch aus wettbewerbspolitischer Sicht spricht etwas dagegen, die Nachfragetätigkeit anhand der allgemeinen Maßstäbe für die Einordnung wirtschaftlichen Verhaltens zu beurteilen. Es besteht insbesondere nicht die von einigen Autoren befürchtete Gefahr, dass das Wettbewerbsrecht dadurch zu

105 Vgl. zum deutschen Recht: BGH, Urteil v. 26. Oktober 1961, BGHZ 36, 91 – *Gummistrümpfe*; BGH, Urteil v. 21 Februar 1989, WuW/E BGH 2571 - *Krankentransportbestellung*; BGH, Urteil v. 12. November 2002, WuW/E DE-R 1087, 1089 – *Ausrüstungsgegenstände für Feuerlöschfahrzeuge*; zum nordirischen Recht: Competition Commission Appeal Tribunal, [2002] CAT 7 – *Bettercare Group Ltd. vs. The Director General of Fair Trading.*

106 BGH, Urteil v. 26. Oktober 1961, BGHZ 36, 91, 101 – *Gummistrümpfe.*

107 BGH, Urteil v. 26. Oktober 1961, BGHZ 36, 91, 102 – *Gummistrümpfe.*

108 Competition Commission Appeal Tribunal, [2002] CAT 7 Rn. 264 – *Bettercare Group Ltd. vs. The Director General of Fair Trading.*

109 Kommission, Entscheidung v. 15. September 1989, ABl. L-284/26 Rn. 38 – *Filmeinkauf deutscher Fernsehanstalten.*

„einem Schutzinstrument der Anbieter gegen ihre Kunden“ wird, weil sämtliche Einkaufsvorgänge unter das Wettbewerbsrecht fielen.[110] Die von den Vertretern dieser Ansicht als schutzwürdig in den Blick genommenen Endverbraucher sind per se keine Adressaten des Wettbewerbsrechts, so dass ihr Nachfrageverhalten keinen Beschränkungen unterworfen ist.[111] Was die Einkaufstätigkeit öffentlicher Stellen angeht, so hat die Begründung des EuGH und vor allem die Argumentation des Generalanwalts Jacobs in *AOK-Bundesverband* gezeigt, dass eine sachgerechte Lösung anhand der bestehenden Kriterien möglich ist: sofern das streitige Nachfrageverhalten als integraler Bestandteil des sozialen Sicherungssystems erforderlich ist, um dessen Existenz zu erhalten, fällt dieses unter die Ausnahmeregelung des Art. 106 Abs. 2 AEUV und ist mithin von der Anwendung der Wettbewerbsregeln ausgenommen. Für alle übrigen Einkaufstätigkeiten, die nach den dargestellten Maßstäben ein wirtschaftliches Handeln darstellen, gelten die Artt. 101, 102 AEUV hingegen unabhängig von der Art der Institution und deren Tätigkeit auf der Angebotsseite. Nur so kann die einheitliche Geltung eines funktionalen Unternehmensbegriffs im Sinne einer allgemeinverbindlichen und homogenen Wettbewerbsordnung sichergestellt werden.

4. Zwischenfazit

Die nachfolgenden Untersuchungen bauen auf dem erarbeiteten funktional-tätigkeitsbezogenen Unternehmensbegriff des europäischen Kartellrechts auf. Er ist insbesondere bei der Definition der wirtschaftlichen Einheit und der darauf gründenden Herleitung und Untersuchung des Konzernprivilegs von Bedeutung. Vom Verständnis des Unternehmensbegriffs und der wirtschaftlichen Einheit hängt ab, an welchen Tatbestandsmerkmalen des Art. 102 AEUV das Konzernprivileg festzumachen ist.

Der Unternehmensbegriff des Europäischen Kartellrechts ist autonom und funktional zu bestimmen. Er richtet sich nicht nach der gesellschaftsrechtlichen Struktur einer Einheit oder der Art ihrer Finanzierung. Entscheidend ist ihre eigene wirtschaftliche Tätigkeit auf dem Markt. Dabei ist der Begriff der wirtschaftlichen Tätigkeit unabhängig von der Gewinnerzielungsabsicht und der

---

110 *Gippini-Fournier/Mojzesowicz* in: Loewenheim/Meessen/Riesenkampff, Art. 81 Abs. 1 AEUV Rn. 48; *Herrmann* in: MüKo EU-Wettbewerbsrecht, Einleitung Rn. 997.

111 *Mestmäcker/Schweitzer*, Europäisches Wettbewerbsrecht, § 9 Rn. 7; *Schröter* in: von der Groeben/Schwarze, Vor Art. 101-105 AEUV Rn. 65.

Dauer der Tätigkeit zu bestimmen. Auch ist der Unternehmensbegriff nicht mit der Entgeltlichkeit einer Tätigkeit gleichzusetzen. Allerdings geht der EuGH davon aus, dass eine wirtschaftliche Tätigkeit wohl dann vorliegt, wenn die betreffenden Waren oder Dienstleistungen auf den Gemeinsamen Markt üblicherweise gegen Entgelt angeboten werden.

Tätigkeiten der öffentlichen Hand können ebenfalls die Voraussetzungen des Unternehmensbegriffs erfüllen. Auch hier ist darauf abzustellen, ob die betreffenden Handlungen eine Betätigung am Markt darstellen, oder ob es sich um eine hoheitliche Aufgabenerfüllung handelt. Auch wenn sich die öffentliche Hand als Abnehmer von Leistungen betätigt, kann dies eine unternehmerische Tätigkeit darstellen. Die Frage der wirtschaftlichen Tätigkeit ist dabei insbesondere unabhängig von der weiteren Verwendung der Produkte oder Dienstleistungen zu betrachten.

III. Wirtschaftlich tätige Einheit

Nach der Rechtsprechung des EuGH im Urteil *Höfner und Elser* erfasst der Unternehmensbegriff des europäischen Kartellrechts „jede eine wirtschaftliche Tätigkeit ausübende *Einheit* unabhängig von ihrer Rechtsform und der Art ihrer Finanzierung“.[112] Wie der Begriff der „Einheit“ zu definieren ist und welche Anforderungen an ihn im Hinblick auf die rechtliche und wirtschaftliche Selbständigkeit zu stellen sind, ist umstritten.

Der Begriff ist von doppelter Relevanz bei der Einordnung und Verfolgung von Kartellverstößen. Neben der an dieser Stelle vorrangig zu beleuchtenden materiellen Ebene, wo er entscheidend für das Bestimmung des Unternehmensbegriffs ist, ist er ebenso auf der Rechtsfolgenseite von Bedeutung, wenn es darum geht, welcher „Einheit“ ein Kartellverstoß in haftungsbegründender Weise zurechenbar ist. Die wirtschaftlich tätige Einheit als Umschreibung des Unternehmensbegriffs ist nicht zu verwechseln mit dem Begriff der „wirtschaftlichen Einheit“ bestehend aus mehreren Unternehmen, wie es regelmäßig bei einem Konzernverbund der Fall ist, und auf die unter **B.** noch ausführlich einzugehen sein wird.[113] An hiesiger Stelle geht es zunächst um die Definition des Unternehmens als wirtschaftlich tätige „Einheit“ im Sinne eines Subjekts oder Gebildes, das am Wirtschaftsleben teilnimmt.

---

112 EuGH, Urteil v. 23. April 1991, Rs. C-41/90, ECLI:EU:C:1991:161 Rn. 21 – *Höfner und Elser.*

113 Vgl. zu der Abgrenzung der Begriffe *de Bronett*, EWS 2012, S. 113, 117 f.

1. Erfordernis der rechtlichen Selbständigkeit

Bei der Auslegung des Begriffs der „wirtschaftlich tätigen Einheit", wie er von der Rechtsprechung im Rahmen der Definition des Unternehmens verwendet wird, stellt sich zunächst die Frage, ob dieser Rechtsfähigkeit oder zumindest Rechtssubjektivität voraussetzt.

Die Beantwortung dieser Frage hängt auch davon ab, ob man sich bei der Prüfung der Verantwortlichkeit für Kartellverstöße für eine einstufige oder eine zweistufige Prüfung ausspricht.[114] Bei einer zweistufigen Prüfung wird auf materieller Ebene zunächst festgestellt, ob ein Unternehmen im funktional-wettbewerbsrechtlichen Sinne vorliegt und in einem zweiten Schritt ermittelt, wem der begangene Verstoß haftungsrechtlich zuzurechnen ist. Bei einer einstufigen Prüfung werden hingegen Unternehmenseigenschaft und Verantwortlichkeit in einem Schritt geprüft, was notwendigerweise bereits auf materieller Ebene die Bestimmung eines rechtsfähigen Subjekts erforderlich macht.

a) Rechtsprechung und Kommissionspraxis

Die Unionsgerichte und die Europäische Kommission nehmen in ihrer Entscheidungspraxis eine zweistufige Prüfung vor. Der vom EuGH in *Höfner und Elser* aufgestellte und in ständiger Rechtssprechung fortgesetzte Unternehmensbegriff, wonach ein Unternehmen jede wirtschaftlich tätige Einheit *unabhängig* von ihrer Rechtsform ist,[115] spricht gegen die Voraussetzung von Rechtsfähigkeit als konstitutivem Merkmal der Unternehmensqualität.[116] Nach

---

114 *Herrmann* in: MüKo EU-Wettbewerbsrecht, Einleitung Rn. 1003; *Roth/Ackermann* in: FK EU-Kartellrecht, Art. 81 Abs. 1 EG Rn. 113; *Weiß*, Der Unternehmensbegriff im europäischen und deutschen Kartellrecht, S. 117.

115 EuGH, Urteil v. 23. April 1991, Rs. C-41/90, ECLI:EU:C:1991:161 Rn. 21 – *Höfner und Elser*; vgl. auch EuGH, Urteil v. 17. Februar 1993, verb. Rs. C-159/91 % 160/91, ECLI:EU:C:1991:161 Rn. 17 – *Poucet und Pistre*; EuGH, Urteil v. 19. Januar 1994, Rs. C-364/92, ECLI:EU:C:1994:7 Rn. 18 – *SAT Fluggesellschaft/Eurocontrol*; EuGH Urteil v. 16. November 1995, Rs. C-244/94, ECLI:EU:C:1995:392 Rn. 14 – *FFSA*; EuGH, Urteil v. 11. Dezember 1997, Rs. C-55/96, ECLI:EU:C:1997:603 Rn. 21 – *Job Centre*; EuGH, Urteil v. 12. September 2000, verb. Rs. C-180/98 bis 184/98, ECLI:EU:C:2000:428 Rn. 74 – *Pavlov*; EuGH, Urteil v. 22. Januar 2002, Rs. C-218/00, ECLI:EU:C:2002:36 Rn. 22 – *Cisal*; EuGH, Urteil v. 28. Juni 2005, verb. Rs. C-189/02, C-202/02, C-205/02 bis C-208/02 & C-213/02, ECLI:EU:C:2005:408 Rn. 112 – *Dansk Rørindustri u.a.*; EuGH, Urteil v. 11. Juli 2006, Rs. C-205/03, ECLI:EU:C:2006:453 Rn. 25 – *FENIN*.

116 So auch *Herrmann* in: MüKo EU-Wettbewerbsrecht, Einleitung Rn. 1003.

dieser Formulierung kann vielmehr jede organisatorische Gesamtheit von Personen und Einrichtungen eine „Einheit“, also ein Unternehmen darstellen, solange diese in der Lage ist, sich selbständig am wirtschaftlichen Verkehr zu beteiligen.[117] In *Dansk Rørindustri* stellte der EuGH unmissverständlich fest, dass „der Begriff des Unternehmens im Sinne der Wettbewerbsbestimmungen des Vertrages nicht voraussetzt, dass die betreffende wirtschaftliche Einheit eine eigene Rechtspersönlichkeit hat“.[118] Erst auf der Rechtsfolgenseite wird geprüft, welches Rechtssubjekt für den Kartellrechtsverstoß haftbar zu machen ist.[119] Der EuG schließt sich der Definition des EuGH und dementsprechend dessen zweistufiger Prüfung an.[120] In ähnlicher Weise konstatiert die Europäische Kommission, der Unternehmensbegriff des europäischen Kartellrechts decke sich nicht mit dem nationalen Gesellschafts- oder Steuerrecht, was gegen eine institutionsbezogene Begriffsbestimmung spricht.[121] In der *Karton*-Entscheidung formulierte die Kommission: „Die EG-Wettbewerbsregeln gelten für „Unternehmen“. Dieser Begriff deckt sich nicht mit der rechtsfähigen Gesellschaft mit gesonderter Rechtspersönlichkeit. Der Begriff „Unternehmen“ ist im Vertrag nicht definiert. Er kann sich aber auf jede Einheit mit wirtschaftlicher Tätigkeit beziehen.“[122]

b) Literatur

Dennoch wird in der Literatur zum Teil vertreten, der Begriff „Einheit“ setze Rechtssubjektivität voraus, mithin die Fähigkeit, eigenständiger Träger von Rechten und Pflichten zu sein.[123] Demnach können wirtschaftlich tätige Einheiten im

---

117 Vgl. *Weiß*, Der Unternehmensbegriff im europäischen und deutschen Kartellrecht, S. 115 f.

118 EuGH, Urteil v. 28. Juni 2005, verb. Rs. C-189/02, C-202/02, C-205/02 bis C-208/02 & C-213/02, ECLI:EU:C:2005:408 Rn. 113 – *Dansk Rørindustri u.a.*

119 EuGH, Urteil v. 28. Juni 2005, verb. Rs. C-189/02, C-202/02, C-205/02 bis C-208/02, ECLI:EU:C:2005:408 – *Dansk Rørindustri*; Schlussanträge GA *Kokott* vom 23. April 2009 in der Rs. C-97/08 P, ECLI:EU:C:2009:262 Rn. 37 – *Akzo Nobel.*

120 EuG, Urteil v. 10. März 1992, Rs. T-11/89, ECLI:EU:T:1992:33 Rn. 311 – *Shell*; EuG, Urteil v. 20. April 1999, verb. Rs. T-305/94 bis T-307/94, T-313/94 bis 316/94, T-318/94, T-325/94, T-328/94, T-329/94 bis T-335/94, ECLI:EU:T:1999:80 Rn. 953 – *Limburgse Vinyl Maatschappij NV u.a.*; EuG, Urteil v. 4. März 2003, Rs. T-319/99, ECLI:EU:T:2003:50 Rn. 35 – *FENIN.*

121 Kommission, Entscheidung v. 24. April 1986, ABl. 1986 L-230/1 Rn. 99 – *Polypropylen*; Kommission, Entscheidung v. 27. Juli 1994, ABl. 1994 L-239/14 Rn. 44 – *PVC.*

122 Kommission, Entscheidung v. 13. Juli 1994, ABl. 1994 L-243/1 Rn. 140 - *Karton.*

123 *Stockenhuber* in: Grabitz/Hilf/Nettesheim, Art. 101 AEUV Rn. 52; *Zäch*, Grundzüge des europäischen Wirtschaftsrechts, S. 283 f.

Sinne des europäischen Unternehmensbegriffs nur natürliche oder juristische Personen oder (teil)rechtsfähige Personengesellschaften sein. Dies wird in erster Linie damit begründet, dass die Aufgabe des Unternehmensbegriffs sich nicht in der bloßen Feststellung einer wettbewerblichen Einheit erschöpfe, sondern darüber hinaus die Ermittlung des für das rechtswidrige Verhalten zuständigen Adressaten einer möglichen Kommissionsentscheidung beinhalte.[124] Zudem verweisen die Vertreter dieser Ansicht auf den Wortlaut des Art. 1 des Protokolls 22 zum EWR-Abkommen, in dessen deutscher Fassung es heißt „Unternehmen" sei jedes „Rechtssubjekt", das eine kommerzielle oder wirtschaftliche Tätigkeit ausübt.[125] Sofern es der fraglichen Einheit an Rechtssubjektivität fehlt, soll ein Durchgriff auf ihre Träger, mithin die darüber stehenden natürlichen oder juristischen Personen erfolgen.[126]

Unmittelbar auf die Unternehmensträger stellt eine andere Strömung in der Literatur ab.[127] Demnach ist zwar die rechtliche Selbständigkeit der zu beurteilenden Einheit, nicht jedoch deren Rechtsfähigkeit erforderlich, solange auf einen rechtsfähigen Unternehmensträger abgestellt werden kann.[128] *Pohlmann* begründet diese Ansicht mit der gesetzgeberischen und wirtschaftspolitischen Zielsetzung der Wettbewerbsregeln, die sich aus der marktwirtschaftlichen Eigentumsordnung herleite. Erst die Möglichkeit, privates Eigentum an unternehmerischen Ressourcen zu bilden mache es erforderlich, die Macht, die sich aus der Ausübung dieser Eigentumsrechte ergebe, durch Wettbewerbsregeln zu kontrollieren. Da die Inhaber dieser Verfügungsmacht die natürlichen und juristischen Personen seien, welche als Unternehmensträger hinter der „Einheit" stehen, müssten diese die Adressaten der Wettbewerbsregeln, mithin die „Unternehmen", sein.[129] *Potrafke* argumentiert, der Unternehmensbegriff würde seine eigenständige Bedeutung verlieren, wenn „jegliche real erfahrbare Einheit" als

---

124 So *Herrmann* in MüKo EU-Wettbewerbsrecht, Einl. Rn. 1003.

125 BGBl II 1993 Nr. 11 vom 16. April 1993, S. 407; vgl. dazu *Stockenhuber* in: Grabitz/Hilf/Nettesheim, Art. 101 AEUV Rn. 53.

126 *Herrmann* in MüKo EU-Wettbewerbsrecht, Einl. Rn. 1003.

127 Vgl. insbesondere *Pohlmann*, Der Unternehmensverbund im europäischen Kartellrecht, S. 49 ff; ebenso *Goyder*, EC Competition Law, S. 74; *Scholz*, Die konzerninterne Wettbewerbschränkung, S. 67.

128 *Pohlmann*, Der Unternehmensverbund im europäischen Kartellrecht, S. 49 ff; *Potrafke*, Kartellrechtswidrigkeit konzerninterner Vereinbarungen, S. 178; vgl. auch Schlussanträge GA *Mayras* vom 12. Februar 1974 in der Rs. 127/73, ECLI:EU:C:1974:11 322 f. – *BRT II*.

129 Ausführlich *Pohlmann*, Der Unternehmensverbund im europäischen Kartellrecht, S. 49 ff.

Unternehmen eingeordnet würde. Daher sei die exklusive Zuordnung zu einem Träger von Rechten und Pflichten erforderlich, dessen Form sich allerdings nicht an gesellschaftsrechtlichen Regelungen orientieren solle, da selbige im europäischen Kartellrecht fehlten.[130]

Den Befürwortern des Rechtssubjektivitätserfordernisses ist gemein, dass sie von einer einstufigen Prüfung der Unternehmensqualität und kartellrechtlichen Verantwortung ausgehen. Da es für die Durchsetzung des Rechtsanspruchs ohnehin einer rechtsfähigen Einheit bedürfe, könne die Bestimmung derselben bereits auf materieller Ebene erfolgen. Dies habe den Vorteil eines einheitlichen Unternehmensbegriffs wohingegen die zweistufige Prüfung auf unterschiedliche Unternehmensbegriffe im materiellen Kartellrecht und im Kartellverfahrensrecht hinauslaufe.[131]

Die Gegenmeinung in der Literatur schließt sich der zweistufigen Prüfung der Unionsorgane an und sieht dementsprechend Rechtssubjektivität nicht als Kriterium des (materiellen) wettbewerbsrechtlichen Unternehmensbegriffs an.[132]

c) Stellungnahme

Der von der Rechtsprechung aufgezeigte Weg ist der vorzugswürdige. Die Notwendigkeit einer einstufigen Prüfung lässt sich weder aus den einschlägigen Normen, noch aus der Praxis der Unionsorgane ableiten.

Das Wortlautargument der Gegenansicht kann nicht überzeugen. Art. 1 des Protokolls 22 zum EWR-Abkommen, welcher in der deutschen Fassung als Unternehmen jedes „Rechtssubjekt, das eine kommerzielle oder wirtschaftliche Tätigkeit ausübt", definiert,[133] spricht in der englischen Fassung lediglich von „any *entity* carrying out activities of a commercial or economic nature". Ein

---

130 *Potrafke*, Kartellrechtswidrigkeit konzerninterner Vereinbarungen, S. 178 f; *Stockenhuber* in: Grabitz/Hilf/Nettesheim, Art. 101 AEUV Rn. 53.

131 *Pohlmann*, Der Unternehmensverbund im europäischen Kartellrecht, S. 50; *Roth/Ackermann* in: FK EU-Kartellrecht, Art. 81 Abs. 1 EG Rn. 58.

132 *Emmerich* in: Immenga/Mestmäcker, EU-Wettbewerbsrecht, Art. 101 Abs. 1 AEUV Rn. 9; *Gleiss/Hirsch*, Kommentar zum EG-Kartellrecht, Art. 85 Abs. 1 EG Rn. 47; *Gippini-Fournier/Mojzesowicz* in: Loewenheim/Meessen/Riesenkampff, Art. 81 EG Rn. 39; *Kling*, WRP 2010, S. 506, 507; *Korah*, EC Competition Law and Practice, S. 46; *Mestmäcker/Schweitzer*, Europäisches Wettbewerbsrecht, § 9 Rn. 14; *Ritter/Braun/Rawlinson*, European Competition Law, S. 40; *Roth/Ackermann*, FK EU-Kartellrecht, Art. 81 Abs. 1 EG Rn. 114; *Schröter* in: von der Groeben/Schwarze, Vor Art. 101-105 AEUV Rn. 45; *Weiß*, Der Unternehmensbegriff im europäischen und deutschen Kartellrecht, S. 125.

133 BGBl. II 1993 Nr. 11 vom 16. April 1993, S. 265, 407.

Erfordernis der Rechtsfähigkeit oder auch nur der Rechtssubjektivität ist darin nicht enthalten, zumal der EuGH in seinen Entscheidungen den Begriff „entity" stets schlicht mit „Einheit" übersetzt.[134] Dieses vom EuGH zum Ausdruck gebrachte Verständnis der rechtsformneutralen wirtschaftlich tätigen Einheit, und nicht der Wortlaut des Art. 1 des Protokolls 22 ist, wie von *Weiß* richtig dargestellt, maßgeblich für die Auslegung des Unternehmensbegriffs. Art. 1 des Protokolls 22 dient ausdrücklich nur „zum Zwecke der Zuweisung der Einzelfälle gemäß Artikel 56 des Abkommens" und kann daher nicht bindend für die Auslegung der übrigen Normen des AEUV sein.[135] Ähnlich, wenn auch in einem anderen Zusammenhang, formuliert *de Bronett*, der EuGH ersetze durch die Verwendung des Worts „Einheit" in seiner Formulierung „wirtschaftlich tätige Einheit" lediglich das Wort „Person", um den Unternehmensbegriff rechtsformneutral zu umschreiben.[136] Dies bestätigt auch die Formulierung des EuGH in der Rechtssache *General Quimica*, mit der er ein Unternehmen als „jede eine wirtschaftliche Tätigkeit ausübende Einrichtung" beschreibt und durch dieses Abrücken von der Standardformulierung beweist, dass der Begriff „Einheit" im Rahmen des Unternehmensbegriffs keine eigenständige Bedeutung hat.[137]

Das Hauptargument gegen die Annahme einer einstufigen Prüfung ist die damit einhergehende Notwendigkeit einer Anknüpfung an nationale Institutionen zur Bestimmung des Rechtsträgers.[138] Da es ein „europäisches Gesellschaftsrecht" nicht gibt, erfordert die einstufige Prüfung der Literatur eine Zuordnung

---

134 EuGH, Entscheidung v. 12. Juli 1984, Rs. 170/83, ECLI:EU:C:1984:271 Rn. 11 – *Hydrotherm*; EuGH, Entscheidung v. 23. April 1991, Rs. C-41/90, ECLI:EU:C:1991:161 Rn. 21 – *Höfner und Elser*; EuGH, Entscheidung v. 17. Februar 1992, verb. Rs. C-159/91 & C-160/91, ECLI:EU:C:1993:63 Rn. 17 – *Poucet und Pistre*; EuGH, Entscheidung v. 25. Oktober 2001, Rs. C-475/99, ECLI:EU:C:2001:577 Rn. 19 – *Ambulanz Glöckner*; EuGH, Entscheidung v. 22. Januar 2002, Rs. C-218/00, ECLI:EU:C:2002:36 Rn. 22 – *Cisal*; EuGH, Entscheidung v. 14. Dezember 2006, Rs. C-205/03 P, ECLI:EU:C:2006:453 Rn. 25 – *FENIN*.

135 *Weiß*, Der Unternehmensbegriff im europäischen und deutschen Kartellrecht, S. 123; vgl. zur Auslegung des Begriffs „undertaking" in Art. 101 und 102 AEUV auch *Ritter/Braun/Rawlinson*, European Competition Law, S. 40, der ebenfalls von Rechtsformunabhängigkeit ausgeht.

136 *de Bronett*, EWS 2012, S. 113, 117.

137 EuGH, Urteil v. 20. Januar 2011, Rs. C-90/09 P, ECLI:EU:C:2011:21 Rn. 34 – *General Quimica*.

138 *Gleiss/Hirsch*, Kommentar zum EG-Kartellrecht, Art. 85 Abs. 1 EG Rn. 47; *Schröter* in: von der Groeben/Schwarze, Vor Art. 101-105 AEUV Rn. 45; *Weiß*, Der Unternehmensbegriff im europäischen und deutschen Kartellrecht, S. 125; vgl. auch

zu Rechtssubjekten des nationalen Gesellschaftsrechts der Mitgliedstaaten.[139] Dieses Ergebnis ist aus zwei Gründen nicht sachgerecht. Zum einen besteht bei Anknüpfung an mitgliedstaatliche Rechtsbegriffe aufgrund unterschiedlicher Regelungen die Gefahr einer uneinheitlichen Rechtsanwendung bei vergleichbaren Marktteilnehmern.[140] Überdies stünde die Anwendbarkeit des europäischen Kartellrechts auf bestimmte Einheiten zur Disposition der mitgliedstaatlichen Gesetzgeber, was nicht im Sinne einer allgemeingültigen europäischen Wettbewerbsordnung ist und dem *effet utile* zuwiderläuft.[141]

Darüber hinaus widerspricht die einstufige Prüfung dem oben dargestellten funktionalen Unternehmensbegriff indem sie die Anwendbarkeit des europäischen Kartellrechts von einer institutionellen Einordnung der fraglichen wettbewerblichen Einheit abhängig macht. Ein institutioneller Unternehmensbegriff wird aber spätestens seit der Entscheidung *Höfner und Elser* nahezu einhellig und mit gutem Grund abgelehnt. Der Schwerpunkt bei der Beurteilung eines Unternehmens im Sinne des europäischen Kartellrechts liegt gerade auf der wirtschaftlichen Tätigkeit, welche nicht nur von rechtsfähigen Subjekten, sondern von jeder Art von Organisationseinheit ausgeübt werden kann, die in der Lage ist, selbständig am Wettbewerbsgeschehen teilzunehmen.[142] Das entspricht dem Sinn und Zweck des Wettbewerbsrechts, alle Teilnehmer des Gemeinsamen Markts zu erfassen, die potentiell die freie Wettbewerbsordnung gefährden könnten.[143] Dies betrifft auch nicht rechtsfähige Einrichtungen, wie etwa

---

Potrafke, Kartellrechtswidrigkeit konzerninterner Vereinbarungen, S. 182, der sich allerdings im Ergebnis für eine Zuordnung zu nationalen Rechtssubjekten ausspricht.

139 Darstellend *Herrmann* in: MüKo EU-Wettbewerbsrecht, Einleitung Rn. 1003.

140 *Herrmann* in: MüKo EU-Wettbewerbsrecht, Einleitung Rn. 1003; *Schröter* in: von der Groeben/Schwarze, Vor Art. 101-105 AEUV Rn. 45.

141 Vgl. dazu EuGH, Urteil v. 16. Juni 1987, Rs. 118/85, ECLI:EU:C:1987:284 Rn. 10 – *Kommission/Italien* in Bezug auf die Anwendung der Transparenzrichtlinie auf öffentliche Stellen: „*Die Erreichung des […] Ziels der Richtlinie 80/723 würde gefährdet, wenn ihre Anwendung davon abhinge, ob staatliche Stellen eine von derjenigen des Staates getrennte Rechtspersönlichkeit besitzen. Denn je nach der von den Mitgliedstaaten gewählten Rechtsform würden die wirtschaftlichen Tätigkeiten industrieller oder kommerzieller Art bestimmter staatlicher Stellen von der Richtlinie erfasst, diejenigen andrer Stellen dagegen nicht.*“

142 EuG, Urteil v. 17. Dezember 1991, Rs. T-6/89, ECLI:EU:T:1991:74 Rn. 234 – *Enichem Anic/Kommission*; EuG, Urteil v. 10. März 1992, Rs. T-11/89, ECLI:EU:T:1992:33 Rn. 311 – *Shell.*

143 *Schröter* in: von der Groeben/Schwarze, Vor Art. 101-105 AEUV Rn. 45; *Weiß*, Der Unternehmensbegriff im europäischen und deutschen Kartellrecht, S. 125.

wirtschaftlich handelnde, aber nicht mit eigener Rechtspersönlichkeit ausgestattete öffentliche Stellen.[144] Der Begriff der „Einheit“ dient in diesem Zusammenhang nur der Klarstellung, dass es sich um eine Verbindung von Personen, Sachen und sonstigen Einrichtungen handeln muss, die jedenfalls den gemeinsamen Zweck der Teilnahme am wirtschaftlichen Verkehr verfolgen muss.[145] Insofern ist bei der Beurteilung des auf der Tatbestandsebene zu definierenden Unternehmens nicht auf ein Rechts-, sondern vielmehr auf ein Wettbewerbssubjekt abzustellen.[146]

Auf die Rechtssubjektivität kommt es erst auf der prozessualen Ebene des Verfahrens an. Unstreitig bedarf es zur prozessualen Durchsetzung eines kartellrechtlichen Unterlassungs- oder Bußgeldanspruchs eines Rechtsträgers, dem die Entscheidung zugestellt und gegen den vollstreckt werden kann. Häufig, aber nicht immer,[147] ist das handelnde Unternehmen ohnehin selbst eine natürliche oder juristische Person und kann so unmittelbar selbst zur Verantwortung gezogen werden. Ungeachtet dessen werden in der Praxis oft konzernverbundene Unternehmen in die(Mit-)Haftung genommen, worauf im nächsten Kapitel noch ausführlich einzugehen sein wird.

In den Fällen, in denen die handelnde Einheit selbst jedoch über keine Rechtssubjektivität verfügt, muss in einem zweiten Prüfungsschritt ein hinter der Einheit stehender Rechtsträger ermittelt werden. Dass dieser dann ein nach den gesellschaftsrechtlichen Maßstäben der Mitgliedstaaten zu bestimmendes Rechtsinstitut ist, steht dem unionsrechtlichen Unternehmensbegriff nicht entgegen, da sich die Rechtsdurchsetzung nach dem Willen der Europäischen Union ohnehin auf nationaler Ebene vollzieht. Gemäß Art. 299 Abs. 2 AEUV richtet sich die Vollstreckung von Rechtsakten der Europäischen Kommission und des EuGH (Art. 280 AEUV) – mangels einer extraterritorialen

144 EuGH, Urteil v. 16. Juni 1987, Rs. 118/85, ECLI:EU:C:1987:284 Rn. 11 – *Kommission/Italien*; EuGH, Urteil v. 27. Oktober 1993, Rs. C-69/91, ECLI:EU:C:1993:853 Rn. 15 – *Decoster*; *Mestmäcker/Schweitzer*, Europäisches Wettbewerbsrecht, § 9 Rn. 14.

145 Ähnlich auch *Weiß*, Der Unternehmensbegriff im europäischen und deutschen Kartellrecht, S. 116, der feststellt, das Merkmal „Einheit“ entspringe dem funktionalen Unternehmensbegriff und sei daher indirekt das Ergebnis der Entscheidung gegen die materiell-institutionelle und für die funktionale Betrachtungsweise.

146 *Bos/Stuyck/Wytinck*, Concentration Control in the European Economic Community Rn. 3-026; zustimmend *Weiß*, Der Unternehmensbegriff im europäischen und deutschen Kartellrecht, S. 125.

147 *Mestmäcker/Schweitzer*, Europäisches Wettbewerbsrecht, § 9 Rn. 14; *Weiß*, Der Unternehmensbegriff im europäischen und deutschen Kartellrecht, S. 124.

Vollstreckungskompetenz der Europäischen Union – nach den Vorschriften der mitgliedstaatlichen Zivilprozessordnungen. Adressaten der Vollstreckungstitel können mithin alle natürlichen und nach den Regeln des jeweiligen Mitgliedstaates zu qualifizierenden juristischen Personen sein.[148]

Warum diese notwendige Zuordnung des zu beurteilenden Kartellverstoßes zu einem Rechtsträger auf der Vollstreckungsebene bereits ein Rechtssubjektivitätserfordernis auf der vorgelagerten Tatbestandsseite bei der Bestimmung des Unternehmensbegriffs hervorrufen soll, wie es die Vertreter der einstufigen Prüfung fordern,[149] ist nicht einsichtig. Die Zurechnung findet ausschließlich zum Zwecke der Rechtsdurchsetzung statt.[150] Dadurch wird kein eigenständiger, sich von dem funktionalen Unternehmensbegriff unterscheidender Begriff des „Unternehmens" kreiert. Streng genommen geht es auf der Vollstreckungsebene nämlich gar nicht mehr um das „Unternehmen" im Sinne des Wettbewerbsrechts. Bei genauer Betrachtung ist zwischen drei Ebenen zu unterscheiden: zum einen der Tatbestandsebene des Art. 101 bzw. Art. 102 AEUV, auf der das „Unternehmen" als Adressat der Wettbewerbsregeln zu definieren ist. Auf der zweiten Ebene steht die Rechtsfolgenseite der Art. 7 und 23 der *Verordnung (EG) Nr. 1/2003 des Rates zur Durchführung der in den Artikeln 81 und 82 des Vertrags niedergelegten Wettbewerbsregeln* (im Folgenden „VO 1/2003"), wonach die Europäische Kommission die Abstellung der Zuwiderhandlung und die Verhängung einer Geldbuße gegen das handelnde „Unternehmen" anordnen kann. Der Unternehmensbegriff dieser beiden Ebenen ist identisch.[151] Auch Art. 7 und Art. 23 der VO 1/2003 beziehen sich auf den funktionalen Unternehmensbegriff und erfassen somit jede wirtschaftlich tätige Einheit unabhängig von ihrer Rechtsform oder der Art ihrer Finanzierung. An dieser Stelle ist es noch nicht nötig, den Unternehmensbegriff zu modifizieren und das wettbewerbswidrige Verhalten einem nach mitgliedstaatlichen Maßstäben zu bestimmenden Rechtssubjekt zuzuordnen: grundsätzlich kann die Kommission gegen die wirtschaftlich

148 *Ruffert* in: Calliess/Ruffert, Art. 299 Rn. 3 f.

149 *Stockenhuber* in: Grabitz/Hilf/Nettesheim, Art. 101 AEUV Rn. 52.

150 In diesem Sinne auch Kommission, Entscheidung v. 13. Juli 1994, ABl. 1994 L-243/1 Rn. 141 - *Karton*; vgl. auch *Kersting*, Der Konzern 2011, S. 445, 449, der die Bestimmung eines Rechtssubjekts zum Zwecke der Rechtsdurchsetzung als notwendigen „verfahrensrechtlichen Schritt" bezeichnet.

151 *Engelsing/Schneider* in: Immenga/Mestmäcker, EU-Wettbewerbsrecht, Art. 23 VO 1/2003 Rn. 40; *Sura* in: Langen/Bunte, Europäisches Kartellrecht, Art. 23 VO 1/2003 Rn. 10; *Nowak* in: Loewenheim/Meessen/Riesenkampff, Art. 23 VerfVO Rn. 17.

handelnde Einheit, die den Wettbewerbsverstoß begangen hat, eine Abstellungsverfügung erlassen oder eine Geldbuße verhängen.

Die Zuordnung zu einem rechtsfähigen Subjekt hat erst auf der dritten, der Vollstreckungsebene, zu erfolgen. Hier bestimmt Art. 299 Abs. 1 AEUV, dass Rechtsakte der Kommission vollstreckbare Titel sind, die gemäß Abs. 2 nach den Vorschriften der Zivilprozessordnungen der Mitgliedstaaten zu vollstrecken sind. Nach Art. 280 AEUV gilt dies auch für Urteile der Unionsgerichtsbarkeit. Für die Vollstreckung bedarf es eines wirksamen Titels und eines zustellungsbevollmächtigten Adressaten, welcher nur ein rechtsfähiges Subjekt, also eine natürliche oder juristische Person nach dem jeweiligen mitgliedstaatlichen Recht sein kann.[152] Da dieser Adressat als Schuldner in dem Vollstreckungstitel, also der Kommissionsentscheidung bezeichnet sein muss, ist die Bestimmung dieses Rechtssubjekts in der Kommissionsentscheidung erforderlich.[153] Dies ist jedoch eine Frage der Zurechnung, nicht der Definition des Unternehmensbegriffs. Die Entscheidung der Kommission ergeht gegen das Unternehmen im Sinne der Art. 101 und 102 AEUV und wird, im Fall mangelnder eigener Rechtspersönlichkeit des Unternehmens, dem dahinter stehenden Rechtssubjekt lediglich zum Zwecke der Rechtsdurchsetzung zugeschrieben.[154] Darin ist keine Aufspaltung oder Neudefinition des Unternehmensbegriffs auf der Rechtsfolgenseite zu sehen, wie von den Vertretern der einstufigen Prüfung vorgeworfen.[155]

Der zweistufigen Prüfung der Unionsorgane ist mit den dargestellten Argumenten zu folgen. Die Gegenansicht läuft dem Ziel eines einheitlichen, konsequent funktionalen Unternehmensbegriffs und einer einheitlichen Rechtsanwendung innerhalb der Gemeinschaft zuwider und ist daher abzulehnen.

2. *Erfordernis der wirtschaftlichen Selbständigkeit*

Abgesehen von der Frage der Rechtssubjektivität ist ebenfalls umstritten, inwieweit ein gewisses Maß an wirtschaftlicher Selbständigkeit als notwendige Voraussetzung für die Bestimmung eines Unternehmens anzusehen ist. Die Diskussion ist insbesondere bei der Beurteilung konzerninterner Vorgänge von Relevanz, worauf noch ausführlich einzugehen sein wird.

---

152 *Ritter/Braun/Rawlinson*, European Competition Law, S. 42; *Ruffert* in: Calliess/Ruffert, Art. 299 Rn. 2 f.

153 *de Bronett*, Europäisches Kartellverfahrensrecht, Art. 23 Rn. 21; *Klees*, Europäisches Kartellverfahrensrecht, § 10 Rn. 123.

154 EuG, Urteil v. 11. März 1999, Rs. T-156/94, ECLI:EU:T:1999:53 Rn. 136 – *Aristrain*.

155 *Pohlmann*, Der Unternehmensverbund im europäischen Kartellrecht, S. 47.

Besondere Bedeutung hat die Frage, wenn die rechtliche und die wirtschaftliche Eigenständigkeit auseinanderfallen, was insbesondere bei konzernzugehörigen Einheiten der Fall ist.[156] Obwohl die einzelnen unter dem Dach eines Konzerns verbundenen Unternehmenseinheiten regelmäßig über jeweils eigenständige Rechtspersönlichkeiten verfügen, die als solche am wirtschaftlichen Geschehen teilnehmen, können sie wirtschaftlich von der Konzernmutter abhängig sein.

a) Rechtsprechung und Kommissionspraxis

Die Frage nach der Bedeutung der wirtschaftlichen Selbständigkeit von Unternehmen tritt vor allen Dingen in Fällen auf, in denen es um eine wirtschaftliche Einheit von miteinander verbundenen Unternehmen geht. Eine wirtschaftliche Einheit liegt nach der Formulierung des EuGH immer dann vor, wenn „die Tochtergesellschaft trotz eigener Rechtspersönlichkeit ihr Marktverhalten nicht autonom bestimmt, sondern im Wesentlichen Weisungen der Muttergesellschaft befolgt" (ausführlich zu den Voraussetzungen der wirtschaftlichen Einheit unter **B.**).[157] Fraglich ist, ob diese Abhängigkeit der Tochtergesellschaft auch eine wirtschaftliche Abhängigkeit meint, sprich ob eine wirtschaftliche Unselbständigkeit zum Verlust der Unternehmenseigenschaft führt.

Die Europäische Kommission[158] und das EuG[159] haben sich in einigen Entscheidungen für die wirtschaftliche Selbständigkeit als konstitutives Merkmal des Unternehmensbegriffs ausgesprochen.

Die Rechtsprechung des EuGH ist in dieser Frage nicht eindeutig. Die Formulierungen in älteren Urteilen sprechen eher gegen das Erfordernis wirtschaftlicher Selbständigkeit.[160] So hieß es etwa in der Entscheidung *Ahmed Saeed* „Nach

---

156 *Menz*, Wirtschaftliche Einheit und Kartellverbot, S. 21; *Mestmäcker/Schweitzer*, Europäisches Wettbewerbsrecht, § 9 Rn. 14 ff.

157 EuGH, Urteil v. 10. September 2009, Rs. C-97/08, ECLI:EU:C:2009:536 Rn. 58 – *Akzo Nobel.*

158 Kommission, Entscheidung v. 23. April 1986, ABl. 1986 L-230/1, S. 31 ff – *Polypropylen*; Kommission, Entscheidung v. 13. Juli 1994, ABl. 1994 L-243/1 Rn. 141 – *Karton*; Kommission, Entscheidung v. 27. Juli 1994, ABl. 1994 L-239/14 Rn. 44 – *PVC.*

159 EuG, Urteil v. 17. Dezember 1991, Rs. T-6/89, ECLI:EU:T:1991:74 Rn. 235 – *Enichem Anic*; EuG, Urteil v. 10. März 1992, Rs. T-11/89, ECLI:EU:T:1992:33 Rn. 311 – *Shell.*

160 EuGH, Urteil v. 25. Oktober 1983, Rs. 107/82, ECLI:EU:C:1983:293 Rn. 49 f. – *AEG Telefunken*; EuGH, Urteil v. 4. Mai 1988, Rs. 30/87, ECLI:EU:C:1988:225 Rn. 18 f. – *Bodson* (der EuGH sprach hier von „zum selben Konzern gehörenden konzessionierten *Unternehmen*"); EuGH, Urteil v. 11. April 1989, Rs. 66/86, ECLI:EU:C:1989:803 Rn. 35 – *Ahmed Saeed.*

der Rechtsprechung des Gerichtshofs ist Artikel 85 dann nicht anwendbar, wenn die fragliche Absprache zwischen *Unternehmen* getroffen worden ist, die als Mutter- und Tochtergesellschaft eine wirtschaftliche Einheit bilden, in deren Rahmen die Tochtergesellschaft ihr Vorgehen auf dem Markt nicht wirklich autonom bestimmen kann".[161] Trotz der wirtschaftlichen Abhängigkeit der Tochtergesellschaft wird diese hier mithin als „Unternehmen" bezeichnet. In *BMW Belgium* betonte der Gerichtshof, dass „das Bestehen einer wirtschaftlichen Abhängigkeit zwischen einer Muttergesellschaft und ihrer Tochtergesellschaft […] weder Unterschiede im Verhalten noch gar Unterschiede der Interessen zwischen beiden Gesellschaften ausgeschlossen [würden]" und stellte damit klar, dass BMW Belgien trotz wirtschaftlicher Abhängigkeit von seiner Muttergesellschaft BMW München ein eigenständiges Unternehmen sei.[162]

Die jüngere Rechtsprechung des EuGH spricht hingegen eher dafür, dass die wirtschaftliche Selbständigkeit als Voraussetzung des Unternehmens angesehen. Denn in den aktuellen Urteilen bezieht sich der Gerichtshof nicht mehr auf Unternehmen innerhalb der wirtschaftlichen Einheit, sondern auf „Gesellschaften" und „Rechtssubjekte". In *Akzo Nobel* bezeichnete der EuGH „die Muttergesellschaft und die Tochtergesellschaft [als] Teil ein und derselben wirtschaftlichen Einheit […] und damit ein Unternehmen".[163] Die Unternehmenseigenschaft bezieht sich demnach auf die wirtschaftliche Einheit. Die wirtschaftlich abhängige Tochtergesellschaft wird hingegen nicht mehr als Unternehmen bezeichnet.[164] Noch deutlicher wurde der Gerichtshof in der Rechtssache *Eni*: in dem Verfahren hatte die Muttergesellschaft Eni versucht, die von der Europäischen Kommission und dem EuG angenommene Vermutung einer wirtschaftlichen Einheit mit ihrer Tochtergesellschaft Versalis zu widerlegen (vgl. dazu noch unten **B.II.3.a**)). Der EuGH sah die Vermutung als nicht widerlegt an. Er führte aus, Eni hätte „um die betreffende Vermutung zu widerlegen, nachweisen müssen, dass Versalis nicht nur auf operativer, sondern auch auf finanzieller Ebene

161 EuGH, Urteil v. 11. April 1989, Rs. 66/86, ECLI:EU:C:1989:803 Rn. 35 – *Ahmed Saeed.*

162 EuGH, Urteil v. 12. Juli 1979, verb. Rs. 32/78 & 36/78, ECLI:EU:C:1979:191 Rn. 24 – *BMW Belgium u.a./Kommission.*

163 EuGH, Urteil v. 10. September 2009, Rs. C-97/08, ECLI:EU:C:2009:536 Rn. 59 – *Akzo Nobel.*

164 Ebenso in EuGH, Urteil v. 29. September 2011, Rs. 520/09 P, ECLI:EU:C:2011:619 Rn. 37 f – *Arkema*; Ebenso in EuGH, Urteil v. 29. September 2011, Rs. 522/09 P, ECLI:EU:C:2011:620 Rn. 54 f – *Elf Aquitaine*; EuGH, Urteil v. 19. Juli 2012, verb. Rs. C-628/10 P & C-14/11 P, ECLI:EU:C:2012:479 Rn. 43 f. – *Alliance One.*

völlig eigenständig handeln konnte", was sie nicht getan habe.[165] Der Gerichtshof betrachtete Eni und Versalis daher als wirtschaftliche Einheit und damit als ein Unternehmen.[166] Mit anderen Worten führte die wirtschaftliche Abhängigkeit von der Muttergesellschaft Eni in den Augen des EuGH dazu, dass Versalis nicht als eigenständiges Unternehmen angesehen werden konnte. Diese Rechtsprechung legt es nahe, dass der EuGH die wirtschaftliche Eigenständigkeit eines Unternehmens als konstitutiv für die Unternehmenseigenschaft bewertet, zumal er seit der *Akzo*-Rechtsprechung konsequent die wirtschaftliche Einheit als Unternehmen bezeichnet, in Bezug auf die einzelnen Einheiten (Mutter- und Tochtergesellschaft) jedoch auf den Begriff „Unternehmen" verzichtet. Offenbar geht der EuGH davon aus, dass die wirtschaftlich unselbständigen Teile einer wirtschaftlichen Einheit gerade keine Unternehmen sind.

b) Literatur

Auch einzelne Stimmen im Schrifttum befürworten die Notwendigkeit einer wirtschaftlichen Selbständigkeit.[167]

Die herrschende Meinung in der Literatur lehnt hingegen das Erfordernis wirtschaftlicher Selbständigkeit ab.[168] Demnach können auch rechtlich und wirtschaftlich unselbständige Einheiten „Unternehmen" im Sinne der Wettbewerbsregeln sein.[169]

---

165 EuGH, Urteil v. 8. Mai 2013, Rs. C-508/11 P, ECLI:EU:C:2013:289 Rn. 68 – *Eni*.

166 EuGH, Urteil v. 8. Mai 2013, Rs. C-508/11 P, ECLI:EU:C:2013:289 Rn. 82 – *Eni*.

167 *Thomas*, Unternehmensverantwortlichkeit und –umstrukturierung nach EG-Kartellrecht, S. 148; *ders.*, ZWeR 2005, S. 236, 242, *Zäch*, Wettbewerbsrecht der Europäischen Union, S. 2 f.

168 *Emmerich* in: Immenga/Mestmäcker, Art. 101 Abs. 1 Rn. 10; *Herrmann* in: MüKo EU-Wettbewerbsrecht, Einleitung Rn. 1004; *Menz*, Wirtschaftliche Einheit und Kartellverbot, S. 227; *Potrafke*, Kartellrechtswidrigkeit konzerninterner Vereinbarungen, S. 179; *Roth/Ackermann* in: FK EU-Kartellrecht, Art. 81 Abs. 1 EG Rn. 114; *Schröter* in: von der Groeben/Schwarze, Vor Art 101-105 AEUV Rn. 45; *ders.* in: Schröter/Jacob/Mederer, Kommentar zum Europäischen Wettbewerbsrecht, Vorb. zu Art. 81 bis 85 Rn. 31; differenziert *Stockenhuber* in: Grabitz/Hilf/Nettesheim, Art. 101 AEUV, der die wirtschaftliche Autonomie zwar einerseits nicht als konstitutives Merkmal des Unternehmensbegriffs ansieht (Rn. 62), aber als allgemeine Anwendungsvoraussetzung des Art. 101 AEUV (Rn. 166).

169 *Mestmäcker/Schweitzer*, Europäisches Wettbewerbsrecht, § 9 Rn. 14; *Potrafke*, Kartellrechtswidrigkeit konzerninterner Vereinbarungen, S. 179, 183; *Schröter* in: von der Groeben/Schwarze, Vor Art 101-105 AEUV Rn. 45.

c) Stellungnahme

Das Erfordernis einer wirtschaftlichen Selbstständigkeit zur Begründung der Unternehmenseigenschaft ist mit der Literatur abzulehnen. Durch die Eingliederung in einen Konzernverbund verlieren die einzelnen Gesellschaften nicht ihre Unternehmenseigenschaft.[170] Zugleich ist eine eigenständige Rechtspersönlichkeit – wie soeben unter **1.** erläutert – für die Teilnahme am Wirtschaftsverkehr nicht erforderlich. Entscheidend für die Unternehmensqualität ist allein die eigenständige Teilnahme am Wirtschaftsverkehr, mithin die Fähigkeit, selbstständig Waren oder Dienstleistungen am Markt anzubieten, wofür es keiner wirtschaftlichen Autonomie bedarf.[171]

Nach der Argumentation der Rechtsprechung führt die Forderung nach wirtschaftlicher Eigenständigkeit dazu, dass Absprachen und andere potentiell kartellrechtswidrige Handlungen, die von konzernzugehörigen wirtschaftlich abhängigen Einheiten begangen werden, dem Anwendungsbereich der kartellrechtlichen Verbotstatbestände entzogen sind. Die Befürworter dieses wirtschaftlichen Unternehmensbegriffs begründen so das Konzernprivileg, also die Unanwendbarkeit des Art. 101 AEUV innerhalb des Konzernsverbunds.[172]

Da der Unternehmensbegriff jedoch umfassende Geltung für das gesamte europäische Wettbewerbsrecht beansprucht, würde dies bedeuten, dass die wirtschaftlich abhängigen Konzerneinheiten auch im Außenverhältnis keine Unternehmensqualität hätten und somit auch Kartellabsprachen mit dritten Unternehmen dem Anwendungsbereich der Wettbewerbsregeln entzogen wären. Das ist nicht sachgerecht und widerspricht dem Sinn und Zweck des europäischen Kartellrechts.[173] Auch abseits von kartellrechtlich relevantem Verhalten ist, im Sinne der Publizität, die Voraussetzung der wirtschaftlichen Abhängigkeit nicht vertretbar. Für einen außenstehenden Geschäftspartner muss klar sein, mit wem er einen Vertrag abschließt, nämlich mit der nach außen als Unternehmen auftretenden wirtschaftlichen Einheit, unabhängig von deren

170 Umstritten; wie hier: *Mestmäcker/Schweitzer*, Europäisches Wettbewerbsrecht, § 9 Rn. 14; *Schröter* in: von der Groeben/Schwarze, Vor Art. 101-105 AEUV Rn. 54 ff.; dazu ausführlich unter **§ 3 A.I.**

171 Vgl. insbesondere *Menz*, Wirtschaftliche Einheit und Kartellverbot, S. 18; ähnlich *Gleiss/Hirsch*, Kommentar zum EG-Kartellrecht, Art. 85 Abs. 1 EG Rn. 49.

172 *Harms* in: FS Hartmann, S. 165, 177 ff; *Zäch*, Wettbewerbsrecht der Europäischen Union, S. 2.

173 *Potrafke*, Kartellrechtswidrigkeit konzerninterner Vereinbarungen, S. 179.

Konzernzugehörigkeit und wirtschaftlicher Stellung, von der er häufig gar keine Kenntnis haben kann.[174]

Für die Anknüpfung des Konzernprivilegs ist die Voraussetzung der wirtschaftlichen Unabhängigkeit zudem nicht erforderlich. Die Nichtanwendbarkeit des Kartellverbots und – wie noch zu untersuchen sein wird – möglicherweise auch des Missbrauchsverbots, lässt sich auf andere Weise herleiten.[175] Da die Herleitung und Bedeutung des Konzernprivilegs in **§ 3** noch eingehend behandelt wird, soll an dieser Stelle nicht näher auf diese Punkte eingegangen werden. Festzuhalten bleibt, dass die wirtschaftliche Autonomie kein konstitutives Merkmal des Unternehmensbegriffs ist.

3. Zwischenfazit

Der Unternehmensbegriff des europäischen Kartellrechts erfordert weder eine rechtliche, noch eine wirtschaftliche Unabhängigkeit der jeweiligen Einheit.

Die Bestimmung eines Rechtssubjekts ist auf der materiellen Tatbestandsebene nicht erforderlich. Erst im Hinblick auf die Vollstreckung von Entscheidungen gegen die „Unternehmen" muss ein Rechtspersönlichkeit oder ein dahinter stehender Rechtsträger bestimmt werden. Diese Ansicht führt nicht zu einem gespaltenen Unternehmensbegriff, weil das „Unternehmen" als Normadressat im Sinne der Artt. 101, 102 AEUV und als Entscheidungsempfänger im Sinne der VO 1/2003 identisch sind und lediglich ein nationalrechtliches Vollstreckungssubjekt bestimmt werden muss.

Auch die wirtschaftliche Eigenständigkeit einer Einheit ist nicht konstitutiv für den Unternehmensbegriff. Entscheidend ist allein eine wirtschaftliche Betätigung am Markt, jedoch nicht die finanzielle Unabhängigkeit von einer darüber stehenden Muttergesellschaft. Dieses Kriterium ist auch für die Begründung des Konzernprivilegs nicht erforderlich, da andere Anknüpfungspunkte als der Unternehmensbegriff in Betracht kommen.

IV. Unternehmensvereinigungen

1. Begriff

Das Kartellverbot des Art. 101 AEUV erfasst neben Vereinbarungen und abgestimmtem Verhalten zwischen Unternehmen auch Beschlüsse von Unternehmensvereinigungen. Eine Legaldefinition der Unternehmensvereinigung

174 *Schröter* in: von der Groeben/Schwarze, Vor Art. 101-105 AEUV Rn. 55.

175 So auch *Herrmann* in: MüKo EU-Wettbewerbsrecht, Einleitung Rn. 1004.

sieht das Wettbewerbsrecht nicht vor, aus der Praxis der Unionsorgane lässt sich jedoch ableiten, dass der Begriff ähnlich weit zu verstehen ist wie der des Unternehmens. Danach ist unter einer Unternehmensvereinigung jeder freiwillige Zusammenschluss mehrerer Unternehmen zu verstehen, dessen Zweck jedenfalls die Wahrnehmung der Interessen seiner Mitglieder ist.[176] Organisations- und Rechtsform sind ebenso irrelevant wie Sitz und sonstige Zwecke.[177] Entscheidend ist hingegen, dass die Unternehmensvereinigung zur Beschlussfassung fähig ist, also über ein koordinierendes Organ verfügt.[178]

Als Unternehmensvereinigungen können Berufs- oder Sportverbände,[179] Genossenschaften,[180] berufsständische Kammern,[181] oder sonstige Zusammenschlüsse wie etwa der Deutsche Lotto- und Totoblock gelten.[182] Der Hauptanwendungsbereich für den Tatbestand der wettbewerbsbeschränkenden Beschlüsse von Unternehmensvereinigungen sind Berufsverbände.[183] Bei ihnen ergibt sich teilweise die Besonderheit, dass ihnen von staatlichen Behörden hoheitliche Befugnisse übertragen werden, die sie als Instrument der öffentlichen Gewalt ausüben. Derartige quasi-hoheitlichen Aufgaben fallen nicht in den Anwendungsbereich des Wettbewerbsrechts und sind von der originären,

---

176 Kommission, Entscheidung v. 13. März 1969, ABl. 1969 L-69/13 – *Europäische Werkzeugmaschinen-Ausstellung*; *Bellamy/Child*, European Community Law of Competition Rn. 2-031; *Emmerich* in: Immenga/Mestmäcker, EU-Wettbewerbsrecht, Art. 101 Abs. 1 AEUV Rn. 38; *Herrmann* in: MüKo EU-Wettbewerbsrecht, Einleitung Rn. 1021.

177 *Emmerich* in: Immenga/Mestmäcker, EU-Wettbewerbsrecht, Art. 101 Abs. 1 AEUV Rn. 38 f.

178 Kommission, Entscheidung v. 13. März 1969, ABl. 1969 L-69/13 – *Europäische Werkzeugmaschinen-Ausstellung*; *Gippini-Fournier/Majzesowicz* in: Loewenheim/Meessen/Riesenkampff, Art. 81 EG Rn. 63 Fn. 167; *Herrmann* in: MüKo EU-Wettbewerbsrecht, Einleitung Rn. 1021.

179 EuG, Urteil v. 26. Januar 2005, Rs. T-193/02, ECLI:EU:T:2005:22 Rn. 69 – *Piau/Kommission*.

180 EuGH, Urteil v. 15. Dezember 1994, Rs. C-250/92, ECLI:EU:C:1994:413 Rn. 30 ff. – *DLG*.

181 EuGH, Urteil v. 1998, Slg. Rs. C-35/96, ECLI:EU:C:1998:303 Rn. 40 – *Zollspediteure*; EuGH, Urteil v. 19. Februar 2002, Rs. C-309/99, ECLI:EU:C:2002:98 Rn. 50 ff – *Wouters*.

182 BGH, Beschluss v. 14. August 2008, WuW/E DE-R 2408 Rn. 25 – *Lottoblock*.

183 *Roth/Ackermann* in: FK EU-Kartellrecht, Art. 81 Abs. 1 EG Rn. 131.

wettbewerbsrechtlich relevanten Interessenwahrnehmung des jeweiligen Berufsstands zu differenzieren.[184]

Maßgeblich für die Abgrenzung sind zum einen die Besetzung der Entscheidungsgremien und zum anderen der rechtliche Rahmen für die von der Vereinigung getroffenen Entscheidungen. Im Urteil *Pavlov* entschied der EuGH, dass „eine Einrichtung, die in einem bestimmten Bereich Regelungsbefugnisse besitzt, nicht unter Artikel 85 EG-Vertrag [jetzt Art. 101 AEUV] fällt, wenn diese Einrichtung überwiegend aus Vertretern der öffentlichen Gewalt besteht und bei der Entscheidung eine Reihe von Kriterien des Unionsrechts beachtet".[185] Sofern der Berufsverband sich hingegen allein aus Mitgliedern des jeweiligen Berufsstands zusammensetzt und nicht durch nationale Gesetze zur Wahrnehmung von Allgemeininteressen verpflichtet ist, sondern ausschließlich der Vertretung und Interessenwahrnehmung seiner Mitglieder dient, fallen seine Aktivitäten in den Anwendungsbereich des Art. 101 AEUV.[186] Hinsichtlich des rechtlichen Rahmens der Maßnahmen unterschied der Gerichtshof in *Wouters* zwischen einerseits dem Fall, dass der Staat bei der Übertragung von Befugnissen an einen Berufsverband die Kriterien des Allgemeininteresses und wesentliche Grundsätze festlegt und die Letztentscheidungsbefugnis behält und andererseits dem Fall, dass die Aufstellung von Regeln dem Berufsverband übertragen wird und nur ihm zuzurechnen ist. Im ersten Fall bleiben die Regelungen hoheitlicher Natur und unterliegen nicht den Wettbewerbsregeln, im zweiten finden diese hingegen auf Entscheidungen des Berufsverbands Anwendung.[187]

2. *Eigene wirtschaftliche Tätigkeit der Unternehmensvereinigung*

Eine eigene unternehmerische Tätigkeit der Unternehmensvereinigung ist nicht erforderlich, solange ihre Mitglieder als Unternehmen zu qualifizieren sind.[188] Nach der Rechtsprechung des EuGH soll Art. 101 AEUV jegliches Verhalten

---

184 *Gippini-Fournier/Mojzesowicz* in: Loewenheim/Meessen/Riesenkampff, Art. 81 Abs. 1 EG Rn. 68; *Mestmäcker/Schweitzer*, Europäisches Wettbewerbsrecht, § 9 Rn. 45.

185 EuGH, Urteil v. 12. September 2000, verb. Rs. C-180/98 bis C-184/98, ECLI:EU:C:2000:428 Rn. 87 – *Pavlov*; vgl. auch EuGH, Urteil v. 18. Juni 1998, Rs. C-35/96, ECLI:EU:C:1998:303 Rn. 41 ff. – *Zollspediteure*.

186 *Roth/Ackermann* in FK EU-Kartellrecht, Art. 81 Abs. 1 EG Rn. 135.

187 EuGH, Urteil v. 19. Februar 2002, Rs. C-309/99, ECLI:EU:C:2002:98 Rn. 68 f. – *Wouters*.

188 EuG, Urteil v. 26. Januar 2005, Rs. T-193/02, ECLI:EU:T:2005:22 Rn. 69 – *Piau*; *Hengst* in: Langen/Bunte, Europäisches Kartellrecht, Art. 101 AEUV Rn. 68; *Gleiss/*

der Unternehmensvereinigung oder deren Mitglieder erfassen, das „auf Folgen abzielt, die diese Vorschrift unterbinden will".[189]

Sofern die Unternehmensvereinigung eigene wirtschaftliche Zwecke verfolgt, ist sie nach einer Ansicht zugleich als Unternehmensvereinigung und als Unternehmen im Sinne des europäischen Kartellrechts zu qualifizieren,[190] ebenso wenn sie in bindender Weise Einfluss auf die wirtschaftliche Tätigkeit ihrer Mitglieder nimmt.[191]

Nach einer anderen Ansicht schließen die eigenständige Unternehmenseigenschaft und der Begriff der Unternehmensvereinigung sich gegenseitig aus, so dass nur solche Zusammenschlüsse als Unternehmensvereinigungen gelten, die keiner eigenen wirtschaftlichen Tätigkeit nachgehen.[192]

Im Hinblick auf den umfassenden und rechtsformunabhängigen Unternehmensbegriff des europäischen Kartellrechts erscheint die letztgenannte Ansicht vorzugswürdig, da dogmatisch konsequenter. Die Erfassung von Unternehmensvereinigungen durch Art. 101 AEUV stellt einen Auffangtatbestand für eine Verbindung autonomer Unternehmen dar, die sich als Gesamtheit nicht am Markt beteiligt, der aber, aufgrund der Nähe ihrer Mitglieder, die latente Gefahr kartellrechtswidrigen Zusammenwirkens immanent ist. Der Tatbestand soll verhindern, dass Unternehmen den Tatbestand der Verhaltensabstimmung durch institutionalisierte Strukturen umgehen.[193] Für die Praxis macht die Einordnung

Hirsch, Kommentar zum EG-Kartellrecht, Art. 85 Abs. 1 EG Rn. 69; *Gippini-Fournier* in: Loewenheim/Meessen/Riesenkampff, Art. 81 Abs. 1 EG Rn. 65.

189 EuGH, Urteil v. 29. Oktober 1980, verb. Rs. 209/78 bis 215/78 & 218/78, ECLI:EU:C:1980:248 Rn. 88 – *van Landewyck/Kommission*; EuGH, Urteil v. 8. November 1983, verb. Rs. 96/82 bis 102/82, 104/82, 105/82, 108/82 & 110/82, ECLI:EU:C:1983:310 Rn. 20 – *IAZ/Kommission*; EuG, Urteil v. 15. März 2000, Rs. T-25/95, ECLI:EU:T:2000:77 Rn. 1320 – *Cimenteries CBR u.a.*

190 EuG, Urteil v. 2. Juli 1992, Rs. T-61/89, ECLI:EU:T:1992:79 Rn. 50 – *Dansk Pelsdyravlerforening*; Kommission, Entscheidung v. 27. Oktober 1992, ABl. 1992 L-326/31 Rn. 49, 53 – *Fußballweltmeisterschaft 1992*; *Mestmäcker/Schweitzer*, Europäisches Wettbewerbsrecht, § 9 Rn. 45.

191 *Herrmann* in: MüKo EU-Wettbewerbsrecht, Einleitung Rn. 1127; *Roth/Ackermann* in: FK EU-Kartellrecht, Art. 81 Abs. 1 EG Rn. 132.

192 EuGH, Urteil v. 9. Juni 1977, Rs. 90/76, ECLI:EU:C:1977:101, S. 1127 – *van Ameyde*; *Hengst* in: Langen/Bunte, Europäisches Wettbewerbsrecht, Art. 101 AEUV Rn. 68; *Gippini-Fournier/Mojzesowicz* in: Loewenheim/Meessen/Riesenkampff, Art. 81 Abs. 1 EG Rn. 66.

193 EuGH, Urteil v. 8. Juli 1999, Rs. C-49/92 P, ECLI:EU:C:1999:356 Rn. 112 – *Anic Partecipazioni*; EuGH, Urteil v. 26. November 2006, Rs. C-238/05, ECLI:EU:C:2006:734

letztlich keinen Unterschied, da der Tatbestand des Art. 101 AEUV beide Formen, Unternehmen und Unternehmensvereinigungen beinhaltet und eine genaue Differenzierung nicht erforderlich ist.[194] In diesem Zusammenhang ist zu bemerken, dass, entgegen dem Wortlaut des Art. 101 AEUV, nicht nur Beschlüsse von Unternehmensvereinigungen den Tatbestand erfüllen, sondern auch jede andere Beteiligung an wettbewerbsbeschränkenden Vereinbarungen.[195]

Zusammenfassend ist somit festzuhalten, dass die Tätigkeiten von Unternehmensverbindungen vom Kartellverbot des Art. 101 AEUV erfasst sind, sofern es sich dabei um einen Zusammenschluss von Unternehmen handelt, dessen primärer Zweck die Vertretung der Interessen seiner Mitglieder ist und dessen Regeln und Grundsätze nicht hoheitlich determiniert sind. Sofern der Zusammenschluss keiner eigenen wirtschaftlichen Tätigkeit nachgeht, ist er als Unternehmensverbindung, ansonsten – nach den oben dargestellten Maßstäben des europäischen Wettbewerbsrechts – selbst als Unternehmen zu qualifizieren.

V. Zusammenfassung zum Unternehmensbegriff

Die europäischen Wettbewerbsregeln gelten für Unternehmen und Unternehmensvereinigungen. Daher ist der Unternehmensbegriff der Dreh- und Angelpunkt, von dem die Anwendbarkeit der kartellrechtlichen Normen abhängt. Auch für die weiteren Untersuchungen im Rahmen dieser Arbeit ist eine klare Bestimmung und Abgrenzung des Begriffs „Unternehmen“ unverzichtbar.

Nach dem oben Gesagten ist im europäischen Kartellrecht ein funktionaler Unternehmensbegriff anzuwenden. Unternehmen ist jede wirtschaftlich tätige Einheit, die selbständig am Marktgeschehen teilnimmt und dadurch die wettbewerblichen Vorgänge des jeweiligen Marktes mit beeinflussen kann. Dies trifft auch auf die öffentliche Hand zu, soweit sie sich wirtschaftlich betätigt. Dabei muss ein Unternehmen weder eine eigene Rechtssubjektivität besitzen, noch wirtschaftlich autonom handeln, um Adressat der kartellrechtlichen Wettbewerbsregeln zu sein. Auch konzernabhängige Wirtschaftseinheiten können

---

Rn. 32 – *Asnef-Equifax*; *Gippini-Fournier/Mojzesowicz* in: Loewenheim/Meessen/Riesenkampff, Art. 81 Abs. 1 EG Rn. 62.

194 EuGH, Urteil v. 30. Januar 1985, Rs: 123/83, ECLI:EU:C:1985:33 Rn. 20 – *BNIC/Clair*; EuG, Urteil v. 2. Juli 1992, Rs. T-61/89, ECLI:EU:T:1992:79 Rn. 50 – *Dansk Pelsdyravlerforening*; *Herrmann* in: MüKo EU-Wettbewerbsrecht, Einleitung Rn. 1032.

195 EuG, Urteil v. 15. März 2000, Rs. T-25/95, ECLI:EU:T:2000:77 Rn. 1322 ff. – *Cimenteries CBR u.a*; *Emmerich* in: Immenga/Mestmäcker, Art. 101 Abs. 1 AEUV Rn. 41.

Unternehmen sein, gegen die die Kartellbehörden bei Verstößen vorgehen und eine Bußgeldentscheidung oder Abstellungsverfügung erlassen können. Erst auf der Vollstreckungsebene ist ein haftendes Rechtssubjekt zu bestimmen, das zur Durchsetzung des Anspruchs herangezogen werden kann.

Entscheidend für die Bejahung der Unternehmenseigenschaft ist somit – und dies gilt es stets zu beachten – eine eigenständige Teilnahme am Marktgeschehen und die dadurch geschaffene Möglichkeit, den Wettbewerb durch eigene wirtschaftliche Handlungen zu beeinflussen.[196] Denn die Ratio des europäischen Kartellrechts ist der Schutz des freien Wettbewerbs vor schädigenden Eingriffen seiner Teilnehmer.

B. Die wirtschaftliche Einheit als Voraussetzung des Konzernprivilegs

Der von der Rechtsprechung entwickelte Begriff der wirtschaftlichen Einheit beschreibt eine Situation, in der an sich selbständige Unternehmen derart miteinander verbunden sind, dass sie als Gesamtheit betrachtet werden, was bei Konzernen regelmäßig der Fall ist.[197] Diese Betrachtung rechtfertigt sich aus der konzernspezifischen Besonderheit, dass die nach außen hin als selbständige Gesellschaften bestehenden Unternehmen letztlich einem gemeinsamen (Konzern-)Zweck folgen und somit nicht als vollkommen autonome Wirtschaftsteilnehmer einzustufen sind. Die Konsequenzen dieser Betrachtung betreffen nahezu alle Bereiche des Kartellrechts: Im Rahmen der Fusionskontrolle werden Umsätze und Marktanteile von verbundenen Unternehmen wechselseitig zugerechnet,[198] Kartellverstöße von Tochterunternehmen können bei Bestehen einer wirtschaftlichen Einheit der Muttergesellschaft zugerechnet werden, so dass sich die Bußgeldbemessung am Konzernumsatz orientiert und die Muttergesellschaft für die Verstöße haften muss. Für konzerninterne Wettbewerbsbeschränkungen gilt indes die Nichtanwendbarkeit der kartellrechtlichen Verbotsnormen, also das Konzernprivileg.

---

196 *Gleiss/Hirsch*, Kommentar zum EG-Kartellrecht, Art. 85 Abs. 1 EG Rn. 49; *Hengst* in: Langen/Bunte, Europäisches Kartellrecht, Art. 101 AEUV Rn. 8; *Menz*, Wirtschaftliche Einheit und Kartellverbot, S. 227.

197 Vgl. zur Rechtsprechungsentwicklung *de Bronett*, EWS 2012, S. 113 ff mit weiteren Nachweisen.

198 Vgl. Konsolidierte Mitteilung der Kommission zu Zuständigkeitsfragen gemäß der Verordnung (EG) Nr. 139/2004 des Rates über die Kontrolle von Unternehmenszusammenschlüssen (nachfolgend: Zuständigkeitsmitteilung) Rn. 175 ff.

Während diese Konsequenzen dem Grunde nach allgemein anerkannt sind, herrscht über die Voraussetzungen der wirtschaftlichen Einheit weitgehend Uneinigkeit.[199] Klar ist allerdings, dass die bloße Zugehörigkeit zu einem Unternehmensverbund nicht zur Bejahung einer wirtschaftlichen Einheit ausreicht.[200] Wie oben (**A.IV.**) gezeigt, konnen sich eigenständige Unternehmen auch auf freiwilliger Basis zum Zwecke der Durchsetzung gemeinsamer Interessen, zum Bespiel in Berufsverbänden, zusammenschließen. Diese Unternehmensvereinigungen verfolgen jedoch kein gemeinsames wirtschaftliches Ziel und sind daher nicht als wirtschaftliche Einheit zu qualifizieren.

Die Idee einer wirtschaftlichen Einheit, innerhalb derer kartellrechtliche Verbotstatbestände nicht zur Anwendung kommen, kann freilich nur von der Ratio des europäischen Kartellrechts ausgehend erklärt werden. Diese ist der Schutz des freien und unverfälschten Wettbewerbs auf dem Gemeinsamen Markt. Zwei wichtige Elemente sind in diesem Grundprinzip enthalten: Zum einen geht es um das Verhalten von eigenständigen Wirtschaftsteilnehmern, also „Unternehmen" im Sinne des oben erarbeiteten Unternehmensbegriffs. Zweitens ist das Schutzobjekt stets der freie Wettbewerb. Eine Ausnahme von der Anwendung der Wettbewerbsregeln kann mithin nur dort gelten, wo entweder keine Unternehmen handeln, es an wettbewerblicher Autonomie fehlt oder wo sich Handlungen abseits des freien Markts vollziehen und daher keine Gefährdung des Wettbewerbs darstellen.

Um von einer wirtschaftlichen Einheit zwischen Konzernmutter und Tochtergesellschaft auszugehen, ist, so der EuGH in ständiger Rechtsprechung, erforderlich, dass „die Tochtergesellschaft trotz eigener Rechtspersönlichkeit ihr Marktverhalten nicht autonom bestimmt, sondern im Wesentlichen Weisungen der Muttergesellschaft befolgt".[201] Aus der Formel geht hervor, dass die Begründung einer wirtschaftlichen Einheit am sogenannten

199 *Emmerich* in: Immenga/Mestmäcker, Art. 101 Abs. 1 AEUV Rn. 46.

200 EuGH, Urteil v. 4. Mai 1988, Rs. 30/87, ECLI:EU:C:1988:225 Rn. 20 – *Bodson.*

201 EuGH, Urteil v. 14. Juli 1972, Rs. 48/96, ECLI:EU:C:1972:70 Rn. 132/135 – *ICI*; EuGH, Urteil v. 21. Februar 1973, Rs. 6/72, ECLI:EU:C:1973:22 Rn. 15 – *Continental Can*; EuGH, Urteil v. 31. Oktober 1974, Rs. 15/74, ECLI:EU:C:1974:114 Rn. 41 - *Centrafarm*; EuGH, Urteil v. 24. Oktober 1996, Rs. C-73/95, ECLI:EU:C:1996:405 Rn. 47 – *Viho*; EuGH, Urteil v. 16. November 2000, Rs. C-286/98, ECLI:EU:C:2000:630 Rn. 26 – *Stora*; EuGH, Urteil v. 10. September 2009, Rs. C-97/08, ECLI:EU:C:2009:536 Rn. 58 – *Akzo Nobel*; EuGH, Urteil v. 29. März 2011, verb. Rs. 201/09 & 216/09, ECLI:EU:C:2011:190 Rn. 96 – *Arcelor Mittal Luxembourg.*

Selbständigkeitspostulat festgemacht wird,[202] wonach jeder Unternehmer selbst zu bestimmen hat, welche (Geschäfts)Politik er auf dem Gemeinsamen Markt betreiben will.[203] Fehlt es einem Unternehmen (der Tochtergesellschaft) an dieser Selbstbestimmtheit, weil seine wirtschaftliche Autonomie durch die Vorgaben eines anderen Unternehmens (seiner Muttergesellschaft) eingeschränkt ist, so bilden beide eine wirtschaftliche Einheit. Der entscheidende Faktor ist mithin die Weisungshoheit, also Kontrolle, der Muttergesellschaft über ihre Tochtergesellschaft(en).

Umstritten ist, wie diese Kontrolle zu bestimmen ist. Zum Teil wird angenommen, dass der Kontrollbegriff demjenigen der europäischen Fusionskontrollverordnung (FKVO)[204] bzw. dem national-gesellschaftsrechtlichen Beherrschungsbegriff[205] entspricht. Ein ebenfalls struktureller Ansatz will die Kontrolle analog zu den Verbundklauseln des Art. 5 Abs. 4 FKVO und der GVO-en bestimmen.[206] Eine dritte Ansicht stützt die wirtschaftliche Einheit hingegen, losgelöst von strukturellen Verbindungen, auf das gleichgerichtete Marktverhalten der konzernzugehörigen Gesellschaften.[207]

Die sich anschließende Frage ist, ob eine bloße Kontrollmöglichkeit zur Bejahung einer wirtschaftlichen Einheit ausreicht oder ob es einer tatsächlichen Ausübung dieser Kontrolle bedarf, indem die Muttergesellschaft unternehmenssteuernd in das Geschäft der Tochtergesellschaft eingreift. Dabei ist zwischen den verschiedenen Anwendungsbereichen der wirtschaftlichen Einheit zu unterscheiden.

---

202 *Thomas*, ZWeR 2005, S. 236, 239.

203 EuGH, Urteil v. 16. Dezember 1975, verb. Rs. 40/73, 50/73, 111/73, 113/73 & 114/73. ECLI:EU:C:1975:174 Rn. 173 – *Suiker Unie*.

204 *T. Mäger* in: Mäger, Europäisches Kartellrecht, S. 327 Rn. 7; *Emmerich* in: Immenga/Mestmäcker, EU-Wettbewerbsrecht, Art. 101 Abs. 1 AEUV Rn. 51; *Schroeder* in: Wiedemann, Handbuch Kartellrecht, § 8 Rn. 9; *ders.*, WuW 1988,. 274, 277; *Stockenhuber* in: Grabitz/Hilf/Nettesheim, Art. 101 AEUV Rn. 167; *Thomas*, ZWeR 2005, S. 236, 243; *Voet van Vormizeele*, WuW 2010, S. 1008, 1010.

205 So *Hengst* in: Langen/Bunte, Europäisches Kartellrecht, Art. 101 AEUV Rn. 43; *Menz*, Wirtschaftliche Einheit und Kartellverbot, S. 337.

206 *Pohlmann*, Der Unternehmensverbund im Europäischen Kartellrecht, S. 385 ff.

207 *de Bronett*, EWS 2012, S. 113, 117, 121; *Buntscheck*, Das „Konzernprivileg" im Rahmen von Art. 81 EG-Vertrag, S. 127; wohl auch *Schröter* in: von der Groeben/Schwarze, Vor Art. 101-105 AEUV Rn. 56.

I. Unterschiedliche Maßstäbe für die wirtschaftliche Einheit je nach Anwendungsbereich

Es wurde bereits erwähnt, dass die wirtschaftliche Einheit in sämtlichen Bereichen des europäischen Kernkartellrechts von Relevanz ist. Hintergrund des Einheitsgedankens ist in allen Bereichen die Gleichsetzung mit dem Einzelunternehmen: ihm gegenüber soll der Konzern weder benachteiligt noch bevorzugt werden.[208] Im Sinne eines allgemeinverbindlichen dogmatischen Systems wäre daher ein einheitliches Verständnis der wirtschaftlichen Einheit wünschenswert. Es ist jedoch fraglich, ob dies vor dem Hintergrund der unterschiedlichen Bedeutungen und Zielsetzungen von Bußgeldhaftung, Fusionskontrolle und Konzernprivileg möglich ist.

Die Unionsorgane scheinen einer Einheitsdefinition zuzuneigen. Die Europäische Kommission zitiert etwa in ihren *Horizontalleitlinien* in der Passage zur Nichtanwendbarkeit des Art. 101 AEUV eine Reihe von Entscheidungen, deren Gegenstand nicht die Anwendung des Konzernprivilegs, sondern die Haftungszurechnung zwischen Mutter- und Tochtergesellschaft war.[209] Auch der EuGH beruft sich in Entscheidungen, die zur Anwendbarkeit des Konzernprivilegs ergangen sind, bei der Bestimmung der wirtschaftlichen Einheit zwanglos auf seine eigene Rechtsprechung zur Haftung der Muttergesellschaft für Kartellverstöße ihrer Töchter.

Diese Gleichsetzung der wirtschaftlichen Einheit wird in der Literatur zu Recht kritisiert,[210] denn die unterschiedlichen Ansatzpunkte und Auswirkungen einer wirtschaftlichen Einheit erfordern eine differenziertere Betrachtungsweise. Je nach Fallkonstellation kommt der Begriff der wirtschaftlichen Einheit auf unterschiedlichen Ebenen der Prüfung – mal auf der Tatbestands-, mal auf der Rechtsfolgenseite – zum Tragen und zieht ebenso unterschiedliche Folgen – mal im Konzerninnenbereich, mal im Bereich der Außenhaftung – nach sich.[211] So ist in Bezug auf die Haftung einer Muttergesellschaft für Verstöße der mit ihr verbundenen Tochtergesellschaft zu berücksichtigen, dass das bußgeldrechtliche Sanktionssystem strafrechtsähnlichen Charakter hat und daher rechtstaatliche

208 *Kersting*, Der Konzern 2011, S. 445, 447; *Pohlmann*, Der Unternehmensverbund im Europäischen Kartellrecht, S. 380 f.

209 Kommission, Horizontalleitlinien Rn. 11 Fn. 5.

210 Kersting, Der Konzern 2011, S. 445, 447; *Schroeder* in: Grabitz/Hilf/Nettesheim, Art. 101 AEUV Rn. 451.

211 So auch *Kersting*, Der Konzern 2011, S. 445, 447; *Koppensteiner* in: FS Mailänder, S. 125, 139 spricht sich gegen eine „kartellrechtliche Einheitsbehandlung der Unternehmensgruppe“ aus.

Prinzipien wie die Unschuldsvermutung und der Grundsatz der persönlichen Verantwortlichkeit zu beachten sind. Eine pauschale Haftung allein aus einer Gruppenzugehörigkeit von Unternehmen abzuleiten wäre eine unzulässige Verletzung dieser grundlegenden Prinzipien. Neben der strukturell gegebenen Kontrollmöglichkeit eines Mutterunternehmens über ihr Tochterunternehmen ist daher auch eine tatsächliche Ausübung dieser Kontrolle zu fordern, um eine Haftung für Kartellverstöße der Tochter anzunehmen.[212]

Für die kartellrechtliche Beurteilung konzerninterner Vorgänge ist dies hingegen nicht erforderlich. Die Ratio des Konzernprivilegs, dass konzerninterne Absprachen mangels eines Wettbewerbsverhältnisses im Binnenbereich keine kartellrechtswidrige Beschränkung darstellen,[213] gilt in jeder Unternehmensverbindung, die aufgrund der – noch zu untersuchenden – Umstände einen bestimmenden Einfluss der Mutter- auf die Tochtergesellschaft erlaubt. Einer tatsächlichen Ausübung der Kontrolle bedarf es hier nicht (dazu ausführlich unter **II.3.**).[214] Haftungszurechnung und Konzernprivileg sind folglich nicht die Kehrseite derselben Medaille, sondern knüpfen an unterschiedliche Einheitsbegriffe an.[215]

Vor diesem Hintergrund mag die einheitliche Bezeichnung „wirtschaftliche Einheit" für alle Konzernverbundtatbestände unangebracht und irreführend sein.[216] Allerdings hat sie sich in Rechtsprechung und Literatur als feststehender Begriff etabliert. Davon soll in der folgenden Untersuchung nicht abgewichen werden. Dennoch ist eine fallgruppenspezifische und interessengerechte Bestimmung der Voraussetzungen der wirtschaftlichen Einheit angezeigt.[217] Vor

---

212 *Kersting*, Der Konzern 2011, S. 445, 446; *T. Mäger* in: Mäger, Europäisches Kartellrecht, S. 327 Rn. 8 (Fn. 32); *Schroeder* in Grabitz/Hilf/Nettesheim, Art. 101 AEUV Rn. 451; *Thomas*, KSzW 2011, S. 10, 11.

213 Zur Herleitung des Konzernprivilegs vgl. **§ 3**.

214 *Buntscheck*, WuW 2004, S. 374, 379; *Kersting*, Der Konzern 2011, S. 445, 447.

215 So auch *Buntscheck*, Das „Konzernprivileg" im Rahmen von Art. 81 Abs. 1 EG-Vertrag, S. 100; *Koppensteiner* in: FS Mailänder, S. 125, 139; *T. Mäger* in: Mäger, Europäisches Kartellrecht, S. 328 Rn. 9; *Schroeder* in: Grabitz/Hilf/Nettesheim, Art. 101 AEUV Rn. 451; a.A. z.B. *Gleiss/Hirsch*, Kommentar zum EG-Kartellrecht, Art. 85 Abs. 1 EG Rn. 195.

216 So auch *Roth/Ackermann* in: FK EU-Kartellrecht, Art. 81 Abs. 1 EG Rn. 106; *Schroeder*, WuW 1988, S. 274, 277, der konstatiert, die Verwendung des Begriffs „wirtschaftliche Einheit" lasse sich nur im Zusammenhang mit der Verantwortlichkeit der Konzernspitze für das Verhalten abhängiger Unternehmen gebrauchen.

217 Ebenso *Kersting*, Der Konzern 2011, S. 445, 447; *Koppensteiner* in: FS Mailänder, S. 125, 139 f.; *Schroeder* in: Wiedemann, Handbuch des Kartellrechts, § 8 Rn. 1; a.A. *Emmerich* in: Immenga/Mestmäcker, EU-Wettbewerbsrecht, Art. 101 Abs. 1 AEUV

dem Hintergrund des hiesigen Untersuchungsgegenstands konzentrieren sich die folgenden Ausführungen auf die wirtschaftliche Einheit als Bedingung des Konzernprivilegs.

II. Voraussetzungen

1. *Möglichkeit der Kontrolle*

Der Ausgangspunkt ist die vom EuGH aufgestellte Definition, eine wirtschaftliche Einheit zwischen Unternehmen liege vor, sofern „eine Tochtergesellschaft ihr Marktverhalten nicht autonom bestimmen kann, sondern im Wesentlichen den Weisungen ihrer Muttergesellschaft unterliegt".[218] Demnach ist die Grundvoraussetzung für das Bestehen einer wirtschaftlichen Einheit in allen Fallkonstellationen die Möglichkeit der Kontrolle der einen über die andere Gesellschaft. Wie diese Kontrolle zu bestimmen ist, ob sie sich an bestehenden Kontrollbegriffen orientiert oder funktional autonom zu definieren ist, ist indes umstritten. Fest steht, dass eine Beherrschung im Sinne eines bestimmenden Einflusses gegeben sein muss. Als erster Anknüpfungspunkt für die Bestimmung der Voraussetzungen einer solche Beherrschungsmöglichkeit dient die Höhe des Anteilsbesitzes der Muttergesellschaft an ihrer Tochtergesellschaft.

a) (Nahezu) 100%iger Anteilsbesitz

Bei 100%igem oder fast 100%igem Anteilsbesitz liegt die grundsätzliche Kontrollmöglichkeit der beherrschenden über die beherrschte Gesellschaft auf der Hand.[219] Die ältere Praxis der Europäischen Kommission war diesbezüglich

---

Rn. 51; *Harms* in FS Hartmann, S. 165, 178; *T. Mäger* in: Mäger, Europäisches Kartellrecht, S. 325 Rn. 4 mit Verweis auf EuGH, Urteil v. 14. Juli 1972, Slg. 1972, 619 Rn. 132/135 – *ICI/Kommission*; *Menz*, Wirtschaftliche Einheit und Kartellverbot, S. 391; wohl auch *Thomas*, ZWeR 2005, S. 236, 239, der die Bildung wirtschaftlicher Einheiten als ein „das gesamte Wettbewerbsrecht prägendes Prinzip" bezeichnet.

218 EuGH, Urteil v. 14. Juli 1972, Rs. 48/69, ECLI:EU:1972:70 Rn. 132/135 – *ICI*; EuGH, Urteil v. 21. Februar 1973, Rs. 6/72, ECLI:EU:C:1973:22 Rn. 15 – *Continental Can*; EuGH, Urteil v. 31. Oktober 1974, Rs. 15/74, ECLI:EU:C:1974:114 Rn. 41 - *Centrafarm*; EuGH, Urteil v. 24. Oktober 1996, Rs. 73/95 P, ECLI:EU:C:1996:405 Rn. 47 – *Viho*; EuGH, Urteil v. 16. November 2000, Rs. 286/98 P, ECLI:EU:C:2000:630 Rn. 26 – *Stora*; EuGH, Urteil v. 10. September 2009, Rs. C-97/08 P, ECLI:EU:C:2009:536 Rn. 58 – *Akzo Nobel*; EuGH, Urteil v. 29. März 2011, verb. Rs. C-201/09 & c-216/09, ECLI:EU:C:2011:190 Rn. 96 – *Arcelor Mittal Luxembourg*.

219 Vgl. zur Rechtsprechung des EuGH insb.: EuGH, Urteil v. 25. Oktober 1983, Rs. 107/82, ECLI:EU:C:1983:293 Rn. 50 – *AEG Telefunken*; EuGH, Urteil v.

uneinheitlich. So nahm sie in frühen Entscheidungen zum Teil die wirtschaftliche Einheit zwischen Mutter- und Tochtergesellschaft bzw. beherrschten Unternehmen ohne weitere Begründung an,[220] während sie in anderen Fällen eine Zurechnung trotz 100%igem Anteilsbesitz noch nicht einmal in Betracht zog.[221]

Seit der *AEG*-Entscheidung des EuGH, in dem dieser entschieden hatte, dass eine 100%ige Tochtergesellschaft zwangsläufig die Politik der Muttergesellschaft verfolge und somit von einer wirtschaftlichen Einheit auszugehen sei, falls die Muttergesellschaft ihre Einflussnahme nicht bestreite, gehen Unionsgerichte und Kommission für den Fall einer 100%igen Beteiligung von einer widerleglichen Vermutung für das Bestehen einer wirtschaftlichen Einheit aus.[222] Die Vermutung bezieht sich allerdings nicht auf die Möglichkeit der Kontrolle – diese ist ja durch die 100%ige Beteiligung gerade indiziert – sondern auf deren tatsächliche Ausübung, was methodisch erst in einem zweiten Schritt zu prüfen ist und nur im Rahmen der Haftung einer Muttergesellschaft für Kartellverstöße ihrer Tochtergesellschaft von Bedeutung ist. Die wirtschaftliche Einheit als Bedingung des Konzernprivilegs erfordert hingegen keine tatsächliche Kontrollausübung (dazu unten **3.**), sodass die 100%ige Beteiligung zur Begründung der Kontrolle und damit der wirtschaftlichen Einheit ausreicht.

b) Geringere Beteiligungen

Während bei 100%iger Beteiligung die Beherrschungsmöglichkeit unstreitig feststeht, stellt sich in Fällen, in denen die Muttergesellschaft über einen geringeren Anteilsbesitz an ihrer Tochtergesellschaft verfügt, die Frage, wonach sich die Kontrolle als Voraussetzung einer wirtschaftlichen Einheit bestimmt. Dazu werden in der Literatur unterschiedliche Ansätze vertreten, während die europäische Rechtsprechung und die Kommission, ohne sich zu einem konkreten Kontrollbegriff zu bekennen, Einzelfallentscheidungen treffen, innerhalb derer

---

10. September 2009, Slg. 2009 I-8237 Rn. 60; zur Rechtsprechung des EuG: EuG, Urteil v. 14. Juli 1994, Rs. T-77/92, ECLI:EU:T:1994:85 Rn. 57 – *Parker Pen*; EuG, Urteil v. 30. April 2009, Rs. T-12/03 P, ECLI:EU:T:2009:130 Rn. 49 – *Itochu* m.w.N.; *Emmerich* in: Immenga/Mestmäcker, EU-Wettbewerbsrecht, Art. 101 AEUV Rn. 48.

220 Kommission, Entscheidung v. 8. Dezember 1977, ABl. 1978 L-22/23, 30 – *Hugin/Liptons*; Kommission, Entscheidung v. 6. August 1984, ABl. 1984 L-220/27 Rn. 83 – *Zinc Producer Group*.

221 Kommission, Entscheidung v. 12. Dezember 1978, ABl. 1979 L-16/9, 14 – *Kawasaki*; Kommission, Entscheidung v. 18. Dezember 1987, ABl. 1988 L-78/34 Rn. 34 – *Konica*.

222 EuGH, Urteil v. 25. Oktober 1983, Rs. 107/82, ECLI:EU:C:1983:293 – *AEG Telefunken*.

sie neben der Beteiligungshöhe unterschiedliche Indizien zur Begründung einer wirtschaftlichen Einheit heranziehen.

aa) Die Praxis der Unionsorgane

Die Europäische Kommission und die Rechtsprechung haben sich zu den Anforderungen an die zur Annahme des Konzernprivilegs notwendige Kontrolle bislang nicht umfassend geäußert. Sie stellen zur Bestimmung der einheitsbegründenden Kontrolle auf einzelfallbezogene Merkmale ab.[223] Die Anteils- bzw. Stimmenmehrheit ist allerdings für die europäischen Gerichte das wichtigste Kriterium, um einen beherrschenden Einfluss der Muttergesellschaft über ihre Tochtergesellschaft festzustellen. Bei 100%igen oder fast 100%igen Tochtergesellschaften liegt die Möglichkeit der Kontrolle, wie oben gezeigt, unproblematisch vor.[224] Bei geringeren Anteilen zieht der Gerichtshof ergänzende Indizien wie etwa personelle Verflechtungen und die Stimmenmehrheit in den Leitungsgremien heran.[225] Jedenfalls eine 50%ige Anteilsinhaberschaft reicht bei zusätzlichen kontrollbegründenden Faktoren nach Ansicht des EuGH wohl aus, um die Möglichkeit eines bestimmenden Einflusses als Voraussetzung einer wirtschaftlichen Einheit zu bejahen.[226] In *Commercial Solvents* ging der EuGH von einer wirtschaftlichen Einheit zwischen der Muttergesellschaft CSC und ihrer Tochtergesellschaft Instituto aus, an der diese 51% des Kapitals hielt und überdies über die Hälfte der Sitze im Vorstand und im Verwaltungsrat verfügte. Der Vorsitzende des Verwaltungsrats, dessen Stimme bei Stimmengleichheit ausschlaggebend war, war zudem ein Vertreter von CSC.[227]

---

223 *Buntscheck*, Das „Konzernprivileg" im Rahmen von Art. 81 Abs. 1 EG-Vertrag, S. 124.

224 Vgl. zur Rechtsprechung des EuGH insb.: EuGH, Urteil v. 25. Oktober 1983, Rs. T-107/82, ECLI:EU:T:1983:293 Rn. 50 – *AEG Telefunken*; EuGH, Urteil v. 10. September 2009, Slg. 2009 I-8237 Rn. 60; zur Rechtsprechung des EuG: EuG, Urteil v. 14. Juli 1994, Rs. T-77/92, ECLI:EU:T:1994:85 Rn. 57 – *Parker Pen*; EuG, Urteil v. 30. April 2009, Rs. T-12/03, ECLI:EU:T:2009:130 Rn. 49 – *Itochu* m.w.N.

225 EuGH, Urteil v. 6. März 1974, verb. Rs. 673 & 7/73, ECLI:EU:C:1974:18 Rn. 36 ff – *Commercial Solvents*; EuGH, Urteil v. 16. Dezember 1975, verb. Rs. 40/73, 50/73, 111/73, 113/73 & 114/73, ECLI:EU:C:1975:174 Rn. 378 ff. – *Suiker Unie*; dazu *Fleischer*, AG 1997, S. 493, 498 ff.

226 EuGH, Urteil v. 16. Dezember 1975, verb. Rs. 40/73, 50/73, 111/73, 113/73 & 114/73, ECLI:EU:C:1975:174 Rn. 378 ff. – *Suiker Unie*.

227 EuGH, Urteil v. 6. März 1974, verb. Rs. 6/73 & 7/73, ECLI:EU:C:1974:18 Rn. 6 – *Commercial Solvents*.

Eine Beteiligung in Höhe von 25,001% genügte aus Sicht des EuG im Fall *Baustahlgewebe* hingegen nicht zur Annahme einer wirtschaftlichen Einheit, zumal noch zwei andere Gesellschafter mit höheren Anteilen existierten.[228]

Die Praxis der Europäischen Kommission hinsichtlich der Voraussetzungen für die Annahme von Kontrolle entspricht weitestgehend derjenigen der Rechtsprechung. In einer Entscheidung reichte der Kommission die Feststellung der einfachen Kapitalmehrheit von 51% aus, um eine Kontrolle der Muttergesellschaft festzustellen. Daraus ergebe sich das Recht, die Geschäftsführer zu bestellen und die Bilanz zu genehmigen, was die Möglichkeit einer ständigen Einflussnahme auf die Geschäftsführung der Tochtergesellschaft eröffne.[229] In *Sea Containers/Stena Sealink* begründete die Kommission das Bestehen einer wirtschaftlichen Einheit neben der 55%igen Beteiligung der Muttergesellschaft SSL an ihrer Tochtergesellschaft SSP damit, dass beide Gesellschaften derselben Geschäftsführung unterstellt waren und auch von den Angestellten als ein Unternehmen wahrgenommen wurden.[230]

Zusammenfassend kann festgestellt werden, dass weder EuGH und EuG noch die Europäische Kommission eine ausdrückliche Parallele zu den an anderen Stellen des europäischen Kartellrechts oder im nationalen Gesellschaftsrecht verankerten Kontrollbegriffen ziehen.[231] Neben dem Mehrheitsbesitz werden unterschiedliche strukturelle Indizien wie personelle Verflechtungen und Stimmenmehrheit in den Organen des Tochterunternehmens zur Feststellung eines bestehenden Kontrollverhältnisses zwischen Mutter- und Tochtergesellschaft herangezogen. Die darüber hinaus regelmäßig in den Entscheidungen von Kommission und Gerichten zu findenden Ausführungen zum einheitlichen Marktverhalten von Mutter- und Tochtergesellschaft oder zur Steuerung und Überwachung der Aktivitäten der Tochter- durch die Muttergesellschaft betreffen die unter **3**. zu behandelnde Frage, ob es für eine wirtschaftliche Einheit erforderlich ist, dass die Muttergesellschaft von der ihr strukturell zustehenden Weisungsmöglichkeit auch tatsächlich Gebrauch macht.[232]

---

228 EuG, Urteil v. 6. April 1995, Rs. T-145/89, ECLI:EU:T:1995:66 Rn. 100, 107 – *Baustahlgewebe*.

229 Kommission, Entscheidung v. 14. Dezember 1972, ABl. 1972 L-299/51, 54 – *Zoja/CSC-ICI*.

230 Kommission, Entscheidung v. 21. Dezember 1993, ABl. 1994 L-15/8 Rn. 5 ff – *Seacontainers/Stena Sealink*.

231 *van Bael/Bellis*, Competition Law of the European Community, S. 24.

232 Ähnlich *Menz*, Wirtschaftliche Einheit und Kartellverbot, S. 322.

bb) Literaturmeinungen

(1) Kontrolle nach Art. 3 Abs. 2 FKVO

Die Mehrheit der Stimmen in der Literatur spricht sich zur Bestimmung einer wirtschaftlichen Einheit für eine Orientierung an dem funktionalen Beherrschungsbegriff des Art. 3 Abs. 2 FKVO aus.[233] Demnach wird Kontrolle an einem Unternehmen durch „Rechte, Verträge oder andere Mittel begründet, die einzeln oder zusammen unter Berücksichtigung aller tatsächlichen oder rechtlichen Umstände die Möglichkeit gewähren, einen bestimmenden Einfluss auf die Tätigkeit eines oder mehrerer Unternehmen auszuüben". Die Möglichkeit eines bestimmenden Einflusses wird insbesondere eröffnet durch (a) Eigentums- oder Nutzungsrechte am Vermögen des Unternehmens oder durch (b) Rechte oder Verträge, die einen bestimmenden Einfluss auf die Zusammensetzung, die Beratungen oder Beschlüsse der Organe des Unternehmens gewähren. Ergänzend zu Art. 3 FKVO wird Art. 5 Abs. 4 FKVO herangezogen, um Indizien für das Bestehen einer wirtschaftlichen Einheit festzustellen.[234] Einig sind sich die Vertreter dieser Ansicht darüber, dass in jedem Fall die alleinige Anteilsinhaberschaft ebenso wie der Abschluss eines Beherrschungs- und Gewinnabführungsvertrags zwischen Mutter- und Tochtergesellschaft eine wirtschaftliche Einheit begründen. Auch Mehrheitsbeteiligungen sollen regelmäßig zu einer Kontrolle führen, wobei zum Teil zusätzliche Umstände wie beispielsweise personelle Verflechtungen verlangt werden.[235] Ein beherrschender Einfluss kann sich nach dieser

---

233 *Buntscheck*, Das „Konzernprivileg" im Rahmen von Art. 81 EG-Vertrag, S. 127; *Emmerich* in: Immenga/Mestmäcker, EU-Wettbewerbsrecht, Art. 101 Abs. 1 AEUV Rn. 51; *Fleischer*, AG 1997, S. 491, 499; *Gleiss/Hirsch*, Kommentar zum EG-Kartellrecht, Art. 85 Abs. 1 EG Rn. 197; *T. Mäger* in: Mäger, Europäisches Kartellrecht, S. 327 Rn. 7; *Schroeder* in: Wiedemann, Handbuch Kartellrecht, § 8 Rn. 9; *Stockenhuber* in: Grabitz/Hilf/Nettesheim, Art. 101 AEUV Rn. 167; *Thomas*, ZWeR 2005, S. 236, 243; *Voet van Vormizeele*, WuW 2010, S. 1008, 1010; zurückhaltend: *van Bael/Bellis*, Competition Law in the European Community, S. 24, die darauf hinweisen, dass sich Kommission und Gerichte bislang nicht dazu geäußert haben, ob der Kontrollbegriff des Art. 3 FKVO auch für die Bestimmung einer wirtschaftlichen Einheit gilt.

234 *Emmerich* in: Immenga/Mestmäcker, EU-Wettbewerbsrecht, Art. 101 Abs. 1 AEUV Rn. 52; siehe zu den Arten der Kontrolle im Sinne der FKVO: Zuständigkeitsmitteilung Rn. 54 ff.

235 *Emmerich* in: Immenga/Mestmäcker, EU-Wettbewerbsrecht, Art. 101 Abs. 1 AEUV Rn. 52; *T. Mäger* in: Mäger, Europäisches Kartellrecht, S. 326 Rn. 6 nimmt bei Mehrheitsbeteiligungen eine widerlegliche Vermutung für das Bestehen einer wirtschaftlichen Einheit an.

Ansicht auch auf negative Kontrolle, vermittelt durch Vetorechte hinsichtlich strategischer geschäftspolitischer Entscheidungen – auch von bloßen Minderheitsgesellschaftern – gründen.[236] Bei konsequenter Anwendung des FKVO-Maßstabs können auch bloße personelle Verflechtungen und wirtschaftliche Abhängigkeit zu einer (faktischen) Kontrolle führen.[237]

(2) Kontrolle nach Art. 5 Abs. 4 FKVO analog

Um eben diese Fälle der faktischen und der bloßen negativen Kontrolle durch Minderheitsgesellschafter vom Kontrollbegriff auszuschließen, bedient sich eine andere Ansicht zur Begründung der wirtschaftlichen Einheit einer Gesamtanalogie zu den Verbundklauseln des Art. 5 Abs. 4 und 5 FKVO und der Gruppenfreistellungsverordnungen (GVOen).[238] Demnach führt erst der materiell bestehende Mehrheitseinfluss zur Kontrolle im Sinne eines bestimmenden Einflusses auf ein Unternehmen. Dieser Ansatz bedarf einer näheren Betrachtung.

Ihrem Wortlaut nach gilt die in Art. 5 Abs. 4 und 5 FKVO verankerte Zurechnungsklausel nur für die Berechnung von Umsätzen der an einem Zusammenschluss nach Art. 3 FKVO beteiligten Unternehmen im Hinblick auf die zuständigkeitsbegründenden Umsatzschwellen des Art. 1 FKVO. Der Grundgedanke des Art. 5 Abs. 4 FKVO ist, dass die Ressourcen von Unternehmen, die unter einer einheitlichen Kontrolle stehen, addiert werden, um die tatsächliche wirtschaftliche Macht der an einem Zusammenschluss beteiligten Unternehmen abzubilden.[239] Dabei folgt Art. 5 Abs. 4 FKVO dem Mehrheitsprinzip, indem er auf die Kapital-, Stimmrechts- oder Organmehrheit bzw. auf die formale Übertragung der Geschäftsführung abstellt.

Pohlmann spricht sich für eine materielle Auslegung der Verbundklauseln aus und befürwortet eine analoge Anwendung auch auf die Zurechnung von

---

236 Zuständigkeitsmitteilung Rn. 65 ff; *Faull/Nikpay*, The EC Law of Competition Rn. 3.89; *Schroeder*, WuW 1988, S. 274, 280; kritisch in diesem Punkt *Whish/Bailey*, Competition Law, S. 98.

237 Zuständigkeitsmitteilung Rn. 20; diese weite Auslegung bejahend *Buntscheck*, Das „Konzernprivileg" im Rahmen von Art. 81 EG-Vertrag, S. 127; *Faull/Nikpay*, The EC Law of Competition Rn. 3.92; *T. Mäger* in: Mäger, Europäisches Kartellrecht, S. 327 Rn. 7; *Schroeder* in: Wiedemann, Handbuch Kartellrecht, § 8 Rn. 10; einschränkend hingegen *Emmerich* in: Immenga/Mestmäcker, EU-Wettbewerbsrecht, Art. 101 Abs. 1 AEUV Rn. 52.

238 *Pohlmann*, Der Unternehmensverbund im Europäischen Kartellrecht, S. 385, 412 ff.

239 *Käseberg* in: Langen/Bunte, Europäisches Kartellrecht, Art. 5 FKVO Rn. 50; *Wessely* in: MüKo EU-Wettbewerbsrecht, Art. 5 FKVO Rn. 1.

Marktanteilen und die Beurteilung von Marktmacht. Demnach muss zusätzlich zur formalen Mehrheit ein materieller Mehrheitseinfluss vorliegen, der einer alleinigen Kontrolle nach Art. 3 Abs. 2 FKVO entspricht. Dieses materielle Verständnis der Verbundklauseln eröffnet nach *Pohlmann* eine analoge Anwendung auf konzerninterne Absprachen,[240] denn auch bei der Beurteilung des Wettbewerbsverhaltens von Unternehmen gehe es letztlich darum, die faktisch bestehende Markmacht angemessen zu berücksichtigen. Sofern Unternehmen einer *einheitlichen* Kontrolle im Sinne des Art. 3 Abs. 2 FKVO unterstünden, sei ihre Wirtschaftskraft im Ganzen zu berücksichtigen, sie mithin als wirtschaftliche Einheit zu betrachten. Insoweit bestehe eine vergleichbare Interessenlage: Der Grundgedanke bei der Zurechnung von Umsätzen verbundener Unternehmen nach den Verbundklauseln ist die Gleichstellung von mehrgliedrigen Konzernen mit dem Einheitsunternehmen. Im Rahmen der Zusammenschlusskontrolle soll die tatsächliche wirtschaftliche Stärke eines Unternehmens, das in einem Konzernverbund verankert ist, berücksichtigt werden.[241] Das Ziel der Gleichbehandlung von Einheits- und Konzernunternehmen liegt nach Ansicht von *Pohlmann* auch dem Konzept der wirtschaftlichen Einheit zugrunde. Es könne nur erreicht werden, wenn Unternehmen, die unter einheitlicher Leitung stehen, ihre wirtschaftlichen Tätigkeiten wechselseitig zugerechnet würden, um deren tatsächliche wirtschaftliche Macht abzubilden.[242]

Nicht nur im Rahmen der Verhaltenszurechnung, sondern auch im Hinblick auf die Privilegierung konzerninterner Wettbewerbsbeschränkungen sei eine Interessengleichheit mit der Verbundklausel zu bejahen, denn hier diene der Gedanke der wirtschaftlichen Einheit der Verhinderung einer Schlechterstellung gegenüber Einheitsunternehmen.[243] Ein Unternehmen, welches sich dafür entscheidet, bestimmte Geschäftsbereiche durch eine seinen Weisungen unterstellte Tochtergesellschaft abzuwickeln, dürfe nicht schlechter gestellt werden als ein Einheitsunternehmen mit unterschiedlichen internen Betriebsabteilungen.

Der entscheidende Unterschied der Verbundklausel zum Kontrollbegriff des Art. 3 FKVO ist die Ausklammerung der negativen und der faktischen

240 *Pohlmann*, Der Unternehmensverbund im Europäischen Kartellrecht, S. 420 f.

241 Zuständigkeitsmitteilung Rn. 175; *Käseberg* in: Langen/Bunte, Europäisches Kartellrecht, Art. 5 FKVO Rn. 50;

242 *Pohlmann*, Der Unternehmensverbund im Europäischen Kartellrecht, S. 380, 418.

243 *Pohlmann*, Der Unternehmensverbund im Europäischen Kartellrecht, S. 412; ähnlich *Hackel*, Konzerndimensionales Kartellrecht, S. 156 ff., der sich jedoch für die Schaffung einer eigenen Verbundklausel in der VO 1/2003 ausspricht.

Kontrolle.[244] Während nach Art. 3 Abs. 2 FKVO auch Minderheitsbeteiligungen und sogar wirtschaftliche Abhängigkeit zu Kontrolle im Sinne eines Zusammenschlusses führen kann, bedarf es für die Zurechnung von wirtschaftlicher Macht nach der Verbundklausel eines materiell bestehenden Einflusses durch Anteils- oder Stimmenmehrheit oder „das Recht, die Geschäfte des Unternehmens zu beeinflussen."[245] Dieses Recht ist nicht mit der Einflussmöglichkeit des Art. 3 FKVO gleichzusetzen, wonach auch eine reine Blockadeposition aufgrund von Vetorechten eines Minderheitsgesellschafters kontrollbegründend wirkt. Bei analoger Anwendung der Verbundklausel bedarf es zur Begründung einer wirtschaftlichen Einheit der Fähigkeit, die Tochtergesellschaft „positiv-gestalterisch" zu beeinflussen, was in Fällen negativer Kontrolle nicht der Fall ist.[246]

(3) Kontrolle nach mitgliedstaatlichem Gesellschaftsrecht

Eine dritte Meinung greift zur Bestimmung der Kontrolle im Sinne eines bestimmenden Einflusses auf konzernrechtliche Maßstäbe der Mitgliedstaaten zurück.[247] Die Voraussetzungen bzw. die Höhe der zur Kontrolle eines Unternehmens erforderlichen Beteiligung soll sich nach dieser Ansicht aus den gesellschaftsrechtlichen Normen der Mitgliedstaaten ergeben, wobei in der Regel eine einfache Mehrheitsbeteiligung an einem anderen Unternehmen oder auch ein Beherrschungsvertrag für die notwendige Kontrolle ausreichen.[248] *Menz* geht bei einer einfachen Mehrheitsbeteiligung von einer widerleglichen Vermutung zugunsten einer wirtschaftlichen Einheit aus, mit der Folge, dass im Fall der Zurechnung wettbewerbswidrigen Verhaltens das betroffene Unternehmen und

---

244 *Körber* in: Immenga/Mestmäcker, EU-Wettbewerbsrecht, Art. 5 FKVO Rn. 70.

245 Art. 5 Abs. 4 FKVO; siehe zu den Unterschieden zwischen Art. 3 Abs. 2 und Art. 5 Abs. 4 FKVO: Zuständigkeitsmitteilung Rn. 184; vgl. auch *Körber* in: Immenga/Mestmäcker, EU-Wettbewerbsrecht, Art. 5 FKVO Rn. 63; *Pohlmann*, Der Unternehmensverbund im Europäischen Kartellrecht, S. 303 ff.

246 *Pohlmann*, Der Unternehmensverbund im Europäischen Kartellrecht, S. 388 ff.; in diesem Punkt zustimmend: *Menz*, Wirtschaftliche Einheit und Kartellverbot, S. 337.

247 *Brinker* in: Schwarze, EU-Kommentar, Art. 101 AEUV Rn. 53; *Klippert*, Die wettbewerbsrechtliche Beurteilung von Konzernen, S. 108 ff.; *Koppensteiner* in: FS Mailänder, S. 125, 133; *Lipowsky*, Die Zurechnung von Wettbewerbsverstößen zwischen verbundenen Unternehmen, S. 137; *Menz*, Wirtschaftliche Einheit und Kartellverbot, S. 326 ff.

248 *Heitzer*, Konzerne im Europäischen Wettbewerbsrecht, S. 177; *Koppensteiner* in: FS Mailänder, S. 125, 133 f.; *Lipowsky*, Die Zurechnung von Wettbewerbsverstößen zwischen verbundenen Unternehmen, S. 137; *Menz*, Wirtschaftliche Einheit und Kartellverbot, S. 338.

im Fall der Privilegierung konzerninterner Wettbewerbsbeschränkungen die Kartellbehörde das Nichtvorliegen derselben beweisen müsste.[249] Dieser Beweis könne beispielsweise durch den Nachweis erbracht werden, dass das nationale Gesellschaftsrecht für die Kontrolle eine qualifizierte Mehrheit erfordere oder dass Stimmbindungsverträge und Sonderrechte von Minderheitsgesellschaftern die Möglichkeit der alleinigen Kontrolle des Minderheitsgesellschafters einschränken.[250] Spiegelbildlich nimmt *Menz* eine widerlegliche Vermutung gegen das Bestehen einer wirtschaftlichen Einheit im Fall einer bloßen Minderheitsbeteiligung an einer Gesellschaft an. Die Widerlegung dieser Vermutung sei etwa möglich durch den Beweis einer *de-facto* Kontrolle oder von Sonderrechten des Minderheitsgesellschafters oder die Darlegung der vollständigen Integration der Tochtergesellschaft in den Konzern.[251]

cc) Stellungnahme

Die von den Unionsgerichten vorgenommene Einzelbetrachtung hat zwar bislang zu nachvollziehbaren Ergebnissen geführt, kann aber im Hinblick auf einen einheitlichen Orientierungsmaßstab und im Sinne der Rechtssicherheit keine Dauerlösung sein. Es bedarf objektiver Kriterien, anhand derer sich feststellen lässt, in welchen Fällen auch bei weniger als 100%igen Beteiligungen ein bestimmender Einfluss vorliegt. Eine dogmatische Einordnung des Kontrollbegriffs, der eine wirtschaftliche Einheit und damit die Anwendung des Konzernprivilegs bedingen soll, ist daher unverzichtbar.[252]

Die Literatur hat verschiedene Wege aufgezeigt, die sich bereits bekannter Kontrollbegriffe bedienen. Den Vorzug verdient dabei die von *Pohlmann* vorgeschlagene Analogie zu den Verbundklauseln des Art. 5 Abs. 4 FKVO und der GVOen, da sie einen allgemeinverbindlichen europäischen Standard für die Kontrolle festlegt und zudem eine positiv-gestalterische Einflussnahmemöglichkeit der Muttergesellschaft voraussetzt.

Die Orientierung an gesellschaftsrechtlichen Normen der Mitgliedstaaten ist hingegen abzulehnen, weil dadurch die Gefahr einer Anwendung unterschiedlicher Kontrollbegriffe bestünde. Zwar wird auch diese Ansicht in den meisten

---

249 *Menz*, Wirtschaftliche Einheit und Kartellverbot, S. 333 f; ebenfalls für eine widerlegliche Vermutung: *T. Mäger* in: Mäger, Europäisches Kartellrecht, S. 326 Rn. 6; *Fleischer*, AG 1997, S. 491, 499, die sich allerdings beide am Kontrollbegriff des Art. 3 FKVO orientieren.

250 *Menz*, Wirtschaftliche Einheit und Kartellverbot, S. 338 f.

251 *Menz*, Wirtschaftliche Einheit und Kartellverbot, S. 344 ff.

252 So auch *Pohlmann*, Der Unternehmensverbund im Europäischen Kartellrecht, S. 362.

Fällen auf das (einfache) Mehrheitsprinzip hinauslaufen, jedoch können sich in den Details – etwa die Bedeutung von Vetorechten eines Minderheitsgesellschafters – entscheidende Differenzen in den verschiedenen Rechtsordnungen zeigen. Nicht nur die Unterschiede der nationalen Gesellschaftsrechtsordnungen, sondern auch die unterschiedliche Behandlung verschiedener Gesellschaftsformen innerhalb eines Rechtssystems würden zu uneinheitlichen Ergebnissen führen. So sind innerhalb einer GmbH gemäß § 46 Nr. 6 GmbHG Weisungen der Gesellschafter an die Geschäftsführung möglich, während der Vorstand einer AG weisungsunabhängig agieren kann, § 76 Abs. 1 AktG.[253]

Der Ausgangspunkt für die Beurteilung der strukturellen Anforderungen einer Kontrollposition muss die vom EuGH aufgestellte Formel sein. Demnach liegt eine wirtschaftliche Einheit vor, sofern eine Tochtergesellschaft ihr Marktverhalten nicht wirklich autonom bestimmt, sondern im Wesentlichen den Weisungen ihrer Muttergesellschaft folgt.[254] Nur die fehlende Autonomie aufgrund eines Beherrschungsrechts der Muttergesellschaft kann zu einem Konzernverbund führen, innerhalb dessen Absprachen und Informationsaustausch kartellrechtsimmun sind. Ein Mangel an autonomer Handlungsfähigkeit kann allerdings nur bejaht werden, wenn die Muttergesellschaft in der Lage ist, positiv auf das wirtschaftliche Verhalten der Tochtergesellschaft einzuwirken, ihr also aufgrund der strukturellen Verbindung tatsächlich Weisungen erteilen kann. Aus diesem Grund ist auch die Anknüpfung an den Kontrollbegriff des Art. 3 FKVO abzulehnen. Die Zielrichtung der Zusammenschlusskontrolle deckt sich nicht mit der Begründung für die Annahme einer wirtschaftlichen Einheit. Der Zusammenschlusstatbestand des Art. 3 FKVO dient dazu, Marktstrukturveränderungen zu überprüfen, die sich aufgrund von Unternehmenskäufen, -fusionen oder -beteiligungen ergeben, wodurch sich die Machtverhältnisse auf dem Markt verändern können. Dabei werden neben Mehrheitsbeteiligungen auch wirtschaftliche Abhängigkeiten und Minderheitsbeteiligungen, deren Kontrollmöglichkeiten sich auf Vetorechte beschränken, erfasst. Die Möglichkeit von Kontrolle hat an dieser Stelle lediglich verfahrensrechtliche Wirkungen, nämlich die Anwendbarkeit der Fusionskontrollvorschriften. Die Feststellung einer auf Kontrolle beruhenden wirtschaftlichen Einheit hat hingegen unmittelbar praktische Konsequenzen wie die Haftung für Kartellverstöße von Konzerngesellschaften oder die Nichtanwendung der Kartellvorschriften im Innenverhältnis. Dafür

253 *Pohlmann*, Der Unternehmensverbund im Europäischen Kartellrecht, S. 375; a.A. dagegen *Menz*, Wirtschaftliche Einheit und Kartellverbot, S. 338, der für eine Orientierung an den nationalen Gesellschaftsrechtsordnungen eintritt.

254 EuGH, Urteil v. 14. Juli 1972, Rs. 48/69, ECLI:EU:C:1972:70 Rn. 132/135 – *ICI.*

kann eine bloß negative Kontrolle nicht ausreichen.[255] Wie die Kommission in ihrer *Zuständigkeitsmitteilung* richtig feststellt, besteht der Unterschied zum fusionskontrollrechtlichen Beherrschungsbegriff darin, dass Art. 5 Abs. 4 FKVO „das Recht, die Geschäfte zu führen" betrifft, während Art. 3 Abs. 2 FKVO bereits die Möglichkeit der Einflussnahme ausreichen lässt.[256] Über den für die wirtschaftliche Einheit entscheidenden Grad der Einschränkung der Handlungsfreiheit macht der fusionskontrollrechtliche Kontrollbegriff keine Aussage.[257] In diesem Zusammenhang sei noch einmal an den Grund für die einheitliche Betrachtung mehrerer verbundener Unternehmen als wirtschaftliche Einheit erinnert: Sie verfolgen einen gemeinsamen wirtschaftlichen (Konzern)Zweck und sind daher aus Sicht anderer Marktteilnehmer als eine Einheit zu betrachten. Diesen Konzernzweck muss die Muttergesellschaft aufgrund ihrer strukturellen Verbindung zur Tochtergesellschaft aber auch aktiv bestimmen und beeinflussen können. Die bloße Möglichkeit, gegebenenfalls dem Konzernzweck zuwider laufende Entscheidungen der Tochtergesellschaft zu blockieren, genügt diesen Anforderungen nicht.[258]

Der Anforderung, dass die Muttergesellschaft über aktiv gestalterische Einflussnahmemöglichkeiten verfügen muss, wird die Lösung über eine analoge Anwendung der – materiell auszulegenden – Verbundklauseln am ehesten gerecht. Formal erfordern die Verbundklauseln gemäß Art. 5 Abs. 4 (b) FKVO entweder (i) die Kapitalmehrheit, (ii) die Stimmrechtsmehrheit, (iii) die Stellung von mehr als der Hälfte der Mitglieder des Aufsichts- oder Verwaltungsrats oder der Vertretungsorgane, oder (iv) das Recht zur Führung der Geschäfte des Unternehmens. Dieses Geschäftsführungsrecht kann sich aus einem Beherrschungs- oder Geschäftsführungsvertrag, einem Betriebspachtvertrag oder aus der gesetzlichen Befugnis des Komplementärs einer KG herleiten.[259]

Nach der Praxis der Kommission können unter Umständen auch faktische Befugnisse ausreichen, sofern diese „eine stabile rechtliche Grundlage dafür bilden, das strategische Verhalten eines Unternehmens zu bestimmen".[260] Auch

---

255 *Whish/Bailey*, Competition Law, S. 98.

256 Zuständigkeitsmitteilung Rn. 184.

257 *Pohlmann*, Der Unternehmensverbund im Europäischen Kartellrecht, S. 411 f.

258 *Menz*, Wirtschaftliche Einheit und Kartellverbot, S. 337; *Pohlmann*, Der Konzernverbund im Europäischen Kartellrecht, S. 412.

259 *Käseberg* in: Langen/Bunte, Europäisches Kartellecht, Art. 5 FKVO Rn. 59; *Körber* in: Immenga/Mestmäcker, EU-Wettbewerbsrecht, Art. 5 FKVO Rn. 70.

260 Zuständigkeitsmitteilung Rn. 180; Kommission, Entscheidung v. 28. April 1992, IV/M.126 Rn. 6 – *Accor/Waggon Lits.*

diese faktische Kontrollmöglichkeit muss mithin vertraglich verankert sein und positive Führungsbefugnisse eröffnen (dazu unter **2.c)**). Aus einer bloßen wirtschaftlichen Abhängigkeit lässt sich hingegen das Geschäftsführungsrecht im Sinne des Art. 5 Abs. 4 (b) (iv) FKVO – im Gegensatz zum beherrschenden Einfluss bei Art. 3 Abs. 2 FKVO – nicht herleiten.[261]

Zusätzlich zur formalen Mehrheit bedarf es nach der von *Pohlmann* vorgeschlagenen materiellen Auslegung der Verbundklausel eines materiellen Einflusses, welcher der alleinigen Kontrolle nach Art. 3 Abs. 2 FKVO entspricht.[262] Dadurch soll dem Erfordernis einer positiven Beherrschungsmöglichkeit zur Begründung einer wirtschaftlichen Einheit Rechnung getragen werden. Für die materielle Auslegung des Art. 5 Abs. 4 FKVO spricht auch, dass die Europäische Kommission in ihrer *Zuständigkeitsmitteilung* den Begriff „Konzern“ allgemein mit den Anwendungsfällen des Art. 5 Abs. 4 FKVO gleichsetzt.[263]

Das Erfordernis einer positiven Beherrschung und die Vergleichbarkeit mit der Alleinkontrolle dürfen jedoch nicht dazu führen, dass die Einheitlichkeit der Kontrolle zum entscheidenden Kriterium für die wirtschaftliche Einheit wird und dadurch etwa Absprachen zwischen Gemeinschaftsunternehmen und einzelnen Müttern per se vom Konzernprivileg ausgeschlossen sind. Insoweit ist *Pohlmann* zu widersprechen, die den Fokus auf die Einseitigkeit der Beherrschung legt.[264] Der entscheidende Punkt für die Entstehung einer wirtschaftlichen Einheit ist die mangelnde Gestaltungsfreiheit der Tochtergesellschaft hinsichtlich ihres Marktverhaltens, die sich unter bestimmten Umständen auch aus einer gemeinsamen Kontrolle mehrerer Mütter ergeben kann (dazu unten **2.d)**).

Gegen die analoge Anwendung der Verbundklauseln bestehen im Hinblick auf das Konzernprivileg auch keine rechtlichen Bedenken. Im Gegensatz zur Zurechnung des Verhaltens konzernzugehöriger Unternehmen im Rahmen der Bußgeldzurechnung stellt die Anwendung der Verbundvorschriften in diesem Fall keine unzulässige Analogie *zulasten* der Konzernunternehmen dar,[265] sondern wirkt sich zu ihren Gunsten aus.

---

261 Kommission, Entscheidung v. 9. Juli 1997, IV/M.940 Rn. 17 – *UBS/Mister Minit*; *Käseberg* in: Langen/Bunte, Europäisches Kartellrecht, Art. 5 FKVO Rn. 62; *Thiele* in: Schröter/Jakob/Klotz/Mederer, Europäisches Wettbewerbsrecht, Art. 5 FKVO Rn. 55;

262 *Pohlmann*, Der Konzernverbund im Europäischen Kartellrecht, S. 315, 420.

263 Zuständigkeitsmitteilung Rn. 130; siehe auch zur wirtschaftlichen Einheit und Art. 5 Abs. 4 FKVO: Kommission, Entscheidung v. 14. Dezember 1993, ABl. 1994 L-186/38 Rn. 9 – *Kali+Salz/MdK/Treuhand*.

264 *Pohlmann*, Der Konzernverbund im Europäischen Kartellrecht, S. 391, 416.

265 Dazu kritisch *Hackel*, Konzerndimensionales Kartellrecht, S. 158.

c) Zwischenfazit

Das Konzernprivileg ist nur zwischen Unternehmen anwendbar, die derart miteinander verbunden sind, dass sie eine wirtschaftliche Einheit bilden. Die Entstehung einer wirtschaftlichen Einheit setzt die Kontrolle eines Unternehmens über ein anderes Unternehmen voraus, sodass Letzteres sein wirtschaftliches Handeln nicht mehr autonom bestimmt. Dabei gelten für die wirtschaftliche Einheit im Rahmen der Haftung für Kartellverstöße und im Rahmen des Konzernprivilegs unterschiedliche Maßstäbe: für Letzteres genügt die Möglichkeit der Kontrolle. Demgegenüber muss in Haftungsfällen auch die tatsächliche Ausübung der Kontrolle festgestellt werden, welche nach der Rechtsprechung des EuGH im Fall einer (nahezu) 100%igen Anteilsinhaberschaft an einem Unternehmen widerleglich vermutet wird.

Die für die Anwendung des Konzernprivilegs erforderliche Kontrolle bestimmt sich nach einer analogen Anwendung der Verbundklausel des Art. 5 Abs. 4 FKVO. Demnach werden Unternehmen als Einheit betrachtet, sofern das eine aufgrund Stimmen-, Organ- oder Kapitalmehrheit oder faktisch das Recht hat, die Geschäfte des anderen Unternehmens zu führen. Die Fälle der negativen Kontrolle sind davon nicht erfasst. Zur Begründung einer wirtschaftlichen Einheit bedarf es der positiven Einflussnahme auf das Geschäftsverhalten des beherrschten Unternehmens.

2. Anwendung auf einzelne Verbundtatbestände

Der so bestimmte Kontrollbegriff soll nun auf einzelne Verbundtatbestände angewendet werden, um festzustellen, ob sie die Voraussetzung für die Annahme einer wirtschaftlichen Einheit erfüllen.

a) Alleinige positive Kontrolle

Im Fall einer alleinigen Mehrheitsposition liegt die Möglichkeit der Kontrolle zweifelsohne vor. Bei analoger Anwendung der Verbundklauseln bedeutet dies, dass eine Kapital-, Stimmrechts- oder Organbestellungsmehrheit eine Kontrollposition begründet. Dem Wortlaut des Art. 5 Abs. 4 FKVO entsprechend genügt die einfache Mehrheit.[266] Dem Inhaber der Mehrheitsposition steht das alleinige Recht

266 Ebenfalls für das Ausreichen einer einfachen Mehrheit, wenn auch zum Teil mit unterschiedlichem Kontrollverständnis: *T. Mäger* in: Mäger, Europäisches Kartellrecht, S. 326 Rn. 6; a.A.: *Emmerich* in: Immenga/Mestmäcker, EU-Wettbewerbsrecht, Art. 101 Abs. 1 AEUV Rn. 52, der bei einfacher Mehrheit noch ergänzende Umstände wie bspw. personelle Verflechtungen fordert.

zu, unternehmensleitenden Entscheidungen über das strategische Wirtschaftsverhalten des kontrollierten Unternehmens zu treffen, wodurch dessen Autonomie aufgehoben wird. Die Voraussetzung für die Annahme einer wirtschaftlichen Einheit wäre im Fall einer positiven alleinigen Kontrolle mithin gegeben.

Bei alleiniger Kontrolle einer Muttergesellschaft über mehrere Unternehmen kann eine wirtschaftliche Einheit auch zwischen diesen einheitlich beherrschten Schwesterunternehmen entstehen.[267] Selbst wenn die gemeinsame Muttergesellschaft keine Kenntnis von den Absprachen zwischen ihren Tochtergesellschaften hat, unterstehen doch beide ihrer Kontrolle und sind in ihrem Marktverhalten einheitlich durch die Mutter bestimmt.[268]

b) Alleinige negative Kontrolle

Die FKVO kennt grundsätzlich auch den Fall einer alleinigen negativen Kontrolle durch die Innehabung eines Vetorechts, mit dem ein einzelner Gesellschafter zwar keine Entscheidungen durchsetzen, aber (zumindest) blockieren kann.[269] Nach der hier vertretenen analogen Anwendung der materiell auszulegenden Verbundklauseln ist jedoch eine wirtschaftliche Einheit zwischen dem Inhaber des Vetorechts und seinem Tochterunternehmen zu verneinen. Die bloße Blockadeposition führt mangels positiver Einflussnahmemöglichkeit nicht zu einem Verlust der Autonomie der beherrschten Gesellschaft. Zwar kann diese an Entscheidungen durch Veto gehindert werden, jedoch kann ihr strategisches Marktverhalten nicht durch positive Weisungen der Muttergesellschaft bestimmt werden. Ein einheitliches Auftreten am Markt, welches die Betrachtung beider Unternehmen als wirtschaftliche Einheit rechtfertigen würde, ist zwar faktisch nicht ausgeschlossen, ginge aber nicht auf eine Kontrolle der Muttergesellschaft zurück. Eine wirtschaftliche Einheit kommt in diesem Fall somit nicht in Betracht.

c) Minderheitsbeteiligung oder „faktische Kontrolle“

Dementsprechend kann auch eine Minderheitsbeteiligung oder eine sogenannte „faktische Kontrolle“ aufgrund von wirtschaftlicher Abhängigkeit grundsätzlich

---

267 EuG, Urteil v. 12. Januar 1995, Rs. T-102/92, ECLI:EU:T:1995:3 Rn. 50 ff – *Viho/Kommission*; *T. Mäger* in: Mäger, Europäisches Kartellrecht, S. 442 Rn. 99; *Säcker/Herrmann* in: Immenga/Mestmäcker, EU-Wettbewerbsrecht, Einl. Rn. 1640; *Fleischer*, AG 1997, S. 491, 499 f.; a.A. *Huber*, ZHR 1968, S. 193, 217.

268 Kommission, Entscheidung v. 30. Juni 1970, ABl. 1970 L-147/24 Rn. 11 f. – *Kodak*; *T. Mäger* in: Mäger, Europäisches Kartellrecht, S. 328 Rn. 11; *Thomas*, ZWeR 2005, S. 236, 257.

269 Zuständigkeitsmitteilung Rn. 54.

nicht zu einer Kontrollposition im hier verstandenen Sinn führen.[270] Durch eine Minderheitsposition ohne bestimmenden Einfluss auf das Marktverhalten der Tochtergesellschaft verliert diese nicht ihre Autonomie, sodass eine wirtschaftliche Einheit nach den oben definierten Maßstäben nicht entstehen kann.

Allerdings erkennt die Europäische Kommission ein „faktisches" Geschäftsführungsrecht im Sinne des Art. 5 Abs. 4 (b) (iv) FKVO ausnahmsweise auch im Fall von Minderheitsbeteiligungen an, wenn durch entsprechende Regelungen eine „stabile rechtliche Grundlage" zur Bestimmung des strategischen Verhaltens geschaffen ist (s.o. **1.b.cc.**).

Im Fall *Accor/Waggon Lits* lagen diese Voraussetzungen vor.[271] Das Unternehmen Accor hielt direkt und indirekt über Tochtergesellschaften Minderheitsbeteiligungen an mehreren Hotelbetrieben, die sie aufgrund von zehnjährigen Geschäftsführungsverträgen (mit Verlängerungsoption) unter ihrem eigenen Namen und für Rechnung der Minderheitsbeteiligungen führte. Accor war mit allen wesentlichen Aufgaben der Betriebsleitung, einschließlich des Finanz- und Rechnungswesens und des Personalmanagements betraut und erfüllte so nach Ansicht der Kommission sämtliche Geschäftsleitungsaufgaben, während die jeweiligen Mehrheitsgesellschafter auf die Rolle des Geldgebers beschränkt waren.[272] Auf Basis dieser Feststellungen rechnete die Kommission Accor die Umsätze der Hotelbetriebe trotz bloßer Minderheitsanteile zu.

Auch in der Rechtsprechung finden sich Beispiele für die Kontrolle eines Minderheitsgesellschafters. In *Fuji* nahm das EuG eine wirtschaftliche Einheit zwischen einem GU und einer nur zu 30% beteiligten Muttergesellschaft an.[273] Dies könne der Fall sein, sofern diese Mutter über Befugnisse verfüge, die über die typischen Rechte eines Minderheitsgesellschafters hinausgingen und die dazu geeignet seien, einen bestimmenden Einfluss auf die Tochtergesellschaft auszuüben. Voraussetzung sei allerdings, dass diese Leitungsbefugnis gegenüber der Tochtergesellschaft auch tatsächlich ausgeübt werde. Im vorliegenden Fall ergab sich dies aus einer vertraglichen Vereinbarung über die Leitung des GU durch diese Minderheitsgesellschafterin.[274]

---

270 *Bellamy/Child*, European Community Law of Competition Rn. 2-054.

271 Kommission, Entscheidung v. 28. April 1992, IV/M.126 – *Accor/Waggon Lits.*

272 Kommission, Entscheidung v. 28. April 1992, IV/M.126 Rn. 6 – *Accor/Waggon Lits*; vgl. auch den Fall Kommission, Entscheidung v. 25. September 1992, IV/M.258 – *CCIEL/GTE.*

273 EuG, Urteil v. 12. Juli 2011, Rs. T-132/07, ECLI:EU:T:2011:344 – *Fuji.*

274 EuG, Urteil v. 12. Juli 2011, Rs. T-132/07, ECLI:EU:T:2011:344 Rn. 184 – *Fuji.*

In den dargestellten Fällen liegt aufgrund des vertraglich verankerten Geschäftsführungsrechts trotz fehlender Stimmen-, Anteils- oder Organmehrheit eine Kontrolle vor, die zu einer wirtschaftlichen Einheit führt.[275] Entscheidend ist, dass den Minderheitsbeteiligten die Möglichkeit eröffnet wurde, das strategische Wirtschafts- und Wettbewerbsverhalten der jeweiligen Unternehmen positiv zu beeinflussen und von dieser Möglichkeit tatsächlich Gebrauch gemacht hat. Diese Art der „faktischen" Kontrolle geht über eine bloße wirtschaftliche Abhängigkeit, wie sie für Art. 3 Abs. 2 FKVO ausreichend ist, hinaus. Dass eine solche den Anforderungen der Verbundklausel nicht genügt, hat die Kommission ausdrücklich festgestellt.[276] Auch eine negative Kontrolle aufgrund von Vetorechten erfüllt die Anforderungen eines Geschäftsführungsrechts im Sinne des Art. 5 Abs. 4 FKVO nicht und kann eine wirtschaftliche Einheit zwischen zwei Unternehmen nicht begründen.[277]

d) *Gemeinschaftsunternehmen*

Eine in der Literatur viel diskutierte Frage ist, ob zwischen Gemeinschaftsunternehmen (GU) und ihren Muttergesellschaften eine wirtschaftliche Einheit entstehen kann.

Das maßgebende Kriterium für die Möglichkeit einer wirtschaftlichen Einheit muss auch hier die fehlende Autonomie des GU aufgrund der Kontrollbefugnis der Muttergesellschaft(en) sein. Hierbei ist zwischen unterschiedlichen Fällen zu differenzieren, auf die der oben dargelegte Maßstab der Kontrolle anzuwenden ist.

aa) Wirtschaftliche Einheit zwischen dem GU und allen seinen Muttergesellschaften

Weitgehend Einigkeit besteht mittlerweile darüber, dass zwischen einem GU und der Gesamtheit seiner Muttergesellschaften eine wirtschaftliche Einheit bestehen kann.[278]

---

275 So auch *Kersting*, WuW 2014, S. 1156, 1167

276 Zuständigkeitsmitteilung Rn. 184; Kommission, Entscheidung v. 9. Juli 1997, IV/M.940 Rn. 17 – *UBS/Mister Minit.*

277 *Käseberg* in: Langen/Bunte, Europäisches Kartellrecht, Art. 5 FKVO Rn. 62; *Körber* in: Immenga/Mestmäcker, EU-Wettbewerbsrecht, Art. 5 FKVO Rn. 70.

278 EuGH, Urteil v. 26. September 2013, Rs. C-179/12 P, ECLI:EU:C:2013:605 Rn. 58, 65 – *Dow Chemical Company*; EuG, Urteil v. 27. September 2006, Rs. T-314/01, ECLI:EU:T:2006:266 Rn. 138 – *Avebe*; EuG, Urteil v. 27. Oktober 2010, Rs. T-24/05, ECLI:EU:T:2010:453 Rn. 165 – *Alliance One u.a.*; EuG, Urteil v. 13. Juli 2011,

Die Europäische Kommission und die Rechtsprechung der Gemeinschaftsorgane nahmen lange Zeit eine Einzelbetrachtung vor und kamen zu unterschiedlichen Ergebnissen.

In einigen Entscheidungen wurde im Zusammenhang mit der möglichen Anwendung des Konzernprivilegs eine wirtschaftliche Einheit zwischen GU und einer oder mehrerer Muttergesellschaften abgelehnt. Das EuG begründete dies in einem Fall mit der Höhe der Beteiligung, die sie mit bloß 25,001% als nicht ausreichend ansah, um anzunehmen dass das GU und die betreffende Muttergesellschaft demselben Konzern angehörten und stellte außerdem fest, dass das GU nach eigener Aussage ein unabhängiges Unternehmen darstelle.[279] In ähnlicher Weise argumentierte die Kommission in den Fällen *Ijsselcentrale u.a.* und *Gosme/Martell-DMP*, indem sie auf die Eigenständigkeit des GU im Verhältnis zu dessen Muttergesellschaften abstellte.[280]

(1) Gemeinsame Leitungsbefugnis

In jüngeren Fällen, in denen es allerdings um die Haftung der Muttergesellschaft für Kartellverstöße des GU (nicht um das Konzernprivileg) ging, bejahte das EuG eine wirtschaftliche Einheit zwischen dem GU und <u>allen</u> seinen Muttergesellschaften, sofern diese über eine gemeinsame Leitungsbefugnis verfügten.[281]

---

verb. Rs. T-141/07, T-142/07, T-145/07 & T-146/07, ECLI:EU:T:2011:363 Rn. 118 f. – *General Technic-Otis*, bestätigt durch EuGH, Beschluss v. 15. Juni 2012, Rs. C-494/11 P, ECHLI:EU:C:2012:356 Rn. 43 – *Otis Luxembourg*; *Brinker* in: Schwarze, EU-Kommentar, Art. 101 AEUV Rn. 53; *Gleiss/Hirsch*, Kommentar zum EG-Kartellrecht, Art. 85 Abs. 1 EG Rn. 194; *Fleischer*, AG 1997, S. 491, 500; *Menz*, Wirtschaftliche Einheit und Kartellverbot, S. 321; *Pohlmann*, Der Unternehmensverbund im Europäischen Kartellrecht, S. 416; *Schroeder* in: Grabitz/Hilf/Nettesheim, Art. 101 AEUV Rn. 465; *ders.* in: Wiedemann, Handbuch des Kartellrechts, § 8 Rn. 14.

279 EuG, Urteil v. 6. April 1995, Rs. T-145/89, ECLI:EU:T:1995:66 Rn. 107 f. – *Baustahlgewebe*.

280 Kommission, Entscheidung v. 16. Januar 1991, ABl. 1991 L-28/32 Rn. 24 – *Ijsselcentrale u.a.*; Kommission, Entscheidung v. 15. Mai 1991, ABl. 1991 L-185/23 Rn. 30 – *Gosme/Martell-DMP*.

281 EuG, Urteil v. 27. September 2006, Rs. T-314/01, ECLI:EU:T:2006:266 Rn. 138 – *Avebe*; EuG, Urteil v. 27. Oktober 2010, Rs. T-24/05, ECLI:EU:T:2010:453 Rn. 165 – *Alliance One u.a.*; EuG, Urteil v. 13. Juli 2011, verb. Rs. T-141/07, T-142/07, T-145/07 & T-146/07, ECLI:EU:T:2011:363 Rn. 118 f. – *General Technic-Otis*, bestätigt durch EuGH, Beschluss v. 15. Juni 2012, Rs. C-494/11 P, ECHLI:EU:C:2012:356 Rn. 43 – *Otis Luxembourg*.

Die gemeinsame Leitungsbefugnis mache die Situation zwischen dem GU und seinen Muttergesellschaften vergleichbar mit Fällen alleiniger Kontrolle durch eine einzige Muttergesellschaft, in denen das Gericht in der Vergangenheit eine wirtschaftliche Einheit aufgrund des beherrschenden Einflusses auf die Tochtergesellschaft angenommen habe.[282]

Einer wirtschaftlichen Einheit zwischen einem GU und der Gesamtheit seiner Muttergesellschaften unter der Voraussetzung der gemeinsamen Leitung stimmt auch die Literatur zu.[283]

(2) Geltung auch für Vollfunktions-GU

In der Rechtssache *Dow Chemical Company* hat der EuGH noch einmal die Voraussetzungen für die Annahme einer wirtschaftlichen Einheit zwischen einem GU und seinen Muttergesellschaften verdeutlicht und zugleich klargestellt, dass diese Grundsätze auch für Vollfunktions-GU gelten.[284] In dem Fall ging es um Kartellverstöße eines paritätisch von den Muttergesellschaften Dow und DuPont gehaltenen Vollfunktions-GU im Sinne des Art. 3 Abs. 4 FKVO (DDE), für welche die beiden Mütter gesamtschuldnerisch haftbar gemacht wurden. Die Europäische Kommission ging in der Ausgangsentscheidung davon aus, dass Dow und DuPont mit dem GU gemeinsam eine wirtschaftliche Einheit bildeten und führte zur Begründung eine Reihe von Indizien an, welche die Ausübung eines bestimmenden Einflusses der Muttergesellschaften auf das DDE belegen sollten.[285] Unter anderem hatten die Dow und DuPont einen sogenannten „Mitgliederausschuss" gebildet, der zu je 50% aus hochrangigen Vertretern der beiden Mütter bestand und einstimmig über die strategische Ausrichtung und die unternehmerische Gesamtpolitik von DDE abstimmte. Daneben oblagen dem

282 EuG, Urteil v. 27. September 2006, Rs. T-314/01, ECLI:EU:T:2006:266 Rn. 138 – *Avebe*.

283 *Brinker* in: Schwarze, EU-Kommentar, Art. 101 AEUV Rn. 53; *Gleiss/Hirsch*, Kommentar zum EG-Kartellrecht, Art. 85 Abs. 1 EG Rn. 194; *Fleischer*, AG 1997, S. 491, 500; *Menz*, Wirtschaftliche Einheit und Kartellverbot, S. 321; *Pohlmann*, Der Unternehmensverbund im Europäischen Kartellrecht, S. 416; *Schroeder* in: Grabitz/Hilf/Nettesheim, Art. 101 AEUV Rn. 465; *ders.* in: Wiedemann, Handbuch des Kartellrechts, § 8 Rn. 14.

284 EuGH, Urteil v. 26. September 2013, Rs. C-179/12 P, ECLI:EU:C:2013:605 Rn. 58, 65 – *Dow Chemical Company*.

285 Kommission, Entscheidung v. 5. Dezember 2007, COMP/38.629 Rn. 420 ff. – *Chloropren-Kautschuk*.

Mitgliederausschuss auch die Leitung des Tagesgeschäfts sowie die Genehmigung der Geschäftspläne, Jahresberichte und Investitionsausgaben.[286]

Dow wendete gegen die Entscheidung ein, als 50%ige Teilhaberin stünde ihr lediglich ein Vetorecht, nicht jedoch eine positive Entscheidungsbefugnis bei den das *joint venture* betreffenden Entscheidungen zu. Dies reiche zur Begründung eines bestimmenden Einflusses nicht aus. Im Übrigen reiche auch die bloße Möglichkeit eines solchen Einflusses nicht aus, um eine wirtschaftliche Einheit festzustellen, vielmehr bedürfe es auch des Nachweises der tatsächlichen Ausübung von Leitungsmacht, den die Kommission nicht erbracht habe.[287]

Der EuGH bestätigte, dass im Fall eines GU mit zwei 50%igen Muttergesellschaften die Vermutung einer Kontrollausübung, wie sie bei 100%igen Muttergesellschaften angewendet wird, nicht gelte. Vielmehr müsse die tatsächliche Ausübung des bestimmenden Einflusses anhand von Indizien nachgewiesen werden.[288] Diesen Nachweis hatten die Kommission und das EuG nach Ansicht des Gerichtshofs erbracht.

Das EuG hatte zunächst festgestellt, dass es für die Ausübung von bestimmendem Einfluss nicht erforderlich sei, dass eine Muttergesellschaft ihrer Tochtergesellschaft konkrete Vorgaben hinsichtlich deren Marktverhalten, strategischer Ausrichtung, Finanz- oder Businessplanung macht. Es genüge insoweit, dass sich die gemeinsame Konzernstrategie indirekt aus der Gesamtheit der wirtschaftlichen und rechtlichen Beziehungen ableiten lasse. Entscheidend sei, ob die Mutter das Verhalten ihrer Tochtergesellschaft so steuern könne, dass beide als Einheit zu betrachten seien.[289] Die tatsächliche Ausübung des bestimmenden Einflusses von Dow auf DDE sei damit zu begründen, dass der von Dow und DuPont eingesetzte Mitgliederausschuss es diesen ermöglichte, das allgemeine Marktverhalten des GU zu steuern.[290]

---

286 Kommission, Entscheidung v. 5. Dezember 2007, COMP/38.629 Rn. 423 f. – *Chloropren-Kautschuk.*

287 EuG, Urteil v. 2. Februar 2012, Rs. T-77/08, ECLI:EU:T:2012:46 Rn. 67 – *Dow Chemical Company/Kommission.*

288 EuGH, Urteil v. 26. September 2013, Rs. C-179/12 P, ECLI:EU:C:2013:605 Rn. 60 – *Dow Chemical Company.*

289 EuG, Urteil v. 2. Februar 2012, Rs. T-77/08, ECLI:EU:T:2012:46 Rn. 77 – *Dow Chemical Company/Kommission.*

290 EuG, Urteil v. 2. Februar 2012, Rs. T-77/08, ECLI:EU:T:2012:46 Rn. 86 – *Dow Chemical Company/Kommission.*

Diese Ausführungen hielt auch der EuGH für ausreichend, um nicht nur die Möglichkeit, sondern auch die Ausübung von Leitungsmacht durch Dow zu bejahen und eine wirtschaftliche Einheit anzunehmen.[291]

Er schloss sich zudem der Ansicht des Gerichts an, wonach eine wirtschaftliche Einheit auch zwischen einem Vollfunktions-GU und seinen Muttergesellschaften bestehen könne.[292] Die Tatsache, dass ein GU Autonomie im Sinne des Art. 3 Abs. 4 FKVO besitze, stehe einem beherrschenden Einfluss seiner Muttergesellschaften nicht entgegen.[293]

Dieser Ansicht wird auch in der Literatur zum Teil zugestimmt.[294]

Interessanterweise weist der Gerichtshof in seinem Urteil explizit darauf hin, dass in Fällen, in denen zwei Muttergesellschaften jeweils 50% der Anteile an einem Gemeinschaftsunternehmen halten, welches einen Verstoß gegen das Wettbewerbsrecht begangen hat, ausschließlich zum Zweck der Feststellung der Haftung eine wirtschaftliche Einheit zwischen den drei Unternehmen angenommen werden könne.[295] Im Umkehrschluss bedeutet dies, dass der EuGH im Fall von paritätischen GU nicht generell von einer wirtschaftlichen Einheit ausgeht und damit offensichtlich einen gespaltenen Begriff der wirtschaftlichen Einheit billigt. Die Aufnahme dieses Vorbehalts in das Urteil macht deutlich, dass der Gerichtshof einem vorschnellen Schluss auf andere Fälle, wie etwa interne

291 EuGH, Urteil v. 26. September 2013, Rs. C-179/12 P, ECLI:EU:C:2013:605 Rn. 60 – *Dow Chemical Company*; vgl. auch die Parallelentscheidung EuGH, Urteil v. 26. September 2013, Rs. C-172/12 P, ECLI:EU:C:2013:601 – *EI du Pont*.

292 EuGH, Urteil v. 26. September 2013, Rs. C-179/12 P, ECLI:EU:C:2013:605 Rn. 65 – *Dow Chemical Company*

293 Siehe dazu *Kersting*, WuW 2014, S. 1156, 1168, der diese Sichtweise zustimmend mit der Teleologie der FKVO erklärt. Bei dem eigenständigen Marktauftritt des GU im Sinne des Art. 3 Abs. 4 FKVO gehe es nur um den notwendigen Marktbezug. Ob der Marktauftritt jedoch von Weisungen der Mütter abhängt, sei unerheblich.

294 *Kersting*, WuW 2014, S. 1156, 1168; *Schroeder* in. Wiedemann, Handbuch des Kartellrechts, § 8 Rn. 14; a.A. *Pohlmann*, WuW 2003, S. 473, 475.

295 Der Wortlaut der englischen Originalfassung des Urteils lautet: "Where two parent companies each have a 50% shareholding in the joint venture which committed an infringement of the rules of competition law, it is only for the puposes of establishing liability for participation in the infringement of that law and only in so far as the Commission has demonstrated, on the basis of factual evidence, that both parent companies did in fact exercise decisive influence over the joint venture, that those three entities can be considered to form a single economic unit and therefore form a single undertakig for the purpose of Article 81 EC.", EuGH, Urteil v. 26. September 2013, Rs. C-179/12 P, ECLI:EU:C:2013:605 Rn. 58 – *Dow Chemical Company*.

Absprachen zwischen einem GU und einer oder mehrer seiner Muttergesellschaften, vorbeugen wollte. In jedem Fall lässt sich aus dem Urteil *Dow Chemical Company* nicht ableiten, dass der Gerichtshof auch das Konzernprivileg in jedem Fall auf Gemeinschaftsunternehmen und ihre Mütter anwenden will.

bb) Wirtschaftliche Einheit zwischen dem GU und nur einer Muttergesellschaft

In der Literatur wird zusätzlich darüber debattiert, ob eine wirtschaftliche Einheit auch zwischen dem GU und nur einer seiner Muttergesellschaften entstehen kann.

(1) Meinungsstand

Zum Teil wird dies befürwortet, da sich aus Art. 2 Abs. 4 FKVO ergebe, dass das GU und seine Mütter nicht als voneinander unabhängige Unternehmen zu betrachten seien und sich die Prüfung des Art. 101 AEUV dementsprechend auf das Verhältnis der Mütter zueinander beschränke.[296] Überdies sei es widersprüchlich, wenn Vereinbarungen eines im Rahmen der Fusionskontrolle als vereinbar mit den Wettbewerbsregeln zugelassenen GU, die dieses später mit seinen Muttergesellschaften trifft, an Art. 101 AEUV gemessen würden.[297]

Thomas setzt einschränkend voraus, dass zwischen den Muttergesellschaften eine Koordination bzw. Bündelung der Einflussrechte stattfindet, die über einen bloßen Einigungszwang hinausgeht.[298]

Andere bejahen eine wirtschaftliche Einheit nur bei einer Muttergesellschaft, der die industrielle Führerschaft innerhalb des GU zusteht.[299] Gemeint sind damit Fälle, in denen die eine Muttergesellschaft die alleinige Kontrolle über die tägliche Geschäftsführung des GU inne hat, während die Mitwirkung der anderen Muttergesellschaft(en) auf grundlegende strategische Entscheidungen beschränkt ist.[300] Ebenso sei das Kartellverbot ausgeschlossen wenn die Muttergesellschaften im Hinblick auf die Tätigkeit des GU unterschiedliche

---

296 *Brinker* in: Schwarze, EU-Kommentar, Art. 101 AEUV Rn. 53; *Schroeder* in: Grabitz/Hilf/Nettesheim, Art. 101 AEUV Rn. 465; *ders.* in: Wiedemann, Handbuch des Kartellrechts, § 8 Rn. 14.

297 *Brinker* in: Schwarze, EU-Kommentar, Art. 101 AEUV Rn. 53; *Schroeder* in: Grabitz/Hilf/Nettesheim, Art. 101 AEUV Rn. 464.

298 *Thomas*, ZWeR 2005, S. 236, 252; zustimmend *Kling*, ZWeR 2011, S. 169, 174 f; *T. Mäger* in: Mäger, Europäisches Kartellrecht, S. 442 Rn. 98..

299 *Buntscheck*, Das „Konzernprivileg“ im Rahmen von Art. 81 EG-Vertrag, S. 132; vgl. dazu auch *T. Mäger* in: Mäger, Europäisches Kartellrecht, S. 440 Rn. 91 ff.

300 *Kersting*, WuW 2014, S. 1156, 1167.

Zuständigkeitsbereiche gebildet haben, die jeweils von einer Muttergesellschaft allein kontrolliert würden und sich die Absprache zwischen GU und Muttergesellschaft ausschließlich auf den von dieser kontrollierten Bereich beschränke.[301]

Die Gegenmeinung bejaht eine wirtschaftliche Einheit nur zwischen dem GU und der Gesamtheit seiner Muttergesellschaften, lehnt sie jedoch im Verhältnis zu nur einem Mutterunternehmen ab. Begründet wird dies mit der verbleibenden Handlungsfreiheit, die dem GU im Verhältnis zu seinen einzelnen Muttergesellschaften zustehe.[302] Nach Ansicht von *Pohlmann* stellt die gemeinsame Kontrolle ein Minus zur einheitlichen Kontrolle dar, was sich bereits daran zeige, dass ein Wechsel von gemeinsamer zu alleiniger Kontrolle der Fusionskontrolle unterliege und damit qualitativ unterschiedlich zu bewerten sei.[303] Auch wenn der Handlungsspielraum des GU gegenüber der einzelnen Muttergesellschaft möglicherweise gering sei, sei es im Sinne des freien Wettbewerbs, diesen Freiraum zu schützen und daher das Konzernprivileg nicht anzuwenden. Das sei auch in den Fällen einer industriellen Führerschaft nicht anders: solange die unternehmensleitenden Entscheidungen von den Muttergesellschaften gemeinsam getroffen würden, sei eine wirtschaftliche Einheit zwischen einer Mutter und dem GU abzulehnen.[304] Im Verhältnis zwischen GU und allen seinen Muttergesellschaften besteht hingegen eine wirtschaftliche Einheit, weil die Muttergesellschaften in ihrer Gesamtheit das GU beherrschen und daher eine einheitliche Kontrolle ausüben, die mit alleiniger Kontrolle einer 100%igen Mutter vergleichbar ist.[305]

(2) Stellungnahme

Der letztgenannten Meinung kann nicht gefolgt werden, denn sie verlagert den Anknüpfungspunkt für die wirtschaftliche Einheit vom Selbständigkeitspostulat hin zur Art der Beherrschung. Der Fokus auf die Einheitlichkeit der Kontrolle fügt dem Konzept des Kontrollbegriffs ein nicht erforderliches Element hinzu., Dieses steht der Zielrichtung der wirtschaftlichen Einheit, verbundene

---

301 Vgl. z.B. Kommission, Entscheidung v. 10. Juni 1991, IV/M.72 – *Sanofi/Sterling Drug*; *Buntscheck*, Das „Konzernprivileg" im Rahmen von Art. 81 EG-Vertrag, S. 133 f.; dazu auch *T. Mäger* in: Mäger, Europäisches Kartellrecht, S. 441 Rn. 94 ff.

302 *Menz*, Wirtschaftliche Einheit und Kartellverbot, S. 321; *Pohlmann*, Der Unternehmensverbund im Europäischen Kartellrecht, S. 416; zustimmend auch *Gleiss/Hirsch*, Kommentar zum EG-Kartellrecht, Art. 85 Abs. 1 EG Rn. 194; *Fleischer*, AG 1997, S. 491, 500.

303 *Pohlmann*, Der Unternehmensverbund im Europäischen Kartellrecht, S. 388 f.

304 *Pohlmann*, Der Unternehmensverbund im Europäischen Kartellrecht, S. 416.

305 *Pohlmann*, Der Unternehmensverbund im Europäischen Kartellrecht, S. 378, 381.

Unternehmen und Einzelunternehmen gleich zu behandeln, im Weg. Das entscheidende Kriterium für die Annahme einer wirtschaftlichen Einheit ist, wie oben (unter 1.) dargelegt, die fehlende Autonomie der Tochtergesellschaft aufgrund der Beherrschung durch die Muttergesellschaft(en).[306] Diese Beherrschung und die damit einhergehende Steuerung des Marktverhaltens „von oben" rechtfertigen die Betrachtung als einheitliches Wirtschaftssubjekt. Das gilt jedoch nicht nur für die Kontrolle durch eine einzige Muttergesellschaft, sondern muss auch bei gemeinsamer Kontrolle durch mehrere Mütter gelten, sofern dem GU dadurch die Fähigkeit fehlt, sein Marktverhalten selbstständig zu bestimmen.[307]

Gemeinsame Kontrolle wird nach der *Zuständigkeitsmitteilung* bereits durch eine einfache paritätische Beteiligung der Mütter und den damit verbundenen Einigungszwang oder bei qualifizierten Vetorechten eines Minderheitsgesellschafters angenommen. Diese auf Blockadepositionen beruhende Kontrollposition genügt den Anforderungen an eine einheitsbildende Beherrschung allerdings nicht. Die unabhängige Ausübung der Einflussrechte der Mütter kann zwar zu Pattsituationen führen, die die Handlungsfähigkeit des GU beeinträchtigen, jedoch keine positive Bestimmung des Marktverhaltens des GU ermöglichen. Nach der hier vertretenen Ansicht ist ein positiver Einfluss erforderlich.

Erforderlich ist vielmehr die von *Thomas* vorgeschlagene, über den bloßen Einigungszwang hinausgehende, Koordination der Einflussrechte der Muttergesellschaften. Dies lässt sich auch aus den Anforderungen des nach hier vertretener Ansicht analog anzuwendenden Art. 5 Abs. 4 FKVO ableiten. In ihrer *Zuständigkeitsmitteilung* stellt die Kommission klar, dass Umsätze von Gemeinschaftsunternehmen nur dann berücksichtigt werden, wenn das beteiligte Unternehmen und Dritte ihren Einfluss auf das GU aus rechtlichen Befugnissen ableiten, die „ein gemeinsames Geschäftsführungsrecht" begründen. Dieses muss „auf der Grundlage einer Vereinbarung, z.B. einer Aktionärsvereinbarung" bestehen oder durch das Recht begründet sein, die gleiche Anzahl von Mitgliedern in die Entscheidungsgremien des GU zu entsenden.[308] Bei materieller Auslegung ist darunter ein Recht zur aktiven Steuerung des GU zu verstehen, das nur aufgrund einer Koordination der Einflussrechte der Muttergesellschaften entstehen kann. Die Bündelung des Beherrschungspotenzials der Muttergesellschaften

306 *Gleiss/Hirsch*, Kommentar zum EG-Kartellrecht, Art. 85 Abs. 1 EG Rn. 194.

307 *Thomas*, ZWeR 2005, S. 236, 251 f.

308 Zuständigkeitsmitteilung Rn. 181; siehe auch die von der Kommission in Fn. 127 genannten Beispiele: Kommission, Entscheidung v. 2. März 1992, IV/M.187 – *IFINT/EXOR*; Kommission, Entscheidung v. 28. Juni 2000, COMP/M.1741 – *MCI WorldCom/Sprint*.

macht die Situation vergleichbar mit dem Fall der alleinigen Kontrolle.[309] Die Kommission nennt in der *Zuständigkeitsmitteilung* Beispiele einer solchen Bündelung. Demnach ist von einer gemeinsamen Kontrolle unter anderem auszugehen, wenn Minderheitsgesellschafter bei der Ausübung ihrer Stimmrechte, entweder aufgrund von Stimmbindungsverträgen oder über eine gemeinsame Zwischenholding, gemeinsam handeln.[310] Das deutsche Recht erfasst die gemeinsame Kontrolle als Zusammenschlusstatbestand in § 36 Abs. 2 Satz 2 GWB. Eine gemeinsame Beherrschung ist nach der deutschen Rechtsprechung anzunehmen, wenn die Minderheitsgesellschafter ihre Einflussmöglichkeiten über vertragliche oder tatsächliche Koordination der Stimmrechtsausübung bündeln und das Gemeinschaftsunternehmen den Zweck hat, die wirtschaftlichen Interessen der Muttergesellschaften zu vereinheitlichen.[311]

Eine solche Bündelung der Einflussrechte führt zu einer einheitlichen Geschäftspolitik der Mütter in Bezug auf das GU und wirkt daher wie eine alleinige Beherrschung. Das GU kann unter diesen Umständen sein Marktverhalten ebenso wenig frei bestimmen wie eine 100%ige Tochtergesellschaft. Auch das EuG hat in seiner Rechtsprechung die Bündelung der Kontrollbefugnisse über ein GU zur Bedingung für eine wirtschaftliche Einheit zwischen ihm und seinen Muttergesellschaften gemacht. Im Urteil *Avebe* stellte das Gericht anhand diverser Indizien fest, dass die beiden Muttergesellschaften Avebe und Akzo ihre Leitungsbefugnis über das paritätische Gemeinschaftsunternehmen Glucona derart vergemeinschaftet hätten, dass dieses über keine Selbständigkeit hinsichtlich seines Marktverhaltens verfüge und nahm daher eine wirtschaftliche Einheit zwischen Glucona und seinen Müttern an.[312]

In dem Urteil *Fuji Electric* erklärte das EuG, die tatsächliche Ausübung einer Leitungsbefugnis der (jeweils zwei) Muttergesellschaften gegenüber der Tochtergesellschaft könne sich „unmittelbar aus der Durchführung der einschlägigen Rechtsvorschriften oder aus einer von den Muttergesellschaften nach diesen Rechtsvorschriften getroffenen Vereinbarung über die Leitung ihrer gemeinsamen Tochtergesellschaft ergeben".[313]

---

309 *Kling*, ZWeR 2011, S. 169, 174; *Thomas*, ZWeR 2005, S. 236, 252 ff.

310 Zuständigkeitsmitteilung Rn. 74 f.

311 BGH, Urteil v. 22. Juni 1981, WuW/E BGH 1810, 1811 – *Transportbeton Sauerland*; *Thomas*, ZWeR 2005, S. 236, 253.

312 EuG, Urteil v. 27. September 2006, Rs. T-314/01, ECLI:EU:T:2006:266 Rn. 138 – *Avebe*.

313 EuG, Urteil v. 12. Juli 2011, Rs. T-132/07, ECLI:EU:T:2011:344 Rn. 184 – *Fuji Electric*; vgl. auch EuG, Urteil v. 13. Juli 2011, verb. Rs. T-141/07, T-142/07, T-145/07 & T-146/07, ECLI:EU:T:2011:363 Rn. 109 ff. – *General Technic-Otis*.

Eine ähnliche Begründung führte bereits im Fall *Fußballweltmeisterschaft 1990* zur Annahme einer wirtschaftlichen Einheit zwischen dem Gemeinschaftsunternehmen COL Italia und seinen Muttergesellschaften. Diese hätten „gemeinsam unmittelbar und tatsächlich die gesamte Tätigkeit des GU kontrolliert.[314]

Demgegenüber verneinte die Europäische Kommission in *Kautschukchemikalien* eine wirtschaftliche Einheit zwischen einem GU und seinen Mutterunternehmen, weil das GU, nach den Feststellungen der Kommission, als unabhängiges Unternehmen agierte.[315] Die jüngste Entscheidung des EuGH im Fall *Dow Chemical Company* bestätigt ebenfalls, dass der Gerichtshof nicht in jedem Fall von einer wirtschaftlichen Einheit zwischen einem GU und seinen Muttergesellschaften ausgeht. Zu den Voraussetzungen für die Anwendung des Konzernprivilegs hat er sich allerdings in diesem Urteil nicht geäußert.

Der durch die gemeinsame Beherrschung begründete Mangel an Autonomie besteht für das GU im Verhältnis zu allen und zu jeder einzelnen seiner Muttergesellschaften. Diese Ansicht wird gestützt durch eine Formulierung der Europäischen Kommission in Ziffer 11 ihres Entwurfs der neuen *Horizontalleitlinien* aus dem Jahr 2010, in der es heißt: „Da ein Gemeinschaftsunternehmen eine Einheit mit jeder ihrer Muttergesellschaften bildet, die gemeinsam bestimmenden Einfluss und die Kontrolle über das Gemeinschaftsunternehmen ausüben, gilt Artikel 101 nicht für Vereinbarungen zwischen den Muttergesellschaften und einem solchen Gemeinschaftsunternehmen, sofern die Gründung des Gemeinschaftsunternehmens dem EU-Wettbewerbsrecht nicht zuwiderlief." Obwohl die Passage keinen Eingang in die 2011 veröffentlichte Fassung der *Horizontalleitlinien* gefunden hat,[316] findet der Grundsatz in der Rechtsprechung des EuG Bestätigung.[317] Eine gemeinsame Beherrschung im Sinne einer koordinierten

314 Kommission, Entscheidung v. 27. Oktober1992, ABl. 1992 L-326/31 Rn. 71 – *Fußballweltmeisterschaft 1990.*

315 Kommission, Entscheidung v. 21. Dezember 2005, COMP/F/38.440 Rn. 263 – *Kautschukchemikalien*; vgl. dazu *Kling*, WRP 2010, S. 506, 514; *ders.*, ZWeR 2011, S. 169, 174 f.

316 Europäische Kommission, Leitlinien zur Anwendbarkeit von Artikel 101 des Vertrages über die Arbeitsweise der Europäischen Union auf Vereinbarungen über horizontale Zusammenarbeit (nachfolgend: Horizontalleitlinien), ABl. 2011 C-11/1 Rn. 11; vgl. dazu *Kling*, ZWeR 2011, S. 169, 173 ff.

317 EuG, Urteil v. 27. September 2006, Rs. T-314/01, ECLI:EU:T:2006:266 Rn. 138 – *Avebe*; EuG, Urteil v. 12. Juli 2011, Rs. T-132/07, ECLI:EU:T:2011:344 Rn. 184 – *Fuji Electric.*

Einflussnahme führt mithin zu einer wirtschaftlichen Einheit zwischen dem GU und der Gesamtheit sowie jeder einzelnen seiner Muttergesellschaften.[318]

cc) Wirtschaftliche Einheit zwischen den Muttergesellschaften

Zwischen den Muttergesellschaften eines GU kommt eine wirtschaftliche Einheit mangels gegenseitiger Kontrolle nicht in Betracht.[319] Die Muttergesellschaften sind unabhängige Unternehmen, die ihr Marktverhalten autonom bestimmen und am freien Wettbewerbsgeschehen teilnehmen. Die Zusammenarbeit im Rahmen eines GU ändert daran nichts, insbesondere kommt es über das GU nicht zu einer Konzernbildung zwischen den Muttergesellschaften. *Buntscheck* weist zu Recht darauf hin, dass demzufolge die wirtschaftliche Einheit zwar zur Unanwendbarkeit des Kartellverbots zwischen einem GU und der Gesamtheit seiner Muttergesellschaften führt, dass die dadurch zwangsläufig bestehende Abstimmung zwischen den Muttergesellschaften jedoch selbstverständlich nicht unter das Konzernprivileg fällt.[320]

dd) Wirtschaftliche Einheit zwischen mehreren GU

Einer genaueren Betrachtung bedarf die Frage, ob eine wirtschaftliche Einheit zwischen verschiedenen GU bestehen kann, die – ganz oder teilweise – von denselben Muttergesellschaften beherrscht werden. Oben (**2.a)**) wurde bereits erwähnt, dass von derselben Muttergesellschaft zu 100% kontrollierte Schwesterunternehmen untereinander eine wirtschaftliche Einheit bilden, da ihr Marktverhalten durch den einheitlichen Konzernzweck bestimmt wird.

Dasselbe muss auch für verschwesterte GU gelten, die denselben Muttergesellschaften unterstehen. Beide GU leiten ihr Marktverhalten vom koordinierten Einflussrecht der Muttergesellschaften ab und stehen daher unter einheitlicher Kontrolle.[321]

---

318 *Brinker* in: Schwarze, EU-Kommentar, Art. 101 AEUV Rn. 53; *Thomas*, ZWeR 2005, S. 236, 254.

319 Kommission, Entscheidung v. 16. Januar 1991, ABl. 1991 L-28/32 Rn. 24 – *Ijsselcentrale u.a.*; *T. Mäger* in: Mäger, Europäisches Kartellrecht, S. 439 Rn. 86; *Emmerich* in: Immenga/Mestmäcker, Art. 101 AEUV Rn. 52; *Schroeder* in: Grabitz/Hilf/Nettesheim, Art. 101 AEUV Rn. 464.

320 *Buntscheck*, Das „Konzernprivileg" im Rahmen von Art. 81 EG-Vertrag, S. 131 f.

321 *T. Mäger* in Mäger, Europäisches Kartellrecht, S. 442 Rn. 99; *Pohlmann*, Der Unternehmensverbund im Europäischen Kartellrecht, S. 378, 417; *Thomas*, ZWeR 2005, S. 236, 258.

Fraglich ist allerdings, ob auch mehrere GU, deren Mütter nur teilweise identisch sind, eine wirtschaftliche Einheit bilden können, innerhalb derer das Konzernprivileg eingreifen kann. So wäre es etwa denkbar dass ein von A und B kontrolliertes GU1 eine wettbewerbswidrige Absprache mit einem GU2 trifft, welches seinerseits zu gleichen Teilen von B und C kontrolliert wird. Das Entstehen einer wirtschaftlichen Einheit wird in diesem Fall zum Teil mit der Begründung abgelehnt, zwischen den GU bestehe Handlungsfreiheit, weil sie nicht einer gänzlich einheitlichen Kontrolle unterlägen.[322] Nach dem oben erarbeiteten Maßstab ist dies jedoch nicht zutreffend. Vorausgesetzt die jeweiligen Muttergesellschaften haben ihre Einflussmöglichkeiten derart gebündelt, dass von einer gemeinsamen Beherrschung im Sinne einer einheitlichen Leitung auszugehen ist, so sind die GU im Verhältnis zu jeder einzelnen ihrer Muttergesellschaften abhängig. Somit werden GU1 und GU2 beide durch die (Mit-)Kontrolle von B in ihrer wettbewerblichen Autonomie beschränkt und bilden mit dieser gemeinsamen Muttergesellschaft eine wirtschaftliche Einheit. In diesem Dreiecksverhältnis sind folglich auch die beiden GU untereinander als wirtschaftliche Einheit anzusehen.[323] Im Umkehrschluss bedeutet dies, dass eine wirtschaftliche Einheit zwischen GU1 und GU2 nicht entstehen kann, wenn es auch nur in einer der beiden Konstellationen an einer Bündelung der Einflussrechte der Muttergesellschaften fehlt. Denn, wie oben festgestellt, bedarf es einer solchen Koordinierung, um eine wirtschaftliche Einheit zwischen einem GU und einer einzelnen Muttergesellschaft – im Beispielsfall also B – herzustellen. Da B das Bindeglied zwischen GU1 und GU2 darstellt, ist die beiderseitige Abhängigkeit konstitutiv für eine wirtschaftliche Einheit zwischen ihnen.

e) Gleichordnungskonzern

Eine noch umstrittenere Frage ist die nach der Geltung des Konzernprivilegs innerhalb eines Gleichordnungskonzerns. Im deutschen Recht ist der Gleichordnungskonzern in § 18 Abs. 2 AktG definiert. Danach handelt es sich um eine Zusammenfassung rechtlich selbständiger, nicht voneinander abhängiger Gesellschaften unter einheitlicher Leitung. Die Zusammenfassung unter einheitlicher Leitung kann auf vertraglicher Basis begründet sein (vertraglicher Gleichordnungskonzern) oder sich aus den Gesamtumständen ergeben, z.B. aufgrund personeller Verflechtungen zwischen den Konzerngesellschaften (faktischer

322 *Pohlmann*, Der Konzernverbund im Europäischen Kartellrecht, S. 417.

323 *Thomas*, ZWeR 2005, S. 236, 258; zustimmend *T. Mäger* in: Mäger, Europäisches Kartellrecht, S. 442 Rn. 99.

Gleichordnungskonzern).[324] Die Leitungsfunktion kann durch ein eigenes Leitungsorgan ausgeübt werden, welches mit eigener Rechtspersönlichkeit, etwa in Form einer Holding, ausgestattet sein kann, aber nicht muss. Ein Weisungsrecht gegenüber den Konzerngesellschaften steht diesem Leitungsorgan nach wohl überwiegender Ansicht nicht zu.[325] Nach einem engen Konzernbegriff muss sich die einheitliche Leitung auf alle zentralen Unternehmensbereiche, jedenfalls aber auf die Finanzplanung und Rechnungslegung beziehen.[326] Die Vertreter eines weiten Konzernbegriffs sehen es als ausreichend an, wenn wenigstens in einem zentralen Bereich der wirtschaftlichen Tätigkeit, z.B. Einkauf, Personalwesen oder Vertrieb, eine einheitliche Leitung ausgeübt wird, solange sich diese Koordination auf den Gesamtkonzern auswirkt.[327]

aa) Praxis der Wettbewerbsbehörden

Die Unionsgerichte hatten sich mit der Frage der Anwendbarkeit des Konzernprivilegs auf Gleichordnungskonzerne bislang noch nicht zu befassen.

Die Europäische Kommission hat allerdings in der *Reißverschluss*-Entscheidung die Nichtanwendbarkeit des Kartellverbots auf einen Gleichordnungskonzern bejaht und allgemeine Grundsätze zur kartellrechtlichen Behandlung von Gleichordnungskonzernen aufgestellt. Demnach kann von einem echten betrieblichen Zusammenschluss, der die Anwendung des Konzernprivilegs rechtfertigt, ausgegangen werden, wenn die beteiligten Unternehmen ihre wirtschaftliche Selbständigkeit endgültig aufgegeben haben und jede realistische Möglichkeit verloren haben, künftig wieder als unabhängige Anbieter oder Nachfrager auf den Markt zurückzukehren.[328] Erforderlich ist dazu nach Ansicht der Kommission, dass (1) ein einheitliches Leitungsorgan existiert, welches die einheitliche Kontrolle über die Finanzplanung, das Investment und die wesentlichen Bereiche der wirtschaftlichen Tätigkeit besitzt, (2) das Geschäftsvermögen sämtlicher beteiligter Unternehmen dauerhaft der einheitlichen Leitung unterstellt ist, und (3) ein System eines finanziellen und wirtschaftlichen Risikoausgleichs existiert, welches dazu führt, dass alle beteiligten Unternehmen

324 Vgl. dazu *Bayer* in: MüKo Aktiengesetz, § 18 Rn. 50 ff.

325 *Vetter* in: Schmidt/Lutter, Aktiengesetz, § 18 Rn. 27; *Jacob*, Gleichordnungskonzerne, S. 64; *Gromann*, Die Gleichordnungskonzerne im Konzern- und Wettbewerbsrecht, S. 58; a.A. *Bayer* in: MüKo Aktiengesetz, § 18 Rn. 57.

326 *Koppensteiner* in: Kölner Kommentar zum Aktiengesetz, § 18 Rn. 27.

327 *Bayer* in: MüKo Aktiengesetz, § 18 Rn. 30, 33; *Emmerich* in: Emmerich/Habersack, Aktien- und GmbH-Konzernrecht, § 18 Rn. 14.

328 Kommission, Seventh Report on Competition Policy 1977 Rn. 30.

einem gemeinsamen Unternehmenszweck folgen.[329] Auch in mehreren Fusionskontrollfällen hat die Kommission Gleichordnungskonzerne als wirtschaftliche Einheiten angesehen.[330]

Das Bundeskartellamt hat sich bereits 1973 zur Anwendbarkeit des § 1 GWB auf Gleichordnungskonzerne geäußert. In der *Intermilch*-Entscheidung stellte das Bundeskartellamt seinerseits Grundsätze für die Abgrenzung eines Gleichordnungskonzerns von einem unzulässigen Kartell auf. Demnach gilt das Konzernprivileg für einen Gleichordnungskonzern, wenn (1) den Organen der beteiligten Unternehmen ihre jeweilige Leitungsmacht entzogen und auf die Leitungsgesellschaft übertragen ist, und (2) der Zusammenschluss der beteiligten Unternehmen auf Dauer angelegt ist, was eine Kündigungsmöglichkeit nach frühestens 10 bis 15 Jahren bedeutet.[331]

bb) Literatur

Teile der Literatur wenden gegen die Geltung des Konzernprivilegs ein, aufgrund der mangelnden Abhängigkeit sei in einem Gleichordnungskonzern kein für eine wirtschaftliche Einheit hinreichender Integrationsgrad zu erreichen, durch den die Autonomie der in einem Gleichordnungskonzern verbundenen Unternehmen aufgehoben werde. Den Konzernunternehmen verblieben hinsichtlich der Basisentscheidungen ihres Geschäftsverhaltens noch so wesentliche Entscheidungsbefugnisse, dass zwischen ihnen schützenswerter Wettbewerb stattfinden könne. Selbst Gleichordnungskonzerne, die einem gemeinsamen Leitungsorgan unterstellt seien, könnten mangels Weisungsrechts dieses Leitungsorgans keine wirtschaftliche Einheit bilden, innerhalb derer das Kartellverbot unanwendbar wäre.[332]

Die Gegenansicht bejaht die Möglichkeit eines Konzernprivilegs auch für den Gleichordnungskonzern, sofern sich die beteiligten Unternehmen hinsichtlich der wesentlichen Bereiche ihrer wirtschaftlichen Tätigkeit dauerhaft einer

329 Kommission, Seventh Report on Competition Policy 1977 Rn. 30.

330 Kommission, Entscheidung v. 27. August 1996, IV/M.803 – *Rewe/Billa*; Kommission, Entscheidung v. 17. Februar 1997, IV/M.875 – *DBV/Gothaer/GPM*; Kommission, Entscheidung v. 21. Dezember 1998, IV/M.1354 – *SAir Group/LTU.*

331 Bundeskartellamt, Tätigkeitsbericht 1973, BT Drucksache 7/2250, S. 98 f.

332 *Emmerich* in: Immenga/Mestmäcker, EU-Wettbewerbsrecht, Art. 101 Abs. 1 AEUV Rn. 53; *Gromann*, Die Gleichordnungskonzerne im Konzern- und Wettbewerbsrecht, S. 110; *Jacob*, Gleichordnungskonzerne, S. 86; für das deutsche Recht: *Zimmer* in: Immenga/Mestmäcker, GWB, § 1 Rn. 116.

einheitlichen Leitung unterstellen, und diese tatsächlich ausgeübt wird.[333] Zum Teil wird gefordert, dass eine Folgepflicht der Konzernunternehmen auf Weisungen der Konzernleitung besteht, um den nötigen Integrationsgrad für die Annahme des Konzernprivilegs zu erreichen.[334] Eine derart enge Bestimmung der Leitungsmacht wird jedoch überwiegend abgelehnt. Es sei ausreichend, wenn alle wettbewerbsrelevanten Bereiche der beteiligten Unternehmen und insbesondere deren Finanz- und Investitionsplanung, unter einheitlicher Leitung stünden.[335] Voraussetzung sei allerdings, dass die einheitliche Leitung – entgegen der sonstigen Fälle einer wirtschaftlichen Einheit – auch tatsächlich ausgeübt werde.[336] Einen finanziellen und wirtschaftlichen Risikoausgleich wie ihn die Europäische Kommission voraussetzt, sehen die Vertreter dieser Ansicht überwiegend nicht als konstitutiv an, sondern verstehen eine solche Abrede als bloßes Indiz für das Vorliegen einer wirtschaftlichen Einheit.[337] Auch hinsichtlich der Dauerhaftigkeit der Unternehmensverbindung legen die Befürworter eines Konzerprivilegs im Gleichordnungskonzern einen weniger strengen Maßstab an als die Kommission. Eine unwiderrufliche Aufgabe der wirtschaftlichen Autonomie ist demnach nicht erforderlich. Vielmehr genügt es, wenn die Unt ernehmensverbindung nicht bloß vorübergehend, sondern auf Dauer angelegt ist. Eine darüber hinausgehende Mindestdauer sei schon deshalb nicht notwendig, weil bei Auflösung des Gleichordnungskonzerns die Privilegierung ohnehin entfalle.[338]

---

333 *Bechtold*, WuW 1977, S. 460, 466; *Buntscheck*, WuW 2004, S. 374, 381 f.; *ders.*, Das Konzernprivileg im Rahmen von Art. 81 EG-Vertrag, S. 138; *Gleiss/Hirsch*, Kommentar zum EG-Kartellrecht, Art. 85 Abs. 1 EG Rn. 583; *T. Mäger* in: Mäger, Europäisches Kartellrecht, S. 329 Rn. 15; *Paschke* in: MüKo EU-Wettbewerbsrecht, Art. 101 AEUV Rn. 24; *Roth/Ackermann* in FK EU-Kartellrecht, Art. 81 Abs. 1 EG Rn. 129; *Schmidt* in FS Rittner, S. 561, 581; *Schröter/Voet van Vormizeele* in: Schröter/Jakob/Klotz/Mederer, Europäisches Kartellrecht, Art. 101 AEUV Rn. 102.

334 *Schmidt* in: FS Rittner, S. 561, 578; ähnlich *Schröter/Voet van Vormizeele* in: Schröter/Jakob/Klotz/Mederer, Europäisches Wettbewerbsrecht, Art. 101 AEUV Rn. 102.

335 *Buntscheck*, WuW 2004, S. 374, 383 f.; *T. Mäger* in: Mäger, Europäisches Kartellrecht, S. 329 Rn. 15.

336 *Bechtold*, WuW 1977, S. 460, 466.

337 *Buntscheck*, WuW 2004, S. 374, 383; *T. Mäger* in: Mäger, Europäisches Kartellrecht, S. 330 Rn. 15; ähnlich *Schmidt* in FS Rittner, S. 561, 579, der entweder ein Abhängigkeitsverhältnis aufgrund einheitlicher Leitung oder eine Risikogemeinschaft für einen privilegierten konzentrativen Gleichordnungskonzerns voraussetzt.

338 *T. Mäger* in: Mäger, Europäisches Kartellrecht, S. 330 Rn. 15; *Menz*, Wirtschaftliche Einheit und Kartellverbot, S. 387.

cc) Stellungnahme

Der Wortlaut des § 18 Abs. 2 AktG spricht auf den ersten Blick gegen die Anwendung des Konzernprivilegs, weil er von „nicht voneinander abhängigen Gesellschaften" spricht. Würde man die oben aufgestellten Grundsätze von Beherrschung und Abhängigkeit eins zu eins auf den Gleichordnungskonzern anwenden, läge keine wirtschaftliche Einheit vor und das Konzernprivileg müsste ausscheiden.

Dennoch wird man unter bestimmten Voraussetzungen auch für Gleichordnungskonzerne die Gültigkeit des Konzernprivilegs annehmen können. Denn das Fehlen einer gegenseitigen Beherrschung ist hier als reines Abgrenzungskriterium zum Unterordnungskonzern zu sehen.[339] Es ist aber auch im Gleichordnungskonzern denkbar, dass sich Unternehmen in einer abhängigkeitsähnlichen Lage befinden, in der sie ihr Verhalten auf dem Markt nicht autonom bestimmen, sondern ihr wesentliches Geschäft von der Leitungsgesellschaft bestimmt wird. Sofern die Struktur eines Gleichordnungskonzerns zur faktischen Aufhebung der wettbewerblichen Selbständigkeit der Mitgliedsunternehmen führt, ist der Integrationsgrad mit dem eines Unterordnungskonzerns vergleichbar.[340] Es kommt entscheidend darauf an, ob die beteiligten Unternehmen ihr Wettbewerbsverhalten auf dem Markt unabhängig bestimmen können. Zu dieser Autonomie gehört die eigenmächtige Bestimmung des wettbewerbsrelevanten Wirtschaftsverhaltens. Fehlt diese Autonomie aufgrund der Übertragung wesentlicher Befugnisse auf eine einheitliche Leitungsgesellschaft, deren Entscheidungen sich nicht am individuellen Unternehmens-, sondern am gemeinsamen Konzerninteresse orientiert, dann bilden die so verbundenen Unternehmen eine wirtschaftliche Einheit, innerhalb derer das Kartellverbot keine Anwendung findet.

Der weite Konzernbegriff genügt dieser Voraussetzung allerdings nicht, da es für eine wirtschaftliche Einheit im kartellrechtlichen Sinne nicht ausreicht, wenn irgendwelche wettbewerbsfernen unternehmerischen Bereiche einer einheitlichen Koordination unterstellt werden. Der Europäischen Kommission und einer starken Literaturmeinung folgend ist als Mindestanforderung die einheitliche Leitung in Bezug auf die Finanzplanung und aller „wesentlichen Unternehmensbereiche" zu fordern. Als wesentlich sind die wettbewerbsrelevanten Abteilungen der wirtschaftlichen Tätigkeit anzusehen, also insbesondere Vertrieb, Forschung und Entwicklung, Einkauf und Produktion.[341] Andere

339 Vgl. *Schmidt* in FS Rittner, S. 561, 574 f.

340 *Menz*, Wirtschaftliche Einheit und Kartellverbot, S. 385.

341 So auch *Buntscheck*, WuW 2004, S. 374, 381; *Menz*, Wirtschaftliche Einheit und Kartellverbot, S. 386.

Bereiche, wie etwa die Personalplanung oder die Verwaltung, haben hingegen für das Wettbewerbsverhalten eines Unternehmens nur eine sekundäre Bedeutung. Ihre Vereinheitlichung kann weder für sich genommen eine wirtschaftliche Einheit begründen noch ist sie konstitutiv für eine wirtschaftliche Einheit und die Anwendung des Konzernprivilegs.[342] Es bedarf vielmehr einer „einheitlichen Leitungsmacht im Sinne einer umfassenden Unternehmensleitung".[343]

Für die Bildung einer wirtschaftlichen Einheit kann nach dem unter **II.1.b.** definierten Kontrollmaßstab ein faktischer Gleichordnungskonzern nicht ausreichen, denn bloße personelle und faktische wirtschaftliche Verflechtungen begründen nicht in jedem Fall das Recht einer positiven Einflussnahme auf das Wettbewerbsverhalten der beteiligten Unternehmen. Eine Personenidentität in den Leitungsgremien der konzernzugehörigen Unternehmen kann höchstens ein Indiz für eine einheitliche, am allgemeinen Konzerninteresse orientierte Leitung sein.[344] Die Aufgabe der wettbewerblichen Autonomie bedarf jedoch einer vertraglichen Fixierung und einer an ihre Stelle tretenden zentralen Steuerung durch ein Leitungsorgan. Von einer wirtschaftlichen Einheit, die das Eingreifen des Konzernprivilegs rechtfertigt, kann nur bei vertraglichen Gleichordnungskonzernen gesprochen werden, deren beteiligte Unternehmen ihre Finanzplanung und alle wesentlichen wettbewerbsrelevanten Geschäftsbereiche der einheitlichen Leitung durch ein gemeinsames Leitungsorgan unterstellen.[345] Diese Sichtweise findet ihre Bestätigung in der *Zuständigkeitsmitteilung* der Kommission. Demnach kann eine wirtschaftliche Einheit im Sinne einer Fusion nach Art. 3 Abs. 1 a) FKVO auch dadurch entstehen, dass Unternehmen „vertraglich vereinbaren, sich einer gemeinsamen wirtschaftlichen Leitung zu unterstellen".[346] Die zugehörige Fußnote verweist ausdrücklich auf den Gleichordnungskonzern im deutschen Recht. Der eindeutige Wortlaut macht jedoch klar, dass es sich nur um den vertraglichen, nicht jedoch um den faktischen Gleichordnungskonzern handeln kann.

Die weiteren Voraussetzungen für die Anwendung des Konzernprivilegs auf Gleichordnungskonzerne sind von geringerer Relevanz. Einen finanziellen und wirtschaftlichen Risikoausgleich, den die Kommission in der

342 *Koppensteiner* in: Kölner Kommentar zum Aktiengesetz, § 18 Rn. 26.

343 *Menz*, Wirtschaftliche Einheit und Kartellverbot, S. 213.

344 *Menz*, Wirtschaftliche Einheit und Kartellverbot, S. 386.

345 So auch *Paschke* in: MüKo EU-Wettbewerbsrecht, Art. 101 AEUV Rn. 24; ebenfalls für die Notwendigkeit eines gemeinsamen Leitungsorgans *Klippert*, Die wettbewerbsrechtliche Beurteilung von Konzernen, S. 135.

346 Kommission, Zuständigkeitsmitteilung Rn. 10.

Reißverschluss-Entscheidung noch als zwingendes Element für die Nichtanwendung des Kartellverbots forderte, bezeichnet sie, in Übereinstimmung mit der Literatur, inzwischen selbst als bloßes Indiz für die Bildung einer wirtschaftlichen Einheit.[347] Die einheitliche Leitung der wettbewerbsrelevanten Bereiche der beteiligten Konzernunternehmen und die damit einhergehende Aufgabe des autonomen Marktverhaltens setzen einen Risikoausgleich nicht voraus.

Allerdings wird in Bezug auf die wirtschaftliche Einheit eines Gleichordnungskonzerns zu Recht gefordert, dass das Leitungsorgan die ihm übertragene Leitungsbefugnis auch tatsächlich wahrnimmt,[348] was eine zusätzliche Voraussetzung im Vergleich zu Unterordnungskonzernen darstellt (dazu sogleich unter **3.c**)).

Hinsichtlich der Dauerhaftigkeit der Unternehmensverbindung ist den Literaturstimmen zu folgen, die die Anforderungen der Kommission und des Bundeskartellamts als zu weitgehend ansehen.[349] Zwar muss die Unternehmensverbindung auf Dauer angelegt sein, darf also nicht ein bloßer Übergangszustand oder ein Vehikel für spätere Transaktionen sein. Eine unwiderrufliche Aufgabe der wirtschaftlichen Selbständigkeit, wie von der Kommission vorausgesetzt, oder eine Mindestdauer, wie vom Bundeskartellamt formuliert, erfordert der Schutzzweck des Kartellrechts jedoch nicht, da bei Beendigung der einheitlichen Leitung auch die Anwendung des Konzernprivilegs unmittelbar entfällt.

Es ist somit festzuhalten, dass das Konzernprivileg auch im Rahmen eines Gleichordnungskonzerns Anwendung finden kann, sofern es sich um einen auf Dauer angelegten vertraglichen Gleichordnungskonzern handelt, dessen beteiligte Unternehmen ihre Finanzplanung und die wettbewerbswesentlichen Bereiche ihrer wirtschaftlichen Tätigkeit auf ein gemeinsames Leitungsorgan übertragen haben, so dass sie ihr Wettbewerbsverhalten am Markt nicht mehr autonom bestimmen, sondern durch das Leitungsorgan einem gemeinsamen Konzernzweck folgen.

---

347 Kommission, Zuständigkeitsmitteilung Rn. 10; *Buntscheck*, WuW 2004, S. 374, 383; *T. Mäger* in: Mäger, Europäisches Kartellrecht, S. 330 Rn. 15, *Pohlmann*, Der Unternehmensverbund im Europäischen Kartellrecht, S. 200.

348 *Buntscheck*, WuW 2004, S. 374, 382.

349 *Buntscheck*, WuW 2004, S. 374, 382 f.; *T. Mäger* in: Mäger, Europäisches Kartellrecht, S. 330 Rn. 15; *Menz*, Wirtschaftliche Einheit und Kartellverbot, S. 387; *Schmidt* in: FS Rittner, S. 561, 580.

f) Sonderfall: Kontrolle durch Nicht-Unternehmen

aa) Rechtsprechung

Eine Sonderfrage im Hinblick auf die Voraussetzungen einer wirtschaftlichen Einheit stellte sich in der Rechtssache *Gosselin*: Der EuGH hatte sich damit auseinanderzusetzen, ob die einzelnen Teile einer wirtschaftlichen Einheit selbst Unternehmensqualität besitzen müssen.[350] In dem Fall war die kontrollierende Muttergesellschaft eine Stiftung, die selbst nicht wirtschaftlich tätig war. Das EuG lehnte eine gesamtschuldnerische Haftung der Stiftung ab, da seiner Ansicht nach „die Muttergesellschaft eines Unternehmens, das eine Zuwiderhandlung gegen Art. 81 EG [Art. 101 AEUV] begangen hat, in einer Entscheidung über die Anwendung von Art. 81 EG [Art. 101 AEUV] nicht mit einer Sanktion belegt werden kann, wenn sie nicht selbst ein Unternehmen ist".[351]

Demgegenüber hielt der EuGH es für „unerheblich [...], ob alle rechtlichen Einheiten, die dieses Unternehmen [sprich: die wirtschaftliche Einheit] bilden, selbst wirtschaftlich aktiv sind und damit schon für sich genommen dem [...] Begriff des Unternehmens entsprechen.[352] Ausschlaggebend sei allein, dass alle rechtlichen Einheiten, die gesamtschuldnerisch für die zu zahlende Geldbuße haften sollen, „zusammen mit der Einrichtung, deren unmittelbare Beteiligung an der Zuwiderhandlung erwiesen ist, ein einziges Unternehmen im Sinne von Art. 82 EG" darstellten.[353]

bb) Literatur

Kersting kritisiert diese Ausdehnung des Unternehmensbegriffs.[354] Seiner Ansicht nach sind Einheiten, die selbst nicht wirtschaftlich tätig sind und daher keine Unternehmen im Sinne des europäischen Kartellrechts darstellen, nicht als Teil einer wirtschaftlichen Einheit anzusehen.[355] Da diese Einheiten keinen Einfluss auf den Wettbewerb hätten, sei es vor dem Hintergrund des funktionalen Unternehmensbegriffs nicht notwendig, sie in die wirtschaftliche Einheit einzubeziehen. Wer nicht selbst wirtschaftlich auf dem Markt tätig sei, könne auch nicht Teil einer Handlungseinheit auf dem Markt sein. Ohne Handlungseinheit

---

350 EuGH, Urteil v. 11. Juli 2013, Rs. C-440/11 P, ECLI:EU:C:2013:514 – *Gosselin.*

351 EuG, Urteil v. 16. Juni 2011, verb. Rs. T-208/08 & T-209/08, ECLI:EU:T:2011:287 - *Gosselin.*

352 EuGH, Urteil v. 11. Juli 2013, Rs. C-440/11 P, ECLI:EU:C:2013:514 Rn. 43 – *Gosselin.*

353 EuGH, Urteil v. 11. Juli 2013, Rs. C-440/11 P, ECLI:EU:C:2013:514 Rn. 44 – *Gosselin.*

354 *Kersting*, WuW 2014, S. 1156, 1160 f.

355 *Kersting*, WuW 2014, S. 1156, 1161.

komme auch keine Haftungseinheit in Betracht, so dass eine gesamtschuldnerische Haftung eines Nicht-Unternehmens für Kartellverstöße einer unternehmerisch tätigen Tochtergesellschaft ausscheide.[356]

Selbst wenn man annehme, dass nicht wirtschaftlich tätige Unternehmen Träger einer wirtschaftlichen Einheit und Bußgeldadressat sein könnten, so müsse zumindest auf die Geltung der 100%-Vermutung verzichtet werden.[357]

cc) Stellungnahme

Der Ansicht von *Kersting* ist zuzustimmen. Die der wirtschaftlichen Einheit zugrunde liegende Ratio ist die Gleichstellung von konzernverbundenen Unternehmen mit Einzelunternehmen. Die Betrachtung als Einheit dient dazu, ihrer engen Verknüpfung und der damit verbundenen Ressourcen- und Machtaddition Rechnung zu tragen. Zu einer wirtschaftlichen Einheit verbundene Unternehmen sollen gegenüber Einzelunternehmen in Bezug auf die Haftung nicht besser und in Bezug auf interne Vorgänge nicht schlechter gestellt werden (Konzernprivileg). In einem Fall, in dem an der Spitze eines Verbunds jedoch eine nicht wirtschaftlich tätige Einheit steht, besteht für die Einheitsbetrachtung jedoch kein Bedürfnis. Die am Markt handelnden Subjekte sind die unternehmerisch tätigen Tochtergesellschaften. Ausgehend vom Schutzzweck des Kartellrechts, die Wettbewerbsordnung vor Verfälschungen zu schützen, kann es allein auf das Verhalten der im Wettbewerb agierenden Marktteilnehmer ankommen. Es ist *Kersting* mithin Recht darin zu geben, dass nicht wirtschaftlich handelnde Einheiten nicht in eine wirtschaftliche Einheit einzubeziehen sind. Konsequenterweise findet somit auch das Konzernprivileg in derartigen Konstellationen keine Anwendung.

g) Zwischenfazit

Eine wirtschaftliche Einheit zwischen zwei Unternehmen wird begründet, wenn eines dieser Unternehmen durch das andere kontrolliert wird, so dass es über sein wettbewerbliches Verhalten nicht mehr autonom bestimmen kann. Der maßgebliche Kontrollbegriff richtet sich nach Art. 5 Abs. 4 FKVO analog. Dies führt dazu, dass eine wirtschaftliche Einheit neben Fällen einer 100%igen Anteilsinhaberschaft auch bei einer alleinigen positiven, nicht jedoch bei einer negativen Kontrolle angenommen werden kann.

---

356 *Kersting*, WuW 2014, S. 1156, 1161.
357 *Kersting*, WuW 2014, S. 1156, 1161.

Auch Gemeinschaftsunternehmen können unter bestimmten Voraussetzungen mit sämtlichen oder auch nur einer ihrer Muttergesellschaften eine wirtschaftliche Einheit bilden. Voraussetzung hierfür ist, dass die Muttergesellschaften des GU ihre Einflussrechte derart gebündelt haben, dass sie, über einen bloßen Einigungszwang hinaus, das GU aktiv gemeinsam steuern. Eine wirtschaftliche Einheit ist unter diesen Voraussetzungen auch zwischen nur zum Teil von denselben Müttern kontrollierten Schwester-GU möglich. Zwischen den Muttergesellschaften eines GU scheidet eine wirtschaftliche Einheit mangels Kontrolle jedoch aus.

Eine wirtschaftliche Einheit ist auch im Fall eines Gleichordnungskonzerns denkbar, sofern es sich um einen vertraglichen Gleichordnungskonzern handelt, bei dem die wettbewerbsrelevanten Unternehmensbereiche dauerhaft einer einheitlichen Leitung unterstellt sind.

Bei einer Kontrolle durch eine nicht selbst wirtschaftlich tätige Einheit scheidet eine wirtschaftliche Einheit hingegen aus, da sie keinen Bezug zum Wettbewerbsgeschehen haben.

3. *Notwendigkeit der tatsächlichen Kontrollausübung?*

Im Hinblick auf die Bestimmung der Voraussetzungen für die wirtschaftliche Einheit ist zudem zu untersuchen, ob neben der Kontrollmöglichkeit auch die tatsächliche Ausübung der Kontrolle erforderlich ist, um eine wirtschaftliche Einheit zu begründen. Wie bereits einleitend angedeutet, sind hierbei die Fälle des Konzernprivilegs von denjenigen der Haftung einer Muttergesellschaft für Kartellverstöße ihrer Tochtergesellschaften zu unterscheiden.

a) *Haftungsfälle*

Aufgrund der strafrechtsähnlichen Auswirkungen der Bußgeldhaftung genügt in diesem Kontext eine bloße Kontrollmöglichkeit nicht, um die haftungsbegründende Einheit zu bejahen. In Rechtsprechung und Literatur wird richtigerweise nahezu einhellig die tatsächliche Wahrnehmung der Kontrollbefugnisse gefordert.[358] Bei einem 100%igen Anteilsbesitz der Muttergesellschaft wird diese

---

358 EuG, Urteil v. 27. Oktober 2010, Rs. T-24/05, ECLI:EU:T:2010:453 Rn. 128 – *Alliance One u.a./Kommission;* EuG, Urteil v. 14. Mai 1998, Rs. T-309/94, ECLI:EU:T:1998:91 Rn. 48 – *KNP BT*; *Kersting*, Der Konzern 2011, S. 445, 446; *T. Mäger* in: Mäger, Europäisches Kartellrecht, S. 327 Rn. 8 (Fn. 32); *Thomas*, KSzW 2011, S. 10, 11; a.A. *Heitzer*, Konzerne im europäischen Wettbewerbsrecht, S. 172, der für die Zurechnung die Kotrollmacht der Muttergesellschaft ausreichen lässt; *Zimmer* in:

allerdings nach ständiger Rechtsprechung widerleglich vermutet.[359] Ob diese Vermutung tatsächlich widerleglich ist oder aufgrund der vom EuGH aufgestellten Anforderung letztlich auf eine unwiderlegliche Vermutung hinausläuft, wie von manchen Kommentatoren kritisch angemerkt,[360] soll hier nicht näher untersucht werden. Fest steht, dass die Zahl der Klagen gegen Kommissionsentscheidungen zur Haftung der Konzernmutter in den vergangenen Jahren immens zugenommen hat, was dem EuGH die Gelegenheit gab, die Grundsätze der Konzernhaftung und die Bedingungen für eine Widerlegung der Vermutung immer weiter zu konkretisieren. In einer der jüngsten Entscheidungen zu diesem Thema stellte der Gerichtshof klar, dass die Widerlegung der Vermutung nicht nur einen Nachweis der operativen, sondern auch der finanziellen Unabhängigkeit von der Muttergesellschaft erfordere.[361]

b) Konzernprivileg

aa) Rechtsprechung

Im Gegensatz zu den Haftungsfällen haben sich die Unionsorgane zu den genauen Anforderungen an eine wirtschaftliche Einheit im Rahmen des Konzernprivilegs bisher nicht eindeutig geäußert. In entsprechenden Urteilen zitiert der Gerichtshof stets seine Standardformel, wonach eine wirtschaftliche Einheit vorliegt, wenn „die Tochtergesellschaft trotz eigener Rechtspersönlichkeit ihr Marktverhalten nicht autonom bestimmt, sondern im Wesentlichen Weisungen der Muttergesellschaft befolgt".[362] Die einheitliche Verwendung dieser Formulierung könnte als Hinweis darauf verstanden werden, dass der EuGH für das Eingreifen des Konzernprivilegs denselben Maßstab anlegt wie für die

---

Immenga/Mestmäcker, GWB, § 1 GWB Rn. 48, der die Kontrollausübung nicht als konstitutiv ansieht, weil die Konzernspitze dies „jederzeit nach ihrem Belieben ändern" könne.

359 EuGH, Urteil v. 16. November 2000, Rs. C-286/98 P, ECLI:EU:C:2000:630 Rn. 29 – *Stora*; EuGH, Urteil v. 10. September 2009, Rs. C-97/08 P, ECLI:EU:C:2009:536 Rn. 60 – *Akzo Nobel*; EuGH, Urteil v. 29. März 2011, verb. Rs. C-201/09 & 216/09, ECLI:EU:C:2011:190 Rn. 97 – *Arcelor Mittal*; EuGH, Urteil v. 19. Juli 2012, verb. Rs. C-628/10 P & C-14/11 P, ECLI:EU:C:2012:479 Rn. 46 – *Alliance One*.

360 Ausführlich und m.w.N. *de Bronett*, EWS 2012, 113.

361 EuGH, Urteil v. 8. Mai 2013, Rs. C-508/11 P, ECLI:EU:C:2013:289 Rn. 68 – *ENI*.

362 EuGH, Urteil v. 31. Oktober 1974, Rs. 15/74, ECLI:EU:C:1974:114 Rn. 41 – *Centrafarm*; EuGH, Urteil v. 4. Mai 1988, Rs. 30/87, ECLI:EU:C:1988:225 Rn. 19 – *Bodson*; EuGH, Urteil v. 24. Oktober 1996, Rs. C-73/95 P, ECLI:EU:C:1996:405 Rn. 47 – *Viho*.

Haftung. In einigen Urteilen und Kommissionsentscheidungen zur Frage des Konzernprivilegs werden Indizien genannt, die eine tatsächliche Ausübung der bestehenden Kontrollmöglichkeit durch die Muttergesellschaft belegen.[363] In den Entscheidungen *Metro* und *Bodson* äußerte der EuGH sich dahingehend, dass die bloße Zugehörigkeit zu einer Unternehmensgruppe nicht ausreiche um eine wirtschaftliche Einheit zu bilden, sondern dass es „auf die Art der Beziehung zwischen den Unternehmen" ankomme, insbesondere darauf, ob die Unternehmen „auf dem Markt eine gemeinsame, von der Mutterfirma bestimmte Linie" verfolgten.[364]

In anderen Entscheidungen wird die bloße Möglichkeit der Einflussnahme auf die Tochtergesellschaft aufgrund der bestehenden strukturellen Verbundenheit wohl für ausreichend erachtet.[365] Die bereits angesprochene Entscheidung *Dow Chemical Company* spricht für einen gespaltenen Begriff der wirtschaftlichen Einheit. Der Gerichtshof weist ausdrücklich darauf hin, dass er von einer wirtschaftlichen Einheit zwischen dem GU und seiner Muttergesellschaften „nur zum Zweck der Feststellung der Haftung für einen Verstoß gegen das Wettbewerbsrecht" ausgeht und impliziert damit, dass er sich eine andere Beurteilung für sonstige Fälle vorbehält.[366] Es bleibt also abzuwarten, ob der EuGH sich bei entsprechender Gelegenheit zu den Voraussetzungen der wirtschaftlichen Einheit im Zusammenhang mit dem Konzernprivileg eindeutig positionieren wird. Bislang ist das Konzernprivileg jedenfalls in keinem Urteil ausdrücklich daran gescheitert, dass die Muttergesellschaft von der ihr zustehenden Kontrolle keinen aktiven Gebrauch gemacht hat.[367]

---

363 EuGH, Urteil v. 14. Juli 1972, Rs. 52/69, ECLI:EU:C:1972:73 Rn. 45 – *Geigy*; EuGH, Urteil v. 24. Oktober 1996, Rs. C-73/95 P, ECLI:EU:C:1996:405 Rn. 15 – *Viho*; Kommission, Entscheidung v. 30. Juni 1970, ABl. 1970 L-147/24 Rn. 12 f. – *Kodak*.

364 EuGH, Urteil v. 22. Oktober 1986, Rs. 75/84, ECLI:EU:C:1986:399 Rn. 84 – *Metro*; EuGH, Urteil v. 4. Mai 1988, Rs. 30/87, ECLI:EU:C:1988:225 Rn. 20 – *Bodson*.

365 Kommission, Entscheidung v. 18. Juni 1969, ABl. 1969 L-165/12, 14 – *Christiani & Nielsen*.

366 EuGH, Urteil v. 26. September 2013, Rs. C-179/12, ECLI:EU:C:2013:605 Rn. 58 – *Dow Chemical Company*, siehe dazu auch oben **2.d)aa)**.

367 *Gleiss/Hirsch*, Kommentar zum EG-Kartellrecht, Art. 85 Abs. 1 EG Rn. 196; *T. Mäger* in: Mäger, Europäisches Kartellrecht, S. 327 Rn. 8; *Menz*, Wirtschaftliche Einheit und Kartellverbot, S. 355.

bb) Literatur

Ein Teil der Literatur fordert zur Begründung einer wirtschaftlichen Einheit dennoch – auch im Bereich des Konzernprivilegs – eine tatsächliche Ausübung der Kontrolle.[368] Die Hauptbegründung dafür ist, dass auch der konzerninterne Wettbewerb schützenswerter Wettbewerb im Sinne des Art. 101 AEUV sei und eine „kartellrechtsfreie" wirtschaftliche Einheit nur dort entstehen könne, wo ein solcher Rest an wettbewerblicher Freiheit nicht mehr bestehe. Wenn hingegen die Muttergesellschaft die ihr zustehende Kontrolle nicht ausübe, sondern ihrer Tochtergesellschaft ein gewisses Maß an wirtschaftlicher Freiheit belasse, müsse das Kartellverbot in diesem Rahmen auch Anwendung finden.[369]

Die herrschende Ansicht in der Literatur folgt dem nicht. Überwiegend wird angenommen, dass die Möglichkeit eines bestimmenden Einflusses für die Begründung einer wirtschaftlichen Einheit ausreiche, weil bereits dadurch die wettbewerbliche Handlungsfreiheit der Tochtergesellschaft eingeschränkt sei, da sie jederzeit mit tatsächlichen Eingriffen der Mutter rechnen müsse.[370]

cc) Stellungnahme

Der letztgenannten Ansicht ist zuzustimmen. Die Muttergesellschaft kann der Tochter die zugestandene Freiheit jederzeit durch einseitige Entscheidung entziehen und ihr eigenes Konzerninteresse durch Weisungen durchsetzen. Aus diesem Grund sind konzerninterne Konkurrenzverhältnisse kein Ausdruck eines echten unternehmerischen Marktwettbewerbs, sondern eine vom Willen der Konzernleitung abhängige, künstlich erzeugte Freiheit.[371]

---

368 *Emmerich* in. Immenga/Mestmäcker, EU-Wettbewerbsrecht, Art. 101 Abs. 1 AEUV Rn. 53; *Potrafke*, Kartellrechtswidrigkeit konzerninterner Vereinbarungen, S. 192 f.; *Schütz*, WuW 1998, 335, 337; differenzierend nach der „Dichte der Konzernleitungsmaßnahmen *Paschke*, MüKo EU-Wettbewerbsrecht, Art. 101 AEUV Rn. 22.

369 *Emmerich* in: Immenga/Mestmäcker, EU-Wettbewerbsrecht, Art. 101 AEUV Rn. 53; *Paschke* in: MüKo EU-Wettbewerbsrecht, Art. 101 AEUV Rn. 22; *Schröter/Voet van Vormizeele* in: von der Groeben/Schwarze, Art. 101 AEUV Rn. 99.

370 *Fleischer*, AG 1997, S. 491, 501; *Gleiss/Hirsch*, Kommentar zum EG-Kartellrecht, Art. 85 Abs. 1 EG Rn. 196 f.; *Heitzer*, Konzerne im Europäischen Wettbewerbsrecht, S. 172; *T. Mäger* in: Mäger, Europäisches Kartellrecht, S. 327 Rn. 8; *Schroeder* in: Wiedemann, Handbuch Kartellrecht, § 8 Rn. 7; *Thomas*, ZWeR 2005, S. 236, 257.

371 *Hengst* in: Langen/Bunte, Europäisches Kartellrecht, Art. 101 AEUV Rn. 60; *Fleischer*, AG 1997, S. 491, 501; *Gleiss/Hirsch*, Kommentar zum EG-Wettbewerbsrecht, Art. 85 Abs. 1 EG Rn. 196.

Überdies führt die Mindermeinung zu dem unbefriedigenden Ergebnis, dass streng zentralistisch geführte Konzerne gegenüber eher liberalen Konzernstrukturen bevorzugt werden.[372] Denn für Konzernmütter, die ihre Tochtergesellschaften „an der kurzen Leine" halten und ihnen hinsichtlich ihres wettbewerblichen Vorgehens genaue Vorgaben machen, findet das Konzernprivileg Anwendung, während Muttergesellschaften, die ihren Töchtern grundsätzlich einen Rest an wirtschaftlicher Autonomie belassen, dem Kartellverbot unterworfen werden. Jede regelnde Einzelmaßnahme, die innerhalb eines liberaleren Konzerns ergriffen würde, wäre ein potentieller Verstoß gegen Art. 101 AEUV. Dieses Ergebnis kann konzern- und wettbewerbspolitisch nicht richtig sein. Zu Recht wird darauf hingewiesen, dass das Kartellrecht zu einem Instrument der Konzernpolitik gemacht wird, wenn die Anwendbarkeit des Kartellrechts von einer konzerninternen Entscheidung für oder gegen einen zentralistischen Führungsstil abhängt.[373] Schließlich spricht auch die Ratio des Kartellrechts gegen das Erfordernis der tatsächlichen Kontrollausübung: Nicht der Wettbewerb um seinetwillen und „um jeden Preis" soll geschützt werden, sondern seine natürliche Marktregulierungsfunktion.[374] Mangels direkten Marktbezugs des konzerninternen Wettbewerbs wird durch dessen Beschränkung das Schutzgut der Artt. 101 und 102 AEUV nicht gefährdet. Es genügt mithin für die Entstehung einer wirtschaftlichen Einheit als Bedingung für das Konzernprivileg bereits die Möglichkeit der Kontrolle einer Muttergesellschaft über ihre Tochtergesellschaft.

c) *Sonderfall: GU und Gleichordnungskonzerne*

In Fällen von Gemeinschaftsunternehmen und Gleichordnungskonzernen ist dieser Grundsatz allerdings einzuschränken. Hier ist, aufgrund der gelockerten Konzernverbundenheit, eine Bündelung von Einflussrechten bzw. eine tatsächliche Ausübung der Kontrolle erforderlich, um eine einheitliche Leitungsbefugnis im Sinne einer Autonomiebegrenzung anzunehmen. Die besondere Leitungsstruktur in diesen Unternehmensformen erfordert für die Bejahung einer wirtschaftlichen Einheit ein „Mehr", weil die Steuerung des Marktverhaltens nicht einer einzelnen Muttergesellschaft zugeordnet werden kann. Im Bereich von Gemeinschaftsunternehmen ist daher, wie oben herausgearbeitet, eine Bündelung

---

372 *Fleischer*, AG 1997, S. 491, 501; *Menz*, Wirtschaftliche Einheit und Kartellverbot, S. 360.

373 *Koppensteiner* in: FS Mailänder, S. 125, 134.

374 *Heitzer*, Konzerne im Europäischen Wettbewerbsrecht, S. 178; *Menz*, Wirtschaftliche Einheit und Kartellverbot, S. 358, 364.

der Einflussrechte der Muttergesellschaften, die über einen bloßen Einigungszwang hinausgeht, erforderlich. Bei Gleichordnungskonzernen ist eine Übertragung wesentlicher wettbewerbsrelevanter Befugnisse auf eine einheitliche Leitungsgesellschaft und damit die aktive Übernahme dieser Befugnisse durch das Leitungsorgan zu fordern.[375] An dieser Stelle kann mithin auf die tatsächliche Ausübung der übertragenen Kontrolle nicht verzichtet werden um eine einheitsbegründende Einschränkung des Marktverhaltens der konzernzugehörigen Unternehmen festzustellen.

III. Zusammenfassung zur wirtschaftlichen Einheit

Voraussetzung für die Anwendung des Konzernprivilegs ist das Bestehen einer wirtschaftlichen Einheit zwischen Unternehmen. Die obigen Ausführungen zeigen, dass wirtschaftliche Einheiten in unterschiedlichsten Konstellationen auftreten können. Dennoch stellt nicht jeder Konzern eine wirtschaftliche Einheit dar. Rein institutionell-gesellschaftsrechtliche Verbindungen zwischen Unternehmen genügen nicht, um eine wirtschaftliche Einheit anzunehmen. Strukturelle Merkmale wie Anteilsbesitz und personelle Verflechtungen stellen zwar entscheidende Indizien dar, das Wesensmerkmal einer wirtschaftlichen Einheit ist allerdings die funktionale Einschränkung der wettbewerblichen Autonomie des beherrschten durch das beherrschende Unternehmen.

Eine solche Kontrolle lässt sich am besten aus der von *Pohlmann* vorgeschlagenen analogen Anwendung der Verbundklauseln herleiten. Art. 5 Abs. 4 FKVO ist insoweit materiell auszulegen, als dass die Kontrollqualität einer alleinigen Kontrolle im Sinne des Art. 3 FKVO entsprechen, also eine positive Einwirkung auf das Wettbewerbsverhalten der beherrschten Tochtergesellschaft erlauben muss. Die direkte Anwendung des Art. 3 Abs. 3 FKVO ist hingegen abzulehnen, weil dieser auch eine Kontrolle durch Minderheitsbeteiligungen und faktische wirtschaftliche Abhängigkeit zulässt, was nicht den Anforderungen einer positiven Einwirkungsmöglichkeit entspricht.

Die von *Pohlmann* geforderte Einseitigkeit der Kontrolle ist allerdings abzulehnen. Nicht auf personelle Einseitigkeit, sondern auf inhaltliche Einheitlichkeit kommt es bei der Bestimmung der Kontrolle an. Aus diesem Grund ist auch eine wirtschaftliche Einheit zwischen Gemeinschaftsunternehmen und ihren Müttern – auch nur einer Mutter – denkbar, sofern die Muttergesellschaften ihre Einflussrechte auf das GU derart gebündelt haben, dass sich ihr bestimmender Einfluss wie eine Einzelbeherrschung auswirkt. Ähnliches gilt für einen

375 *Buntscheck*, WuW 2004, S. 374, 382.

Gleichordnungskonzern. Eine wirtschaftliche Einheit zwischen Mitgliedern eines Gleichordnungskonzerns ist möglich, wenn diese ihre wesentlichen wettbewerblichen Entscheidungsbefugnisse auf eine einheitliche Leitungsgesellschaft übertragen haben.

Eine tatsächliche Ausübung der Kontrollbefugnisse durch die Muttergesellschaft ist im Hinblick auf die wirtschaftliche Einheit im Rahmen des Konzernprivilegs grundsätzlich nicht erforderlich. Eine Ausnahme bilden nur die Gemeinschaftsunternehmen und der Gleichordnungskonzern. Demgegenüber erfordern Fälle, in denen eine Muttergesellschaft für Kartellverstöße ihrer Tochtergesellschaft haftet, nicht nur die Möglichkeit, sondern auch die Ausübung von Kontrolle, um eine haftungsbegründende wirtschaftliche Einheit anzunehmen. Aufgrund der unterschiedlichen Zwecke und Folgen sind insoweit unterschiedliche Maßstäbe für die Bestimmung einer wirtschaftlichen Einheit anzulegen.

C. Die wirtschaftlichen Freiheitsrechte als Ausgangspunkt für das Konzernprivileg

Als Ausgangspunkt für das Verständnis und die Herleitung des Konzernprivilegs dienen die in der Europäischen Grundrechte-Charta (GRCh)[376] verankerten wirtschaftlichen Freiheitsrechte. Sie sind in der sogenannten „Trias der wirtschaftsbezogenen Grundrechte“ verankert sind. Aus ihnen leitet sich die Entscheidungsfreiheit von Unternehmen hinsichtlich ihrer Organisation und der Gestaltung ihrer wirtschaftlich-wettbewerblichen Tätigkeit ab. Im Folgenden sollen daher auf das Grundrecht der unternehmerischen Freiheit (**I.**) und das Grundrecht auf Eigentum (**II.**) eingegangen werden, bevor unter **III.** deren Bedeutung für das Konzernprivileg erläutert wird.

Seit dem Inkrafttreten des Vertrags von Lissabon entfaltet die Grundrechte-Charta unmittelbare Geltung in allen Mitgliedstaaten der Europäischen Union. In Art. 15, 16 und 17 GRCh sind die Berufsfreiheit, die unternehmerische Freiheit und das Eigentumsrecht verankert. Sie bilden die sogenannte „Trias der wirtschaftsbezogenen Grundrechte“, die sowohl für natürliche als auch für juristische Personen gelten.[377] Wenngleich die Grundrechte-Charta keine mit Art. 19 Abs. 3 GG vergleichbare Regelung zur Grundrechtsberechtigung juristischer Personen enthält, ist die Erstreckung der Grundrechte auf juristische Personen des Privatrechts

376 ABl. 2010 C-83/02.

377 *Bernsdorff* in Meyer, Charta der Grundrechte der Europäischen Union, Art. 16 Rn. 1; *Frenz*, Europäische Grundrechte, Rn. 2652; *Jarass*, Charta der Grundrechte der Europäischen Union, Art. 16 Rn. 2.

und auf – zumindest teilrechtsfähige – sonstige privatrechtlich verfasste Personenmehrheiten unstreitig anerkannt.[378] Auf die Frage, ob auch nicht rechtsfähige Personenvereinigungen in den Schutzbereich fallen, soll hier nicht näher eingegangen werden. Von Relevanz für die weitere Untersuchung ist allerdings die Frage, ob auch juristische Personen des öffentlichen Rechts Grundrechtsträger des Rechts auf unternehmerische Freiheit sein können.[379] Davon hängt es ab, ob auch für sie das Konzernprivileg Geltung entfalten kann.

I. Das Recht auf unternehmerische Freiheit

Art. 16 GRCh besagt: „Die unternehmerische Freiheit wird nach dem Unionsrecht und den einzelstaatlichen Rechtsvorschriften und Gepflogenheiten anerkannt." Die Garantie der unternehmerischen Freiheit umfasst nach der Gesetzeserläuterung und der Rechtsprechung des EuGH „die Freiheit, eine Wirtschafts- oder Geschäftstätigkeit auszuüben, die Vertragsfreiheit und den freien Wettbewerb".[380]

Trotz der engen Verknüpfung mit der Berufsfreiheit stellt die unternehmerische Freiheit ein eigenständiges Grundrecht dar.[381] Im Gegensatz zu Deutschland, wo sie als Teil eines einheitlichen Grundrechts der Berufsfreiheit (Art. 12 GG) verstanden wird, ist die unternehmerische Freiheit in den Verfassungen vieler anderer Mitgliedstaaten ausdrücklich geschützt.[382] Auch der EuGH hat

378 EuGH, Urteil v. 14. Mai 1974, Rs. 4/73, ECLI:EU:C:1974:51 Rn. 12 ff. – *Nold KG*; EuGH, Urteil v. 11. Juli 1989, Rs. 265/87, ECLI:EU:C:1989:303 Rn. 13 ff. – *Schräder GmbH & Co. KG*; EuGH, Urteil v. 21. Februar 1991, verb. Rs. C-143/88 & C-92/89, ECLI:EU:C:1991:65 Rn. 72 ff. – *Zuckerfabrik Süderdithmarschen*; EuGH, Urteil v. 13. Dezember 1994, Rs. C-306/93, ECLI:EU:C:1994:407 Rn. 20 ff. – *SMW Winzersekt GmbH*; *Crones*, Grundrechtlicher Schutz von juristischen Personen, S. 146, 171; *Frenz*, Europäische Grundrechte, Rn. 2534; 2671; *Sasse*, EuR 2012, 628, 629.

379 Zu beiden Fragen ausführlich *Sasse*, EuR 2012, 628.

380 Erläuterungen zur Charta der Grundrechte, Abl. 2007 C-303/17, 23; EuGH, Urteil v. 22. Januar 2013, Rs. C-283/11, ECLI:EU:C:2013:28 Rn. 42 – *Sky Österreich*; vgl. auch bereits EuGH, Urteil v. 14. Mai 1974, Rs. 4/73, ECLI:EU:C:1974:51 Rn. 14 – *Nold KG*; EuGH, Urteil v. 27. September 1979, Rs. 230/78, ECLI:EU:C:1979:216 Rn. 20, 31 – *SPA Eridania*.

381 *Jarass*, Charta der Grundrechte der Europäischen Union, Art. 16 Rn. 4.

382 So in Estland, Art. 18 Abs. 1 Verf.; Finnland, Art. 4 MRErkl; Frankreich, Art. 5 Abs. 1 Verf.; Griechenland, Art. 45 Abs. 3 Verf.; Irland, Art. 41 Verf.; Italien, Art. 46 Verf.; Litauen, Art. 11 Abs. 6 Verf.; Luxemburg, Art. 20, 22 Verf.; Polen, Art. 61 Verf.; Portugal, Kapitel 2 § 20 Verf.; Schweden, Art. 35 Abs. 1, 55 Verf.; Slowakei, Art. 74 Verf.; Slowenien, Art. 38 Verf.; Spanien, § 9 Verf.

bereits vor Inkrafttreten der Grundrechte-Charta am 1. Dezember 2009 in verschiedenen Urteilen das Recht der unternehmerischen Freiheit und das der Berufsfreiheit gesondert behandelt, was trotz gewisser Überschneidungen für einen eigenständigen Anwendungsbereich des Grundrechts auf unternehmerische Freiheit spricht.[383] Dies ergibt sich auch aus den unterschiedlichen Formulierungen: während Art. 15 GRCh als subjektives Grundrecht ausgestaltet ist, ist Art. 16 GRCh objektiv formuliert und hat damit nicht nur individualfreiheitlichen, sondern auch korporativen Charakter.[384]

1. *Inhalt des Rechts auf unternehmerische Freiheit*

Die unternehmerische Freiheit beinhaltet die Freiheit, eine Wirtschafts- oder Geschäftstätigkeit auszuüben, mithin ein Unternehmen zu gründen. Dabei orientiert sich der Unternehmensbegriff an dem des EU-Kartellrechts. Das kartellrechtliche „Unternehmen" ist nach der ständigen Rechtsprechung der europäischen Gerichte „jede eine wirtschaftliche Tätigkeit ausübende Einheit unabhängig von ihrer Rechtsform und der Art ihrer Finanzierung".[385] Demnach ist von der unternehmerischen Freiheit nach Art. 16 GRCh nicht nur das „Ob" einer unternehmerischen Betätigung, sondern auch die Art und Ausgestaltung dieser Tätigkeit erfasst. Unter den Schutz der unternehmerischen Freiheit fallen unter anderem die Wahl der Vertragspartner, die Preisgestaltung, die Ausgestaltung von Vertragsbedingungen, die Planung der Unternehmens-, Personal-, Vertriebs-, Finanz- und Investitionspolitik, sowie Geschäftsunterlagen, die für die unternehmerische Tätigkeit bedeutsam sind.[386]

---

383 EuGH, Urteil v. 21. Februar 1991, verb. Rs. C-143/88 & C-92/89, ECLI:EU:C:1991:65 Rn. 72 ff. – *Zuckerfabrik Süderdithmarschen*; EuGH, Urteil v. 9. September 2004, Rs. C-70/03, ECLI:EU:C:2004:505 Rn. 51 – *Königreich Spanien/Kommission*; in neueren Urteilen nimmt der Gerichtshof ausdrücklich Bezug auf das Grundrecht auf unternehmerische Freiheit als eigenständiges Recht, vgl. EuGH, Urteil v. 24. November 2011, Rs. C-70/10, ECLI:EU:C:2011:771 Rn. 46 – *Scarlet Extended*; EuGH, Urteil v. 16. Februar 2012, Rs. C-360/10, ECLI:EU:C:2012:85 Rn. 44 – *SABAM*.

384 *Blanke* in: Tettinger/Stern, Europäische Grundrechte-Charta, Art. 16 Rn. 10; *Schwarze*, EuZW 2001, 517, 521.

385 EuGH, Urteil v. 12. Juli 1984, Rs. 170/83, ECLI:EU:C:1984:271 Rn. 11 – *Hydrotherm*; EuGH, Urteil v. 23. April 1991, Rs. C-41/90, ECLI:EU:C:1991:161 Rn. 21 – *Höfner und Elser*; EuGH, Urteil v. 17. Februar 1993, verb. Rs. C-159/91 & C-160/91, ECLI:EU:C:1993:63 Rn. 17 – *Poucet und Pistre*; EuGH, Urteil v. 19. Februar 2002, Rs. C-309/99, ECLI:EU:C:2002:98 Rn. 46 – *Wouters*.

386 *Frenz*, Europäische Grundrechte, Rn. 2696 ff.; *Jarass*, Charta der Grundrechte der Europäischen Union, Art. 16 Rn. 9.

Von der unternehmerischen Freiheit sind auch die Wahl der Rechtsform und die Art der Organisation, insbesondere auch die Entscheidung zu Unternehmenszusammenschlüssen, erfasst.[387] Es steht jedem frei, ob er sein Unternehmen als Personen- oder Kapitalgesellschaft, als Einzelbetrieb oder als Konzern organisiert.[388]

2. *Keine subjektive Garantie der Wettbewerbsfreiheit*

Ob Art. 16 GRCh auch eine subjektiv-rechtliche Garantie der Wettbewerbsfreiheit beinhaltet, ist umstritten. Zum Teil wird vertreten, die Norm manifestiere nur den objektiven Grundsatz der Wettbewerbsfreiheit. Dafür wird vorgebracht, dass der EuGH die Wettbewerbsfreiheit nicht als subjektives Recht anerkannt habe, was sich daran zeige, dass der Gesetzgeber darauf verzichtet habe, eine Garantie der Wettbewerbsfreiheit in den Wortlaut aufzunehmen.[389] Andere leiten aus Art. 16 GRCh eine subjektiv-rechtliche Garantie der Wettbewerbsfreiheit ab.[390] Eine dritte Ansicht sieht weder die eine noch die andere Meinung durch die Rechtsprechung des EuGH bestätigt.[391]

In der Tat hat sich der Gerichtshof in seiner bisherigen Rechtsprechung nicht eindeutig zur subjektiven Grundrechtsqualität der Wettbewerbsfreiheit positioniert, wenngleich er in der Entscheidung *Bananen* die Wettbewerbsstellung als Teilgewährleistung der Berufsfreiheit benannt hat.[392] Die teleologische Auslegung spricht eher dagegen, die Wettbewerbsfreiheit als subjektiv-rechtliche Garantie anzuerkennen. Vielmehr stellt die Freiheit des Wettbewerbs gerade die objektiv-rechtliche Grundlage zur Ausübung der unternehmerischen Freiheit in

---

387 Schlussanträge GA *Kokott* v. 13. Dezember 2007 in Rs. C-413/06 P, ECLI:EU:C:2007:790 Rn. 214 – *Bertelsmann/Sony*; *Frenz*, Europäische Grundrechte, Rn. 2696; *Jarass*, Charta der Grundrechte der Europäischen Union, Art. 16 Rn. 9.

388 *Blanke* in: Tettinger/Stern, Europäische Grundrechte-Charta, Art. 16 Rn. 10.

389 Zum Streit *Frenz*, Europäische Grundrechte, Rn. 2711 ff m.w.N.

390 *Blanke* in: Tettinger/Stern, Europäische Grundrechte-Charta, Art. 16 Rn. 11; *Frenz*, Europäische Grundrechte, Rn. 2716; *Nowak* in: Heselhaus/Nowak, Handbuch der europäischen Grundrechte, § 31 Rn. 35; *Ruffert* in: Calliess/Ruffert, Art. 16 GRCh Rn. 2; vgl. auch bereits *Dittmann*, Öffnung von Märkten durch kartellrechtlichen Kontrahierungszwang, S. 232 f.; *Wunderlich*, Das Grundrecht der Berufsfreiheit im Europäischen Gemeinschaftsrecht, S. 109.

391 *Bernsdorff* in: Meyer, Charta der Grundrechte der Europäischen Union, Art. 16 Rn. 14; *Rengeling/Szczekalla*, Grundrechte in der Europäischen Union, Rn. 801 f.

392 EuGH, Urteil v. 5. Oktober 1994, Rs.C-280/93, ECLI:EU:C:1994:367 Rn. 81 – *Bananen*.

all ihren Ausprägungen dar.[393] Den objektiven Grundsatz eines freien und unverfälschten Wettbewerbs zu garantieren ist, wie von Art. 3 Abs. 3 EUV und Protokoll 27 bestimmt, Ziel und Aufgabe der Europäischen Union und ihrer Organe. Auf diesem „Boden" üben die Grundrechtsträger die durch die GRCh manifestierten Grundrechte aus. Die Freiheit und Unverfälschtheit der Wettbewerbsordnung ist mithin nicht selbst als subjektives Grundrecht zu qualifizieren, sondern als notwendige Voraussetzung zur Verwirklichung der unternehmerischen Freiheit.

3. *Geltung für juristische Personen des öffentlichen Rechts*

Träger des Grundrechts auf unternehmerische Freiheit sind natürliche Personen, juristische Personen des Privatrechts und teilrechtsfähige, sowie, nach nicht unumstrittener Ansicht, auch nicht rechtsfähige Personenvereinigungen.[394] Im Gegensatz zu Art. 15 und 17 GRCh ist Art. 16 GRCh nicht ausdrücklich als Jedermann-Grundrecht formuliert, sondern lässt die Frage der Grundrechtsträgerschaft ungeregelt. Dennoch wird allgemein angenommen, dass das Recht der unternehmerischen Freiheit als Ausfluss der Berufsfreiheit nicht hinter den Schutzstandard des Art. 15 GRCh zurückfallen dürfe und daher als potentielles Jedermann-Recht anzusehen sei.[395] Fraglich ist allerdings, ob sich auch Unternehmen des öffentlichen Rechts auf das Grundrecht der unternehmerischen Freiheit berufen können. Der EuGH hat sich zu dieser Frage bislang nicht geäußert. In der Literatur reicht das Meinungsspektrum von grundsätzlicher Ablehnung[396] bis zur vollständigen Anerkennung der Grundrechtsberechtigung von öffentlichen Unternehmen.[397]

Gegen die Erstreckung des persönlichen Schutzbereichs der unternehmerischen Freiheit auf Unternehmen des öffentlichen Rechts wird in erster Linie

---

393 A.A. *Frenz*, Europäische Grundrechte, Rn. 2716.

394 *Jarass*, Charta der Grundrechte der Europäischen Union, Art. 16 Rn. 11; *Sasse*, EuR 2012, 628, 635.

395 *Bernsdorff* in: Meyer, Charta der Grundrechte der Europäischen Union, Art. 16 Rn. 17; *Blank* in: Tettinger/Stern, Europäische Grundrechte-Charta, Art. 16 Rn. 15; *Frenz*, Europäische Grundrechte, Rn. 2671; a.A. *Streinz* in: Streinz, EUV/AEUV, Art. 16 GRCh Rn. 8.

396 *Blanke* in: Tettinger/Stern, Europäische Grundrechte-Charta, Art. 16 Rn. 16; *Weiß*, EuR 2000, 165, 180 ff.

397 *Bernsdorff* in: Meyer, Charta der Grundrechte der Europäischen Union, Art. 16 Rn. 16; *Wunderlich*, Das Grundrecht der Berufsfreiheit im Europäischen Gemeinschaftsrecht, S. 122 f.

das Konfusionsargument vorgebracht: demnach können die Träger hoheitlicher Gewalt als gemäß Art. 51 Abs. 1 GRCh Verpflichtete der Grundrechte nicht zugleich deren Berechtigte sein. Die Mitgliedstaaten und die Union würden sich anderenfalls selbst begünstigen, was dem Abwehrcharakter der Grundrechte, einschließlich der unternehmerischen Freiheit, widerspreche.[398] Zudem seien die Wertungen des Art. 36 GRCh zu beachten, wonach die Union den Zugang zu Dienstleistungen von allgemeinem wirtschaftlichem Interesse, wie er durch die einzelstaatlichen Rechtsvorschriften und Gepflogenheiten geregelt ist, anerkennt und achtet. Es stehe mithin im Einklang mit der Grundrechte-Charta, dass öffentlichen Unternehmen als regelmäßige Erbringer dieser Dienstleistungen einem Kontrahierungszwang unterworfen sind.[399]

Demgegenüber bringen die Befürworter vor, dass die klare Trennung zwischen der Hoheitsgewalt der Mitgliedstaaten und der Europäischen Union der Gefahr einer Verquickung von Grundrechtsberechtigung und –verpflichtung vorbeuge. Zudem unterlägen privatrechtlich und öffentlich-rechtlich organisierte Unternehmen auf der Ebene des gemeinschaftlichen Wettbewerbs denselben Regeln und seien den gleichen Eingriffen in ihre Rechtsposition ausgesetzt. Daher müssten ihnen auch dieselben Rechte zukommen.[400] Schließlich wird argumentiert, dass juristischen Personen des öffentlichen Rechts auch gewisse Grundfreiheiten, wie die Niederlassungs- und die Dienstleistungsfreiheit, unstreitig zugestanden würden, was für eine zumindest partielle Grundrechtsberechtigung spreche.[401]

Am überzeugendsten ist eine vermittelnde Ansicht, die in der Frage der Grundrechtsberechtigung danach unterscheidet, in welcher Funktion das jeweilige öffentliche Unternehmen tätig wird.[402] Demnach ist die Berechtigung juristischer Personen des öffentlichen Rechts und öffentlicher Unternehmen durch das Grundrecht der unternehmerischen Freiheit gemäß Art. 16 GRCh dann geboten, wenn diese sich wirtschaftlich betätigen, ohne zugleich hoheitlich tätig

398 *Blanke* in: Tettinger/Stern, Europäische Grundrechte-Charta, Art. 16 Rn. 16.

399 *Blanke* in: Tettinger/Stern, Europäische Grundrechte-Charta, Art. 16 Rn. 17.

400 *Bernsdorff* in: Meyer, Charta der Grundrechte der Europäischen Union, Art. 16 Rn. 16; *Burgi*, EuR 1997, S. 261, 285 ff.; *Tettinger* in: FS Börner, S. 625, 638; *Wunderlich*, Das Grundrecht der Berufsfreiheit im Europäischen Gemeinschaftsrecht, S. 122 f.

401 *Bleckmann/Pieper* in: Dauses, Handbuch des EU-Wirtschaftsrechts, B.I. Rn. 137; *Tettinger* in: FS Börner, S. 625, 638.

402 Ausführlich *Sasse*, EuR 2012, 628, 648 ff.; zustimmend *Frenz*, Europäische Grundrechte, Rn. 673; *Jarass*, Charta der Grundrechte der Europäischen Union, Art. 16 Rn. 11.

zu werden oder gesetzlich zugewiesene öffentliche Aufgaben wahrzunehmen.[403] In diesem Fall werden öffentliche Unternehmen auf derselben Stufe wie privatwirtschaftliche Unternehmen tätig, indem sie Waren oder Dienstleistungen gegen Entgelt am Markt anbieten und befinden sich insoweit in einer grundrechtstypischen Gefährdungslage.[404] Damit scheiden die Union, ihre Organe und Einrichtungen sowie die Mitgliedstaaten und ihre territorialen Einrichtungen grundsätzlich als Berechtigte aus. Dafür streitet das Konfusionsargument: Art. 51 Abs. 1 Satz 1GRCh erklärt sie zu Grundrechtsverpflichteten. Eine gleichzeitige Berechtigung ist im Hinblick auf sämtliche hoheitlichen Aufgaben abzulehnen.[405]

Demgegenüber sind öffentliche Unternehmen, die keine öffentlichen Aufgaben erfüllen, sondern rein wirtschaftlich tätig werden, ebenso wie ihre privatrechtlichen Wettbewerber Grundrechtsträger des Rechts auf unternehmerische Freiheit.[406] Diese Sichtweise entspricht auch der in einigen Mitgliedstaaten praktizierten Grundrechtsauslegung. Das deutsche Verfassungsgericht hat etwa in Bezug auf gemischtwirtschaftliche öffentliche Unternehmen entschieden, dass diese nur dann keine Träger materieller Grundrechte seien, wenn der Staat einen beherrschenden Einfluss auf die Unternehmensführung habe und dem Unternehmen aufgrund gesetzlich zugewiesener und geregelter öffentlicher Aufgaben kein substantieller Handlungs- und Entscheidungsspielraum verbleibe.[407] Sofern es sich jedoch nicht um derartige Aufgaben handelt, wird die Grundrechtsberechtigung anerkannt.

Auch die systematische Stellung des Grundrechts auf unternehmerische Freiheit als Wirtschaftsgrundrecht zwischen Berufs- und Eigentumsrecht spricht für das Funktionskriterium: Nach wohl herrschender Meinung in Rechtsprechung[408]

---

403 *Sasse*, EuR 2012, 628, 650.

404 *Bröhmer* in: Calliess/Ruffert, Art. 54 AEUV Rn. 3; *Jung* in: Schwarze, EU-Kommentar, Art. 54 AEUV Rn. 7; *Sasse*, EuR 2012, 628, 650; differenziert *Bittner*, Die Verweigerung der Drittzulassung zu Infrastruktureinrichtungen, S. 144 ff.

405 *Kingreen* in: Calliess/Ruffert, Art. 52 GRCh Rn. 54; *Nowak* in: Heselhaus/Nowak, Handbuch der europäischen Grundrechte, § 36 Rn. 23 f.; *Rengeling/Szczekalla*, Grundrechte in der Europäischen Union, Rn. 392; *Sasse*, EuR 2012, 628, 650.

406 Im Ergebnis zustimmend *Bittner*, Die Verweigerung der Drittzulassung zu Infrastruktureinrichtungen, S. 151.

407 BVerfG, Beschluss v. 16. Mai 1989, NJW 1990, 1783.; BVerfG, Beschluss v. 14. März 2006, BVerfGE 115, 205, 227; BVerfG, Urteil v. 22. Februar 2011, NJW 2011, 1201, 1203

408 EGMR, Urteil v. 24. Oktober 1986, EuGRZ 1988, 513, 517 ff. – *AGOSI/Schweden*; EGMR, Urteil v. 9. Dezember 1994, ÖJZ 1995, 428 Rn. 49 – *Holy Monateries/*

und Literatur[409] gilt der nach Art. 1 des Ersten Zusatzprotokolls zur Europäischen Menschenrechtskonvention (EMRK) garantierte Eigentumsschutz unter bestimmten Voraussetzungen auch für juristische Personen des öffentlichen Rechts und öffentliche Unternehmen. Diese Voraussetzungen sind ein bestimmtes Maß an Staatsferne, die Nichtausübung von Hoheitsgewalt und eine grundrechtstypische Gefährdungslage. Diese Grundsätze sind auch auf das Grundrecht auf Eigentum in Art. 17 GRCh zu übertragen. Gemäß Art. 52 Abs. 3 GRCh bestimmt die EMRK die Bedeutung und Tragweite der in der Grundrechte-Charta enthaltenen Rechte, sofern diese den durch die EMRK garantierten Rechten entsprechen. Der persönliche Schutzbereich des Eigentumsrechts nach Art. 17 GRCh darf demnach nicht geringer sein als der des durch die EMRK garantierten Eigentumsschutzes. Wenn unter den genannten Voraussetzungen öffentliche Unternehmen und juristische Personen des öffentlichen Rechts im Hinblick auf Art. 17 GRCh grundrechtsberechtigt sind, sollte dies aufgrund der systematischen Stellung auch für Art. 16 GRCh gelten.

Der sachgerechte Umgang mit öffentlichen Unternehmen im Rahmen des Grundrechts auf unternehmerische Freiheit ist somit ein funktionsbezogener.[410] Sofern sie ausschließlich – als Anbieter von Waren oder Dienstleistungen – als Wettbewerber zu privatrechtlich organisierten Unternehmen am Markt auftreten, sind auch öffentliche Unternehmen durch das Grundrecht der unternehmerischen Freiheit nach Art. 16 GRCh zu schützen. Sobald sie jedoch (zugleich) hoheitliche oder gesetzlich zugewiesene und geregelte öffentliche Aufgaben wahrnehmen, greift das Konfusionsargument und die öffentlichen Unternehmen sind ausschließlich als Grundrechtsverpflichtete zu betrachten.

Die Erkenntnis, dass das Grundrecht auf unternehmerische Freiheit auch auf öffentliche Unternehmen anwendbar ist, sofern sie sich als Wettbewerber auf dem Markt betätigen, bedeutet die Gleichstellung mit privaten Unternehmen, auch im Hinblick auf das Konzernprivileg. Das Konzernprivileg gilt daher im Grundsatz auch für öffentliche Unternehmen.

Griechenland; EGMR, Urteil v. 23. November 1999, Rs. 45129/98 – *La Section de Commune d'Antilly/Frankreich.*

409 *Frenz*, Europäische Grundrechte, Rn. 2816; *Heselhaus* in: Heselhaus/Nowak, Handbuch der europäischen Grundrechte, § 32 Rn. 60.

410 So auch *Frenz*, Europäische Grundrechte, Rn. 2673; *Jarass*, Charta der Grundrechte der Europäischen Union, Art. 16 Rn. 11; *Sasse*, EuR 2012, 628, 652.

II. Das Recht auf Eigentum

Art. 17 GRCh normiert das Eigentumsrecht. Art. 17 Abs. 1 Satz 1 lautet: „Jede Person hat das Recht, ihr rechtmäßig erworbenes Eigentum zu besitzen, zu nutzen, darüber zu verfügen und es zu vererben." Das Grundrecht auf Eigentum zählt zu den elementaren Rechtsgrundsätzen der Europäischen Union und fungiert als materielle Grundlage der individuellen Freiheit.[411] Im Gegensatz zu Art. 15 und 16 GRCh, bei denen es sich um handlungsbezogene Rechte – den Erwerb – handelt, geht es bei Art. 17 GRCh primär um den Bestandsschutz des bereits Erworbenen. Da beide Schutzbereiche jedoch eng zusammenhängen, verzichtet der EuGH zum Teil auf eine Abgrenzung und wendet die Berufs- und Unternehmensfreiheit und die Eigentumsfreiheit als einheitliches Recht an.[412]

1. Grundrechtsträger

Grundrechtsträger des Art. 17 GRCh ist „jede Person". Damit sind sowohl natürliche als auch juristische Personen gemeint. Zwar ergibt sich die Einbeziehung juristischer Personen nicht unmittelbar aus dem Wortlaut, weil die GRCh an anderer Stelle ausdrücklich die Berechtigung juristischer Personen geregelt hat,[413] jedoch lässt sich die Erstreckung auf juristische Personen aus Art. 52 Abs. 3 GRCh ableiten, der den Schutzgehalt des Art. 17 GRCh inhaltlich dem des Art. 1 des Zusatzprotokolls zur EMRK („EMRK-Z") gleichstellt. Nach Art. 1 EMRK-Z hat „jede natürliche oder juristische Person […] das Recht auf Achtung ihres Eigentums". Derselbe Schutzumfang gilt mithin für Art. 17 GRCh (vgl. oben **I.3.**).

2. Inhalt des Rechts auf Eigentum

Vom Schutz des Eigentumsrechts ist jedes vermögenswerte Recht umfasst, das von substantieller Bedeutung ist und einem Einzelnen so zugeordnet werden kann, dass er es berechtigterweise eigenverantwortlich nutzen kann.[414] Dabei hat der EGMR den Begriff des Eigentums nach Art. 1 EMRK-Z als autono-

---

411 EuGH, Urteil v. 13. November 2000, Rs. C-317/00 P, ECLI:EUC:2000:621 Rn. 57 – *Invest*; *Jarass*, Charta der Grundrechte der Europäischen Union, Art. 17 Rn. 2.

412 EuGH, Urteil v. 28. April 1998, Rs. C-200/96, ECLI:EU:C:1998:172 Rn. 21 ff. – *Metronome Musik*; EuGH, Urteil v. 13. November 2000, Rs. C-317/00 P, ECLI:EUC:2000:621 Rn. 58 – *Invest.*

413 Vgl. Art. 42 und 43 GRCh.

414 EGMR, Urteil v. 6. Oktober 2005, Nr. 1513/03 Rn. 65 – *Draon vs. Frankreich*; EGMR, Urteil v. 11. Januar 2007, Nr. 73049/01 Rn. 63 – *Anheuser Bush vs. Portugal.*

men unionsrechtlichen Begriff ausgelegt, der nicht von der mitgliedstaatlichen Einordnung einer Position als Eigentum abhängt.[415] Unter das Eigentumsrecht fallen zunächst privatrechtliche Rechtspositionen, insbesondere das Sacheigentum, vertraglich begründete Forderungen und gemäß Abs. 2 ausdrücklich auch das geistige Eigentum. Diese müssen rechtmäßig erworben worden sein, das heißt es muss nach dem einschlägigen Recht zu einem wirksamen Erwerb der Rechtsposition gekommen sein.[416] Auch Vermögenswerte, die aufgrund öffentlich-rechtlicher Rechtspositionen bestehen, sind grundsätzlich geschützt. Fraglich ist, ob auch diese Eigentumsposition durch eigene Leistung erworben worden sein muss.[417] Dagegen spricht, dass der EGMR den Eigentumsschutz auf Sozialleistungen erstreckt, die nicht auf eigener Leistung, sondern auf Steuern beruhen.[418]

Bloße Erwerbschancen und -erwartungen fallen nicht in den Schutzbereich des Art. 17 GRCh.[419] Dies entspricht der aus dem deutschen Verfassungsrecht bekannten Regel, wonach Art. 14 GG nur das Erworbene, nicht hingegen den Erwerb schützt.[420] Vereinzelt wird allerdings vertreten, dass jedenfalls diejenigen Erwerbsmöglichkeiten in den Schutzbereich der Eigentumsfreiheit fallen sollten, der sich unmittelbar aus dem Erworbenen ergeben. Beides beeinflusse sich wechselseitig: das bestehende Eigentum sei oftmals die Grundlage für geschäftliches Handeln und eine Beschränkung der Erwerbsmöglichkeiten habe häufig auch Einfluss auf bereits Erworbenes.[421]

Ebenfalls umstritten ist die Frage, ob Art. 17 GRCh das Recht am eingerichteten und ausgeübten Gewerbebetrieb schützt. Der Begriff ist als eigenständige

---

415 EGMR, Urteil. 5. Januar 2000, Nr. 33202/96 Rn. 100 – *Beyeler vs. Italien*; *Frenz*, Europäische Grundrechte, Rn. 2787.

416 *Jarass*, Charta der Grundrechte der Europäischen Union, Art. 17 Rn. 7; *Bernsdorff* in: Meyer, Charta der Grundrechte der Europäischen Union, Art. 17 Rn. 16.

417 Dafür *Frenz*, Europäische Grundrechte, Rn. 2838; *Heselhaus* in: Heselhaus/Nowak, Handbuch der Europäischen Grundrechte, § 32 Rn. 46; dagegen *Jarass*, Charta der Grundrechte der Europäischen Union, Art. 17 Rn. 10.

418 EGMR, Urteil v. 12. April 2006, Nr. 6573/01 Rn. 47 – *Stec vs. Vereinigtes Königreich.*

419 EuGH, Urteil v. 18. März 1980, verb. Rs. 154/78, 205/78, 206/78, 226/78 bis 228/78, 263/78, 264/78, 31/79, 39/79, 83/79 & 85/79, ECLI:EU:C:1980:81 Rn. 89 – *Valsabbia*; *Heselhaus* in: Heselhaus/Nowak, Handbuch der Europäischen Grundrechte, § 32 Rn. 42; *Bernsdorff* in: Meyer, Charta der Grundrechte der Europäischen Union, Art. 17 Rn. 15; *Rengeling/Szczekalla*, Grundrechte in der Europäischen Union, Rn. 809.

420 BVerfG, Urteil v. 16. März 1971, BVerfGE 30, 292, 334 f. – *Erdölbevorratung.*

421 *Frenz*, Europäische Grundrechte, Rn. 2823 f.

Rechtsposition im europäischen Recht nicht anerkannt.[422] Der vom EuGH verschiedentlich angesprochene Eigentumsschutz von Unternehmen meint in erster Linie den Schutz der einzelnen Substanzwerte eines Unternehmens, also beispielsweise Betriebsmittel und Betriebsstätten.[423] Der Begriff des eingerichteten und ausgeübten Gewerbebetriebs geht allerdings darüber hinaus und umfasst sämtliche Faktoren, die sich auf den wirtschaftlichen Wert des Unternehmens auswirken. Sofern diese Faktoren auch auf der Eigenleistung des Unternehmens beruhen, ist es gerechtfertigt sie dem Eigentumsschutz zu unterstellen. Der EGMR hat einzelne wertbildende Faktoren, die dem Recht am eingerichteten und ausgeübten Gewerbebetrieb zuzuordnen sind, als schutzwürdige Eigentumsrechte anerkannt, so etwa den Kundenstamm[424] und den *goodwill*[425].

Aus der Rechtsprechung des EuGH lässt sich zudem ablesen, dass ein Eingriff in die Eigentumsgarantie lediglich dann vorliegt, wenn das Unternehmen in seiner Substanz betroffen ist.[426] Dementsprechend wird eine eigentumsfähige Rechtsposition von Marktanteilen eines Unternehmens abgelehnt, da sich dieser nach den Gesetzen der Marktwirtschaft jederzeit ändern kann und die künftige Marktposition, selbst wenn zur Erreichung derselben entsprechende Investitionen getätigt wurden, lediglich die Erwartung einer faktischen, nicht jedoch einer rechtlichen Stellung darstellt. Ein Verlust von Marktanteilen ist daher nicht als eigentumsschädigende Substanzbeeinträchtigung zu bewerten.[427]

III. Bedeutung für das Konzernprivileg

Die unternehmerische Freiheit und die Eigentumsgarantie für Unternehmen bilden die grundrechtliche Anknüpfung für das Konzernprivileg. Aus dem

422 Für die Anerkennung eines umfassenden Schutzes des eingerichteten und ausgeübten Gewerbebetriebs *Depenheuer* in: Tettinger/Stern, Europäische Grundrechte-Charta, Art. 17 Rn. 31; *Frenz*, Europäische Grundrechte, Rn. 2849.

423 *Rengeling/Szczekalla*, Grundrechte in der Europäischen Union, Rn. 809; *Frenz*, Europäische Grundrechte, Rn. 2844.

424 EGMR, Urteil v. 20. April 1999, Nr. 33099/96 – *Hoerner Bank vs. Deutschland*; EGMR, Urteil v. 9. Mai 2007, Nr. 29005/05 – *Brückl vs. Deutschland.*

425 EGMR, Urteil v. 7. Juli 1989, Nr. 10873/84 Rn. 53 – *Tre Traktörer vs. Schweden.*

426 *Jarass*, EU-Grundrechte, § 22 Rn. 13 mit Verweis auf EuGH, Urteil v. 16. Oktober 2003, Slg. 2003 I-11893 Rn. 55, 58 – *Flughafen Hannover*; zustimmend *Heselhaus* in Heselhaus/Nowak, Handbuch der Europäischen Grundrechte, § 32 Rn. 45.

427 EuGH, Urteil v. 14. Mai 1974, Rs. 4/73, ECLI:EU:C:1974:51 Rn. 13 f. – *Nold KG*; EuGH, Urteil v. 5. Oktober 1994, Rs. C-280/93, ECLI:EU:C:1994:367 Rn. 79 – *Bananen*; *Frenz*, Europäische Grundrechte, Rn. 2850.

Grundrecht der unternehmerischen Freiheit ergibt sich, dass es grundsätzlich jedem freisteht, ein Unternehmen zu gründen und es in seinem Sinne zu organisieren. Es obliegt der freien unternehmerischen Entscheidung, ob ein Unternehmen als Einzelbetrieb ausgestaltet oder in einen Konzern eingegliedert wird. Damit schützt Art. 16 GRCh das Interesse des Unternehmers, seinen Betrieb so zu gestalten, dass er den größtmöglichen Gewinn abwirft. Das Recht auf Eigentum schützt zwar nicht die Erwerbschancen, aber die erworbenen Vermögensrechte, welche als Unternehmenssubstanz vorhanden sind und als Basis für den Ausbau eines Unternehmens dienen. Der Einsatz dieser Vermögenswerte, insbesondere die Frage, wie intern mit ihnen umgegangen werden soll, fällt in den grundrechtlich geschützten Bereich der unternehmerischen Freiheit des Unternehmens.

Die Bildung eines Konzerns bzw. die Entscheidung für eine vertikale Integration mehrerer Unternehmensteile unter einem Dach kann vielfältige Beweggründe haben. Ein wichtiger Faktor sind Kosteneinsparpotentiale durch die Vermeidung von Transaktionskosten (*transaction-cost-economies*) und die Nutzung von Verbundvorteilen (*economies of scope*).[428] Unter Letzteres fallen etwa die gemeinsame Nutzung von Personal und Logistik und Marketingeinsparungen durch die Verwendung einheitlicher Werbematerialen oder eines einheitlichen Markennamens für unterschiedliche Produkte.[429] Transaktionskosten umfassen sämtliche Kosten, die im Zusammenhang mit Markttransaktionen anfallen, also etwa die Kosten für die Verhandlungsführung mit unterschiedlichen Zulieferern oder Logistikpartnern, die Transportkosten und die Personalkosten für diejenigen Mitarbeiter, die für die Kommunikation mit den unterschiedlichen Transaktionspartnern zuständig sind. Diese Kosten können durch eine vertikale Integration regelmäßig reduziert, zum Teil sogar vollständig eingespart werden.[430]

Vertikale Integration kann zudem der Sicherung von Bezugs- und Absatzwegen dienen. Dies ist vor allen Dingen in solchen Branchen relevant, die besonders hohe Investitions- und Erhaltungskosten haben, beispielsweise für ein Versorgungsnetz, und aus diesem Grund ein gesteigertes Interesse an langfristigen

---

428 *Henk-Merten*, Die Kosten-Preis-Schere im Kartellrecht, S. 9 f.; *Schmidt*, Wettbewerbspolitik und Kartellrecht, S. 128

429 *Kruse* in: FS Schmidt, S. 247, 251; *Schmidt/Haucap*, Wettbewerbspolitik und Kartellrecht, S. 128 f.

430 *Henk-Merten*, Die Kosten-Preis-Schere im Kartellrecht, S. 10; vgl. zu den Vorteilen der Konzernbildung auch *Harms*, Konzerne im Recht der Wettbewerbsbeschränkungen, S. 18 f.

Verträgen mit ihren Abnehmern bzw. Nutzern haben. Da eine überlange Vertragsbindung von externen Geschäftspartnern aufgrund rechtlicher Restriktionen häufig nicht möglich ist, bietet die vertikale Integration die entsprechende Planungssicherheit.[431] Insgesamt können durch vertikale Integration Unsicherheiten hinsichtlich langfristiger Investitionen eingedämmt werden. Die in einem Konzern bestehenden Kontroll- und Verfügungsrechte bedeuten eine bessere Kalkulierbarkeit von Transaktionen und ermöglichen einen Gewinn- und Verlustausgleich zwischen den Konzerngesellschaften. Die Entstehung und Lenkung von Gewinn und die Kostenzuordnung sind die ureigensten Motive für die Bildung eines Konzerns.[432]

Diese grundrechtlich geschützten konzerninternen Möglichkeiten und letztlich der legitime Wille des Unternehmers, stets im Interesse seiner zu einem Konzern verbundenen Unternehmen zu handeln und das vorhandene Kapital zu schützen, spiegeln sich im Konzept des Konzernprivilegs wider. Das Konzernprivileg schützt den Binnenbereich von Unternehmen, die zu einer wirtschaftlichen Einheit verbunden sind, indem sie von bestimmten Restriktionen und gesetzlichen Verboten ausgenommen sind. Ein normiertes Konzernprivileg findet sich etwa in § 2 Abs. 1 Nr. 7 und Abs. 6 Satz 1 Nr. 5 des Kreditwesengesetzes („KWG"). Dort ist geregelt, dass Unternehmen, die Bankgeschäfte ausschließlich mit Mutter-, Tochter- oder Schwesterunternehmen betreiben, keine Kreditinstitute im Sinne des KWG sind (§ 2 Abs. 1 Nr. 7 KWG) und dass Unternehmen, die Finanzdienstleistungen ausschließlich innerhalb der Unternehmensgruppe erbringen, nicht als Finanzdienstleistungsinstitute gelten (§ 2 Abs. 6 Satz 1 Nr. 5 KWG). Die Vorschriften des KWG sind daher auf miteinander verbundene Unternehmen nicht anwendbar. Auch im Vergaberecht werden Auftragsvergaben im Sektorenbereich, die an ein verbundenes Unternehmen oder ein Gemeinschaftsunternehmen erfolgen, vom Anwendungsbereich bestimmter Vergaberechtsvorschriften ausgenommen, vgl. § 100b Abs. 6 GWB. Das Arbeitnehmerüberlassungsgesetz sieht in § 1 Abs. 3 Nr. 2 AÜG eine Ausnahmevorschrift für konzerninterne Arbeitnehmerüberlassung vor. Den Vorschriften ist gemein, dass sie bestimmte Regeln für nicht anwendbar auf konzerninterne Vorgänge erklären. Dadurch wird die unternehmerische Freiheit des Konzernunternehmers geschützt, über Maßnahmen, die auf den Binnenbereich des Konzerns beschränkt sind, eigenständig entscheiden und seine eigentumsrechtlich garantierten Ressourcen nach seinem Bedarf einsetzen zu können.

---

431 *Däuper*, WuW 2002, 458, 459.

432 *Henk-Merten*, Die Kosten-Preis-Schere im Kartellrecht, S. 10

Im Kartellrecht ist das Konzernprivileg nicht gesetzlich normiert. Es handelt sich um ein durch Richterrecht entwickeltes Prinzip, das zumindest im Rahmen des Art. 101 AEUV allgemein anerkannt ist. Seine Herleitung innerhalb des Kartellrechts ist allerdings umstritten. Im Wesentlichen werden drei Ansätze zur Begründung des Konzernprivilegs vertreten, die sämtlich bei den Tatbestandsmerkmalen des Art. 101 AEUV verankert sind (dazu sogleich ausführlich unter § 3). Die Basis des Konzernprivilegs liegt jedoch, wie soeben gezeigt, in den universell gültigen Grundrechten der Europäischen Union. Daher stellt sich die Frage, ob die Beschränkung auf das Kartellverbot gerechtfertigt ist oder ob das Konzernprivileg nicht auch im Rahmen anderer Verbotstatbestände, etwa dem Art. 102 AEUV, Anwendung findet.

IV. Zwischenfazit

Das Konzernprivileg des europäischen Kartellrechts lässt sich aus den in Art. 16 und 17 GRCh verankerten Rechten auf unternehmerische Freiheit und auf Eigentum herleiten. Aus diesen Grundrechten ergibt sich, dass jedermann berechtigt ist, sich unternehmerisch zu betätigen, sein Unternehmen in der Form zu organisieren, die er für sinnvoll und erfolgversprechend hält und das von ihm erworbene Eigentum zu schützen und zu bewahren. Daraus folgt, dass innerhalb eines Unternehmens oder einer zu einer wirtschaftlichen Einheit verbundenen Mehrheit von Unternehmen das Kartellverbot des Art. 101 AEUV und möglicherweise auch das Missbrauchsverbot des Art. 102 AEUV nicht zur Anwendung kommt. Der persönliche Anwendungsbereich beider Grundrechte erfasst nicht nur natürliche und privatrechtliche juristische Personen, sondern auch juristische Personen des öffentlichen Rechts, die sich nicht hoheitlich, sondern wirtschaftlich betätigen.

Ausgehend von diesen Grundprinzipien des europäischen Kartellrechts ist im nächsten Schritt die konkrete Herleitung des Konzernprivilegs zu untersuchen.

§ 3 Herleitung des Konzernprivilegs

Sowohl im europäischen als auch im deutschen Kartellrecht kommt das Konzernprivileg im Rahmen des Kartellverbots zur Anwendung. Uneinigkeit besteht allerdings über seine Herleitung. Als zwei wesentliche Strömungen lassen sich die Herleitung aus dem Unternehmensbegriff und die Herleitung aus dem Tatbestandsmerkmal der Wettbewerbsbeschränkung unterscheiden.[433] Eine dritte Ansicht setzt beim Tatbestandsmerkmal der „Vereinbarung" bzw. „abgestimmten Verhaltensweise" an.

Die Herleitung aus Tatbestandsmerkmalen des Art. 101 AEUV ist der Tatsache geschuldet, dass in der europäischen Praxis die Anwendung des Konzernprivilegs bisher auf das Kartellverbot beschränkt blieb und im Rahmen des Missbrauchsverbots keine Berücksichtigung gefunden hat.[434] Vor diesem Hintergrund erscheint das Konzernprivileg zunächst als ein originäres Problem des Kartellverbots und man mag in Zweifel ziehen, ob es im Rahmen des Missbrauchsverbots überhaupt Anwendung finden kann. Dieser Schluss ist jedoch nicht zwingend.[435] Art. 101 und Art. 102 AEUV sind beide demselben Regelungsziel gewidmet, nämlich der Aufrechterhaltung unverfälschten Wettbewerbs im Gemeinsamen Markt.[436] Zur Erreichung dieses Ziels verbieten beide Tatbestände bestimmte Verhaltensweisen von Unternehmen. Diese Verbote richten sich in beiden Fällen nicht nur an Einzel- sondern auch an konzernangehörige Unternehmen, wobei der Unternehmensbegriff nach dem EuGH in beiden Normen derselbe ist.[437] Konzernsachverhalte treten bei Art. 102 AEUV mithin

---

433 Derselbe Streit existierte für das Konzernprivileg im deutschen Recht bereits in den 1980er Jahren, siehe *Schwintowski*, BB 1988, 1763, 1766.

434 *Schröter/Bartl* in: Schröter/Jakob/Klotz/Mederer, Europäisches Wettbewerbsrecht, Art. 102 AEUV Rn. 247.

435 *Koppensteiner* vertritt die Auffassung, man solle darauf verzichten, das Konzernprivileg an ein bestimmtes Tatbestandmerkmal des Kartellverbots anzubinden, sondern sich damit begnügen, dieses Verbot innerhalb eines Konzernverbunds aus teleologischen Gründen nicht anzuwenden. Auf eine Geltung des Konzernprivilegs auch im Rahmen des Missbrauchsverbots geht er jedoch nicht ein, vgl. *Koppensteiner* in: FS Mailänder, S. 125, 136.

436 EuGH, Urteil v. 21. Februar 1973, Rs. 6/72, ECLI:EU:C:1973:22 Rn. 25 – *Continental Can.*

437 Siehe bereits EuGH, Urteil v. 21. Februar 1973, Rs. 6/72, ECLI:EU:C:1973:22 Rn. 26 – *Continental Can.*

ebenso auf wie bei Art. 101 AEUV. Es gilt zu untersuchen, ob das Konzernprivileg einen allgemeinen Ausnahmetatbestand darstellt, der auch im Rahmen des Missbrauchsverbots zu berücksichtigen ist.

Im Folgenden sollen zunächst die bekannten beim Unternehmensbegriff und den Tatbestandsmerkmalen des Art. 101 AEUV verankerten Theorien zur Begründung des Konzernprivilegs dargestellt werden, ohne bereits auf die Möglichkeit einer Übertragung auf den Missbrauchstatbestand einzugehen (**A.** und **B.**). Unter **C.** wird eine alternative Herleitung aus dem Schutzgut des unverfälschten Wettbewerbs entwickelt. Die Anwendung dieser unterschiedlichen Begründungsansätze auf Art. 102 AEUV erfolgt in **§ 6**.

A. Herleitung aus dem Unternehmensbegriff

Eine Teil der Literatur und mittlerweile auch die Rechtsprechung der Unionsgerichte begründen das Konzernprivileg mit der fehlenden Unternehmensqualität abhängiger Konzerngesellschaften. Wirtschaftliche Autonomie ist demnach ein konstitutives Merkmal des Unternehmensbegriffs.[438] Konzerngesellschaften seien aber aufgrund ihrer wirtschaftlichen Unselbständigkeit nicht autonom und mithin keine Unternehmen im Sinne des Art. 101 AEUV. Die Vertreter dieser Ansicht gehen davon aus, dass Unternehmen, die als Konzerngesellschaften Teile einer wirtschaftlichen Einheit werden, ihre Unternehmenseigenschaft verlieren. Daher seien im Binnenverhältnis wettbewerbswidrige Vereinbarungen *zwischen Unternehmen* nicht möglich. Adressaten der Wettbewerbsvorschriften seien demzufolge nicht die einzelnen Konzerngesellschaften, sondern die wirtschaftliche Einheit, die in ihrer Gesamtheit *ein* Unternehmen darstelle.[439] Zur Begründung wird auf die vom EuGH angewendete Definition einer wirtschaftlichen Einheit verwiesen, die auf die „fehlende Autonomie des Marktverhaltens der Tochtergesellschaft trotz eigener Rechtspersönlichkeit" abhebt.[440]

---

438 *Bechtold/Bosch/Brinker*, EU-Kartellrecht, Art. 101 AEUV Rn. 58; *Bellamy/Child*, European Community Law of Competition Rn. 2-053; *Harms*, Konzerne im Recht der Wettbewerbsbeschränkungen, S. 88 ff; ders. in FS Hartmann, S. 165, 178 ff; *Koch* in: Grabitz/Hilf, Kommentar zur Europäischen Union, Bd. II (alt), Art. 85 EG Rn. 12; *Zäch*, Wettbewerbsrecht der Europäischen Union, S. 2; wohl auch *Thomas*, Unternehmensverantwortlichkeit und –umstrukturierung nach EG-Kartellrecht, S. 148.

439 *Kling*, ZWeR 2011, S. 169, 173 m.w.N.

440 Vgl. nur EuGH, Urteil v. 10. September 2009, Rs. C-97/08 P, ECLI:EU:C:2009:536 Rn. 58 – *Akzo Nobel*; *Thomas*, Unternehmensverantwortlichkeit und –umstrukturierung, S. 149 f.

Die Herleitung des Konzernprivilegs aus dem Unternehmensbegriff beruht mithin auf der Annahme, dass die wirtschaftliche Einheit in ihrer Gesamtheit ein Unternehmen im Sinne des kartellrechtlichen Unternehmensbegriffs darstellt.

I. Rechtsprechung und Kommissionspraxis

Die Rechtsprechung des EuGH hat den Begriff der wirtschaftlichen Einheit seit den 1970er Jahren stetig fortentwickelt.[441] Die Formulierung, die der EuGH heute zur Definition einer wirtschaftlichen Einheit verwendet, findet sich bereits in den frühen *Farbstoff*-Entscheidungen. In diesen Urteilen heißt es, das Verhalten der Tochtergesellschaft könne ihrer Muttergesellschaft zugerechnet werden „wenn die Tochtergesellschaft trotz eigener Rechtspersönlichkeit ihr Marktverhalten nicht autonom bestimmt, sondern im Wesentlichen Weisungen der Muttergesellschaft befolgt", da in diesen Fällen Tochter und Mutter eine wirtschaftliche Einheit bildeten.[442] Die Haftung wurde in den *Farbstoff*-Urteilen allerdings nicht mit dem Bestehen einer wirtschaftlichen Einheit im Sinne *eines Unternehmens* begründet, sondern mit einem auf tatsächlichen Weisungen beruhenden einheitlichen Marktverhalten von Mutter- und Tochtergesellschaft. Die Formulierung des Gerichtshofs lautete seinerzeit, „die formelle Trennung zwischen Mutter- und Tochtergesellschaft aufgrund ihrer verschiedenen Rechtspersönlichkeiten" könne „nicht hindern, dass ihr Verhalten auf dem Markt für die Anwendung der Wettbewerbsregeln als Einheit angesehen wird".[443] Bezugspunkt der Einheitsbetrachtung war mithin das Verhalten auf dem Markt. Auch in anderen Urteilen wurde eine wirtschaftliche Einheit nicht strukturell als ein aus Mutter- und Tochtergesellschaft gebildetes Unternehmen definiert. Die Bestimmung erfolgte tätigkeitsbezogen bzw. im Hinblick auf eine konkrete wirtschaftliche Beziehung zwischen den Gesellschaften.[444] Dementsprechend scheiterte in der Entscheidung *BMW Belgium* die Annahme einer wirtschaftlichen Einheit daran, dass die Tochtergesellschaft BMW Belgium die Anweisungen ihrer Muttergesellschaft BMW München nicht unmittelbar auf dem Markt umgesetzt hatte. Der EuGH stellte fest, dass trotz wirtschaftlicher Abhängigkeit

441 Siehe den ausführlichen Überblick über die Rechtsprechungsentwicklung bei *de Bronett*, EWS 2012, S. 113 ff.

442 EuGH, Urteil v. 14. Juli 1972, Rs. 48/69, ECLI:EU:C:1972:70 Rn. 132/135 – *ICI*.

443 EuGH, Urteil v. 14. Juli 1972, Rs. 48/69, ECLI:EU:C:1972:70 Rn. 136/141 – *ICI*.

444 EuGH, Urteil v. 21. Dezember 1973, Rs. 6/72, ECLI:EU:C:1973:22 Rn. 15 f. – *Continental Can*; EuGH, Urteil v. 6. März 1974, verb. Rs. 6/73 & 7/73, ECLI:EU:C:1974:18 Rn. 41 – *Commercial Solvents*;

zwischen Mutter- und Tochtergesellschaft Unterschiede im Verhalten und in den Interessen der beiden Gesellschaften nicht ausgeschlossen seien.[445]

Im Urteil *Hydrotherm* wurde erstmals die wirtschaftliche Einheit mit dem Unternehmensbegriff verknüpft. Unter einem Unternehmen sei, so der EuGH, „eine im Hinblick auf den jeweiligen Vertragsgegenstand bestehende wirtschaftliche Einheit zu verstehen, selbst wenn diese wirtschaftliche Einheit rechtlich aus mehreren, natürlichen oder juristischen Personen gebildet wird“.[446] Firmen, zwischen denen Interessengleichheit herrsche, stünden nicht im Wettbewerb und müssten hinsichtlich der fraglichen Vereinbarung als „eine Partei“ behandelt werden.[447] Auf den ersten Blick scheint der EuGH eine aus mehreren juristischen Personen bestehende wirtschaftliche Einheit mit dem Unternehmensbegriff gleichzusetzen. Dies gilt allerdings nur „im Hinblick auf den jeweiligen Vertragsgegenstand“ und ist somit nicht institutionell, sondern funktional zu verstehen.[448] Der EuGH sah in dieser Entscheidung die wirtschaftliche Einheit nicht generell als Unternehmen an, sondern stellte lediglich fest, dass im Hinblick auf eine konkrete Vereinbarung verschiedene Unternehmen, die denselben Interessen folgen, als Einheit zu behandeln seien. Dies war eine rein zweck- bzw. handlungsbezogene Betrachtung.

Die erstmalige ausdrückliche Gleichsetzung von Unternehmen und wirtschaftlicher Einheit bzw. Konzern erfolgte nicht durch den EuGH, sondern durch das EuG. Das Gericht hatte in der Sache *Shell*, ohne Bezug auf vorangegangene Unionsrechtsprechung, geurteilt, dass die Klägerin Shell International Chemical Company Ltd. und die von ihr koordinierten Produktionsgesellschaften „ein einziges Unternehmen“ darstellten.[449]

Diese Rechtsprechung griff die Europäische Kommission in ihrer *Karton*-Entscheidung aus dem Jahr 1994 auf. Darin konstatierte sie, der Begriff des Unternehmens decke sich nicht mit dem der rechtsfähigen Gesellschaft mit gesonderter Rechtspersönlichkeit, sondern könne sich auf jede Einheit mit wirtschaftlicher Tätigkeit beziehen. Im Falle großer Firmengruppen könne „jede der folgenden Einheiten als Unternehmen gelten: die Mutter- oder Holdinggesellschaft der Gruppe; die ganze Firmengruppe, bestehend aus Muttergesellschaft und ihren direkten oder indirekten Tochtergesellschaften; Zwischenholdings; von den

---

445 EuGH, Urteil v. 12. Juli 1979, verb. Rs. 32/78 & 36/78 bis 82/78, ECLI:EU:C:1979:191 Rn. 24 – *BMW Belgium*.

446 EuGH, Urteil v. 12. Juli 1984, Rs. 170/83, ECLI:EU:C:1984:271 Rn. 11 – *Hydrotherm*.

447 EuGH, Urteil v. 12. Juli 1984, Rs. 170/83, ECLI:EU:C:1984:271 Rn. 11 – *Hydrotherm*.

448 So auch *de Bronett*, EWS 2012, S. 113, 117.

449 EuG, Urteil v. 10. März 1992, Rs. T-11/89, ECLI:EU:T:1992:33 Rn. 312 – *Shell*.

Unterholding-Gesellschaften oder deren Tochtergesellschaften gegründete Teilkonzerne oder Unternehmensbereiche; die individuellen Tochtergesellschaften".[450] An der bis dato ergangenen EuGH-Rechtsprechung ließ sich diese Auslegung des Unternehmensbegriffs nicht ablesen. In dem von der Betroffenen Stora Kopparbergs Bergslags AB angestrengten Rechtsmittelverfahren gegen die *Karton*-Entscheidung schlossen sich die Gerichte der von der Kommission formulierten Auslegung des Unternehmensbegriffs interessanterweise nicht an. Der EuGH sprach – wie bereits in vorangegangenen Urteilen (s.o.) – lediglich von Zurechnung: Das Verhalten der Tochtergesellschaft könne der Muttergesellschaft aufgrund ihrer 100%igen Kapitalbeteiligung und mangels vorgebrachter Gegenbeweise für die Eigenständigkeit der Tochter zugerechnet werden.[451] Von einem einzigen Unternehmen war hier nach wie vor nicht die Rede.

Eine Identität von Unternehmen und wirtschaftlicher Einheit findet sich in der EuGH-Rechtsprechung erstmals im Urteil *Dansk Rørindustri*.[452] In diesem wurden die Begriffe „wirtschaftlich tätige Einheit" aus der traditionellen Definition des europäischen Unternehmensbegriffs[453] und „wirtschaftliche Einheit" als bis zu diesem Zeitpunkt reines Zurechnungsgebilde zur Erfassung von Konzernsachverhalten miteinander gleichgesetzt.[454] Während der EuGH bis zu diesem Urteil die Einheit zwischen Mutter- und Tochtergesellschaft stets an ein einheitliches Marktverhalten geknüpft hatte, entfiel dieses Element in der Entscheidung *Dansk Rørindustri*. Dadurch wurde ein institutioneller Begriff der wirtschaftlichen Einheit geschaffen. Auch wenn in nachfolgenden Urteilen zum Teil noch einmal die ursprüngliche Formulierung einer wirtschaftlichen Einheit „im Hinblick auf den jeweiligen Vertragsgegenstand" verwendet wurde,[455] ist spätestens seit dem Urteil *Akzo Nobel* klar, dass der Gerichtshof die wirtschaftliche Einheit als *ein Unternehmen* im Sinne des europäischen Kartellrechts

---

450 Kommission, Entscheidung v. 13. Juli 1994, ABl. 1994 L-243/1 Rn. 140 – *Karton.*

451 EuGH, Urteil v. 16. November 2000, Rs. C-286/98 P, ECLI:EU:C:2000:630 Rn. 26 ff. – *Stora Kopparbergs Bergslags*; vgl. auch die vorangegangene Entscheidung EuG, Urteil v. 14. Mai 1998, Rs. T-354/94, ECLI:EU:T:1998:104 Rn. 80, 85 – *Stora Kopparbergs Bergslags/Kommission..*

452 EuGH, Urteil v. 28. Juni 2005, verb. Rs. C-189/02, C-202/02, C-205/02 bis C-208/02 & 213/02, ECLI:EU:C:2005:408 – *Dansk Rørindustri*

453 „Unternehmen ist jede wirtschaftlich tätige Einheit unabhängig von ihrer Rechtsform und der Art ihrer Finanzierung."

454 EuGH, Urteil v. 28. Juni 2005, verb. Rs. C-189/02, C-202/02, C-205/02 bis C-208/02 & 213/02, ECLI:EU:C:2005:408 Rn. 112 f. – *Dansk Rørindustri.*

455 EuGH, Urteil v. 14. Dezember 2006, Rs. C-217/05, ECLI:EU:C:2006:784 Rn. 40 – *Confederación Española de Empresarios de Estaciones de Servicio.*

ansieht. In Randnummer 59 der Entscheidung stellt der EuGH unmissverständlich klar, „dass [...] die Muttergesellschaft und ihre Tochtergesellschaft Teil ein und derselben wirtschaftlichen Einheit sind und damit ein Unternehmen".[456] Die wirtschaftliche Einheit wird hier nicht mehr in Bezug zu einem gemeinsame Marktverhalten oder einem konkreten Vertrag gesetzt, sondern aufgrund der „wirtschaftlichen, organisatorischen und rechtlichen Bindungen" zwischen der Mutter- und der Tochtergesellschaft bejaht. Diese Formel wendet der Gerichtshof seither konsequent auf alle Fälle an, in denen es um die Haftung einer Muttergesellschaft für das kartellrechtswidrige Verhalten einer ihrer Tochtergesellschaften geht.[457] Seit *Dansk Rørindustri* steht für den EuGH somit die Unternehmensqualität einer aus unterschiedlichen Gesellschaften zusammengesetzten wirtschaftlichen Einheit fest. Dem folgen auch die Kommission und das Gericht.[458]

II. Literaturmeinungen

Die Literatur ist in der Frage uneinig. Während die eine Ansicht die Unternehmenseigenschaft des Konzerns bzw. der wirtschaftlichen Einheit ablehnt,[459]

---

456 EuGH, Urteil v. 10. September 2009, Rs. C-97/08 P, ECLI:EU:C:2009:536 Rn. 59 – *Akzo Nobel.*

457 vgl. z.B. EuGH, Urteil v. 20. Januar 2011, Rs. C-90/09, ECLI:EU:C:2011:21 Rn. 34 – *General Química*; EuGH, Urteil v. 29. März 2011, verb. Rs. C-201/09 & C-216/09, ECLI:EU:C:2011:190 Rn. 101 – *Arcelor Mittal*; EuGH, Urteil v. 29. September 2011, Rs. C-520/09, ECLI:EU:C:2011:619 Rn. 39 – *Arkema*; EuGH, Urteil v. 29. September 2011, Rs. C-521/09, ECLI:EU:C:2011:620 Rn. 55 – *Elf Aquitaine*; EuGH, Urteil v. 19. Juli 2012, verb. Rs. 628/10 & 14/11 P, ECLI:EU:C:2012:479 Rn. 44 – *Alliance One*; EuGH, Urteil v. 11. Juli 2013, Rs. C-440/11 P, ECLI:EU:C:2013:514 Rn. 39 – *Gosselin*; EuGH, Urteil v. 26. September 2013, Rs. C-179/12 P, ECLI:EU:C:2013:605 Rn. 59 – *Dow Chemical Company.*

458 EuG, Urteil v. 15. Juni 2005, verb. Rs. T-71/03, T-74/03, T-87/03 & T-91/03, ECLI:EU:T:2005:220 Rn. 61 f. – *Tokai Carbon*; EuG, Urteil v. 15. September 2005, Rs. T-325/01, ECLI:EU:T:2005:322 Rn. 86 – *DaimlerChrysler*; EuG, Urteil v. 13. Juli 2011, Rs. T-39/07, ECLI:EU:T:2011:356 Rn. 77 - *Eni*; vgl. auch Kommission, Entscheidung v. 29. November 2011, COMP/F/38.638 Rn. 335 – *Butadinkautschuk.*

459 *de Bronett*, EWS 2012, S. 113, 116; *Gleiss/Hirsch*, Kommentar zum EG-Kartellrecht, Art. 85 Abs. 1 EG Rn. 56; *Heitzer*, Konzerne im Europäischen Wettbewerbsrecht, S. 70, 172; *Hermann* in MüKo EU-Wettbewerbsrecht, Einleitung Rn. 1020; *Roth/Ackermann* in: FK EU-Kartellrecht, Art. 81 Abs. 1 EG Rn. 126; *Schröter* in: von der Groeben/Schwarze, Vor Art. 101-105 Rn. 54; *ders.* in: Schröter/Jakob/Klotz/Mederer,

stimmt die andere der Rechtsprechung des EuGH zu.[460] Dabei sprechen sich nicht nur diejenigen für die Unternehmenseigenschaft der wirtschaftlichen Einheit aus, die das Konzernprivileg aus dem Unternehmensbegriff ableiten wollen und daher der Ansicht sind, die einzelnen Konzerngesellschaften stellten selbst keine Unternehmen dar.[461] Auch Stimmen, die das Konzernprivileg aus dem mangelnden Wettbewerbsverhältnis zwischen Konzernunternehmen herleiten (dazu sogleich unter **B.II.**), betrachten teilweise den Konzern in seiner Gesamtheit als Unternehmen.

Die Befürworter stützen sich in erster Linie auf die Unternehmensdefinition des EuGH, wonach ein „Unternehmen" jede wirtschaftlich tätige Einheit „unabhängig von ihrer Rechtsform und der Art ihrer Finanzierung" ist und somit aus mehreren Rechtsträgern bestehen kann.[462] Die wirtschaftliche Realität erfordere es, den Konzern in den Unternehmensbegriff einzubeziehen. Laut *Menz* gehe es in erster Linie darum, die Marktwirkungen einer Wettbewerbsbeschränkung angemessen zu berücksichtigen und Umgehungen vorzubeugen.[463]

Harms ist der Auffassung, die Funktion des Unternehmensbegriffs erschöpfe sich nicht in der Bestimmung der Adressaten der Wettbewerbsregeln. Sie sei auch in einer materiellen Begrenzung des Anwendungsbereichs zu sehen. Daher sei das Konzernprivileg immer dann anzuwenden, wenn das Merkmal „zwischen Unternehmen" in Art. 101 AEUV (ex Art. 85 EGV) nicht erfüllt ist, was eben bei Konzernen der Fall sei. Dies schaffe Rechtssicherheit, weil Konzerngesellschaften sich darauf einstellen könnten, für Kartellverbot, Missbrauchsaufsicht und Zusammenschlüsse durchgängig als ein Unternehmen angesehen zu werden.[464]

Vorb. zu den Art. 101 bis 105 AEUV Rn. 51 offen gelassen von *Klippert*, Die wettbewerbsrechtliche Beurteilung von Konzernen, S. 103 f.

460 *Bechtold/Bosch/Brinker*, EU-Kartellrecht, Art. 101 AEUV Rn. 58 f.; *Gippini-Fournier/Mojzesowicz* in: Loewenheim/Meessen/Riesenkampff, Art. 81 EG Rn. 54; *Harms* in: FS Hartmann, S. 165, 178; *Hengst* in: Langen/Bunte, Europäisches Kartellrecht, Art. 101 AEUV Rn. 34, 58; *Kersting*, Der Konzern 2011, S. 445, 448; *Kling*, ZWeR 2011, S. 169, 172; *Menz*, Wirtschaftliche Einheit und Kartellverbot, S. 111; *Mestmäcker/Schweitzer*, Europäisches Wettbewerbsrecht, § 8 Rn. 11 f.; *Potrafke*, Kartellrechtswidrigkeit konzerninterner Vereinbarungen, S. 178; ebenfalls in diese Richtung: *Thomas*, ZWeR 2005, S. 236, 242; *Whish/Bailey*, Competition Law, S. 95 f.

461 So etwa *Rittner/Dreher/Kulka*, Wettbewerbs- und Kartellrecht, §6 Rn. 703.

462 EuGH, Urteil v. 12. Juli 1984, Rs. 170/83, ECLI:EU:C:1984:271 Rn. 11 – *Hydrotherm*; EuGH, Urteil v. 10. September 2009, Rs. C-97/08, ECLI:EU:C:2009:536 Rn. 55 – *Akzo Nobel*.

463 *Menz*, Wirtschaftliche Einheit und Kartellverbot, S. 83.

464 *Harms* in: FS Hartmann, S. 165, 178.

Die Haftung des gesamten Konzerns für Kartellverstöße einzelner Konzerngesellschaften rechtfertige sich daraus, dass die gesamte Wirtschaftskraft des Konzerns als Einheit Berücksichtigung finden müsse.

Kersting vergleicht die wirtschaftliche Einheit strukturell mit einer Personenaußengesellschaft im deutschen Recht.[465] Er erläutert diesen Gedanken in Bezug auf die Haftung: Die Mutter- und die von ihr beherrschte Tochtergesellschaft seien als Gesellschafterinnen der wirtschaftlichen Einheit als Personengesellschaft zu betrachten. Verstoße eine dieser Gesellschafterinnen gegen die Wettbewerbsregeln, werde dieses Fehlverhalten der Gesellschaft zugerechnet und eine Haftung ausgelöst. Da auch die Mutter Gesellschafterin der wirtschaftlichen Einheit sei, hafte sie gleichfalls.[466] Aus diesem Gedanken heraus sei das vom EuGH vertretene Verständnis der wirtschaftlichen Einheit als „ein Unternehmen" einleuchtend und die daraus resultierende „echte Zustandshaftung" folgrichtig.[467] Wettbewerbsrechtlich ist, so *Kersting*, die Einordnung des Konzerns als Unternehmen „der einzig richtige Ansatzpunkt". Denn das Wettbewerbsrecht müsse sich an den Auswirkungen auf den Wettbewerb orientieren, welche eben durch das Auftreten einer wirtschaftlichen Einheit als Gesamtheit entstünden, nicht etwa durch das Auftreten der Einzelgesellschaften.[468]

Die Gegenmeinung bindet die Unternehmensqualität an den Marktbezug und erinnert daran, dass der funktionale Unternehmensbegriff eine eigenständige wirtschaftliche Tätigkeit „am Markt" erfordert.[469] Die Vertreter dieser „marktbezogenen" Ansicht differenzieren zwischen den individuellen Gesellschaften und dem Konzern oder der wirtschaftlichen Einheit als Ganzes. Während die einzelnen Konzerngesellschaften durch ein Angebot von Waren oder Dienstleistungen am Markt agierten, sei der Konzern in seiner Gesamtheit in aller Regel nicht wirtschaftlich tätig und daher nicht als Unternehmen zu qualifizieren. Nur wenn in Ausnahmefällen eine eigene Teilnahme des Konzerns am Marktgeschehen festzustellen sei, könne auch dieser als Unternehmen angesehen werden.[470]

---

465 *Kersting*, Der Konzern 2011, S. 445, 449; *Kersting*, WuW 2014, S. 1156, 1170 f.

466 *Kersting*, Der Konzern 2011, S. 445, 449.

467 *Kersting*, Der Konzern 2011, S. 445, 447, 451.

468 *Kersting*, Der Konzern 2011, S. 445, 448; siehe auch *Kersting*, WuW 2014, S. 1156, 1157.

469 *Gleiss/Hirsch*, Kommentar zum EG-Kartellrecht, Art. 85 Abs. 1 EG Rn. 49.

470 *Heitzer*, Konzerne im Europäischen Wettbewerbsrecht, S. 70 Fn. 39; *Roth/Ackermann* in: FK EU-Kartellrecht, Art. 81 Abs. 1 EG Rn. 126; *Schröter* in von der Groeben/Schwarze, Vor Art. 101-105 Rn. 54; *Zimmer* in: Immenga/Mestmäcker, GWB, § 1 GWB Rn. 47 ff..

Selbst wenn die Konzerngesellschaften im Rahmen einer wirtschaftlichen Einheit durch die Konzernspitze fremdbestimmt sind, beraube sie dies nicht ihrer Unternehmenseigenschaft, weil sie dennoch jederzeit selbständig am Markt auftreten könnten.[471] Die Haftung einer Muttergesellschaft für Kartellvergehen ihres Tochterunternehmens liegt nach dieser Ansicht nicht darin begründet, dass beide zusammen als einheitliches Unternehmen zu betrachten sind. Sie begründet sich vielmehr durch Zurechnung von Verhaltensweisen aufgrund unternehmerischer Verbundenheit. Nach *Schröter* dient die Figur der wirtschaftlichen Einheit nicht dazu, den Unternehmensbegriff zu konkretisieren, sondern als Fiktion, mit deren Hilfe sich feststellen lässt, ob mehrere Unternehmen im Hinblick auf die Ziele des Wettbewerbsrechts „wie ein einziges Unternehmen zu behandeln sind".[472] Dabei gehe es jedoch lediglich um die Zurechnung von bestimmten Handlungen und Verhaltensweisen.[473] Daran anknüpfend bezweifelt *Heitzer*, dass „eine alle wirtschaftlichen Einheiten erfassende Funktionalisierung des Unternehmensbegriffs" erforderlich ist, um dem Zweck des Wettbewerbsrechts gerecht zu werden. Vielmehr seien im Regelfall Unternehmen und Unternehmensträger gleichzusetzen, während der Begriff der wirtschaftlichen Einheit im Rahmen von Art. 101 AEUV beim Tatbestandsmerkmal der Wettbewerbsbeschränkung anzudocken sei.[474]

III. Stellungnahme

Der letztgenannten Literaturmeinung ist zu folgen. Es ist nicht einleuchtend, den Konzern in seiner Gesamtheit als Unternehmen zu bezeichnen, auch wenn dies mittlerweile die gefestigte Rechtsprechung des EuGH ist. Die Sichtweise des EuGH und der ihm folgenden Literaturmeinung verkennt jedoch, dass der funktionale Unternehmensbegriff eine Teilnahme am wirtschaftlichen Verkehr im Sinne einer eigenen Marktaktivität voraussetzt.[475] Zu einem solchen eigenständigen

471 *Huber*, ZHR 1968, S. 193, 210; *Zimmer* in: Immenga/Mestmäcker, GWB, § 1 GWB Rn. 48 f.

472 *Schröter* in: Schröter/Jakob/Klotz/Mederer, Europäisches Wettbewerbsrecht, Vorbem. zu den Art. 101 bis 105 AEUV, Rn. 55.

473 *Schröter* in: Schröter/Jakob/Klotz/Mederer, Europäisches Wettbewerbsrecht, Vorbem. zu den Art. 101 bis 105 AEUV, Rn. 55; *Heitzer*, Konzerne im Europäischen Wettbewerbsrecht, S. 67.

474 *Heitzer*, Konzerne im Europäischen Wettbewerbsrecht, S. 70.

475 *Hengst* in: Langen/Bunte, Europäisches Kartellrecht, Art. 101 AEUV Rn. 29; *Gleiss/Hirsch*, Kommentar zum EG-Kartellrecht, Art. 85 Abs. 1 EG Rn. 49; *Menz*, Wirtschaftliche Einheit und Kartellverbot, S. 127.

Marktauftritt sind konzernverbundene Tochtergesellschaften ebenso in der Lage wie Einzelunternehmen. Die wirtschaftliche Abhängigkeit steht dem nicht entgegen, da die wirtschaftliche Selbständigkeit gerade kein konstitutives Element des Unternehmensbegriffs ist.[476] Zum Teil wird daher auch vorgeschlagen, beim Unternehmensbegriff nicht von einer „selbständigen wirtschaftlichen Einheit", sondern vielmehr von einer „selbständigen wettbewerblichen Einheit" zu sprechen.[477] In älteren Entscheidungen haben auch der EuGH und die Kommission die Unternehmenseigenschaft einzelner Konzerngesellschaften unmissverständlich bejaht.[478] Erst seit der Erweiterung des Unternehmensbegriffs auf „wirtschaftliche Einheiten" bestehend aus mehreren juristischen Personen durch die oben skizzierte Rechtsprechung hat sich diese Sichtweise des EuGH geändert.

Beim Konzern fehlt es jedoch an der für ein Unternehmen konstitutiven selbständigen Teilnahme am Wirtschaftsverkehr, da er lediglich eine Zusammenfassung von einzelnen wirtschaftlich tätigen Unternehmen ist, in seiner Gesamtheit jedoch keine wirtschaftliche Tätigkeit an den Tag legt.[479] Entgegen des Ansatzes mancher Vertreter der Gegenmeinung[480] ist es nicht die wirtschaftliche Einheit, die am Markt auftritt und Auswirkungen auf den Wettbewerb hat. Es sind die sie bildenden Einzelgesellschaften, die sich wirtschaftlich am Markt betätigen. Auch die Steuerung der einzelnen Konzernunternehmen stellt keine Teilnahme am geschäftlichen Verkehr dar.[481]

Wie *Schröter* richtig erkennt, handelt es sich bei der wirtschaftlichen Einheit nur um eine fiktive juristische Betrachtung, die es ermöglicht, die Wirtschaftskraft komplexer Konzerne im Rahmen des europäischen Kartellrechts

---

476 *Bos/Stuyck/Wyntinck*, Concentration Control in the European Economic Community, Rn. 3-025 f.; *Heitzer*, Konzerne im Europäischen Wettbewerbsrecht, S. 69; *Schröter/Voet van Vormizeele* in: von der Groeben/Schwarze, Art. 101 AEUV Rn. 99; *Schröter/Bartl* in: Schröter/Jakob/Klotz/Mederer, Europäisches Wettbewerbsrecht, Art. 102 AEUV Rn. 81; *Stockenhuber* in: Grabitz/Hilf/Nettesheim, Art. 101 AEUV Rn. 62, 73.

477 *Bos/Stuyck/Wyntinck*, Concentration Control in the European Economic Community, Rn. 3-026.

478 EuGH, Urteil v. 14. Juli 1972, Rs. 48/69, ECLI:EU:C:1972:70 Rn. 136/141 a.E. – *ICI/Kommission*; EuGH, Urteil v. 31. Oktober 1974, Rs. 15/74, ECLI:EU:C:1974:114 Rn. 41 – *Centrafarm/Sterling*; Kommission, Entscheidung v. 18. Juni 1969, IV/22.548, ABl. 1969 L-165/12, S. 13 – *Christiani & Nielsen*.

479 *Schröter* in: Schröter/Jakob/Klotz/Mederer, Europäisches Wettbewerbsrecht, Vorbem. zu den Art. 101 bis 105 AEUV Rn. 51.

480 *Kersting*, Der Konzern 2011, S. 445, 448.

481 So etwa *Menz*, Wirtschaftliche Einheit und Kartellverbot, S. 82.

angemessen zu berücksichtigen. Die Annahme einer wirtschaftlichen Einheit rechtfertigt sich durch die regelmäßig gleichlaufenden Interessen innerhalb eines Unternehmensverbunds und der damit einhergehenden wechselseitigen Unterstützung. Ein Tochterunternehmen, das sein Marktverhalten nicht autonom bestimmt, sondern im Wesentlichen den Weisungen seiner Muttergesellschaft folgt, profitiert im Gegenzug von der Finanzkraft und wirtschaftlichen Stärke seiner Muttergesellschaft bzw. des gesamten Unternehmensverbunds. Diese gesellschaftsrechtliche und wirtschaftliche Verbindung führt jedoch nicht dazu, dass der Konzern selbst zum Marktakteur wird. Die als Geschäftspartner nach außen in Erscheinung tretenden Akteure sind allein die einzelnen Konzerngesellschaften, unabhängig von ihrer rechtlichen oder wirtschaftlichen Selbständigkeit.[482] Die Betrachtung eines solchen Verbunds als wirtschaftliche Einheit ist ein Kunstgriff, um den Besonderheiten der engen Verknüpfung an sich unabhängiger Wirtschaftsteilnehmer Rechnung zu tragen. Dadurch wird der Konzern bzw. die wirtschaftliche Einheit jedoch nicht zu einem Unternehmen, auch nicht zu einem „Unternehmen niedriger Stufe" wie von *Menz* vorgeschlagen wurde.[483]

Die Gegenansicht würde zudem zu einem gespaltenen Unternehmensbegriff führen. Unstreitig sind nämlich abhängige Konzerngesellschaften im Verhältnis zu dritten Marktteilnehmern Unternehmen im Sinne des Kartellrechts.[484] Spräche man ihnen jedoch im Innenverhältnis die Unternehmensqualität ab, führte dies zu einer letztlich unnötigen Aufspaltung des kartellrechtlichen Unternehmensbegriffs.[485]

Einer Einordnung der wirtschaftlichen Einheit als Unternehmen bedarf es zur Erreichung der wettbewerbspolitischen Ziele auch gar nicht. Die oben angesprochene Haftung einer Muttergesellschaft für Kartellverstöße ihrer Tochtergesellschaften folgt nicht etwa daraus, dass die von ihnen gebildete wirtschaftliche Einheit ein Unternehmen darstellt. Vielmehr handelt es sich dabei um eine reine

---

482 *Zimmer* in: Immenga/Mestmäcker, GWB, § 1 GWB Rn. 48

483 *Menz*, Wirtschaftliche Einheit und Kartellverbot, S. 83.

484 *Harms*, Konzerne im Recht der Wettbewerbsbeschränkungen, S. 158; *Nordemann* in: Loewenheim/Meessen/Riesenkampff, § 1 GWB Rn. 36; *Zimmer* in: Immenga/Mestmäcker, GWB, § 1 GWB Rn. 48.

485 *Klippert*, Die wettbewerbsrechtliche Beurteilung von Konzernen, S. 105 f.; *Koppensteiner* in: FS Mailänder, S. 125, 135; *Menz*, Wirtschaftliche Einheit und Kartellverbot, S. 226 f.; *Potrafke*, Kartellrechtswidrigkeit konzerninterner Vereinbarungen, S. 179.

Zurechnungsfrage.[486] Auch zur Begründung des Konzernprivilegs ist es weder erforderlich, den einzelnen Konzerngesellschaften ihre Unternehmenseigenschaft ab-, noch eine solche dem Konzern selbst zuzusprechen. Der Unternehmensbegriff ist demnach nicht der richtige Anknüpfungspunkt zur Herleitung des Konzernprivilegs.

IV. Zwischenfazit

Die Rechtsprechung und Teile der Literatur sehen die wirtschaftliche Einheit als ein „Unternehmen im Sinne des europäischen Kartellrechts" an. Sie leiten daraus das Konzernprivileg her, da aufgrund der fehlenden Unternehmenseigenschaft der einzelnen Konzerngesellschaften Absprachen „zwischen Unternehmen" nicht möglich seien.

Diese Ansicht ist abzulehnen, weil es der wirtschaftlichen Einheit in ihrer Gesamtheit an der für den Unternehmensbegriff existentiellen Fähigkeit einer eigenständigen Marktteilnahme mangelt. Zudem würde diese Sicht zu einem gespaltenen Unternehmensbegriff führen. Die wirtschaftliche Einheit besitzt im Gegensatz zu den ihr angehörenden Konzerngesellschaften keine Unternehmensqualität. Der Herleitung des Konzernprivilegs aus dem Unternehmensbegriff kann daher nicht gefolgt werden.

B. Herleitung aus dem Tatbestand des Art. 101 AEUV

Neben der Herleitung des Konzernprivilegs aus dem Unternehmensbegriff werden zwei weitere Ansätze vertreten, die an Tatbestandsmerkmalen des Art. 101 AEUV anknüpfen. Losgelöst von einer möglichen Übertragung auf den Missbrauchstatbestand werden nachfolgend zunächst die auf Art. 101 AEUV gründenden Theorien dargestellt.[487]

I. Herleitung aus dem Tatbestandsmerkmal der Absprache

1. Literaturmeinung und Kommissionspraxis

Eine Mindermeinung will die Begründung des Konzernprivilegs beim Tatbestandsmerkmal der Vereinbarung oder abgestimmten Verhaltensweise anknüpfen. Es wird argumentiert, dass eine Absprache im Sinne des Art. 101 AEUV die

486 *Hermann* in: MüKo EU-Wettbewerbsrecht, Einleitung Rn. 1008 ff, 1650, *Schröter* in: Schröter/Jakob/Klotz/Mederer, Europäisches Wettbewerbsrecht, Vorbem. zu Art. 101 bis 105 AEUV Rn. 55 f.

487 Siehe zur Anwendung auf Art. 102 AEUV unten **§ 6**.

eigenständige Handlungsfähigkeit aufgrund freier Willensbildung der beiden Parteien voraussetzt. Sofern es sich bei Maßnahmen und Entscheidungen jedoch lediglich um konzerninterne Willensbildungsprozesse handele, seien solche mit Weisungen, nicht aber mit zweiseitigen Vereinbarungen oder Abstimmungen nach Art. 101 Abs. 1 AEUV gleichzusetzen.[488] Nach *Potrafke* ist dies der Fall, wenn der zwischen den Konzernunternehmen stattfindende Informationsfluss aus wettbewerbsrechtlicher Sicht einem der beteiligten Unternehmen in seiner rechtlich begründeten Eigenschaft als Willensbildungsorgan oder Weisungsberechtigtem des anderen Unternehmens zugeordnet werden kann. Der Abschluss zivilrechtlich wirksamer Verträge zwischen Konzerngesellschaften erfülle diese Voraussetzung hingegen nicht und sei daher als Absprache im Sinne des Art. 101 AEUV zu qualifizieren.[489] *Potrafke* leitet das Konzernprivileg mithin aus dem subjektiven Element des Selbständigkeitspostulats ab.[490]

Auch die Europäische Kommission wählte in älteren Entscheidungen den Weg über das Tatbestandsmerkmal der Absprache, um die Unanwendbarkeit des Kartellverbots zu begründen. In *Kodak* führte sie aus, die Tochtergesellschaften befolgten mit der Verwendung einheitlicher Geschäftsbedingungen lediglich Weisungen ihrer Muttergesellschaft, worin keine Vereinbarung oder abgestimmtes Verhalten zu sehen sei.[491]

2. *Stellungnahme*

In der Tat kann unter dem Gesichtspunkt des Selbständigkeitspostulats die Frage aufgeworfen werden, ob die Ausübung von innerkonzernrechtlichen Weisungsbefugnissen eine Absprache im Sinne des Art. 101 AEUV darstellen kann. Oben wurde gezeigt, dass die Kontrolle einer Muttergesellschaft über ihre Tochtergesellschaft, durch die diese die Möglichkeit eines autonomen Auftretens am Markt verliert, zu einer Verbundenheit im Sinne einer wirtschaftlichen Einheit führt. Die Ausübung von Weisungen ist letztlich die Umsetzung dieser Kontrollmöglichkeit und steht als solches einem selbständigen Wettbewerbshandeln, dessen Ausprägung auch der Abschluss von kartellrechtswidrigen Vereinbarungen ist,

---

488 Insbes. *Potrafke*, Kartellrechtswidrigkeit konzerninterner Vereinbarungen, S. 190 f; wohl auch *Emmerich* in: Immenga/Mestmäcker, Art. 101 Abs. 1 AEUV Rn. 51; für das deutsche Recht *Huber*, ZHR 1968, S. 193, 212 f.

489 *Potrafke*, Kartellrechtswidrigkeit konzerninterner Vereinbarungen, S. 260 f.

490 Vgl. auch *Huber*, ZHR 1968, S. 193, 213 ff.

491 Kommission, Entscheidung v. 30. Juli 1970, ABl. 1970 L-147/24 Rn. 11 ff. – *Kodak*; vgl. auch Kommission, Entscheidung v. 18. Juni 1969, IV/22.548,ABl. 1969 L-165/12, 14 – *Christiani & Nielsen*.

entgegen. Nur wer frei handeln und entscheiden kann, kann diese Freiheit auch in kartellrechtswidriger Weise durch Absprachen einschränken. Insofern ist *Potrafkes* subjektiver Ansatz nachvollziehbar.

Dennoch ist fraglich, ob das Tatbestandsmerkmal der Vereinbarung oder abgestimmten Verhaltensweise in Art. 101 AEUV der richtige Bezugspunkt für die Herleitung des Konzernprivilegs ist. Zum einen sind die Begriffe im europäischen Kartellrecht sehr weit gefasst. So bedarf es für eine Vereinbarung keines rechtsverbindlichen Vertrags, vielmehr genügt eine Verständigung der Beteiligten, sich auf dem Markt in einer bestimmten Weise zu verhalten oder sogar ein sogenanntes rechtlich unverbindliches „gentlemen's agreement".[492] Eine abgestimmte Verhaltensweise kommt bereits durch „jede unmittelbare oder mittelbare Fühlungnahme" zustande, die bezweckt oder bewirkt, das Wettbewerbsverhalten anderer zu beeinflussen oder Wettbewerber über das eigene Verhalten in Kenntnis zu setzen.[493] Zur Verwirklichung einer der beiden Tatbestandsalternativen bedarf es somit (bloß) einer Willensübereinstimmung zwischen verschiedenen Unternehmen. An einer mangelnden Rechtsverbindlichkeit konzerninterner Verhaltenskoordinierung kann die Nichtanwendbarkeit des Kartellverbots daher nicht festgemacht werden.[494]

Innerhalb eines Konzerns oder einer wirtschaftlichen Einheit kann es zudem zu unterschiedlichen Formen von Absprachen oder Einigungen kommen. Einige mögen in Form von Weisungen der Mutter- an die Tochtergesellschaft erteilt werden, während andere vertraglich zwischen zwei Konzerngesellschaften geregelt werden und damit die Voraussetzungen einer Willensübereinstimmung zwischen Unternehmen erfüllen. Würde man, wie von *Potrafke* vorgeschlagen, lediglich die Weisungen aus dem Anwendungsbereich des Kartellverbots ausklammern, führte dies zu einer ungerechtfertigten Ungleichbehandlung aus rein formalen Gründen. Denn wie oben dargestellt hängt die Annahme einer wirtschaftlichen Einheit und damit die Anwendung des Kartellverbots nicht von der tatsächlichen Ausübung von Kontrolle der Mutter- über die Tochtergesellschaft ab, sondern es genügt die reine Kontrollmöglichkeit.[495] Insofern kann es nicht darauf ankommen,

---

492 Kommission, Entscheidung v. 27. Juli 1994, ABl. 1994-234/19 Rn. 30 – *PVC*; Kommission, Entscheidung v. 23. April 1986, ABl. L-230/1 Rn. 81 – *Polypropylen*; *Buntscheck*, Das „Konzernprivileg" im Rahmen von Art. 81 EG-Vertrag, S. 81; *Gleiss/Hirsch*, Kommentar zum EG-Kartellrecht, Art. 85 Abs. 1 EG Rn. 74.

493 EuGH, Urteil v. 14. Juli 1972, Rs. 48/69, ECLI:EU:C:1972:70 Rn. 64/67 – *ICI/Kommission*; *Emmerich* in: Immenga/Mestmäcker, Art. 101 Abs. 1 AEUV Rn. 89 m.w.N.

494 *Menz*, Wirtschaftliche Einheit und Kartellverbot, S. 194.

495 Vgl. oben **§ 2 B.II.3.**).

in welcher Form zwei konzernverbundene Unternehmen eine Absprache treffen. Die Entscheidung für eine bestimmte Methode des Informationsaustauschs obliegt der unternehmerischen Entscheidungsfreiheit und kann rein strategischer Natur sein, ohne dass sich dadurch die Qualität der Unternehmensverbindung ändern würde. Diese Entscheidungsfreiheit würde unbillig eingeschränkt, wenn sämtliche vertragliche Regelungen innerhalb eines Konzerns automatisch dem Kartellverbot unterstellt würden,[496] zumal dadurch zentralistisch gesteuerte gegenüber liberal geführten Konzernen bevorzugt würden. Zudem dürfte, wie *Menz* richtigerweise anmerkt, die Differenzierung der unterschiedlichen Anweisungen, Abmachungen und Informationsflüsse, die innerhalb häufig komplexer Konzerngeflechte angewendet werden, in der Praxis nicht immer möglich sein.[497]

Für die Herleitung des Konzernprivilegs ist das Tatbestandsmerkmal der Vereinbarung oder abgestimmten Verhaltensweise daher nicht geeignet.

II. Herleitung aus dem Tatbestandsmerkmal der Wettbewerbsbeschränkung

Eine starke Literaturmeinung leitet das Konzernprivileg aus dem Fehlen einer Wettbewerbsbeschränkung her.[498]

Sie begründet die Nichtanwendbarkeit der kartellrechtlichen Verbotstatbestände mit dem Mangel an Entscheidungsfreiheit bei dem kontrollierten Unternehmen. Eine Verhinderung oder Beschränkung des Wettbewerbs setze „notwendigerweise bei jedem der beteiligten Unternehmen einen durch die Absprache beschränkbaren Freiraum für selbständige wirtschaftliche Entscheidungen und Handlungen“ voraus. Daran fehle es aber bei einer Tochtergesellschaft, die im Wesentlichen die Weisungen der sie kontrollierenden Muttergesellschaft zu befolgen habe.[499]

---

496 *Koppensteiner* in: FS Mailänder, S. 125, 136.

497 *Menz*, Wirtschaftliche Einheit und Kartellverbot, S. 193.

498 *Buntscheck*, Das „Konzernprivileg“ im Rahmen von Art. 81 Abs. 1 EG-Vertrag, S. 117 ff; *Fleischer*, AG 1997, S. 491, 494; *Gleiss/Hirsch*, Kommentar zum EG-Kartellrecht, Art. 85 EG Rn. 190; *Heitzer*, Konzerne im europäischen Wettbewerbsrecht, S. 70; *Schröter/Voet van Vormizeele* in: Schröter/Jakob/Klotz/Mederer, Art. 102 AEUV Rn. 100.

499 *Schröter/Voet van Vormizeele* in: von der Groeben/Schwarze, Art. 101 AEUV Rn. 101; *Schröter/ Voet van Vormizeele* in: Schröter/Jakob/Klotz/Mederer, Europäisches Wettbewerbsrecht, Art. 101 AEUV Rn. 100; so auch *Fleischer*, AG 1997, S. 491, 495; *Gleiss/Hirsch*, Kommentar zum EG-Kartellrecht, Art. 85 Abs. 1 EG Rn. 194; *Schroeder*, WuW 1988, S. 274, 277.

1. Literaturmeinung

Die Kritiker einer Gleichsetzung von wirtschaftlicher Einheit und Unternehmen stellen auf die Einordnung der konzernintern getroffenen Vereinbarung in den Kontext des freien Marktwettbewerbs ab.[500] Nach dieser Ansicht scheitert die Anwendung des Kartellverbots in wirtschaftlichen Einheiten an dem Fehlen eines beschränkbaren Freiraums bei der kontrollierten Tochtergesellschaft. Beschränkbarer Wettbewerb setze freie Willensbetätigung voraus, denn das Schutzgut des Art. 101 AEUV sei das antagonistische Wettbewerbshandeln der am Markt tätigen Akteure.[501] Dieses Schutzgut sei innerhalb eines Konzerns, in dem die an einer Absprache beteiligten Unternehmen eine wirtschaftliche Einheit bilden, nicht betroffen. Denn ein Unternehmen, das zwar eigenständig als Anbieter von Waren oder Dienstleistungen am Markt auftritt, dies aber aufgrund eines konzernweiten wirtschaftlichen Gesamtplans tut, sei hinsichtlich seiner Entscheidungen über wettbewerbliche Maßnahmen nicht autonom. Da kein autonomer Entscheidungsspielraum sondern ein einheitliches Konzerninteresse bestehe, könne dieser auch nicht durch Absprachen oder Vereinbarungen eingeschränkt werden.[502]

Der Ansatz ähnelt der von *Potrafke* skizzierten Handlungsanknüpfung. Er stellt ebenfalls auf die Entscheidungsfreiheit der Beteiligten ab. Diese ist allerdings nicht abhängig von der Art des innerkonzernlichen Informationsaustauschs (Weisung vs. vertragliche Vereinbarung), sondern wird bei Bestehen einer wirtschaftlichen Einheit generell ausgeschlossen.

Dieser Ansicht wird entgegen gehalten, dass das gemeinsame Konzerninteresse gerade darin bestehen könne, den Wettbewerb zwischen einzelnen Konzerngesellschaften zu unterstützen, um etwa die Innovationstätigkeit und Kreativität anzuregen.[503] Als Beispiel wird der VW-Konzern genannt, dessen Automobilmarken VW, Skoda und Audi mit Billigung der Konzernleitung zumindest in bestimmten Segmenten miteinander konkurrieren. Auch dieser konzerninterne

---

500 *Buntscheck*, Das „Konzernprivileg" im Rahmen von Art. 81 EG-Vertrag, S. 118; *Emmerich* in: Immenga/Mestmäcker, EU-Wettbewerbsrecht, Art. 101 AEUV Rn. 50 *Gleiss/Hirsch*, Kommentar zum EG-Kartellrecht, Art. 85 Abs. 1 EG Rn. 136; *Schroeder* in: Wiedemann, Handbuch Kartellrecht, § 8 Rn. 3; *Schröter/Voet van Vormizeele* in: von der Groeben/Schwarze, Art. 101 AEUV Rn. 100.

501 *Fleischer*, AG 1997, S. 491, 495; *Schroeder*, WuW 1988, S. 274, 277.

502 *Fleischer*, AG 1997, S. 491, 495; *Gleiss/Hirsch*, Kommentar zum EG-Kartellrecht, Art. 85 Abs. 1 EG Rn. 194; *Schroeder*, WuW 1988, S. 274, 277; *Schröter/Voet van Vormizeele* in: von der Groeben/Schwarze, Art. 101 AEUV Rn. 101.

503 *Scholz*, Die konzerninterne Wettbewerbsbeschränkung, S. 67.

Wettbewerb sei schutzwürdig und müsse daher dem Kartellverbot unterfallen. Eine pauschale Anwendung des Konzernprivilegs sei daher abzulehnen.[504] Als weiteres Gegenargument wird angeführt, dass Art. 101 AEUV gar kein unmittelbares Wettbewerbsverhältnis zwischen den an einer Absprache beteiligten Unternehmen voraussetze.[505]

2. *Stellungnahme*

Die vorgebrachten Gegenargumente überzeugen nicht. Richtig ist zwar, dass die Norm aufgrund ihres umfassenden Schutzzwecks vor schädlichen Einwirkungen durch Absprachen, Beschlüsse oder abgestimmtes Verhalten einzelner Akteure auch Beschränkungen im Vertikalverhältnis erfasst. Ein fehlendes Wettbewerbsverhältnis im engeren Sinne kann daher nicht als Bezugspunkt für eine Privilegierung herangezogen werden.[506] Versteht man „Wettbewerb" allerdings als ein System, in dem Marktbeteiligte autonom über die Art und Weise ihres wirtschaftlichen Handelns bestimmen, so lässt sich das Konzernprivileg damit rechtfertigen, dass durch innerkonzernliche Absprachen und Verhaltensweisen die Wettbewerbsfreiheit – mangels Autonomie der teilnehmenden Tochtergesellschaft – nicht beschränkt wird.

Die vermeintlich entgegenstehende innerkonzernliche Wettbewerbsförderung ist nicht als „echter Wettbewerb", sondern als betriebliche Maßnahme zu qualifizieren. Sie dient der Erfolgskontrolle und letztlich der Umsatzsteigerung im gemeinsamen Interesse des Gesamtkonzerns.[507]

Im Vergleich der dargestellten Theorien zur Begründung des Konzernprivilegs kann die Herleitung aus der wettbewerblichen Handlungsautonomie noch am ehesten überzeugen. Die Handlungsfreiheit von Unternehmen ist die existenzielle Voraussetzung für jegliche wettbewerbsrelevante Entscheidung, mithin auch für die Teilnahme an wettbewerbsbeschränkenden Absprachen und Vereinbarungen. Da eine solche Handlungsfreiheit innerhalb einer wirtschaftlichen Einheit aufgrund der von der Muttergesellschaft ausgeübten Kontrolle nicht existiert, entfällt das Objekt der Beschränkung im Sinne des Art. 101 AEUV.

504 *Scholz*, Die konzerninterne Wettbewerbsbeschränkung, S. 67.

505 *Buntscheck*, Das „Konzernprivileg" im Rahmen des Art. 81 Abs. 1 EG-Vertrag, S. 117; *Koppensteiner* in: FS Mailänder, S. 125, 136; *Roth/Ackermann* in: FK EU-Kartellrecht, Art. 81 Abs. 1 EG Rn. 258.

506 *Buntscheck*, Das „Konzernprivileg" im Rahmen von Art. 81 Abs. 1 EG-Vertrag, S. 117.

507 *Mestmäcker/Schweitzer*, Europäisches Wettbewerbsrecht, § 9 Rn. 73; *Spormann*, AWD 1970, S. 156, 161.

Hinzu kommt, dass Entscheidungen oder Verhaltensweisen, die sich auf den Binnenbereich einer wirtschaftlichen Einheit beschränken, die Funktion des freiheitlichen (Außen-)Wettbewerbs nicht berühren und daher nicht unter das Verbot des Art. 101 Abs. 1 AEUV zu fassen sind. Durch rein konzerninterne Verhaltensweisen wird das Schutzgut der Erhaltung unverfälschten Wettbewerbs innerhalb der Union nicht beeinträchtigt, weil diese Maßnahmen nicht in ein schützenswertes Wettbewerbsverhältnis eingreifen.

C. Herleitung aus dem Schutzgut des unverfälschten Wettbewerbs

Als weiterer möglicher Anknüpfungspunkt des Konzernprivilegs kommt das dem gesamten europäischen Kartellrecht zugrundeliegende Schutzgut des unverfälschten Wettbewerbs in Betracht. Eine solche Herleitung könnte den oben dargestellten Streit auflösen. Unabhängig davon, ob man das Konzernprivileg am Unternehmensbegriff, an der Absprache oder an der Wettbewerbsbeschränkung festmachen will, herrscht Einigkeit darüber, dass ein Verhalten, das nicht zu einer Beeinträchtigung des freien Wettbewerbs geeignet ist, keine Verletzung kartellrechtlicher Verbotsvorschriften bewirken kann. Dies gilt nicht nur für das Kartellverbot des Art. 101 AEUV.

Das Kartell- und das Missbrauchsverbot dienen demselben Normzweck: der Erhaltung eines wirksamen Wettbewerbs innerhalb des Gemeinsamen Markts durch die Bekämpfung wettbewerbsschädlicher Einflüsse. Weder Absprachen oder Informationsaustausch im Rahmen von Art. 101 AEUV, noch eine marktbeherrschende Stellung im Rahmen von Art. 102 AEUV verstoßen für sich genommen gegen das Kartellrecht. Erst wenn durch diese Verhaltensweisen der wirksame Wettbewerb auf dem Gemeinsamen Markt gefährdet oder beeinträchtigt wird, greifen die Verbotstatbestände ein. Das übergeordnete Schutzgut eines unverfälschten Wettbewerbs war bereits in Art. 3 lit. d EWGV von 1958 verankert und fand sich später in Art. 3 Abs. 1 lit. g EG wieder. Danach umfasste die Tätigkeit der Gemeinschaft „ein System, das den Wettbewerb innerhalb des Binnenmarkts vor Verfälschungen schützt". In dem seit dem Inkrafttreten des Lissabon-Vertrags gültigen Art. 3 Abs. 3 EUV wird das System unverfälschten Wettbewerbs neben dem Binnenmarkt zwar nicht mehr erwähnt, das Prinzip wurde jedoch in das Protokoll Nr. 27 mit Wirkung für den EUV und den AEUV übernommen und besitzt daher weiterhin unmittelbare Gültigkeit.[508]

508 Protokoll über den Binnenmarkt und den Wettbewerb, ABl. 2007 C-306/156.

Eine Ausnahme von der Anwendung der kartellrechtlichen Verbotsvorschriften kann nur gelten, wenn aufgrund besonderer Umstände die durch das verbotene Verhalten normalerweise hervorgerufenen wettbewerbsschädlichen Wirkungen nicht eintreten oder das Verhalten gar nicht geeignet ist, diese Wirkungen zu entfalten. Ein solcher Umstand kann das Bestehen einer wirtschaftlichen Einheit zwischen den beteiligten Unternehmen sein. Dies ist der Kern des Konzernprivilegs: wo es an einer Schädigung des unverfälschten Binnenwettbewerbs in der Union fehlt, handelt es sich um legitimes Wettbewerbsverhalten und finden Art. 101 und 102 AEUV keine Anwendung. Die bisher vorgebrachten Theorien begründen dieses Ergebnis entweder mit dem Mangel an Unternehmensqualität der Akteure oder dem Fehlen einer Absprache bzw. einer Wettbewerbsbeschränkung.

Eine derartige Anknüpfung an Tatbestandsmerkmale ist jedoch gar nicht erforderlich. Vielmehr kann das Konzernprivileg bereits aus dem übergeordneten Regelungsziel des Wettbewerbsschutzes hergeleitet werden. Auch *Koppensteiner* meint, es sei wohl am besten, „auf den Versuch zu verzichten, das Konzernprivileg an ein bestimmtes Tatbestandsmerkmal des Kartellverbots anzubinden". Ihm zufolge genügt der Hinweis, dass das Kartellverbot auf Vereinbarungen und abgestimmte Verhaltensweisen innerhalb eines Konzernverbunds „aus teleologischen Gründen nicht anwendbar ist". Dies könne auf eine Gesamtbetrachtung der in Betracht kommenden Tatbestandsmerkmale „Unternehmen" und „Wettbewerbsbeschränkung" gestützt werden.[509] Zwar beschränkt sich *Koppensteiner* auf eine Betrachtung des Art. 101 AEUV und führt seine teleologische Begründung nicht weiter aus. Die Grundidee, das Konzernprivileg an den übergeordneten Prinzipien der Wettbewerbsregeln anzuknüpfen, ist jedoch richtig. Als Ausgangspunkt für die teleologische Auslegung der Art. 101 und 102 AEUV dient das Protokoll 27, das ebenso wie zuvor Art. 3 Abs. 1 lit. g EG, den Rang primären Unionsrechts hat.[510] Dem aus dem Protokoll 27 folgenden Zweck des Binnenmarkts, ein System unverfälschten Wettbewerbs herzustellen, dienen Art. 101 und 102 AEUV gleichermaßen.[511]

Der unverfälschte Wettbewerb auf dem Binnenmarkt kann nur gefährdet sein, wenn sich die fraglichen Handlungsweisen auch auf diesem auswirken.

509 *Koppensteiner* in: FS Mailänder, S. 125, 136.

510 EuGH, Urteil v. 17. Februar 2011, Rs. C-52/09, ECLI:EU:C:2011:83 Rn. 20 – *TeliaSonera*.

511 *Immenga/Mestmäcker* in: Immenga/Mestmäcker, EU-Wettbewerbsrecht, Einl. EU B Rn. 17; siehe auch *Emmerich* in: Immenga/Mestmäcker, Art. 101 Abs. 1 AEUV Rn. 3 und *Fuchs/Möschel* in: Immenga/Mestmäcker, Art. 102 AEUV Rn. 1.

Verhaltensweisen, die sich im Binnenverhältnis eines Konzerns abspielen, wirken sich jedoch zunächst nur auf dieser internen Ebene aus. Sie sind nicht geeignet, die Funktion des freien Marktwettbewerbs zu beeinträchtigen, weil sie auf die Optimierung der konzerninternen Wirtschaftsziele gerichtet sind. Die wirtschaftliche Einheit stellt eine „wettbewerbliche Aktionseinheit" dar, innerhalb derer der Konzernspitze die Entscheidungshoheit darüber obliegt, auf welche Weise – strategisch und organisatorisch – sie ihre wirtschaftlichen Ziele erreichen will. Sie kann sich etwa für eine volle Integration entscheiden, indem sie die einzelnen Bereiche ihrer wirtschaftlichen Aktivität von verschiedenen Betriebsabteilungen eines Einheitsunternehmens abdecken lässt, oder die Konzernlösung wählen und durch abhängige Tochtergesellschaften agieren. Da diese Entscheidung elementarer Bestandteil der unternehmerischen Entscheidungsfreiheit ist, kann auch die kartellrechtliche Behandlung grundsätzlich nicht unterschiedlich sein. Es widerspricht dem Immanenzgedanken, wenn unternehmensrechtlich und gesellschaftsrechtlich zulässige Maßnahmen den kartellrechtlichen Verboten unterfallen.[512] Eine Schlechterstellung des Konzerns gegenüber dem Einheitsunternehmen würde die unternehmerische Freiheit zur Gestaltung effizienter Unternehmensstrukturen konterkarieren.[513] Daher sind konzerninterne Maßnahmen – das Bestehen einer wirtschaftlichen Einheit immer vorausgesetzt – kartellrechtlich ebenso zu behandeln wie betriebsinterne: nämlich als Ausprägung der unternehmerischen Freiheitsrechte. Daher können Unternehmen grundsätzlich sämtliche Maßnahmen ergreifen, die ihre eigene Wettbewerbsposition stärken und zu ihrem unternehmerischen Erfolg beitragen.

Dass diese Verhaltensweisen sich mittelbar auch auf den (Außen-)Wettbewerb auswirken, ist unumgänglich, aber nicht zwangsläufig schädlich. Jede Maßnahme, durch welche die Wirtschaftlichkeit und Wettbewerbsfähigkeit eines Marktteilnehmers gesteigert wird, hat notwendigerweise Auswirkungen auf die übrigen Marktteilnehmer. Nicht jede Drittwirkung verwirklicht aber eine verbotene Wettbewerbsbeschränkung. Die Besserstellung der eigenen Tochtergesellschaft durch Absprachen oder Bevorzugung gegenüber Konkurrenten ist grundsätzlich ein legitimer Vorgang, der den Konzernbinnenbereich betrifft und nicht in unzulässiger Weise die Handlungsfähigkeit anderer Marktteilnehmer beschränkt.[514] Nicht jede formelle Wettbewerbsveränderung stellt eine missbilligenswerte Wettbewerbsschädigung dar.[515]

512 *Fritzsche*, ZHR 1996, S. 31, 56 f.

513 So auch *Fleischer*, AG 1997, S. 491, 495.

514 *Gleiss/Hirsch*, Kommentar zum EG-Kartellrecht, Art. 85 Abs. 1 Rn. 136.

515 *Fikentscher*, Wettbewerb und gewerblicher Rechtsschutz, S. 45.

Ausnahmen können nur dann gelten, wenn der Schwerpunkt des konzerninternen Verhaltens nicht mehr auf konzernbezogenen Wirtschaftlichkeitserwägungen beruht, sondern in erster Linie auf eine Wettbewerbsschädigung abzielt, mithin den privilegierten Bereich verlässt. Inwieweit in solchen Fällen eine Grenze des Konzernprivilegs zu ziehen ist, wird Gegenstand der Untersuchung in **§ 6 D.** sein.

Die hier vertretene Herleitung aus dem Grundprinzip des freien und unverfälschten Wettbewerbs knüpft bei den Grundwerten der europäischen Wettbewerbsregeln an und verfolgt damit einen umfassenderen Ansatz als die bisher vorgebrachten Theorien. Die Begründung für das Konzernprivileg lautet demnach: Wenn der freie und unverfälschte Wettbewerb der Gemeinschaft nicht betroffen ist, weil sich Handlungen auf den internen Bereich einer wirtschaftlichen Einheit beschränken, scheidet ein Verstoß gegen die europäischen Wettbewerbsregeln aus.

D. Zusammenfassung zur Herleitung des Konzernprivilegs

Die unterschiedlichen Begründungsansätze für die Privilegierung konzerninterner Vorgänge setzen das Vorliegen einer wirtschaftlichen Einheit voraus, leiten daraus allerdings verschiedene Ansatzpunkte ab, die zu einer Nichtanwendung des Kartellverbots führen. Da das Konzernprivileg in der bisherigen europäischen Entscheidungspraxis und Literaturdiskussion allein im Rahmen des Kartellverbots behandelt worden ist, knüpfen diese Ansatzpunkte sämtlich bei Tatbestandsmerkmalen des Art. 101 AEUV an. Die Rechtsprechung und Teile der Literatur leiten das Konzernprivileg aus dem Unternehmensbegriff ab: sie gehen davon aus, dass eine wirtschaftliche Einheit, bestehend aus unterschiedlichen Rechtssubjekten, in ihrer Gesamtheit ein Unternehmen sei und es daher an einer Absprache „zwischen Unternehmen" fehle.

Andere Stimmen schließen aus dem Bestehen einer wirtschaftlichen Einheit auf das Fehlen einer Wettbewerbsbeschränkung, weil es bei einem kontrollierten Unternehmen an der beschränkbaren Entscheidungsautonomie fehle. Eine Mindermeinung ist schließlich der Ansicht, die innerhalb einer wirtschaftlichen Einheit von einer Muttergesellschaft an ihre Tochtergesellschaft erteilten Weisungen seien nicht als Absprachen im Sinne des Art. 101 AEUV zu qualifizieren.

Am überzeugendsten ist es jedoch, das Konzernprivileg aus dem dem europäischen Kartellrecht insgesamt zugrunde liegenden Schutzgut des unverfälschten Wettbewerbs herzuleiten. Demnach führen Verhaltensweisen, die sich innerhalb einer wirtschaftlichen Einheit abspielen, nicht zu einer schädlichen Beeinträchtigung des freien Wettbewerbs der Union, weil sie auf den Binnenbereich des

Konzerns begrenzt bleiben. Diese Sichtweise macht das Konzernprivileg nicht an bestimmten Tatbestandsmerkmalen fest, sondern knüpft bei dem auch allen anderen Theorien zugrunde liegenden eigentlichen Grund für eine Nichtanwendung der Verbotsvorschriften an: der fehlenden Wettbewerbsschädigung. Insoweit sind konzerninterne Maßnahmen als legitime Ausprägung der unternehmerischen Freiheit zu qualifizieren.

§ 4 Das Missbrauchsverbot des Art. 102 AEUV als Anwendungsbereich des Konzernprivilegs

Wie bereits erwähnt, hat die bisherige europäische Rechtspraxis das Prinzip des Konzernprivilegs allein im Rahmen des Kartellverbots berücksichtigt ohne die Möglichkeit einer Anwendung auf das Missbrauchsverbot anzusprechen. Zudem gewinnt man den Eindruck, bis auf wenige Ausnahmen[516] sei die Idee einer Anwendung des Konzernprivilegs im Rahmen des Art. 102 AEUV auch in der Literatur bislang nicht ernsthaft in Erwägung gezogen worden. Stattdessen wird beim Thema Konzernprivileg automatisch auf Art. 101 AUEV rekurriert. Dieser Automatismus lässt sich damit erklären, dass die Europäische Kommission und die Gerichte bisher darauf verzichtet haben, eine Privilegierung von Konzernunternehmen auch im Rahmen von Art. 102 AEUV anzunehmen.[517] Da die Entscheidungspraxis zum Konzernprivileg auf europäischer Ebene – anders als etwa in Deutschland – ausschließlich im Kontext von Art. 101-Entscheidungen angesiedelt ist, bestand auch für die Literatur bisher wenig Anlass, sich einer möglichen Übertragung auf den Missbrauchstatbestand zu widmen.[518]

Dies verwundert. So ist eine Erweiterung des Anwendungsbereichs des Konzernprivilegs weder abwegig noch überflüssig. Konzernsachverhalte treten bei Art. 102 AEUV ebenso auf wie bei Art. 101 AEUV. Dem Bestehen einer wirtschaftlichen Einheit wird im Rahmen des Missbrauchstatbestands regelmäßig begegnet, indem diese als ein einziges Unternehmen im Sinne des Wettbewerbsrechts behandelt wird, welches seine marktbeherrschende Stellung missbraucht hat. Dadurch soll die tatsächliche Stärke der wirtschaftlichen Einheit

---

516 Ausführlich *Ostendorf/Grün*, WuW 2008, S. 950; *Heitzer*, Konzerne im Europäischen Wettbewerbsrecht, S. 172 f.; *Henk-Merten*, Die Kosten-Preis-Schere im Kartellrecht, S. 92 ff.; *T. Mäger* in: Mäger, Europäisches Kartellrecht, S. 330 Rn. 17 ff.; *Petzold*, Die Kosten-Preis-Schere im EU-Kartellrecht, S. 163 ff.

517 So auch *T. Mäger* in: Mäger, Europäisches Kartellrecht, S. 331 Rn. 19.

518 In der deutschen Rechtsprechungspraxis wird das Konzernprivileg seit den 1980er Jahren auch im Rahmen des Missbrauchstatbestands angewandt. Als Leitentscheidung gilt das Urteil *Stuttgarter Wochenblatt*, BGH, Urteil v. 29. Juni 1982, WuW/E DE-R 1947. Auch in Deutschland war das Konzernprivileg zuvor ausschließlich im Rahmen des Kartellverbots thematisiert worden, vgl. *Schwintowski*, BB 1988, 1763, 1766.

berücksichtigt werden.[519] Dies mag bei Missbräuchen, die ausschließlich Außenwirkung haben, durchaus gerechtfertigt sein, steht aber im Widerspruch zur hier vertretener Auffassung, die die Unternehmenseigenschaft verneint und eine rein fiktive Einheitsbetrachtung bevorzugt (s.o. **§ 3 A.I.3.**). Doch auch im Rahmen von Art. 102 AEUV treten Sachverhalte auf, in denen das Binnenverhältnis von Konzernunternehmen möglicherweise eine besondere Berücksichtigung finden muss. Dabei ist zum einen an rein konzerninternes missbräuchliches Verhalten, etwa die Ungleichbehandlung von GU gegenüber 100%igen Tochtergesellschaften zu denken, zum anderen und insbesondere aber auch an Fälle von Diskriminierung konzernexterner gegenüber konzernzugehörigen Unternehmen.

Die deutsche Rechtspraxis beweist, dass auch im Rahmen des Missbrauchsverbots Raum für die Anwendung des Konzernprivilegs besteht. In ständiger Rechtsprechung hat der BGH Grundsätze aufgestellt, nach denen etwa die Bevorzugung von Tochterunternehmen gegenüber externen Handelspartnern auf derselben Wirtschaftsstufe nicht den Tatbestand des § 19 GWB erfüllt.

Im Folgenden soll daher zunächst eine kurze Einordnung des Konzernprivilegs in den Kontext des Art. 102 AEUV erfolgen (**A.**). Anschließend wird die Struktur des Missbrauchstatbestands dargestellt. Dabei wird nicht jeder einzelne Anwendungsfall des Missbrauchsverbots detailliert geschildert, sondern die wesentlichen Fallgruppen werden aufgezeigt (**B.**). Unter **C.** werden die potentiellen Anwendungsbereiche des Konzernprivilegs im Rahmen des Art. 102 AEUV untersucht und die bisherige Praxis der europäischen Kommission und der Gerichte dargestellt.

A. Einordnung des Konzernprivilegs in den Kontext des Art. 102 AEUV

Das Verbot des Missbrauchs einer marktbeherrschenden Stellung in Art. 102 AEUV ist im Gegensatz zum Kartellverbot des Art. 101 AEUV ein einseitiger Tatbestand. Missbilligt werden einseitige Verhaltensweisen von Unternehmen, die eine herausragende Marktposition und aufgrund dessen eine besondere Verantwortung für den Schutz der Wettbewerbsstruktur auf dem Binnenmarkt haben.[520] Aufgrund der eindimensionalen Struktur des Miss-

519 *Fuchs/Möschel* in: Immenga/Mestmäcker, EU-Wettbewerbsrecht, Art. 102 AEUV Rn. 116.

520 Mitteilung der Kommission – Erläuterungen zu den Prioritäten der Kommission bei der Anwendung von Art. 82 EG des EG-Vertrags auf Fälle von Behinderungsmissbrauch durch marktbeherrschende Unternehmen Rn. 9 (nachfolgend: Prioritätenmitteilung);

brauchstatbestands drängt sich eine Anwendung des Konzernprivilegs nicht unmittelbar auf, da das Konzernprivileg mindestens zwei konzernverbundene Unternehmen voraussetzt. Wenn zwei solche Unternehmen Absprachen oder Vereinbarungen im Sinne des *zweiseitig* angelegten Art. 101 AEUV treffen, stellt dies einen Sonderfall dar, den das Konzernprivileg aufgreift. Ein solcher Fall ist bei den einseitigen Verhaltensweisen des Missbrauchstatbestands nicht offensichtlich.

Auf den zweiten Blick wird jedoch deutlich, dass auch im Art. 102 AEUV Raum für das Konzernprivileg sein kann. Denn selbstverständlich finden auch Missbrauchshandlungen nicht losgelöst von den sonstigen Marktteilnehmern statt. Verhaltensweisen eines marktbeherrschenden Unternehmens sind nur dann missbräuchlich, wenn sie „dazu geeignet sind, den Handel zwischen den Mitgliedstaaten zu beeinträchtigen". Die Formel beinhaltet nicht nur das Zwischenstaatlichkeitserfordernis in Abgrenzung zum innerstaatlichen Kartellrecht. Sie impliziert auch, dass Missbrauch nur dort stattfinden kann, wo Marktteilnehmer interagieren und die Entwicklungen des Marktes vom Verhalten Einzelner abhängen. Das Handeln des Marktbeherrschers ist zwar eine einseitige Aktion, deren Wirkungen treffen aber notwendigerweise das Gesamtgefüge des Wettbewerbs und beeinträchtigen damit die anderen Marktakteure – Wettbewerber, Lieferanten und Kunden – in ihrer wettbewerblichen Freiheit. Insofern sind die aus dem Missbrauch resultierenden Effekte zwei- bzw. mehrseitig und können den Konzernverbund in gleicher Weise treffen wie jedes andere Unternehmen.[521]

Bei der Überlegung, in welchen Fällen das Konzernprivileg im Rahmen des Art. 102 AEUV relevant wird, ist zwischen drei Fällen zu unterscheiden: Erstens ist es denkbar, dass eine Muttergesellschaft ihr Tochterunternehmen zu missbräuchlichen Verhaltensweisen gegenüber anderen Unternehmen veranlasst. Zweitens kann ein marktbeherrschendes Konzernunternehmen gegenüber einem Unternehmen desselben Konzerns missbräuchlich handeln, indem es etwa eine Ausschließlichkeitsbindung verlangt, unzulässige Kopplungs- oder Bündelungsgeschäfte abschließt oder die Geschäftsbeziehung abbricht bzw. verweigert. Der dritte und wichtigste Fall ist die Besserstellung der eigenen konzernverbundenen Unternehmen gegenüber Drittunternehmen.[522]

EuGH, Urteil v. 9. November 1983, Rs. 322/81, ECLI:EU:C:1983:313 Rn. 57 – *Michelin*; EuG, Urteil v. 7. Oktober 1999, Rs. T-228/97, ECLI:EU:T:1999:246 Rn. 112 – *Irish Sugar*; EuG, Urteil v. 9. September 2010, Rs. T-155/06, ECLI:EU:T:2010:370 Rn. 207 – *Tomra Systems*.

521 *Scholz*, Die konzerninterne Wettbewerbsbeschränkung, S. 112.

522 Siehe auch *T. Mäger* in: Mäger, Europäisches Kartellrecht, S. 330 Rn. 17 ff.

Bevor die drei Szenarien eingehender untersucht werden, soll zunächst die Struktur des Missbrauchstatbestands kurz dargestellt werden. Dies dient dazu, um die Anknüpfungspunkte für eine potentielle Anwendung des Konzernprivilegs und möglicher Grenzen desselben zu identifizieren und ist insofern entscheidend für die weitere Untersuchung.

B. Struktur des Missbrauchstatbestands im europäischen Kartellrecht

Art. 102 AEUV ist neben dem Kartellverbot in Art. 101 AEUV die zweite Schlüsselnorm im europäischen Kartellrecht. Während sich Art. 101 AEUV auf kollektive Verhaltensweisen von Unternehmen bezieht, deckt der Missbrauchstatbestand den Bereich der einseitigen wettbewerbsschädigenden Verhaltensweisen ab. Art. 102 AEUV setzt drei Tatbestandsmerkmale voraus: erstens eine marktbeherrschende Stellung auf dem Binnenmarkt, zweitens deren missbräuchliche Ausnutzung und drittens die Eignung, den Handel zwischen Mitgliedstaaten zu beeinträchtigen (Zwischenstaatlichkeitsklausel).[523] Die Generalklausel des Art. 102 Abs. 1 AEUV wird in Abs. 2 a) – d) durch einen Katalog von Regelbeispielen für verbotenes missbräuchliches Verhalten ergänzt.

Ebenso wie Art. 101 AEUV genießt das Missbrauchsverbot unmittelbare Geltung auch innerhalb des mitgliedstaatlichen Kartellrechts. Nach Art. 3 Abs. 1 Satz 2 VO 1/2003 haben die Wettbewerbsbehörden der Mitgliedstaaten bei der Anwendung ihrer nationalen Wettbewerbsregeln auf ein Verhalten, welches den Missbrauchstatbestand erfüllt, zugleich Art. 102 AEUV anzuwenden. Im Gegensatz zu Art. 101 AEUV können die innerstaatlichen Missbrauchsregeln allerdings strenger ausgestaltet sein als das EU-Recht.[524] Der deutsche Gesetzgeber hat von dieser Befugnis Gebrauch gemacht, indem er neben dem Missbrauch einer marktbeherrschenden Stellung in § 19 GWB auch den Missbrauch relativer Marktmacht in Art. 20 GWB als Verbotstatbestand erfasst hat.

I. Marktbeherrschende Stellung

Der Begriff der marktbeherrschenden Stellung ist nicht gesetzlich definiert. Die vom EuGH bereits in der Entscheidung *United Brands* erstmals formulierte Definition einer marktbeherrschenden Stellung hat sich jedoch derart

---

523 *Bulst* in: Langen/Bunte, Europäisches Kartellrecht, Art. 102 AEUV Rn. 1.

524 Art. 3 Abs. 2 VO 1/2003.

verfestigt, dass sie mittlerweile beinahe Gesetzesqualität besitzt.[525] Demnach ist eine marktbeherrschende Stellung „die wirtschaftliche Machtstellung eines Unternehmens, die dieses in die Lage versetzt, die Aufrechterhaltung eines wirksamen Wettbewerbs auf dem relevanten Markt zu verhindern, indem sie ihm die Möglichkeit verschafft, sich seinen Wettbewerbern, seinen Abnehmern und letztlich den Verbrauchern gegenüber in einem nennenswerten Umfang unabhängig zu verhalten".[526] In *Hoffmann-La Roche* hat der Gerichtshof ergänzend hinzugefügt, dass „eine solche Stellung [...] im Gegensatz zu einem Monopol oder einem Quasi-Monopol einen gewissen Wettbewerb nicht aus[schließt], [...] aber die begünstigte Firma in die Lage [versetzt], die Bedingungen, unter denen sich dieser Wettbewerb entwickeln kann, zu bestimmen oder wenigstens merklich zu beeinflussen, jedenfalls aber weitgehend in ihrem Verhalten hierauf keine Rücksicht nehmen zu müssen, ohne dass ihr dies zum Schaden gereicht".[527]

Das Innehaben einer marktbeherrschenden Stellung ist für sich genommen nicht verwerflich. Erst der Missbrauch dieser besonderen Marktmacht erfüllt den Tatbestand des Art. 102 AEUV. Unternehmen, die eine marktbeherrschende Stellung besitzen, trifft nach der europäischen Rechtsprechung und gemäß der *Prioritätenmitteilung* der Europäischen Kommission eine besondere Verantwortung, deren Reichweite in jedem einzelnen Fall unter Berücksichtigung der Umstände festgestellt werden muss.[528]

Art. 102 AEUV sieht nicht nur eine Einzelmarktbeherrschung, sondern auch eine Marktbeherrschung durch zwei oder mehrere Unternehmen vor. Eine Oligopolmarktbeherrschung in diesem Sinne setzt voraus, dass mehrere unabhängige wirtschaftliche Unternehmen auf dem Markt als kollektive Einheit auftreten, indem sie ihr wettbewerbliches Verhalten (stillschweigend) koordinieren.[529]

---

525 *Bulst* in: Langen/Bunte, Europäisches Kartellrecht, Art. 102 AEUV Rn. 33.

526 EuGH, Urteil v. 14. Februar 1978, Rs. 27/76, ECLI:EU:C:1978:22 Rn. 65 – *United Brands*.

527 EuGH, Urteil v. 13. Februar 1979, Rs. 85/76, ECLI:EU:C:1979:36 Rn. 38 f. – *Hoffmann-La Roche*; EuGH, Urteil v. 9. November 1983, Rs. 322/81, ECLI:EU:C:1983:313 Rn. 30 – *Michelin*; EuGH, Urteil v. 2. April 2009, Rs. C-202/07, ECLI:EU:C:2009:214 Rn. 103 – *France Télécom*.

528 Prioritätenmitteilung Rn. 9; EuGH, Urteil v. 9. November 1983, Rs. 322/81, ECLI:EU:C:1983:313 Rn. 57 – *Michelin*; EuGH, Urteil v. 16. März 2000, verb. Rs. C-395/96 & 396/96, ECLI:EU:C:2000:132 Rn. 37 – *Compagnie maritime belge*; EuG, Urteil v. 17. Juli 1998, Rs. T-111/96, ECLI:EU:T:1998:183 Rn. 139 – *ITT Promedia NV*; EuG, Urteil v. 7. Oktober 1999, Rs. T-228/97, ECLI:EU:T:1999:246 Rn. 112 – *Irish Sugar*.

529 EuG, Urteil v. 26. Januar 2005, Rs. T-193/02, ECLI:EU:T:2005:22 Rn. 111 – *Piau*.

Die Beherrschungsmöglichkeit und –intensität hängt stets von den Bedingungen des relevanten Markts ab. Marktbeherrschung ist ein relativer Begriff, dessen Bezugspunkt der Markt ist, auf dem das fragliche Unternehmen seine Produkte oder Dienstleistungen anbietet. Um eine marktbeherrschende Stellung feststellen zu können, hat daher zunächst die Marktabgrenzung in sachlicher und in geographischer Hinsicht zu erfolgen. Die Grundsätze der Marktabgrenzung sollen hier nur kurz dargestellt werden, da der Schwerpunkt der Betrachtung auf dem Tatbestandsmerkmal des Missbrauchs liegt.

1. *Sachlich relevanter Markt*

Die Abgrenzung des sachlich relevanten Markts erfolgt nach ständiger Praxis der Unionsorgane nach dem Bedarfsmarktkonzept. Die Betrachtung richtet sich nach der Austauschbarkeit der betroffenen Produkte aus Verbrauchersicht. Demnach umfasst der sachlich relevante Markt sämtliche Erzeugnisse oder Dienstleistungen, die von den Abnehmern hinsichtlich ihrer Eigenschaften, ihres Preises und ihres vorgesehenen Verwendungszwecks als substituierbar angesehen werden.[530] Die Feststellung eines hinreichenden Grads an Austauschbarkeit erfolgt durch eine wertende Betrachtung, bei der neben der konkreten Nachfrage der Marktgegenseite auch die sogenannte Kreuzpreiselastizität zu berücksichtigen ist. Diese bestimmt die Kommission anhand des SSNIP-Tests (*small but significant non-transistory increase in price*), mit dem geprüft wird, ob bereits eine geringfügige Preiserhöhung bei einem Produkt zu einer Nachfrageverlagerung auf ein anderes Produkt führt.[531] Ist dies der Fall, ist darin ein Indiz für eine hinreichende Austauschbarkeit beider Produkte zu sehen. Die Aussagekraft des SSNIP-Tests ist allerdings begrenzt, weil ausschließlich der Preis betrachtet wird und sonstige entscheidungserhebliche Faktoren wie etwa die Funktionalität, Qualität oder technische Ausgestaltung von Produkten unberücksichtigt

530 Bekanntmachung der Kommission über die Definition des relevanten Marktes im Sinne des Wettbewerbsrechts der Gemeinschaft, ABl. 1997 C-372/5 Rn. 7 (nachfolgend: Bekanntmachung zur Marktdefinition); siehe auch schon Kommission, Entscheidung v. 26. Juli 1988, ABl. 1988 L-272/27 Rn. 29 ff. – *Tertra Pak I*; ähnlich auch der EuGH, Urteil v. 13. Februar 1979, Rs. 85/76, ECLI:EU:C:1979:36 Rn. 40. – *Hoffmann-La Roche*; EuG, Urteil v. 12. Dezember 1991, Rs. T-30/89, ECLI:EU:T:1991:70 Rn. 65 ff. – *Hilti*.

531 Bekanntmachung zur Marktdefinition Rn. 15 ff., 39; vgl. auch EuG, Urteil v. 15. Dezember 2010, Rs. T-427/08, ECLI:EU:T:2010:517 Rn. 69 – *CEAHR*.

bleiben.[532] Überdies basiert der SSNIP-Test auf der Prämisse, dass der geltende Marktpreis ein zuverlässiger Indikator für die Austauschbarkeit ist, was jedoch in einem beherrschten Markt nicht immer zutrifft. Vielmehr kann der Preis gerade aufgrund der monopolisierten Marktstruktur bereits deutlich über dem Preis liegen, der bei funktionierendem Wettbewerb bestehen würde. Dies kann einen besonders hohen Grad an Substituierbarkeit suggerieren und zu einer unbillig weiten Marktabgrenzung führen. Insofern hält auch die Kommission den SSNIP-Test im Fall von Art. 102 AEUV nicht immer für geeignet, um den sachlich relevanten Markt abzugrenzen.[533]

Um eine sachgerechte Marktabgrenzung vornehmen zu können, ist daher nicht nur der Preis, sondern sind auch die übrigen Marktbedingungen zu berücksichtigen. So können bestimmte Produkteigenschaften oder die Art der Verwendung, sowie einschränkende gesetzliche Vorgaben dazu führen, dass der sachlich relevante Markt enger abzugrenzen ist, als dies bei einer reinen Preisbetrachtung der Fall wäre.[534]

2. *Räumlich relevanter Markt*

Auch für den räumlich relevanten Markt hält das Gesetz keine Legaldefinition bereit. Art 102 AEUV setzt lediglich voraus, dass sich die beherrschende Stellung auf den Binnenmarkt oder einen wesentlichen Teil desselben beziehen muss. Nach ständiger Rechtsprechung des EuGH, handelt es sich beim räumlich relevanten Markt um ein „Gebiet, in dem die beteiligten Unternehmen die relevanten Produkte oder Dienstleistungen anbieten, in dem die Wettbewerbsbedingungen hinreichend homogen sind und das sich von benachbarten Gebieten durch spürbar unterschiedliche Wettbewerbsbedingungen unterscheidet“.[535] Diese Formel wurde wortgleich in die Definition des räumlichen Referenzmarkts

532 *Fuchs/Möschel* in: Immenga/Mestmäcker, EU-Wettbewerbsrecht, Art. 102 AEUV Rn. 51.

533 Kommission, DG Competition discussion Paper on the application of Article 82 of the Treaty to exclusionary abuses (abrufbar unter http://ec.europa.eu/competition/antitrust/art82/discpaper2005.pdf) Rn. 15 (nachfolgend: Discussion paper); vgl. auch *Bulst* in: Langen/Bunte, Europäisches Kartellrecht, Art. 102 AEUV Rn. 39 f.

534 *Fuchs/Möschel* in: Immenga/Mestmäcker, EU-Wettbewerbsrecht, Art. 102 AEUV Rn. 54 ff.

535 EuGH, Urteil v. 14. Februar 1978, Rs. 27/76, ECLI:EU:C:1978:22 Rn. 10 f. – *United Brands*; EuG, Urteil v. 6. Oktober 1994, Rs. T-83/91, ECLI:EU:T:1994:246 Rn. 91 – *Tetra Pak II.*

in Art. 9 Abs. 7 FKVO und in die *Bekanntmachung zur Definition des relevanten Marktes* übernommen.[536]

Auch die räumliche Marktabgrenzung erfolgt primär anhand der Nachfragestruktur. Die Austauschbarkeit aus Sicht der Marktgegenseite wird, wie bei der sachlichen Marktabgrenzung, durch die Anwendung des SSNIP-Tests bestimmt. Zu fragen ist also danach, auf welches räumliche Gebiet die Abnehmer im Falle einer hypothetischen dauerhaften Preissteigerung um 5-10% ausweichen würden.[537] Neben der Preisbetrachtung sind andere Kriterien zu beachten, die Einfluss auf die Austauschbarkeit der relevanten Produkte bzw. Dienstleistungen haben. Dazu gehören insbesondere gesetzliche Handelsbeschränkungen, die einen staatenübergreifenden Handel erschweren,[538] Transport- und Logistikkosten, sprachliche oder kulturelle Grenzen, nationale oder regionale Vorlieben der Abnehmer oder die Notwendigkeit einer lokalen Präsenz.[539] Je nach Austauschbarkeit der Produkte kann der geographisch relevante Markt weltweit, EU-weit, national, regional oder sogar lokal abzugrenzen sein.

Art. 102 AEUV findet nur Anwendung, wenn sich die beherrschende Stellung auf den Gemeinsamen Markt oder einen wesentlichen Teil desselben bezieht. Bei rein regionalen oder lokalen Märkten greifen hingegen die nationalen Wettbewerbsvorschriften. Die Frage, in welchem Fall ein „wesentlicher Teil" des Gemeinsamen Markts betroffen ist, ist gemäß der Rechtsprechung des EuGH nicht pauschal nach Prozentsätzen, sondern anhand einer wertenden Betrachtung unter Berücksichtigung aller quantitativen und qualitativen Charakteristika des betreffenden Markts zu beantworten. Dabei kommt es auf die Struktur und die Besonderheiten des Produkts sowie die Gewohnheiten und wirtschaftlichen Möglichkeiten der Anbieter und Abnehmer an.[540]

In der bisherigen Rechtsprechung hat der EuGH zumindest jeden einzelnen Mitgliedstaat[541] und zum Teil auch größere Regionen innerhalb eines

---

536 Bekanntmachung zur Marktdefinition Rn. 8.

537 *Wessely* in: FK EU-Kartellrecht, Art. 82 EG Normadressaten Rn. 60.

538 EuG, Urteil v. 22. November 2001, Rs. T-139/98, ECLI:EU:T:2001:272 Rn. 51 f. - *AAMS*.

539 Zu den einzelnen Kriterien *Wessely* in: FK EU-Kartellrecht, Art. 82 EG Normadressaten Rn. 67 ff.

540 EuGH, Urteil v. 16. Dezember 1975, verb. Rs. 40/73, 50/73, 111/73, 113/71 & 114/73, ECLI:EU:C:1975:174 Rn. 373 – *Suiker Unie*.

541 Schlussanträge GA *Warner* vom 23. Mai 1978 in Rs. 77/77, ECLI:EU:C:1978:107, S. 1537 – *B.P.* (Luxemburg); EuGH, Urteil v. 9. November 1983, Rs. 322/81,

Mitgliedstaats[542] als wesentlichen Teil des Gemeinsamen Markts angesehen. Auch wichtige Infrastruktureinrichtungen wie Häfen und Flughäfen können nach Ansicht des Gerichtshofs einen wesentlichen Teil des Gemeinsamen Markts darstellen.[543]

3. *Marktbeherrschung*

Eine Beherrschung des Markts kann durch ein einzelnes oder durch mehrere Unternehmen gemeinsam ausgeübt werden. Sowohl die Einzel- als auch die kollektive Marktbeherrschung ist im Wege einer Gesamtbetrachtung aller in Betracht kommenden Faktoren zu bestimmen. Die Europäische Kommission hat diese Faktoren in ihrer *Prioritätenmitteilung* unter dem Begriff „Wettbewerbsstruktur des Markts" zusammengefasst und stellt insbesondere auf den Wettbewerbsdruck ab, der von (a) bereits vorhandenen Wettbewerbern, (b) potentiellen Wettbewerbern und (c) den Nachfragern ausgeht.[544] Die Literatur bedient sich mit der allgemeinen Marktstruktur, der Unternehmensstruktur und dem Marktverhalten des oder der fraglichen Unternehmen(s) etwas allgemeinerer Faktoren.[545] Die von der Kommission vorgeschlagenen Elemente des Wettbewerbsdrucks sind von diesen Kategorien erfasst.

a) *Einzelmarktbeherrschung*

aa) Marktstruktur

Die Marktstruktur betrifft die tatsächlich bestehende Wettbewerbslage auf dem sachlich und räumlich relevanten Markt, also die Anzahl und Stärke der Wettbewerber und der Abnehmer. Als wichtigster Anknüpfungspunkt für die Bestimmung der Marktmacht eines Unternehmens dient dessen Marktanteil, der

---

ECLI:EU:C:1983:313 Rn. 28 – *Michelin* (Niederlande); EuGH, Urteil v. 17. Mai 2001, Rs. C-340/99, ECLI:EU:C:2001:281 Rn. 43 – *TNT Traco* (Italien).

542 EuGH, Urteil v. 16. Dezember 1975, verb. Rs. 40/73, 50/73, 111/73, 113/73 & 114/73, ECLI:EU:C:1975:174 Rn. 444 ff. – *Suiker Unie* (Süddeutschland); Schlussanträge GA *Jacobs* 17. Mai 2001 in Rs. C-475/99, ECLI:EU:C:2001:284 Rn. 128 – *Ambulanz Glöckner* (Rheinland Pfalz).

543 EuGH, Urteil v. 10. Dezember 1991, Rs. C-18/88, ECLI:EU:C:1991:464 Rn. 15 – *Hafen von Genua*; EuGH, Urteil v. 24. Oktober 2002, Rs. C-82/01, ECLI:EU:C:2002:617 – *Aéroports de Paris*.

544 Prioritätenmitteilung, Rn. 12.

545 *Bulst* in: Langen/Bunte, Europäisches Kartellrecht, Art. 102 AEUV Rn. 43; *Fuchs/ Möschel* in: Immenga/Mestmäcker, EU-Wettbewerbsrecht, Art. 102 AEUV Rn. 86; *Wirtz* in: Mäger, Europäisches Kartellrecht, S. 287 Rn. 10 ff.

in der Regel umsatzbezogen bestimmt wird.[546] Nach der Rechtsprechung des Gerichtshofs kann ein Unternehmen nur dann eine beherrschende Stellung auf dem relevanten Markt einnehmen, wenn es ihm gelingt, über einen nicht unerheblichen Anteil dieses Marktes zu verfügen.[547] Eine Marktbeherrschung liegt naturgemäß immer vor, wenn ein einzelnes Unternehmen eine Monopolstellung inne hat. Neben faktischen Monopolen können auch gesetzliche Vorgaben eine Marktalleinstellung begründen, so etwa bei staatlichen Monopolen zur Erbringung wesentlicher Dienstleistungen der Daseinsvorsorge.[548] In der rechtlichen Bewertung den Monopolen gleichgestellt sind sogenannte Quasimonopole.[549] Zum Teil wird gefordert, Monopole und Quasimonopole einer eigenständigen Kategorie der Marktbeherrschung zuzuordnen, weil ihnen aufgrund extrem hoher Marktanteile („*super-dominance*") weitergehende Verhaltenspflichten aufzuerlegen seien als „gewöhnlichen" Marktbeherrschern.[550] Wenngleich bislang keine ausdrückliche Sonderbewertung von Monopolsachverhalten erfolgt, finden sich in Rechtsprechung und Kommissionspraxis Tendenzen, möglicherweise bestimmte Rechtfertigungseinreden für monopolistische Unternehmen nicht gelten zu lassen.[551]

Abseits von Monopolen geht der EuGH in ständiger Rechtsprechung davon aus, dass ein besonders hoher Marktanteil ab ca. 75% – von außergewöhnlichen

546 *Eilmansberger/Bien* in: MüKo EU-Wettbewerbsrecht, Art. 102 AEUV Rn. 104.

547 EuGH, Urteil v. 14. Februar 1978, Rs. 27/76, ECLI:EU:C:1978:22, S. 209 – *United Brands.*

548 Vgl. EuGH, Urteil v. 3. Oktober 1985, Rs. 311/84, ECLI:EU:C:1985:394, S. 3261 – *Télémarketing* (öffentlich-rechtlicher Rundfunk); Kommission, Entscheidung v. 21. Dezember 1993, ABl. 1994 L-55/52 – *Hafen von Rødby* (Hafendienstleistungen); Kommission, Entscheidung v. 19. März 1994, ABl. 1994 L-104/34 Rn. 116 ff. – *HOV – SVZ/NCM* (Bahnverkehr).

549 EuGH, Urteil v. 22. Januar 1974, verb. Rs. 6/73 & 7/73, ECLI:EU:C:1974:18 Rn. 16 – *Commercial Solvents*; EuGH, Urteil v. 13. Februar 1979, Rs. 85/76, ECLI:EU:C:1979:36 Rn. 67 – *Hoffmann-La Roche*; EuGH, Urteil v. 31. Mai 1979, Rs. 22/78, ECLI:EU:C:1979:138 Rn. 9. – *Hugin.*

550 *van Bael/Bellis*, Competition Law of the European Community, S. 103; *O'Donoghue/Padilla*, The Law and Economics of Article 82 EC, S. 166 f.; *Wirtz* in: Mäger, Europäisches Kartellrecht, S. 287 Rn. 12.

551 EGH, Urteil v. 16. März 2000, verb. Rs. C-395/96 & C-396/96 P, ECLI:EU:C:2000:132 Rn. 119 – *Compagnie maritime belge*; Schlussanträge GA *Fenelly* vom 29. Oktober 1998 in Rs. C-395/96 & C-396/96 P, ECLI:EU:C:1998:518 Rn. 137 – *Compagnie maritime belge*; *Kruse*, Preliminary Thoughts on Policy Review of Article 82, SPEECH/05/537 vom 23. September 2005, S. 5.

Umständen abgesehen – ohne Weiteres als Beweis für das Vorliegen einer marktbeherrschenden Stellung dient. Die Handelspartner können dann weder problemlos ihren Bedarf beim Wettbewerb befriedigen, noch im Sinne der Versorgungssicherheit auf eine Geschäftsbeziehung mit dem marktmächtigsten Unternehmen verzichten.[552]

Unterhalb der Schwelle besonders hoher Marktanteile bedarf es zur Beurteilung einer beherrschenden Stellung weiterer Marktstrukturfaktoren. Neben dem absoluten spielen der relative Marktanteil, also der Abstand des Marktführers zu den Konkurrenzunternehmen,[553] der Konzentrationsgrad des Markts,[554] die Struktur und Größe der Wettbewerber,[555] sowie eventuelle Marktzutrittsschranken[556] eine wichtige Rolle. Eine Marktbeherrschung wurde in der Vergangenheit beispielsweise bei einem Marktanteil von 60% angenommen, wenn die nächsten Wettbewerber einen Anteil von jeweils nicht mehr als 20% hatten, oder auch bei einem Marktanteil von 40-45%, der doppelt so hoch war wie der des nächsten Wettbewerbers und zugleich durch einen überragenden technischen Vorsprung oder eine einzigartige Markenbekanntheit gestützt wurde.[557]

Mit sinkendem Marktanteil nimmt die Wahrscheinlichkeit einer Marktbeherrschung ab. Während bei einem Marktanteil zwischen 50% und 75% regelmäßig ohne die Feststellung weiterer Indizien von einer beherrschenden Stellung ausgegangen werden kann, müssen bei einem Anteil von 25% bis 49% zusätzliche gewichtige Gründe für die Annahme einer Marktbeherrschung sprechen.[558] Die Europäische Kommission hält eine Marktbeherrschung bei einem Marktanteil von unter 40% für möglich, aber „unwahrscheinlich".[559] Bei einem

552 EuGH, Urteil v. 13. Februar 1979, Rs. 85/76, ECLI:EU:C:1979:36 Rn. 41 – *Hoffmann-La Roche*; *Fuchs/Möschel* in: Immenga/Mestmäcker, EU-Wettbewerbsrecht, Art. 102 AEUV Rn. 87.

553 EuGH, Urteil v. 16. Dezember 1975, verb. Rs. 40/73, 50/73, 111/73, 113/73 & 114/73, ECLI:EU:C:1975:174 Rn. 455 ff – *Suiker Unie*.

554 Siehe dazu *Wessely* in: FK EU-Kartellrecht, Art. 82 EG Normadressaten Rn. 123.

555 EuGH, Urteil v. 9. November 1983, Rs. 322/81, ECLI:EU:C:1983:313 Rn. 59 – *Michelin*.

556 Prioritätenmitteilung Rn. 16.

557 EuGH, Urteil v. 13. Februar 1979, Rs. 85/76, ECLI:EU:C:1979:36 Rn. 51 – *Hoffmann-La Roche*; Kommission, Entscheidung v. 22. Juni 2005, COMP/A.39.116/B2 Rn. 24 f. – *Coca Cola*.

558 *Fuchs/Möschel* in: Immenga/Mestmäcker, EU-Wettbewerbsrecht, Art. 102 AEUV Rn. 92; *Wirtz* in: Mäger, Europäisches Kartellrecht, S. 288 Rn. 13.

559 Prioritätenmitteilung Rn. 14.

Marktanteil unter 25% ist eine beherrschende Stellung nur in absoluten Ausnahmefällen denkbar.

Nicht nur die bestehenden Marktverhältnisse, sondern auch künftige potentielle Marktzutritte sind im Rahmen der Marktstrukturbetrachtung zu berücksichtigen. Ein künftiger Wettbewerber kann aber nur dann eine disziplinierende Wirkung auf das marktbeherrschende Unternehmen ausüben, wenn dessen Marktzutritt „wahrscheinlich, absehbar und ausreichend" ist.[560] Eine hinreichende Wahrscheinlichkeit ist anzunehmen, wenn nicht nur die theoretische Möglichkeit einer Erweiterung des Wettbewerbsfelds besteht, sondern es dafür konkrete Anhaltspunkte gibt und die allgemeinen Marktbedingungen einen erfolgreichen Eintritt erwarten lassen. Indizien für einen realistischen potentiellen Wettbewerb sind keine oder geringe Marktzutrittsschranken, ungenutzte Kapazitäten bei Wettbewerbern, eine hohe Produktionsumstellungsflexibilität und die einfache Substituierbarkeit des Produkts bzw. der Dienstleistung durch andere (neue) Produkte bzw. Dienstleistungen, sofern diese nicht ohnehin einem einheitlichen Markt angehören.[561] Marktzutrittsschranken können rechtlicher oder tatsächlicher Art sein. Rechtliche Marktzutrittsschranken können neben gesetzlichen Monopolen etwa Zertifizierungsanforderungen oder gewerbliche Schutzrechte des Marktbeherrschers sein. Faktische Marktzutrittsschranken sind beispielsweise das Erfordernis einer Mindestbetriebsgröße oder eines Sortimentseinstiegs (anstelle einer Ein-Produkt-Strategie), den ein Neueinsteiger aufgrund fehlenden Kapitals oder Know-Hows nicht leisten kann. Auch der fehlende Zugang zu *Input*-Produkten oder zu Lieferanten und Kunden können tatsächliche Marktzutrittsschranken darstellen.[562] Insgesamt gilt: je einfacher der Eintritt potentieller Wettbewerber in den Markt, desto höher der Wettbewerbsdruck auf den Marktbeherrscher und desto geringer dessen Unabhängigkeit auf dem relevanten Markt.[563]

bb) Unternehmensstruktur

Bei der Untersuchung, ob ein Unternehmen eine marktbeherrschende Stellung inne hat, spielt auch die Struktur des Unternehmens selbst eine Rolle. Es ist zu untersuchen, welche Faktoren dazu beitragen, dass Unabhängigkeit

---

560 Prioritätenmitteilung Rn. 16.

561 Ausführlich: *Fuchs/Möschel* in: Immenga/Mestmäcker, EU-Wettbewerbsrecht, Art. 102 AEUV Rn. 97 m.w.N.

562 *Wirtz* in: Mäger, Europäisches Kartellrecht, S. 288 Rn. 15.

563 *Bulst* in: Langen/Bunte, Europäisches Kartellrecht, Art. 102 AEUV Rn. 58.

gegenüber den Wettbewerbern und Abnehmern erreicht und aufrecht erhalten werden kann.[564] Von besonderer Bedeutung sind dabei etwa ein herausragender technologischer[565] oder kommerzieller Vorsprung,[566] der Grad der vertikalen Integration,[567] das Maß der Abhängigkeit von Lieferanten und Abnehmern, eine hohe Sortimentsbreite und –tiefe,[568] finanzielle Unabhängigkeit aufgrund hoher eigener Finanzkraft und dem Zugang zum Kapitalmarkt,[569] sowie die Zugehörigkeit zu einem Großkonzern, was den Zugriff auf weitreichende Ressourcen ermöglicht.[570]

Einzelne Unternehmensstrukturfaktoren können für sich genommen keine marktbeherrschende Stellung begründen. Die Prüfung der Unternehmensstrukturmerkmale dient jedoch regelmäßig dazu, das in der Marktstrukturanalyse erarbeitete Ergebnis zu stützen.[571]

cc) Marktverhalten

Die Markt- und Unternehmensstrukturanalyse wird ergänzt durch eine Untersuchung des Marktverhaltens. Bei einem hohen Marktanteil und strukturellen Vorteilen gegenüber dem Wettbewerb dient die Verhaltensanalyse dazu, den dadurch indizierten Schluss auf eine beherrschende Stellung zu verifizieren oder

---

564 Vgl. für eine Auflistung der Faktoren *Wirtz* in: Mäger, Europäisches Kartellrecht, S. 289 f. Rn. 16 ff.

565 Kommission, Entscheidung v. 13. Mai 2009, COMP/37.990 Rn. 854 – *Intel.*

566 Kommission, Entscheidung v. 14. Dezember 1985, ABl. 1985 L-374/1 Rn. 69 – *ECS/Akzo II*; Kommission, Entscheidung v. 14. 22. Dezember 1988, ABl. 1989 L-65/19 Rn. 69 – *Eurofix-Bauco/Hilti.*

567 Grundsatzentscheidung: Kommission, Entscheidung v. 17. Dezember 1975, ABl. 1976 L-95/1 – *Chiquita*, bestätigt durch EuGH, Urteil v. 14. Februar 1978, Rs. 27/76, ECLI:EU:C:1978:22 – *United Brands*; vgl. auch die Entscheidungen zur vertikalen Verbindungen im Telekommunikationssektor Kommission, Entscheidung v. 16. Juli 2003, COMP/38.233 Rn. 223 ff – *Wanadoo Interactive*; Kommission, Entscheidung v. 4. Juli 2007, COMP/38.784 Rn. 254 ff – *Telefónica*; Kommission, Entscheidung v. 22. Juni 2011, COMP/39.525 Rn. 678 ff – *Telekomunikacja Polska.*

568 EuGH, Urteil v. 9. November 1983, Rs. 322/81, ECLI:EU:C:1983:313 Rn. 55 f. – *Michelin*; Kommission, Entscheidung v. 22. Februar 2006, COMP/B-2/38.381 Rn. 26 – *Alrosa/De Beers.*.

569 Kommission, Entscheidung v. 5. Dezember 1988, ABl. 1989 L-10/50 Rn. 116 – *BPB Industries PLC.*

570 Kommission, Entscheidung v. 7. Dezember 1988, ABl. 1989 L-33/44 Rn. 79 – *Flachglas Italien.*

571 *Bulst* in: Langen/Bunte, Europäisches Kartellrecht, Art. 102 AEUV Rn. 59; *Fuchs/Möschel* in: Immenga/Mestmäcker, EU-Wettbewerbsrecht, Art. 102 AEUV Rn. 102.

zu widerlegen.[572] Es ist allerdings darauf zu achten, bei der Prüfung nicht in einen Zirkelschluss zu geraten. So darf nicht aus bestimmten Verhaltensweisen das Bestehen einer beherrschenden Stellung geschlossen werden, um dann mit eben diesen Verhaltensweisen den Missbrauch derselben zu begründen. Denn ein möglicherweise bedenkliches Verhalten begründet für sich genommen keine marktbeherrschende Stellung.[573] Entscheidend ist die vom EuGH aufgestellte Formel: Demnach ist eine beherrschende Stellung durch die Fähigkeit eines Unternehmens gekennzeichnet, die Bedingungen, unter denen sich der Wettbewerb entwickeln kann, zu bestimmen oder wenigstens merklich zu beeinflussen, jedenfalls aber weitgehend in seinem Verhalten hierauf keine Rücksicht nehmen zu müssen, ohne dass ihm dies zum Schaden gereicht.[574]

Von entscheidender Bedeutung ist dabei die Dauerhaftigkeit des Marktverhaltens. Lediglich kurzzeitige Phasen einer starken Marktposition, etwa durch besondere Marketingaktionen für ein bestimmtes Produkt, genügen nicht, um eine beherrschende Stellung anzunehmen. Wenn ein Unternehmen hingegen über einen längeren Zeitraum in der Lage ist, unabhängig von den anderen Marktteilnehmern zu agieren, besteht die Vermutung für eine beherrschende Stellung. Diese Unabhängigkeit kann sich in unterschiedlicher Weise manifestieren. Das offensichtlichste Indiz ist eine wettbewerbsunabhängige Preispolitik. Die Fähigkeit, über eine längere Zeitspanne hinweg Produkte zu einem überhöhten Preis anzubieten, ohne spürbare Umsatzeinbußen hinnehmen zu müssen fällt ebenso unter diese Unabhängigkeit wie die Entscheidungsfreiheit, Produkte zu einem niedrigeren Preis anzubieten, um dadurch Wettbewerber aus dem Markt zu drängen oder ihren Markteinstieg zu verhindern.[575] Auch bei den sonstigen Wettbewerbskonditionen kann sich die Autonomie eines Marktbeherrschers zeigen: etwa bei der Fähigkeit, Produkte zu einseitig bestimmten Bedingungen anzubieten, die sich bei funktionierendem Wettbewerb nicht ergäben. Auch

---

572 *van Bael/Bellis*, Competition Law of the European Community, S. 116; *Fuchs/Möschel* in: Immenga/Mestmäcker, EU-Wettbewerbsrecht, Art. 102 AEUV Rn. 111.

573 *Faull/Nikpay*, The EC Law of Competition Rn. 4.93; *Fuchs/Möschel* in: Immenga/Mestmäcker, EU-Wettbewerbsrecht, Art. 102 AEUV Rn. 109; *Ritter/Braun/Rawlinson*, European Competition Law, S. 327.

574 EuGH, Urteil v. 13. Februar 1979, Rs. 85/76, ECLI:EU:C:1979:36 Rn. 39 – *Hoffmann-La Roche*.

575 EuGH, Urteil v. 14. Februar 1978, Rs. 27/76, ECLI:EU:C:1978:22 Rn. 121/124 – *United Brands*; Kommission, Entscheidung v. 14. Dezember 1985, ABl. 1985 L-374/1 Rn. 69, 75 – *ECS/AKZO II*; Kommission, Entscheidung v. 18. Juli 1988, ABl. 1988 L-284/41 Rn. 55 ff. – *Napier Brown Sugar*.

hier dürfen jedoch nicht dieselben Argumente zur späteren Begründung des Missbrauchs herangezogen werden, da ansonsten der oben beschriebene Zirkelschluss droht.[576] Marktverhaltensmuster können mithin nur als Indizien für das Bestehen einer marktbeherrschenden Stellung dienen.

dd) Zwischenfazit

Bei der Frage, ob ein Unternehmen eine marktbeherrschende Stellung inne hat, kommt es in erster Linie auf die Marktstruktur an. Absolute und relative Marktanteile sind der wichtigste Faktor zur Feststellung der Marktmacht eines Unternehmens. Als zusätzliche Indizien werden die Unternehmensstruktur und das Marktverhalten herangezogen.

b) Marktbeherrschung durch mehrere Unternehmen

Eine Marktbeherrschung ist auch durch mehrere Unternehmen gemeinsam in einem Oligopol denkbar. Zwei Grundvoraussetzungen müssen gegeben sein: erstens dürfen die betreffenden Unternehmen keinem wirksamen Wettbewerb von Nicht-Oligopolmitgliedern unterliegen (fehlender Außenwettbewerb) und zweitens müssen sie derart miteinander verbunden sein, dass sie sich auch gegenseitig keinem wesentlichen Wettbewerb aussetzen (fehlender Innenwettbewerb).[577]

Die Feststellung des fehlenden Außenwettbewerbs bestimmt sich nach denselben Kriterien, die auf die Einzelmarktbeherrschung angewendet werden, also Markt- und Unternehmensstruktur sowie Marktverhalten. Auch für die kollektive Marktbeherrschung ist der – in diesem Fall gemeinsame – Marktanteil der wichtigste Indikator.[578]

Schwieriger ist die Feststellung fehlenden Innenwettbewerbs. Dieser setzt eine derart starke Verbindung der Unternehmen voraus, dass ein einheitliches Vorgehen auf dem Markt ermöglicht wird. Erforderlich ist ein in sich gefestigtes Kollektiv, das seine Interessen gegenüber Dritten durchzusetzen vermag.[579]

---

576 *Fuchs/Möschel* in: Immenga/Mestmäcker, EU-Wettbewerbsrecht, Art. 102 AEUV Rn. 113.

577 *Eilmansberger/Bien* in: MüKo EU-Wettbewerbsrecht, Art. 102 AEUV Rn. 79; *Fuchs/Möschel* in: Immenga/Mestmäcker, EU-Wettbewerbsrecht, Art. 102 AEUV Rn. 115; *Jung* in: Grabitz/Hilf/Nettesheim, Art. 102 AEUV Rn. 77.

578 EuG, Urteil v. 30. September 2003, Slg. 2003 II-3275 Rn. 903 ff – *Atlantic Container Line*; *Eilmansberger/Bien* in: MüKo EU-Wettbewerbsrecht, Art. 102 AEUV Rn. 79; *Haupt*, Kollektive Marktbeherrschung, S. 51 ff.

579 *Menz*, Wirtschaftliche Einheit und Kartellverbot, S. 134; *Schröter/Bartl* in: von der Groeben/Schwarze, Art. 102 AEUV Rn. 80.

Diese Verbindung kann auf unterschiedliche Weise begründet sein. So werden beispielsweise Kapitalbeteiligungen in Verbindung mit einer Vertretung in den Führungsgremien eines Unternehmens, einseitigen oder wechselseitigen Anteilsbesitz und personellen Verflechtungen auf der Führungsebene ebenso wie familiäre Bande zwischen Unternehmen für ausreichend erachtet, um eine entsprechende Bindung zu bejahen.[580]

aa) Kartelle

Ein Fall der gemeinsamen Marktbeherrschung sind Kartelle. Zwar begründet nicht jede Kartellabsprache zugleich eine kollektive marktbeherrschende Stellung, jedoch kann die Vereinbarung eines gleichgerichteten Marktverhaltens zur Ausschaltung des Binnenwettbewerbs führen.[581] Über die Kartellzugehörigkeit hinaus müssen Verbindungen bestehen, die ein einheitliches Vorgehen am Markt erlauben.[582] Dies wurde in der Vergangenheit beispielsweise bei Ein- und Verkaufskooperationen oder bei einer Linienschifffahrtskonferenz[583] bejaht. Die Bündelung der Marktmacht der beteiligten Unternehmen durch eine Absprache, etwa hinsichtlich des Bieterverhaltens bei Ausschreibungen, kann zudem den Außenwettbewerb beschränken.[584] In diesen Fällen wenden Kommission und Gerichte neben Art. 101 AEUV auch Art. 102 AEUV an.

---

580 Schlussanträge GA *Fennelly* v. 29. Oktober 1998 in verb. Rs. C-395/96 & C-396/96, ECLI:EU:C:1998:518 Rn. 28 – *Compagnie maritime belge*; EuG, Urteil v. 7. Oktober 1999, Rs. T-228/97, ECLI:EU:T:1999:91 Rn. 52 – *Irish Sugar*; *Eilmansberger/Bien* in: MüKo EU-Wettbewerbsrecht, Art. 102 AEUV Rn. 83; *Fuchs/Möschel* in: Immenga/Mestmäcker, EU-Wettbewerbsrecht, Art. 102 AEUV Rn. 119.

581 EuG, Urteil v. 8. Oktober 1996, Rs. T-24/93, ECLI:EU:T:1996:139 Rn. 64 – *Compagnie maritime belge*; *van Bael/Bellis*, Competition Law of the European Community, S. 107; *Bulst* in: Langen/Bunte, Europäisches Kartellrecht, Art. 102 AEUV Rn. 65, *Jung* in: Grabitz/Hilf/Nettesheim, Art. 102 AEUV Rn. 73; *Schröter/Bartl* in: von der Groeben/Schwarze, Art. 102 AEUV Rn. 83; *Wirtz* in: Mäger, Europäisches Kartellrecht, S. 290 Rn. 26.

582 EuG, Urteil v. 10. März 1992, verb. Rs. T-68/89, T-77/89 & T-78/89, ECLI:EU:T:1992:38 Rn. 360 – *S.I.V.*; EuG, Urteil v. 8. Oktober 1996, Rs. T-24/93, ECLI:EU:T:1996:139 Rn. 67 – *Compagnie maritime belge*; *Jung* in: Grabitz/Hilf/Nettesheim, Art. 102 AEUV Rn. 73.

583 EuG, Urteil v. 8. Oktober 1996, Rs. T-24/93, ECLI:EU:T:1996:139 – *Compagnie maritime belge*

584 EuG, Urteil v. 10. März 1992, verb. Rs. T-68/89, T-77/89 & T-78/89, ECLI:EU:T:1992:38 Rn. 358 – *S.I.V.*.

bb) Konzerne und wirtschaftliche Einheit

Umstritten ist hingegen, wie mit Konzernen umzugehen ist, die aus mehreren rechtlich selbständigen Unternehmen bestehen und nach den oben aufgestellten Grundsätzen (vgl. **§ 2 B**) eine wirtschaftliche Einheit bilden. Die neuere Rechtsprechung und Teile der Literatur nehmen in diesem Fall eine Einzelmarktbeherrschung an, weil sie den Konzern als ein einheitliches Unternehmen betrachten.[585] Eine andere Ansicht in der Literatur geht auch bei Unternehmen, die eine wirtschaftliche Einheit bilden, von einer kollektiven Marktbeherrschung aus.[586] In diesem Zusammenhang stellen sich die bereits oben diskutierten Fragen, ob (1) die wirtschaftliche Selbständigkeit Voraussetzung der Unternehmenseigenschaft ist (vgl. **§ 2 A.III.2.**), und (2) die wirtschaftliche Einheit als ein Unternehmen anzusehen ist, innerhalb dessen die einzelnen (Konzern-)Gesellschaften ihre Unternehmenseigenständigkeit verlieren (**§ 3 A.**). Nach der hier vertretenen Ansicht sind beide Fragen zu verneinen.

In älteren Urteilen vertrat der EuGH die Ansicht, dass auch konzernverbundene Unternehmen kollektiv marktbeherrschend sein können.[587] In *Compagnie maritime belge* setzte der EuGH allerdings für die Annahme einer kollektiven Marktbeherrschung die wirtschaftliche Selbständigkeit der Einzelunternehmen voraus und bestätigte damit die Ansicht der Kommission, dass im Fall einer

---

585 EuGH, Urteil v. 16. März 2000, verb. Rs. C-395/96 & C-396/96, ECLI:EU:C:2000:132 Rn. 36 – *Compagnie maritime belge*; EuG, Urteil v. 30. September 2003, verb. Rs. T-191/98, T-212/98 bis T-214/98, ECLI:EU:T:2003:245 Rn. 653 – *Atlantic Container Line*; *Bulst* in: Langen/Bunte, Art. 102 AEUV Rn. 63 f.; *Fuchs/Möschel* in: Immenga/Mestmäcker, EU-Wettbewerbsrecht, Art. 102 AEUV Rn. 116; *Haupt*, Kollektive Marktbeherrschung, S. 45; *Jung* in: Grabitz/Hilf/Nettesheim, Art. 102 AEUV Rn. 75; *Menz*, Wirtschaftliche Einheit und Kartellverbot, S. 133; *Wirtz* in: Mäger, Europäisches Kartellrecht, S. 290 Rn. 25.

586 *Brinker* in: Schwarze, EU-Kommentar, Art. 102 AEUV Rn. 14; *Eilmansberger/Bien* in: MüKo, EU-Wettbewerbsrecht, Art. 102 AEUV Rn. 82; *Grill* in: Lenz/Borchardt, EU- und EG-Vertrag, Art. 102 AEUV Rn. 21; *Pohlmann*, Der Unternehmensverbund im Europäischen Kartellrecht, S. 40; *Schröter/Bartl* in: von der Groeben/Schwarze, Art. 102 AEUV Rn. 81; *Schröter* in: Schröter/Jakob/Klotz/Mederer, Europäisches Wettbewerbsrecht, Art. 82 EG Rn. 81 f.

587 EuGH, Urteil v. 6. März 1974, verb. Rs. 6/73 & 7/73, ECLI:EU:C:1974:18 – *Commercial Solvents*; EuGH, Urteil v. 4. Mai 1988, Rs. 30/87, ECLI:EU:C:1988:225 Rn. 21 – *Bodson*; EuGH, Urteil v. 27. April 1994, Rs. C-393/92, ECLI:EU:C:1994:171 Rn. 41 – *Almelo*.

wirtschaftlichen Einheit von einer Einzelmarktbeherrschung auszugehen sei.[588] Spätestens seit der *Akzo*-Rechtsprechung setzt der Gerichtshof die wirtschaftliche Einheit stets mit dem Unternehmensbegriff gleich und sieht dementsprechend auch im Rahmen von Art. 102 AEUV keinen Raum mehr für eine andere Bewertung.

Nach zutreffender Ansicht ist die wirtschaftliche Einheit in ihrer Gesamtheit jedoch kein Unternehmen, sondern nur eine fiktive Rechtsfigur, die dazu dient, der engen Verknüpfung verschiedener Einzelunternehmen in Bezug auf bestimmte gesetzliche Zwecke Rechnung zu tragen.[589] Dies gilt auch für Art. 102 AEUV. So werden im Rahmen von Art. 102 AEUV Marktanteile wechselseitig zugerechnet, um die wahre Stärke eines Unternehmens zu berücksichtigen, welches Teil eines großen Konzerns ist. Die Zurechnung von Marktmacht widerspricht nicht, wie von *Menz* angenommen,[590] der Annahme einer kollektiven Marktbeherrschung und führt auch nicht zu einer Modifizierung des Unternehmensbegriffs.[591] Da die wirtschaftliche Selbständigkeit nach hier vertretener Meinung keine Voraussetzung des Unternehmensbegriffs ist, behalten die einzelnen Konzerngesellschaften ihre Unternehmenseigenschaft bei, auch wenn sie Teil eines Konzerns sind, innerhalb dessen die Muttergesellschaften mit einer oder mehreren ihrer Tochtergesellschaften eine wirtschaftliche Einheit bildet. Diese selbständigen, zu einer wirtschaftlichen Einheit verbundenen Unternehmen erfüllen regelmäßig die Voraussetzung eines fehlenden Innenwettbewerbs und können daher eine kollektive marktbeherrschende Stellung innehaben.[592]

cc) Oligopolistische Reaktionsverbundenheit

Eine kollektive Marktbeherrschung kann aber nicht nur durch gesellschaftsrechtliche Verbundenheit oder ausdrückliche Verhaltenskollusion entstehen, sondern auch durch Reaktionsinterdependenz zwischen Mitgliedern eines engen

588 EuGH, Urteil v. 16. März 2000, verb. Rs. C-395/96 & 396/96, ECLI:EU:C:2000:132 Rn. 35 – *Compagnie maritime belge.*

589 *Schröter/Bartl* in: von der Groeben/Schwarze, Art. 102 AEUV Rn. 81; *Schröter* in: Schröter/Jakob/Klotz/Mederer, Europäisches Wettbewerbsrecht, Art. 102 AEUV Rn. 81.

590 *Menz*, Wirtschaftliche Einheit und Kartellverbot, S. 134.

591 *Pohlmann*, Der Unternehmensverbund im Europäischen Kartellrecht, S. 41 f.; *Schröter/Bartl* in: von der Groeben/Schwarze, Art. 102 AEUV Rn. 81.

592 *Grill* in: Lenz/Borchardt, EU- und EG-Vertrag, Art. 102 AEUV Rn. 21; *Brinker* in: Schwarze, EU-Kommentar, Art. 102 AEUV Rn. 14: *Schröter/Bartl* in: Schröter/Jakob/Klotz/Mederer, Europäisches Wettbewerbsrecht, Art. 102 AEUV Rn. 81.

Oligopols. Die beteiligten Unternehmen stimmen sich in diesem Fall nicht wie in einem Kartell über ihr Verhalten ab, sondern legen ein bewusstes Parallelverhalten an den Tag, weil die enge Verbundenheit dazu führt, dass jeder Wettbewerbsvorstoß unmittelbar von den anderen Oligopolmitgliedern neutralisiert werden kann.[593] Da die Unternehmen wissen, dass bei jedem Wettbewerbsimpuls die übrigen Oligopolmitglieder „nachziehen“, besteht kein Anreiz zu Innovationen oder Preisreduzierungen. Statt Wettbewerb besteht Oligopolfrieden. Wenn dieser Zustand von einer gewissen Dauer ist, führt er zu einer kollektiven Marktbeherrschung des Oligopols.

Die Europäische Kommission hat schon vor längerer Zeit festgestellt, es sprächen keine „wirtschaftspolitischen oder unionsrechtlichen Gründe“ für die Annahme, dass vertragliche Verbundenheit oder ausdrückliche Absprachen eine zwingende Voraussetzung für eine gemeinsame marktbeherrschende Stellung verschiedener Unternehmen darstellten. Eine wirtschaftliche Verbindung könne bereits durch eine gegenseitige Abhängigkeit zustande kommen, wie sie in oligopolistischen Marktstrukturen häufig zu beobachten sei.[594] Auf diesen Standpunkt stellte sich die Kommission auch in der *Flachglas*-Entscheidung, in der sie die gemeinsame Marktbeherrschung dreier italienischer Glashersteller auf deren Reaktionsverbundenheit innerhalb des Oligopols stützte.[595]

Nachdem die Rechtsprechung dem Konzept anfangs noch skeptisch gegenüberstand,[596] hat sie die Möglichkeit einer gemeinsamen Marktbeherrschung durch Reaktionsverbundenheit in einem engen Oligopol mittlerweile ausdrücklich anerkannt.[597] Nach und nach entwickelte das EuG, zunächst im Rahmen von Fusionskontrollfällen, Kriterien für die Anerkennung der gemeinsamen Marktbeherrschung durch oligopolistische Reaktionsverbundenheit. Drei wesentliche Voraussetzungen müssen demnach erfüllt sein: (1) eine hohe

---

593 *Fuchs/Möschel* in: Immenga/Mestmäcker, EU-Wettbewerbsrecht, Art. 102 AEUV Rn. 120; *Schröter/Bartl* in: von der Groeben/Schwarze, Art. 102 AEUV Rn. 85.

594 Vgl. Kommission, Mitteilung über die Anwendung der Wettbewerbsregeln auf Zugangsvereinbarungen im Telekommunikationsbereich, ABl. 1998 C-265/2 Rn. 79 (im Folgenden: Mitteilung über TK-Zugangsvereinbarungen).

595 Kommission, Entscheidung v. 7. Dezember 1988, ABl. 1989 L-33/44 Rn. 78 – *Flachglas Italien.*

596 EuGH, Urteil v. 27. April 1994, Rs. C-393/92, ECLI:EU:C:1994:171 Rn. 41 f. – *Almelo*; EuG, Urteil v. 8. Oktober 1996, Rs. T-24/93, ECLI:EU:T:1996:139 Rn. 64 ff. – *Compagnie maritime belge.*

597 EuG, Urteil v. 25. März 1999, Rs. T-102/96, ECLI:EU:T:1999:65 Rn. 276 – *Gencor*; EuG, Urteil v. 6. Juni 2002, Rs. T-342/99, ECLI:EU:T:2002:146 Rn. 62 – *Airtours.*

Markttransparenz im Hinblick auf die Marktentwicklung, (2) wirksame Sanktionsmechanismen, welche die Aufrechterhaltung des stillschweigenden Kollektivverhaltens gewährleisten, und (3) die Abwesenheit von funktionierendem Außenwettbewerb oder regulierender Nachfragemacht, die die gemeinsame Marktstrategie gefährden könnten.[598] Diese Grundsätze übertrug das EuG dann auch auf die Fälle des Missbrauchsverbots, wie die Entscheidungen *Atlantic Container Line* und *Piau* zeigen.[599] Erst nachdem das Vorliegen einer solchen kollektiven Einheit festgestellt wurde, ist in einem nächsten Schritt zu prüfen, ob diese marktbeherrschend ist, was anhand der dargestellten Faktoren Marktstruktur, Unternehmensstruktur und Marktverhalten erfolgt.

Trotz dieser Kongruenz zwischen Fusions- und Missbrauchskontrolle ist jedoch angesichts der unterschiedlichen Regelungszwecke ein wichtiger Unterschied zu beachten. Während es bei der fusionskontrollrechtlichen Betrachtung ausreicht, dass die potentielle Möglichkeit einer gleichgerichteten Marktstrategie besteht, ist für eine gemeinsame Marktbeherrschung im Rahmen des Art. 102 AEUV eine tatsächliche Ausübung dieser Reaktionsverbundenheit notwendig.[600] Dies erklärt sich damit, dass die Missbrauchskontrolle einer künftigen Verschlechterung der Wettbewerbsbedingungen vorbeugen soll und daher auch prospektive Entwicklungen einbezieht. Im Gegensatz dazu dient Art. 102 AEUV der Ahndung bereits verwirklichten missbräuchlichen Verhaltens.

dd) Zwischenfazit

Eine kollektive Marktbeherrschung mehrerer Unternehmen kann durch ein Kartell verwirklicht werden, sofern ein einheitliches Vorgehen der Kartellanten zu einer Bündelung von Marktmacht führt. Eine gemeinsame Marktbeherrschung von Oligopole ist anzunehmen, sofern eine hohe Markttransparenz im Hinblick auf die Marktentwicklung und wirksame Sanktionsmechanismen vorhanden sind und zudem die Abwesenheit von funktionierendem Außenwettbewerb oder regulierender Nachfragemacht festgestellt werden kann.

---

598 EuG, Urteil v. 6. Juni 2002, Rs. T-342/99, ECLI:EU:T:2002:146 Rn. 64 – *Airtours.*

599 EuG, Urteil v. 30. September 2003, verb. Rs. T-191/98, T-212/98 bis T-214/98, ECLI:EU:T:2003:245 Rn. 652 – *Atlantic Container Line*; EuG, Urteil v. 26. Januar 2005, Rs. T-193/02, ECLI EU:T:2005:22 Rn. 111 – *Piau.*

600 *Eilmansberger/Bien* in: MüKo EU-Wettbewerbsrecht, Art. 102 AEUV Rn. 92; *Fuchs/Möschel* in: Immenga/Mestmäcker, EU-Wettbewerbsrecht, Art. 102 AEUV Rn. 124; *Haupt*, Kollektive Marktbeherrschung, S. 77; bestätigt auch durch die Formulierung des Gerichtshofs in EuGH, Urteil v. 16. März 2000, Slg. 2000 I-1365 Rn. 36, 42 ff. – *Compagnie maritime belge.*

Auch konzernverbundene bzw. zu einer wirtschaftlichen Einheit verbundene Unternehmen können den Markt kollektiv beherrschen. Eine Einzelmarktbeherrschung scheidet aus, da die wirtschaftliche Einheit nach hier vertretener Auffassung keine Unternehmensqualität besitzt.

4. *Beherrschung des Binnenmarkts oder eines wesentlichen Teils desselben*

Als eine weitere Voraussetzung des Art. 102 AEUV muss sich die marktbeherrschende Stellung eines oder mehrerer Unternehmen auf den Binnenmarkt oder mindestens einen wesentlichen Teil desselben beziehen. Durch diese Wesentlichkeitsschwelle wird sichergestellt, dass das Verbot nur auf Unternehmen angewendet wird, deren alleinige oder gemeinsame Marktposition die notwendige Binnenmarktdimension erreicht.[601] Kleinere lokale oder regionale Märkte, deren Beherrschung keine Gefahr für den Wettbewerb im Gemeinsamen Markt darstellt, werden vom Anwendungsbereich der europäischen Missbrauchskontrolle ausgeschlossen.

Das Kriterium des „wesentlichen Teils des Binnenmarkts" ist jedoch weniger geographisch, sondern vorrangig nach der wirtschaftlichen Bedeutung zu bestimmen.[602] Für die Beantwortung der Frage, ob ein Gebiet von hinreichender Bedeutung für den Binnenmarkt ist, sind nach der Rechtsprechung des EuGH „vor allem Struktur und Umfang der Produktion und des Verbrauchs des in Betracht kommenden Erzeugnisses sowie die Gewohnheiten und die wirtschaftlichen Möglichkeiten der Verkäufer und der Käufer zu berücksichtigen".[603] Das gesamte Territorium eines Mitgliedstaates wurde in der Vergangenheit regelmäßig als wesentlicher Teil des Binnenmarkts angesehen.[604] Auch Regionen die innerhalb eines Mitgliedstaats liegen oder sich aus Teilen unterschiedlicher Mitgliedsstaaten zusammensetzen, können einen wesentlichen Teil des Binnenmarkts ausmachen, wenn die wirtschaftlichen Gegebenheiten und die Struktur des betreffenden Markts dafür sprechen.[605] Darüber hinaus können auch beson-

---

601 *Jung* in: Grabitz/Hilf/Nettesheim, Art. 102 AEUV Rn. 56; *Schröter/Bartl* in: Schröter/Jakob/Klotz/Mederer, Europäisches Wettbewerbsrecht, Art. 102 EG Rn. 159.

602 *Bulst* in: Langen/Bunte, Europäisches Kartellrecht, Art. 102 AEUV Rn. 79.

603 EuGH, Urteil v. 16. Dezember 1975, verb. Rs. 40/73, 50/73, 111/73, 113/73 & 114/73, ECLI:EU:C:1975:174 Rn. 371 – *Suiker Unie.*

604 EuG, Urteil v. 7. Oktober 1999, Rs. T-228/97, ECLI:EU:T:1999:246 Rn. 99 – *Irish Sugar.*

605 EuGH, Urteil v. 16. Dezember 1975, verb. Rs. 40/73, 50/73, 111/73, 113/73 & 114/73, ECLI:EU:C:1975:174 Rn. 448 – *Suiker Unie* (Süddeutschland); EuGH, Urteil v.

ders bedeutende Verkehrsknotenpunkte wie Seehäfen[606] und Flughäfen[607] und sogar einzelne Fähr- oder Flugverbindungen[608] einen wesentlichen Teil des Binnenmarkts ausmachen. Die Bedeutung des beherrschten Marktes ist demnach im Verhältnis zum gesamten Binnenmarkt zu messen.

II. Missbrauch

Das Verbotselement des Art. 102 AEUV ist die missbräuchliche Ausnutzung der marktbeherrschenden Stellung. Es ist jedoch einschränkend zu bemerken, dass der Wortlaut der deutschen Fassung mit der „Ausnutzung" eine Besonderheit aufweist, die anderen Sprachfassungen des AEUV fremd ist. Der englische Text lautet lediglich „abuse of a dominant position", ähnlich auch die französische Fassung.[609]

Da eine marktbeherrschende Stellung an sich nicht verboten ist, liegt der besondere Fokus bei Art. 102 AEUV auf dem Schutz des Restwettbewerbs und damit zugleich dem Schutz der Verbraucher gegen die einseitige Ausnutzung von besonders viel Marktmacht.

Nach der vom EuGH in *Hoffmann-La Roche* aufgestellten Definition ist der Missbrauch wettbewerbsbezogen zu bestimmen.[610] Schutzgut des Art. 102 AEUV, ebenso wie des Art. 101 AEUV, ist der freie, unverfälschte und wirksame Wettbewerb. Dies gilt trotz des *more economic approach*, mit dem die Europäische Kommission in jüngerer Zeit eine stärkere ökonomische

---

25. Oktober 2001, Rs. C-475/99, ECLI:EU:C:2001:577 Rn. 38 – *Ambulanz Glöckner* (Rheinland Pfalz); Kommission, Entscheidung v. 21. Dezember 1988, ABl. 1989 L-43/27 Rn. 88 – *Decca Navigator System* (mittlere und nördliche Nordsee, zum Teil das Hoheitsgebiet Dänemarks und zum Teil das des Vereinigten Königreichs umfassend).

606 EuGH, Urteil v. 10. Dezember 1991, Rs. C-179/90, ECLI:EU:C:1991:464 Rn. 15 – *Hafen von Genua*; EuGH, Urteil v. 17. Mai 1994, Rs. C-18/93, ECLI:EU:C:1994:195 Rn. 41 – *Corsica Ferries*; Kommission, Entscheidung v. 21. Dezember 1993, ABl. 1994 L-55/52 Rn. 8 – *Hafen von Rødby.*

607 Kommission, Entscheidung v. 28. Juni 1995, ABl. 1995 L-216/8 Rn. 10 – *Flughafen Brüssel*; Kommission, Entscheidung v. 11. Juni 1998, ABl. 1998 L-230/10 Rn. 81 f. – *Aéroports de Paris.*

608 Kommission, Entscheidung v. 26. Februar 1992, ABl. 1992 L-34/38 Rn. 17 – *British Midland/Air Lingus.*

609 *Fuchs/Möschel*, EU-Wettbewerbsrecht, Art. 102 AEUV Rn. 125.

610 EuGH, Urteil v. 13. Februar 1979, Rs. 85/76, ECLI:EU:C:1979:36 Rn. 91 – *Hoffmann-La Roche*; aufgegriffen von der Europäischen Kommission, Discussion paper Rn. 57.

Betrachtung wettbewerbsrechtlicher Sachverhalte anstrebt und den Faktor der Effizienz mehr in den Vordergrund rückt.[611]

Art. 102 AEUV verbietet aber nicht nur leistungsfremde Verhaltensweisen, sondern auch solche, die für Wettbewerbsunternehmen zulässig sind, sich jedoch als wettbewerbsschädlich darstellen, wenn ein Unternehmen in marktbeherrschender Stellung sie verwirklicht. Damit wird marktbeherrschenden Unternehmen die bereits benannte besondere Verantwortung auferlegt.[612]

1. *Systematik*

Art. 102 AEUV ist in seiner Struktur deutlich schwieriger zu erfassen als Art. 101 AEUV. Das Kartellverbot verbietet bestimmte Verhaltensweisen und ist klar gegliedert in ein Handlungs- und ein Erfolgselement. Eine Vereinbarung oder Absprache ist verboten, wenn sie zu einer Beschränkung des Wettbewerbs führt. Die Norm verlangt eine kausale Beziehung zwischen einem bestimmten Verhalten und einer daraus resultierenden Wirkung. Tritt die Wirkung ein, erfüllt die Handlung den Verbotstatbestand. Das Element des Erfolgsunrechts fehlt in Art. 102 AEUV. Die Norm missbilligt bestimmte Handlungen an sich, sofern sie nur geeignet sind, eine Wettbewerbsbeschränkung herbeizuführen.

Bei der Anwendung von Art. 102 AEUV lassen sich grob drei Fallgruppen bilden, die sich in der Literatur und in der Praxis der Unionsorgane etabliert haben: es wird zwischen Ausbeutungs-, Behinderungs- und Strukturmissbrauch unterschieden.[613] Dem ist zuzustimmen. Die Norm enthält eine Generalklausel in Absatz 1 und eine nichtabschließende Liste von Regelbeispielen in Absatz 2. Die Mehrzahl der Fälle wird über die – freilich auslegungsbedürftige – Generalklausel gelöst. Sowohl diese als auch die Regelbeispiele enthalten eine Reihe unbestimmter Rechtsbegriffe, so dass die Verwirklichung des Missbrauchstatbestands stets nur anhand einer Interessenabwägung im Einzelfall bestimmt werden kann. Das Verhalten eines Unternehmens in einer dominanten Marktposition muss dabei ins Verhältnis zu den jeweiligen Besonderheiten des betroffenen Markts und der spezifischen Wettbewerbsbedingungen gesetzt werden, um dessen Auswirkungen zu bewerten.

---

611 *Eilmansberger*, ZWeR 2009, 437, 456.

612 EuGH, Urteil v. 9. November 1983, Rs. 322/81, ECLIE:EU:C:1983:313 Rn. 57 – *Michelin*; EuG, Urteil v. 7. Oktober 1999, Rs. T-228/97, ECLI:EU:T:1999:246 Rn. 112 – *Irish Sugar*; EuG, Urteil v. 9. September 2010, Rs. T-155/06, ECLI:EU:T:2010:370 Rn. 207 – *Tomra Systems*.

613 *Bulst* in: Langen/Bunte, Europäisches Kartellrecht, Art. 102 AEUV Rn. 90.

Der EuGH orientiert sich bei der Auslegung des Missbrauchstatbestands an „Geist, Wortlaut und Aufbau“ des Art. 102 AEUV sowie am „System und den Zielen des Vertrags“.[614] Das früher in Art. 3 EG-Vertrag und nunmehr in Protokoll 27 verankerte Binnenmarktziel gibt den Auslegungsmaßstab für Art. 102 AEUV vor,[615] die eigentliche Anwendung läuft jedoch stets auf eine Einzelfallprüfung hinaus.[616]

2. *Kausalitätserfordernis*

a) *Kausalität zwischen marktbeherrschender Stellung und missbräuchlichem Verhalten*

Fraglich ist, ob zwischen der marktbeherrschenden Stellung eines oder mehrerer Unternehmen und dem Missbrauch eine kausale Beziehung bestehen muss. Von der Rechtsprechung wird ein solches Erfordernis ausdrücklich abgelehnt.[617] Sie legt einen objektiven Maßstab für das missbräuchliche Handeln an, ohne es kausal aus dem sich aus der marktbeherrschenden Stellung ergebenden Verhaltensspielraum abzuleiten. Die Kommission[618] und die Mehrheit der Literatur[619] haben sich dem angeschlossen.

Eine Mindermeinung, insbesondere *Eilmansberger*, fordert dagegen eine Kausalitätsbeziehung zwischen Marktbeherrschung und Missbrauch. Dabei spricht sich *Eilmansberger* nicht für eine „instrumentale Kausalität“ aus, bei der die beherrschende Stellung die Unternehmen erst zu einer Missbrauchshandlung

---

614 EuGH, Urteil v. 21. Februar 1973, Rs. 6/72, ECLI:EU:C:1973:22 Rn. 9 – *Continental Can.*

615 Protokoll über den Binnenmarkt und den Wettbewerb, ABl. 2007 C-306/156.

616 *Bulst* in: Langen/Bunte, Europäisches Kartellrecht, Art. 102 AEUV Rn. 87; *Faull/Nikpay*, The EC Law of Competition Rn. 4.147; *Whish/Bailey*, Competition Law, S. 206 f.

617 EuGH, Urteil v. 21. März 1973, Rs. 6/72, ECLI:EU:C:1973:22 Rn. 27 – *Continental Can*; EuGH, Urteil v. 13. Februar 1979, Rs. 85/76, ECLI:EU:C:1979:36 Rn. 91 – *Hoffmann-La Roche.*

618 Kommission, Entscheidung v. 14. Dezember 1985, ABl. 1985 L-374/1 Rn. 85 – *ECS/AKZO.*

619 *Bellamy/Child*, European Community Law of Competition Rn. 10-061; *Bulst* in: Langen/Bunte, Europäisches Kartellrecht, Art. 102 AEUV Rn. 131; *de Bronett* in: Wiedemann, Handbuch des Kartellrechts, § 22 Rn. 99; *Fuchs/Möschel* in: Immenga/Mestmäcker, EU-Wettbewerbsrecht, Art. 102 AEUV Rn. 136; *Jung* in: Grabitz/Hilf/Nettesheim, Art. 102 AEUV Rn. 135 ff.; *Whish/Bailey*, Competition Law, S. 214 f.

befähigt.[620] Vielmehr geht es ihm um eine notwendige Verknüpfung, die sich bereits aus dem Wortlaut der Norm und systematisch-teleologischen Erwägungen ergebe.[621] Die Vorschrift verbiete nicht allgemein missbräuchliches Verhalten durch marktbeherrschende Unternehmen, sondern gerade die *missbräuchliche Ausnutzung* der marktbeherrschenden Stellung. Daher sei die Marktbeherrschung als notwendiges Element des Missbrauchsbegriffs anzusehen.[622] Die bereits durch den Wortlaut vorgegebene enge Verknüpfung mache klar, dass jedenfalls im Fall von Behinderungsmissbräuchen die Marktbeherrschung wesentliche (*conditio sine qua non*) oder zumindest hinreichende Bedingung für das Entstehen und das Ausmaß des wettbewerbswidrigen Effekts sei.[623] Diese Auffassung werde auch von der jüngeren Rechtsprechungspraxis und der Formulierung der Kommission in ihrer *Mitteilung über TK-Zugangsvereinbarungen* bestätigt.[624]

Eilmansberger ist Recht darin zu geben, dass der Wortlaut des Art. 102 AEUV eine Verknüpfung zwischen der marktbeherrschenden Stellung und dem missbräuchlichen Verhalten voraussetzt. Der Argumentation kann im Übrigen aber nicht gefolgt werden. Es wird eine Kausalität in die Norm hinein gelesen, die objektiv nicht erforderlich und im Tatbestand nicht angelegt ist. Dabei stützt sich *Eilmansberger* gerade auf das Wort der deutschen Übersetzung von Art. 102 AEUV, welches in der englischen und auch in der französischen Fassung des Vertrags keine Entsprechung findet, nämlich die „Ausnutzung“. Das Ausnutzungselement hat jedoch nach zutreffender Auslegung keine eigenständige Bedeutung im Rahmen des Art. 102 AEUV, sondern stellt lediglich eine Besonderheit des deutschen Textes dar.

Eine Verknüpfung zwischen der marktbeherrschenden Stellung und dem Missbrauch besteht schon deshalb, weil ein Missbrauch im Sinne des Art. 102 AEUV überhaupt nur von Unternehmen in einer marktbeherrschenden Stellung verwirklicht werden kann. Diese Verknüpfung ist jedoch nicht mit Kausalität gleich zu setzen. Sowohl die marktbeherrschende Stellung als auch das missbräuchliche Verhalten sind Tatbestandsmerkmale des Art. 102 AEUV,

---

620 *Eilmansberger*, ZWeR 2009, S. 437, 457; *ders./Bien* in: MüKo EU-Wettbewerbsrecht, Art. 102 AEUV Rn. 133.

621 *Eilmansberger/Bien* in: MüKo EU-Wettbewerbsrecht, Art. 102 AEUV Rn. 135.

622 *Eilmansberger/Bien* in: MüKo EU-Wettbewerbsrecht, Art. 102 AEUV Rn. 135.

623 *Eilmansberger/BIen* in: MüKo EU-Wettbewerbsrecht, Art. 102 AEUV Rn. 136.

624 EuGH, Urteil v. 14. November 1996, Rs. C-333/94, ECLI:EU:C:1996:436 Rn. 27 – *Tetra Pak*; EuG, Urteil v. 7. Oktober 1999, Rs. T-228/97, ECLI:EU:T:1999:246 Rn. 66 – *Irish Sugar*; Kommission, Mitteilung über TK-Zugangsvereinbarungen Rn. 81.

die kumulativ vorliegen müssen. Unternehmen, die nicht marktbeherrschend sind, können den Tatbestand nicht verwirklichen. Damit bildet die marktbeherrschende Stellung aber keine Voraussetzung für den Missbrauch, sondern für dessen Wirkung, nämlich die Wettbewerbsbeeinträchtigung.[625]

b) *Kausalität zwischen missbräuchlichem Verhalten und Wettbewerbsbeeinträchtigung*

Zwischen dem missbräuchlichen Verhalten und der Schädigung des Wettbewerbs ist dagegen eine kausale Verknüpfung unverzichtbar.[626] Da es sich bei Art. 102 AEUV um ein Gefährdungsdelikt handelt, genügt auch die Gefahr einer Wettbewerbsbeeinträchtigung.[627]

c) *Zwischenfazit*

Eine Kausalitätsbeziehung zwischen der marktbeherrschenden Stellung und dem missbräuchlichen Verhalten ist nicht erforderlich und im Tatbestand des Art. 102 AEUV auch nicht angelegt. Demgegenüber muss das missbräuchliche Verhalten kausal für die (Gefahr einer) Wettbewerbsbeeinträchtigung sein.

3. *Fallgruppen missbräuchlichen Verhaltens*

Wie bereits angesprochen lassen sich die als Missbrauch im Sinne des Art. 102 AEUV zu qualifizierenden Verhaltensweisen in die drei Fallgruppen Ausbeutungsmissbrauch, Behinderungsmissbrauch und Strukturmissbrauch gliedern. Diese drei Fallgruppen des Art. 102 AEUV und ihre typischen Erscheinungsformen sollen im Folgenden kurz umrissen werden, ohne bereits einen Bezug zum Konzernprivileg herzustellen. Unter **C.** wird dann auf die möglichen

---

625 *Eilmansberger* stellt letztlich auch auf die Wirkung ab, vgl. *Eilmansberger/Bien* in: MüKo EU-Wettbewerbsrecht, Art. 102 AEUV Rn. 140 ff.

626 *Fuchs/Möschel* in: Immenga/Mestmäcker, EU-Wettbewerbsrecht, Art. 102 AEUV Rn. 137.

627 EuGH, Urteil v. 14. November 1996, Rs. C-333/04, ECLI:EU:C:1996:436 Rn. 44 – *Tetra Pak*; EuGH, Urteil v. 2. April 2009, Rs. C-202/07, ECLI:EU:C:2009:214 Rn. 103 – *France Télécom*; EuGH, Urteil v. 14. Oktober 2010, Rs. C-280/08 P, ECLI:EU:C:2010:603 Rn. 254 – *Deutsche Telekom*; *Bulst* in: Langen/Bunte, Europäisches Kartellrecht, Art. 102 AEUV Rn. 128; *de Bronett* in: Wiedemann, Handbuch des Kartellrechts, § 22 Rn. 42; *Fuchs/Möschel* in: Immenga/Mestmäcker, EU-Wettbewerbsrecht, Art. 102 AEUV Rn. 144; *Leupold*, EuZW 2011, 339, 346 (Anmerkung zu EuGH, Urteil v. 17. Februar 2011, Rs. C-52/09 – *Telia Sonera*.

Anwendungsfälle des Konzernprivilegs im Rahmen des Art. 102 AEUV eingegangen werden.

a) Ausbeutungsmissbrauch

Unter Ausbeutungsmissbrauch ist eine Verhaltensweise eines marktbeherrschenden Unternehmens zu verstehen, die dadurch gekennzeichnet ist, dass sich das Unternehmen auf Kosten der Marktgegenseite geschäftliche Vorteile verschafft. Das Verbot des Ausbeutungsmissbrauchs zielt auf den Schutz der unmittelbaren und mittelbaren Vertragspartner des Marktbeherrschers und letztlich der Verbraucher ab, betrifft also das Vertikalverhältnis zwischen Anbieter und Abnehmer.[628] Mit der „unmittelbaren oder mittelbaren Erzwingung von unangemessenen Einkaufs- oder Verkaufspreisen oder sonstigen Geschäftsbedingungen" hat der Gesetzgeber in Art. 102 Abs. 2 a) AEUV ein Regelbeispiel für den Ausbeutungsmissbrauch aufgenommen.

Wie bereits dieses Regelbeispiel nahelegt, kann der Ausbeutungsmissbrauch in unterschiedlicher Weise auftreten. Die fragliche Verhaltensweise kann die vor- und die nachgelagerte Wirtschaftsstufe betreffen und kann sich auf Preise und auch alle sonstigen Geschäftsbedingungen beziehen.

aa) Preismissbrauch

Die prominenteste Erscheinungsform ist der Preismissbrauch durch die einseitige Auferlegung unangemessener Verkaufspreise. Der Zwang ergibt sich aus der wirtschaftlichen Übermacht des handelnden Unternehmens, die dem betroffenen Vertragspartner keine Ausweichmöglichkeit lässt. Die Erzwingung von unangemessenen Preisen kann unmittelbar gegenüber den direkten Handelspartnern oder mittelbar durch Preisbindungen der zweiten Hand erfolgen. Umgekehrt können marktbeherrschende Abnehmer eines Produkts ihren Lieferanten gegenüber unangemessene Einkaufspreise erzwingen.

Die Unangemessenheit bestimmt sich nach dem Missverhältnis zwischen dem Preis und dem objektiven Wert der entsprechenden Gegenleistung. Für die Bestimmung eines Missverhältnisses zwischen dem jeweiligen Produkt bzw. der Dienstleistung und dem dafür angesetzten Preis werden unterschiedliche Ansatzpunkte gewählt. In älteren Entscheidungen folgte der EuGH einem Konzept der Gewinnbegrenzung, indem er auf Basis „angemessener Kosten", „angemessener Verzinsung" des eingesetzten Kapitals und eines „angemessenen

628 *Fuchs/Möschel* in: Immenga/Mestmäcker, EU-Wettbewerbsrecht, Art. 102 AEUV Rn. 168.

Risikozuschlags" versuchte, die Grenze für eine angemessene Gewinnspanne zu definieren.[629] Diese recht statische und letztlich wettbewerbsferne Betrachtung hat in der Literatur Kritik erfahren, weil der objektive Wert einer Leistung nur schwer abstrakt zu bestimmen ist.[630] Zum einen wird dieser Wert unterschiedlich hoch sein, je nachdem aus welcher Perspektive (Anbieter oder Abnehmer) man ihn ermittelt. Für den Anbieter einer Leistung stellen die dafür aufgewendeten Kosten die Untergrenze des objektiven Wertes dar, während für den Abnehmer der jeweilige Gebrauchswert die Obergrenze bildet. Zum anderen müsste der objektiv angemessene Wert einer Leistung in einem funktionierenden Wettbewerbssystem gebildet werden. Da im Rahmen des Art. 102 AEUV jedoch ausschließlich beherrschte Märkte betroffen sind, kann eine natürliche Wertentwicklung kaum stattfinden.[631] Auch die Kosten als Maßstab für die Wertbildung stellen einen Unsicherheitsfaktor dar. Es ist beispielsweise fraglich, ob nur die (hypothetischen) Kosten eines angemessen effizienten Unternehmens berücksichtigungsfähig sind oder ob die tatsächlichen Kosten in Ansatz zu bringen sind. Die tatsächlichen Kosten können unter Umständen gerade deshalb besonders hoch sein, weil das marktbeherrschende Unternehmen keinem Wettbewerb und damit keinem Rationalisierungsdruck ausgesetzt ist.[632] Der EuGH hat daher bereits mehrfach eine hypothetische Betrachtung der Kosten eines effizienten Marktteilnehmers vorgenommen.[633] Auch die Bestimmung der angemessenen Effizienz ist jedoch eine nur schwierig zu bestimmende Größe. Angesichts dieser Unsicherheiten ist die praktische Umsetzbarkeit der Gewinnspannenbegrenzung fraglich.

Eine andere Möglichkeit zur Bestimmung eines angemessenen Preises ist die Vergleichsmarktmethode: die Bestimmung eines angemessenen Preisniveaus erfolgt durch die Heranziehung eines sachlichen, räumlichen oder zeitlichen

629 EuGH, Urteil v. 14. Februar 1978, Rs. 27/76, ECLI:EU:C:1978:22 Rn. 251 ff. – *United Brands*; EuGH, Urteil v. 5. Oktober 1994, Rs. C-323/93, ECLI:EU:C:1994:368 Rn. 26 – *Crespelle.*

630 *de Bronett* in: Wiedemann, Handbuch des Kartellrechts, § 22 Rn. 51; *Eilmansberger/Bien* in: MüKo EU-Wettbewerbsrecht, Art. 102 AEUV Rn. 210; *Fuchs/Möschel* in: Immenga/Mestmäcker, EU-Wettbewerbsrecht, Art. 102 AEUV Rn 177 f.

631 *de Bronett* in: Wiedemann, Handbuch des Kartellrechts, § 22 Rn. 51.

632 *Eilmansberger/Bien* in: MüKo EU-Wettbewerbsrecht, Art. 102 AEUV Rn. 212.

633 EuGH, Urteil v. 13. Juli 1989, Rs. 395/87, ECLI:EU:C:1989:319 Rn. 42 – *Tournier*; EuGH, Urteil v. 13. Juli 1989, verb. Rs. 110/88, 241/88 & 242/88, ECLI:EU:C:1989:326 Rn. 29 ff. – *Lucazeau/SACEM*; vgl. auch Kommission, Entscheidung v. 25. Juli 2001, ABl. 2001 L-331/40 Rn. 165 – *Deutsche Post AG*

Vergleichsmarkts, auf dem wirksamer Wettbewerb herrscht.[634] Die häufigste Methode ist die Betrachtung eines räumlichen Vergleichsmarkts innerhalb des EU-Binnenmarkts. Dabei muss auch auf dem herangezogenen Vergleichsmarkt kein „perfekter" Wettbewerb herrschen. Es ist ausreichend wenn die Wettbewerbsintensität höher ist als auf dem zu betrachtenden beherrschten Markt.[635] Praktische Schwierigkeiten können sich aufgrund struktureller Unterschiede und der daraus resultierenden fehlenden Vergleichbarkeit der Märkte ergeben. Die Rechtsprechung nimmt zum Teil Abschläge aufgrund nationaler Besonderheiten vor, um strukturelle Unterschiede auszugleichen.[636] Sofern der Vergleich ergibt, dass der von dem marktbeherrschenden Unternehmen angesetzte Preis erheblich höher ist als der für das gleiche Produkt erzielte Preis auf dem Vergleichsmarkt, so spricht eine Vermutung dafür, dass der geringere Preis aufgrund funktionierenden Wettbewerbs zustande gekommen ist. Es obliegt dann dem marktbeherrschenden Unternehmen, den Preisunterschied durch den Nachweis objektiver Unterschiede zwischen dem relevanten und dem Vergleichsmarkt zu rechtfertigen.[637]

Eine andere Methode ist die der zeitlichen Vergleichsmarktanalyse, bei der die Preise für das gleiche Produkt zu einem früheren Zeitpunkt – vor der Erlangung der marktbeherrschenden Stellung – mit den später verlangten Preisen verglichen werden. Dabei wird – unter Berücksichtigung der im Laufe der Zeit unvermeidbar eingetreten Mehrkosten – untersucht, ob auch bei einem wirksamen Wettbewerb eine Preiserhöhung in dem tatsächlichen Maße hätte umgesetzt werden können.[638]

Ausnahmsweise können beim sogenannten Vergleichsmarktkonzept auch andere Produkte als Vergleichsmaßstab herangezogen werden. Dies ist etwa zulässig, wenn die Marktbedingungen einen räumlichen und zeitlichen Vergleich

---

634 EuGH, Urteil v. 11. November 1986, Rs. 226/84, ECLI:EU:C:1986:421 Rn. 30 – *British Leyland*; Kommission, Entscheidung v. 23. Juli 2004, COMP/A.36.568/D3 Rn. 104 ff – *Scandlines Sverige* (nicht im Amtsblatt veröffentlicht).

635 *Fuchs/Möschel* in: Immenga/Mestmäcker, EU-Wettbewerbsrecht, Art. 102 AEUV Rn. 181.

636 EuGH, Urteil v. 13. Juli 1989, Rs. 395/87, ECLI:EU:C:1989:319 – *Tournier*; EuGH, Urteil v. 13. Juli 1989, verb. Rs. 110/88, 241/88 & 242/88, ECLI:EU:C:1989:326 – *Lucazeau/SACEM*.

637 EuGH, Urteil v. 13. Juli 1989, Rs. 395/87, ECLI:EU:C:1989:319 Rn. 38 – *Tournier*; EuGH, Urteil v. 13. Juli 1989, verb. Rs. 110/88, 241/88 & 242/88, ECLI:EU:C:1989:326 Rn. 25 – *Lucazeau/SACEM*.

638 EuGH, Urteil v. 11. November 1986, Rs. 226/84, ECLI:EU:C:1986:421 Rn. 28 f. – *British Leyland*.

nicht erlauben oder in Ergänzung zu den anderen Vergleichsmethoden. Die Schwierigkeit besteht auch hier in der Vergleichbarkeit der Preisbildung, weshalb es sich jedenfalls um benachbarte Produktgruppen handeln sollte.[639]

Die Unangemessenheit eines Preises ergibt sich nicht bereits aus jeder Überschreitung des Vergleichspreises. Erforderlich ist vielmehr ein erheblich erhöhter Preis, um eventuellen Ungenauigkeiten der angewendeten Vergleichsmethode Rechnung zu tragen. Einen Maßstab im Sinne einer „Mindesthöhe" haben die Gerichte und die Kommission bisher nicht definiert.[640]

bb) Konditionenmissbrauch

Ein Ausbeutungsmissbrauch muss sich nicht unmittelbar anhand von unangemessenen Preisen manifestieren, sondern kann auch durch die Auferlegung sonstiger Geschäftsbedingungen verwirklicht werden. Auch der Konditionenmissbrauch läuft auf einen Vergleich zwischen dem objektiven Wert der angebotenen Leistung und der wirtschaftlichen Belastung durch unbillige Geschäftsbedingungen hinaus. Für die Bestimmung der Unangemessenheit gelten daher ähnliche Maßstäbe wie für den Preismissbrauch.[641]

Ein Missbrauch liegt nach der Rechtsprechung des EuGH jedenfalls vor, wenn die erzwungenen Konditionen offensichtlich unbillig sind bzw. zu Kosten der Leistungserbringung in einem offensichtlichen Missverhältnis stehen.[642] Eine solche Offensichtlichkeit wird nur in Ausnahmefällen vorliegen. Stattdessen muss das Missverhältnis regelmäßig durch eine Interessenabwägung festgestellt werden.[643] Nach dem Grundsatz der Verhältnismäßigkeit ist zu prüfen, ob die vom Marktbeherrscher auferlegten Konditionen zur Erreichung eines legitimen Vertragsziels unerlässlich sind oder ob nicht ein milderes Mittel zur

---

639 *Fuchs/Möschel* in: Immenga/Mestmäcker, EU-Wettbewerbsrecht, Art. 102 AEUV Rn. 183; dazu *Kuhn*, WuW 2006, S. 578, 587.

640 *Bulst* in: Langen/Bunte, Europäisches Kartellrecht, Art. 102 AEUV Rn. 164; *de Bronett* in: Wiedemann, Handbuch des Kartellrechts, § 22 Rn. 53; *Fuchs/Möschel* in: Immenga/Mestmäcker, EU-Wettbewerbsrecht, Art. 102 AEUV Rn. 185.

641 *Eilmansberger/Bien* in: MüKo EU-Wettbewerbsrecht, Art. 102 AEUV Rn. 234; *Fuchs/Möschel* in: Immenga/Mestmäcker, EU-Wettbewerbsrecht, Art. 102 AEUV Rn. 186.

642 EuGH, Urteil v. 30. April 1974, Rs. 155/73, ECLI:EU:C:1974:40 Rn. 15 ff. – *Sacchi*; Kommission, Entscheidung v. 20. April 2001, ABl. 2001 L-166/1 Rn. 111 – *Duales System Deutschland*.

643 *Bulst* in: Langen/Bunte, Europäisches Kartellrecht, Art. 102 AEUV Rn. 176; *Fuchs/Möschel* in: Immenga/Mestmäcker, EU-Wettbewerbsrecht, Art. 102 AEUV Rn. 186.

Verfügung steht.[644] Über das individuelle Vertragsverhältnis hinaus sind auch die Auswirkungen auf den Restwettbewerb zu berücksichtigen Objektiv nicht gerechtfertigte Vertragsbindungsklauseln können dazu führen, dass der Wechsel des Vertragspartners zu einem Wettbewerbsanbieter unbillig erschwert wird. Dadurch wird die Entstehung des Binnenmarkts gefährdet und ein Konditionenmissbrauchs verwirklicht.[645]

Ein Anwendungsfall des Tatbestands der „sonstigen unangemessenen Geschäftsbedingungen“ ist die von Urheberrechtsverwertungsgesellschaften auferlegte Verpflichtung der vollständigen Abtretung aller gegenwärtigen und zukünftigen Urheberrechte[646] und die damit verbundene Festlegung von unangemessenen Lizenzgebühren für die Nutzung urheberrechtlich geschützter Werke.[647] Hierzu entschied der EuGH, dass grundsätzlich keine unangemessene Überhöhung der Lizenzgebühr vorliege, wenn sie sich anteilig aus den mit der Nutzung des Werkes erzielten Einnahmen errechne und insgesamt in einem angemessenen Verhältnis zur Menge an tatsächlich übertragenen oder übertragbaren geschützten Werken stehe.[648]

b) Marktstrukturmissbrauch

Eine weitere Fallgruppe des Missbrauchs im Rahmen des Art. 102 AEUV ist der so genannte Marktstrukturmissbrauch. Erfasst werden direkte Marktstrukturveränderungen unter Beteiligung von marktbeherrschenden Unternehmen, etwa durch Unternehmenszusammenschlüsse. Wegweisend war diesbezüglich die Entscheidung *Continental Can.*[649]

Zum Teil wird vertreten, dass Art. 102 AEUV seit der Einführung der Fusionskontrollverordnung im Jahr 1989 keinen eigenständigen Anwendungsbereich

---

644 EuGH, Urteil v. 27. März 1974, Rs. 127/73, ECLI:EU:C:1974:25 Rn. 9/11 – *BRT II*; Kommission, Entscheidung v. 4. Dezember 1981, ABl. 1982 L-94/12 Rn. 36 – *GEMA-Satzung*.

645 Kommission, Entscheidung v. 2. Juni 1971, ABl. 1971 L-134/15, S. 22 f. – *GEMA I*.

646 EuGH, Urteil v. 27. März 1974, Rs. 127/73, ECLI:EU:C:1974:25 – *BRT II*.

647 EuGH, Urteil v. 11. Dezember 2008, Rs. 52/07, ECLI:EU:C:2008:703 – *Kanal 5 Ltd. & TV 4 AB*.

648 EuGH, Urteil v. 11. Dezember 2008, Rs. 52/07, ECLI:EU:C:2008:703 Rn. 37 ff. – *Kanal 5 Ltd. & TV 4 AB*; vgl. zum Missbrauchsbegriff im Rahmen von gewerblichen Schutzrechten *Heutz*, Immaterialgüterrechte und kartellrechtliche Kontrolle, S. 416 ff..

649 EuGH, Urteil v. 21. Februar 1973, Rs. 6/72, ECLI:EU:C:1973:22 Rn. 18 ff. – *Continental Can*.

mehr bei der Prüfung von Unternehmenszusammenschlüssen habe.[650] Unter anderem wird argumentiert, dass die *Continental Can*-Entscheidung der Anstoß gewesen sei, um die FKVO zu erlassen, es also die Intention gewesen sei, die in der Entscheidung noch auf das Missbrauchsverbot gestützten Erwägungen in einer eigenen Verordnung zu kodifizieren.[651] Zudem sei das Missbrauchsverbot *a priori* ungeeignet für die Zusammenschlusskontrolle, weil sie gegen wettbewerbsbeschränkende Maßnahmen, nicht jedoch gegen die Entstehung schädlicher Marktstrukturen ziele.[652]

Auch wenn in der Tat die Kommission ihre Fusionskontrollentscheidungen seit Inkrafttreten der FKVO nahezu ausschließlich auf diese stützt, hat Art. 102 AEUV im Rahmen von Unternehmenszusammenschlüssen nach zutreffender herrschender Meinung nicht an Gültigkeit verloren.[653] Dies folgt schon aus dem Vorrang des europäischen Primärrechts gegenüber dem Sekundärrecht.[654] Grundsätzlich ist eine parallele Anwendung von Fusionskontrolle und Missbrauchsverbot möglich, wenngleich die praktische Bedeutung gering bleibt.[655]

Eine Anwendung des Art. 102 AEUV auf Unternehmenszusammenschlüsse kommt in Frage, wenn die Umsatzschwellen des Art. 1 Abs. 2 FKVO nicht erreicht werden und aus diesem Grund eine Fusionskontrolle nicht möglich ist. Allerdings kommt Art. 102 AEUV entsprechend seinem Wortlaut als Fusionskontrollinstrument nur dann zur Anwendung, wenn eine bereits bestehende marktbeherrschende Stellung verstärkt wird, nicht jedoch, wenn erst durch den

650 *Schmidt*, BB 1990, S. 719, 721; *Dreher*, WuW 2002, S. 828, 830 ff.

651 *Dreher*, WuW 2002, S. 828, 830.

652 *Schmidt*, BB 1990, S. 719, 721.

653 *Bunte* in: Langen/Bunte, Europäisches Kartellrecht, Art. 102 AEUV Rn. 374; *Fuchs/Möschel* in: Immenga/Mestmäcker, EU-Wettbewerbsrecht, Art. 102 AEUV Rn. 384; *Jung* in: Grabitz/Hilf/Nettesheim, Art. 102 AEUV Rn. 337; *Mestmäcker/Schweitzer*, Europäisches Wettbewerbsrecht, § 16 Rn. 37.

654 *Bunte* in: Langen/Bunte, Europäisches Kartellrecht, Art. 102 AEUV Rn. 374; *Eilmansberger/Bien* in: MüKo EU-Wettbewerbsrecht, Art. 102 AEUV Rn. 41; *Fuchs/Möschel* in: Immenga/Mestmäcker, EU-Wettbewerbsrecht, Art. 102 AEUV Rn. 385.

655 Einer der wenigen Fälle nach Inkrafttreten der FKVO ist *Gillette*: Kommission, Entscheidung v. 10. November 1992, ABl. 1993 L-116/21 Rn. 23 – *Gillette*; die Kommission hatte bereits 1989 erklärt, von Art. 101 und 102 AEUV [ex Art. 85 und 86 EG] bei Zusammenschlüssen nach Art. 3 FKVO keinen Gebrauch zu machen, sich aber eine Anwendung auf sonstige Zusammenschlüsse vorbehalten, vgl. Gemeinsame Erklärung des Rates und der Kommission vom 19. Dezember 1989, abgedr. in WuW 1990, S. 240 ff.

Zusammenschluss eine marktbeherrschende Stellung entsteht.[656] In *Continental Can* hat der Gerichtshof die Kriterien festgelegt, die bei der Prüfung von Art. 102 AEUV als Marktstrukturmissbrauch zu beachten sind. Demnach prüft der EuGH ob (1) eine wesentliche Behinderung des Wettbewerbs vorliegt, durch die „nur noch Unternehmen auf dem Markt bleiben, die in ihrem Marktverhalten von dem beherrschenden Unternehmen abhängen", (2) eine die Handlungsfreiheit der Verbraucher auf dem Markt ernstlich gefährdende Änderung der Angebotsstruktur" entsteht, durch die die Ziele des Vertrags umgangen werden und (3) ein Verstoß gegen das Verbot der Abschottung eines wesentlichen Teils des Binnenmarkts vorliegt.[657] Diese Kriterien erfassen nicht nur Fälle von Zusammenschlüssen unter Beteiligung eines marktbeherrschenden Unternehmens, sondern auch andere strukturverändernde Verhaltensweisen. Darunter fallen etwa eine wettbewerbswidrige Ausdehnung von Monopolen auf benachbarte Märkte und die Verhinderung technischer und wirtschaftlicher Entwicklungen zu Lasten der Verbraucher.[658] Ein Verstoß gegen Art. 102 AEUV wird beispielsweise angenommen, wenn ein öffentlich-rechtliches Monopol die Erbringung von Dienstleistungen verweigert, um den Markteintritt privater Wettbewerber auf einem Nachbarmarkt zu verhindern, ohne jedoch selbst in der Lage zu sein, die Nachfrage auf dem Markt zu befriedigen bzw. die Dienstleistung effizient anzubieten.[659] Auch der Versuch eines Unternehmens, sein öffentliches Netzmonopol auf Endgeräte auszudehnen, stellt eine Verletzung von Art. 102 AEUV dar.[660]

c) *Behinderungsmissbrauch*

Die dritte und für die hiesige Untersuchung wichtigste Fallgruppe des Missbrauchstatbestands ist der Behinderungsmissbrauch. Er kann sowohl das

---

656 *Bunte* in: Langen/Bunte, Europäisches Kartellrecht, Art. 82 EG Rn. 377; *Grave*, EuZW 2002, S. 379, 384; *Jung* in: Grabitz/Hilf/Nettesheim, Art. 102 AEUV Rn. 339.

657 EuGH, Urteil v. 21. Februar 1973, Rs. 6/72, ECLI:EU:C:1973:22 Rn. 25 ff. – *Continental Can.*

658 EuGH, Urteil v. 20. März 1985, Rs. 41/83, ECLI:EU:C:1985:120 Rn. 16 ff. – *Italien/Kommission*; EuGH, Urteil v. 3. Oktober 1985, Rs. 311/84, ECLI:EU:C:1985:394 Rn. 25 f. – *Télémarketing*; *Fuchs/Möschel* in: Immenga/Mestmäcker, EU-Wettbewerbsrecht, Art. 102 AEUV Rn. 391.

659 EuGH, Urteil v. 11. Dezember 1997, Rs. C-55/96, ECLI:EU:C:1997:603 Rn. 27 – *Job Centre II*; EuGH, Urteil v. 25. Oktober 2001, Rs. C-475/99, ECLI:EU:C:2001:577 Rn. 64 – *Ambulanz Glöckner.*

660 EuGH, Urteil v. 13. Dezember 1991, Rs. C-18/88, ECLI:EU:C:1991:474 Rn. 18 f. – *GB-Inno-BM.*

Horizontalverhältnis zwischen dem marktbeherrschenden Unternehmen und seinen Wettbewerbern als auch das Vertikalverhältnis zu den vor- oder nachgelagerten Märkten betreffen.

Der Behinderungsmissbrauch kann in unterschiedlichsten Erscheinungsformen auftreten, wie etwa in Form von Diskriminierungen, Kampfpreisstrategien, Ausschließlichkeitsbindungen, Kopplungsgeschäften oder Geschäftsverweigerungen. In Art. 102 Abs. 2 b)-d) AEUV wurden drei Regelbeispiele in die Norm aufgenommen, die dem Behinderungsmissbrauch zuzuordnen sind. Art. 102 Abs. 2 b) AEUV nennt als Regelbeispiel des Missbrauchs die Einschränkung der Erzeugung, des Absatzes oder der technischen Entwicklung zum Schaden der Verbraucher. In Art. 102 Abs. 2 c) AEUV ist die Diskriminierung in Form der Anwendung von unterschiedlichen Bedingungen bei gleichwertigen Leistungen gegenüber Handelspartnern erfasst. Mit Art. 102 Abs. 2 d) AEUV wurde schließlich auch das Kopplungsverbot als Regelbeispiel aufgenommen. Zusätzlich zu dieser Beispielliste sind eine Reihe weiterer Missbrauchsformen denkbar, wie etwa Ausschließlichkeitsbindungen, missbräuchliche Rabattsysteme oder Kampfpreise. Eine Untergruppe der Lieferverweigerung bildet zudem die für die weitere Untersuchung wichtige Fallgruppe der Verweigerung des Zugangs zu wesentlichen Einrichtungen (sogenannte *essential facilities*-Doktrin).

Auch im Rahmen des Behinderungsmissbrauchs ist stets eine Interessenabwägung unter Berücksichtigung des Schutzzwecks von Art. 102 AEUV vorzunehmen, weil eine Bestimmung von *per se* missbräuchlichen Verhaltensweisen kaum möglich ist. Es ist zu untersuchen, ob das fragliche Verhalten noch als wettbewerbskonforme Geschäftspraxis eines möglicherweise besonders effizienten und innovativen Marktführers oder bereits als illegitime Verdrängungsmaßnahme zu qualifizieren ist.[661] Der EuGH hebt darauf ab, ob das marktbeherrschende Unternehmen sich solcher Mittel bedient, die von denen eines normalen Produkt- und Leistungswettbewerbs abweichen, um seine eigene Marktposition zu stärken und Wettbewerber zurückzudrängen. Schon in *Hoffmann-La Roche* konstatierte der Gerichtshof, verboten seien leistungsfremde Verhaltensweisen eines marktbeherrschenden Unternehmens, durch die die Struktur eines Marktes beeinflusst werde, auf dem der Wettbewerb gerade wegen der Anwesenheit dieses Unternehmens bereits geschwächt sei.[662]

---

661 *Fuchs/Möschel* in: Immenga/Mestmäcker, EU-Wettbewerbsrecht, Art. 102 AEUV Rn. 199.

662 EuGH, Urteil v. 13. Februar 1979, Rs. 85/76, ECLI:EU:C:1979:36 Rn. 91 – *Hoffmann-La Roche.*

Als wichtigste Orientierung für die Durchsetzung des Art 102 AEUV im Hinblick auf Behinderungsmissbräuche dient die *Prioritätenmitteilung* der Europäischen Kommission, die als Teil des Reformprozesses des EU-Wettbewerbsrechts, dem sogenannten *more economic approach*, erlassen wurde. Dieser ist darauf ausgerichtet, die wettbewerbsrechtliche Beurteilung stärker an ökonomischen Grundsätzen und dem übergeordneten Ziel der Konsumentenwohlfahrt zu orientieren.[663]

aa) Wettbewerbswidrige Marktverschließung

Als zentrales Kriterium des Behinderungsmissbrauchs definiert die Europäische Kommission in ihrer *Prioritätenmitteilung* eine „wettbewerbswidrige Marktverschließung", worunter sie ein Verhalten eines marktbeherrschende Unternehmens versteht, durch das es „vorhandenen oder potentiellen Wettbewerbern den Zugang zu Lieferquellen oder Märkten erschwert oder unmöglich macht und als Folge das marktbeherrschende Unternehmen aller Wahrscheinlichkeit nach in der Lage ist, die Preise zum Nachteil der Verbraucher gewinnbringend zu erhöhen".[664] Nachteile der Verbraucher liegen sowohl in höheren Preisen als auch in verminderter Qualität oder einem eingeschränktes Angebot der betroffenen Waren oder Dienstleistungen. Mit Verbrauchern sind dabei nicht nur die Endverbraucher, sondern auch alle direkten und indirekten Abnehmer gemeint.

Die Kommission nennt in ihrer *Prioritätenmitteilung* eine Reihe von Faktoren, anhand derer sie das Vorliegen einer wettbewerbswidrigen Marktverschließung prüft. Neben der Stellung des marktbeherrschenden Unternehmens sollen die Bedingungen auf dem relevanten Markt, die Stellung der Wettbewerber, die Stellung der Abnehmer bzw. der Anbieter von Vorprodukten und das Ausmaß des mutmaßlichen missbräuchlichen Verhaltens Berücksichtigung finden. Als möglichen Beweis sieht die Kommission die tatsächlichen Marktentwicklungen (z.B. gestiegener Marktanteil des marktbeherrschenden Unternehmens) an. Wenn möglich zieht sie zudem unmittelbare Beweise wie Dokumente oder Aufzeichnungen der Unternehmen heran, durch die sich eine Behinderungsstrategie nachvollziehen lässt.[665]

Im Rahmen der Effizienzprüfung hat das marktbeherrschende Unternehmen nachzuweisen, dass das missbilligte Verhalten zur Erreichung eines legitimen Ziels unverzichtbar und verhältnismäßig ist und dass die erreichten

663 *Gauß*, Missbrauchsverbot in innovativen Märkten, S. 45 f. m.w.N.
664 Prioritätenmitteilung Rn. 19.
665 Prioritätenmitteilung Rn. 20.

Effizienzvorteile etwaige wettbewerbsbeschränkende Auswirkungen zulasten der Verbraucher aufwiegen.[666] Ob das Verhalten eines marktbeherrschenden Unternehmens objektiv notwendig und verhältnismäßig ist, muss anhand von Faktoren überprüft werden, die außerhalb des marktbeherrschenden Unternehmens selbst liegen. So können etwa allgemeine Sicherheits- oder Gesundheitsschutzstandards ein marktverschließendes Verhalten rechtfertigen. Dabei steht es jedoch nicht dem Unternehmen selbst zu, über entsprechende Schutzmaßnahmen zu entscheiden, sondern es ist vielmehr Aufgabe der zuständigen Behörden, notwendige marktregulierende Schritte einzuleiten.[667]

bb) Preisbezogener Behinderungsmissbrauch

Ergänzend zu den oben genannten Faktoren für die Prüfung einer wettbewerbswidrigen Marktverschließung zieht die Europäische Kommission bei preisbezogenen Behinderungsmissbräuche den so genannten *as efficient competitor*-Test heran.[668] Demnach wird die Kommission nur tätig, wenn „das fragliche Verhalten andere, ebenso effiziente Wettbewerber (*as efficient competitors*) daran hindert bzw. bereits gehindert hat, am Wettbewerb teilzunehmen.[669] Dies ist der Fall, wenn das marktbeherrschende Unternehmen seine Waren oder Dienstleistungen zu nicht kostendeckenden Preisen anbietet. Betrachtet werden die durchschnittlichen vermeidbaren Kosten (*average avoidable costs* – AAC) und die langfristigen durchschnittlichen Grenzkosten (*long-run average incremental costs* – LRAIC). Wenn ein marktbeherrschendes Unternehmen seine AAC nicht deckt, deutet dies aus Sicht der Kommission darauf hin, dass es bewusst kurzfristige Gewinneinbußen hinnimmt und dass ein ebenso effizienter Wettbewerber seine Leistungen nur verlustbringend anbieten kann.[670] Wenn das marktbeherrschende Unternehmen seine LRAIC nicht deckt, deutet dies darauf hin, dass das Unternehmen nicht alle (zurechenbaren) fixen Kosten für die Herstellung des relevanten Produkts bzw. für die Erbringung der relevanten Dienstleistung aufbringt und dass ein ebenso effizienter Wettbewerber vom Markt ausgeschlossen werden könnte.[671] Dabei greift die Kommission, soweit möglich, auf die

---

666 Prioritätenmitteilung Rn. 28.

667 Prioritätenmitteilung Rn. 29.

668 Nach der Veröffentlichung der Prioritätenmitteilung im Jahr 2009 wendete die Kommission den Test erstmals in der *Intel*-Entscheidung an, vgl. Kommission, Entscheidung v. 13. Mai 2009, COMP/37.990, S. 302 ff. – *Intel.*

669 Prioritätenmitteilung Rn. 23.

670 Prioritätenmitteilung Rn. 26.

671 Prioritätenmitteilung Rn. 26.

Kostendaten des marktbeherrschenden Unternehmens selbst zurück. Nur wenn diese nicht oder nicht in hinreichender Belastbarkeit vorliegen, bedient sich die Kommission entsprechender Daten vergleichbarer Wettbewerber.

Dem *as efficient competitor*-Test liegt der Gedanke zugrunde, dass letztlich nur effiziente Unternehmen einen Beitrag zur Verbraucherwohlfahrt leisten und daher ein Schutz des Wettbewerbs anhand dieses Effizienzmaßstabs zu erfolgen hat.[672] Dies resultiert aus der Konzeption der Wettbewerbsregeln, die nicht einzelne, möglicherweise uneffiziente Wettbewerbsunternehmen schützen wollen, sondern den Wettbewerb an sich. Ein Schutz ineffizienter Unternehmen soll nach dem *more economic approach* der europäischen Wettbewerbspolitik vermieden werden, weil er nicht dem Schutz der Verbraucher dient, die nur von effizienten Wettbewerbern profitieren.[673] Zugleich rechtfertigt die Kommission das Konzept des *as efficient competitor* mit Rechtssicherheit, denn der Test bietet die Möglichkeit einer autonomen Betrachtung der eigenen Kosten-Preis-Struktur durch das marktbeherrschende Unternehmen, ohne dass ein Vergleich mit den Wettbewerbern erforderlich wäre, auf deren Daten das Unternehmen keinen Zugriff hat.[674] Insofern handelt es sich bei dem *as efficient competitor*-Test um einen Vergleich mit einem hypothetischen Wettbewerber, nicht mit einem tatsächlichen Wettbewerber im aktuellen Marktgeschehen.

Trotz der Festlegung auf das Konzept eines ebenso effizienten Wettbewerbers erkennt die Kommission ausdrücklich an, dass im Einzelfall eine abweichende Beurteilung erforderlich sein kann, weil unter Umständen auch von weniger effizienten Unternehmen ein schützenswerter Wettbewerb ausgehen könne.[675] Damit wird dem Umstand Rechnung getragen, dass auch ein aus heutiger Sicht weniger leistungsfähiges Unternehmen im Laufe der Zeit seine Wettbewerbsfähigkeit ausbauen und von wachsenden Verbund- und Größenvorteilen profitieren kann. Eine solche Zukunftsprognose ermöglicht die notwendige dynamische Einzelfallbewertung.[676]

---

672 *Bulst* in: Langen/Bunte, Europäisches Kartellrecht, Art. 82 EG Rn. 113; *Fuchs/Möschel* in: Immenga/Mestmäcker, EU-Wettbewerbsrecht, Art. 102 AEUV Rn. 207.

673 *Fuchs/Möschel* in: Immenga/Mestmäcker, EU-Wettbewerbsrecht, Art. 102 AEUV Rn. 209; *Künzler*, Effizienz oder Wettbewerbsfreiheit?, S. 458; *Wirtz/Möller*, WuW 2006, S. 226, 229.

674 EuGH, Urteil v. 14. Oktober 2010, Rs. C-280/08 P, ECLI:EU:C:2010:603 Rn. 202 – *Deutsche Telekom*; EuGH, Urteil v. 17. Februar 2011, Rs. C-52/09, ECLI:EU:C:2011:83 Rn. 44 – *TeliaSonera*.

675 Prioritätenmitteilung Rn. 24.

676 *Adam/Maier-Rigaud*, ZWeR 2009, S. 131, 138; *Bulst* in: Langen/Bunte, Europäisches Kartellrecht, Art. 82 EG Rn. 113; *Fuchs/Möschel* in: Immenga/Mestmäcker,

Die Rechtsprechung hat den *as efficient competitor*-Test anerkannt und wendet ihn sowohl bei der Überprüfung von Kampfpreismissbräuchen als auch in Fällen von Preis-Kosten-Scheren an.[677]

Auch von der Literatur wird dem Konzept grundsätzlich, jedoch nicht ganz ohne Kritik, zugestimmt. Die Aussagekraft des *as efficient competitor*-Tests wird hinterfragt, weil die Effizienz des marktbeherrschenden Unternehmens, die den Maßstab für die Beurteilung einer potentiell missbräuchlichen Verhaltensweise bildet, erfahrungsgemäß gerade aufgrund der besonderen Marktstärke desselben besonders hoch ist.[678] Weiterhin wird kritisiert, dass die dynamische Entwicklung des Markts keine hinreichende Berücksichtigung findet, da die Betrachtung letztlich immer eine Momentaufnahme sei. Dies gelte trotz der theoretischen Anerkennung von möglichen Marktstrukturveränderungen durch potentiell steigende Leistungsfähigkeit der Wettbewerber.[679] Die starke Fokussierung auf ebenso effiziente Unternehmen nehme solche Wettbewerber vom Schutzbereich des Art. 102 AEUV aus, die zwar noch nicht in gleicher Weise leistungsfähig sind, jedoch das Potenzial besitzen, einen relevanten Wettbewerbsdruck auf das marktbeherrschende Unternehmen auszuüben. Dadurch würde die marktbeherrschende Stellung langfristig zementiert, weil wettbewerbliche Impulse von (noch) nicht ebenso effizienten Wettbewerbern keine Beachtung fänden.[680] In diesem Zusammenhang wird angemerkt, es sei nicht die Aufgabe des Kartellrechts, die Kostenstruktur bestimmter Unternehmen als wettbewerbspolitisch „erwünscht oder unerwünscht" zu beurteilen. Auch wenn Effizienz ein erwünschtes Ergebnis des Wettbewerbs sei, dürften ineffiziente Unternehmen nicht per se als unerwünscht angesehen und aus dem Schutzbereich ausgeklammert werden, denn auch sie könnten sich im Laufe der Zeit zu „effizienten" Wettbewerbern entwickeln, und zwar möglicherweise nach einem ganz anderen

---

EU-Wettbewerbsrecht, Art. 102 AEUV Rn. 209a; dazu auch schon vor Inkrafttreten der Prioritätenmitteilung, noch zum Diskussionspapier *Künzler*, Effizienz oder Wettbewerbsfreiheit?, S. 458.

677 EuGH, Urteil v. 3. Juli 1991, Rs. C-62/86, ECLI:EU:C:1991:286 Rn. 72 – *AKZO*; EuGH, Urteil v. 2. April 2009, Rs. 202/07, ECLI:EU:C:2009:214 Rn. 108 f. – *France Telecom*; EuGH, Urteil v. 14. Oktober 2010, Rs. C-208/08 P, ECLI:EU:C:2010:603 Rn. 195 ff., 253 ff. – *Deutsche Telekom*; EuGH, Urteil v. 17. Februar 2011, Rs. C-52/09, ECLI:EU:C:2011:83 Rn. 40 ff. – *TeliaSonera*.

678 *Fuchs* in: FS Möschel, S. 258.

679 *Fuchs/Möschel* in: Immenga/Mestmäcker, EU-Wettbewerbsrecht, Art. 102 AEUV Rn. 209b; *Künzler*, Effizienz oder Wettbewerbsfreiheit?, S. 456.

680 *Fuchs/Möschel* in: Immenga/Mestmäcker, EU-Wettbewerbsrecht, Art. 102 AEUV Rn. 209c; *Fuchs* in: FS Möschel, S. 241, 257.

Konzept als es das marktbeherrschende Unternehmen anwendet. So könnten sich Effizienzvorteile aus ganz unterschiedlichen Aspekten wie Netzwerkeffekten, Verbundvorteilen (*economies of scale*), Größenvorteilen (*economies of scope*) oder Innovationen ergeben. Wettbewerb müsse ein „ergebnisoffenes Entdeckungsverfahren" bleiben.[681]

Diesen Bedenken ist zuzustimmen. Wenn es marktbeherrschenden Unternehmen gestattet würde, alle potentiellen Wettbewerber, die aktuell noch nicht dasselbe Effizienzniveau erreicht haben, zu verdrängen, würde die Dynamik und Entwicklungsfähigkeit des Wettbewerbs erheblich eingeschränkt.[682] Ziel des Art. 102 AEUV soll und darf es nicht sein, eine bestehende marktbeherrschende Stellung zu schützen, indem aufstrebende Wettbewerber vom Markt ausscheiden. Vielmehr muss Art. 102 AEUV ein „Mehr" an Wettbewerb fördern. Eine strikte Anwendung des *as efficient competitor*-Tests bietet lediglich eine Momentaufnahme der Wettbewerbssituation und blendet ein potentielles Erstarken von noch nicht so effizienten aber möglicherweise innovativen Wettbewerbern aus.

III. Wirkung und Zweck der Missbrauchshandlung

Das Verbot des Missbrauchs einer marktbeherrschenden Stellung nimmt, anders als das Kartellverbot, keinen Bezug auf die Wirkung oder den Zweck der Missbrauchshandlung. Während Art. 101 AEUV voraussetzt, dass die Vereinbarungen, Beschlüsse oder abgestimmten Verhaltensweisen „eine Verhinderung, Einschränkung oder Verfälschung des Wettbewerbs innerhalb des Binnenmarkts bezwecken oder bewirken", fehlt es in Art. 102 AEUV an einer derartigen Wirkungs- oder Zielverknüpfung. Bei der missbräuchlichen Ausnutzung einer marktbeherrschenden Stellung handelt es sich dem Wortlaut nach mithin um einen objektiven Tatbestand, bei dem es auf eine besondere Vorwerfbarkeit oder einen Erfolg nicht ankommt.[683]

---

681 *Künzler*, Effizienz oder Wettbewerbsfreiheit?, S. 460.

682 *Fuchs* in: FS Möschel, S. 241, 257.

683 Ständige Rspr., vgl. EuGH, Urteil v. 13. Februar 1979, Rs. 85/76, ECLI:EU:C:1979:36 Rn. 91 – *Hoffmann-La Roche*; EuGH, Urteil v. 3. Juli 1991, Rs. 62/86, ECLI:EU:C:1991:286 Rn. 69 – *AKZO*; EuGH, Urteil v. 28. September 2006, Rs. C-552/03 P, ECLI:EU:C:2006:607 Rn. 129 – *Unilever Bestfoods*; siehe auch *Bulst* in: Langen/Bunte, Europäisches Kartellrecht, Art. 102 AEUV Rn. 114; *de Bronett* in: Wiedemann, Handbuch des Kartellrechts, § 22 Rn. 42; *Fuchs/Möschel* in: Immenga/Mestmäcker, EU-Wettbewerbsrecht, Art. 102 AEUV Rn. 149 m.w.N.

1. *Rechtsprechung*

Aus der Rechtsprechungspraxis der Unionsgerichte lässt sich jedoch ableiten, dass die Finalität des Marktverhaltens, insbesondere bei preisbezogenen Behinderungsmissbräuchen, durchaus ausschlaggebend für die Beurteilung der Missbräuchlichkeit sein kann.[684] Bereits in der Rechtssache *United Brands* machte der Gerichtshof deutlich, dass ein marktbeherrschendes Unternehmen das Recht hat, seine geschäftlichen Interessen zu wahren und entsprechende Maßnahmen zu ergreifen, sofern diese nicht auf eine Verstärkung der beherrschenden Stellung und ihren Missbrauch „abzielen".[685] Das EuG erklärte in *Michelin II,* angesichts des Regelungszusammenhangs werde eine Verhaltensweise jedoch nur dann als missbräuchlich im Sinne des Artikels 82 angesehen, wenn die den Wettbewerb beschränken könne. Für die Feststellung eines Verstoßes gegen Artikel 102 AEUV genügt der Nachweis, dass das missbräuchliche Verhalten eines Unternehmens in beherrschender Stellung „darauf gerichtet" sei, den Wettbewerb zu beschränken, anders ausgedrückt, dass sein Verhalten eine solche Wirkung haben könne. Im Rahmen der Anwendung von Artikel 102 AEUV gehe der Nachweis des Zwecks und der Nachweis der wettbewerbswidrigen „Folge", also der Wirkung, ineinander über. In einem Fall in dem ein marktbeherrschendes Unternehmen mit seinem Verhalten eine Wettbewerbsbeschränkung bezweckt, ist nach Auffassung des EuG dieses Verhalten auch geeignet, eine solche Wirkung zu entfalten."[686] Der Tatbestand des Art. 102 AEUV wird mithin um das zusätzliche Tatbestandsmerkmal ergänzt, dass die potentiell missbräuchliche Maßnahme des Marktbeherrschers geeignet sein muss, den Wettbewerb zu beschränken. Darauf kann durch den Nachweis einer entsprechenden Zwecksetzung geschlossen werden. Die Rechtsprechung nimmt damit, über den Wortlaut des Art. 102 AEUV hinaus, eine Zweiteilung der Norm in ein Handlungs- und ein Zweck- bzw. Wirkungselement vor. Dieses erweiterte Verständnis beschränkt sich in der bisherigen Rechtsprechung vorwiegend auf Behinderungsmissbräuche.

In Bezug auf ein diskriminierendes Rabattsystem konstatierte der EuGH in *British Airways*, die Tatbestandsvoraussetzungen des Art. 102 Abs. 2 c) AEUV seien nur erfüllt, wenn nicht nur festgestellt werde, dass das Verhalten des

---

684 *Bulst* in: Langen/Bunte, Europäisches Kartellrecht, Art. 102 AEUV Rn. 116; ausführlich *Eilmansberger/Bien* in: MüKo EU-Wettbewerbsrecht, Art. 102 AEUV Rn. 164 ff.

685 EuGH, Urteil v. 14. Februar 1978, Rs. 27/76, ECLI:EU:C:1978:22 Rn. 184/194 – *United Brands.*

686 EuG, Urteil v. 30. September 2003, ECLI:EU:C:2003:250 Rn. 237 ff. – *Michelin II.*

marktbeherrschenden Unternehmens diskriminierend; vielmehr müsse das Verhalten auch darauf abzielen, die Wettbewerbsbeziehung zwischen den Handelspartnern des Marktbeherrschers zu verfälschen, indem die Wettbewerbsposition eines Teils der Handelspartner gegenüber den andere beeinträchtigt wird. Dies ist nach Ansicht des Gerichtshofs der Fall, wenn das Verhalten des beherrschenden Unternehmens „angesichts des gesamten Sachverhalts darauf gerichtet ist, eine Wettbewerbsverzerrung zwischen diesen Handelspartnern herbeizuführen". Dabei sei es nicht erforderlich, den Beweis einer tatsächlichen, quantifizierbaren Verschlechterung der Wettbewerbsstellung einzelner Handelspartner zu erbringen.[687] Vielmehr gehe es um die generelle Eignung des Verhaltens, die Wettbewerbsbedingungen zu verfälschen und so letztlich eine Veränderung der Marktstruktur herbeizuführen.[688]

Auch für die Tatbestandsalternative der missbräuchlichen Lieferverweigerung können subjektive Elemente von Bedeutung sein, wie der EuGH in der Rechtssache *Sot. Lelos kai Sia* klarstellte. Demnach stellt eine Praxis, mit der ein Unternehmen in beherrschender Stellung eine Beschränkung des Parallelhandels mit den von ihm vertriebenen Erzeugnissen anstrebt, die missbräuchliche Ausnutzung dieser marktbeherrschenden Stellung dar. Dies gilt insbesondere wenn durch sie Reimporte, die mit dem Vertriebsnetz dieses Unternehmens in Wettbewerb treten, behindert werden sollen.[689]

Die Rechtsprechung stellt demnach bei der Prüfung von Behinderungsmissbräuchen nach Art. 102 AEUV nicht allein auf die objektiven Tatbestandsmerkmale ab, sondern berücksichtigt auch subjektive Aspekte. Sie prüft ob das fragliche Verhalten dazu geeignet ist bzw. darauf abzielt, den Wettbewerb auf dem Binnenmarkt zu beeinträchtigen.

2. *Literaturmeinungen*

In der Literatur ist umstritten, welche Bedeutung dieser Rechtsprechung beizumessen ist. Zum Teil wird angenommen, die Einbeziehung des subjektiven Wirtschaftsplans des Normadressaten diene nur dazu, Aufschluss über die tatsächlichen Marktverhältnisse zu gewinnen. Ein Nachweis derartiger subjektiver

---

687 EuGH, Urteil v. 15. März 2007, Rs. 95/04 P, ECLI:EU:C:2007:166 Rn. 144 f. – *British Airways.*

688 *Eilmansberger/Bien* in: MüKo EU-Wettbewerbsrecht, Art. 102 AEUV Rn. 172.

689 EuGH, Urteil v. 16. September 2008, verb. Rs. C-468/06 bis C-478/06, ECLI:EU:C2008:504 Rn. 37 – *Sot. Lelos kai Sia.*

Elemente sei jedoch nicht erforderlich, da Art. 102 AEUV einem rein objektiven Konzept folge.[690]

Andere Stimmen deuten die Rechtsprechung so, dass der Zweck- und Wirkungszusammenhang ein notwendiges Tatbestandsmerkmal bestimmter Missbrauchshandlungen sei und sprechen sich für eine Aufwertung der subjektiven Elemente in der Prüfung des Art. 102 AEUV aus.[691] Nach *Eilmansberger* müssen Zweck und Wirkung einer Verhaltensweise darauf gerichtet sein, die Wettbewerbsbedingungen für die Mitbewerber des marktbeherrschenden Unternehmens zu verfälschen. Es müsse nachgewiesen werden, dass die Maßnahme des Normadressaten „zumindest geeignet ist, die Marktstruktur zu verändern, und dass dies wenigstens eine der von dem Unternehmen mit der Maßnahme verfolgten Zielsetzung war".[692] Zudem wird argumentiert, für die Tatbestandsanknüpfung an der subjektiven Verdrängungsabsicht spreche auch der Schutzzweck des Art. 102 AEUV, da die Missbrauchsaufsicht als Gefährdungstatbestand bereits vor einer tatsächlichen Beeinträchtigung eingreifen solle.[693] Die Gegner dieser Ansicht warnen hingegen, dass die Absicht, Wettbewerber zu verdrängen, Gegenstand legitimen Wettbewerbs sei und für sich genommen noch nicht bedeute, dass diese Verdrängung mit wettbewerbswidrigen Maßnahmen verfolgt werde.[694] *Eilmansberger* stellt jedoch klar, dass die Feststellung einer Verdrängungsabsicht allein nicht ausreiche, sondern stets kumulativ auch die Eignung zur Änderung der Wettbewerbsstruktur nachgewiesen werden müsse.[695]

---

690 *Bechtold/Bosch/Brinker*, EU-Kartellrecht, Art. 102 AEUV Rn. 32; *de Bronett* in: Wiedemann, Handbuch des Kartellrechts, § 22 Rn. 42; *Fuchs/Möschel* in: Immenga/Mestmäcker, EU-Wettbewerbsrecht, Art. 102 AEUV Rn. 149; *Schröter/Bartl* in: Schröter/Jakob/Klotz/Mederer, Europäisches Wettbewerbsrecht, Art. 102 AEUV Rn. 164.

691 Allen voran *Eilmansberger/Bien* in: MüKo EU-Wettbewerbsrecht, Art. 102 AEUV Rn. 170 ff.; *Jung* in: Grabitz/Hilf/Nettesheim, Art. 102 AEUV Rn. 126; *Pries*, Kampfpreismissbrauch im ökonomisierten EG-Kartellrecht, S. 138 ff.; mit Einschränkungen auch *Bulst* In: Langen/Bunte, Europäisches Kartellrecht, Art. 102 AEUV Rn. 116 ff.

692 *Eilmansberger/Bien* in. MüKo EU-Wettbewerbsrecht, Art. 102 AEUV Rn. 172.

693 *Pries*, Kampfpreismissbrauch im ökonomisierten EG-Kartellrecht, S. 141 mit Verweis auf *de Bronett* in: Wiedemann, Handbuch des Kartellrechts, § 22 Rn. 39.

694 *de Bronett* in: Wiedemann, Handbuch des Kartellrechts, § 22 Rn. 42; *Fuchs/Möschel* in: Immenga/Mestmäcker, EU-Wettbewerbsrecht, Art. 102 AEUV Rn. 150; *Schröter/Bartl* in: Schröter/Jakob/Klotz/Mederer, Europäisches Wettbewerbsrecht, Art. 102 AEUV Rn. 164.

695 *Eilmansberger/Bien* in. MüKo EU-Wettbewerbsrecht, Art. 102 AEUV Rn. 172 ff.

Was den Zusammenhang zwischen Zweck und Wirkung angehe, sei zu beachten, dass von der Eignung eines Verhaltens, die Wettbewerbsstruktur zu beeinträchtigen, nicht ohne weiteres auf eine entsprechende Zielsetzung des marktbeherrschenden Unternehmens geschlossen werden könne. Umgekehrt sei die Feststellung einfacher: könne die Verdrängungsabsicht nachgewiesen werden, so liege es im Regelfall nahe, dass das Verhalten auch geeignet ist, ein solches Ergebnis zu erzielen.[696] Die Beweislast liege bei der jeweiligen Wettbewerbsbehörde. Die Prüfung erfolge in der Praxis häufig nur kursorisch und ziehe regelmäßig, im Sinne einer Vermutung, von der starken Marktstellung des Normadressaten den Schluss auf die Wettbewerbswidrigkeit seines Verhaltens.[697] Die Vermutung ist aber durch den Marktbeherrscher widerlegbar. Hinsichtlich der zweiten Voraussetzung, der Verdrängungsabsicht, gibt *Eilmansberger* zu bedenken, dass, wie oben bereits angedeutet, auch jedem legitimen wettbewerblichen Handeln eine Verdrängungsintention innewohnt. Insofern sei der Nachweis erforderlich, dass die behauptete Marktstrukturveränderung nicht eine bloße Folge der in Frage stehenden Maßnahme ist, sondern gerade beabsichtigt und das Handeln nicht ausschließlich von anderen Motiven getragen war. Zum Nachweis könne die Kommission direkte Beweise, die jedoch häufig schwierig zu beschaffen sein dürften,[698] oder Indizienbeweise heranziehen. Seitens des Marktbeherrschers reiche es nicht aus, irgendeine wirtschaftliche Erklärung für die fragliche Maßnahme anzubringen. Vielmehr müsse das marktbeherrschende Unternehmen sein Verhalten „vollständig und erschöpfend erklären". Wenn dies gelingt, soll es im Gegenzug unerheblich sein, ob eine Marktstrukturveränderung als mögliche Folge vorhersehbar oder sogar als Nebeneffekt nicht unerwünscht war.[699]

---

696 *Eilmansberger/Bien* in. MüKo EU-Wettbewerbsrecht, Art. 102 AEUV Rn. 173; so auch EuG, Urteil v. 30. September 2003, Rs. T-203/01, ECLI:EU:T:2003:250 Rn. 241 – *Michelin II.*

697 EuG, Urteil v. 1. April 1993, Rs. T-65/89, ECLI:EU:T:1993:31 Rn. 68 – *BPB Industries*; EuG, Urteil v. 23. Oktober 2003, Rs. T-65/03, ECLI:EU:T:2003:281 Rn. 160 – *Van den Bergh Foods*; *Eilmansberger/Bien* in: MüKo EU-Wettbewerbsrecht, Art. 102 AEUV Rn. 175.

698 In einigen Fällen ist der Kommission der Absichtsnachweis anhand direkter Beweise (Dokumente, Korrespondenz etc.) gelungen: Kommission, Entscheidung v. 22. Dezember 1987, IV/30.787 & 31.488, ABl. 1988 L-65/19 Rn. 34, 81 ff. – *Eurofix-Bauco/Hilti*; Kommission, Entscheidung v. 19. Dezember 1990, IV/33.133, ABl. 1991 L-152/40 Rn. 55 ff. – *Soda-ICI*; Kommission, Entscheidung v. 16. Juli 2003, COMP/38.233 Rn. 110 ff. – *Wanadoo Interactive*, bestätigt durch EuG, Urteil v. 30. Januar 2007, Rs. T-340/03, ECLI:EU:T:2007:22 Rn. 199 ff. – *France Télécom.*

699 *Eilmansberger/Bien* in. MüKo EU-Wettbewerbsrecht, Art. 102 AEUV Rn. 172.

Eine zurückhaltendere Meinung interpretiert die Rechtsprechung so, dass für bestimmte Behinderungsmissbräuche zwar die Feststellung einer Zielrichtung im Sinne einer Finalität des Marktverhaltens des Marktbeherrschers konstitutiv sei, will dies aber im Gegensatz zu *Eilmansberger* nicht gleichsetzen mit einer wettbewerbsfeindlichen Absicht im engeren Sinne.[700]

3. *Stellungnahme*

Der Rechtsprechung und der ihr zustimmenden Literaturmeinung ist zu folgen. Die Tatsache, dass Art. 101 und 102 AEUV ein einheitliches Regelungsziel (Schutz des Binnenmarkts vor Wettbewerbsverfälschungen) verfolgen, spricht dafür, für bestimmte Missbrauchsalternativen die Wirkung und Zweckrichtung des jeweiligen Verhaltens als zusätzliches (ungeschriebenes) Tatbestandsmerkmal zu begreifen.

Das Kartellverbot enthält ein Handlungs- (Vereinbarung, Beschluss, abgestimmte Verhaltensweise) und ein Erfolgselement (Beschränkung des Wettbewerbs auf dem Binnenmarkt). Auch im Bereich des Behinderungsmissbrauchs finden sich Tatbestände, in denen eine zunächst neutrale Handlung (z.B. Ungleichbehandlung von Handelspartnern, Lieferverweigerung) erst durch eine bestimmte Zweckrichtung (z.B. Beeinträchtigung der Wettbewerbsposition einiger Handelspartner gegenüber anderen) missbräuchlich wird. Dies kann bei der Prüfung des Art. 102 AEUV nicht ausgeklammert werden. So ist die Eignung einer Maßnahme zur Erzielung einer wettbewerbswidrigen Wirkung nicht ausreichend, um die Missbräuchlichkeit eines objektiv behindernden Verhaltens zu belegen. Zusätzlich muss der Nachweis erbracht werden, dass das marktbeherrschende Unternehmen mit seinem Verhalten auf eine Beeinträchtigung der Marktstruktur abzielt. Sofern die Veränderung der Wettbewerbsverhältnisse hingegen lediglich eine reflexartige Folgeerscheinung eines mit der Maßnahme bezweckten legitimen Ziels ist, kann diese Maßnahme nicht als missbräuchlich eingestuft werden. Diese Sicht wird durch die Rechtsprechung des EuGH bestätigt, wenn er in der Rechtssache *AKZO* in Bezug auf das an sich unproblematische Einholen von Auskünften feststellt, dass „eine solche Praxis, wenn sie [...] Teil eines Plans zur Verdrängung eines Konkurrenten ist, nicht als normales Mittel des Wettbewerbs angesehen werden kann" und daher missbräuchlich ist.[701]

---

700 *Bulst* in: Langen/Bunte, Europäisches Kartellrecht, Art. 102 AEUV Rn. 124 f.; *Faull/Nikpay*, The EC Law of Competition Rn. 4.148; *Schröter/Bartl* in: von der Groeben/Schwarze, Art. 102 AEUV Rn. 164.

701 EuGH, Urteil v. 3. Juli 1991, Rs. C-62/86, ECLI:EU:C:1991:286 Rn. 148 – *AKZO*.

Die Einbeziehung der (subjektiven) Zweckrichtung des Verhaltens kann allerdings richtigerweise nur für Marktstrukturmissbräuche und bestimmte Behinderungsmissbräuche gelten. Den als Ausbeutungsmissbrauch zu qualifizierenden Tatbestandsalternativen des Art. 102 AEUV ist die Missbräuchlichkeit bereits aufgrund des erzielten (konkreten) Ausbeutungserfolgs immanent und muss nicht durch zusätzliche Zweck- oder Wirkungszusammenhänge nachgewiesen werden.[702] Dort hingegen, wo das Verhalten des Normadressaten zu einer Beeinträchtigung der Wettbewerbsstrukturen auf dem Binnenmarkt führen kann, sind Zweck und Wirkung als ungeschriebene Tatbestandsmerkmale notwendig, um den unbestimmten Rechtsbegriff des Missbrauchs zu konkretisieren und die Anwendung des Art. 102 AEUV auf tatsächlich wettbewerbsschädigende Sachverhalte zu begrenzen.[703]

„Abzielen" ist allerdings im Sinne einer Finalität des Handelns zu verstehen und nicht als wettbewerbsfeindliche Absicht im engeren Sinne, wie sie von *Eilmansberger* gefordert wird.[704] Eine engere Interpretation ergibt sich weder aus dem Wortlaut noch aus der Rechtsprechung. Die Gerichte legen zur Beantwortung der Frage der Missbräuchlichkeit den Fokus vielmehr auf die Untersuchung der Geschäftsstrategie des marktbeherrschenden Unternehmens. Bei der Beurteilung ist, wie auch die *Prioritätenmitteilung* der Kommission nahe legt,[705] vorrangig auf objektive Belege zu rekurrieren. Subjektive Faktoren können aber ein entscheidendes Indiz für eine wettbewerbsschädigende Geschäftsstrategie darstellen und sind insofern in die Prüfung einzubeziehen.

4. *Zwischenfazit*

Obwohl Art. 102 AEUV überwiegend als objektiver Tatbestand verstanden wird, lässt sich aus der Rechtsprechung des EuGH ableiten, dass im Rahmen von Marktstrukturmissbräuchen und bestimmten Behinderungsmissbräuchen eine Finalität des Handelns zu verlangen ist. Die von dem fraglichen marktbeherrschenden Unternehmen an den Tag gelegten Verhaltensweisen müssen geeignet und darauf gerichtet sein, eine Beschränkung des Wettbewerbs herbeizuführen.

---

702 *Eilmansberger/Bien* in: MüKo EU-Wettbewerbsrecht, Art. 102 AEUV Rn. 162.

703 *Eilmansberger/Bien* in: MüKo EU-Wettbewerbsrecht, Art. 102 AEUV Rn. 164.

704 Wie hier: *Bulst* in: Langen/Bunte, Europäisches Kartellrecht, Art. 102 AEUV Rn. 124 f.

705 Prioritätenmitteilung, Rn. 20.

IV. Rechtfertigung

Im Gegensatz zu Art. 101 Abs. 3 AEUV sieht Art. 102 AEUV keinen gesetzlich geregelten Rechtfertigungs- bzw. Freistellungstatbestand vor. Eine nach Art. 101 Abs. 3 AEUV freigestellte Kooperation kann folglich gegen das Missbrauchsverbot verstoßen.[706]

Die Rechtsprechung der Unionsgerichte hat dennoch in einigen Urteilen eine zweistufige Prüfung vorgenommen, indem sie zunächst das Vorliegen eines *prima facie* Missbrauchs und anschließend das Eingreifen von Rechtfertigungsgründen prüfte.[707] Der Anknüpfungspunkt für die Rechtfertigung kann dabei entweder eine sich aus objektiven Umständen ergebende Notwendigkeit sein, zu dem fraglichen Verhalten zu greifen, oder der Nachweis von Effizienzgewinnen, die durch die *prima facie* missbräuchliche Maßnahme erreicht werden.[708] Die Europäische Kommission hat die von der Rechtsprechung aufgestellten Grundsätze in ihre 2009 veröffentlichte *Prioritätenmitteilung* aufgenommen.[709]

1. Objektive Umstände

Als objektive außerhalb des Unternehmens liegende Gründe wurden etwa eine Lieferbeschränkung aufgrund von Versorgungsengpässen oder eine Zugangsverweigerung wegen mangelnder Qualifikation des Zugangsbegehrenden anerkannt.[710] Unerheblich ist hingegen das Vorbringen eines marktbeherrschenden Unternehmens, durch sein Verhalten die Einhaltung gesetzlicher Vorschriften

---

706 EuGH, Urteil v. 16. März 2000, verb. Rs. C-395/96 & 396/96, ECLI:EU:C:2000:132 Rn. 130 ff. – *Compagnie maritime belge transports.*

707 EuGH, Urteil v. 14. November 1996, Rs. C-333/94, ECLI:EU:C:1996:436 Rn. 37 – *Tetra Pak*; EuGH, Urteil v. 29. April 2004, Rs. C-418/01, ECLI:EU:C:2004:257 Rn. 51 – *IMS Health*; EuGH, Urteil v. 16. September 2008, verb. Rs. C-468/06 bis C-478/06, ECLI:EU:C:2008:504 Rn. 50 – Sot. Lélos kai Sia; EuGH, Urteil v. 11. Dezember 2008, Rs. C-52/07, ECLI:EU:C:2008:703 Rn. 26 – *Kanal 5 & TV 4*; EuG, Urteil v. 17. September 2007, Rs. T-201/04, ECLI:EU:T:2007:289 Rn. 688 – *Microsoft*; EuG, Urteil v. 9. September 2010, Rs. T-155/06, ECLI:EU:T:2010:370 Rn. 207 – *Tomra.*

708 EuGH, Urteil v. 27. März 2012, Rs. C-209/10, ECLI:EU:C:2012:172 Rn. 41 – *Post Danmark.*

709 Prioritätenmitteilung, Rn. 28 ff.

710 EuGH, Urteil v. 29. Juni 1978, Rs. 77/77, ECLI:EU:C:1978:141 Rn. 29/34 – *B.P.*; EuGH, Urteil v. 6. Dezember 2012, Rs. C-457/10 P, ECLI:EU:C:2012:770 Rn. 135 - *AstraZeneca*

durch Dritte sicherzustellen. Dies ist Aufgabe des Staats und kann nicht zur Rechtfertigung einer missbräuchlichen Maßnahme dienen.[711]

Die Wahrung berechtigter wirtschaftlicher Interessen wird von der Rechtsprechung ebenfalls als legitimes Vorbringen des marktbeherrschenden Unternehmens zur Rechtfertigung eines *prima facie* missbräuchlichen Verhaltens akzeptiert, sofern dieses nicht gerade auf eine Verstärkung der marktbeherrschenden Stellung und deren Missbrauch abzielt.[712] Dass es sich dabei allerdings um einen „echten" Rechtfertigungsgrund handelt, wird in der Literatur bezweifelt. Vielmehr sei die Einbeziehung der berechtigten wirtschaftlichen Interessen integraler Bestandteil der eigentlichen Missbrauchsprüfung.[713] Zu Recht hat die Europäische Kommission die Wahrung berechtigter geschäftlicher Interessen daher auch nicht als Rechtfertigungsgrund in die *Prioritätenmitteilung* aufgenommen.

2. *Effizienzgewinne*

Für die Geltendmachung von Effizienzgewinnen ist die Entscheidung *British Airways* von einschneidender Bedeutung. Der Gerichtshof wandte hier erstmals ein zweigeteiltes Prüfungsschema an. Auf der ersten Stufe stellte er die grundsätzliche Missbräuchlichkeit des Verhaltens (Eignung zur Entfaltung von Verdrängungswirkung) fest. Auf der zweiten Stufe gab er dem marktbeherrschenden Unternehmen die Möglichkeit, dieses Verhalten mit objektiv wirtschaftlichen Erwägungen zu rechtfertigen.[714] Für eine erfolgreiche Effizienzrechtfertigung verlangte der EuGH dass (1) die Effizienzen den Verbrauchern zugute kommen, (2) die nachteiligen Verdrängungswirkungen der fraglichen Maßnahme (im konkreten Fall handelte es sich um ein Rabattsystem) durch die Effizienzvorteile wenigstens ausgeglichen werden und (3) die Maßnahme zur Erzielung

711 EuG, urteil v. 12. Dezember 1991, Rs. T-30/89, ECLI:EU:T:1991:70 Rn. 115 ff. – *Hilti*; EuG, Urteil v. 6. Oktober 1994, Rs. T-83/91, ECLI:EU:T:1994:246 Rn. 83 f. – *Tetra Pak II*; *de Bronett* in: Wiedemann, Handbuch des Kartellrechts, § 22 Rn. 46.

712 EuGH, urteil v. 14. Februar 1978, Rs. 27/76, ECLI:EU:C:1978:22 Rn. 189 f. – *United Brands*; EuGH, Urteil v. 16. August 2008, verb. Rs. C-468/06 bis C-478/06, ECLI:EU:C:2008:504 Rn. 79 – Sot. Lelos kai Sia.

713 *Bulst* in: Langen/Bunte, Europäisches Kartellrecht, Art. 102 AEUV Rn. 140; *Fuchs/Möschel* in: Immenga/Mestmäcker, EU-Wettbewerbsrecht, Art. 102 AEUV Rn. 154; siehe auch Schlussanträge GA Jacobs v. 28. Oktober 2004 in Rs. C-53/03, ECLI:EU:C:2004:673 Rn. 72 – *Syfait.*

714 EuGH, Urteil v. 15. März 2007, Rs. C-95/04 P, ECLI:EU:C:2007:166 Rn. 68 f. – *British Airways.*

der Effizienzen erforderlich ist.[715] Die Darlegungs- und Beweislast lag bei dem Normadressaten.[716] Ob es sich lediglich um eine Einzelfallrechtsprechung handelte, oder ob die Rechtsprechung mit diesem Urteil die Effizienzsteigerung als allgemeinen Rechtfertigungsgrund für sämtliche Formen des Missbrauchs einer marktbeherrschenden Stellung einführen wollte, ist in der Literatur umstritten.[717] Fest steht jedoch, dass EuGH und EuG diesen Weg der Rechtfertigung mittlerweile auch für andere Formen des Behinderungsmissbrauchs anerkannt haben.[718]

Auch die Kommission erkennt Effizienzgewinne in ihrer *Prioritätenmitteilung* als Rechtfertigungsgrund an. Sie hat die drei vom EuGH aufgestellten Voraussetzungen jedoch um eine vierte ergänzt, nämlich dass der Restwettbewerb durch die fragliche Maßnahme des marktbeherrschenden Unternehmens nicht vollständig oder fast vollständig ausgeschaltet werden darf.[719] Damit entsprechen die Bedingungen der Effizienzrechtfertigung im Wesentlichen den Voraussetzungen des Art. 101 Abs. 3 AEUV, was in der Literatur zum Teil kritisiert wird. *Fuchs/Möschel* befürchten bei einer „routinemäßigen, interpretatorischen Anbindung an [die] Legalausnahme [...] eine Aushöhlung des Missbrauchsverbots". Die Möglichkeit einer Rechtfertigung missbräuchlichen Verhaltens müsse deutlich restriktiver ausgestaltet sein als beim Kartellverbot.[720] Andere Stimmen kritisieren vor allen Dingen, dass dem marktbeherrschenden Unternehmen die Beweislast für das Vorliegen der rechtfertigenden Umstände auferlegt wird. Dies widerspreche dem Grundsatz des Art. 2 VO 1/2003, dass allein die Kommission die Beweislast für das Vorliegen eines Verstoßes gegen Art. 102 AEUV trage.[721]

---

715 EuGH, Urteil v. 15. März 2007, Rs. C-95/04 P, ECLI:EU:C:2007:166 Rn. 86 – *British Airways*.

716 *Bulst* in: Langen/Bunte, Europäisches Kartellrecht, Art. 102 AEUV Rn. 136.

717 *Dreher/Adam*, ZWeR 2006, 259, 260 f; *Fuchs/Möschel* in: Immenga/Mestmäcker, EU-Wettbewerbsrecht, Art. 102 AEUV Rn. 156.

718 EuGH, Urteil v. 17. Februar 2011, Rs. C-52/09, ECLI:EU:C:2011:527 Rn. 76 – *Telia Sonera*; EuG, Urteil v. 9. September 2010, Rs. T-155/06, ECLI:EU:T:2010:370 Rn. 224 – *Tomra*.

719 Prioritätenmitteilung, Rn. 30.

720 *Fuchs/Möschel* in: Immenga/Mestmäcker, EU-Wettbewerbsrecht, Art. 102 AEUV Rn. 163; insgesamt kritisch zu Effizienzen als Leitbild der Wettbewerbsregeln *Basedow*, WuW 2007, S. 712.

721 *Albors-Llorens*, CMLR 2007, 1727, 1747 f.; *Dreher/Adam*, ZWeR 2006, S. 259, 269; a.A. *Bulst* in: Langen/Bunte, Europäisches Kartellrecht, Art. 102 AEUV Rn. 150.

Bei allen Diskussionen über den Inhalt der Rechtfertigungsgründe im Rahmen des Art. 102 AEUV steht jedenfalls fest, dass ausschließlich die objektive Notwendigkeit und die Effizienzgewinnung als Rechtfertigungsgründe in Betracht kommen. Andere Aspekte können keine rechtfertigende Wirkung entfalten.

3. *Zwischenfazit*

Nach der *Prioritätenmitteilung* der Europäischen Kommission und der ständigen Rechtsprechung des EuGH kann ein missbräuchliches Verhalten durch zwei Gründe gerechtfertigt werden: entweder durch objektive, außerhalb des handelnden Unternehmens liegende Gründe oder durch Effizienzvorteile. Der von der Rechtsprechung zum Teil zusätzlich genannte Rechtfertigungsgrund der berechtigten wirtschaftlichen Interessen wird von der Literatur abgelehnt und findet sich auch nicht in der *Prioritätenmitteilung* der Europäschen Kommission.

Effizienzgewinne können geltend gemacht werden, wenn dargelegt wird, dass sie die nachteiligen Wettbewerbswirkungen zumindest ausgleichen, die Verbraucher angemessen an ihnen beteiligt werden und die wettbewerbsbeschränkende Maßnahme zu ihrer Erreichung erforderlich ist.

C. Mögliche Anwendungsfälle des Konzernprivilegs im Rahmen des Art. 102 AEUV

Nach der Darstellung der allgemeinen Struktur des Missbrauchsverbots soll im folgenden Abschnitt auf die konkreten (potentiellen) Anwendungsbereiche des Konzernprivilegs im Rahmen des Art. 102 AEUV eingegangen werden. In diesem Kontext werden auch die für die hiesige Untersuchung besonders relevanten Tatbestandsalternativen des Missbrauchsverbots, namentlich die Diskriminierung und die (diskriminierende) Geschäftsverweigerung, näher erläutert.

Als mögliche Anwendungsbereiche des Konzernprivilegs im Rahmen des Art. 102 AEUV kommen drei Fallkonstellationen in Betracht: die Muttergesellschaft veranlasst ihre Tochtergesellschaft zu missbräuchlichem Verhalten gegenüber Dritten (Fall 1); die Muttergesellschaft missbraucht ihre Marktmacht gegenüber ihrer eigenen Tochtergesellschaft (Fall 2); die Muttergesellschaft diskriminiert dritte Unternehmen gegenüber ihrer Tochtergesellschaft (Fall 3).

Im Folgenden sollen alle drei Fallgruppen kurz skizziert und in den Kontext der bisherigen Kommissions- und Rechtsprechungspraxis eingeordnet werden. Die Umsetzung, sprich die Beantwortung Frage, ob sich das Konzernprivileg auf die definierten Fallgruppen tatsächlich anwenden lässt, erfolgt allerdings erst in **§ 6** der Arbeit. Aus Gründen der besseren Verständlichkeit soll zuvor in **§ 5** die deutsche Praxis vorgestellt wurde, deren Prinzipien möglicherweise auch im Rahmen des europäischen Rechts fruchtbar gemacht werden können.

I. Durch die Muttergesellschaft veranlasstes missbräuchliches Verhalten

1. *Situation*

Innerhalb eines Konzerns ist es denkbar, dass eine Muttergesellschaft eine von ihr beherrschte Tochtergesellschaft zu missbräuchlichem Verhalten gegenüber außenstehenden Unternehmen veranlasst. Beispielsweise gibt sie ihr eine bestimmte Preispolitik oder Kopplungstaktik vor, zwingt sie zum Abschluss von Ausschließlichkeitsverträgen oder zu einer Lieferverweigerung gegenüber bestimmten Handelspartnern.[722] Sofern zwischen Mutter- und Tochtergesellschaft eine wirtschaftliche Einheit besteht, stellt dies einen potentiellen Anwendungsfall des Konzernprivilegs dar, mit der Folge dass das Verhalten der Tochter nicht missbräuchlich wäre.

2. *Bisherige Praxis der Unionsorgane*

In der Praxis der Unionsorgane sind Fälle, in denen eine Muttergesellschaft ihre Tochtergesellschaft(en) zu missbräuchlichem Verhalten instruierte, bisher hauptsächlich unter dem Gesichtspunkt des Kartellverbots behandelt worden. Im Fall *Viho* hatte die Parker Pen Ltd., Muttergesellschaft des Parker Konzerns, einem in Großbritannien ansässigen Schreibgeräteherstellers, ihre Tochtergesellschaften und Vertriebsgesellschaften angewiesen, Parker-Produkte ausschließlich in dem Mitgliedstaat zu vertreiben, in dem die jeweilige Gesellschaft ihren Sitz hatte und ihnen ein Exportverbot auferlegt. Zudem wurden Parker-Produkte in unterschiedlichen Mitgliedstaaten zu differierenden Preisen angeboten. Durch das Exportverbot wurden Paralleleinfuhren zwischen Mitgliedstaaten faktisch verhindert. Das niederländische Handelsunternehmen Viho Europe B.V. reichte bei der Europäischen Kommission eine Beschwerde ein, nachdem es vergeblich versucht hatte, auf verschiedenen Wegen, unter anderem über die deutsche Tochtergesellschaft der Parker Ltd. und die deutsche Vertriebsgesellschaft Herlitz, Parker-Produkte zu beziehen. Nach Ansicht von Viho stellte die Vertriebspolitik von Parker eine unzulässige Gebietsaufteilung und damit einen Verstoß gegen Art. 101 AEUV dar.

722 Vgl. EuG, Urteil v. 12. Januar 1995, Rs. T-102/92, ECLI:EU:T:1995:3 Rn. 5 – *Viho.*

Die Kommission bejahte zwar eine unzulässige Absprache zwischen Parker und der Vertriebsgesellschaft Herlitz. In Bezug auf die 100%ige deutsche Tochtergesellschaft jedoch verneinte die Kommission einen Verstoß gegen Art. 101 AEUV. Diese bilde mit der Muttergesellschaft Parker Pen Ltd. eine wirtschaftliche Einheit, innerhalb derer die Tochtergesellschaft ihr Verhalten nicht autonom bestimmen könne, sondern im Wesentlichen den Anweisungen der Muttergesellschaft folge. Aus diesem Grund sei das Exportverbot als rein konzerninterne Maßnahme zu qualifizieren, die keinen Verstoß gegen das Kartellverbot darstelle.[723] Dem folgten auch das EuG und später der EuGH.[724]

Erst im Verfahren vor dem EuG stützte Viho ihre Klage zusätzlich auf einen Verstoß gegen Art. 102 AEUV und trug vor, dass Parker gemeinsam mit anderen Herstellern von Schreibwaren eine kollektive marktbeherrschende Stellung inne habe. Nach Ansicht von Viho pflegten auch die anderen Anbieter von hochwertigen Schreibgeräten Vertriebssysteme, die mit dem von Parker vergleichbar seien, weshalb ein Missbrauch dieser gemeinschaftlichen marktbeherrschenden Stellung anzunehmen sei. Allerdings trug Viho weder zur Marktposition der anderen großen Schreibwarenhersteller noch zu dem vermeintlich missbräuchlichen Verhalten substantiiert vor, so dass das EuG den Rechtsmittelgrund mangels hinreichender Hinweise auf entsprechende Vorwürfe verwarf.[725] So kam das EuG letztlich nicht zu einer Prüfung von Art. 102 AEUV. Dennoch lässt sich dem Urteil entnehmen, dass eine Anwendbarkeit des Konzernprivilegs im Rahmen von Art. 102 AEUV abgelehnt wird. Denn im Zusammenhang mit der Prüfung zu Art. 101 AEUV hatte das Gericht die Rechtsprechung des EuGH in *Ahmed Saeed* zitiert, wonach ein Verhalten, das aufgrund einer wirtschaftlichen Einheit nicht den Tatbestand des Art. 101 AEUV erfüllt, dennoch unter Art. 102 AEUV fallen könne.[726] Dem Gerichtshof zufolge kann ein Verstoß gegen Art. 102 AEUV vorliegen, wenn eine Vereinbarung zwischen Unternehmen lediglich die „formelle Bestätigung einer wirtschaftlichen Realität" darstelle, in der es einem Unternehmen in beherrschender Stellung gelungen ist, unangemessene

723 Kommission, Entscheidung vom 15. Juli 1992, IV/32.725, Abl. 1992 L-233/27 Rn. 16 – *Viho/Parker Pen.*

724 EuG, Urteil v. 12. Januar 1995, Rs. T-102/92, ECLI:EU:T:1995:3 – *Viho*; EuGH, Urteil v. 24. Oktober 1996, Rs. C-73/95 P, ECLI:EU:C:1996:405 – *Viho.*

725 EuG, Urteil v. 12. Januar 1995, Rs. T-102/92, ECLI:EU:T:1995:3 Rn. 69 ff. – *Viho.*

726 EuGH, Urteil v. 11. April 1989, Rs. 66/86, ECLI:EU:C:1989:140 – *Ahmed Saeed*; EuG, Urteil v. 12. Januar 1995, Rs. T-102/92, ECLI:EU:T:1995:3 Rn. 47 – *Viho*; vgl. auch EuG, Urteil v. 26. Oktober 2000, Rs. T-41/96, ECLI:EU:T:2000:242 Rn. 175 – *Bayer.*

Tarife „durch andere Unternehmen durchzusetzen".[727] Dies gelte auch, wenn die fraglichen Unternehmen eine wirtschaftliche Einheit bilden.

EuGH und EuG gehen mithin davon aus, dass eine Absprache zwischen einer Mutter- und ihrer Tochtergesellschaft, die im Innenverhältnis eine (privilegierte) konzerninterne Anweisung darstellt, bei ihrer Umsetzung durch die Tochtergesellschaft einen Verstoß gegen das Missbrauchsverbot verwirklichen kann. Eine Anwendung des Konzernprivilegs im Rahmen des Art. 102 AEUV kommt demzufolge nach der bisherigen Rechtsprechung nicht in Betracht.

II. Schädliche Verhaltensweisen im Konzernbinnenbereich

1. Situation

Ein zweiter möglicher Anwendungsbereich für das Konzernprivileg im Rahmen des Art. 102 AEUV sind Fälle, in denen eine marktbeherrschende Muttergesellschaft durch Verhaltensweisen im Sinne des Missbrauchstatbestands ihre eigene Tochtergesellschaft benachteiligt. Denkbar ist etwa, dass die Muttergesellschaft ihre Tochtergesellschaft ausbeutet, indem sie finanzielle Mittel aus der Tochtergesellschaft abschöpft oder sie zu unangemessen hohen Preisen beliefert (Ausbeutungsmissbrauch), bzw. sie durch Belieferungsverweigerung oder Ungleichbehandlung gegenüber anderen Handelspartnern behindert (Behinderungsmissbrauch).

Regelmäßig dürfte es zwar im Interesse der Muttergesellschaft sein, den wirtschaftlichen Erfolg ihrer Tochtergesellschaft zu fördern und sie nicht durch potentiell missbräuchliche Verhaltensweisen zu benachteiligen. Dennoch sind derartige Praktiken aus konzernstrategischen, beispielsweise steuerrechtlichen, Erwägungen vorstellbar. Sie sind ebenfalls in Konstellationen denkbar, in denen das marktbeherrschende Unternehmen von dem wirtschaftlichen Erfolg seines konzernverbundenen Unternehmens nur in begrenztem Maße profitiert, wie etwa bei der Beteiligung an einem Gemeinschaftsunternehmen (GU).[728] *Mäger* nennt als Beispiel, dass ein Mehrheitsgesellschafter eines GU die Versorgung des GU mit Vorleistungsprodukten einstellen könnte, um einen Minderheitsgesellschafter zu verdrängen und so seine eigene Marktposition zu stärken.[729]

---

727 EuGH, Urteil v. 11. April 1989, Rs. 66/86, ECLI:EU:C:1989:140 Rn. 37 – *Ahmed Saeed*

728 *T. Mäger* in: Mäger, Europäisches Kartellrecht, S. 330 Rn. 18; *Pohlmann*, Der Unternehmensverbund im Europäischen Kartellrecht, S. 395.

729 *T. Mäger* in: Mäger, Europäisches Kartellrecht, S. 330 Rn. 18

2. Bisherige Praxis der Unionsgerichte

Die Unionsgerichte gehen im Fall einer konzerninternen Benachteiligung bisher von einer missbräuchlichen Ungleichbehandlung aus und prüfen das Konzernprivileg nicht. Dies zeigt der Fall *Deutsche Bahn*, in dem es um die Ungleichbehandlung eines GU gegenüber einer allein kontrollierten Tochtergesellschaft ging.[730] Die Deutsche Bahn hatte mit der nationalen belgischen (SNCB) und der nationalen niederländischen Eisenbahngesellschaft (NS) sowie mit den Unternehmen Intercontainer und Transfracht, die beide im Bereich des Transports von Übersee-Containern tätig waren, eine Vereinbarung unter dem Namen *Maritime Container Network* getroffen. Demnach sollte die Organisation der Transporte von Übersee-Containern zwischen den Unternehmen Intercontainer und Transfracht aufgeteilt werden (sog. MCN-Vereinbarung). Transfracht war eine 80%ige Tochtergesellschaft der Deutschen Bahn. Intercontainer war eine Gesellschaft belgischen Rechts, an der insgesamt 24 europäische Bahnunternehmen, unter anderem die Deutsche Bahn, beteiligt waren. Die MCN-Vereinbarung sah vor, dass Transfracht die Transporte von Übersee-Containern nach oder von Deutschland über die deutschen Häfen Hamburg, Bremen und Bremerhaven (sog. Nordhäfen) durchführte und Intercontainer den Transport von Übersee-Containern nach oder von Deutschland über die Häfen Rotterdam und Antwerpen (so. Westhäfen) abwickelte. Da die drei Bahnunternehmen auf ihrem jeweiligen Staatsgebiet über ein gesetzliches Monopol zur Erbringung dieser Dienstleistungen verfügten, musste Transfracht von der Deutschen Bahn und Intercontainer von der NS und der SNCB bestimmte Dienstleistungen wie den Zugang zum Schienennetz und die Stellung von Lokomotiven und Fahrern in Anspruch nehmen, um ihren Kunden eine vollständige Beförderungsleistung, einschließlich der Beförderung vom oder zum Hafen über Land, anbieten zu können.

Die MCN-Vereinbarung hatte unter anderem einen Lenkungsausschuss geschaffen, der als Entscheidungs- und Kontrollorgan der MCN-Vereinbarung fungierte. Der aus sechs Mitgliedern bestehende Lenkungsausschuss setzte sich zur Mehrheit aus Vertretern der Deutschen Bahn und/oder der Transfracht und nur jeweils einem Vertreter der NS und der SNCB zusammen. Der Lenkungsausschuss hatte die Befugnis, Beschlüsse über Dienste und Preise zu fassen, die für die Beförderung von Übersee-Containern anzubieten waren. Nach § 9 der MCN-Vereinbarung mussten Beschlüsse des Lenkungsausschusses einstimmig gefasst werden.

730 EuG, Urteil v. 21. Oktober 1997, Rs. T-229/94, ECLI:EU:T:1997:155 – *Deutsche Bahn*; bestätigt durch EuGH, Beschluss v. 27. April 1999, Rs. C-436/97 P, ECLI:EU:C:1999:205 – *Deutsche Bahn*.

Die Deutsche Bahn hatte kurz nach dem Abschluss der MCN-Vereinbarung einseitig ein neues Tarifsystem bei der Transfracht eingeführt, das erhebliche Preisermäßigungen für die Strecken nach und von den deutschen Häfen, nicht jedoch für die Strecken nach und von den niederländischen und belgischen Häfen vorsah. Zusätzlich konnte die Deutsche Bahn im Lenkungsausschuss der MCN-Vereinbarung jegliche Entscheidung, auch über eventuelle Preissenkungen bei Intercontainer, blockieren und war so in der Lage, das Preisniveau sowohl auf den Nordstrecken als auch auf den Weststrecken zu kontrollieren.[731] Durch die personelle Besetzung und das Einstimmigkeitserfordernis für Beschlüsse des Lenkungsausschusses hatte die Deutsche Bahn durchgesetzt, dass für Transporte zwischen Deutschland und den Westhäfen durch Intercontainer deutlich höhere Tarife galten als für Transporte über die Nordhäfen durch ihre eigene Tochtergesellschaft Transfracht.

Einige Unternehmen, die im Hafen von Rotterdam tätig waren, reichten gegen die MCN-Vereinbarung und das Verhalten der Deutschen Bahn Beschwerde bei der Europäischen Kommission ein. Diese stellte in ihrer Entscheidung fest, dass (1) die MCN-Vereinbarung gegen das Kartellverbot nach Art. 101 AEUV (ex Art. 85 EGV) verstieß, weil dadurch sowohl der Wettbewerb zwischen Intercontainer und Transfracht als auch zwischen den Bahnunternehmen ausgeschaltet würde,[732] und dass (2) die Deutsche Bahn ihre marktbeherrschende Stellung dadurch missbrauche, dass sie bei Transporten von oder nach Deutschland über die Westhäfen deutlich höhere Tarife anwende als bei Transporten über die Nordhäfen.[733] Durch die bewusste Verhinderung einer Preissenkung für die Tarife der Weststrecken, die über Intercontainer bedient wurden und gleichzeitiger Preissenkung für die Nordstrecken hatte die Deutsche Bahn, so die Kommission und dem folgend auch das EuG und der EuGH, ihre marktbeherrschende Stellung auf dem Markt für die Landbeförderung von Übersee-Containern missbraucht. Die habe ihre Handelspartner auf den Weststrecken, namentlich die Intercontainer, gegenüber ihrer eigenen Tochtergesellschaft Transfracht auf den Nordstrecken diskriminierte.[734]

---

731 Kommission, Entscheidung v. 29. März 1994, Abl. 1994 L-104/34 Rn. 139 ff. – *HOV-SVZ-MCN*; bestätigend EuG, Urteil v. 21. Oktober 1997, Rs. T-229/94, ECLI:EU:T:1997:155 Rn. 81 – *Deutsche Bahn.*

732 Kommission, Entscheidung v. 29. März 1994, Abl. 1994 L-104/34 Rn. 83 – *HOV-SVZ-MCN.*

733 Kommission, Entscheidung v. 29. März 1994, Abl. 1994 L-104/34 Rn. 256 ff. – *HOV-SVZ-MCN.*

734 Kommission, Entscheidung v. 29. März 1994, Abl. 1994 L-104/34 Rn. 256 ff. – *HOV-SVZ-MCN*; EuG, Urteil v. 21. Oktober 1997, Rs. T-229/94, ECLI:EU:T:1997:155 Rn. 93 –

Die Anwendung des Konzernprivilegs wurde weder von der Kommission noch von den Gerichten geprüft. Zwar hätte die Deutsche Bahn als öffentliches Unternehmen und Inhaberin eines gesetzlichen Monopols über das Schienennetz möglicherweise einer besonderen Beurteilung unterlegen, die zu einer Einschränkung des Konzernprivilegs geführt hätte (dazu unten **§ 6 D.I.1.**). Doch die Entscheidungen gingen auf den Umstand einer wirtschaftlichen Einheit zwischen der Deutschen Bahn und ihrer Tochtergesellschaft Transfracht, sowie möglicherweise auch dem GU Intercontainer noch nicht einmal ein, so dass die Feststellung der missbräuchlichen Diskriminierung ohne Berücksichtigung der Unternehmensverbundenheit erfolgte.

III. Ungleichbehandlung von konzernzugehörigen und externen Unternehmen

Die wichtigste Fallgruppe für eine mögliche Anwendung des Konzernprivilegs im Rahmen des Art. 102 AEUV ist die der Ungleichbehandlung von konzernzugehörigen und konzernexternen Unternehmen durch eine marktbeherrschende Muttergesellschaft. An dieser Stelle zeigt sich die eigentliche Relevanz des Konzernprivilegs. Neben der in Art. 102 Abs. 2 c) AEUV ausdrücklich genannten Diskriminierung von Handelspartnern fällt auch die Geschäftsverweigerung gegenüber konzernfremden Unternehmen in diese Fallgruppe. Streng genommen stellt zwar eine Geschäftsverweigerung gegenüber einem konzernexternen Unternehmen gleichfalls eine Diskriminierung dar, wenn sie mit einer Beschränkung der Belieferung auf konzernverbundenen Unternehmen verbunden ist. Dennoch soll hier eine gesonderte Betrachtung dieser Fallgruppe erfolgen, weil sie komplexe Sonderfragen wie etwa den Umgang mit immateriellen Gütern oder die Einordnung von sogenannten *essential facilities* enthält.

1. Relevante Tatbestandsalternativen

a) Diskriminierung von Handelspartnern

Diskriminierung durch ein marktbeherrschendes Unternehmen ist in unterschiedlichen Konstellationen denkbar. In Art. 102 Abs. 2 c) AEUV ist die „Anwendung unterschiedlicher Bedingungen bei gleichwertigen Leistungen gegenüber Handelspartnern" als Regelbeispiel erfasst. Hierunter fallen alle unmittelbaren Diskriminierungen anderer Unternehmen auf der direkt vor- oder

---

Deutsche Bahn; EuGH, Urteil v. 27. April 1999, Rs. C-436/97 P, ECLI:EU:C:1999:205 Rn. 10 – *Deutsche Bahn*.

nachgelagerten Marktstufe. Nicht unter das Regelbeispiel zu subsumieren sind die Diskriminierung von privaten Endverbrauchern[735] und die Schlechterstellung von Geschäftspartnern aufgrund ihrer Staatsangehörigkeit[736]. Ebenfalls kein Fall von Art. 102 Abs. 2 c) AEUV ist die indirekte Diskriminierung durch eine Druckausübung auf unmittelbare Handelspartner, damit diese ihre jeweiligen Abnehmer oder Lieferanten ungleich behandeln.[737] Diese Formen der Diskriminierung fallen aber unter die Generalklausel des Art. 102 Abs. 1 AEUV.[738]

Der für die hiesige Betrachtung relevante Tatbestand ist die in Art. 102 Abs. 2 c) AEUV formulierte Diskriminierung von Handelspartnern ohne sachlich gerechtfertigten Grund. Der Tatbestand überschneidet sich häufig mit anderen Missbrauchstatbeständen. Wann immer sich ein missbräuchliches Verhalten, etwa Ausschließlichkeitsbindungen, Rabattsysteme, Kopplungsverträge oder Lieferverweigerungen (dazu unter **b)**), gezielt gegen einzelne Marktteilnehmer richtet, liegt eine Diskriminierung vor.[739] Sofern der zusätzlich verwirklichte Tatbestand einen anderen Schutzzweck verfolgt als das Diskriminierungsverbot, stehen beide in Idealkonkurrenz zueinander und die Rechtsprechung wendet sowohl Art. 102 Abs. 2 c) AEUV als auch die Generalklausel auf dieses Verhalten an.[740] Eine „reine" Diskriminierung wird wohl nur bei der Anwendung unterschiedlicher Preise oder Vertragsbedingungen anzunehmen sein, solange die dem benachteiligten Handelspartner auferlegten Bedingungen nicht „unangemessen" im Sinne des Absatz 2 a) sind.

---

735 *Brand* in: FK EU-Kartellrecht, Art. 102 AEUV Rn. 482; *Fuchs/Möschel* in: Immenga/Mestmäcker, EU-Wettbewerbsrecht, Art. 102 AEUV Rn. 375; *Schröter/Bartl* in: Schröter/Jakob/Klotz/Mederer, Europäisches Wettbewerbsrecht, Art. 102 AEUV Rn. 242.

736 *Bunte* in: Langen/Bunte, Europäisches Kartellrecht, Art. 82 EG Rn. 213.

737 *Bunte* in: Langen/Bunte, Europäisches Kartellrecht, Art. 82 EG Rn. 214; *Fuchs/Möschel* in: Immenga/Mestmäcker, EU-Wettbewerbsrecht, Art. 102 AEUV Rn. 375 f.

738 Vgl. für die Diskriminierung von Endverbrauchern: Kommission, Entscheidung v. 20. Juli 1999, ABl. 2000 L-5/55 Rn. 88 ff. – *Fußball-Weltmeisterschaft 1998*; für die Diskriminierung aufgrund der Staatsangehörigkeit: Kommission, Entscheidung v. 29. Oktober 1981, ABl. 1981 L-370/49 Rn. 56 – *GVL*.

739 *de Bronett* in: Wiedemann, Handbuch des Kartellrechts, § 22 Rn. 76; *Fuchs/Möschel* in: Immenga/Mestmäcker, EU-Wettbewerbsrecht, Art. 102 AEUV Rn. 378.

740 EuGH, Urteil v. 9. November 1983, Rs. 322/81, ECLI:EU:C:1983:313 Rn. 71 – *Michelin*; EuGH, Urteil v. 16. März 2000, verb. Rs. C-395/96 & C-396/96, ECLI:EU:C:2000:132 Rn. 129 ff. – *Compagnie maritime belge*; EuG, Urteil v. 1. April 1993, Rs. T-65/89, ECLI:EU:T:1993:31 Rn. 120 – *BPB Industries*; EuG, Urteil v. 7. Oktober 1999, Rs. T-228/97, ECLI:EU:C:1999:246 Rn. 197 – *Irish Sugar*.

Im Folgenden soll kurz auf die Tatbestandsvoraussetzungen des Art. 102 Abs. 2 c) AEUV eingegangen werden.

aa) Handelspartner

Der Tatbestand des Art. 102 Abs. 2 c) AEUV verbietet die Ungleichbehandlung von Handelspartnern. Handelspartner sind alle Unternehmen, mit denen das marktbeherrschende Unternehmen auf der vor- oder nachgelagerten Handelsstufe in Geschäftsbeziehungen tritt, das heißt Lieferanten und Abnehmer.[741] Nach Ansicht der Kommission schützt die Vorschrift nicht nur aktuelle, sondern auch potentielle Handelspartner.[742] Die Literatur ordnet die Nichtaufnahme von potentiellen Geschäftsbeziehungen hingegen als Missbrauch in Form der Liefer- oder Geschäftsverweigerung ein.[743] Dem ist zuzustimmen, denn der Diskriminierungstatbestand setzt gerade bestehende Handelsbeziehungen voraus, innerhalb derer eine Ungleichbehandlung stattfindet. Dies entspricht auch der Rechtsprechung des EuGH.[744]

bb) Anwendung unterschiedlicher Bedingungen auf gleichwertige Leistungen

Eine Ungleichbehandlung ist nur dann missbräuchlich, wenn sie sich auf vergleichbare Sachverhalte bezieht. Auf eine gleichwertige Leistung dürfen keine ungleichen Bedingungen angewendet werden, mithin keine unterschiedlichen Gegenleistungen verlangt oder erbracht werden.

Worauf sich das Tatbestandsmerkmal der gleichwertigen Leistungen bezieht, ist indes umstritten. Zum Teil wird vertreten, dass sich die Vergleichbarkeit auf

---

741 *Brand* in: FK EU-Kartellrecht, Art 102 Rn. 481; *Bulst* in: Langen/Bunte, Europäisches Kartellrecht, Art. 82 EG Rn. 208; *Eilmansberger/Bien* in: MüKo EU-Wettbewerbsrecht, Art. 102 AEUV Rn. 274; *Fuchs/Möschel* in: Immenga/Mestmäcker, EU-Wettbewerbsrecht, Art. 102 AEUV Rn. 377.

742 Kommission, Entscheidung v. 2. Juni 1971, ABl. 1971 L-134/15, 21 ff. – *GEMA I*; Kommission, Entscheidung v. 29. Oktober 1981, ABl. 1981 L-370/49 Rn. 50 f. – *GVL*; zustimmend *Bulst* in: Langen/Bunte, Europäisches Kartellrecht, Art. 102 AEUV Rn. 209; *Eilmansberger/Bien* in: MüKo EU-Wettbewerbsrecht, Art. 102 AEUV Rn. 274.

743 *Brand* in: FK EU-Kartellrecht, Art. 102 AEUV Rn. 483; *Fuchs/Möschel* in: Immenga/Mestmäcker, EU-Wettbewerbsrecht, Art. 102 AEUV Rn. 377; *Schröter/Bartl* in: Schröter/Jakob/Klotz/Mederer, Europäisches Wettbewerbsrecht, Art. 102 AEUV Rn. 242.

744 EuGH, Urteil v. 2. Juni 1998, Rs. C-7/97, ECLI:EU:C:1998:569 Rn. 30 – *Oscar Bronner*.

die Leistungen der Handelspartner bezieht,[745] während andere der Auffassung sind, die Vergleichbarkeit betreffe die Leistung des marktbeherrschenden Unternehmens.[746] Eine vermittelnde Ansicht sieht als Leistung immer die Sachleistung an, unabhängig davon, wer sie erbringt.[747]

Der letztgenannten Ansicht ist im Ergebnis zu folgen. Für die Beurteilung der Missbräuchlichkeit eines diskriminierenden Verhaltens kommt es allein darauf an, dass die Relation zwischen Leistung und Gegenleistung gegenüber unterschiedlichen Handelspartnern gleich ist.[748] Wenn das marktbeherrschende Unternehmen als Anbieter bestimmter Waren oder Dienstleistungen auftritt – was im Rahmen des Art. 102 Abs. 2 c) AEUV der Regelfall sein dürfte – so stellt dies die Leistung und der dafür verlangte Preis die Gegenleistung („Bedingung“) dar. Umgekehrt darf ein Marktbeherrscher als Abnehmer einer gleichen Sachleistung keine unterschiedlichen Einkaufspreise anwenden.[749] Die unterschiedlichen Bedingungen sind demnach regelmäßig die unterschiedlich hohen Preise, die das marktbeherrschende Unternehmen verlangt bzw. als Abnehmer bereit ist zu zahlen. Es kann sich auch um sonstige Bedingungen der Leistung handeln, die gegenüber verschiedenen Handelspartnern unterschiedlich angewendet werden. In Betracht kommen etwa eine unzulässige Kopplung mit anderen Leistungen oder erschwerte Lieferbedingungen.

Die Gleichwertigkeit bezieht sich allein auf das Verhältnis zwischen den unterschiedlichen Handelspartnern, nicht hingegen auf das Wertverhältnis zwischen Leistung und Gegenleistung. Entsprechend dem Ziel eines freien Wettbewerbs soll sich die Preisbildung anhand der Marktgegebenheiten vollziehen, so dass es auch einem marktbeherrschenden Unternehmen grundsätzlich freisteht, den Preis zu verlangen, den „der Markt hergibt“, solange die Grenze zum Preismissbrauch nicht überschritten wird.[750] Ob die Leistungen gleichwertig

---

745 *Mestmäcker/Schweitzer*, Europäisches Wettbewerbsrecht, § 18 Rn. 20.

746 *Eilmansberger/Bien* in: MüKo EU-Wettbewerbsrecht, Art. 102 AEUV Rn. 279.

747 *Bulst* in: Langen/Bunte, Europäisches Kartellrecht, Art. 102 AEUV Rn. 211; *Fuchs/Möschel* in: Immenga/Mestmäcker, EU-Wettbewerbsrecht, Art. 102 AEUV Rn. 379; *Jung* in: Grabitz/Hilf/Nettesheim, Art. 102 AEUV Rn. 189; *Schröter/Bartl* in: Schröter/Jakob/Klotz/Mederer, Europäisches Wettbewerbsrecht, Art. 102 AEUV Rn. 243.

748 *Fuchs/Möschel* in: Immenga/Mestmäcker, EU-Wettbewerbsrecht, Art. 102 AEUV Rn. 379.

749 *Brand* in: FK EU-Kartellrecht, Art. 102 AEUV Rn. 477; *Bulst* in: Langen/Bunte, Europäisches Kartellrecht, Art. 102 AEUV Rn. 211.

750 EuGH, Urteil v. 14. Februar 1978, Rs. 27/67, ECLI:EU:C:1978:22 Rn. 227 – *United Brands*; *Brand* in: FK EU-Kartellrecht, Art. 102 AEUV Rn. 478; *Fuchs/Möschel* in:

sind, beurteilt sich anhand einer wertenden Betrachtung der Leistungsinhalte, wobei eine vollkommene Identität nicht verlangt wird.[751] Die Gleichwertigkeit der Leistungsinhalte ist unter Berücksichtigung der Besonderheiten des jeweiligen Markts objektiv aus der Sicht der Marktgegenseite zu ermitteln. Die Marktgegenseite sind die Handelspartner, die am Wettbewerb auf dem betroffenen Markt teilnehmen.[752] Daraus folgt, dass die Gleichartigkeit nur Geschäfte betrifft, die auf dem relevanten beherrschten Markt und mit auf derselben Marktstufe angesiedelten Handelspartnern stattfinden.[753] Auf räumlich verschiedenen Märkten kann eine Ungleichbehandlung somit gerechtfertigt sein, wenn sich die Marktgegebenheiten deutlich unterscheiden.[754] Bietet das marktbeherrschende Unternehmen mehrere Leistungen an, die nicht demselben sachlichen Markt zugeordnet werden können, so sind diese getrennt zu betrachten. Eine Zusammenfassung verschiedener Leistungen zu Vergleichszwecken ist unzulässig.[755] Eine rein mengenmäßig unterschiedliche Leistung steht der Gleichartigkeit grundsätzlich nicht entgegen, solange die Wertrelation im Verhältnis zur Einzeleinheit gleich ist.[756] Bei der Frage der Gleichwertigkeit sind leistungsfremde Nebenfaktoren wie Transport-, Verpackungs- oder Verwaltungskosten nicht zu

---

Immenga/Mestmäcker, EU-Wettbewerbsrecht, Art. 102 AEUV Rn. 379; a.A. *de Bronett* in: Wiedemann, Handbuch des Kartellrechts, § 22 Rn. 75..

751 Kommission, Entscheidung v. 2. Juni 1971, ABl. 1971 L-134/15, 26 – *GEMA I*; *Brand* in: FK EU-Kartellrecht, Art. 102 AEUV Rn. 478; *Bulst* in: Langen/ Bunte, Europäisches Kartellrecht, Art. 102 AEUV Rn. 212; *Schröter/Bartl* in: Schröter/Jakob/ Klotz/Mederer, Europäisches Wettbewerbsrecht, Art. 102 AEUV Rn. 244.

752 Kommission, Entscheidung v. 2. Juni 1971, ABl. 1971 L-134/15, 26 – *GEMA I*; *Brand* in: FK EU-Kartellrecht, Art. 102 AEUV Rn. 478.

753 *Bulst* in: Langen/Bunte, Europäisches Kartellrecht, Art. 102 AEUV Rn. 213; *Fuchs/ Möschel* in: Immenga/Mestmäcker, EU-Wettbewerbsrecht, Art. 102 AEUV Rn. 379; a.A. *Jung* in: Grabitz/Hilf/Nettesheim, Art. 102 AEUV Rn. 191; vgl. zum Aspekt der gleichartigen Kundengruppe EuG, Urteil v. 9. September 2009, Rs. T-301/04, ECLI:EU:T:2009:317 Rn. 179 – *Clearstream.*

754 EuG, Urteil v. 12. Juni 1996, Rs. T-504/93, ECLI:EU:T:1997:84 Rn. 123 – *Tiercé Ladbroke*; *Bulst* in: Langen/Bunte, Europäisches Kartellrecht, Art. 102 AEUV Rn. 213; *Eilmansberger/Bien* in: MüKo EU-Wettbewerbsrecht, Art. 102 AEUV Rn. 278; *Schröter/Bartl* in: Schröter/Jakob/Klotz/Mederer, Europäisches Wettbewerbsrecht, Art. 102 AEUV Rn. 244.

755 EuG, Urteil v. 6. April 1994, Rs. T-83/91, ECLI:EU:T:1994:246 Rn. 162 – *Tetra Pak II*; *Brand* in: FK EU-Kartellrecht, Art. 102 AEUV Rn. 478; *de Bronett* in: Wiedemann, Handbuch des Kartellrechts, § 22 Rn. 72

756 EuG, Urteil v. 9. September 2009, Rs. T-301/04, ECLI:EU:T:2009:317 Rn. 180 – *Clearstream*

berücksichtigen.[757] Daher bedeuten Lieferbeziehungen zu Handelspartnern im Inland einerseits und zu grenzüberschreitenden Handelspartnern andererseits nicht automatisch eine Ungleichwertigkeit der an sie erbrachten oder von ihnen empfangenen Leistungen.[758]

cc) Benachteiligung im Wettbewerb

Als weiteres Tatbestandsmerkmal setzt Art. 102 Abs. 2 c) AEUV voraus, dass die Handelspartner im Wettbewerb benachteiligt werden. Die Benachteiligung ist auf unterschiedliche Weise denkbar.

(1) Meinungsstand

Die Kommission erkennt drei Arten diskriminierungsbedingter Benachteiligungen an: Ein Handelspartner kann (a) unmittelbar im Verhältnis zu dem marktbeherrschenden Unternehmen oder (b) im Vergleich zu anderen Handelspartnern des Marktbeherrschers einen Wettbewerbsnachteil erleiden oder (c) durch die Ungleichbehandlung wirtschaftlich derart beeinträchtigt werden, dass seine Wettbewerbsfähigkeit insgesamt Schaden nimmt. Dabei erfordern der erste und der dritte Fall nach Ansicht der Kommission kein Wettbewerbsverhältnis zwischen den zu vergleichenden Handelspartnern.[759]

Der EuGH hat in vielen älteren Entscheidungen das Tatbestandsmerkmal einer Beeinträchtigung im Wettbewerb nicht ausführlich geprüft, sondern vielmehr von der Ungleichbehandlung auf eine Wettbewerbsbeeinträchtigung geschlossen.[760] In *Corsica Ferries* überging der EuGH das Erfordernis einer Benachteiligung im Wettbewerb gleich vollständig.[761] Auch in der Literatur finden

---

757 *van Bael/Bellis*, Competition Law in the European Community, S. 812; a.A. *Ritter/Braun/Rawlinson*, European Competition Law, S. 371.

758 EuGH, Urteil v. 2. März 1983, Rs. 7/82, ECLI:EU:C:1983:52 Rn. 56 – *GVL*; Kommission, Entscheidung v. 14. April 2010, COMP/39.351 Rn. 43 – *Swedish Interconnectors*; *Brand* in: FK EU-Kartellrecht, Art. 102 AEUV Rn. 478.

759 Kommission, Entscheidung v. 20. Oktober 2004, COMP/38.745 Rn. 93 – *BdKEP*.

760 EuGH, Urteil v. 16. Dezember 1975, verb. Rs. 40/73, 50/73, 111/73, 113/73 & 114/73, ECLI:EU:C:1975:174 Rn. 524 f. – *Suiker Unie*; EuGH, Urteil v. 14. Februar 1978, Rs. 27/76, ECLI:EU:C:1978:22 Rn. 227/233 – *United Brands*; EuGH, Urteil v. 24. Oktober 2002, Rs. C-82/01, ECLI:EU:C:2000:617 Rn. 114 ff. – *Aéroports de Paris*.

761 EuGH, Urteil v. 17. Mai 1994, Rs. C-18/93, ECLI:EU:C:1994:195 Rn. 43 – *Corsica Ferries*; Generalanwalt *van Gerven* hatte in seinen Schlussanträgen das Tatbestandsmerkmal sogar als überflüssig angesehen, indem er äußerte, für die Anwendung des Diskriminierungsverbots sei es nicht erforderlich, dass „die

sich Stimmen, die dieser Tatbestandsvoraussetzung keine wesentliche eigenständige Bedeutung zuerkennen.[762]

Die Prüfung der Wettbewerbsbeeinträchtigung im Fall *British Airways* legt hingegen nahe, dass der Gerichtshof dem Tatbestandsmerkmal in jüngerer Zeit wieder eine höhere Bedeutung beimisst. Demnach liegt eine Beeinträchtigung vor, wenn das diskriminierende Verhalten des marktbeherrschenden Unternehmens „darauf abzielt, die Wettbewerbsposition eines Teils der Handelspartner [...] gegenüber den anderen zu beeinträchtigen".[763] Daraus lässt sich ableiten, dass der Gerichtshof ein Wettbewerbsverhältnis zwischen den Handelspartnern voraussetzt und daher nur den zweiten von der Kommission genannten Fall erfassen will.

Auch Generalanwältin Kokott, hat in ihren Schlussanträgen zu den Rechtssachen *British Airways* und *Solvay* ausdrücklich auf die eigenständige Bedeutung des Tatbestandsmerkmals „Beeinträchtigung im Wettbewerb" hingewiesen. Sie stellt klar, dass „der zweite Halbsatz von Artikel 82 Absatz 2 Buchstabe c EG [jetzt Art. 102 Abs. 2 c) AEUV] mehr als nur ein erläuternder Zusatz mit deklaratorischer Wirkung" sei. Die Anwendung dieser Vorschrift erfordere „zum einen festzustellen, dass eine Wettbewerbsbeziehung zwischen den betroffenen Handelspartnern des marktbeherrschenden Unternehmens besteht, und zum anderen darzulegen, dass das Verhalten des marktbeherrschenden Unternehmens konkret geeignet ist, diese Wettbewerbsbeziehung zu verfälschen, d.h. die Wettbewerbsposition eines Teils der Handelspartner des marktbeherrschenden Unternehmens gegenüber den anderen zu beeinträchtigen."[764]

(2) Stellungnahme

Aus dem Wortlaut und dem Schutzzweck der Norm ergibt sich, dass der Ansicht der Generalanwältin beizupflichten ist. Sinn und Zweck des Art. 102 Abs. 2

Handelspartner des missbräuchlich handelnden Unternehmens im Wettbewerb untereinander oder mit dem Unternehmen in beherrschender Stellung einen Nachteil erleiden müssen", Schlussanträge *GA van Gerven* v. 9. Februar 1994 in Rs. C-18/93, ECLI:EU:C:1994:49 Rn. 34 – *Corsica Ferries.*

762 *Rittner/Dreher/Kulka*, Wettbewerbs- und Kartellrecht, § 10 Rn. 1139.

763 EuGH, Urteil v. 15. März 2007, Rs. C-95/04, ECLI:EU:C:2007:166 Rn. 144 – *British Airways* mit Verweis auf EuGH, Urteil v. 16. Dezember 1975, verb. Rs. 40/73, 50/73, 111/73, 113/73 & 114/73, ECLI:EU:C:1975:174 Rn. 524 f. – *Suiker Unie.*

764 Schlussanträge GA *Kokott* v. 23. Februar 2006 in Rs. C-95/04 P, ECLI:EU:C:2006:133 Rn. 124 – *British Airways*; Schlussanträge *GA Kokott* v. 14. April 2011 in Rs. C-109/10, ECLI:EU:C:2011:256 Rn. 104 f. – *Solvay.*

c) AEUV ist es, gleiche Wettbewerbsbedingungen für Unternehmen zu schaffen, die in einer vergleichbaren Handelsbeziehung zu einem Marktbeherrscher stehen. Miteinander vergleichen lassen sich aber nur solche Unternehmen, die (a) auf derselben Marktstufe stehen und (b) von dem marktbeherrschenden Unternehmen gleichartige Leistungen beziehen bzw. an dieses verkaufen, mithin auf dem relevanten Markt in einer Wettbewerbsbeziehung zueinander stehen. Auf dieses Wettbewerbsverhältnis bezieht sich das Tatbestandsmerkmal der Beeinträchtigung.[765] Fehlt es hingegen an einer Wettbewerbsbeziehung, ist der spezielle Anwendungsbereich des Art. 102 Abs. 2 c) AEUV nicht eröffnet, da gerade nicht der Wettbewerb zwischen Handelspartnern betroffen ist. Die Ungleichbehandlung durch den Marktbeherrscher kann gleichwohl den Tatbestand einer Diskriminierung nach der Generalklausel des Art. 102 Abs. 1 AEUV erfüllen.[766] Dass der betroffene Handelspartner (zugleich) in seiner Wettbewerbsposition im Verhältnis zu dem marktbeherrschenden Unternehmen benachteiligt werden kann, ergibt sich schon aus dem Merkmal der unterschiedlichen Bedingungen: die Anwendung unterschiedlicher Bedingungen in mehreren gleichgelagerten Leistungsbeziehungen führt zwangsläufig dazu, dass sich einige Handelspartner in einer schlechteren Wettbewerbspositionen gegenüber dem Marktbeherrscher befinden als andere.

Eine Beeinträchtigung im Wettbewerb muss demnach im Verhältnis zu anderen Handelspartnern des marktbeherrschenden Unternehmens vorliegen, damit Art. 102 Abs. 2 c) AEUV zur Anwendung kommt. Diese Relation ist notwendig, aber auch hinreichend und ergibt sich regelmäßig aus der Diskriminierung selbst.[767] Eine generelle und dauerhafte Beeinträchtigung der Wettbewerbsposition, wie es der dritte von der Kommission genannte Fall nahelegt, ist nicht erforderlich. Sie ist aber denkbar, wenn eine besondere Abhängigkeit des diskriminierten Handelspartners von dem Marktbeherrscher besteht. Auch in diesem Fall ist jedoch – anders als von der Kommission formuliert – ein Wettbewerbsverhältnis zwischen den Handelspartnern vorauszusetzen.

---

765 So auch Schlussanträge *GA Kokott* v. 14. April 2011 in Rs. C-109/10, ECLI:EU:C:2011:256 Rn. 106 – *Solvay Brand* in: FK EU-Kartellrecht, Art. 102 AEUV Rn. 486 f.; *Bulst* in: Langen/Bunte, Europäisches Kartellrecht, Art. 102 AEUV Rn. 214; *de Bronett* in: Wiedemann, Handbuch des Kartellrechts, § 22 Rn. 71.

766 *Brand* in: FK EU-Kartellrecht, Art. 102 AEUV Rn. 486.

767 EuGH, Urteil v. 14. Februar 1978, Rs. 27/76, ECLI:EU:C:1978:22 Rn. 234 – *United Brands*; *Fuchs/Möschel* in: Immenga/Mestmäcker, EU-Wettbewerbsrecht, Art. 102 AEUV Rn. 382.

Das Tatbestandsmerkmal der Benachteiligung im Wettbewerb knüpft an den oben dargestellten Streit an, ob der Missbrauchstatbestand – zumindest in seiner Ausprägung als Behinderungstatbestand – um das Erfordernis einer wettbewerbsschädigenden Zweckwirkung zu ergänzen ist.[768] Nach der Auffassung der Generalanwältin Kokott ist nachzuweisen, dass das Verhalten geeignet ist, die Wettbewerbsbeziehung zwischen unterschiedlichen Handelspartnern zu verfälschen. Demnach reicht eine rein objektive Ungleichbehandlung nicht aus. Es bedarf vielmehr der Feststellung, dass diese Maßnahme auf den (subjektiven) Zweck abzielt, den Wettbewerb auf dem vor- oder nachgelagerten Markt zu verfälschen.[769] Bei Art. 102 Abs. 2 c) AEUV lässt sich die oben bejahte Zweckbindung somit an einem konkreten Tatbestandsmerkmal festmachen.

b) Geschäftsverweigerung

Ein weiteres denkbares Anwendungsfeld für das Konzernprivileg ist die Geschäftsverweigerung. Darunter fallen der Abbruch einer bestehenden Geschäftsbeziehung, die Weigerung der erstmaligen Aufnahme einer Geschäftsbeziehung durch das marktbeherrschende Unternehmen, sowie Sonderfälle wie die *essential facilities*-Doktrin und die Verweigerung von Lizenzen. Daneben kann auch die Aufstellung unzumutbarer Geschäftsbedingungen seitens des marktbeherrschenden Unternehmens einen Missbrauch darstellen.[770]

Das Konzernprivileg kommt in Betracht, wenn der Marktbeherrscher bestimmte Vorprodukte, Leistungen oder Einrichtungen ausschließlich seinen konzernverbundenen Unternehmen zur Verfügung stellt und anderen Unternehmen die Lieferung bzw. Leistung verweigert. Damit stellt nicht jede Geschäftsverweigerung eines konzernverbundenen Unternehmens einen potentiellen Anwendungsfall für das Konzernprivileg dar, sondern nur solche, die zugunsten eines mit dem marktbeherrschenden Unternehmen zu einer wirtschaftlichen Einheit verbundenen Unternehmens erfolgt. Streng genommen kann diese Konstellation auch unter das Diskriminierungsverbot subsumiert werden. Da aber die Geschäftsverweigerung als selbständige Fallgruppe des Missbrauchstatbestands eine Reihe von eigenen Auslegungs- und Abwägungsfragen beinhaltet, soll auf sie gesondert eingegangen werden.

---

768 Vgl. oben **B.III.**

769 *Schröter/Bartl* in: Schröter/Jakob/Klotz/Mederer, Europäisches Wettebewerbsrecht, Art. 102 AEUV Rn. 149.

770 *Faull/Nikpay*, The EC Law of Competition Rn. 4.175.

Die Geschäftsverweigerung ist wie die Diskriminierung von Handelspartnern dem Behinderungsmissbrauch zuzuordnen. In die Regelbeispiele des Art. 102 AEUV ist die „klassische" Geschäftsverweigerung in Form der Nichtbelieferung nicht aufgenommen worden. Zum Teil wird zwar vertreten, die Fallgruppe sei als „Einschränkung des Absatzes" von Art. 102 Abs. 2 b) AEUV erfasst,[771] nach anderer Auffassung verfolgt dieses Regelbeispiel aber mit dem Tatbestandsmerkmal „zum Schaden der Verbraucher" eine andere Schwerpunktsetzung.[772] Die Kommissionspraxis und Rechtsprechung sind in diesem Punkt uneinheitlich. In einer Reihe von Entscheidungen wird die Geschäftsverweigerung ohne klare Zuordnung einfach allgemein unter Art. 102 AEUV subsumiert.[773]

Systematisch korrekt ist es wohl, die Geschäftsverweigerung nicht als Unterfall des Art, 102 Abs. 2 b) AEUV zu betrachten, sondern sie unter die Generalklausel des Absatz 1 zu fassen. Zwar ist das dafür vorgebrachte Argument, die Missbräuchlichkeit einer Geschäftsverweigerung könne nicht davon abhängen, ob sie zum Schaden der Verbraucher erfolgt, nicht länger gültig, da die Kommission in ihrer *Prioritätenmitteilung* ebenfalls das Kriterium der Verbraucherschädigung eingeführt hat.[774] Dennoch gilt weiterhin, dass die Geschäftsverweigerung nicht unter das Regelbeispiel des Art. 102 Abs. 2 b) AEUV zu subsumieren ist. Die Einschränkung der Erzeugung, des Absatzes und der technischen Entwicklung sind einseitige, betriebsinterne Entscheidungen, die sich zwar indirekt auf den Wettbewerb und die Verbraucher auswirken, aber keine Interaktion mit Dritten erfordern. Demgegenüber stellt die Nichtbelieferung eine Aktion gegenüber einem Wettbewerber dar und hat mithin unmittelbaren Marktbezug. Das Vorliegen einer Geschäftsverweigerung ist daher anhand einer umfassenden Interessenabwägung unter Berücksichtigung der Marktbedingungen festzustellen.

---

771 *Gleiss/Hirsch*, Kommentar zum EG-Kartellrecht, Art. 86 Rn. 76; *Ritter/Braun/Rawlinson*, European Competition Law, S. 366

772 *Bunte* in: Langen/Bunte, Europäisches Kartellrecht, Art. 82 EG Rn. 200; *Ebenroth/Abt*, EWS 1993, 81, 86; *Fuchs/Möschel* in: Immenga/Mestmäcker, EU-Wettbewerbsrecht, Art. 102 AEUV Rn. 310; *Schröter/Bartl* in: Schröter/Jakob/Klotz/Mederer, Europäisches Wettbewerbsrecht, Art. 102 AEUV Rn. 210.

773 EuGH, Urteil v. 14. Februar 1978, Rs. 27/76, ECLI:EU:C:1978:22 Rn. 182/183 – *United Brands*; EuGH, Urteil v. 31. Mai 1979, Rs. 22/78, ECLI:EU:C:1979:138 Rn. 14 – *Hugin*; EuGH, Urteil v. 10. Februar 2000, verb. Rs. C-147/97 & C-148/97, ECLI:EU:C:2000:74 Rn. 59 f. – *Deutsche Post*; Kommission, Entscheidung v. 17. Dezember 1975, ABl. 1976 L-95/01, 16 f. – *Chiquita*; Kommission, Entscheidung v. 8. Dezember 1977, ABl. 1978 L-22/23, 31 – *Hugin/Liptons*;

774 Prioritätenmitteilung Rn. 81.

Für eine solche Interessenabwägung bietet Absatz 2 b) im Gegensatz zur Generalklausel in Absatz 1 keinen Raum.[775]

Im Grundsatz steht es jedem Unternehmen, auch einem marktbeherrschenden, offen, seine Handelspartner frei zu wählen. Ein Zwang, mit bestimmten Marktteilnehmern in eine Geschäftsbeziehung zu treten, kann keinem Unternehmen ohne weiteres auferlegt werden. Derartige Verpflichtungen können zu einer Hemmung der Investitions- und Innovationsanreize führen und damit die Verbraucherwohlfahrt schädigen.[776] Wettbewerbsprobleme können jedoch dann auftreten, wenn ein auf einem vorgelagerten Markt beherrschendes Unternehmen auf dem nachgelagerten Markt selbst oder über ein konzernverbundenes Unternehmen mit den Abnehmern konkurriert, denen es die Lieferung verweigert.[777] Die Verweigerung eines *Inputs*, der zur Produktion einer Ware oder zur Erbringung einer Dienstleistung erforderlich ist, kann eine wettbewerbsschädigende Lieferverweigerung darstellen, wenn die Abnehmer keine oder nur sehr begrenzte Ausweichmöglichkeiten zum Bezug des Vorprodukts haben.[778]

aa) Voraussetzungen

Die Kommission hat drei Voraussetzungen für ihr Tätigwerden im Fall von Geschäftsverweigerungen aufgestellt:

(1) Objektive Notwendigkeit

Erstens muss die Lieferverweigerung eine Leistung betreffen, die objektiv notwendig ist, um auf einem nachgelagerten Markt wirksam konkurrieren zu können. Die objektive Notwendigkeit ist gegeben, wenn es auf dem nachgelagerten Markt kein tatsächliches oder potentielles Substitut gibt, mit dem eine Lieferverweigerung zumindest langfristig aufgefangen werden könnte, weil Wettbewerber in absehbarer Zukunft nicht in der Lage sein werden, das vom Marktbeherrscher

775 *Bunte* in: Langen/Bunte, Europäisches Kartellrecht, Art. 82 EG Rn. 200; *Fuchs/Möschel* in: Immenga/Mestmäcker, EU-Wettbewerbsrecht, Art. 102 AEUV Rn. 310; *Schröter/Bartl* in: Schröter/Jakob/Klotz/Mederer, Europäisches Wettbewerbsrecht, Art. 102 AEUV Rn. 215.

776 Prioritätenmitteilung Rn. 75; *Faull/Nikpay*, The EC Law of Competition Rn. 4.171.

777 *Fuchs/Möschel* in: Immenga/Mestmäcker, EU-Wettbewerbsrecht, Art. 102 AEUV Rn. 306.

778 Prioritätenmitteilung Rn. 76; so bereits EuGH, Urteil v. 6. März 1974, Slg. 1974, 223 Rn. 25 – *Commercial Solvents*; EuGH, Urteil v. 3. November 1985, Rs. 311/84, ECLI:EU:C:1985:394 Rn. 26 – *Télémarketing*; Kommission, Entscheidung v. 2. Juni 2004, COMP/38.096 Rn. 224 – *Clearstream*.

angebotene Vorprodukt zu duplizieren.[779] Dies ist der Fall, wenn aufgrund von Verbund- oder Größenvorteilen ein natürliches Monopol vorliegt, wenn es sich bei dem begehrten *Input* um eine *Single Source*-Information handelt oder wenn entscheidende Netzwerkeffekte bestehen, die der Wettbewerb nicht vorweisen kann.[780] Das Merkmal der objektiven Notwendigkeit ist restriktiv auszulegen, um nicht vorschnell eine Abhängigkeit von dem marktbeherrschenden Unternehmen zu bejahen. Es ist daher nicht allein der gegenwärtige Zustand des Markts zu betrachten, sondern auch die zu erwartenden Dynamiken, mögliche Marktöffnungen durch Gesetzesänderungen und potentielle Kräfteverschiebungen zu Ungunsten des Marktbeherrschers. Das Tatbestandsmerkmal hat eine Filterfunktion: einerseits soll vermieden werden, dass Wettbewerber auf eigene Innovationen und Investitionen im Vertrauen auf einen dem marktbeherrschenden Unternehmen auferlegten Kontrahierungszwang bewusst verzichten. Andererseits soll in den Fällen, in denen eine Duplizierung des *Inputs* objektiv unmöglich ist, eine erzwungene Wettbewerbsöffnung möglich sein.[781]

(2) Wahrscheinlichkeit der Ausschaltung des Wettbewerbs

Zweitens muss die Ausschaltung wirksamen Wettbewerbs auf dem nachgelagerten Markt wahrscheinlich sein. Mit der Aufnahme dieser Voraussetzung in die *Prioritätenmitteilung* hat die Kommission die Ausführungen des EuG im Fall *Microsoft* aufgegriffen.[782] Eine generelle Eignung zur Ausschaltung wirksamen Wettbewerbs ist bereits durch die Bejahung der objektiven Notwendigkeit der begehrten Vorleistung gegeben. Die Kommission will mit diesem Tatbestandsmerkmal darüber hinaus den Grad der Wahrscheinlichkeit bestimmen, mit dem sich das Risiko der Wettbewerbsbeeinträchtigung verwirklicht. Dabei sind verschiedene Faktoren zu berücksichtigen. Die Wahrscheinlichkeit ist umso größer, je höher der Marktanteil des beherrschenden Unternehmens, je größer die Anzahl der betroffenen Wettbewerber und je enger die Substitutionsbeziehung

---

779 Prioritätenmitteilung Rn. 83; EuGH, Urteil v. 6. April 1995, verb. Rs. C-241/91 & C-242/91, ECLI:EU:C:1995:98 Rn. 52 f. – *Magill*; EuG, Urteil v. 17. September 2007, Rs. T-201/04, ECLI:EU:T:2007:289 Rn. 421 – *Microsoft*.

780 *Bulst* in: Langen/Bunte, Europäisches Kartellrecht, Art. 82 EG Rn. 298; *Fuchs/Möschel* in: Immenga/Mestmäcker, EU-Wettbewerbsrecht, Art. 102 AEUV Rn. 349.

781 *Bulst* in: Langen/Bunte, Europäisches Kartellrecht, Art. 82 EG Rn. 298.

782 EuG, Urteil v. 17. September 2007, Rs. T-201/04, ECLI:EU:T:2007:289 Rn. 643-665 – *Microsoft*.

zwischen dem *Output* des marktbeherrschenden Unternehmens und dem *Output* der Wettbewerber auf dem nachgelagerten Markt ist.[783]

(3) Wahrscheinlichkeit eines Verbraucherschadens

Drittens setzt die Kommission voraus, dass die Lieferverweigerung wahrscheinlich zu einem Schaden für die Verbraucher führen wird. Dabei ist zu prüfen, ob die langfristigen negativen Auswirkungen der Lieferverweigerung auf dem relevanten Markt größer sind als die zu erwartenden negativen Auswirkungen einer Belieferungspflicht. Eine Verbraucherschädigung ist regelmäßig zu bejahen, wenn die Wettbewerber auf dem nachgelagerten Markt daran gehindert werden, Innovationen voranzutreiben und innovative Produkte zu vermarkten.[784] Potentiell verbraucherschädlich ist es auch, wenn der Preis auf dem vorgelagerten Markt, nicht jedoch auf dem nachgelagerten Markt reguliert ist und das marktbeherrschende Unternehmen durch eine Lieferverweigerung Wettbewerber vom nachgelagerten Markt verdrängt, um selbst auf dem nachgelagerten Markt höhere Gewinne erzielen zu können.[785]

Mit dem Kriterium der Verbraucherschädigung führt die Kommission ein neues Tatbestandsmerkmal für die Geschäftsverweigerung ein. Die Rechtsprechung forderte den Verbraucherbezug bislang nur indirekt in Fällen von Lizenzverweigerungen, wo sie für die Missbräuchlichkeit die Verhinderung eines „neuen Erzeugnisses“ voraussetzte.[786] Durch das Kriterium der Verbraucherschädigung soll nun auch bei anderen Geschäftsverweigerungen die Verbrauchernähe des den *Input* verlangenden Wettbewerbers sichergestellt werden. Das Merkmal ist im Rahmen der Gesamtabwägung der widerstreitenden Interessen beider Seiten zu berücksichtigen. Einem marktbeherrschenden Unternehmen soll nur dann eine Geschäftspflicht auferlegt werden, wenn die Verweigerung sich unmittelbar oder mittelbar negativ auf die Verbraucherwohlfahrt auswirkt. Ein Verbraucherschaden ist beispielsweise dann zu erwarten, wenn die Verweigerung des *Inputs* dazu führt, dass der den *Input* begehrende Wettbewerber von der Entwicklung eines neuen Produkts auf dem nachgelagerten Markt abgehalten wird. Es muss sich allerdings um ein echtes Substitut handeln, das demselben sachlichen Markt

783 Prioritätenmitteilung Rn. 85.

784 EuG, Urteil v. 17. September 2007, Rs. T-201/04, ECLI:EU:T:2007:289 Rn. 643 – *Microsoft*.

785 EuGH, Urteil v. 29. April 2004, Rs. C-418/01, ECLI:EU:C:2004:257 Rn. 49 – *IMS Health*.

786 EuGH, Urteil v. 29. April 2004, Rs. C-418/01, ECLI:EU:C:2004:257 Rn. 38 – *IMS Health*;.

zuzuordnen ist wie das Produkt des marktbeherrschenden Unternehmens bzw. anderer Unternehmen, die bereits Zugang zu dem *Input* haben.[787]

bb) Fallgruppen

Bei der Beurteilung von Geschäftsverweigerungen ist zwischen dem Abbruch bestehender Liefer- bzw. Abnahmebeziehungen und der Weigerung einer Geschäftsaufnahme zu unterscheiden.

(1) Abbruch von Geschäftsbeziehungen

Der Abbruch von Geschäftsbeziehungen wird in der Entscheidungspraxis von Kommission und Gerichten strenger beurteilt als eine *de novo* Lieferverweigerung. Grund hierfür ist, dass der Marktbeherrscher die Abhängigkeitssituation des Vertragspartners mitbegründet hat und die vorherige Vertragsbeziehung ein Indiz dafür ist, dass das marktbeherrschende Unternehmen bislang die Lieferung als angemessene Vergütung seiner getätigten Investitionen angesehen hat.[788] Im Gegensatz zu einer einfachen Nichtbelieferung eines neuen Interessenten trifft das marktbeherrschende Unternehmen im Fall des Abbruch seine aktive Entscheidung gegen die Aufrechterhaltung einer laufenden Lieferbeziehung.[789] Dies kann zu einer abrupten Einschränkung der wettbewerblichen Handlungsfähigkeit des Abnehmers führen und ihn dazu zwingen, seinen eigenen Absatz einzuschränken. Hierdurch kann mittelbar eine Schädigung der Verbraucher und unter Umständen sogar eine Beschränkung des Parallelhandels zwischen Mitgliedstaaten eintreten.[790] Aus diesem Grund beurteilen Kommission und Rechtsprechung den Abbruch einer Lieferbeziehung durch ein marktbeherrschendes Unternehmen als grundsätzlich missbräuchlich, wenn nicht ein objektiver Rechtfertigungsgrund vorliegt und der Grundsatz der Verhältnismäßigkeit gewahrt bleibt.[791]

---

787 *Fuchs/Möschel* in: Immenga/Mestmäcker, EU-Wettbewerbsrecht, Art. 102 AEUV Rn. 351;

788 Prioritätenmitteilung Rn. 84; EuGH, Urteil v. 14. Februar 1978, Rs. 27/76, ECLI:EU:C:1978:22 Rn. 182/183 – *United Brands*; *Fuchs/Möschel* in: Immenga/Mestmäcker, EU-Wettbewerbsrecht, Art. 102 AEUV Rn. 312.

789 Unterscheidung zwischen aktiver Handlung und bloßer Unterlassungshandlung: *Schröter/Bartl* in: von der Groeben/Schwarze, Art. 102 AEUV Rn. 274.

790 *Fuchs/Möschel* in: Immenga/Mestmäcker, EU-Wettbewerbsrecht, Art. 102 AEUV Rn. 311.

791 Vgl. für die Rechtsprechung: EuGH, Urteil v. 6. Oktober 2009, Rs. C-501/06 P, ECLI:EU:C:2009:610 Rn. 34 – *GlaxoSmithKline*; für die Kommissionspraxis:

Zur Rechtfertigung einer Geschäftsverweigerung können zwingende geschäftliche, wirtschaftliche oder technische Gründe, wie etwa mangelnde Sachkunde oder mangelnde technische Fähigkeiten eines Händlers oder Reparaturbetriebs, geltend gemacht werden.[792] Bei schwankender Nachfrage oder in Krisenzeiten hat das marktbeherrschende Unternehmen das Recht, sein Vertriebssystem anzupassen. Art. 102 AEUV beinhaltet keinen generellen Bestandsschutz für eine einmal bestehende Lieferstruktur zugunsten der Abnehmer.[793] Die *Prioritätenmitteilung* stellt für die Rechtfertigung einer Lieferverweigerung im Wesentlichen auf Effizienzvorteile ab. Die Kommission prüft etwa, ob eine Lieferverweigerung notwendig ist, damit das marktbeherrschende Unternehmen mit den Investitionen in das von ihm aufgebaute *Input*-Geschäft eine angemessene Rendite erzielen kann und daraus ein Anreiz für Folgeinvestitionen entsteht. Auch der Vortrag, durch die Auferlegung einer Lieferverpflichtung und die daraus resultierende Marktstrukturveränderung würden die eigenen Innovationen beeinträchtigt, wird von der Kommission anerkannt. Den Nachweis für eine solche Beeinträchtigung muss das beherrschende Unternehmen erbringen. Als Beurteilungsmaßstab gilt auch hier, dass die Lieferverweigerung für die legitimen Wettbewerbsbestrebungen des marktbeherrschenden Unternehmens unverzichtbar und verhältnismäßig sein muss.[794]

(2) Verweigerung der Geschäftsaufnahme

Die Verweigerung der Aufnahme einer Geschäftsbeziehung ist hingegen nur ausnahmsweise, unter Abwägung der besonderen Umstände jedes Einzelfalls missbräuchlich.[795] Entscheidend ist, ob es sich bei der verweigerten Vorleistung um ein Produkt handelt, das von dem marktbeherrschenden Unternehmen grundsätzlich im Geschäftsverkehr angeboten wird, oder ob die

---

Kommission, Entscheidung v. 18. Juli 1988, ABl. 1988 L-284/41 Rn. 61 – *Napier Brown/British Sugar*; Kommission, Entscheidung v. 24. März 2004, COMP/37.792 Rn. 556 – *Microsoft*.

792 *van Bael/Bellis*, Competition Law of the European Community, S. 854 f.; siehe zu weiteren Beispielen *Schröter/Bartl* in: Schröter/Jakob/Klotz/Mederer, Europäisches Wettbewerbsrecht, Art. 102 AEUV Rn. 282.

793 *Fuchs/Möschel* in: Immenga/Mestmäcker, EU-Wettbewerbsrecht, Art. 102 AEUV Rn. 313; *Lübbing* in: Loewenheim/Meessen/Riesenkampff, Art. 82 EG Rn. 173.

794 Prioritätenmitteilung Rn. 89 ff. und Rn. 28.

795 *Jung* in: Grabitz/Hilf/Nettesheim, Art. 102 AEUV Rn. 182; *Schröter/Bartl* in: von der Groeben/Schwarze, Art. 102 AEUV Rn. 281; *Schröter/Bartl* in: Schröter/Jakob/Klotz/Mederer, Europäisches Wettbewerbsrecht, Art. 102 AEUV Rn. 274.

Leistung von diesem bislang lediglich unternehmensintern genutzt wurde. Letztere Fälle sind der *essential facilities*-Doktrin zuzuordnen, die sogleich als eigene Fallkonstellation unter **(3)** behandelt werden soll. Sofern für die von der Lieferverweigerung betroffene Leistung bereits ein Markt besteht, muss das marktbeherrschende Unternehmen diese grundsätzlich diskriminierungsfrei im Sinne des Art. 102 Abs. 2 c) AEUV anbieten. Das gilt insbesondere für Unternehmen, die auf dem vorgelagerten Markt ein Monopol inne haben. Sie sind zur Aufnahme von zumutbaren Geschäftsbeziehungen verpflichtet.[796] Bei Nicht-Monopolunternehmen dagegen muss eine Kontrahierungspflicht anhand einer umfassenden Interessenabwägung eruiert werden. Diese Abwägung erfolgt bei der Prüfung des Diskriminierungstatbestands. Grundsätzlich gilt, dass es auch einem marktbeherrschenden Unternehmen frei steht, sich seine Vertragspartner auszusuchen und sein Geschäft so zu betreiben, wie es dies für wirtschaftlich sinnvoll hält.[797] Ausnahmen von diesem Grundsatz gelten nur, wenn die Verweigerung der Geschäftsaufnahme dazu geeignet ist, jeglichen Wettbewerb auf dem betroffenen Markt auszuschalten und sie nicht objektiv gerechtfertigt ist.[798] Hinsichtlich der Rechtfertigungsgründe kann auf die Ausführungen unter **(1)** verwiesen werden.

Entscheidend zur Begründung einer *de novo*-Lieferverpflichtung ist mithin, dass die begehrte Vorleistung für die Tätigkeit auf dem abgeleiteten Markt unerlässlich ist, die Geschäftsverweigerung geeignet ist, jeglichen Wettbewerb auf dem nachgelagerten Markt auszuschalten und kein Rechtfertigungsgrund vorliegt.[799]

---

796 *Fuchs/Möschel* in: Immenga/Mestmäcker, EU-Wettbewerbsrecht, Art. 102 AEUV Rn. 321; *Schröter/Bartl* in: Schröter/Jakob/Klotz/Mederer, Europäisches Wettbewerbsrecht, Art. 102 AEUV Rn. 280.

797 *Schröter/Bartl* in: Schröter/Jakob/Klotz/Mederer, Europäisches Wettbewerbsrecht, Art. 102 AEUV Rn. 273.

798 EuGH, Urteil v. 26. November 1998, Rs. C-7/97, ECLI:EU:C:1998:569 Rn. 38 ff. – *Oscar Bronner.*

799 EuGH, Urteil v. 6. April 1995, verb. Rs. C-241/91 & C-242/91, ECLI:EU:C:1995:98 Rn. 56 – *Magill*; EuG, Urteil v. 17. September 2007, Rs. T-201/04, ECLI:EU:T:2007:289 Rn. 560 ff. – *Microsoft*; EuG, Urteil v. 9. September 2009, Rs. T-301/04, ECLI:EU:T:2009:317 Rn. 147 f. – *Clearstream*; *Bulst* in: Langen/Bunte, Europäisches Kartellrecht, Art. 102 AEUV Rn. 281; *Fuchs/Möschel* in: Immenga/Mestmäcker, EU-Wettbewerbsrecht, Art. 102 AEUV Rn. 322.

(3) Die essential facilities-Doktrin

Die unter **(1)** und **(2)** dargestellten Grundsätze betreffen Fälle, in denen ein abgeleiteter Markt bereits besteht. Sofern jedoch noch gar kein Wettbewerb auf dem nachgelagerten Markt eröffnet wurde, ist fraglich, ob ein Kontrahierungszwang bejaht werden kann. Dadurch würde das marktbeherrschende Unternehmen gezwungen, aktiv den Wettbewerb gegen sich selbst zu fördern. Eine solche Pflicht kann aus Art. 102 AEUV nicht unmittelbar abgeleitet werden.[800] Eine Ausnahme stellen allerdings die *essential facilities*-Fälle dar. Hat ein Unternehmen eine marktbeherrschende Stellung auf einem Vorleistungsmarkt für bestimmte Einrichtungen, Infrastruktureinrichtungen oder Netze, kann es dazu verpflichtet werden, potentiellen Wettbewerbern auf einem abgeleiteten Markt Zugang zu diesen Einrichtungen zu gewähren, sofern diese wesentlich für die Erbringung der Leistung auf dem abgeleiteten Markt sind.[801]

Die *essential facilities*-Doktrin hat ihren Ursprung im US-Antitrustrecht. Mittlerweile hat die europäische Entscheidungspraxis im Rahmen des Art. 102 AEUV nach eigene Prüfungsmaßstäben entwickelt.[802]

Die Fallgruppe der *essential facilities* zeigt einen Konflikt zwischen dem Interesse an der Öffnung des abgeleiteten Markts, für den die Nutzung der beherrschten Einrichtung erforderlich ist, und der Erhaltung der Investitionsbereitschaft des Marktbeherrschers in seine Einrichtung.[803] In der vorzunehmenden Abwägung ist zu berücksichtigen, dass ein zu einfache Zugang zu bestehenden Einrichtungen die Entwicklungs- und Investitionsanreize für Wettbewerber

---

800 *Fuchs/Möschel* in: Immenga/Mestmäcker, EU-Wettbewerbsrecht, Art. 102 AEUV Rn. 323; so auch die Kommission, Entscheidung v. 29. Juli 1987, ABl. 1987 L-286/36 Rn. 19 – *BBI/Boosey & Hawkes.*

801 Kommission, Entscheidung v. 21. Dezember 1988, ABl. 1989 L-78/43 Rn. 23 – *Magill*; bestätigt durch EuG, Urteil v. 10. Juli 1991, Rs. T-69/89, ECLI:EU:T:1991:39 Rn. 73 – *RTE* und EuGH, Urteil v. 6. April 1995, verb. Rs. 241/91 & 242/91, ECLI:EU:C:1995:98 Rn. 52 ff – *Magill*; siehe auch EuGH, Urteil v. 29. April 2004, Rs. C-418/01, ECLI:EU:C:2004:257 Rn. 38 – *IMS Health*; EuG, Urteil v. 17. September 2007, Rs. T-201/04, ECLI:EU:T:2007:289 Rn. 331 ff. – *Microsoft.*

802 *Schröter/Bartl* in: von der Groeben/Schwarze, Art. 102 AEUV Rn. 285; kritisch *Dittmann*, Öffnung von Märkten durch kartellrechtlichen Kontrahierungszwang, S. 297 ff.

803 *Dittmann*, Öffnung von Märkten durch kartellrechtlichen Kontrahierungszwang, S. 218; *Fleischer/Weyer*, WuW 1999, S. 350, 355 f.; *Fuchs/Möschel* in: Immenga/Mestmäcker, EU-Wettbewerbsrecht, Art. 102 AEUV Rn. 333; siehe zu den Grenzen der *essential facilities*-Doktrin *Schwarz van Berk*, Der Zugang zu wesentlichen Einrichtungen, S. 246 ff.

hemmen und den Wettbewerb somit wiederum behindern kann.[804] Deshalb stellt nach Ansicht des EuGH eine Zugangsverweigerung zu wesentlichen Einrichtungen nur unter „außergewöhnlichen Umständen" einen Missbrauch nach Art. 102 AEUV dar.[805]

Typischerweise handelt es sich bei dem Inhaber der wesentlichen Einrichtung um ein vertikal integriertes Unternehmen, das auf dem nachgelagerten Markt als Anbieter tätig ist und seine Anlage ausschließlich für eigene Zwecke nutzt.[806] Die *essential facilities*-Doktrin steht daher häufig, aber nicht notwendigerweise, im Zusammenhang mit einem natürlichen Monopol. Ein solches liegt vor, wenn die erforderliche Mindestgröße für die Unterhaltung der Einrichtung oder des Netzes so groß ist, dass ein effektiver Betrieb nur möglich ist, sofern die Anlage den gesamten Markt abdeckt. Dies ist insbesondere bei (vormals) staatlichen Infrastruktureinrichtungen wie Bahngleisen, Energie- und Telekommunikationsnetzen der Fall.[807] Durch die Liberalisierung der Strom- und Telekommunikationsmärkte ist allerdings für diese Bereiche, zumindest in Europa, nicht mehr unbedingt von einem natürlichen Monopol auszugehen.[808] Die europäische Deregulierungspolitik hat das Ziel, staatliche Wettbewerbseinschränkungen abzubauen, um wirtschaftliche Freiräume zum Wohle des Wettbewerbs und der Allgemeinheit zu schaffen.[809]

Dass nicht nur ehemalige Staatsmonopole und Netze als wesentliche Einrichtungen eingestuft werden, zeigt die europäische Entscheidungspraxis. Prägend für die Anwendung der *essential facilities*-Doktrin in der europäischen Kartellrechtspraxis sind die Hafen-Fälle.[810] In allen Fällen waren die Betreiber von

---

804 Schlussanträge GA Jacobs v. 28. Mai 1998 in Rs. C-7/97, ECLI:EU:C:1998:264 Rn. 57 – *Oscar Bronner.*

805 EuGH, Urteil v. 6. April 1995, verb. Rs. 241/91 & 242/91, ECLI:EU:C:1995:98 Rn. 50 – *Magill* mit Verweis auf EuGH, Urteil v. 5. Oktober 1988, Rs. 238/87, ECLI:EU:C:1988:477 Rn. 7 ff. – *Volvo/Veng.*

806 *Jorns*, Europäische Missbrauchsaufsicht über Immaterialgüterrechte, S. 151 f. m.w.N.

807 *Bulst* in: Langen/Bunte, Europäisches Kartellrecht, Art. 102 AEUV Rn. 303; *Müller*, EuZW 1998, S. 232.

808 *Schwarz van Berk*, Der Zugang zu wesentlichen Einrichtungen, S. 6; *Theobald/Zenke*, WuW 2001, 19.

809 EuZW 1998, S. 232, 234.

810 Kommission, Entscheidung v. 11. Juni 1992, IV/34.174 – *Sealink I*; Kommission, Entscheidung v. 21. Dezember 1993, ABl. 1994 L-15/8 – *Sealink II*; Kommission, Entscheidung v. 21. Dezember 1993, ABl. 1994 L-55/52 – *Hafen von Rødby*; vgl. Übersichtsdarstellung bei *Schwarz van Berk*, Der Zugang zu wesentlichen Einrichtungen, S. 51 ff.

Seehäfen zugleich Schifffahrtsgesellschaften, die von ihren Häfen aus Seeverbindungen anboten, Wettbewerbern aber die Nutzung der Häfen nicht oder nur zu unangemessenen Bedingungen gestatteten. Aufgrund der besonderen verkehrstechnischen Bedeutung der Häfen (Hafen von Rødby in Dänemark und Hafen von Holyhead in Großbritannien) sah die Kommission sie als wesentlichen Teil des Binnenmarkts an, auf dem die jeweiligen alleinigen Betreiber eine marktbeherrschende Stellung inne hatten.[811] Die Kommission befand, dass die Häfen eine wesentliche Einrichtung für die Bedienung bestimmter See- und Fährverbindungen darstellten, weil die Ansteuerung alternativer Häfen aufgrund der Lage und logistischen Anbindung zum Beispiel an den Bahnverkehr nicht in Frage kam.[812] Durch die Verweigerung der Nutzung war es konkurrierenden Schifffahrtsunternehmen nicht möglich, die entsprechenden Verbindungen anzubieten, so dass die marktbeherrschende Stellung auf dem vorgelagerten Markt (Verwaltung des Hafens) faktisch zu einer Ausschaltung jeglichen – potentiellen – Wettbewerbs auf dem nachgelagerten Markt (Schiffsverbindungen auf bestimmten Seestrecken) führte. Dies sah die Kommission als missbräuchliche Ausnutzung einer marktbeherrschenden Stellung im Sinne des Art. 102 AEUV an, weil für die Verweigerung keine sachliche Rechtfertigung ersichtlich war.

Nach wie vor ist die genaue Einordnung der *essential facilities*-Doktrin umstritten. Überwiegend wird angenommen, es handele sich schlicht um eine Untergruppe der Geschäftsverweigerung in der Form der Nichtaufnahme von Geschäftsbeziehungen.[813] Nach anderer Ansicht bilden die *essential facilities* Fälle eine eigenständige Fallgruppe im Rahmen des Art. 102 AEUV. Die Vertreter dieser Auffassung argumentieren, zwischen der einfachen Liefer- bzw. Dienstleistungsverweigerung und der Zugangsverweigerung zu einer Ressource, die bislang ausschließlich betriebsintern genutzt wurde, bestehe ein erheblicher struktureller Unterschied. Schließlich werde im ersten Fall lediglich die

---

811 Kommission, Entscheidung v. 21. Dezember 1993, ABl. 1994 L-55/52 Rn. 8 – *Hafen von Rødby.*

812 Kommission, Entscheidung v. 21. Dezember 1993, ABl. 1994 L-15/8 Rn. 13 – *Sealink II*; Kommission, Entscheidung v. 21. Dezember 1993, ABl. 1994 L-55/52 Rn. 5 – *Hafen von Rødby.*

813 *Beckmerhagen*, Die essential facilities doctrine um US-amerikanischen und europäischen Kartellrecht, S. 249; *Eilmansberger/Bien* in: MüKo EU-Wettbewerbsrecht, Art. 102 AEUV Rn. 316; *Fleischer/Weyer*, WuW 1999, S. 350, 353 f. *Fuchs/Möschel* in: Immenga/Mestmäcker, EU-Wettbewerbsrecht, Art. 102 AEUV Rn. 331; *Ibsch*, Die Übernahme der Essential-Facilities-Doktrin, S. 156; vgl. zum Streitstand *Hohmann*, Die essential facilities doctrine im Recht der Wettbewerbsbeschränkungen, S. 58 ff.

Gleichbehandlung mit anderen Abnehmern verlangt, was dem Schutzbereich des Diskriminierungsverbots zuzuordnen sei. Demgegenüber beträfen die *essential facilities*-Fälle Konstellationen, in denen noch gar kein Markt eröffnet sei und der Inhaber der wesentlichen Einrichtung dazu gezwungen werde, durch die Öffnung seiner Einrichtung eine gänzlich neue Marktfunktion auszuüben.[814]

Selbst wenn jedoch die Anforderungen an den Inhaber einer wesentlichen Einrichtung höher wären als an andere marktbeherrschende Unternehmen, ist diese Fallgruppe dennoch dem Oberbegriff der Geschäftsverweigerung zuzuordnen, weil die missbräuchliche Handlungsweise (Verweigerung einer *Input*-Leistung) ebenso wie die mögliche Konsequenz (Auferlegung eines Kontrahierungszwangs) in beiden Fällen dieselben sind.[815] Die Besonderheiten der *essential facilities*-Doktrin werden im Rahmen der Tatbestandsvoraussetzungen und der damit verbundenen Interessenabwägung berücksichtigt.

(a) Bestehen zweier Märkte

Voraussetzung für *essential facilities*-Konstellationen ist das Bestehen zweier miteinander verbundener Märkte, dem *Input*- oder Einrichtungsmarkt und dem davon abgeleiteten *Output*-Markt. Der Missbrauch besteht darin, dass der Marktbeherrscher auf dem *Input*-Markt durch die Zugangs- oder Lieferverweigerung seine Marktmacht auf den abgeleiteten Markt transferiert.[816] Dies ist etwa der Fall, wenn ein Betreiber eines Stromnetzes, der selbst über eine Tochtergesellschaft auch Strom an Haushalte liefert, sich dieses Netz für den Eigengebrauch vorbehält und anderen Stromanbietern den Zugang verweigert. Dabei kommt es nicht darauf an, ob auf dem abgeleiteten Markt bereits Wettbewerb im Sinne einer Marktaktivität herrscht. Es ist gerade charakteristisch für die *essential facilities*-Fälle, dass das den *Input*-Markt beherrschende Unternehmen bislang auch auf dem *Output*-Markt alleine tätig war und es sich somit um einen potentiellen oder auch nur hypothetischen Markt handelt.[817]

---

814 *Bittner*, Die Verweigerung der Drittzulassung zu Infrastruktureinrichtungen, S. 122; *Schwarz van Berk*, Der Zugang zu wesentlichen Einrichtungen, S. 94 f.

815 So auch *Fuchs/Möschel* in: Immenga/Mestmäcker, EU-Wettbewerbsrecht, Art. 102 AEUV Rn. 331.

816 *Eilmansberger/Bien* in: MüKo EU-Wettbewerbsrecht, Art. 102 AEUV Rn. 361.

817 *Bittner*, Die Verweigerung der Drittzulassung zu Infrastruktureinrichtungen, S. 96 f.

(b) Wesentliche Einrichtung

Die Einrichtung auf dem *Input*-Markt muss wesentlich für die Tätigkeit auf dem abgeleiteten Markt sein. In dem grundlegenden Urteil *Oscar Bronner* hat der EuGH die Wesentlichkeit einer Einrichtung an zwei Bedingungen geknüpft. Zum einen muss die Verweigerung des Zugangs zu der Einrichtung dazu geeignet sein, jeglichen Wettbewerb auf dem abgeleiteten Markt durch denjenigen, der den Zugang begehrt, auszuschalten. Zum anderen muss der Zugang für die Ausübung der Tätigkeit auf dem abgeleiteten Markt in dem Sinne unentbehrlich sein, dass kein tatsächlicher oder potentieller Ersatz zu dem *Input*-Markt besteht.[818]

Eine wesentliche Einrichtung kann grundsätzlich jede Art von Vorprodukt oder Dienstleistung sein.[819] Traditionell werden unter wesentlichen Einrichtungen Netze verstanden, über die die Zugangspetenten bestimmte Dienste anbieten oder Produkte liefern wollen. Die Hafen-Fälle zeigen aber, dass es sich auch um strategisch wichtige Punkte handeln kann. Im Fall *Télémarketing* ging es um die Bereitstellung von Sendezeit für unabhängige Telemarketingunternehmen als wesentliche Einrichtung, im Fall *Hugin* um die Belieferung mit notwendigen Ersatzteilen zur Durchführung von Reparaturdienstleistungen.[820] Ein wichtiges Feld stellen auch immaterielle Güter als Zugangsvoraussetzung dar. Die Verweigerung einer Lizenzerteilung für bestimmte Technologien kann eine missbräuchliche Zugangsbeschränkung darstellen (vgl. dazu im Folgenden **(4)**).

Die Unerlässlichkeit des *Inputs* hängt nach der Rechtsprechung davon ab, ob es „Produkte oder Dienstleistungen gibt, die Alternativlösungen darstellen, auch wenn sie weniger günstig sind" und davon „ob technische, rechtliche oder wirtschaftliche Hindernisse bestehen, die geeignet sind, jedem Unternehmen, das auf dem Markt tätig zu werden beabsichtigt, die Entwicklung – ggf. in Zusammenarbeit mit anderen Wirtschaftsteilnehmern – von Alternativprodukten oder –dienstleistungen unmöglich zu machen oder zumindest unzumutbar

---

818 EuGH, Urteil v. 26. November 1998, Rs. C-7/97, ECLI:EU:C:1998:569 Rn. 41 – *Oscar Bronner*; EuGH, Urteil v. 29. April 2004, Rs. C-418/01, ECLI:EU:C:2004:257 Rn. 44 – *IMS Health*; vgl. auch EuG, Urteil v. 15. September 1998, verb. Rs. T-374/94, T-375/94, T-384/94 & T-388/94, ECLI:EU:T:1998:198 Rn. 208 – *European Night Services*; EuG, Urteil v. 9. September 2009, Rs. T-301/04, ECLI:EU:T:2009:317 Rn. 147 – *Clearstream*.

819 *Jorns*, Europäische Missbrauchsaufsicht über Immaterialgüterrechte, S. 145.

820 EuGH, Urteil v. 31. Mai 1979, Rs. 22/78, ECLI:EU:C:1979:138 – *Hugin*; EuGH, Urteil v. 3. Oktober 1985, Rs. 311/84, ECLI:EU:C:394 – *Télémarketing*.

zu erschweren".[821] Wesentlichkeit ist daher faktisch nur bei Monopolen zu bejahen.[822] In Bezug auf die wirtschaftliche Unzumutbarkeit gilt ein objektiver Maßstab.[823] In der Entscheidung *Oscar Bronner* hat der EuGH den Grundsatz aufgestellt, dass die Duplizierung der Einrichtung für einen „wagemutigen" Unternehmer unrentabel sein müsse.[824]

(c) Verweigerung des Zugangs

Der Inhaber der wesentlichen Einrichtung muss die *Input*-Leistung gegenüber dem Zugangspetenten verweigern. Die Verweigerung muss nicht ausdrücklich erklärt werden, sondern kann auch „konstruktiv" in Form unangemessener Verzögerungen oder Vertragsbedingungen an den Tag gelegt werden.[825]

(d) Rechtfertigung

Die Zugangsverweigerung darf nicht objektiv gerechtfertigt sein. Da eine wesentliche Einrichtung besondere Marktmacht verleiht und die Zugangsverweigerung zu einer völligen Marktabschottung führen kann, sind die Anforderungen an Rechtfertigungsgründe im Fall von *essential facilities* höher einzustufen als im Fall „gewöhnlicher" Geschäftsverweigerungen.[826] Dennoch stellt die Verpflichtung zur Marktöffnung einen Eingriff in das Eigentumsrecht und die unternehmerische Freiheit des Infrastrukturinhabers dar und ist am Grundsatz der Verhältnismäßigkeit zu messen.[827]

---

821 EuGH, Urteil v. 26. November 1998, Rs. 7/97, ECLI:EU:C:1998:569 Rn. 43 ff. – *Oscar Bronner*; EuGH, Urteil v. 29. April 2004, Rs. C-418/01, ECLI:EU:C:2004:257 Rn. 28 f. – *IMS Health*; siehe auch *Beckmerhagen*, Die *essential facilities doctrine* im US-amerikanischen und europäischen Kartellrecht, S. 279 f.

822 *Ridyard*, ECLR 1996, S. 438, 448.

823 *Ehle*, EuZW 1999, S. 86, 89 f.; *Fleischer/Weyer*, WuW 1999, S. 350, 360 f.; *Jorns*, Europäische Missbrauchsaufsicht über Immaterialgüter, S. 133.

824 EuGH, Urteil v. 26. November 1998, Rs. 7/97, ECLI:EU:C:1998:569 Rn. 11 – *Oscar Bronner*

825 Prioritätenmitteilung Rn. 79; Kommission, Entscheidung v. 15. Dezember 2001, ABl. 2001 L-331/40 Rn. 141 ff. – *Deutsche Post AG* II; Kommission, Entscheidung v. 22. Juni 2011, COMP/39.525 Rn. 722 ff. – *Telekommunikacja Polska*; *Beckmerhagen*, Die *essential facilities doctrine* im US-amerikanischen und europäischen Kartellrecht, S. 280.

826 *Beckmerhagen*, Die *essential facilities doctrine* im US-amerikanischen und europäischen Kartellrecht, S. 281.

827 *Bittner*, Die Verweigerung der Drittzulassung zu Infrastruktureinrichtungen, S. 155 ff.

Als wichtigster Rechtfertigungsgrund kommen Kapazitätsgrenzen der wesentlichen Einrichtung oder technische Hindernisse in Betracht.[828] In der Entscheidung *Télémarketing* untersuchte der EuGH, ob die Einrichtung durch die Nutzung Dritter in ihrer Funktionsfähigkeit beeinträchtigt und die Inanspruchnahme durch den Inhaber gestört wird.[829] Ein weiterer Rechtfertigungsgrund kann die Weigerung des zugangsbegehrenden Unternehmens sein, dem Inhaber der Einrichtung ein angemessenes Nutzungsentgelt zu zahlen.[830]

Der Einwand von Kapazitätsgrenzen ist dem Inhaber der wesentlichen Einrichtung allerdings unter Umständen verwehrt, wenn die Prüfung ergibt, dass die Einrichtung ineffizient genutzt wird.[831] In einem Fall entschied die Kommission, dass Kapazitätsengpässe, die aufgrund fester, historischer Kapazitätsbuchungen entstanden sind, eine Zugangsverweigerung nicht rechfertigen könnten. Die freien Kapazitäten müssten in einem transparenten und diskriminierungsfreien Verfahren vergeben werden.[832] In einem anderen Fall entschied die Kommission gar, dass marktbeherrschende Inhaber verpflichtet seien, „alle möglichen Maßnahmen zur Beseitigung der Engpässe zu ergreifen, die durch mangelnde Kapazitäten verursacht werden, und ihr Geschäft darauf auszurichten, dass größtmögliche Kapazitäten der wesentlichen Einrichtung verfügbar sind".[833] Neben dem Kapazitätseinwand kommt das Fehlen der erforderlichen fachlichen, technischen oder wirtschaftlichen Voraussetzungen beim Zugangspetenten als Rechtfertigung in Betracht.[834] Hinsichtlich der Kompetenz und Geeignetheit eines Zugangspetenten darf das marktbeherrschende Unternehmen keine überzogenen Anforderungen stellen. Hier hat eine am Verhältnismäßigkeitsgrundsatz orientierte Abwägung der wirtschaftlichen, technischen und sicherheitsrelevanten Interessen des Inhabers der *essential facility* auf der einen

828 *Eilmansberger/Bien* in: MüKo EU-Wettbewerbsrecht, Art. 102 AEUV Rn. 356; *Fuchs/Möschel* in: Immenga/Mestmäcker, EU-Wettbewerbsrecht, Art. 102 AEUV Rn. 338.

829 EuGH, Urteil v. 3. Oktober 1985, Rs. 311/84, ECLI:EU:C:1985:394 Rn. 26 – *Télémarketing*.

830 *Eilmansberger/Bien* in: MüKo EU-Wettbewerbsrecht, Art. 102 AEUV Rn. 356 m.w.N.

831 *Fuchs/Möschel* in: Immenga/Mestmäcker, EU-Wettbewerbsrecht, Art. 102 AEUV Rn. 338; *Holzhäuser*, Essential Facilities in der Telekommunikation, S. 218; *Müller*, EuZW 1998, S. 232, 235.

832 Kommission, Entscheidung v. 3. Dezember 2009, COMP/39.316 Rn. 26 f. – *Gaz de France*.

833 Kommission, Entscheidung v. 18. März 2009, COMP/39.402 Rn. 23 Fn. 25 – *Gasmarktabschottung durch RWE*; Kommission, Entscheidung v. 29. September 2010, COMP/39.315 Rn. 46 Fn. 53 – *ENI* jeweils m.w.N.

834 *Müller*, EuZW 1998, S. 232, 235.

Seite mit dem Marktzugangsinteresse des zugangsbegehrenden Unternehmens und dem öffentlichen Interesse an der Entwicklung wirksamen Wettbewerbs auf der anderen Seite zu erfolgen.[835]

(4) Lizenzverweigerungen

Eine weitere Untergruppe der Geschäftsverweigerung stellt die Nichtgewährung von Lizenzen für immaterialgüterrechtlich geschützte Informationen dar. Die Fallgruppe der Lizenzverweigerung betrifft den Konflikt zwischen dem Schutz geistigen Eigentums und dem kartellrechtlichen Ziel offener Märkte. Vom Begriff des geistigen Eigentums werden alle Rechte erfasst, „die sich aus der geistigen Tätigkeit auf gewerblichem, wissenschaftlichem oder künstlerischen Gebiet ergeben".[836]

(a) Zusatzkriterium: Verhinderung eines neuen Produkts

Die Lizenzverweigerung ist streng genommen ein Unterfall der *essential facilities*-Doktrin, weil es, ähnlich wie bei wesentlichen Einrichtungen, um Informationen geht, über die ein einzelnes Unternehmen exklusiv verfügt, die aber notwendig sind, um auch Wettbewerbern den Zugang zu einem Markt zu ermöglichen. Grundsätzlich gewähren Immaterialgüter einerseits die ausschließliche Benutzungsbefugnis über einen bestimmten Schutzgegenstand und andererseits ein Abwehrrecht gegenüber Nachahmern. Durch die Zuordnung eines absoluten Ausschließlichkeitsrechts an der immateriellen Schöpfung besteht ein rechtliches Monopol zugunsten des Schöpfers auf die Nutzung dieses Guts.[837] Dahinter steht der Gedanke, Anreize für Forschung und Entwicklung zu schaffen, indem innovativen Unternehmen die Möglichkeit verschafft wird, die ihnen entstandenen Kosten ohne Imitationswettbewerb zu amortisieren.[838] Ein alleiniger Inhaber eines Schutzrechts missbraucht jedoch unter Umständen seine marktbeherrschende Stellung, wenn er die Vergabe von Lizenzen verweigert, die zur Entwicklung von Wettbewerbsprodukten zwingend erforderlich sind.

Eine Lieferverpflichtung bedeutet hier einen noch weitergehenden Eingriff in die wirtschaftliche Dispositionsfreiheit des marktbeherrschenden Unternehmens, weil es gezwungen wird, Zugang zu Informationen zu gewähren, die

---

835 *Jorns*, Europäische Missbrauchsaufsicht über Immaterialgüterrechte, S. 154 f.; *Schröter/Bartl* in: Schröter/Jakob/Klotz/Mederer, Europäisches Wettbewerbsrecht, Art. 102 AEUV Rn. 286.

836 Übereinkommen zur Errichtung einer Weltorganisation für geistiges Eigentum v. 14. Juli 1967, BGBl. 1970 II, S. 295.

837 *Jorns*, Europäische Missbrauchsaufsicht über Immaterialgüterrechte, S. 33.

838 *Jorns*, Europäische Missbrauchsaufsicht über Immaterialgüterrechte, S. 109.

durch geistige Eigentumsrechte geschützt sind. Die Innehabung und alleinige Ausübung eines gewerblichen Schutzrechts stellt den essentiellen Inhalt dieses Rechts dar und ist als solches nicht missbräuchlich.[839] Nur „unter besonderen Umständen", namentlich wenn die Berufung auf dieses Recht zur Verhinderung oder Beschränkung von Wettbewerb auf einem abgeleiteten Markt, genutzt wird, erfüllt dies den Tatbestand des Art. 102 Abs. 1 AEUV.[840]

Da der Ausschluss anderer gerade den Kern eines gewerblichen Schutzrechts darstellt,[841] hat die Rechtsprechung in der Entscheidung *Magill* eine ergänzende Voraussetzung für die Auferlegung eines Kontrahierungszwangs in Bezug auf Immaterialgüterrechte formuliert:[842] Verlangt wird, dass durch die Zugangsverweigerung zu der fraglichen Lizenz die Entwicklung eines neuen Erzeugnisses verhindert wird, für das eine potentielle Verbrauchernachfrage besteht.[843] Nach der Entscheidung des EuG in *Microsoft* stellt die Weigerung eines Unternehmens, seine durch Rechte des geistigen Eigentums geschützten Daten anderen Unternehmen zur Verfügung zu stellen, nur dann einen Missbrauch dar, wenn vier Voraussetzungen kumulativ vorliegen: (1) die Weigerung betrifft Erzeugnisse oder Dienstleistungen, die für die Ausübung einer bestimmten Tätigkeit auf einem benachbarten Markt unerlässlich sind; (2) die Weigerung ist geeignet, jeglichen wirksamen Wettbewerb auf diesem benachbarten Markt auszuschließen; (3) durch die Weigerung wird die Entwicklung eines neuen Erzeugnisses verhindert, für das eine potentielle Verbrauchernachfrage besteht und (4) die Weigerung ist nicht objektiv gerechtfertigt.[844]

---

839 *Brand* in: FK EU-Kartellrecht, Art. 102 AEUV Rn. 407; *Schröter/Bartl* in: Schröter/Jakob/Klotz/Mederer, Europäisches Wettbewerbsrecht, Art. 102 AEUV Rn. 312.

840 EuGH, Urteil v. 23. Mai 1978, Rs. 102/77, ECLI:EU:C:1978:108 Rn. 16 – *Hoffmann-La Roche/Centrafarm*; EuGH, Urteil v. 5. Oktober 1988, Rs. 238/87, ECLI:EU:C:1988:477 Rn. 9 – *Volvo/Veng*; EuGH, Urteil v. 6. April 1995, verb. Rs. C-241/91 & C-242/91, ECLI:EU:C:1995:98 Rn. 50 f. – *Magill*.

841 *Eilmansberger/Bien* in: MüKo EU-Wettbewerbsrecht, Art. 102 AEUV Rn. 331; *Fuchs/Möschel* in: Immenga/Mestmäcker, EU-Wettbewerbsrecht, Art. 102 AEUV Rn. 337; *Jorns*, Europäische Missbrauchsaufsicht über Immaterialgüterrechte, S. 109.

842 Gegen das Zusatzkriterium der Verhinderung eines von den Verbrauchern nachgefragten neuen Produkts: *Brand* in: FK EU-Kartellrecht, Art. 102 AEUV Rn. 425 ff.; *Eilmansberger/Bien* in: MüKo EU-Wettbewerbsrecht, Art. 102 AEUV Rn. 374 f..

843 Kommission, Entscheidung v. 21. Dezember 1988, ABl. 1989 L-78/43 Rn. 23 – *Magill*; bestätigt durch EuG, Urteil v. 10. Juli 1991, Rs. T-69/89, ECLI:EU:T:1991:39 Rn. 73 – *RTE* und EuGH, Urteil v. 6. April 1995, verb. Rs. C-241/91 & C-242/91, ECLI:EU:C:1995:98 Rn. 52 ff – *Magill*.

844 EuG, Urteil v. 17. September 2007, Rs. T-201/04, ECLI:EU:C:2007:289 Rn. 332 f. – *Microsoft*.

Bei der Beurteilung ist das Interesse des Marktbeherrschers an einer nach mitgliedstaatlichen Regeln möglicherweise geschützten Information gegen das Interesse der Allgemeinheit an Innovation und wirksamem Wettbewerb abzuwägen. Dabei ist insbesondere zu berücksichtigen, dass die Innovationstätigkeit des marktbeherrschenden Unternehmens selbst durch einen Kontrahierungszwang gedämpft werden könnte.[845]

Im Rahmen der Interessenabwägung ist zu untersuchen, ob es sich tatsächlich um ein neues, auf dem Markt noch nicht verfügbares Erzeugnis oder um eine bloße Kopie von bereits vorhandenen Produkten handelt. Es soll sich um eine echte Innovation handeln, mit der neu entstehende Verbraucherbedürfnisse befriedigt werden sollen. Die Abgrenzung kann mitunter schwierig sein. Einerseits stellt nicht jede unwesentliche Verbesserung von bereits existierenden Produkten ein neues Erzeugnis dar, andererseits ist zu berücksichtigen, dass auch eine zunächst geringfügige Verbesserung möglicherweise den Anstoß zu weitergehenden Innovationen geben kann.[846]

(b) Sonderfall: Standardessentielle Patente

Einen Sonderfall stellen standardessentielle Patente dar. Dabei handelt es sich um Patente auf Technologien, die sich am Markt als Standard etabliert haben und daher für die Produktion und Nutzbarmachung bestimmter Produkte unumgänglich sind.[847] Insbesondere im Telekommunikationsbereich besteht die Notwendigkeit, sich auf Technologiestandards zu einigen, um zu gewährleisten, dass die Endgeräte sämtlicher Hersteller in der Lage sind, miteinander zu kommunizieren und wechselseitig Daten zu übertragen. Das *European Telecommunication Standards Institute* („ETSI“) hat die Aufgabe, weltweit gültige Standards für die Telekommunikations- und Informationstechnologie zu entwickeln.[848]

---

845 *Fuchs/Möschel* in: Immenga/Mestmäcker, EU-Wettbewerbsrecht, Art. 102 AEUV Rn. 329; *Körber*, RIW 2004, S. 881, 888.

846 Für eine enge Auslegung *Montag*, EuZW 1997, S. 71, 74; *Pilny*, GRUR Int. 1995, S. 954, 957.

847 Dazu bereits *Montag*, EuZW 1997, S. 71, 77 f.

848 Das *European Telecommunication Standards Institute* definiert standardessentielle Patente (SEPs) wie folgt: „*essential as applied to IPR* [intellectual property rights] *means that it is not possible on technical (but not on commercial) grounds, taking into account normal technical practice and the state of the art generally available at the time of standardisation, to make, sell, lease, otherwise dispose of, repair, use or operate equipments or methods which comply with a standard without infringing that IP right.*“, Art. 15 Abs. 6 ETSI Intellectual Property Rights Policy, Annex 6 to ETSI

Die Nutzung eines Patents durch ein nichtlizensiertes Unternehmen stellt eine Patentverletzung dar, gegen die sich der Patentinhaber mit einem Unterlassungsanspruch zur Wehr setzen kann. Unter „außergewöhnlichen Umständen“ kann jedoch die Geltendmachung des Unterlassungsanspruchs eine missbräuchliche Verhaltensweise im Sinne des Art. 102 AEUV darstellen (sog. Zwangslizenzeinwand). Dies ist nach Ansicht der Kommission der Fall, wenn (1) es sich um ein standardessentielles Patent handelt und (2) der potentielle Patentnehmer sich bereit erklärt hat, eine Lizenz zu fairen, zumutbaren und nichtdiskriminierenden Bedingungen (*fair reasonable and non-discriminating*, „FRAND“) zu erwerben.[849] Der BGH hat in seiner *Orange Book*-Entscheidung aus dem Jahr 2009 hinsichtlich des von dem potentiellen Lizenznehmer zu unterbreitenden Angebots weitere Voraussetzungen aufgestellt: demnach muss der potentielle Lizenznehmer dem Patentinhaber (1) ein annahmefähiges, unbedingtes Angebot auf Abschluss eines Lizenzvertrags unterbreiten, welches dieser nicht ablehnen kann, ohne gegen das Diskriminierungs- oder Behinderungsverbot zu verstoßen und (2) bereits vor Annahme des Angebots diejenigen Verpflichtungen erfüllen, die der abzuschließende Lizenzvertrag an die Benutzung des lizensierten Gegenstands knüpft, das heißt insbesondere die Lizenzgebühren entrichten oder hinterlegen, die aufgrund der Nutzung bereits angefallen sind.[850] Ob diese Anforderungen künftig auch von der Kommission vorausgesetzt werden, um die Missbräuchlichkeit eines Unterlassungsanspruchs zu bejahen, ist derzeit Gegenstand eines Vorlageverfahrens des LG Düsseldorf.[851]

Die Frage, welche Bedingungen als fair, zumutbar und nichtdiskriminierend anzusehen sind, ist umstritten.[852] Einheitliche Maßstäbe aufzustellen, ist aufgrund der spezifischen Merkmale eines jeden Patents schwierig. Deshalb kann die Bestimmung nur einzelfallbezogen erfolgen.[853]

Rules of Procedure, 20 March 2013, abrufbar unter http://www.etsi.org/images/files/IPR/etsi-ipr-policy.pdf.

849 Kommission, Entscheidung v. 29. April 2014, AT.39939 – *Samsung – Enforcement of UMTS standard essential patents*; Kommission, Entscheidung v. 29. April 2014, AT.39985 – *Motorola – Enforcement of GPRS standard essential patents.*

850 BGH, Urteil v. 6. Mai 2009, WuW/E DE-R 2613 Rn. 29 b) – *Orange Book Standard.*

851 EuGH, Rs. 170/13 – *Huawei Technologies*, vorgelegt von LG Düsseldorf, Beschluss v. 21. März 2013, 4 b O 104/13 – *Huawei/ZTE.*

852 Siehe z.B. *Dewatripont/Legros*, JIE 2013, S. 913; *Mariniello*, JCLE 2011, S. 523; *Sidak*, JCLE 2013, S. 931.

853 *Sidak* spricht sich für ein individuelles Konzept aus, für das er aber vier allgemeine Kriterien festlegt: “A FRAND royalty satisfies the *individual-rationality constraint*, under which both the SEP holder and the implementer are better off with the license

2. *Bisherige Praxis der Unionsorgane*

In der Entscheidungspraxis der Kommission und der europäischen Gerichte wurde die Anwendung des Konzernprivilegs im Rahmen des Art. 102 AEUV bislang nicht in Erwägung gezogen.[854]

Die bisherigen Entscheidungen zu Art. 102 Abs. 2 c) AEUV, in denen die Prüfung des Konzernprivilegs in Betracht gekommen wäre, bezogen sich zwar überwiegend auf Sachverhalte, in denen entweder eine staatliche Beteiligung an dem marktbeherrschenden diskriminierenden Unternehmen vorlag, oder – im Fall *Clearstream* – ein faktisches Monopol zugunsten des Marktbeherrschers existierte.[855] Inwieweit diese besonderen Konstellationen möglicherweise zu einer Ausnahme vom Konzernprivileg führen, wird noch zu untersuchen sein (vgl. unten **§ 6 D.I.1.**).

Allerdings setzt sich keine der Entscheidung mit der Grundfrage auseinander, wie sich das Vorliegen einer wirtschaftlichen Einheit auf den Diskriminierungstatbestand des Art. 102 AEUV auswirkt. Im Gegensatz zu Fällen des Kartellverbots unterbleibt die Berücksichtigung dieses Umstands beim Missbrauchsverbot gänzlich. In den bereits oben zitierten Entscheidungen *Ahmed Saeed* und *Viho* äußerte der EuGH, dass ein Verstoß gegen das Missbrauchsverbot auch vorliegen kann, wenn aufgrund einer wirtschaftlichen Einheit die Anwendung des Kartellverbots nach Art. 101 AEUV ausgeschlossen ist.[856] Das spricht dafür, dass das Bestehen einer wirtschaftlichen Einheit nach Ansicht des EuGH nur im Rahmen des Art. 101 AEUV, nicht jedoch auch im Rahmen des Art. 102 AEUV zur Anwendung des Konzernprivilegs führen kann.

---

than without it. A royalty is FRAND if it (1) ensures the SEP holder's continued participation in standard setting, (2) does not deny the implementer access to the standard, (3) is consistent with a reasonable aggregate royalty burden for all SEPs on the implementer's standard-compliant product, and (4) approximates the royalty rates of similarly situated licenses.", *Sidak*, JCLE 2013, S. 931, 933.

854 EuGH, Urteil v. 17. Juli 1997, Rs. C-242/95, ECLI:EU:C:1997:376 Rn. 42 – *GT-Link/DSB*; EuG, Urteil v. 21. Oktober 1997, Rs. T-229/94, ECLI:EU:T:1997:155 Rn. 93 – *Deutsche Bahn*; EuG, Urteil v. 9. September 2009, Rs. T-301/04, ECLI:EU:T:2009:317 Rn. 156 f. – *Clearstream*; Kommission, Entscheidung v. 23. Oktober 2001, ABl. 2001 L-120/19 Rn. 63 – *La Poste*.

855 Kommission, Entscheidung v. 2. Juni 2004, COMP 38.096 Rn. 208 – *Clearstream*.

856 EuGH, Urteil v. 11. April 1989, Rs. 66/86, ECLI:EU:C:1989:140 Rn. 35 ff. – *Ahmed Saeed*; EuGH, Urteil v. 24. Oktober 1996, Rs. C-73/95 P, ECLI:EU:C:1996:405 Rn. 47 – *Viho*.

In einer Entscheidung des EuG aus dem Jahr 2000 findet sich allerdings eine interessante Ausführung im Zusammenhang mit einer vermeintlichen Kosten-Preis-Schere.[857] In dem Fall ging es um die Preispolitik des vertikal integrierten Unternehmens Péchiney électrométallurgie („PEM"), welches sowohl auf dem Markt für Roh-Calciummetall, als auch auf dem nachgelagerten Markt für granuliertes Calciummetall tätig war. Die Firma Industrie des poudres sphériques („IPS"), eine Wettbewerberin auf dem Markt für granuliertes Roh-Calciummetall, hatte in einer Beschwerde an die Europäische Kommission vorgetragen, dass PEM sie durch übermäßige Rohstoffpreise benachteilige und vom Markt verdrängen wolle. IPS behauptete, PEM überlasse sich selbst den Rohstoff zu einem günstigeren Preis. Allerdings hatte PEM im Vorfeld des Streits auf Verlangen von IPS Investitionen getätigt und spezielle Prüfverfahren eingeführt, um den besonderen Anforderungen von IPS an das für seine Produkte benötigte Roh-Calciummetall gerecht zu werden. IPS behauptete jedoch, die von PEM verlangten Mehrkosten seien technisch nicht gerechtfertigt. Vielmehr bezwecke PEM dadurch, IPS vom Markt für granuliertes Calciummetall auszuschließen.[858] Der Selbstkostenpreis für Roh-Calciummetall liege deutlich unter dem Preis, den PEM von IPS verlange, so dass die bei IPS verbleibende deutlich geringere Marge ein Überleben von IPS auf dem nachgelagerten Markt unmöglich mache. Das EuG wies den Vorwurf einer Kosten-Preis-Schere jedoch zurück. Es hielt die auf den Selbstkostenpreis für Roh-Calciummetall aufgeschlagenen Mehrkosten, welche aufgrund spezieller Wünsche von IPS entstanden seien, für gerechtfertigt. Da PEM weder missbräuchliche Preise für den Rohstoff, noch Kampfpreise für das Folgeerzeugnis verlangt habe, könne die Tatsache, dass IPS beim Verkauf des Folgeerzeugnisses nicht wettbewerbsfähig sei, eine Einstufung der von PEM praktizierten Preise als missbräuchlich nicht rechtfertigen.[859] Auch ein Hersteller in beherrschender Stellung sei nicht verpflichtet, seine Erzeugnisse unter den Herstellungskosten zu verkaufen. IPS habe zudem nicht dargetan, dass der von PEM angesetzte Preis für Roh-Calciummetall geeignet sei, einen leistungsfähigen Konkurrenten vom Markt für granuliertes Calciummetall zu verdrängen.[860]

857 EuG, Urteil v. 30. November 2000, Rs. T-5/97, ECLI:EU:T:2000:278 – *Industrie des poudres sphériques.*

858 EuG, Urteil v. 30. November 2000, Rs. T-5/97, ECLI:EU:T:2000:278 Rn. 169 ff. – *Industrie des poudres sphériques.*

859 EuG, Urteil v. 30. November 2000, Rs. T-5/97, ECLI:EU:T:2000:278 Rn. 179 – *Industrie des poudres sphériques.*

860 EuG, Urteil v. 30. November 2000, Rs. T-5/97, ECLI:EU:T:2000:278 Rn. 180 – *Industrie des poudres sphériques.*

Im Hinblick auf das Konzernprivileg ist insbesondere die Aussage des EuG in Rn. 183 des Urteils interessant. Darin heißt es. „Solange die Klägerin nicht nachgewiesen hat, dass die vom PEM auf dem Markt für granuliertes Calciummetall verlangten Preise geeignet waren, ihre Konkurrenten auszuschließen, ist jedoch unerheblich, wie sich die Art und Weise, in der PEM, ein vertikal integriertes Unternehmen, ihre Gewinnspanne festlegte, auf ihre Konkurrenten auswirkte."[861] Nach Ansicht des EuG ist eine konzerninterne Preiskalkulation, die möglicherweise dazu führt, dass ein konzernverbundenes Unternehmen besser gestellt wird als ein konzernexterner Wettbewerber, also unbedenklich, solange die Grenze zur Kampfpreisunterbietung bzw. zur Kosten-Preis-Schere nicht überschritten wird. Die Begründung des Gerichts nimmt zwar nicht ausdrücklich auf das Konzernprivileg Bezug, sondern setzt beim fehlenden Nachweis der Klägerin hinsichtlich des Vorliegens einer Kosten-Preis-Schere an. Dennoch erkennt das EuG an, dass die Anwendung unterschiedlicher Preise als Teil einer Konzernstrategie Mittel des zulässigen Leistungswettbewerbs sein kann.[862] Damit knüpft es seine Entscheidung gegen die Missbräuchlichkeit des Preisverhaltens an die unternehmerische Freiheit des marktbeherrschenden Unternehmens und damit an den Kerngedanken des Konzernprivilegs an. Es bestätigt zugleich, dass eine konzerninterne Besserstellung im Regelfall keine missbräuchliche Ausnutzung einer marktbeherrschenden Stellung bedeutet. Vor dem Hintergrund dieser Aussage ist die Möglichkeit einer Anwendung des Konzernprivilegs im Rahmen des Art. 102 AEUV nicht so fernliegend wie es bei der Betrachtung der sonstigen europäischen Praxis scheint.

IV. Zwischenfazit

Die Ausführungen zum Tatbestand des Art. 102 AEUV dienen dazu, die Struktur dieser Norm im Hinblick auf eine potentielle Anwendbarkeit des Konzernprivilegs zu verdeutlichen. Auf einzelne Tatbestandsmerkmale wird im Rahmen der Prüfung der Umsetzbarkeit unter **§ 6** noch zurückzukommen sein. Die Betrachtung des Art. 102 AEUV zeigt bereits, dass das Missbrauchsverbot Fallgruppen beinhaltet, in denen das bisher im europäischen Kartellrecht ausschließlich bei Art. 101 AEUV berücksichtigte Konzernprivileg Anwendung finden kann. In Betracht kommen dafür die Tatbestände der Diskriminierung

861 EuG, Urteil v. 30. November 2000, Rs. T-5/97, ECLI:EU:T:2000:278 Rn. 183 – *Industrie des poudres sphériques.*

862 So auch *Schröter/Bartl* in: Schröter/Jakob/Klotz/Mederer, Europäisches Wettbewerbsrecht, Art. 102 AEUV Rn. 247.

von Handelspartnern und der Geschäftsverweigerung in ihren unterschiedlichen Ausprägungen. Das Bestehen einer wirtschaftlichen Einheit zwischen einer marktbeherrschenden Mutter- und ihrer Tochtergesellschaft müsste im Rahmen dieser Tatbestände bei konsequenter Anwendung der Wettbewerbsregeln ebenso Berücksichtigung finden wie bei Art. 101 AEUV. Dies spiegelt sich in der europäischen Entscheidungspraxis bisher nicht wider.

Der Art. 102 AEUV bietet, ebenso wie Art. 101 AEUV, unterschiedliche mögliche Anknüpfungspunkte für die Anwendung des Konzernprivilegs. Zum Teil lassen sich die in **§ 3** dargestellten Theorien zur Herleitung des Konzernprivilegs im Rahmen des Kartellverbots auf Art. 102 AEUV übertragen. Eine Anknüpfung beim Unternehmensbegriff (vgl. **§ 3 A.**) ist auch beim Missbrauchsverbot möglich. Näher zu untersuchen wäre, ob der Tatbestand des Art. 102 AEUV auch Raum für die anderen unter **§ 3 B.** und **C.** ausgeführten Herleitungstheorien bietet. Die genauen Bedingungen der Privilegierung im Kontext der einzelnen Tatbestände sowie mögliche Grenzen des Konzernprivilegs werden im Folgenden unter **§ 6** untersucht werden. Zuvor soll jedoch der Blick auf die deutsche Rechtspraxis gerichtet werden, die das Konzernprivileg neben dem Kartellverbot auch auf das Verbot des Missbrauchs einer marktbeherrschenden Stellung anwendet. In ständiger Rechtsprechung haben die Gerichte Auslegungsleitlinien entwickelt, die auch für das europäische Recht fruchtbar gemacht werden können.

§ 5 Die Anwendung des Konzernprivilegs im Rahmen des deutschen Missbrauchstatbestands

Im deutschen Recht ist die Anwendung des Konzernprivilegs im Rahmen des Missbrauchstatbestands, im Gegensatz zur Praxis der Unionsorgane, seit Jahrzehnten anerkannt. Die ersten aufsehenerregenden Fälle waren die Kfz-Leasing-Fälle und die Entscheidung *Stuttgarter Wochenblatt* in den 1980er Jahren. Den Begriff der wirtschaftlichen Einheit verwenden die deutschen Gerichte bei der Begründung des Konzernprivilegs allerdings selten. Sie begründen die Privilegierung damit, dass konzerninterne Wettbewerbsbeschränkungen nicht geeignet sind, den Markt zu beeinflussen. Das Verständnis der deutschen Gerichte vom Konzernprivileg drückt das OLG Frankfurt – allerdings in einem Urteil zum Kartellverbot nach § 1 GWB – folgendermaßen aus: „Zwar können auch Konzernunternehmen untereinander kartellrechtlich relevante Verträge im Sinne von §§ 1, 15 ff. GWB schließen, weil die konzernangehörigen Unternehmen an sich rechtlich selbständig sind. Ein Kartellvertrag im Sinne von § 1 GWB liegt aber nur dann vor, wenn ein solcher Vertrag tatsächlich die Eignung zur Marktbeeinflussung durch Wettbewerbsbeschränkungen besitzt. Dies ist nicht der Fall, wenn die Wettbewerbsbeschränkung letztlich nur eine Folge der Konzernbindung, also der einheitlichen Leitung mit entsprechenden Weisungen ist."[863] Dies entspricht der auch im europäischen Recht zu findenden Auffassung, wonach das Konzernprivileg sich aus dem Fehlen einer Wettbewerbsbeeinträchtigung im Fall von konzerninternen Maßnahmen herleitet.

A. Struktur des Missbrauchstatbestands im deutschen Kartellrecht

Im Gegensatz zum europäischen Missbrauchstatbestand, der vollständig in Art. 102 AEUV erfasst ist, teilt sich das Verbot des Missbrauchs einer marktbeherrschenden Stellung im deutschen Recht auf zwei Normen, namentlich § 19 und § 20 GWB, auf. Während § 19 GWB n.F. den „Grundtatbestand" des Missbrauchsverbots für marktbeherrschende Unternehmen bildet, erweitert § 20 GWB n.F. die Anwendbarkeit auf Unternehmen mit relativer oder

863 OLG Frankfurt, Urteil v. 22. April 1985, WuW/E OLG 3600, 3601 – *Guy Laroche*.

überlegener Marktmacht. Dabei ähnelt § 19 GWB n.F. im Aufbau dem Art. 102 AEUV: Absatz 1 enthält eine Generalklausel und Absatz 2 führt fünf Regelbeispiele auf. Zusätzlich stellt Absatz 3 klar, dass das Diskriminierungs- und Behinderungsverbot auch für nach dem Gesetz freigestellte Kartelle sowie für Unternehmen, die zulässigerweise Preise binden, gilt. Hintergrund dieser Erweiterung der Normadressaten ist die zusätzliche Macht, die Unternehmen durch eine zulässige Kartellierung oder Preisbindung im Vergleich zu ihren Wettbewerbern und der Marktgegenseite haben.

Der im Rahmen der 8. GWB-Novelle neu eingeführte § 18 GWB nennt die Voraussetzungen einer marktbeherrschenden Stellung. In § 21 GWB sind das Boykottverbot und das Verbot „sonstigen wettbewerbsbeschränkenden Verhaltens" geregelt. Letzteres erfasst die Veranlassung zu verbotenem Verhalten und die Zwangsausübung auf andere Unternehmen.

Diese Struktur wurde allerdings erst kürzlich im Zuge des Inkrafttretens der Achten GWB-Novelle geschaffen, weshalb sich die zum Konzernprivileg im Rahmen des Missbrauchsverbots ergangenen Urteile sowie eine Vielzahl der Kommentierungen und Literaturnachweise noch auf die alte Gesetzesfassung beziehen. Um Verwirrungen bei den weiteren Ausführungen zu vermeiden, ist eine kurze Darstellung der Normenstrukturänderungen angezeigt.

I. Einleitung

1. Änderung der Normenstruktur durch die 8. GWB-Novelle

In der alten Gesetzesfassung enthielt § 19 GWB sowohl die Definition der marktbeherrschenden Stellung, inklusive der Vermutungstatbestände, als auch die Generalklausel und die Regelbeispiele des Missbrauchstatbestands. Absatz 1 des § 19 GWB a.F. eröffnete, wie auch in § 19 GWB n.F., die Norm mit der Generalklausel, nach der „die missbräuchliche Ausnutzung einer marktbeherrschenden Stellung durch ein oder mehrere Unternehmen" verboten ist. In Absatz 2 folgte die Nennung der beiden Fallgruppen einer marktbeherrschenden Stellung, nämlich das Fehlen wesentlichen Wettbewerbs oder eine vergleichsweise überragende Marktstellung, inklusive einer Liste von Beurteilungsfaktoren für Letzteres. Absatz 3 enthielt eine Vermutungsregel für das Bestehen einer marktbeherrschenden Stellung. Erst in Absatz 4 führte die Norm vier Regelbeispiele für den Missbrauch auf: (1) die für den Wettbewerb erhebliche Beeinträchtigung der Wettbewerbsmöglichkeiten anderer Unternehmen ohne sachlich gerechtfertigten Grund, (2) die Forderung von unangemessenen Entgelten oder Geschäftsbedingungen, (3) die Forderung von ungleichen Entgelten oder Geschäftsbedingungen und (4) die Verweigerung des Zugangs zu notwendigen

Netzen oder anderen Infrastruktureinrichtungen. § 20 GWB a.F. betraf seiner Überschrift entsprechend allein das Verbot der Diskriminierung und der unbilligen Behinderung, auch von und gegenüber kleinen und mittleren Unternehmen. Dementsprechend erging die bisherige Entscheidungspraxis zur Anwendbarkeit des Konzernprivilegs im Rahmen von Ungleichbehandlungen durch marktbeherrschende Unternehmen regelmäßig zu § 20 GWB a. F., der Problemkreis der Zugangsverweigerung zu wesentlichen Einrichtungen knüpfte an § 19 Abs. 4 Nr. 4 GWB a.F. an.

Die Schwächen der alten Gesetzesfassung waren zum einen der überfrachtete § 19 GWB a.F., in dem sowohl Marktbeherrschung als auch Missbrauch in einem verschachtelten Aufbau behandelt wurden, und zum anderen das unklare Nebeneinander des Missbrauchsverbots in § 19 Abs. 1 und Abs. 4 und des Diskriminierungs- und Behinderungsverbots in § 20 Abs. 1 GWB a.F. Zudem enthielt § 20 Abs. 1 GWB a.F. ein mit dem EU-kartellrechtlichen Diskriminierungsverbot nicht kongruentes Tatbestandsmerkmal, namentlich die unbillige Behinderung von Unternehmen „in einem Geschäftsverkehr, der gleichartigen Unternehmen üblicherweise zugänglich ist".[864]

Mit der 8. GWB-Novelle wurde der zweite Abschnitt des GWB unter der Überschrift „Marktbeherrschung, sonstiges wettbewerbsbeschränkendes Verhalten" systematisch neu geordnet und ist jetzt deutlich übersichtlicher und anwendungsfreundlicher.[865] Mit § 18 GWB n.F. existiert nunmehr eine eigenständige Norm für die marktbeherrschende Stellung, inklusive Vermutungsregeln für die Einzelmarktbeherrschung in Abs. 4 und für die kollektive Marktbeherrschung in Abs. 6. Begrüßenswert ist auch die Aufnahme der früher in § 19 Abs. 2 Nr. 2 Satz 1 GWB a.F. versteckten Kriterienliste für die Beurteilung einer Marktstellung in einen eigenen Absatz 3. Der neue § 19 GWB erfasst nunmehr insgesamt das verbotene Verhalten von marktbeherrschenden Unternehmen und gliedert sich in die Generalklausel in Absatz 1, fünf Regelbeispiele in Absatz 2 sowie die Klarstellung der Geltung auch für Kartelle und Preisbinder in Absatz 3. Dabei wurde in das Regelbeispiel des Absatz 2 Nr. 1 das Behinderungs- und Diskriminierungsverbot aus dem alten § 20 Abs. 1 übernommen, wobei das Tatbestandsmerkmal des „gleichartigen Unternehmen üblicherweise zugänglichen Geschäftsverkehrs" entfallen ist. § 20 GWB n.F. betrifft nunmehr allein die Erweiterung des in § 19 GWB verankerten Verbots bestimmter Verhaltensweisen auf relativ marktmächtige Unternehmen. Der zweite Abschnitt

---

864 *Bechtold*, GWB, Vorbemerkung zum Zweiten Abschnitt Rn. 2.
865 *Bechtold*, GWB, Vorbemerkung zum Zweiten Abschnitt Rn. 2.

wird komplettiert durch das Boykottverbot in § 21 n.F., der in seiner Struktur im Vergleich zur alten Fassung erhalten geblieben und nur in Absatz 2 neu gefasst wurde.

2. Verhältnis zu Art. 102 AEUV

Im Gegensatz zum Kartellverbot besteht für das Missbrauchsverbot nach Art. 102 AEUV kein Anwendungsvorrang gegenüber dem deutschen § 19 GWB. Beide Tatbestände stehen nebeneinander und sind grundsätzlich unabhängig voneinander. Insbesondere können gemäß Art. 3 Abs. 2 Satz 2 VO 1/2003 im Anwendungsbereich des Art. 102 AEUV ausdrücklich auch strengere nationale Vorschriften erlassen werden, was im Anwendungsbereich des Art. 101 AEUV nicht möglich ist. Von dieser Befugnis hat der deutsche Gesetzgeber durch die ausdrückliche Erweiterung des Missbrauchsverbots auf Unternehmen mit relativer oder überlegener Marktmacht in § 20 GWB Gebrauch gemacht.

Kartellbehörden und Gerichte können gegen marktbeherrschende Unternehmen folglich nach § 19 GWB vorgehen, auch wenn das fragliche Verhalten keinen Verstoß gegen Art 102 AEUV darstellt. Allerdings sind sie gemäß Art. 3 Abs. 1 Satz 2 VO 1/2003 dazu verpflichtet, Art. 102 AEUV neben § 19 GWB anzuwenden, wenn die EU-Vorschrift anwendbar ist.

Das EU-Kartellrecht beinhaltet zudem kein eigenständiges, von der Marktbeherrschung unabhängiges Boykottverbot und Verbot sonstigen wettbewerbsbeschränkenden Verhaltens wie in § 21 GWB. Einseitiges Verhalten wird ausschließlich durch Art. 102 AEUV geahndet, vorausgesetzt es handelt sich um ein marktbeherrschendes Unternehmen. Sonstige wettbewerbswidrige Verhaltensweisen können im Einzelfall allenfalls Teil eines abgestimmten Verhaltens nach Art. 101 AEUV sein.

II. Marktbeherrschende Stellung

Die marktbeherrschende Stellung ist im deutschen Recht, im Gegensatz zum EU-Kartellrecht – mittlerweile in einer eigenständigen Norm – definiert und mit Beurteilungskriterien sowie einer Vermutungsregel hinterlegt. § 18 GWB n.F. ist aufgeteilt in Regelungen betreffend die Einzelmarktbeherrschung in den Absätzen 1 bis 4 und Regelungen zur kollektiven Marktbeherrschung in den Absätzen 5 bis 7.

Ebenso wie Art. 102 AEUV knüpft auch der Marktbeherrschungsbegriff des § 18 GWB an einen sachlich und räumlich relevanten Markt an. Die Bestimmung desselben erfolgt wie im EU-Kartellrecht vorwiegend anhand des Bedarfsmarktkonzepts. Entscheidend ist die funktionelle Austauschbarkeit der

Ware oder Dienstleistung aus der Sicht der Marktgegenseite, ergänzt durch die Angebotsumstellungsflexibilität.[866] Hinsichtlich des räumlich relevanten Markts stellt § 18 Abs. 2 GWB n.F. klar, dass dieser größer sein kann, als der Geltungsbereich des GWB. Angesichts der Parallelität wird bezüglich der Einzelheiten der Marktabgrenzung auf die Ausführungen zu Art. 102 AEUV (**§ 4 B.I.**) verwiesen.

III. Missbrauch

Wie bereits angedeutet entspricht der Missbrauchstatbestand des § 19 GWB n.F. strukturell dem Art. 102 AEUV. Neben der inhaltsgleichen – wenngleich nicht wortgleichen – Generalklausel in § 19 Abs. 1 nennt Absatz 2 fünf Regelbeispiele.

Auch das deutsche Kartellrecht unterscheidet zwischen Ausbeutungs-, Behinderungs- und Strukturmissbrauch. Die in Absatz 2 genannten Regelbeispiele sind ausführlicher gestaltet und erfassen mehr Fälle als die in Art. 102 Abs. 2 AEUV aufgeführten Beispiele. § 19 Abs. 2 Nr. 1 GWB n.F. betrifft den Behinderungsmissbrauch und die Diskriminierung. Nr. 2 und 3 beziehen sich auf den Ausbeutungsmissbrauch, wobei Nr. 3, der das Verbot der Preisspaltung betrifft, zum Teil auch als Strukturmissbrauch eingestuft wird. Nr. 4 kodifiziert die missbräuchliche Zugangsverweigerung zu Netzen oder anderen Infrastruktureinrichtungen. Schließlich wurde mit dem Regelbeispiel in Nr. 5 der Tatbestand des Nachfragemissbrauchs in § 19 GWB n.F. aufgenommen, eine Regelung, die vor der Novelle in § 20 Abs. 3 Satz 1 GWB angesiedelt war.

Im Hinblick auf die vorliegend zu prüfende Frage soll nicht auf alle Missbrauchsalternativen des § 19 GWB detailliert eingegangen werden, sondern im Folgenden allein die für die Anwendung des Konzernprivilegs relevanten Tatbestandsvarianten näher erläutert und die entsprechende Praxis dargestellt werden.

B. Anwendungsfälle des Konzernprivilegs im Rahmen des § 19 GWB

Hinsichtlich der für das Konzernprivileg relevanten Fälle kann zunächst auf die unter **§ 4 C.I.** bis **III.** genannten Konstellationen verwiesen werden. Die Anweisung einer marktbeherrschenden Muttergesellschaft an eine von ihr abhängige Tochtergesellschaft, sich gegenüber außenstehenden Unternehmen missbräuchlich zu verhalten, kann ebenso einen Anwendungsbereich für das

866 *Bechtold*, GWB, § 18 Rn. 5 ff.; *Götting* in: Loewenheim/Meessen/Riesenkampff, § 19 Rn. 12 ff.; *Fuchs/Möschel* in: Immenga/Mestmäcker, GWB, § 18 Rn. 32.

Konzernprivileg darstellen wie konzerninterne Behinderung oder Ausbeutung von verbundenen Gemeinschaftsunternehmen.

Der Fokus liegt allerdings auf den Fällen, in denen ein Marktbeherrscher andere Unternehmen schlechter behandelt als die mit ihm zu einer wirtschaftlichen Einheit verbundenen Unternehmen (allgemeine Diskriminierung) oder sie in anderer Weise behindert, § 19 Abs. 2 Nr. 1 GWB. Die Ungleichbehandlung von gleichartigen Unternehmen ohne sachlich gerechtfertigten Grund (Diskriminierung) stellt einen Unterfall des Verbots der unbilligen Behinderung dar.[867] Da beide Alternativen häufig nebeneinander vorliegen, nimmt auch die Rechtsprechung nicht immer eine klare Zuordnung vor.[868] Was die Schutzrichtung angeht, sind die Diskriminierungsfälle häufig eher vertikal geprägt – typischerweise handelt es sich um eine Ungleichbehandlung von Abnehmern – während die unbillige Behinderung sich häufig auf das Horizontalverhältnis zu Wettbewerbern des marktbeherrschenden Unternehmens bezieht. Allerdings sind auch hier die Übergänge fließend.[869] Unter den weiten Behinderungsbegriff fallen neben der Ungleichbehandlung gleichartiger Unternehmen noch zahlreiche weitere Verhaltensweisen, wie etwa Kampfpreise, Rabattsysteme, Kopplungen, die Nichtbelieferung von Wettbewerbern bzw. die Belieferung zu unangemessenen Preisen oder Konditionen. Sofern diese Maßnahmen gegenüber externen Unternehmen, nicht jedoch gegenüber konzernverbundenen Tochtergesellschaften vorgenommen werden, wird zugleich eine Ungleichbehandlung verwirklicht.

Zudem ist zu untersuchen, ob das Konzernprivileg auch auf die Zugangsverweigerung zu wesentlichen Einrichtungen, insbesondere Netzen oder anderen Infrastruktureinrichtungen, nach § 19 Abs. 2 Nr. 4 GWB Anwendung finden kann.

I. Diskriminierung und Behinderung nach § 19 Abs. 2 Nr. 1 GWB

Der in § 19 Abs. 2 Nr. 1 GWB n. F. als Regelbeispiel aufgegriffene Diskriminierungstatbestand lautet wörtlich: „Ein Missbrauch liegt insbesondere vor, wenn ein marktbeherrschendes Unternehmen als Anbieter oder Nachfrager einer bestimmten Art von Waren oder gewerblichen Leistungen ein anderes Unternehmen […] ohne sachlich gerechtfertigten Grund unmittelbar oder mittelbar anders behandelt als gleichartige Unternehmen." Damit unterscheidet sich der Wortlaut von der in

867 *Nothdurft* in: Langen/Bunte, Deutsches Kartellrecht, § 19 Rn. 99, 195.

868 BGH, Urteil v. 14. Juli 1998, WuW/ DE-R 201 – *Schilderpräger im Landratsamt*; BGH, Urteil v. 31. Januar 2012, WuW/E DE-R 3549 Rn. 11, 19 – *Werbeanzeigen.*

869 *Nothdurft* in: Langen/Bunte, Deutsches Kartellrecht, § 19 Rn. 100.

Art. 102 Abs. 2 c) AEUV formulierten Diskriminierung. Während im europäischen Recht von „Handelspartnern" die Rede ist, spricht § 19 Abs. 2 Nr. 1 GWB n.F. von „gleichartigen Unternehmen". Das Kriterium der Vergleichbarkeit verankert Art. 102 Abs. 2 c) AEUV bei den „gleichwertigen Leistungen". Inwieweit sich diese sprachlichen Unterschiede inhaltlich niederschlagen, wird die Kernfrage des folgenden Kapitels sein, wenn es darum geht, ob die deutsche Praxis zur Anwendung des Konzernprivilegs auf das europäische Recht übertragbar ist. Zunächst sind jedoch die Grundsätze des deutschen Rechts darzustellen.

1. Diskriminierung

a) Grundsätzliches

Der wichtigste Fall für die Anwendung des Konzernprivilegs ist die Besserstellung von konzernzugehörigen Unternehmen gegenüber externen Unternehmen durch den Marktbeherrscher. Entscheidend ist dabei, dass sich das konzernangehörige und das im Verhältnis dazu benachteiligte Unternehmen auf einer dem Marktbeherrscher vor- oder nachgelagerten Marktstufe als Wettbewerber gegenüberstehen. Insoweit ist auf die Ausführungen zum EU-rechtlichen Diskriminierungstatbestand zu verweisen.[870] Ungeachtet des erwähnten Wortlautunterschieds verfolgen beide Normen dasselbe wettbewerbspolitische Ziel, namentlich die Offenhaltung der Märkte und den Schutz des fairen und ungehinderten Wettbewerbs zu möglichst gleichwertigen Bedingungen für alle Marktteilnehmer.

Wie bei Art. 102 c) AEUV kann Diskriminierung im Sinne des § 19 Abs. 2 Nr. 1 GWB n.F. auf unterschiedliche Aspekte der wirtschaftlichen Beziehung gerichtet sein. Die stärkste Form der Ungleichbehandlung ist die Nichtbelieferung oder – im Fall eines marktbeherrschenden Abnehmers – die Nichtabnahme von Leistungen. Innerhalb bestehender Lieferbeziehungen kommt eine Preis- oder Konditionendifferenzierung in Betracht. Zudem kann auch die Verweigerung des Zugangs zu bestimmten Einrichtungen unter das Diskriminierungsverbot fallen. Hierbei ist allerdings die Grenze zur *essential facilities*-Theorie zu beachten, die im deutschen Recht im Gegensatz zum europäischen in § 19 Abs. 2 Nr. 4 GWB n.F. als Regelbeispiel normiert ist.

b) Anknüpfung des Konzernprivilegs

Für die Anwendung des Konzernprivilegs existieren innerhalb des Diskriminierungstatbestands zwei denkbare Anknüpfungspunkte: das Tatbestandsmerkmal des „gleichartigen Unternehmens" oder der „sachlich gerechtfertigte Grund".

---

870 Vgl. oben **§ 4 C.III.1.a)**.

Während die Literatur weit überwiegend davon ausgeht, dass im Fall einer mit dem Normadressaten zu einer wirtschaftlichen Einheit verbundenen Gesellschaft bereits kein gleichartiges Unternehmen vorliegt, hat die Rechtsprechung in der Vergangenheit beide Möglichkeiten vertreten.

aa) Gleichartiges Unternehmen

Nach dem GWB verboten ist allein die Ungleichbehandlung von *gleichartigen* Unternehmen durch Marktbeherrscher und Unternehmen mit relativer oder überlegener Marktmacht (letzteres nach § 20 Abs. 1 Satz 1 GWB n.F.), nicht hingegen die Gleichbehandlung von ungleichen Unternehmen.[871] Der Tatbestand erfasst, ebenso wie sein EU-rechtliches Pendant, nur die Diskriminierung von Unternehmen, während Ungleichbehandlungen zulasten von Verbrauchern der Generalklausel des Absatz 1 unterfallen. Die Ungleichbehandlung bezieht sich ihrem Wesen nach auf Vertikalverhältnisse und kann sowohl Unternehmen auf der vor- als auch auf der nachgelagerten Marktstufe betreffen.[872]

Die herrschende Literatur vertritt die Ansicht, dass ein mit dem Marktbeherrscher konzernverbundenes Unternehmen im Vergleich zu anderen auf derselben Marktstufe stehenden Marktteilnehmern kein gleichartiges Unternehmen im Sinne des § 19 Abs. 2 Nr. 1 GWB ist.[873] Auch die Rechtsprechung hat in einer Reihe von Entscheidungen das Nichtvorliegen einer Diskriminierung mit der Ungleichartigkeit eines konzernzugehörigen und eines externen Unternehmens begründet.[874] Diese Ansicht überzeugt jedoch vor dem Hintergrund der bislang praktizierten sehr weiten Auslegung des Merkmals Gleichartigkeit nicht.

---

871 BGH, Urteil v. 27. September 1962, WuW/E BGH 502, 508 - *Treuhandbüro*; *Loewenheim* in: Loewenheim/Meessen/Riesenkampff, § 20 Rn. 86; *Markert* in: Immenga/Mestmäcker, GWB, § 19 Rn. 117.

872 Vereinzelt hat die Rechtsprechung § 19 Abs. 2 Nr. 1 GWB in der Vergangenheit auch auf Ungleichbehandlungen im Horizontalverhältnis angewendet: BGH, Urteil v. 24. September 2002, WuW/E DE-R 1051, 1052 ff. – *Vorleistungspflicht*; OLG Frankfurt, Urteil v. 22. März 1990, WuW/E OLG 4581, 4583 f. – *Toyota I*

873 *Bechtold*, GWB, § 19 Rn. 37; *Loewenheim* in: Loewenheim/Meessen/Riesenkampff, § 20 Rn. 62; *Markert* in: Immenga/Mestmäcker, GWB, § 19 Rn. 121; ausführlich *Nothdurft* in: Langen/Bunte, § 19 Rn. 210 f; vgl. auch *Scholz*, Die konzerninterne Wettbewerbsbeschränkung, S. 113 f.

874 BGH, Urteil v. 26. Oktober 1972, WuW/E BGH 1238, 1242 – *Registrierkassen*; BGH, Urteil v. 29. Juni 1982, WuW/E DE-R 1947, 1949 – *Stuttgarter Wochenblatt*; BGH, Urteil v. 10. Februar 1987, WuW/E BGH 2360, 2365 – *Freundschaftswerbung*; BGH, Urteil v. 10.Oktober2006,WuW/EDE-R1901,1904–*Bahnstrom*;BGH,Urteilv.21.Oktober2011,

(1) Bisherige weite Auslegung

Nach der ständigen Rechtsprechung des BGH sind Unternehmen gleichartig, wenn sie „im Hinblick auf ihre unternehmerische Tätigkeit und ihre wirtschaftliche Funktion im Verhältnis zum Normadressaten dieselben Aufgaben erfüllen".[875] Die Beurteilung erfolgt nach objektiven Kriterien bezogen auf die wirtschaftliche Beziehung zwischen dem marktbeherrschenden Unternehmen als Normadressat und den potentiell ungleich behandelten Unternehmen.[876] Der anzulegende Maßstab ist dabei nach der bisherigen Rechtslage ein sehr weiter. Nach der ständigen Rechtsprechung des BGH sollte das Merkmal der Gleichheit bloß einer „verhältnismäßig groben Sichtung" dienen, während die Besonderheiten des Einzelfalls im Rahmen einer späteren Interessenabwägung bei der Prüfung der sachlichen Rechtfertigung Berücksichtigung finden sollten.[877] Insofern bezog sich nach bisherigem Verständnis die Gleichartigkeit lediglich auf die wirtschaftliche Grundfunktion der Unternehmen. Ausreichend war eine unternehmerische Tätigkeit auf derselben Wirtschaftsstufe, also Produktion, Großhandel oder Einzelhandel, im Hinblick auf eine bestimmte Art von Waren oder gewerblichen Leistungen.[878] Eine Gleichartigkeit bezogen auf

---

WuW/E DE-R 3446 Rn. 31 – *Grossistenkündigung*; BGH, Urteil v. 31. Januar 2012, WuW/E DE-R 3549 Rn. 14- *Werbeanzeigen.*

875 BGH, Urteil v. 26. Juni 1964, WuW/E BGH 675, 678 – *Uhrenoptiker*; BGH, Beschluss v. 3. März 1969, WuW/E BGH 1027, 1030 – *Sportartikelmesse II*; BGH, Urteil v. 24. Juni 2003, WuW/E DE-R 1144, 1145 – *Schülertransporte*; BGH, Urteil v. 4. November 2003, WuW/E DE-R 1203, 1204 – *Depotkosmetik im Internet*; BGH, Urteil v. 13. Juli 2004, WuW/E DE-R 1329, 1331 – *Standard-Spundfass II.*

876 OLG Frankfurt, Urteil v., WuW/E OLG 1842, 1844 – *Brenner-Reparaturen*; BGH, Urteil v. 17. März 1998, WuW/E DE-R 134, 135 – *Bahnhofsbuchhandel*; OLG Düsseldorf, Urteil v. 4. Dezember 2002, WuW/E DE-R 1058, 1062 – *eins Radio Aachen*; *Loewenheim* in: Loewenheim/Meessen/Riesenkampff, § 20 Rn. 61; *Markert* in: Immenga/Mestmäcker, GWB, § 19 Rn. 108 f.

877 BGH, Urteil v. 24. September 1979, WuW/E BGH 1629, 1630 – *Modellbauartikel II*; BGH, Urteil v. 22. September 1981, WuW/E BGH 1829,1833 – *Original-VW-Ersatzteile II*; BGH, Urteil v. 17. März 1998, WuW/E DE-R 134, 135 – *Bahnhofsbuchhandel*; OLG Stuttgart, Urteil v. 30. April 1999, WuW/E DE-R 307, 309 – *Medizinische Hilfsmittel*; OLG Düsseldorf, Urteil v. 4. Dezember 2002, WuW/E DE-R 1058, 1062 – *eins Radio Aachen*; LG Berlin, Urteil v. 9. August 2005, WuW7E DE-R 1664, 1665 - *Trassenpreissystem.*

878 BGH, Urteil v. 8. Mai 1990, WuW/E BGH 2665, 2666 – *Physikalisch-Therapeutische Behandlung*; OLG Hamburg, Urteil v. 22. Mai 1997, WuW/E DE-R 2, 4 – *Dentalmesse*; *Markert*, Diskriminierung und Behinderung in der kartellrechtlichen Praxis, S. 25;

die Unternehmensgröße, ihre Rechtsform oder gesellschaftsrechtliche Struktur wurde hingegen nicht verlangt.[879] Ebenfalls unerheblich war die Frage, ob die Unternehmen im maßgeblichen Geschäftsverkehr, also dem relevanten Markt, im Verhältnis zueinander gleichen Wettbewerbsbedingungen unterliegen. So unterschied der BGH beispielsweise nicht zwischen Bedienungs- und Selbstbedienungshandel[880] oder zwischen stationärem Fachhandel und Versandhandel.[881] Nach dieser weiten Auslegung sollte mit dem Tatbestandsmerkmal, jedenfalls nach bisherigem Verständnis, keine Gleichartigkeit im engeren Sinne vorausgesetzt werden, sondern viel mehr ein grobes Raster für die Beurteilung einer Behinderung oder Diskriminierung vorgegeben werden. Dies diente auch dazu, die Prüfung der sachlichen Rechtfertigung nicht leer laufen zu lassen und die Marktöffnungsfunktion des § 19 Abs. 2 Nr. 1 GWB nicht zu konterkarieren.[882]

Legt man dieses grobe Raster an, so besteht nach dem oben in **§ 2 A.** dargestellten Unternehmensbegriff kein Grund, konzernverbundene Unternehmen von Vornherein aus dem Anwendungsbereich des Diskriminierungstatbestands heraus zu nehmen. Auch Marktteilnehmer, die mit dem Normadressaten aufgrund ihrer Konzernverbundenheit eine wirtschaftliche Einheit bilden, sind nach zutreffender Ansicht Unternehmen. Die Bildung einer wirtschaftlichen Einheit führt nicht zur Aufhebung der Unternehmenseigenschaft (vgl. auch oben **§ 3 A. III.**). Hinzu kommt, dass nach der bisher einhellig befürworteten weiten Auslegung des Gleichheitskriteriums als bloße Grobsichtung der Einordnung als „gleichartiges" Unternehmen nichts im Weg steht, da es nach der Formel des BGH allein auf die „im Wesentlichen gleiche unternehmerische Tätigkeit und wirtschaftliche Funktion" und gerade nicht auf die einzelfallbezogene Struktur und gesellschaftsrechtliche Verflechtung ankommt.[883] Nach diesem Maßstab ist

---

ders. in: Immenga/Mestmäcker, GWB, § 19 Rn. 108; *Nothdurft* in: Langen/Bunte, Deutsches Kartellrecht, § 19 Rn. 207.

879 BGH, Urteil v. 12. März 1991, WuW/E BGH 2707, 2714 – *Krankentransportunternehmen II*; BGH, Urteil v. 17. März 1998, WuW/E DE-R 134, 135 – *Bahnhofsbuchhandel*; OLG Düsseldorf, Urteil v. 4. Dezember 2002, WuW/E DE-R 1058, 1062 – *eins Radio Aachen*; OLG Düsseldorf, Urteil v. 19. März 2003, WuW/E DE-R 1184, 1185 f. – *InfraCard-Tarif.*

880 BGH, Urteil v. 18. September 1978, WuW/E BGH 1530, 1531 – *Fassbierpflegekette.*

881 BGH, Urteil v. 8. Mai 1975, WuW/E BGH 1587, 1589 – *Modellbauartikel I*; BGH, Urteil v. 4. November 2003, WuW/E DE-R 1203, 1204 – *Depotkosmetik im Internet.*

882 BGH, Urteil v. 31. Januar 2012, WuW/E DE-R 3549 Rn. 12 – *Werbeanzeigen*; *Nothdurft* in: Langen/Bunte, Deutsches Kartellrecht, § 19 Rn. 206.

883 Im Jahr 1986 entschied der BGH, dass eine mit einem Kfz-Hersteller kapitalmäßig verbundene Leasinggesellschaft als gleichartig mit einer unabhängigen

ein konzernverbundenes Unternehmen, das beispielsweise als Einzelhändler eine bestimmte Art von Waren oder Dienstleistungen von dem marktbeherrschenden Unternehmen bezieht, gleichartig zu einem externen Einzelhändler, der die gleichen Waren oder Dienstleistungen von dem Marktbeherrscher bezieht. Beide erfüllen im Verhältnis zum Normadressaten die gleiche unternehmerische Tätigkeit und wirtschaftliche Funktion. Daher kann aus dem Merkmal der Gleichartigkeit des Unternehmens die Nichtanwendbarkeit des Diskriminierungsverbots im Sinne des Konzernprivilegs nicht abgeleitet werden.

(2) Auslegung nach der Neufassung durch die 8. GWB-Novelle

Dies sollte sich auch durch die Neufassung des Diskriminierungstatbestands in § 19 Abs. 2 Nr. 1 GWB n.F nicht ändern. Zum Teil wird vorgebracht, dass das Merkmal der Gleichartigkeit nach der Neufassung enger auszulegen sei, weil es nunmehr nicht mehr für Diskriminierung und Behinderung gleichermaßen gilt, sondern nur noch als Abgrenzungsmerkmal im Rahmen des Diskriminierungstatbestands fungiert. Da das Tatbestandsmerkmal nicht länger in den Kontext des „üblicherweise zugänglichen Markts“ eingegliedert sei, solle der Maßstab der (bloß) „verhältnismäßig groben Sichtung“ nicht mehr ausreichen.[884]

Diese Ansicht ist differenziert zu betrachten. Zutreffend ist, dass das Merkmal des gleichartigen Unternehmens in seiner früheren Einbettung in den Gesamttatbestand des § 20 Abs. 1 GWB a.F. keiner engeren Auslegung zugänglich war, da seine Funktion im Rahmen des Behinderungstatbestands kaum zu erkennen war.[885] Der „gleichartigen Unternehmen üblicherweise zugängliche Geschäftsverkehr“ war, um den Anwendungsbereich der Norm nicht unangemessen zu verengen, ausgesprochen weit auszulegen. Es kam dabei nicht auf die besonderen Verhältnisse des jeweiligen Normadressaten an, sondern lediglich auf die generelle Situation in dem betreffenden Wirtschaftsbereich.[886] Dementsprechend wurde der Geschäftsverkehr schon dann als üblicherweise zugänglich betrach-

---

Leasinggesellschaft zu bewerten sei, BGH, Urteil v. 22. Januar 1986, NJW 1986, 1335, 1336.

884 *Bechtold*, GWB, § 19 Rn. 35; a.A. *Nothdurft* in: Langen/Bunte, Deutsches Kartellrecht, § 19 Rn. 205.

885 *Emmerich*, NZKart 2015, 114.

886 BGH, Urteil v. 22. September 1981, WuW/E BGH 1829, 1833 – *Original-VW-Ersatzteile*; BGH, Urteil v. 6. Oktober 1992, WuW/E BGH 2805, 2807 f. – *Stromeinspeisung I*; BGH, Urteil v. 4. November 2003, WuW/E BGH 1203, 1204 – *Depotkosmetik im Internet*; *Markert* in: Immenga/Mestmäcker, GWB (Vorauflage), § 20 Rn. 109.

tet, wenn die Möglichkeit eines Zugangs bestand, ohne dass jedoch von dieser Möglichkeit in größerem Umfang tatsächlich Gebrauch gemacht wurde.[887]

Im Gegensatz zu diesem wenig aussagekräftigen Tatbestandsmerkmal kann das Kriterium des gleichartigen Unternehmens in Bezug auf den Diskriminierungstatbestand eine sehr viel klarere Abgrenzungsfunktion erfüllen. Aufgabe dieses Tatbestandsmerkmals ist es, den Bezugssachverhalt im Hinblick auf ungleiches Verhalten eines marktbeherrschenden Unternehmens festzustellen.[888] Sofern der zugrundeliegende Sachverhalt tatsächlich vergleichbar, die ungleich behandelten Unternehmen also im Verhältnis zum Normadressaten funktional, strukturell und wirtschaftlich gleichartig sind, stellt die Ungleichbehandlung eine rechtfertigungsbedürftige, weil missbräuchliche Verhaltensweise dar, wohingegen bei deutlich unterschiedlichen Sachverhalten die Ungleichbehandlung durch den Marktbeherrscher nicht als missbräuchliche Diskriminierung zu qualifizieren ist.[889] Das Merkmal diente insbesondere dazu, den Anwendungsbereich des Diskriminierungsverbots auf diejenigen Unternehmen zu begrenzen, die sich im Einflussbereich des marktbeherrschenden Unternehmens befinden. Denn eine Ungleichbehandlung ist nur dann als missbräuchlich einzustufen, wenn sie Unternehmen betrifft, die dem Marktbeherrscher im selben Markt und auf gleicher Stufe gegenüber stehen. Eine Gleichbehandlung außerhalb dieses Geschäftsverkehrs kann nicht verlangt werden.[890]

Dennoch sollte auch nach der neuen Rechtslage das Tatbestandsmerkmal des gleichartigen Unternehmens nicht zu eng ausgelegt werden, um den Anwendungsbereich der Norm nicht unnötig zu verkürzen. Nach wie vor sollte die Gleichartigkeit im Wesentlichen die wirtschaftliche Grundfunktion der zu vergleichenden Unternehmen betreffen, also ihre unternehmerische Position auf der jeweils vor- oder nachgelagerten Marktstufe im Verhältnis zum Normadressaten und in Bezug auf ein bestimmtes Produkt bzw. eine bestimmte gewerbliche Leistung.[891] Um das Merkmal schärfer zu konturieren, könnten etwa Faktoren wie der Marktanteil und die Finanzkraft der zu vergleichenden Unternehmen in die Betrachtung einbezogen werden. Zudem sollten nur solche Unternehmen als gleichartig eingestuft werden, die auf ihrer Wirtschaftsstufe als zumindest potentielle

---

887 BGH, Urteil v. 30. September 1971, WuW/E BGH 1211, 1214 – *Kraftwagen-Leasing*; BGH, Urteil v. 26. Oktober 1972, WuW/E BGH 1238, 1242 f. – *Registrierkassen*; BGH, Urteil v. 14. Juli 1998, WuW/E DE-R 201, 203 – *Schilderpräger im Landratsamt.*

888 So auch *Bechtold*, GWB, § 19 Rn. 35.

889 *Bechtold*, GWB, § 19 Rn. 35.

890 *Emmerich*, NZKart 2015,114, 115.

891 *Emmerich*, NZKart 2015,114, 115.

Wettbewerber angesehen werden können. Im Gegensatz zu der bloß „groben Sichtung" nach altem Recht würden so wettbewerbsbezogene Elemente in die Gleichheitsbetrachtung einbezogen. Eine solche Auslegung wäre sachgerecht, zumal diese Aspekte auch im Rahmen der Bestimmung einer marktbeherrschenden Stellung Berücksichtigung finden und somit klassische unternehmenscharakterisierende Faktoren sind. Ein darüber hinausgehendes, das Tatbestandsmerkmal noch weiter einschränkendes Verständnis, das etwa die Rechtsform, die Gesellschaftsstruktur oder die Konzernzugehörigkeit der betreffenden Unternehmen berücksichtigt, ist hingegen abzulehnen, weil dadurch der Anwendungsbereich des Diskriminierungstatbestands über Gebühr eingeschränkt würde.

Daher bietet auch ein dem neu gefassten § 19 Abs. 2 Nr. 1 GWB n.F. angepasstes Verständnis des „gleichartigen Unternehmens" „keinen Anknüpfungspunkt für das Konzernprivileg. Auch nach engerer Auslegung führt eine Konzernverbundenheit zwischen dem Normadressaten und Unternehmen nach dem hier vertretenen Unternehmensbegriff nicht dazu, dass das Konzernunternehmen im Vergleich zu anderen auf derselben Wirtschaftsstufe stehenden kein „gleichartiges Unternehmen" ist.

bb) Sachlich gerechtfertigter Grund

Das Konzernprivileg sollte stattdessen – wie auch von der Rechtsprechung in einigen Entscheidungen praktiziert – erst im Rahmen der sachlichen Rechtfertigung der Ungleichbehandlung verortet werden.[892] Erst an dieser Stelle findet, schon nach der alten Rechtslage, eine einzelfallbezogene Untersuchung der tatsächlichen Vergleichbarkeit der zu betrachtenden Sachverhalte statt.

(1) Grundsatz

Die Prüfung eines sachlich gerechtfertigten Grunds erfolgt durch eine Interessenabwägung der Beteiligten unter Berücksichtigung der „auf die Freiheit des Wettbewerbs gerichteten Zielsetzung des GWB".[893] Derselbe Maßstab wird für die

---

892 BGH, Urteil v. 12. November 1991, NJW 1992, 1827, 1828 – *Aktionsbeträge*; BGH, Urteil v. 24. September 2002, WuW/E DE-R 1051, 1053 f. – *Vorleistungspflicht*; BGH, Urteil v. 9. Juni 2004, WuW/E DE-R 1251, 1253 – *Galopprennübertragung*; BGH, Urteil v. 3. März 2009, WuW/E DE-R 2708, 2714 – *Reisestellenkarte*; KG Berlin, Urteil v. 26. Juni 2003, WuW/E DE-R 1321, 1324 – *Gera-Rostock*; OLG Düsseldorf, Urteil v. 16. Januar 2008, WuW/E DE-R 2235, 2240 – *Baumarkt*, bestätigt durch BGH, Urteil v. 11. November 2008, WuW/E DE-R 2514, 2518 – *Bau & Hobby*.

893 BGH, Urteil v. 27. September 1962, WUW/E BGH 502, 508 – *Treuhandbüro*; BGH, Urteil v. 7. Oktober 1980, WuW/E BGH 1142, 1143 – *Volksbühne II*; BGH, Urteil

„Unbilligkeit" im Rahmen der unbilligen Behinderung angesetzt.[894] Was sachlich gerechtfertigt ist, lässt sich nicht an generell-abstrakten Kriterien festmachen. Die Orientierung an der Zielsetzung des GWB gibt den Prüfungsrahmen vor, die eigentliche Interessenabwägung erfolgt jedoch stets fallspezifisch.[895] Im Rahmen einer einzelfallbezogenen Betrachtung sind die wirtschaftlichen Interessen des marktbeherrschenden Unternehmens einerseits und des ungleich behandelten Unternehmens andererseits gegeneinander abzuwägen. Ausgangspunkt ist der Grundsatz, dass jedes Unternehmen, auch der Normadressat, sein unternehmerisches Handeln so ausgestalten kann, wie er es für wirtschaftlich sinnvoll und richtig hält. Dabei können nur eigene Interessen, keine Drittinteressen geltend gemacht werden. Rechtlich missbilligte Anliegen, die gegen die Grundprinzipien des freiheitlichen Wettbewerbs verstoßen, sind nicht berücksichtigungsfähig.[896] So stellt etwa die pauschale Nichtbelieferung von Nicht-Fachhandelsunternehmen unter der Begründung, dadurch die Akzeptanz der Fachhändler erhalten zu wollen, kein legitimes Interesse im Sinne des § 19 Abs. 2 Nr. 1 GWB n.F. dar.[897]

Die legitimen Interessen beider Seiten ergeben sich aus den übergeordneten Prinzipien der wirtschaftlichen Betätigungsfreiheit, der Vertragsfreiheit und des Eigentumsschutzes.[898] Eine darauf gegründete Ungleichbehandlung oder Behinderung durch den Marktbeherrscher muss dem Grundsatz der Verhältnismäßigkeit entsprechend geeignet, erforderlich und angemessen sein. Im Rahmen der Angemessenheit sind gesetzliche Wertungen zu beachten, aus denen sich Individualinteressen ableiten lassen. So besteht für private Marktteilnehmer

---

v. 11. Dezember 2001, WuW/E DE-R 839, 842 – *Privater Pflegedienst*; BGH, Urteil v. 13. Juli 2004, WuW/E DE-R 1329, 1333 – *Standard-Spundfass II*; OLG Düsseldorf, Urteil v. 19. März 2003, WuW/E DE-R 1184, 1186 – *InfraCard-Tarif*; OLG Stuttgart, Urteil v. 16. Juni 2003, WuW/E DE-R 1191, 1193 – *Telefonbuch-Inserate*; *Bechtold*, GWB, § 19 Rn. 42; *Loewenheim* in: Loewenheim/Meessen/Riesenkampff, § 20 Rn. 89; *Markert* in: Immenga/Mestmäcker, GWB, § 19 Rn. 132; *Nothdurft* in: Langen/Bunte, Deutsches Kartellrecht, § 19 Rn. 215.

894 Dazu sogleich unter **b)bb)**; *Bechtold*, GWB, § 19 Rn. 42; *Markert*, Diskriminierung und Behinderung in der kartellrechtlichen Praxis, S. 31; *ders.* in: Immenga/Mestmäcker, GWB, § 19 Rn. 123 f.

895 Dazu ausführlich *Schockenhoff* in: FS Bechtold, S. 419 ff.

896 *Markert*, Diskriminierung und Behinderung in der kartellrechtlichen Praxis, S. 32 f.; *Nothdurft* in: Langen/Bunte, § 19 Rn. 219 f.

897 Noch zur alten Rechtslage BGH, Urteil v. 16. Dezember 1986, WuW/E BGH 2351, 2359 - *belieferungsunwürdige Verkaufsstellen*; BGH, Urteil v. 8. Mai 1990, WuW/E BGH2647, 2652 – *Nora-Kunden-Rückvergütung*.

898 *Nothdurft* in: Langen/Bunte, Deutsches Kartellrecht, § 20 Rn. 130.

kein genereller Kontrahierungszwang. Auch für einen Marktbeherrscher gilt die Vertrags- und Gestaltungsfreiheit. Eine Pflicht zum unwirtschaftlichen Handeln besteht nicht. So ist es dem Marktbeherrscher beispielsweise unbenommen, sich den Eigenvertrieb seiner Produkte vorzubehalten oder sein Vertriebssystem nach qualitativen oder quantitativen Gesichtspunkten selektiv zu gestalten.[899] Eine der wichtigsten, häufig zitierten Aussagen zugunsten des marktbeherrschenden Unternehmens ist der vom BGH aufgestellte Grundsatz, dass kein Unternehmen verpflichtet ist, fremden Wettbewerb zu fördern.[900] Demgegenüber ist das Interesse des benachteiligten oder behinderten Unternehmens, zu fairen und angemessenen Preisen und Bedingungen am Marktgeschehen teilhaben zu können, zu berücksichtigen. Über beidem steht als richtungsweisende Auslegungsmaxime die allgemeine Zielsetzung des GWB, mithin die Erhaltung offener Märkte und die Förderung freien, unverfälschten Wettbewerbs. Neben den Zielsetzungen des GWB können auch Wertungen anderer Gesetze in die Interessenabwägung einbezogen werden, so etwa regulierungsrechtliche Maßstäbe und Wertungen des Zivil- und Verfassungsrechts.[901]

So fand beispielsweise die freiheitliche Preisgestaltung der marktbeherrschenden DB-Netz AG, die das deutsche Schienennetz für den Fern-, Nah- und Güterverkehr verwaltet, seine Grenzen in den Vorschriften der Eisenbahninfrastruktur-Benutzungsverordnung („EIBV"). In dem Verfahren *InfraCard Tarif* ging es um das von der DB Netz AG eingeführte Trassenpreissystem.[902] Dieses führte dazu, dass private Eisenbahnverkehrsunternehmen ein deutlich höheres Nutzungsentgelt zu zahlen hatten, als andere Unternehmen, insbesondere die Deutsche Bahn. Eines der betroffenen privaten Eisenbahnverkehrsunternehmen verweigerte die Zahlung der Mehrkosten, woraufhin die DB-Netz AG auf Zahlung der ausstehenden Beträge klagte. Das OLG stellte jedoch fest, dass

---

899 BGH, Urteil v. 16. Dezember 1986, WuW/E BGH 2351, 2360 – *Belieferungsunwürdige Verkaufsstätten II*; BGH, Urteil v. 24. Oktober 2011, WuW/E BE-R 3446 Rn. 38 – *Grossistenkündigung*; BGH, Urteil v. 31. Dezember 2012, WuW/E DE-R 3549 Rn. 29 – *Werbeanzeigen*.

900 BGH, Urteil v. 26. Mai 1987, WuW/E BGH 2399, 2404 – *Krankentransporte*; BGH, Urteil v. 12. November 1991, WuW/E BGH 2755, 2758 – *Aktionsbeträge*; BGH, Urteil v. 13. Dezember 2005, WuW/E DE-R 1726 Rn. 18 – *Stadtwerke Dachau*; BGH, Urteil v. 11. November 2008, WuW/E DE-R 2514 Rn. 24 – *Bau und Hobby*; diesen Grundsatz ablehnend *Foerster*, WuW 2015, 233 ff.

901 Ausführlich *Nothdurft* in: Langen/Bunte, Deutsches Kartellrecht, § 19 Rn. 230, 234 ff; *Schockenhoff* in: FS Bechtold, S. 419, 424 f.

902 OLG Düsseldorf, Urteil v. 19. März 2003, WuW/E DE-R 1184 – *InfraCard Tarif*

die EIBV ausschließlich zwei Fallgruppen für Preisnachlässe vorsah, namentlich einen streckenbezogenen Nachlass oder einen zeitbezogenen Nachlass. Das Trassenpreissystem der DB-Netz AG entsprach keinem der gesetzlich zulässigen Nachlassarten und führte daher zu einer diskriminierenden Preisgestaltung, was dem in § 14 Abs. 1 Allgemeines Eisenbahngesetz („AEG“) kodifizierten EU-rechtlichen Ziel eines diskriminierungsfreien Zugangs zu Eisenbahninfrastruktureinrichtungen zuwider lief. Das OLG Düsseldorf wies daher die Klage der DB Netz AG auf Zahlung ausstehender Trassennutzungsentgelte gegen die Beklagte zurück.[903]

Die Interessenabwägung erfolgt stets einzelfallbezogen anhand der jeweiligen Umstände. Sind etwa öffentlich-rechtliche Unternehmen beteiligt, so können Besonderheiten gelten, weil unter Umständen öffentliche Interessen oder soziale Belange in die Abwägung einzubeziehen sind.[904]

(2) Anwendung auf das Konzernprivileg

Setzt man die allgemeine Zielsetzung des GWB als Maßstab für die sachliche Rechtfertigung einer Ungleichbehandlung an, so lässt sich daran auch das Konzernprivileg anknüpfen. Denn wie oben (**§ 3 C.II.**) dargestellt, leitet sich das Konzernprivileg aus dem übergeordneten Prinzip des freien und unverfälschten Wettbewerbs ab, welches nicht nur den europäischen, sondern auch den deutschen Kartellrechtsnormen zugrunde liegt.[905]

Der Rechtfertigung im Rahmen des Diskriminierungstatbestands liegt der Gedanke zugrunde, dass eine Ungleichbehandlung zweier Unternehmen durch ein marktbeherrschendes oder marktstarkes Unternehmen nur dann kartellrechtlich unzulässig ist, wenn für diese Ungleichbehandlung keine legitimen Gründe vorliegen, die von der Zielvorstellung einer unverfälschten Wettbewerbsordnung gedeckt sind. Wenn mit anderen Worten für eine Besserstellung eines Unternehmens gegenüber einem anderen Unternehmen ein sachlich gerechtfertigter Grund vorliegt, stellt sich diese Maßnahme nicht als unzulässige Diskriminierung zulasten eines anderen, mit dem bevorzugten Unternehmen auf der gleichen Marktstufe stehenden, Unternehmens dar. Eine Konzernverbundenheit, die zu einer wirtschaftlichen Einheit zwischen dem marktbeherrschenden und

---

903 OLG Düsseldorf, Urteil v. 19. März 2003, WuW/E DE-R 1184, 1187 – *InfraCard Tarif.*

904 BGH, Urteil v. 14. Juli 1998, WuW/E DE-R 201 – *Schilderpräger im Landratsamt*; BGH, Urteil v. 9. Juli 2002, WuW/E DE-R 1006 – *Fernwärme Börnsen*; BGH, Urteil v. 7. November 2006, WuW/E DE-R 1951 – *Bevorzugung einer Behindertenwerkstatt.*

905 Vgl. nur *Bechtold*, GWB, Einführung Rn. 49 ff.

dem von ihm bevorzugten Unternehmen führt, kann nach Ansicht des BGH ein solcher sachlicher Rechtfertigungsgrund sein.[906] Der wirtschaftliche Erfolg und ein möglichst hoher Gewinn der Tochtergesellschaft sind als legitimes unternehmerisches Interesse des marktbeherrschenden Unternehmens anerkannt. Wenn die Muttergesellschaft diesen Erfolg dadurch fördert, dass sie ihrer Tochtergesellschaft bestimmte Produkte oder Leistungen zu günstigeren Preisen oder Konditionen anbietet als externen Unternehmen, ist dies zunächst eine unternehmerische Entscheidung, die sich aus den verfassungsrechtlich geschützten Prinzipien der wirtschaftlichen Betätigungsfreiheit, der Vertrags- und Gestaltungsfreiheit und des Eigentums herleitet und nicht per se den Zielvorstellungen des GWB zuwider läuft. Aus ökonomischer Sicht könnte die Muttergesellschaft sich ebenso gut dafür entscheiden, das Geschäft der Tochtergesellschaft selbst zu übernehmen oder die Verluste der Tochtergesellschaft, im Falle eines höheren Preises, auszugleichen.[907] Derartige Maßnahmen stellen sich zunächst als rein konzerninterne Vorgänge dar, die von sich aus nicht geeignet sind, die Funktion des freien Marktwettbewerbs zu beeinträchtigen.[908]

Insofern ist das Konzernprivileg an dieser Stelle deutlich sinnvoller und nachvollziehbarer verortet als im beim Tatbestandsmerkmal der gleichartigen Unternehmen. Zudem bietet die Anknüpfung im Rahmen der sachlichen Rechtfertigung zwei weitere Vorteile: zum einen gilt nach der Neufassung des Behinderungs- und Diskriminierungstatbestands in § 19 Abs. 2 Nr. 1 GWB das Merkmal der Gleichartigkeit – sachgerechterweise – nur noch für die ungerechtfertigte Diskriminierung, nicht mehr für die unbillige Behinderung. Würde man das Konzernprivileg weiterhin am Merkmal des „gleichartigen Unternehmens" anknüpfen, so könnte die Besonderheit des Vorliegens einer wirtschaftlichen Einheit bei der Behinderung keine Berücksichtigung mehr finden. Die Beurteilungskriterien für den „sachlich gerechtfertigten Grund" entsprechen jedoch, auch nach der 8. GWB-Novelle, denen für die Feststellung einer „unbilligen" Behinderung. Im Rahmen einer Interessenabwägung kann daher das Vorliegen einer Konzernverbundenheit in beiden Fallgruppen weiterhin angemessen berücksichtigt werden.

---

906 BGH, Beschluss v. 29. Juni 1982, WuW/E BGH 1947, 1949 – *Stuttgarter Wochenblatt*; BGH, Urteil v. 12. November 1991, NJW 1992, 1827, 1828 – *Aktionsbeträge*; BGH, Urteil v. 10. Februar 2004, WuW/E DE-R 1251, 1253 f. – *Galopprennübertragung*; vgl. auch OLG Frankfurt, Urteil v. 31. August 1989, ZIP 1989, 1425, 1426 f. – *Toyota II*.

907 BGH, Beschluss v. 29. Juni 1982, WuW/E BGH 1947, 1949 – *Stuttgarter Wochenblatt*; OLG Frankfurt, Urteil v. 10. Oktober 2006, WuW/E DE-R1901, 1904 – *Bahnstrom*.

908 So auch *Fleischer*, AG 1997, S. 491, 495.

Zudem bietet die Anknüpfung bei der Rechtfertigung bzw. der Unbilligkeit die Möglichkeit einer wesentlich differenzierteren Sachverhaltsbetrachtung. Denn die Anerkennung des Konzernprivilegs bedeutet nicht, dass jegliche Bevorzugung eines Konzernunternehmens aus dem Anwendungsbereich des Diskriminierungsverbots heraus fällt. Eine pauschale Privilegierung von Konzernbeziehungen würde den Anforderungen an eine angemessene Einzelfallbetrachtung unter Berücksichtigung der jeweiligen markt- und unternehmensspezifischen Faktoren nicht gerecht.[909] Daher muss der Anwendungsbereich des Konzernprivilegs in sinnvoller Weise begrenzt werden, um negative Auswirkungen auf den freien und unverfälschten Wettbewerb zu vermeiden. In der deutschen Rechtsprechung finden sich bereits Ansatzpunkte einer Grenzziehung, die zur Herausarbeitung allgemeiner Leitlinien fruchtbar gemacht werden können. Hierauf soll erst in **§ 6 D.II.1.** näher eingegangen werden.

c) Zwischenfazit

Für die Anknüpfung des Konzernprivilegs ist das Tatbestandsmerkmal des gleichartigen Unternehmens nicht geeignet. Nach der hier vertretenen Auffassung sind auch Gesellschaften, die Teil einer wirtschaftlichen Einheit sind, als Unternehmen zu qualifizieren. Nach der traditionell weiten Auslegung des Begriffs der Gleichartigkeit kann auch hieran das Konzernprivileg nicht festgemacht werden. Denn Gleichartigkeit liegt nach der Rechtsprechung des BGH vor, sofern Unternehmen im Hinblick auf ihre unternehmerische Tätigkeit und ihre wirtschaftliche Funktion im Verhältnis zum Normadressaten dieselben Aufgaben erfüllen. Bei dieser Betrachtung kommt es auf eine gesellschaftsrechtliche und/oder wirtschaftliche Verknüpfung des Normadressaten und des fraglichen Unternehmens nicht an.

Auch nach einer zum Teil vertretenen weiteren Auslegung auf Grundlage des neu gefassten Diskriminierungs- und Behinderungstatbestands kann nichts anderes gelten. Der Begriff der Gleichartigkeit kann zwar aufgrund des nunmehr begrenzten Bezugs auf die Diskriminierung etwas konkreter interpretiert werden, dennoch sollte die Gleichartigkeit nach wie vor bei der Funktion des Unternehmens und seiner Marktstellung anknüpfen. Diesbezüglich macht es aber keinen Unterschied, ob das Unternehmen mit dem Marktbeherrscher eine

---

909 Ebenfalls für eine Einzelfallabwägung *Ostendorf/Grün*, WuW 2008, 950, 960, wenngleich ihrer Meinung nach gute Gründe für eine Ausklammerung konzerninterner Begünstigungen aus dem Verbot des Missbrauchs einer marktbeherrschenden Stellung sprechen.

wirtschaftliche Einheit bildet oder nicht. Demnach können auch konzernverbundene Unternehmen „gleichartig" sein, weshalb das Konzernprivileg aus diesem Tatbestandsmerkmal nicht abzuleiten ist.

Stattdessen ist das Konzernprivileg im Rahmen des § 19 Abs. 2 Nr. 1 GWB beim Tatbestandsmerkmal des sachlich gerechtfertigten Grunds anzusiedeln. Auf der Rechtfertigungsebene können die besonderen Umstände einer Konzernverbundenheit zwischen dem Normadressaten und einem (besser gestellten) Unternehmen angemessen berücksichtigt werden. Die in diesem Rahmen anzuwendenden Wertungen spiegeln sich zudem auch in der zweiten Tatbestandsalternative, der unbilligen Behinderung (dazu sogleich **2.**), während das Merkmal der Gleichartigkeit nur für die Diskriminierung gilt.

2. Unbillige Behinderung

a) Begriff der Behinderung

Die Diskriminierung gleichartiger Unternehmen stellt einen Sonderfall der ebenfalls in § 19 Abs. 2 Nr. 1 GWB normierten unbilligen Behinderung dar. Wie bereits erwähnt, überschneiden sich die Tatbestände in der Praxis häufig, so dass eine klare Zuordnung nicht immer erforderlich ist. Wann immer eine nicht gerechtfertigte Ungleichbehandlung vorliegt, ist zugleich auch eine unbillige Behinderung verwirklicht. Darüber hinaus erstreckt sich das Behinderungsverbot auf horizontale Wettbewerbsverhältnisse, dient mithin vorrangig dem Schutz der Wettbewerber des Normadressaten,[910] ohne darauf beschränkt zu sein. Auch in Vertikalfällen, in denen das Diskriminierungsverbot mangels Ungleichbehandlung nicht greift, das Verhalten des Marktbeherrschers vielmehr sämtliche Abnehmer gleichermaßen beeinträchtigt, kommt das Verbot der unbilligen Behinderung zur Anwendung.[911] Denkbare Fälle der ersten Fallgruppe, für die das Konzernprivileg in Betracht kommt, sind etwa der Abbruch von Geschäftsbeziehungen aufgrund der Umstellung des eigenen Vertriebssystems oder die Nichtbelieferung von Wettbewerbern mit notwendigen Ersatzteilen.[912] Vom

---

910 BGH, Urteil v. 27. September 1962, WuW/E BGH 502, 508 – *Treuhandbüro*; BKartA, Entscheidung v. 22. Oktober 1979, WuW/E BKartA 1817, 1824 – *Fertigfutter.*

911 BGH, Urteil v. 26. Oktober 1972, WuW/E BGH 1238, 1242 – *Registrierkassen*; KG, Urteil v. 23. Januar 1992, WuW/E OLG 4951, 4967 – *Kälteanlagen-Ersatzteile*; OLG München, Urteil v. 7. Mai 1992, WuW/E OLG 4990, 4994 – *Herr der Gezeiten*; dazu auch *Nothdurft* in: Langen/Bunte, Deutsches Kartellrecht, § 19 Rn. 100, 196.

912 BGH, Urteil v. 22. September 1981, WuW/E BGH 1829, 1832 – *Original-VW-Ersatzteile II*; BGH, Urteil v. 24. Oktober 2011, WuW/E DE-R 3446 Rn. 36 – *Grossistenkündigung.*

Anwendungsbereich der zweiten Fallgruppe sind Verhaltensweisen des marktbeherrschenden Unternehmens erfasst, die sich auf konzernzugehörige und externe Unternehmen gleichermaßen nachteilig auswirken. In Bezug auf Erstere handelt es sich um eine konzerninterne Behinderung, die unter Umständen vom Konzernprivileg gedeckt und daher nicht missbräuchlich ist.

Der Behinderungsbegriff des § 19 Abs. 2 Nr. 1 GWB ist ausgesprochen weit. Er beinhaltet jegliches Verhalten eines marktbeherrschenden Unternehmens, „durch das die wettbewerbliche Betätigungsfreiheit eines anderen Unternehmens nachteilig beeinflusst" wird.[913] Im Horizontalverhältnis stellt jede Steigerung der Marktmacht des marktbeherrschenden Unternehmens grundsätzlich eine Benachteiligung der Wettbewerbsunternehmen dar.[914] Die Norm erfasst aber nicht nur Behinderungen auf dem von dem Normadressaten beherrschten Markt, sondern auch solche auf Drittmärkten. Die möglichen Formen von Behinderungen sind mannigfaltig. Sie können etwa durch Kopplungs- oder unzulässige Rabattpraktiken, Kampfpreise, die Nichtbelieferung mit essentiellen Vorprodukten, das Kappen von wichtigen Bezugs- oder Absatzquellen oder unangemessene Preise bzw. Konditionen (z.B. Kosten-Preis-Schere) verwirklicht werden.[915]

Eine gewisse Einschränkung erfährt der Behinderungsbegriff durch die zusätzliche Voraussetzung, dass durch das fragliche Verhalten die Wettbewerbsposition des beeinträchtigten Unternehmens berührt sein muss, was bei den Ausbeutungstatbeständen nicht erforderlich ist.[916] Ein Nachweis konkreter nachteiliger Marktfolgen ist jedoch entbehrlich, zur Bejahung der Behinderung genügt eine objektive Eignung zur Beeinträchtigung der Wettbewerbsverhältnisse.[917] Die Erheblichkeit der potentiellen Marktwirkungen wird erst bei der Interessenabwägung im Rahmen der Unbilligkeit geprüft.

b) Unbilligkeit – Anknüpfung des Konzernprivilegs

Eine Beeinträchtigung des Wettbewerbs ist nur dann missbräuchlich, wenn das objektiv behindernde Verhalten des marktbeherrschenden Unternehmens

913 *Nothdurft* in: Langen/Bunte, Deutsches Kartellrecht, § 19 Rn. 197.

914 *Bechtold*, GWB, § 19 Rn. 8.

915 Siehe Zusammenfassung bei *Nothdurft* in Langen/Bunte, Deutsches Kartellrecht, § 19 Rn. 245 ff.

916 *Nothdurft* in: Langen/Bunte, Deutsches Kartellrecht, § 19 Rn. 198.

917 BGH, Urteil v. 6. November 2012, WuW/E DE-R 3879 Rn. 41 – *Gasversorgung Ahrensburg*; KG Berlin, Urteil v. 9. November 1983, WuW/E OLG 3124, 3129 – *Milchaustauschfuttermittel*; *Götting* in: Loewenheim/Meessen/Riesenkampff, § 19 Rn. 65.

unbillig ist. Die Prüfung der Unbilligkeit entspricht inhaltlich der des sachlich gerechtfertigten Grunds bei der Diskriminierung.[918] Es hat eine an der auf die Freiheit des Wettbewerbs gerichtete Zielsetzungen des GWB orientierte Interessenabwägung zu erfolgen. Hinsichtlich der berücksichtigungsfähigen Interessen und einzubeziehenden gesetzlichen Wertungen wird auf die Ausführungen unter **a)bb)** verwiesen.

Entscheidend ist, dass der BGH die Bevorzugung konzernverbundener Unternehmen als legitimes Interesse im Rahmen der Unbilligkeitsabwägung anerkennt.[919] Die Förderung des eigenen unternehmerischen Erfolgs, beispielsweise durch Umstellung des Vertriebssystems und damit Abbruch der Belieferung bestimmter Handelspartner, stellt nach Ansicht des BGH grundsätzlich ein berücksichtigungsfähiges Interesse des Normadressaten dar.[920] Die Anwendung des Konzernprivilegs erfolgt damit beim Behinderungstatbestand unstreitig im Rahmen der Interessenabwägung. Dies stützt die oben vertretene Ansicht, bei der Diskriminierung entsprechend zu verfahren. Die Rechtsprechung steht dem nicht entgegen. Der BGH hat in einer Reihe von Fällen, in denen es um die Bevorzugung einer Tochtergesellschaft gegenüber externen Unternehmen ging, eine unbillige Behinderung als Auffangtatbestand einer zuvor verneinten Diskriminierung geprüft und die Unbilligkeit mit eben jenen Argumenten verneint, die er auch im Rahmen der sachlichen Rechtfertigung heranzieht.[921] Insofern ist der Beurteilungsmaßstab für das Konzernprivileg in beiden Tatbestandsalternativen derselbe und die Anwendung sollte sachgerechterweise in beiden Fällen im Kontext der Interessenabwägung erfolgen, was für die unbillige Behinderung bereits unbestritten der Fall ist.

3. *Zwischenfazit*

Im deutschen Recht ist die Anwendung des Konzernprivilegs auf Tatbestände des Missbrauchsverbots anerkannt und wird von der Rechtsprechung seit Jahrzehnten praktiziert. Wichtigster Anwendungsfall ist das Diskriminierungs- und

---

918 *Bechtold*, GWB, § 19 Rn. 42; *Markert* in: Immenga/Mestmäcker, GWB, § 19 Rn. 123 f.; *Westermann* in: MüKo GWB, § 19 Rn. 46.

919 BGH, Beschluss v. 11. November 2008, WuW/E DE-R 2514, 2515 – *Bau und Hobby*; BGH, Urteil v. 24. Oktober 2011, WuW/E DE-R 3446 Rn. 37 f. – *Grossistenkündigung*; BGH, Urteil v. 31. Januar 2012, WuW/E DE-R 3549 Rn. 29 – *Werbeanzeigen*.

920 BGH, Urteil v. 24. Oktober 2011, WuW/E DE-R 3446 Rn. 37 f. – *Grossistenkündigung*

921 BGH, Urteil v. 14. Juli 1998, WuW/E DE-R 201 – *Schilderpräger im Landratsamt*; BGH, Urteil v. 24. Oktober 2011, WuW/E DE-R 3446 Rn. 37 f. – *Grossistenkündigung*; BGH, Urteil v. 31. Januar 2012, WuW/E DE-R 3549 Rn. 29 – *Werbeanzeigen*.

Behinderungsverbot in § 19 Abs. 2 Nr. 1 GWB. Eine Besserstellung eines konzernverbundenen Unternehmens gegenüber seinen Wettbewerbern durch seine marktbeherrschende Muttergesellschaft kann als privilegierender Umstand gewertet werden, der zu einer Nichtanwendung des Missbrauchsverbots führt. Zu berücksichtigen ist dieser Umstand in der ersten Tatbestandsalternative, Diskriminierungsverbot, im Rahmen der Rechtfertigung und in der Alternative der Behinderung beim Merkmal der Unbilligkeit. Der BGH erkennt an, dass das Interesse eines marktbeherrschenden Unternehmens, seine eigenen Konzerngesellschaften gegenüber anderen Geschäftspartnern wirtschaftlich zu bevorzugen, grundsätzlich schützenswert ist und daher privilegierend wirkt.

II. Zugangsverhinderung nach § 19 Abs. 2 Nr. 4 GWB

In § 19 Abs. 2 Nr. 4 GWB n.F. (ex § 19 Abs. 4 Nr. 4 GWB a.F.) nimmt das deutsche Missbrauchsverbot die aus dem US-amerikanischen *antitrust law* stammende *essential facilities*-Theorie als Regelbeispiel auf.[922] Missbräuchlich ist demnach die Weigerung eines marktbeherrschenden Unternehmens, „einem anderen Unternehmen gegen angemessenes Entgelt Zugang zu den eigenen Netzen oder anderen Infrastruktureinrichtungen zu gewähren, wenn es dem anderen Unternehmen aus rechtlichen oder tatsächlichen Gründen ohne die Mitbenutzung nicht möglich ist, auf dem vor- oder nachgelagerten Markt als Wettbewerber des marktbeherrschenden Unternehmens tätig zu werden", sofern das marktbeherrschende Unternehmen nicht nachweist, „dass die Mitbenutzung aus betriebsbedingten oder sonstigen Gründen nicht möglich oder nicht zumutbar ist". Fraglich ist, ob auch diese Fallgruppe Raum für die Anwendung des Konzernprivilegs lässt.

1. Tatbestandsvoraussetzungen

a) Normadressat und Marktbeherrschung

Der Tatbestand des § 19 Abs. 2 Nr. 4 GWB betrifft stets zwei miteinander in Beziehung stehende Märkte: zum einen den Markt für die Zugangsgewährung zu dem fraglichen Netz bzw. die fragliche Infrastruktureinrichtung und zum zweiten den davon abgeleiteten vor- oder nachgelagerten Markt, also etwa den Markt für den Verkauf von Strom, Gas oder Telekommunikationsdienstleistungen. Voraussetzung ist, dass das marktbeherrschende Unternehmen selbst auf dem durch die fragliche Einrichtung erschlossenen vor- oder nachgelagerten Markt

922 *Fuchs/Möschel* in: Immenga/Mestmäcker, GWB, § 19 Rn. 296.

tätig ist und damit in einem (potentiellen) Wettbewerbsverhältnis zu dem Zugangspetenten steht.[923] Andere Fälle, etwa solche, in denen sich die Tätigkeit des Marktbeherrschers auf die Unterhaltung und den Betrieb des Netzes beschränkt, sind hingegen nicht von § 19 Abs. 2 Nr. 4 GWB erfasst, sondern unterfallen dem Behinderungstatbestand nach § 19 Abs. 2 Nr. 1 bzw. der Generalklausel des Abs. 1. Nach der Rechtsprechung ist es unerheblich, ob in einem Konzernverbund die Muttergesellschaft selbst oder eine mit ihr verbundene Tochtergesellschaft auf dem vor- oder nachgelagerten Markt tätig ist, da insoweit die Wertung des § 36 Abs. 2 GWB für verbundene Unternehmen Anwendung findet.[924]

Umstritten ist, auf welchem der beiden Märkte die marktbeherrschende Stellung bestehen muss.[925] Zum Teil wird vertreten, die marktbeherrschende Stellung müsse sich ausschließlich auf den Markt für die Zugangsgewährung beziehen,[926] nach anderer Ansicht bezieht sich die Marktbeherrschung ausschließlich auf den vor- oder nachgelagerten Markt.[927] Nach einer dritten Meinung kann die marktbeherrschende Stellung alternativ auf einem der beiden Märkte vorliegen.[928] Die Rechtsprechung hält es für ausreichend, dass das fragliche Unternehmen jedenfalls auf dem Markt für die Mitbenutzung der Infrastruktureinrichtung über eine marktbeherrschende Stellung verfügt. Nicht erforderlich sei, dass es (auch) auf dem vor- oder nachgelagerten Markt eine solche Stellung innehabe.[929] Zum Teil wird dies so interpretiert, dass auch der BGH eine Marktbeherrschung alternativ auf einem der beiden Märkte akzeptiert.[930]

Richtigerweise ist die Aussage des BGH wohl so zu verstehen, dass eine marktbeherrschende Stellung auf dem Markt für die Netzzugangsgewährung in

923 *Nothdurft* in: Langen/Bunte, Deutsches Kartellrecht, § 19 Rn. 334; *Weyer* in: FK GWB, § 19 Rn. 1047.

924 BGH, Urteil v. 23. Juni 2009, WuW/E DE-R 2739 Rn. 15 – *Entega I*; BGH, Urteil v. 6. November 2012, WuW/E DE-R 3879 Rn. 19 – *Gasversorgung Ahrensburg*.

925 Ausführlich dazu *Hohmann*, Die essential facilities doctrine im Recht der Wettbewerbsbeschränkungen, S. 120 ff.

926 *Schwintowski*, WuW 1999, 842, 850 f.; *Weyer*, AG 1999, 257, 261.

927 *Bunte*, WuW 1997, 302, 314; *Dreher*, DB 1999, 833, 835; *Haus*, WuW 1999, 1190, 1191; *Fuchs/Möschel* in: Immenga/Mestmäcker, GWB, § 19 Rn. 315.

928 *Bechtold*, GWB, § 19 Rn. 72; *Nothdurft* in: Langen/Bunte, GWB, § 19 Rn. 335.

929 BGH, Urteil v. 15. November 1994, WuW/E BGH 2953, 2958 f. – *Gasdurchleitung*; BGH, Urteil v. 28. Juni 2005, WuW/E DE-R 1520, 1523 f. – *Arealnetz*; OLG Düsseldorf, Urteil v. 11. Juni 2003, WuW/E DE-R 1179, 1182 f. – *Stromcontracting*; vgl. auch BKartA, Entscheidung v. 8. Oktober 2003, WuW/E DE-V 811, 813 – *GETECnet*.

930 *Fuchs/Möschel* in: Immenga/Mestmäcker, GWB, § 19 Rn. 314; *Lettl*, WuW 2011, S. 579, 583.

jedem Fall vorausgesetzt wird. Eine Marktbeherrschung allein auf dem vor- oder nachgelagerten Markt ist hingegen nicht ausreichend, kann aber zusätzlich zu der beherrschenden Position auf dem Zugangsmarkt vorliegen. Dies ist sachgerecht. Der Normzweck des § 19 Abs. 2 Nr. 4 GWB besteht darin, Unternehmen, die auf dem nachgelagerten Markt als Anbieter tätig sind, Zugang zu einem für diese Tätigkeit notwendigen, jedoch durch den Normadressaten kontrolliertes Netz zu gewähren. Die durch die Norm zu überwindende Beherrschungssituation bezieht sich auf die Nutzung des Netzes, nicht auf den nachgelagerten Markt, auf dem durchaus bereits mehrere Anbieter existieren können.[931]

b) Zugangsnotwendigkeit zu einem Netz oder einer Infrastruktureinrichtung

Das entscheidende Merkmal des § 19 Abs. 2 Nr. 4 GWB ist das Zugangsbegehren des Petenten zu einem Netz oder einer Infrastruktureinrichtung ohne deren Nutzung es ihm nicht möglich oder nicht zumutbar ist, auf dem vor- oder nachgelagerten Markt tätig zu werden.

Unter den Begriff des Netzes fallen sowohl materielle Netze wie etwa das Strom-, Erdgas-, Telekommunikations-, Straßen-, Einbahn-, Wasser- oder Fernwärmenetz, als auch Dienstleistungsnetze, wie das Post-, Bank- oder Zeitungszustellungsnetz. Auch virtuelle Netze wie Buchungssysteme für Bahn- oder Flugreisen oder ein weltweit anerkanntes Zahlungssystem stellen Netze im Sinne der Norm dar.[932] Notwendiges Charakteristikum eines Netzes ist stets die Verbindung zwischen mehreren Orten, die für die Leistungserbringung auf dem abgeleiteten Markt unumgänglich ist.[933] Im Gegensatz dazu sind Infrastruktureinrichtungen lediglich der notwendige Ausgangspunkt für die Erbringung der Leistung, eine Verbindung zwischen mehreren Punkten ist nicht erforderlich. Darunter fallen beispielsweise Flughäfen, Seehäfen und Bahnhöfe, aber auch zentrale Informationssysteme, Verzeichnisse, Grundstücke oder Produktinformationssysteme.[934]

---

931 So auch BGH, Urteil v. 28. Juni 2005, WuW/E DE-R 1520, 1524 – *Arealnetz*

932 *Bechtold*, GWB, § 19 Rn. 69; *Fuchs/Möschel* in: Immenga/Mestmäcker, GWB, § 19 Rn. 322.

933 *Henk-Merten*, Die Kosten-Preis-Schere im Kartellrecht, S. 64.

934 BGH, Urteil v. 11. November 2008, WuW/E DE-R 2581 – *Neue Trift* (Grundstück); BGH, Urteil v. 11. Dezember 2012, NJW 2013, 1095 – *Fährhafen Puttgarden II* (Seehafen); OLG München, Urteil v. 17. September 1998, WuW/E DE-R 251 – *Fahrzeugdaten* (Produktinformationen für Wartungsunternehmen);

Ohne den Zugang zu der fraglichen Einrichtung muss es dem begehrenden Unternehmen unmöglich bzw. unzumutbar sein, auf dem vor- oder nachgelagerten Markt tätig zu werden. Das bedeutet, dass eine weitere vergleichbare Einrichtung nicht existiert und die eigene Errichtung einer solchen durch den Petenten ausgeschlossen ist (fehlende Duplizierbarkeit).[935] Die Unmöglichkeit kann sich aus rechtlichen oder tatsächlichen Gründen ergeben. Rechtliche Unmöglichkeit liegt vor, wenn feststeht, dass das Vorhaben eines eigenen Netz- oder Infrastrukturaufbaus nicht genehmigungsfähig ist. Eine tatsächliche Unmöglichkeit kann etwa aufgrund zeitlicher oder räumlicher Hindernisse vorliegen. In den meisten Fällen handelt es sich jedoch um eine objektive wirtschaftliche Unmöglichkeit der Duplizierbarkeit. Eine solche liegt vor, wenn aus Sicht eines kaufmännisch vernünftig handelnden Zugangspetenten eine Amortisierung der Investitionskosten in hinreichender Zeit nicht zu erwarten ist.[936]

Die rechtliche oder tatsächliche Unmöglichkeit der Duplizierbarkeit führt dazu, dass die Mitbenutzung des von dem Marktbeherrscher betriebenen Netzes unumgänglich ist. Die Zugangsgewährung muss allerdings nur gegen ein angemessenes Entgelt erfolgen. Die Angemessenheit bestimmt sich nach dem Aufwand für den Netzzugang im jeweiligen Einzelfall. Die Höhe des Entgelts lässt sich dabei etwa anhand der Vergleichsmarktmethode im Vergleich zu anderen räumlichen Märkten oder im Verhältnis zu den intern erhobenen Zugangsentgelten bestimmen.[937]

2. *Sachliche Rechtfertigung – mögliche Anknüpfung des Konzernprivilegs?*

Der Inhaber der Einrichtung kann dem Zugangsbegehren entgegentreten, indem er nachweist, dass die Gewährung der Mitbenutzung aus betriebsbedingten oder sonstigen Gründen nicht möglich oder nicht zumutbar ist. Im Gegensatz zu den übrigen Missbrauchstatbeständen sieht das Gesetz hier eine Beweislastumkehr vor, sodass die Verpflichtung zur Zugangsgewährung den Regelfall darstellt.[938]

KG Berlin, Entscheidung v. 26. Juni 2003, WuW/E DE-R 1321 – *Gera-Rostock* (Fahrplaninformationssystem).

935 Deutscher Bundestag, Entwurf eines Gesetzes zur Änderung des Gesetzes gegen Wettbewerbsbeschränkungen v. 29. Januar 1998, Anlage 2: Stellungnahme des Bundesrates, BT Drs. 13/9720, S. 73.

936 *Bechtold*, GWB, § 19 Rn. 73; *Götting* in: Loewenheim/Meessen/Riesenkampff, § 19 GWB Rn. 92; *Nothdurft* in: Langen/Bunte, Deutsches Kartellrecht, § 19 Rn. 350.

937 *Nothdurft* in: Langen/Bunte, Deutsches Kartellrecht, § 19 Rn. 353 f.

938 BGH, Urteil v. 11. Dezember 2012, NJW 2013, 1095 Rn. 29 – *Fährhafen Puttgarden II.*

Unmöglichkeit kann aufgrund von Kapazitätsengpässen begründet sein. Der Inhaber des Netzes bzw. der Infrastruktur ist grundsätzlich nicht verpflichtet, die bestehenden Kapazitäten zugunsten des Zugangspetenten zu erweitern.[939] Im Fall einer Eigennutzung kann er jedoch in Ausnahmefällen zur Vornahme interner Umstrukturierungsmaßnahmen zur Schaffung oder Freilegung von Kapazitäten, gegen (anteilige) Kostenübernahme durch das zugangsbegehrende Unternehmen verpflichtet werden.[940] Dadurch soll Manipulationen der Kapazitätsauslastung vorgebeugt werden.[941] Ein Fall der Unmöglichkeit kann außerdem vorliegen, wenn die Mitbenutzung die Betriebssicherheit oder die Funktionsfähigkeit der Einrichtung beeinträchtigen würde.[942]

Einen möglichen Anknüpfungspunkt für das Konzernprivileg bietet allein der Rechtfertigungsgrund der Unzumutbarkeit. Hier wird, ebenso wie bei der Prüfung des sachlich gerechtfertigten Grunds und der Unbilligkeit in § 19 Abs. 2 Nr. 1 GWB eine an der auf die Freiheit des Wettbewerbs gerichtete Zielsetzung des Gesetzes orientierte Interessenabwägung vorgenommen.[943] Dabei streiten das Eigentums-, Nutzungs- und Absatzinteresse des Netzeigentümers gegen das Mitbenutzungs- und Marktöffnungsinteresse des Zugangspetenten.[944] Die Unzumutbarkeit kann auf wirtschaftlichen Gründen oder auf der mangelnden Eignung des Zugangsbegehrenden beruhen.[945] Die Hürden für die Annahme der Unzumutbarkeit sind allerdings hoch. Meist stammen die Gründe aus der Sphäre des Zugangsbegehrenden, weil dieser etwa kreditunwürdig ist, sich in der Vergangenheit einer schwerwiegenden Vertragsverletzung schuldig gemacht hat oder Bestandskunden des Netzinhabers zum Vertragsbruch verleitet hat, um

939 *Bechtold*, GWB, § 19 Rn. 77; *Nothdurft* in: Langen/Bunte, Deutsches Kartellrecht, § 19 Rn. 356.

940 *Fuchs/Möschel* in: Immenga/Mestmäcker, GWB, § 19 Rn. 333; *Nothdurft* in: Langen/Bunte, Deutsches Kartellrecht, § 19 Rn. 356; *Schwarz van Berk*, Der Zugang zu wesentlichen Einrichtungen, S. 198 f.; a.A. *Bechtold*, GWB, § 19 Rn. 77; *Wiedemann* in: Wiedemann, Handbuch des Kartellrechts, § 23 Rn. 70.

941 BKartA, Entscheidung v. 21. Dezember 1999, WuW/E DE-V 253, 258 ff. – *Puttgarden*; BKartA, Entscheidung v. 27. Januar 2010, B9-188/05, S. 42 – *Scandlines*; vgl. auch Kommission, Entscheidung v. 14. Januar 1998, ABl. L 72/30 Rn. 74 ff. – *Flughafen Frankfurt/Main AG*.

942 *Schwarz van Berk*, Der Zugang zu wesentlichen Einrichtungen, S. 199.

943 OLG Düsseldorf, Urteil v. 23. Juni 2004, WuW/E DE-R 1307, 1311 – *GETECnet*; *Bechtold*, GWB, § 19 Rn. 79; *Wiedemann* in: Wiedemann, Handbuch des Kartellrechts, § 23 Rn. 70.

944 *Wiedemann* in: Wiedemann, Handbuch des Kartellrechts, § 23 Rn. 70b.

945 Dazu *Schwarz van Berk*, Der Zugang zu wesentlichen Einrichtungen, S. 200 ff.

diese abzuwerben.[946] Auch eine dauerhafte Störung des Betriebsablaufs im Unternehmen des marktbeherrschenden Unternehmens kann die Zugangsgewährung unzumutbar machen.[947] Die Beweislast trägt der Netzinhaber. Bestehende Verträge mit Konzernunternehmen und Strohmännern können jedoch keine Unzumutbarkeit der Zugangsgewährung begründen.[948]

Bereits daraus lässt sich ableiten, dass im Bereich der *essential facilities* kein Raum für die Anwendung des Konzernprivilegs besteht. Entscheidend ist, dass dem Normadressaten das sonst für § 19 GWB zulässige Argument, er sei nicht verpflichtet fremden Wettbewerb zu fördern, im Rahmen des § 19 Abs. 2 Nr. 4 GWB verwehrt ist.[949] Durch die Einschränkung dieses Grundsatzes entfällt ein Kernbestandteil des Konzernprivilegs. Der BGH begründet diese Beschränkung der Interessen des Netzinhabers mit der besonderen Marktöffnungsfunktion. Es sei gerade das erklärte Ziel der Norm, „den Spielraum des Normadressaten in der besonderen Situation weiter einzuschränken, in der Wettbewerb nur möglich ist, wenn bestehende Infrastruktureinrichtungen von mehreren Wettbewerbern benutzt werden können. Dass dieser Wettbewerb auf dem vor- oder nachgelagerten Markt für den Zugang kontrollierenden Normadressaten nachteilig ist, [sei] dieser Konstellation immanent."[950]

Vor diesem Hintergrund muss die Anwendung des Konzernprivilegs im Rahmen des § 19 Abs. 2 Nr. 4 GWB ausscheiden. Aufgrund der Einmaligkeit und der darauf beruhenden Unumgänglichkeit der fraglichen Einrichtung (*essential facility*) erlegt die Regelung dem herrschenden Unternehmen die ausdrückliche Pflicht auf, die Wettbewerbstätigkeit externer Unternehmen auf dem abgeleiteten Markt zu fördern bzw. erst zu ermöglichen. Das primäre Ziel der Regelung ist es gerade, eine „Gleichbehandlung mit sich selbst" herzustellen.[951] Die zwangsweise Öffnung nichtduplizierbarer Einrichtungen ist ein notwendiges

946 OLG Düsseldorf, Urteil v. 2. Oktober 2002, MMR 2003, 108, 109 - *Leistungsverweigerungsrecht des marktbeherrschenden Unternehmens bei Zahlungsverzug des Kunden*; BGH, Urteil v. 25. September 2007, WuW/E DE-R 2267 Rn. 4 – *Münchener Fernwärme*; *Fuchs/Möschel* in: Immenga/Mestmäcker, GWB, § 19 Rn. 338.

947 Deutscher Bundestag, Entwurf eines Gesetzes zur Änderung des Gesetzes gegen Wettbewerbsbeschränkungen v. 29. Januar 1998, Anlage 2: Stellungnahme des Bundesrates, BT Drs. 13/9720, S. 73.

948 *Nothdurft* in: Langen/Bunte, Deutsches Kartellrecht, § 19 Rn. 358.

949 *Bechtold*, GWB, § 19 Rn. 79; *Weyer*, AG 1999, 257, 263.

950 BGH, Urteil v. 28. Juni 2006, WuW/E DE-R 1520, 1527 – *Arealnetz*.

951 *Henk-Merten*, Die Kosten-Preis-Schere im Kartellrecht, S. 66; *Hohmann*, Die essential facilities doctrine im Recht der Wettbewerbsbeschränkungen, S. 267 f.

Instrument, um Wettbewerb auf häufig monopolistisch geprägten Märkten zu erzeugen.[952] Es würde dem Schutzzweck der Norm widersprechen, wenn eine Bevorzugung von konzernverbundenen Unternehmen gegenüber Fremdunternehmen vom Konzernprivileg gedeckt wäre.

C. Zusammenfassung zur Anwendung des Konzernprivilegs im Rahmen des deutschen Missbrauchstatbestands

Das Konzernprivileg findet in der deutschen Rechtspraxis nicht nur beim Kartellverbot nach § 1 GWB, sondern auch im Rahmen des Missbrauchsverbots Anwendung. Bereits seit den 1980er Jahren erkennt der BGH an, dass das wirtschaftliche Interesse an der Förderung konzernverbundener Unternehmen und das Recht, die eigene Unternehmensstrategie frei zu bestimmen, Umstände darstellen können, durch die ein ansonsten missbräuchliches Verhalten gerechtfertigt ist. Dies gilt insbesondere für die Diskriminierung und Behinderung anderer Unternehmen zugunsten konzernverbundener Unternehmen. Die Bevorzugung von eigenen Tochterunternehmen stellt nach Ansicht der deutschen Rechtsprechung ein legitimes Interesse dar, welches auch marktbeherrschende Unternehmen geltend machen können und das nicht per se den Zielsetzungen des GWB zuwiderläuft. Auch marktbeherrschende Unternehmen sind grundsätzlich nicht verpflichtet, fremden Wettbewerb zu fördern. Die Unterstützung von verbundenen Unternehmen ist zunächst ein rechtmäßiger konzerninterner Vorgang, durch den die freie Wettbewerbsordnung nicht beeinträchtigt wird. Die Konzernverbundenheit kann daher einen „sachlich gerechtfertigten Grund“ für eine Diskriminierung darstellen oder der Unbilligkeit einer Behinderung entgegen stehen.

Für das Verbot der Zugangsverweigerung zu wesentlichen Einrichtungen gemäß § 19 Abs. 2 Nr. 4 GWB gilt das Konzernprivileg allerdings nicht. Marktbeherrschende Unternehmen, die über eine *essential facility* verfügen, sind verpflichtet, auch fremden Unternehmen gegen ein angemessenes Entgelt Zugang zu dieser Einrichtung zu gewähren, sofern eine Duplizierbarkeit derselben ausgeschlossen ist. Diesem wettbewerbsrechtlich notwendigen Marktöffnungsbestreben für regelmäßig monopolistisch geprägte Netze und Infrastrukturen würde die Anwendung des Konzernprivilegs zuwider laufen.

952 *Schwarz van Berk*, Der Zugang zu wesentlichen Einrichtungen, S. 256.

§ 6 Umsetzung: Das Konzernprivileg im Rahmen des Art. 102 AEUV

Im Folgenden wird zu untersuchen sein, ob sich die im deutschen Recht gefundenen Erkenntnisse zur Anwendung des Konzernprivilegs auf den Missbrauchstatbestand auf das europäische Recht übertragen lassen. Dabei ist zu beachten, dass sich Art. 102 AEUV in Wortlaut und Struktur von § 19 GWB unterscheidet. So nennt Art. 102 Abs. 2 c) AEUV beispielsweise nur die missbräuchliche Diskriminierung, nicht jedoch den Auffangtatbestand der unbilligen Behinderung als Regelbeispiel. Die Behinderungsverhaltensweisen fallen unter die Generalklausel des Abs. 1. Die Generalklausel und der Tatbestand der Diskriminierung sind zudem anders formuliert als in § 19 Abs. 1 und Abs. 2 Nr. 1 GWB, so dass die Anknüpfung für das Konzernprivileg möglicherweise eine andere sein muss.

Nichtsdestotrotz verfolgen Art. 102 AEUV und § 19 GWB dasselbe Schutzziel: Mit beiden Normen soll der freiheitliche Wettbewerb, konkret die Handelspartner und Wettbewerber, vor der Ausnutzung besonders großer Marktmacht geschützt werden.[953] Dabei ist im deutschen wie im europäischen Recht nicht die Innehabung einer marktbeherrschenden Stellung selbst, sondern erst deren Missbrauch verboten. Obwohl die Tatbestände zum Teil unterschiedlich formuliert sind, erfassen doch beide Normen im Wesentlichen die gleichen Verhaltensweisen als missbräuchlich. Daher können die von der deutschen Rechtspraxis aufgestellten Wertungen grundsätzlich auch für die Anwendung des Konzernprivilegs im Rahmen des europäischen Missbrauchstatbestands fruchtbar gemacht werden.

A. Voraussetzungen

I. Wirtschaftliche Einheit

Die elementare Voraussetzung für das Eingreifen des Konzernprivilegs ist das Bestehen einer wirtschaftlichen Einheit zwischen dem marktbeherrschenden Unternehmen und einem anderen Unternehmen. Regelmäßig handelt es sich um zwei konzernmäßig verbundene Unternehmen. Das im Grundsatz missbräuchliche Verhalten einer marktbeherrschenden Muttergesellschaft kann aufgrund

953 *Fuchs/Möschel* in: Immenga/Mestmäcker, EU-Wettbewerbsrecht, Art. 102 AEUV Rn. 4;.

der Verflechtung zu einer wirtschaftlichen Einheit vom Konzernprivileg gedeckt sein, da es von der unternehmerischen Freiheit und dem legitimen Zweck der Förderung eigener wirtschaftlicher Interessen des Konzerns gedeckt ist.

Die Voraussetzungen einer wirtschaftlichen Einheit als Bedingung des Konzernprivilegs wurden oben (vgl. **§ 2 B.**) dargestellt. Erforderlich ist demnach die strukturell vermittelte Möglichkeit der Kontrolle der Muttergesellschaft über ihre Tochtergesellschaft. Der Maßstab für diese Kontrollmöglichkeit lässt sich aus der Verbundklausel des Art. 5 Abs. 4 FKVO analog ableiten. Die Muttergesellschaft muss, aufgrund von Anteils-, Stimmen- oder Organmehrheit oder aufgrund sonstiger vertraglicher Vereinbarungen, das Recht haben, die Geschäfte der Tochtergesellschaft in der Weise zu führen, dass diese ihre wettbewerbliche Autonomie verliert. Dies ist nur bei positiven Einflussrechten der Muttergesellschaft der Fall, bloße Vetorechte genügen den Anforderungen einer wirtschaftlichen Einheit nicht. Das Geschäftsführungsrecht der Muttergesellschaft kann sich aus einem Betriebspacht- oder Beherrschungsvertrag oder aus gesetzlichen Befugnissen ergeben. Unter bestimmten Umständen kann eine wirtschaftliche Einheit nach Art. 5 Abs. 4 FKVO analog auch durch ein faktisches Geschäftsführungsrecht eines Minderheitsgesellschafters begründet sein, sofern die zugrunde liegenden Vereinbarungen (in der Regel ein Geschäftsführungsvertrag) eine stabile rechtliche Grundlage zur Bestimmung des strategischen Wirtschaftsverhaltens des betreffenden Unternehmens schaffen.

II. Förderung der eigenen Konzerninteressen

Das Konzernprivileg dient dem Zweck, der wirtschaftlichen Einheit als besonderer Erscheinungsform verbundener Unternehmen Rechnung zu tragen, indem diese im Hinblick auf die Ausübung ihrer unternehmerischen Freiheit wie ein Einheitsunternehmen behandelt werden. Dies beinhaltet sowohl die interne Organisation und Besetzung der Führungspositionen als auch die Planung des Marktverhaltens der einzelnen Konzerngesellschaften und ihre wettbewerbliche Ausrichtung. Absprachen und Vereinbarungen zwischen Konzernunternehmen unterfallen nach ständiger Rechtsprechung nicht dem Kartellverbot des Art. 101 Abs. 1 AEUV, da diese Maßnahmen dem internen Konzernbereich zuzurechnen sind.

Aus dem Sinn und Zweck des Konzernprivilegs ergibt sich, dass es nur dann eingreift, wenn das Verhalten des Normadressaten dazu dient, die wirtschaftlichen Konzerninteressen zu fördern. In Bezug auf das Kartellverbot mag dies selbstverständlich sein. Im Rahmen des Missbrauchsverbots bedarf dieser Umstand allerdings besonderer Beachtung. Werden die Missbrauchstatbestände – etwa eine Lieferverweigerung oder Leistungskopplung – verwirklicht, ohne dass dies dem internen Konzernziel einer Steigerung der eigenen Wirtschaftlichkeit und Wettbewerbsfähigkeit dient, so ist für die Anwendung des Konzernprivilegs kein Raum. Dabei ist dieses Ziel rein objektiv zu verstehen. Nicht etwa soll damit eine zusätzliche subjektive Komponente in den Tatbestand hineingelesen werden. Es geht schlicht um den für die Anwendbarkeit des Konzernprivilegs denklogisch notwendigen Konzernnexus des fraglichen Verhaltens. Das Verhalten muss stets eine Diskriminierungskomponente zugunsten der eigenen Konzerninteressen aufweisen.

B. Tatbestandlicher Anwendungsbereich des Konzernprivilegs in Art. 102 AEUV

I. Durch die Muttergesellschaft veranlasstes missbräuchliches Verhalten

Als erster möglicher Anwendungsbereich für das Konzernprivileg wurde oben (**§ 4 C.I.**) der Fall genannt, dass eine Muttergesellschaft ihre Tochtergesellschaft zu Verhaltensweisen im Sinne des Art. 102 AEUV veranlasst.

Bei der rechtlichen Einordnung derartiger Verhaltensweisen ist zwischen dem Innenverhältnis zwischen Mutter- und Tochtergesellschaft und dem Außenverhältnis zwischen der Tochtergesellschaft zu ihren Handelspartnern zu unterscheiden. Das Verhalten der Tochtergesellschaft stellt für sich genommen zunächst keinen Missbrauch im Sinne des Art. 102 AEUV dar, sofern sie selbst keine marktbeherrschende Stellung auf dem von ihr bedienten Markt hat. Allerdings kann der Tatbestand des Art. 102 AEUV erfüllt sein, wenn Mutter- und Tochtergesellschaft eine wirtschaftliche Einheit im oben definierten Sinne bilden und daher die Marktmacht der Muttergesellschaft dem Tochterunternehmen zugerechnet wird.[954] Ausreichend ist auch, wenn die Konzernunternehmen aufgrund ihrer addierten Marktanteile gemeinsam eine beherrschende Stellung auf dem relevanten Markt haben. Dies führt jedoch nicht zu einer Einzelmarktbeherrschung der wirtschaftlichen Einheit, weil diese nach hier vertretener

954 EuGH, Urteil v. 16. Dezember 1975, verb. Rs. 40/73, 50/73, 111/73, 113/73 & 114/73, ECLI:EU:C:1975:174 Rn. 455 f. – *Suiker Unie*; EuGH, Urteil v. 4. Mai 1988, Rs. 30/87, ECLI:EU:C:1988:225 Rn. 21, 27 f. - *Bodson*; EuGH, Urteil v. 5. Oktober 1988, Rs. 247/86, ECLI:EU:C:1988:469 Rn. 20 – *Alsatel/Novosam*; *T. Mäger* in: Mäger, Europäisches Kartellrecht, S. 330 Rn. 18; *Menz*, Wirtschaftliche Einheit und Kartellverbot, S. 132 ff.

Auffassung keine Unternehmensqualität besitzt, sondern lediglich nach außen hin als fiktive Einheit behandelt wird.[955] Vielmehr liegt ein Fall der kollektiven Marktbeherrschung vor.[956] Ein missbräuchliches und nicht gerechtfertigtes Verhalten der Tochtergesellschaft gegenüber Dritten würde in diesem Fall gegen Art. 102 AEUV verstoßen, weil sie als Teil eines marktbeherrschenden Kollektivs gehandelt hat.

Im Innenverhältnis zwischen Mutter- und Tochtergesellschaft liegt hingegen kein missbräuchliches Verhalten vor. Die Anweisung der Muttergesellschaft an ihre Tochtergesellschaft, sich gegenüber Dritten missbräuchlich zu verhalten, stellt eine Ausübung von Leitungsmacht, nicht von Marktmacht dar.[957] Es handelt sich um eine rein interne Maßnahme zwischen Konzernunternehmen, bei der die marktbeherrschende Stellung des Mutterunternehmens bzw. des Gesamtkonzerns unerheblich ist. Eine durch die Marktmacht begründete Wettbewerbsschädigung wird erst durch die Umsetzung der (missbräuchlichen) Maßnahme durch die Tochtergesellschaft verwirklicht.

1. Rechtliche Einordnung

Für das Konzernprivileg ist in dieser Konstellation kein Raum.[958] Das Konzernprivileg leitet sich aus dem übergeordneten Prinzip eines freien und unverfälschten Binnenwettbewerbs ab. Es kommt dort zur Anwendung, wo Verhaltensweisen von konzernverbundenen Unternehmen, die grundsätzlich einen kartellrechtlichen Verbotstatbestand erfüllen, sich auf den Konzerninnenbereich beschränken und daher die Wettbewerbsordnung der Gemeinschaft nicht gefährden. Dieser Ausnahmetatbestand ist im hier betrachteten Fall nicht

---

955 S.o. **§3 A.III.**

956 *Brinker* in: Schwarze, EU-Kommentar, Art. 102 AEUV Rn. 14; *Eilmansberger/Bien* in: MüKo EU-Wettbewerbsrecht, Art. 102 AEUV Rn. 82 f.; *Grill* in: Lenz/Borchard, EU-Verträge, Art. 102 AEUV Rn. 21; *Schröter/Bartl* in: von der Groeben/Schwarze, Art. 102 AEUV Rn. 81; vgl. auch die ältere Rechtsprechung der Unionsgerichte: EuGH, Urteil v. 6. März 1974, verb. Rs. 6/73 & 7/73, ECLI:EU:C:1974:18 – *Commercial Solvents*; EuGH, Urteil v. 4. Mai 1988, Rs. 30/87, ECLI:EU:C:1988:225 Rn. 21 – *Bodson*; EuGH, Urteil v. 27. April 1994, Rs. C-393/92, ECLI:EU:C:1994:171 Rn. 41 – *Almelo*.

957 *T. Mäger* in: Mäger, Europäisches Kartellrecht, S. 330 Rn. 18, *Pohlmann*, Der Unternehmensverbund im Europäischen Kartellrecht, S. 395; allgemein zu konzerninternen Wettbewerbsbeziehungen *Pietzcker*, Wettbewerbsverhalten in Unternehmensgruppen, S. 4 ff.

958 So auch *T. Mäger* in: Mäger, Europäisches Kartellrecht, S. 330 Rn. 18.

erfüllt. Die Weisung der Muttergesellschaft an ihre Tochtergesellschaft ist zwar eine konzerninterne Maßnahme, erfüllt aber keinen Missbrauchstatbestand des Art. 102 AEUV. Durch die rein konzerninterne Maßnahme ist der Wettbewerb nicht berührt.[959] Die Umsetzung der Anweisung durch die Tochtergesellschaft gegenüber Dritten kann hingegen wegen der Zurechnung von Marktmacht innerhalb einer wirtschaftlichen Einheit den Tatbestand eines Missbrauchs einer marktbeherrschenden Stellung verwirklichen, bezieht sich jedoch dann nicht mehr auf den Konzernbinnenbereich, weshalb die Voraussetzungen einer Privilegierung nicht erfüllt sind.

2. *Zwischenfazit*

Auf Fälle, in denen die Muttergesellschaft ihre Tochtergesellschaft zu missbräuchlichem Verhalten gegenüber konzernexternen Unternehmen veranlasst, ist das Konzernprivileg nicht anwendbar, da die interne Anweisung keinen Missbrauch und die Ausführung durch die Tochtergesellschaft kein schützenswertes Konzernbinnenverhalten darstellen.

II. Schädliche Verhaltensweisen im Konzernbinnenbereich

Unter **§ 4 C.II.** wurde als ein weiterer möglicher Anwendungsfall des Konzernprivilegs die konzerninterne Benachteiligung von Tochtergesellschaften und Gemeinschaftsunternehmen identifiziert.

1. *100%ige Tochtergesellschaften*

Sofern zwischen der Mutter- und ihrer Tochtergesellschaft eine wirtschaftliche Einheit besteht, ist das Konzernprivileg auf eine konzerninterne Benachteiligung grundsätzlich anwendbar. Dies lässt sich aus den Grundprinzipien des Konzernprivilegs herleiten: es ist Bestandteil der wirtschaftlichen Freiheit, darüber zu entscheiden, wie ein Unternehmen organisiert wird und wie die finanziellen Mittel eingesetzt und verteilt werden. Eine Muttergesellschaft macht sich nicht dadurch eines Missbrauchs ihrer marktbeherrschenden Stellung schuldig, dass sie ihre Tochtergesellschaft etwa finanziell ausbeutet. Dieses Verhalten hat keine Auswirkungen auf den Markt und den geschützten Wettbewerb, sondern betrifft allein die interne Organisation. Nach deutschem Konzernrecht ist es etwa zulässig, dass die Muttergesellschaft ihre Konzerninteressen gegenüber der Tochtergesellschaft

959 Vgl., in Bezug auf konzerninterne Wettbewerbsverbote, *Pietzcker*, Wettbewerbsverhalten in Unternehmensgruppen, S. 5.

auch dann durchsetzt, wenn diese für Letztere nachteilig sind, §§ 291 ff. AktG.[960] Die Tochtergesellschaft kann sich gegen derartiges Verhalten mit den Mitteln des Konzernrechts (z.B. §§ 308 ff. AktG) wehren, nicht jedoch mit Mitteln des Kartellrechts. Es wäre widersprüchlich, wenn eine Muttergesellschaft ihre Tochter unter der Geltung des Konzernprivilegs beispielsweise Vorgaben hinsichtlich des Endverkaufspreises für Waren oder Dienstleistungen machen könnte (vertikale Preisbindung), ihr jedoch umgekehrt keine für die Tochtergesellschaft nachteiligen Weisungen erteilen dürfte. Es ist daher nicht missbräuchlich, sondern vom Konzernprivileg gedeckt, wenn eine Muttergesellschaft ihre Tochtergesellschaft, mit der sie eine wirtschaftliche Einheit bildet, nachteilig behandelt.

2. Gemeinschaftsunternehmen

Wie oben (**§ 2 B.II.2.d)**) dargestellt, ist bei einem paritätischen GU oder auch einem GU eines Mehrheits- und einem oder mehrerer vetoberechtigter Minderheitsgesellschafter eine wirtschaftliche Einheit dann möglich, wenn die Muttergesellschaften ihre Einflussrechte derart gebündelt haben, dass die Ausübung ihrer Leitungsmacht mit einer Alleinbeherrschung vergleichbar ist.[961] Erforderlich ist mithin die über einen bloßen Einigungszwang hinausgehende Koordination des Leitungsverhaltens der Muttergesellschaften in Bezug auf das GU.[962] Die Muttergesellschaften müssen praktisch „mit einer Stimme sprechen", um eine wirtschaftliche Einheit und damit die Anwendbarkeit des Konzernprivilegs zu begründen.

Der von *Mäger* genannte Beispielsfall, dass ein Mehrheitsgesellschafter eines Gemeinschaftsunternehmens die Versorgung des GU mit Vorleistungsprodukten einstellen könnte, um einen Minderheitsgesellschafter zu verdrängen und so seine eigene Marktposition zu stärken,[963] ist hingegen nach dem hier vertretenen Verständnis der wirtschaftlichen Einheit anders zu bewerten. Das beschriebene Erfordernis der Bündelung der Einflussrechte steht einer einseitigen Verdrängungstaktik einer einzelnen Muttergesellschaft, wie in dem von *Mäger* angeführten Beispiel, entgegen. Wenn ein Mehrheitsgesellschafter eines GU versucht, durch Abbruch der Lieferbeziehung an das GU einen Minderheitsgesellschafter zu verdrängen, spricht dies gegen eine Bündelung der Einflussrechte der Muttergesellschaften, denn ganz offenbar verfolgen die beiden Muttergesellschaften

---

960 Dazu *Schwintowski*, BB 1988, 1763, 1766.

961 Siehe oben **§2 B.II.2.d)bb)**.

962 *Kling*, ZWeR 2011, S. 169, 174; *Thomas*, ZWeR 2005, S. 236, 252.

963 *T. Mäger* in: Mäger, Europäisches Kartellrecht, S. 330 Rn. 18

unterschiedliche wirtschaftliche Interessen und sprechen gerade nicht „mit einer Stimme". Mangels Koordination des Beherrschungspotentials kann zwischen dem GU und einer (oder mehrerer) seiner Muttergesellschaften keine wirtschaftliche Einheit entstehen.[964] Eine solche müsste jedoch zwischen dem GU und der missbräuchlich handelnden Mehrheitsgesellschafterin vorliegen, um die Anwendung des Konzernprivilegs zu bejahen. Folglich ist in einem solchen Fall das Konzernprivileg ausgeschlossen, die Lieferverweigerung der mehrheitlichen Muttergesellschaft fällt unter das Verbot des Art. 102 AEUV.

Anders liegt es jedoch bei rein konzerninternen Missbrauchshandlungen gegenüber eigenen GU. In Betracht kommen grundsätzlich alle Formen des Behinderungs- und Ausbeutungsmissbrauchs. Beispielsweise verstößt eine Ausschließlichkeitsbindung gegenüber einem zur wirtschaftlichen Einheit verbundenen GU mit dem Inhalt, bestimmte Vorleistungen exklusiv von der Muttergesellschaft zu beziehen, nicht gegen das Verbot des Art. 102 AEUV. Bei dieser Vereinbarung handelt es sich nicht um eine missbräuchliche Verhaltensweise, sondern schlicht um eine interne Organisationsanweisung, die keinen Bezug zum Wettbewerb auf dem freien Markt hat.

Dieser Maßstab gilt auch für eine missbräuchliche Ungleichbehandlung von GU gegenüber allein beherrschten Tochtergesellschaften. In diesem Fall besteht unstreitig zwischen der Muttergesellschaft und ihren allein beherrschten Gesellschaften eine wirtschaftliche Einheit, wenn die entsprechende Voraussetzung – Verlust der wirtschaftlichen Autonomie der Tochtergesellschaft – erfüllt ist. Sofern aufgrund der Bündelung von Einflussrechten mit den weiteren Muttergesellschaften auch im Verhältnis zu dem GU eine wirtschaftliche Einheit angenommen werden kann, besteht Raum für das Konzernprivileg. Die potentiell missbräuchliche Handlung der Muttergesellschaft richtet sich, zugunsten der 100%igen Tochtergesellschaft, gegen das von ihr abhängige GU und betrifft somit allein den Konzernbinnenbereich. Das Schutzgut des unverfälschten Wettbewerbs auf dem Gemeinsamen Markt wird durch dieses interne Verhalten nicht beeinträchtigt.

3. *Zwischenfazit*

Potentiell missbräuchliche Verhaltensweisen einer Muttergesellschaft gegenüber einer mit ihr zu einer wirtschaftlichen Einheit verbundenen Tochtergesellschaft fallen unter das Konzernprivileg. Die Muttergesellschaft darf im

---

964 *Thomas*, ZWeR 2005, S. 236, 252; vgl. auch Kommission, Entscheidung v. 15 Mai 1991, ABl. 1991 L-185/23 Rn. 30 – *Gosme Martell.*

Konzerninteresse Maßnahmen ergreifen, die möglicherweise nachteilig für eine ihrer Tochtergesellschaften sind. Gegen derartiges Verhalten kann sich die Tochtergesellschaft mit konzernrechtlichen, nicht jedoch mit kartellrechtlichen Mitteln wenden.

Dasselbe gilt für Gemeinschaftsunternehmen, sofern die Muttergesellschaften ihre Lenkungsrechte derart vergemeinschaftet haben, dass sie wie eine Alleinbeherrschung wirken. Nur die Bündelung der Einflussrechte führt zu einer wirtschaftlichen Einheit zwischen dem GU und seinen Muttergesellschaften. Unter diesen Voraussetzungen würde auch die Schlechterstellung eines GU gegenüber einer Mehrheitsgesellschaft derselben Muttergesellschaft unter das Konzernprivileg fallen.

III. Ungleichbehandlung von konzernzugehörigen und externen Unternehmen

Der dritte und praxisrelevanteste Bereich für die Anwendung des Konzernprivilegs im Rahmen des Art. 102 AEUV ist die Ungleichbehandlung von konzernzugehörigen Unternehmen und externen Unternehmen durch eine Diskriminierung im Sinne des Art. 102 Abs. 2 c) AEUV. Diese kann auf unterschiedlichste Weise verwirklicht werden, etwa durch die Gewährung besserer Preise oder Konditionen an die Tochtergesellschaft, Kopplungsverträgen gegenüber den externen Abnehmern, nicht jedoch gegenüber der Tochter, sowie im Extremfall eine Exklusivbelieferung der konzernverbundenen Gesellschaft. Letzterer Fall soll, aufgrund seiner besonderen Voraussetzungen und speziellen Unterfallgruppen (Zugangsverweigerung zu *essential facilities* und Lizenzverweigerung) unter der Überschrift „Geschäftsverweigerung“ gesondert behandelt werden. Da allerdings für die Anwendung des Konzernprivilegs allein Geschäftsverweigerungen zugunsten einer konzernverbundenen Gesellschaft relevant sind, muss der Maßnahme stets ein diskriminierendes Element innewohnen (vgl. oben **A.II.**).

1. Diskriminierung von Handelspartnern

Die Diskriminierung externer Handelspartner gegenüber den eigenen konzernverbundenen Tochtergesellschaften durch ein marktbeherrschendes Unternehmen ist der wichtigste Anwendungsfall für das Konzernprivileg im Rahmen des Missbrauchsverbots.

In der Rechtsprechung ist das Konzernprivileg in derartigen Konstellationen, wie oben unter **§4 C.III.2** bereits dargetan, bislang weitgehend unerwähnt geplieben.

a) Kritische Literaturstimmen

In der Literatur ist die Anwendung des Konzernprivilegs im Rahmen des Art. 102 AEUV umstritten, wobei sich nur wenige Stimmen ausführlich mit der Problematik beschäftigen.[965]

Für *Ostendorf/Grün* scheitert die Anwendung eines generellen Konzernprivilegs im europäischen Missbrauchstatbestand bereits am Wortlaut. Da ihrer Ansicht nach das deutsche Konzernprivileg an die Gleichartigkeit der diskriminierten Unternehmen anknüpft (vgl. dazu oben **§ 5 B.I.1.b)aa)**) und Art. 102 Abs. 2 c) AEUV eine solche nicht voraussetzt, fehle es an einem Bezugspunkt für das Konzernprivileg.[966] Auch eine Übertragung des Konzernprivilegs von Art. 101 AEUV scheitere, da es sich bei den vom Missbrauchstatbestand erfassten Verhaltensweisen im Gegensatz zu Absprachen um einseitige Maßnahmen handele. Daher fehle es am Tatbestandsmerkmal „zwischen zwei oder mehr Unternehmen", an dem das Konzernprivileg beim Kartellverbot regelmäßig anknüpfe. Zwar erfordere auch jede einseitige Maßnahme im Sinne des Art. 102 AEUV eine zumindest potentielle Wettbewerbsbeeinträchtigung externer Unternehmen; eine solche sei jedoch durch das Verhalten der wirtschaftlichen Einheit aus Mutter- und Tochtergesellschaft als ein „Unternehmen im kartellrechtlichen Sinne" gegeben, sodass für ein Konzernprivileg kein Raum bestehe.[967] Selbst wenn man das Konzernprivileg nicht aus dem Unternehmensbegriff, sondern aus dem Fehlen eines Wettbewerbsverhältnisses im Konzernbinnenverhältnis herleite, gelte dies nicht für Art. 102 AEUV, weil konzerninterne Diskriminierung „durchaus zu Wettbewerbsbeschränkungen im Außenverhältnis" führen könnte.[968] Zudem wird die Ablehnung damit begründet, dass die Begünstigung von Tochtergesellschaften innerhalb vertikal integrierter Unternehmen gerade der Hauptanwendungsfall des Diskriminierungsverbots nach

965 Für die Anwendung des Konzernprivilegs: *Henk-Merten*, Die Kosten-Preis-Schere im Kartellrecht, S. 98; *Kling/Thomas*, Kartellrecht, S. 234 Rn. 108; *T. Mäger* in: Mäger, Europäisches Kartellrecht, S. 331 Rn. 19; *Petzold*, Die Kosten-Preis-Schere im EU-Kartellrecht, S. 166; *Schröter/Bartl* in: Schröter/Jakob/Klotz/Mederer, Europäisches Wettbewerbsrecht, Art. 102 AEUV Rn. 247; wohl ebenfalls zustimmend *Bulst* in: Langen/Bunte, Europäisches Kartellrecht, Art. 102 AEUV Rn. 208; a.A. *Brand* in: FK EU-Kartellrecht, Art. 102 AEUV Rn. 481; *de Bronett* in: Wiedemann, Handbuch des Kartellrechts, § 22 Rn. 70; *Ostendorf/Grün*, WuW 2008, S. 950, 959.

966 *Ostendorf/Grün*, WuW 2008, S. 950, 956.

967 *Ostendorf/Grün*, WuW 2008, S. 950, 959.

968 *Ostendorf/Grün*, WuW 2008, S. 950, 959.

Art. 102 Abs. 2 c) AEUV sei, so dass die Vorschrift bei einer Anwendung des Konzernprivilegs leer liefe.[969]

Ostendorf/Grün schlagen statt einer generellen Anwendung des Konzernprivilegs auf den Missbrauchstatbestand, wie es die deutsche Rechtsprechung praktiziert, eine einzelfallorientierte Betrachtung vor, bei der „die Interessen des marktbeherrschenden Unternehmens gegen die des behinderten Unternehmens unter Berücksichtigung des Ziels des GWB – der Aufrechterhaltung des freien Wettbewerbs – berücksichtigt werden".[970] Die für die Abwägung relevanten Faktoren seien unter anderem die Marktstärke des marktbeherrschenden Unternehmens, insbesondere ob dieses eine Monopol- oder Quasi-Monopolstellung innehabe, die Frage, ob es sich bei dem relevanten Produkt um ein Handels- oder ein Vorprodukt handele und, falls Letzteres, wie stark das von der Diskriminierung betroffene Unternehmen von diesem abhängig sei, wie hoch der Anteil desselben an den Gesamtkosten des von ihm hergestellten Endprodukts sei und ob Substitutionsprodukte existierten. Ebenfalls relevant sei, wie stark oder schwach der Wettbewerb auf dem betroffenen nachgelagerten Markt sei.[971] Daraus ergebe sich die folgende Faustformel: „Je stärker die Unternehmen auf dem nachgelagerten Markt auf das Produkt des Marktbeherrschers angewiesen sind, je geringer ihre Wahlmöglichkeit bei den Lieferanten ist, je höher der Anteil des Produktes an den Kosten des Gesamtproduktes auf dem Endkundenmarkt und je schwächer der Wettbewerb auch auf diesem Markt ausgeprägt ist, umso stärker gebietet die auf Wettbewerbsfreiheit gerichtete Zielsetzung des GWB eine Gleichbehandlung konzernexterner mit konzerninternen Unternehmen."[972] Diese Einzelfallbetrachtung macht, so *Ostendorf/Grün*, die Anwendung des Konzernprivilegs im Rahmen des Missbrauchsverbots überflüssig und führt ihrer Ansicht nach zu sachgerechteren Ergebnissen.

b) Stellungnahme

Der Kritik von *Ostendorf/Grün* kann nicht gefolgt werden.

Was die Vergleichbarkeit mit dem deutschen § 19 Abs. 2 Nr. 1 GWB angeht ist zunächst Folgendes zu bemerken: Nach Ansicht von *Ostendorf/Grün* scheitert eine Übertragung des deutschen Konzernprivilegs an der in Art. 102 Abs. 2 c) AEUV fehlenden Voraussetzung „gleichartiges Unternehmen",

---

969 *Ostendorf/Grün*, WuW 2008, S. 950, 956; a.A. *Petzold*, Die Kosten-Preis-Schere im EU-Kartellrecht, S. 165 f.

970 *Ostendorf/Grün*, WuW 2008, S. 950, 960 mit Verweis auf OLG Düsseldorf, Beschluss v. 27. März 2002, WuW/E DE-R 867, 870 – *Germania*.

971 *Ostendorf/Grün*, WuW 2008, S. 950, 960.

972 *Ostendorf/Grün*, WuW 2008, S. 950, 960 f.

aus der die herrschende Meinung im deutschen Recht das Konzernprivileg bei § 19 Abs. 2 Nr. 1 GWB herleitet. Demnach sind Unternehmen, die mit dem Normadressaten zu einer wirtschaftlichen Einheit verbunden sind, keine gleichartigen Unternehmen, weshalb ihre Bevorzugung keine Diskriminierung darstellt (vgl. oben **§ 5 B.I.1.b)aa)**). Die Begründung des Konzernprivilegs im Rahmen des deutschen Diskriminierungstatbestands erfolgt mithin nach dieser Theorie aus dem Unternehmensbegriff. Das Tatbestandsmerkmal eines gleichartigen Unternehmens setzt das EU-rechtliche Diskriminierungsverbot in der Tat nicht voraus. Die Autoren übersehen jedoch, dass sich auch das europäische Konzernprivileg aus dem Unternehmensbegriff herleiten lässt. Wie unter **§ 3 A.** gezeigt, gehen der EuGH und eine starke Literaturmeinung davon aus, dass die wirtschaftliche Einheit als ein Unternehmen zu betrachten ist und die einzelnen Konzerngesellschaften daher keine Einzelunternehmen sind, zwischen denen es Absprachen im Sinne des Art. 101 AEUV geben kann. Selbst wenn man dieser Herleitung aus dem Unternehmensbegriff im Ergebnis nicht folgt, ist zu konstatieren, dass diese aus dem Tatbestand des Kartellverbots stammende Argumentation ebenso für das Missbrauchsverbot gelten muss. Folgt man diesem Verständnis des Unternehmensbegriffs, muss konsequenterweise auch im Rahmen des Art. 102 AEUV das Vorliegen einer wirtschaftlichen Einheit zur Anwendung des Konzernprivilegs führen, da die konzernverbundene Einheit mangels Unternehmensqualität kein „Handelspartner“ sein kann.[973]

Auch das zweite Argument von *Ostendorf/Grün* kann nicht überzeugen. Sofern man die Diskriminierung nach Art. 102 Abs. 2 c) AEUV tatsächlich als „einseitigen“ Tatbestand betrachten möchte, so ist es nicht zutreffend, dass diese Einseitigkeit zum Ausschluss des Konzernprivilegs führt. Das Konzernprivileg rechtfertigt sich aus der Tatsache, dass zwischen dem marktbeherrschenden Unternehmen und einer mit ihm verbundenen Einheit – sei sie nun als Unternehmen zu bezeichnen oder auch nicht – eine wirtschaftliche Einheit besteht. Sofern man – wie der EuGH und auch die beiden Autoren – daraus folgert, dass die wirtschaftliche Einheit ein einziges Unternehmen im Sinne des EU-Kartellrechts ist, so kann die Ungleichbehandlung eines externen Unternehmens gegenüber einer konzernverbundenen Gesellschaft keine Diskriminierung von Handelspartnern darstellen, weil die konzernverbundene Gesellschaft mangels Unternehmensqualität gerade kein Handelspartner ist. Will man hingegen das Konzernprivileg bei der Wettbewerbsbeschränkung anknüpfen, kommt man zum selben

973 Zur Anknüpfung des Konzernprivilegs im Rahmen des Art. 102 AEUV sogleich unter **C.**

Ergebnis, weil es – wie *Ostendorf/Grün* richtigerweise feststellen – durch eine konzerninterne Besserstellung zwar zu Wettbewerbsbeschränkungen im Außenverhältnis „kommen kann", jedoch keinesfalls muss. Denn nicht jede durch konzerninternes Verhalten bewirkte Außenwirkung stellt eine missbräuchliche Verfälschung des freien Wettbewerbs dar. Denjenigen Fällen, bei denen die negativen Wettbewerbswirkungen der fraglichen Maßnahme überwiegen und die Anwendung des Konzernprivilegs daher nicht vertretbar ist, können im Rahmen einer stets vorzunehmenden Interessenabwägung begegnet werden, führen jedoch nicht zum *a priori* Ausschluss des Konzernprivilegs bei Art. 102 AEUV, wie sie von *Ostendorf/Grün* vertreten wird. Die von ihnen vorgebrachten Einwände sollten daher erst bei der Prüfung der Ausnahmen vom grundsätzlich gültigen Konzernprivileg thematisiert werden.[974]

Der Aussage, Art. 102 Abs. 2 c) AEUV liefe bei der Bejahung des Konzernprivilegs leer, weil die Bevorzugung konzernverbundener Gesellschaften gerade der Hauptanwendungsfall der Norm sei, kann ebenfalls nicht zugestimmt werden. Zum einen sind durchaus Fälle möglich, in denen die Diskriminierung ohne Einbeziehung eines vertikal integrierten Unternehmens sondern gegenüber verschiedenen externen Handelspartnern erfolgt. Ein solches Verhalten kann aus Sicht des Marktbeherrschers vielfältige wirtschaftliche Gründe haben. Zudem werden Praktiken eines marktbeherrschenden Unternehmens, die zugleich einen anderen Missbrauchstatbestand, wie etwa Kampfpreisunterbietung erfüllen, ohnehin von der Norm erfasst, so dass keine ungewollte Schutzlücke entsteht.[975]

Die von *Ostendorf/Grün* vorgebrachten Einwände greifen daher nicht durch. Einer Anwendung des Konzernprivilegs auf das Diskriminierungsverbot des Art. 102 Abs. 2 c) AEUV steht weder der Wortlaut, noch der Sinn und Zweck der Norm entgegen. Im Gegenteil widerspricht die Nichtberücksichtigung des Konzernprivilegs den vom EuGH im Rahmen des Kartellverbots aufgestellten Grundsätzen, wonach das Vorliegen einer wirtschaftlichen Einheit dazu führt, dass konzerninterne Verhaltensweisen nicht dem kartellrechtlichen Sanktionssystem unterworfen sind. Das vom EuGH stets propagierte einheitliche Schutzziel der Art. 101 und 102 AEUV und ein für das gesamte EU-Kartellrecht gültiger Unternehmensbegriff gebieten, dass das Vorliegen einer wirtschaftlichen Einheit auch im Kontext des Missbrauchsverbots zu einer Privilegierung bestimmter Verhaltensweisen führen muss.

---

974 Siehe zu den Grenzen des Konzernprivilegs die Ausführungen unter **D**.

975 *Henk-Merten*, Die Kosten-Preis-Schere im Kartellrecht, S. 95; *Petzold*, Die Kosten-Preis-Schere im EU-Kartellrecht, S. 165 f.

Nichtsdestotrotz hat auch bei einer Bejahung der Anwendbarkeit des Konzernprivilegs auf Art. 102 Abs. 2 c) AEUV eine Einzelfallbetrachtung stattzufinden. Die von *Ostendorf/Grün* vorgeschlagenen Kriterien sind relevant für die Frage, ob möglicherweise eine Ausnahme von der grundsätzlichen Gültigkeit des Konzernprivilegs zu machen ist. Es ist zu prüfen, ob besondere Umstände dazu führen, dass die Interessen des marktbeherrschenden Unternehmens an der Ausübung seiner unternehmerischen und wettbewerblichen Freiheit hinter den Interessen des von der Diskriminierung betroffenen Unternehmens und dem öffentlichen Interesse an einem freiheitlichen und unverfälschten Wettbewerb zurückzustehen haben. So kann in der Tat etwa eine Monopolstellung des Normadressaten, verbunden mit einer unbedingten Abhängigkeit des diskriminierten Unternehmens dazu führen, dass das Konzernprivileg ausnahmsweise keine Anwendung findet. Derartige Umstände sollen nach dem hier vertretenen Konzept unter dem Begriff „Grenzen des Konzernprivilegs" adressiert werden (vgl. unten **D.**). Der grundsätzlichen Anwendbarkeit des Konzernprivilegs im Rahmen des Art. 102 AEUV stehen sie jedoch nicht entgegen.

c) Zwischenfazit

Die Besserstellung konzernverbundener gegenüber außenstehenden Unternehmen ist der klassische Anwendungsbereich des Konzernprivilegs. Sofern zwischen diskriminierender Mutter- und bevorzugter Tochtergesellschaft eine wirtschaftliche Einheit besteht ist das Verhalten nicht als missbräuchlich im Sinne des Art. 102 Abs. 2 c) AEUV einzustufen. Dagegen spricht weder der Wortlautvergleich mit dem deutschen Recht, noch die Einstufung des Art. 102 AEUV als „einseitiger Tatbestand".

2. Geschäftsverweigerung

Bei der Frage, ob das Konzernprivileg im Fall von (diskriminierenden) Geschäftsverweigerungen Anwendung finden kann, ist zwischen den unterschiedlichen Arten der Geschäftsverweigerung zu differenzieren.

a) Verweigerung der Geschäftsaufnahme

Für die Fälle einer (einfachen) Weigerung der Aufnahme von Geschäftsbeziehungen ist das Konzernprivileg – bei Vorliegen der entsprechenden Voraussetzungen – unproblematisch anwendbar, denn auch einem marktbeherrschenden Unternehmen steht es grundsätzlich frei, seinen Geschäftsbetrieb so zu organisieren, wie es ihm wirtschaftlich sinnvoll erscheint. Ein Hersteller eines Produkts kann so etwa entscheiden, dieses Produkt ausschließlich im Eigenvertrieb über eigene Tochtergesellschaften zu vermarkten und gegenüber anderen Händlern die Belieferung zu verweigern. Sofern es sich bei dem relevanten Produkt nicht um eine *essential facility* handelt,[976] sondern alternative Bezugs- bzw. Zugangsquellen bestehen oder gegebenenfalls auch eine Eigenproduktion durch das benachteiligte Unternehmen in Betracht kommt, kann ein marktbeherrschendes Unternehmen grundsätzlich nicht verpflichtet werden, jeden Handelspartner zu beliefern. Die unternehmerische Freiheit, selbst über das Ob und Wie der wirtschaftlichen Beziehungen entscheiden zu dürfen, genießt hier den Vorrang vor dem Gleichstellungsinteresse des betroffenen Unternehmens.

b) Abbruch von Geschäftsbeziehungen

Der Abbruch einer zuvor bestehenden Lieferbeziehung zugunsten konzernverbundener Unternehmen hat unter Umständen eine deutlich größere wirtschaftliche Bedeutung für das betroffene Unternehmen. Dies ist etwa der Fall, wenn die Produkte, deren Lieferung das marktbeherrschende Unternehmen nunmehr verweigert, einen wesentlichen Teil des Geschäfts ausgemacht haben. Durch die vorherige Belieferung hat das marktbeherrschende Unternehmen einen Vertrauenstatbestand begründet. Auf dieser Basis hat das betroffene Unternehmen möglicherweise sein eigenes Marktverhalten auf die Belieferung bzw. Abnahme des Marktbeherrschers abgestimmt, so dass ein Wegfall dieser Geschäftsbeziehung eine Neuausrichtung der Unternehmensstrategie erfordern kann.

Dennoch kann auch hier das Konzernprivileg Anwendung finden, denn die Entscheidung des Marktbeherrschers zur Umstellung des eigenen Geschäftsbetriebs zugunsten des Konzernwohls ist grundsätzlich von der unternehmerischen Freiheit gedeckt. Je nach Intensität der Abhängigkeit des betroffenen Unternehmens von der Geschäftsbeziehung können allerdings Einschränkungen gelten. Ein abrupter Abbruch der Geschäftsbeziehung ist, außer bei gewichtigen Gründen in der Person des diskriminierten Unternehmens (z.B. Nichterfüllung von Vertragspflichten, Verstoß gegen Treu und Glauben), wohl nicht gerechtfertigt. Dem betroffenen Unternehmen muss der Abbruch rechtzeitig bekannt gegeben und ihm eine Umstellungsfrist eingeräumt werden, um ihm die Gelegenheit zu geben, sich neue Geschäftspartner zu suchen. Die angemessene Länge dieser Frist ist in Abhängigkeit von den jeweiligen Marktgegebenheiten und der Art des Produkts zu bestimmen. Unter Umständen kann auch eine schrittweise Einstellung der Belieferung angezeigt sein.

---

976 Dazu sogleich unter **c**).

c) *Essential facilities*

Bei einer Zugangsverweigerung zu *essential facilities* ist die Anwendung eines Konzernprivilegs hingegen abzulehnen. Sofern es sich tatsächlich um eine wesentliche Einrichtung handelt, ohne deren Nutzung eine Marktaktivität des zugangsbegehrenden Wettbewerbers nicht möglich ist, kann eine konzerninterne Privilegierung nicht gerechtfertigt werden.

Bereits bei der Betrachtung des § 19 Abs. 2 Nr. 4 GWB, der im deutschen Recht die Zugangsverweigerung zu wesentlichen Einrichtungen als eigenes Regelbeispiel des Missbrauchsverbots normiert, wurde untersucht, ob der Aspekt der wirtschaftlichen Unzumutbarkeit einer Marktöffnung für Wettbewerber als Anknüpfungspunkt für das Konzernprivileg dienen kann.[977] Dies wurde mit der Begründung verneint, dass die Anwendung eines Konzernprivilegs dem Schutzzweck der Regelung diametral entgegensteht. Sinn und Zweck der *essential facilities*-Doktrin ist es gerade, die Öffnung von ehemaligen Monopolmärkten zu erreichen und eine Entstehung von Wettbewerb überhaupt erst zu ermöglichen. Der BGH lässt daher zu Recht das Kernargument für das Konzernprivileg, kein Unternehmen sei verpflichtet fremden Wettbewerb zu fördern, im Rahmen von wesentlichen Einrichtungen nicht gelten.[978]

Eine wesentliche Einrichtung im Sinne der *essential facilities*-Doktrin liegt eben nur dann vor, wenn alternative Marktzugangsoptionen nicht existieren. In einer solchen Situation ist es nicht vertretbar, den mit dem die Einrichtung beherrschenden Unternehmen konzernverbundenen Unternehmen ein Zugangsprivileg gegenüber externen Unternehmen einzuräumen, wodurch Wettbewerb *a priori* verhindert wird. Das Konzernprivileg kann daher im Fall von *essential facilities* keine Anwendung finden.

d) Lizenzverweigerung

Auch die Lizenzverweigerung als Unterfall der Geschäftsverweigerung ist gesondert zu betrachten. Hier ist die Anwendung des Konzernprivilegs grundsätzlich denkbar, falls realistische und zumutbare Alternativen oder Selbstentwicklungspotenzial bestehen. Sofern sich die fragliche Technologie oder Information jedoch als *essential facility* und mithin als absolutes Marktzugangshindernis darstellt, ist eine Privilegierung zugunsten konzernverbundener Unternehmen abzulehnen. Damit scheidet das Konzernprivileg im Fall von standardessentiellen

977 Siehe oben **§ 5 B.II.2.**

978 BGH, Urteil v. 28. Juni 2006, WuW/E DE-R 1520, 1527 – *Arealnetz.*

Patenten aus, da diese, wie oben dargestellt,[979] anerkanntermaßen unumgänglich sind, wenn Wettbewerber auf den relevanten Technologiemärkten aktiv werden wollen. Eine Bereitstellung muss allerdings nur erfolgen, sofern die FRAND-Bedingungen erfüllt sind, das heißt wenn der potentielle Lizenznehmer bereit ist, eine Lizenz zu fairen, zumutbaren und nichtdiskriminierenden Bedingungen zu erwerben, insbesondere ein angemessenes Entgelt zu zahlen. Ansonsten kann der Patentinhaber die Lizenz verweigern, was jedoch keinen Fall des Konzernprivilegs darstellt.

e) Zwischenfazit

Im Rahmen von Geschäftsverweigerungen, welche zugunsten von konzernverbundenen Unternehmen stattfinden, kann das Konzernprivileg in begrenztem Maß Anwendung finden. Dies ist insbesondere der Fall, wenn es sich um eine *a priori* Geschäftsverweigerung handelt, da auch marktbeherrschende Unternehmen frei in ihrer Entscheidung sind, mit welchen Unternehmen sie eine geschäftliche Beziehung eingehen möchten.

Im Fall eines Abbruchs einer bestehenden Geschäftsverbindung ist das Konzernprivileg grundsätzlich ebenfalls anwendbar. Allerdings bedarf es hier aufgrund der gewachsenen Vertrauensbeziehung einer Interessenabwägung und gegebenenfalls einer schrittweisen Reduzierung der Belieferung.

Bei Leistungen, die als *essential facilities* einzustufen sind, einschließlich standardessentielle Patente, kommt die Anwendung des Konzernprivilegs hingegen nicht in Betracht, da der Marktöffnungsgedanke in diesen Fällen im Vordergrund steht.

IV. Zusammenfassung zum tatbestandlichen Anwendungsbereich des Konzernprivilegs in Art. 102 AEUV

Nach dem Gesagten lässt sich festhalten, dass das Konzernprivileg grundsätzlich auch im Rahmen des Missbrauchsverbots Gültigkeit besitzt. Wie auch im deutschen Recht ist der wichtigste Anwendungsfall das Verbot der Diskriminierung, welches Art. 102 Abs. 2 c) AEUV als Regelbeispiel für den Behinderungsmissbrauch aufführt. Zusätzlich bietet auch das von der Generalklausel des Art. 102 Abs. 1 AEUV erfasste Verbot der ungerechtfertigten Lieferverweigerung Raum für die Anwendung des Konzernprivilegs, wenn etwa die Belieferung externer Vertriebspartner zugunsten eines konzerninternen Vertriebssystems eingestellt wird. Keinen Raum für das Konzernprivileg bieten hingegen

979 Siehe oben **§ 4 C.III.1.b)bb)(4)(b)**.

Fallkonstellationen, in denen ein marktbeherrschendes Konzernunternehmen über eine wesentliche Einrichtung im Sinne der *essential facilities*-Doktrin, sei es in Form von physischen Anlagen oder technischen Informationen, verfügt und potentiellen Wettbewerbern den Zugang verweigert. Aufgrund der Sondersituation der Nichtduplizierbarkeit dieser Einrichtung sind externe Unternehmen auf deren Mitbenutzung angewiesen, wenn sie in einem abgeleiteten Markt aktiv werden wollen. Die auf Marktöffnung gerichtete Zielsetzung des *essential facility*-Prinzips widerspricht der Anwendung des Konzernprivilegs.

Neben dem in der Praxis wohl relevantesten Fall der Diskriminierung und Nichtbelieferung von externen Unternehmen fällt auch die nachteilige Behandlung von konzernzugehörigen Gesellschaften unter das Konzernprivileg. Es bleibt einer Konzernmutter – jedenfalls kartellrechtlich – unbenommen, eine oder mehrere ihrer Tochtergesellschaften zum Wohl des Konzerns nachteilig zu behandeln. Dies ist von der grundrechtlich abgesicherten unternehmerischen Freiheit der Muttergesellschaft gedeckt und kann allenfalls konzernrechtlich beanstandet werden.

C. Anknüpfungspunkte für das Konzernprivileg

Der tatbestandliche Anwendungsbereich für das Konzernprivileg im Rahmen des Missbrauchsverbots wurde unter **B.** identifiziert. Im folgenden Abschnitt soll untersucht werden, wie sich die unter **§ 3** dargestellten unterschiedlichen Theorien zur Herleitung des Konzernprivilegs im Rahmen von Art. 101 AEUV auf das Missbrauchsverbot übertragen lassen. Dabei geht darum, ob die oben gefundenen Anknüpfungspunkte für das Konzernprivileg auch bei Art. 102 AEUV zur Anwendung gebracht werden können.

Von den bisher vertretenen Meinungen lassen sich im Wesentlichen zwei ernstzunehmende Argumentationslinien unterscheiden: Die Begründung des Konzernprivilegs erfolgt entweder aus dem Unternehmensbegriff (Theorie 1) oder aus dem Tatbestandsmerkmal der Wettbewerbsbeschränkung (Theorie 2). Dabei wurde die letztgenannte, von bedeutenden Literaturstimmen vertretene Ansicht als überzeugender angesehen. Allerdings hat die aus dem Unternehmensbegriff hergeleitete Theorie durch die Rechtsprechung des EuGH zum Begriff der wirtschaftlichen Einheit an Bedeutung gewonnen, so dass auch sie als möglicher Anknüpfungspunkt für das Konzernprivileg im Rahmen des Art. 102 AEUV untersucht werden soll. Eine weitere Ansicht, die das Konzernprivileg aus dem Tatbestandsmerkmal der Absprache herleiten will, wird nur von einer Mindermeinung vertreten und wurde oben bereits abgelehnt, weshalb sie an dieser Stelle keine Berücksichtigung finden soll.

Als Theorie 3 lässt sich die oben entwickelte Idee bezeichnen, das Konzernprivileg aus dem Schutzgut des unverfälschten Wettbewerbs herzuleiten. Sie stützt sich auf das Verständnis, dass konzerninternes Handeln von der unternehmerischen Freiheit gedeckt ist und interne Maßnahmen grundsätzlich nicht geeignet sind, den schützenswerten Außenwettbewerb in der Europäischen Union zu beeinträchtigen.

Im Folgenden sollen alle drei Theorien auf die relevanten Fälle des Missbrauchsverbots übertragen werden, um auf Basis der bis hier gefundenen Erkenntnisse zu untersuchen, ob das Konzernprivileg im Rahmen des Art. 102 AEUV Anwendung findet. Es wird sich zeigen, dass dies nach allen drei Theorien zu bejahen ist.

I. Anknüpfung beim Unternehmensbegriff

Die Vertreter der „unternehmensbezogenen" Herleitung des Konzernprivilegs erklären das Konzernprivileg mit dem Fehlen einer Wettbewerbsbeschränkung „zwischen Unternehmen".[980] Diese Ansicht wird durch die Rechtsprechung des EuGH gestützt, der eine wirtschaftliche Einheit zwischen einer Mutter- und einer oder mehrerer Tochtergesellschaften als ein Unternehmen im Sinne des europäischen Kartellrechts betrachtet.[981] Ausgehend von einem einheitlichen Unternehmensbegriff im europäischen Kartellrecht, müsste sich die Herleitung des Konzernprivilegs aus dem Unternehmensbegriff auf das Missbrauchsverbot übertragen lassen. Auch im deutschen Recht findet sich mit dem Begriff „gleichartiges Unternehmen" eine entsprechende Anknüpfung für das Konzernprivileg.

---

980 *Bechtold/Bosch/Brinker*, EU-Kartellrecht, Art. 101 AEUV Rn. 58 f.; *Gippini-Fournier/Mojzesowicz* in: Loewenheim/Meessen/Riesenkampff, Art. 81 EG Rn. 54; *Harms* in: FS Hartmann, S. 165, 178; *Hengst* in: Langen/Bunte, Europäisches Kartellrecht, Art. 101 AEUV Rn. 34, 58; *Kersting*, Der Konzern 2011, S. 445, 448; *Kling*, ZWeR 2011, S. 169, 172; *Menz*, Wirtschaftliche Einheit und Kartellverbot, S. 111; *Mestmäcker/Schweitzer*, Europäisches Wettbewerbsrecht, § 9 Rn. 14 f.; *Potrafke*, Kartellrechtswidrigkeit konzerninterner Vereinbarungen, S. 178; *Thomas*, ZWeR 2005, S. 236, 242.

981 EuGH, Urteil v. 20. Januar 2011, Rs. C-90/09, ECLI:EU:C:2011:21 Rn. 34 – *General Química*; EuGH, Urteil v. 29. März 2011, verb. Rs. C-201/09 & C-216/09, ECLI:EU:C:2011:190 Rn. 101 – *Arcelor Mittal*; EuGH, Urteil v. 29. September 2011, Rs. C-520/09, ECLI:EU:C:2011:619 Rn. 39 – *Arkema*; EuGH, Urteil v. 29. September 2011, Rs. C-521/09, ECLI:EU:C:2011:620 Rn. 55 – *Elf Aquitaine*; EuGH, Urteil v. 19. Juli 2012, verb. Rs. 628/10 & 14/11 P, ECLI:EU:C:2012:479 Rn. 44 – *Alliance One*; EuGH, Urteil v. 11. Juli 2013, Rs. C-440/11 P, ECLI:EU:C:2013:514 Rn. 39 – *Gosselin*; EuGH, Urteil v. 26. September 2013, Rs. C-179/12 P, ECLI:EU:C:2013:605 Rn. 59 – *Dow Chemical Company*.

Es ist zu prüfen, ob die unternehmensbezogene Herleitung des Konzernprivilegs in den unter **B.II.** und **III.** identifizierten Anwendungsbereichen umsetzbar ist.

1. Ungleichbehandlung von konzernzugehörigen und externen Unternehmen

Als Hauptanwendungsfall des Konzernprivilegs im Rahmen des Art. 102 AEUV wurde das in Abs. 2 c) verankerte Verbot der ungerechtfertigten Diskriminierung von Handelspartnern identifiziert. Der Wortlaut ist nicht identisch mit dem deutschen Diskriminierungsverbot in § 19 Abs. 2 Nr. 1 GWB. Während dort der Missbrauch durch die ungerechtfertigte Ungleichbehandlung von „gleichartigen Unternehmen“ verwirklicht wird, spricht Art. 102 Abs. 2 c) AEUV von „der Anwendung unterschiedlicher Bedingungen bei gleichwertigen Leistungen gegenüber Handelspartnern“.

Im deutschen Recht leitet die herrschende Meinung das Konzernprivileg aus dem Begriff des „gleichartigen Unternehmens“ ab.[982] Demnach sind konzernverbundene Unternehmen aufgrund ihrer wirtschaftlichen Einheit mit der Muttergesellschaft keine gleichartigen Unternehmen, weshalb eine Diskriminierung externer Unternehmen zu ihren Gunsten keinen Missbrauch im Sinne der Norm darstellt.[983]

Wenngleich es dem EU-rechtlichen Diskriminierungstatbestand an der Formulierung „gleichartiges Unternehmen“ fehlt, bietet auch dieser Raum für eine unternehmensbezogene Anknüpfung des Konzernprivilegs. Denkbar wäre es, das Konzernprivileg am Tatbestandsmerkmal des „Handelspartners“ festzumachen. In der Literatur wird zum Teil bestritten, dass auch konzernverbundene Unternehmen „Handelspartner“ im Sinne des Art. 102 Abs. 2 c) AEUV sein können.[984] Wäre dies der Fall, dann könnte die Bevorzugung eines vertikal integrierten Unternehmens gegenüber einem externen Unternehmen durch einen mit ihm zu einer wirtschaftlichen Einheit verbundenen Marktbeherrscher nicht den Tatbestand der Diskriminierung von Handelspartnern erfüllen.

---

982 Siehe zur BGH-Rspr. nur BGH, Urteil v. 26. Oktober 1972, WuW/E BGH 1238, 1242 – *Registrierkassen*; BGH, Urteil v. 29. Juni 1982, WuW/E DE-R 1947, 1949 – *Stuttgarter Wochenblatt*; BGH, Urteil v. 31. Januar 2012, WuW/E DE-R 3549 Rn. 14- *Werbeanzeigen*; aus der Lehre *Bechtold*, GWB, § 19 Rn. 37; *Loewenheim* in: Loewenheim/Meessen/Riesenkampff, § 20 Rn. 62; *Markert* in: Immenga/Mestmäcker, GWB, § 19 Rn. 121; ausführlich *Nothdurft* in: Langen/Bunte, § 19 Rn. 210 f.

983 Vgl. oben § **5B.I.1.b)aa)**.

984 Zum Streit *Petzold*, Die Kosten-Preis-Schere in EU-Kartellrecht, S. 163 ff.

Die Ablehnung der Handelspartnereigenschaft bei vertikal integrierten Unternehmen hängt mit dem Verständnis des Unternehmensbegriffs und der wirtschaftlichen Einheit zusammen. Denn Handelspartner können nach herrschender Meinung nur Unternehmen sein, die mit potentiell diskriminierenden Unternehmen in geschäftlichem Kontakt stehen und auf einer vor- oder nachgelagerten Marktstufe tätig sind.[985] Sofern man die wirtschaftliche Selbständigkeit als konstitutiv für die Unternehmenseigenschaft ansieht, wird man bei abhängigen Gesellschaften, die innerhalb eines Konzernverbunds mit dem sie beherrschenden Unternehmen eine wirtschaftliche Einheit bilden, die Unternehmensqualität verneinen und stattdessen die gesamte wirtschaftliche Einheit als Unternehmen ansehen.[986] Mangels Unternehmenseigenschaft ist die bevorzugte Konzerngesellschaft dann kein Handelspartner im Sinne der Norm.

Nach dieser Ansicht folgt das Konzernprivileg mithin aus der fehlenden „Handelspartner"-Eigenschaft der mit dem Marktbeherrscher zu einer wirtschaftlichen Einheit verbundenen Tochtergesellschaft, weshalb ihre Besserstellung gegenüber externen Unternehmen keine Diskriminierung im Sinne des Art. 102 Abs. 2 c) AEUV darstellt.[987] Dies entspricht der in Bezug auf den deutschen Diskriminierungstatbestand vertretenen Ansicht, die es ablehnt, Konzerngesellschaften als „gleichartige Unternehmen" anzuerkennen und zugleich der Argumentation, der sich die Rechtsprechung zur Begründung des Konzernprivilegs im Rahmen des Art. 101 AEUV bedient. Umso verwunderlicher ist es, dass sie in Fällen des Art. 102 Abs. 2 c) AEUV bislang davon absieht, eine Privilegierung von konzerninternen Verhaltensweisen zu prüfen. Schließlich ist der Anknüpfungspunkt der fehlenden Unternehmensqualität abhängiger Gesellschaften in beiden Fällen derselbe.

---

985 *Bulst* in: Langen/Bunte, Europäisches Kartellrecht, Art. 102 AEUV Rn. 208; *Fuchs/Möschel* in: Immenga/Mestmäcker, EU-Wettbewerbsrecht, Art. 102 AEUV Rn. 377; *Schröter/Bartl* in: Schröter/Jakob/Klotz/Mederer, Europäisches Wettbewerbsrecht, Art. 102 AEUV Rn. 242.

986 Vgl. dazu oben **§ 2 A.III.2.B.**; EuGH, Urteil v. 28. Juni 2005, Slg. 2005 I-5425 Rn. 112 f. – *Dansk Rørindustri*; EuGH, Urteil v. 10. September 2009, Slg. 2009 I-8237 Rn. 59 – *Akzo Nobel*; *Bechtold/Bosch/Brinker*, EU-Kartellrecht, Art. 101 AEUV Rn. 58 f.; *Bunte* in: Langen/Bunte, Europäisches Kartellrecht, Art. 81 EG Rn. 11; *Gippini-Fournier/Mojzesowicz* in: Loewenheim/Meessen/Riesenkampff, Art. 81 EG Rn. 54; *Kersting*, Der Konzern 2011, S. 445, 448; *Menz*, Wirtschaftliche Einheit und Kartellverbot, S. 111; *Mestmäcker/Schweitzer*, Europäisches Wettbewerbsrecht, § 9 Rn. 14 f.

987 *Petzold*, Die Kosten-Preis-Schere im EU-Kartellrecht, S. 165

Dies gilt auch für die oben noch gesondert behandelten Fälle einer Geschäftsverweigerung gegenüber konzernexternen Unternehmen zugunsten der eigenen Tochtergesellschaften.

2. *Schädliche Verhaltensweisen im Konzernbinnenbereich*

Auch im Fall konzerninterner Verhaltensweisen, die *prima facie* den Missbrauchstatbestand verwirklichen würden, führt die konsequente Anwendung des von der Rechtsprechung und Teilen der Literatur vertretenen Begriffs der wirtschaftlichen Einheit als „einem Unternehmen im Sinne des europäischen Kartellrechts" zum Eingreifen des Konzernprivilegs.

Die Anwendung des Art. 102 AEUV setzt notwendigerweise voraus, dass ein marktbeherrschendes Unternehmen gegenüber einem anderen Unternehmen missbräuchliche Verhaltensweisen an den Tag legt. Stellt jedoch die mit dem Marktbeherrscher zu einer wirtschaftlichen Einheit verbundene Gesellschaft kein Unternehmen dar, weil vielmehr die wirtschaftliche Einheit in ihrer Gesamtheit Unternehmensqualität besitzt, so kann ein missbräuchliches Verhalten nicht verwirklicht werden. Es handelt sich in diesem Fall um einen rein unternehmensinternen Vorgang, der vom Verbot des Art. 102 AEUV nicht erfasst ist. Denn wenngleich Art. 102 AEUV als „einseitiger" Tatbestand gilt, mithin ein Zusammenwirken mit anderen Unternehmen im Gegensatz zu Art. 101 AEUV nicht vorausgesetzt wird, bedeutet dies nicht, dass sich das Handeln des Normadressaten losgelöst von anderen Unternehmen vollzieht. Bereits unter **§ 4 A.** wurde darauf hingewiesen, dass missbräuchliches Handeln stets eine Beeinträchtigung des „Handels zwischen den Mitgliedstaaten" und damit des Wettbewerbs voraussetzt. Die Beeinträchtigung des Wettbewerbs bedeutet dabei nichts anderes als die Beeinträchtigung anderer Marktteilnehmer – sprich: Unternehmen – durch das einseitige Verhalten des marktbeherrschenden Unternehmens. Die (einseitige) Geschäftsverweigerung oder sonstige benachteiligende Verhaltensweise eines marktbeherrschenden Unternehmens ist mithin nur dann als missbräuchlich einzustufen, wenn sie die wettbewerbliche Freiheit anderer Unternehmen mindert. Um ein anderes Unternehmen handelt es sich bei konzernverbundenen Gesellschaften jedoch nicht, sofern man der Ansicht folgt, dass die wirtschaftliche Einheit insgesamt ein Unternehmen im kartellrechtlichen Sinne darstellt. Maßnahmen gegenüber dieser Konzerngesellschaft können daher nicht den Tatbestand eines Missbrauchs im Sinne des Art. 102 AEUV verwirklichen.

3. *Zwischenfazit*

Unter **§ 3 A.** wurde dargestellt, dass die Rechtsprechung, die Kommissionspraxis und ein Teil der Literatur das Konzernprivileg im Rahmen des Kartellverbots aus dem Unternehmensbegriff herleiten. Die aufgrund der wirtschaftlichen Einheit mangelnde wirtschaftliche Autonomie der beherrschten Unternehmen führt dazu, dass es nicht zu Absprachen oder Vereinbarungen „zwischen Unternehmen" im Sinne des Art. 101 Abs. 1 AEUV kommt. Vielmehr soll demnach die wirtschaftliche Einheit in ihrer Gesamtheit ein Unternehmen im kartellrechtlichen Sinne sein.

Diese Überlegungen lassen sich auch auf Art. 102 AEUV übertragen. Das beschriebene Verständnis der wirtschaftlichen Einheit als einem einzigen Unternehmen führt auch hier zum Eingreifen des Konzernprivilegs. Denn verneint man die eigenständige Unternehmensqualität des beherrschten Unternehmens, so fehlt es für die Verwirklichung des Diskriminierungstatbestands (Art. 102 Abs. 2 c) an einer Ungleichbehandlung von Handelspartnern, weil Handelspartner stets Unternehmen sein müssen.

Auch die Fallgruppe des potentiell missbräuchlichen Verhaltens gegenüber konzernzugehörigen Gesellschaften erfüllt nach dieser Theorie nicht den Tatbestand des Art. 102 AEUV. Da die wirtschaftliche Einheit als ein einziges Unternehmen angesehen wird, handelt es sich um unternehmensinterne Verhaltensweisen ohne Beeinträchtigung des Wettbewerbsgeschehens am Markt. Folglich lässt sich das Konzernprivileg auch im Rahmen des Art. 102 AEUV aus dem Unternehmensbegriff herleiten.

II. Anknüpfung beim Tatbestandsmerkmal der Wettbewerbsbeschränkung

Eine starke Literaturmeinung leitet das Konzernprivileg im Rahmen des Art. 101 AEUV aus dem Fehlen einer Wettbewerbsbeschränkung her. Begründet wird dies mit dem Mangel an Entscheidungsautonomie innerhalb einer wirtschaftlichen Einheit. Einer durch das marktbeherrschende Unternehmen kontrollierten Tochtergesellschaft fehle es an dem für eine Absprache notwendigen „beschränkbaren Freiraum für selbständige wirtschaftliche Entscheidungen und Handlungen".[988] Aus diesem Grund könne es zu einer Wettbewerbsbeschränkung im Sinne der Norm nicht kommen.

---

988 *Schröter/Voet van Vormizeele* in: von der Groeben/Schwarze, Art. 101 AEUV Rn. 100; *Schröter/ Voet van Vormizeele* in: Schröter/Jakob/Klotz/Mederer, Europäisches

Das dem Kartellverbot des Art. 101 AEUV immanente Tatbestandsmerkmal einer bezweckten oder bewirkten Wettbewerbsbeschränkung, findet sich in Art. 102 AEUV nicht. Der Wortlaut des Missbrauchstatbestands setzt eine solche subjektive Ziel- oder Zweckrichtung nicht ausdrücklich voraus, weshalb Art. 102 AEUV als objektiver Tatbestand angesehen wird.[989] Nichtsdestotrotz ergibt sich aus der Rechtsprechung des EuGH, dass die Finalität und die zugrundeliegende Intension sehr wohl ausschlaggebend für die Beurteilung eines Verhaltens sein können. Wie oben dargestellt,[990] hat der Gerichtshof wiederholt – insbesondere in Bezug auf Preismissbräuche und Diskriminierungen – festgestellt, eine Maßnahme sei nur dann als missbräuchlich einzustufen, wenn sie darauf abziele, die Wettbewerbsbeziehung zwischen den Handelspartnern des Marktbeherrschers zu verfälschen.[991] Nach dem EuGH muss zwar nicht der Nachweis einer „wettbewerbswidrigen Absicht" erbracht werden, wohl jedoch sei zur Beantwortung der Frage, ob ein Unternehmen seine marktbeherrschende Stellung missbraucht habe, zwangläufig eine Beurteilung seiner Geschäftsstrategie erforderlich, wozu auch subjektive Faktoren zählten.[992] Das fragliche Verhalten muss demnach einerseits geeignet sein, eine wettbewerbsschädigende Wirkung zu entfalten und zudem Teil einer auf die Beschränkung des Wettbewerbs gerichteten Zielsetzung des Normadressaten sein.

Aus diesem von der Rechtsprechung aufgestellten und von Teilen der Literatur befürworteten Tatbestandsmerkmal lässt sich das Konzernprivileg im Rahmen des Art. 102 AEUV herleiten. Eine missbräuchliche Ausnutzung einer

---

Wettbewerbsrecht, Art. 101 AEUV Rn. 100; so auch *Fleischer*, AG 1997, S. 491, 495; *Gleiss/Hirsch*, Kommentar zum EG-Kartellrecht, Art. 85 Abs. 1 EG Rn. 194; *Schroeder*, WuW 1988, S. 274, 277.

989 EuGH, Urteil v. 13. Februar 1979, Rs. 85/76, ECLI:EU:C:1979:36 Rn. 91 – *Hoffmann-La Roche*; EuGH, Urteil v. 28. September 2006, Rs. C-552/03 P, ECLI:EU:C:2006:607 Rn. 129 – *Unilever Bestfoods*; *Bulst* in: Langen/Bunte, Europäisches Kartellrecht, Art. 102 AEUV Rn. 114; *de Bronett* in: Wiedemann, Handbuch des Kartellrechts, § 22 Rn. 42; *Fuchs/Möschel* in: Immenga/Mestmäcker, EU-Wettbewerbsrecht, Art. 102 AEUV Rn. 149 m.w.N.

990 Siehe oben **§ 4 B.III.1**.

991 EuGH, Urteil v. 15. März 2007, Rs. 95/04 P, ECLI:EU:C:2007:166 Rn. 144 f. – *British Airways*; EuGH, Urteil v. 14. Oktober 2010, Rs. C-280/08, ECLI:EU:C:2010:603 Rn. 175 – *Deutsche Telekom*; EuGH, Urteil v. 27. März 2012, Rs. C-209/10, ECLI:EU:C:2012:172 Rn. 26 – *Post Danmark*.

992 EuGH, Urteil v. 19. April 2012, Rs. C-549/10 P, ECLI:EU:C:2012:221 Rn. 19 ff. – *Tomra*; zustimmend *Bulst* in: Langen/Bunte, Europäisches Kartellrecht, Art. 102 AEUV Rn. 124; *Jung* in: Grabitz/Hilf/Nettesheim, Art. 102 AEUV Rn. 126.

marktbeherrschenden Stellung liegt nämlich nicht vor, wenn das festgestellte Verhalten – z.B. Diskriminierung von Handelspartnern – nicht geeignet ist und nicht darauf abzielt, den Wettbewerb zu beeinträchtigen. Dies ist unter anderem der Fall, wenn der Hintergrund der Maßnahme nicht die Schädigung oder Verfälschung des freien Wettbewerbs ist, sondern allein die konzerninterne Förderung der eigenen Tochtergesellschaft im Rahmen der Ausübung der wirtschaftlichen Freiheit und Autonomie. In diesem Fall stellt sich das Verhalten als rein interner Vorgang einer wirtschaftlichen Einheit dar und ist als solcher nicht missbräuchlich.

1. *Schädliche Verhaltensweisen im Konzernbinnenbereich*

Dies gilt ohne Zweifel für Maßnahmen, die sich allein gegen konzernverbundene Unternehmen richten, also für die Fallgruppe der Verhaltensweisen im Konzernbinnenbereich. Eine Beeinträchtigung des Wettbewerbs liegt hier bereits mangels Außenwirkung des fraglichen Verhaltens nicht vor. Denn eine Geschäftsverweigerung, Ausbeutung oder sonstige nachteilige Maßnahme gegenüber einem konzernzugehörigen Unternehmen ist nicht darauf gerichtet, den Wettbewerb zu schädigen, sondern das eigene Konzernergebnis zu verbessern.

2. *Ungleichbehandlung von konzernzugehörigen und externen Unternehmen*

Doch auch für den zweiten hier untersuchten Bereich der Ungleichbehandlung von konzernzugehörigen und externen Unternehmen führt diese Sichtweise zum Eingreifen des Konzernprivilegs. Das Diskriminierungsverbot bietet mit dem Tatbestandsmerkmal „Benachteiligung im Wettbewerb" sogar einen direkten Anknüpfungspunkt. Wie Generalanwältin Kokott in ihren Schlussanträgen in den Rechtssachen *British Airways* und *Solvay* deutlich gemacht hat, erfordert die Anwendung der Vorschrift die Feststellung, dass das Verhalten des marktbeherrschenden Unternehmens „konkret geeignet ist", die Wettbewerbsbeziehung zwischen den betroffenen Handelspartnern zu verfälschen.[993] Dem ist der EuGH gefolgt und verlangt, dass das diskriminierende Verhalten „darauf abzielt, die Wettbewerbsposition eines Teils der Handelspartner [...] gegenüber

993 Schlussanträge GA *Kokott* v. 23. Februar 2006 in Rs. C-95/04 P, ECLI:EU:C:2006:133 Rn. 124 – *British Airways*; Schlussanträge *GA Kokott* v. 14. April 2011 in Rs. C-109/10, ECLI:EU:C:2011:256 Rn. 104 f. – *Solvay*.

den anderen zu beeinträchtigen".[994] Eine Bevorzugung konzerninterner Tochtergesellschaften, mit denen eine wirtschaftliche Einheit besteht, zielt nicht darauf ab, den Wettbewerb zu beeinträchtigen, sondern darauf, die eigenen (legitimen) Wirtschaftsinteressen zu befriedigen. Aufgrund der konzerninternen Ausrichtung ist dieses Verhalten nicht darauf ausgelegt, eine missbräuchliche Wettbewerbsverfälschung herbeizuführen. Somit leitet sich das Konzernprivileg aus der fehlenden wettbewerbsschädlichen Ziel- und Zweckrichtung des Verhaltens ab.

3. *Zwischenfazit*

Auch die zweite der im Rahmen des Art. 101 AEUV entwickelten Theorien, namentlich die Herleitung des Konzernprivilegs aus dem Tatbestandsmerkmal der Wettbewerbsbeschränkung, lässt sich für die Anwendung auf das Missbrauchsverbot fruchtbar machen. Wenngleich der Wortlaut des Art. 102 AEUV nicht ausdrücklich eine bezweckte oder bewirkte Wettbewerbsbeschränkung voraussetzt, lässt sich aus der Rechtsprechung des EuGH ableiten, dass auch der Missbrauchstatbestand nicht ganz ohne eine subjektive Zielsetzung des fraglichen Verhaltens auskommt. Die Bejahung eines Missbrauchs nach Art. 102 AEUV verlangt demnach, dass das fragliche Verhalten auf eine Schädigung des Wettbewerbs abzielt, ohne dass darin eine Absicht im engeren Sinne zu verstehen ist.

Konzerninterne Verhaltensweisen lassen eine solche schädigende Zielgerichtetheit vermissen. Sie sind darauf ausgelegt, das Konzernergebnis zu verbessern und als solche vom Konzernprivileg gedeckt.

III. Anknüpfung beim Schutzgut des unverfälschten Wettbewerbs

Doch auch wer Art. 102 AEUV als streng objektiven Tatbestand betrachtet und das vom EuGH aufgestellte ungeschriebene Tatbestandsmerkmal einer gezielten Wettbewerbsbeschränkung ablehnt, wird zu dem Ergebnis kommen, dass das Vorliegen einer wirtschaftlichen Einheit im Rahmen des Missbrauchsverbots zur Anwendung des Konzernprivilegs führt. Dies lässt sich ebenso wie beim Kartellverbot, unmittelbar aus dem Schutzgut des unverfälschten Wettbewerbs herleiten, dem Art. 101 und Art. 102 AEUV gleichermaßen dienen.[995]

Ein Verstoß gegen kartellrechtliche Verbotsvorschriften liegt nur dann vor, wenn durch ein bestimmtes Verhalten der wirksame Wettbewerb auf dem

---

994 EuGH, Urteil v. 15. März 2007, Rs. C-95/04, ECLI:EU:C:2007:166 Rn. 144 – *British Airways*

995 Siehe zur Entwicklung dieser Theorie oben **§ 3 C**.

Binnenmarkt gefährdet oder beeinträchtigt wird.[996] Ist dies nicht der Fall, handelt es sich um legitimes Marktverhalten, das von der unternehmerischen Freiheit der Marktteilnehmer gedeckt ist.

Das Vorliegen einer wirtschaftlichen Einheit schafft einen Binnenbereich, der dazu führt, dass die zugehörigen Unternehmen „wie ein einziges Unternehmen" behandelt werden. Maßnahmen, die diesem Binnenbereich zuzuordnen sind, wie etwa die Bevorzugung einer konzernzugehörigen Tochtergesellschaft, wirken sich grundsätzlich auch nur innerhalb der wirtschaftlichen Einheit aus und beschränken nicht den schützenswerten (Außen-)Wettbewerb. In diesem Sinn argumentiert auch der BGH bei der Anwendung des Konzernprivilegs auf das deutsche Diskriminierungs- und Behinderungsverbot nach § 19 Abs. 2 Nr. 1 GWB. Im Rahmen der in der Rechtsfertigungs- bzw. Unbilligkeitsprüfung vorzunehmenden Interessenabwägung erkennt der BGH das Vorliegen einer wirtschaftlichen Einheit und das damit verbundene Interesse an der Förderung der wirtschaftlichen Konzerninteressen als sachlichen Grund für eine Bevorzugung der verbundenen Tochtergesellschaft an.[997] Nach Ansicht des BGH könnte die Konzernmutter die Geschäfte der Tochtergesellschaft ebenso selbst übernehmen – etwa durch eine unselbständige Betriebsabteilung – oder der Tochtergesellschaft statt eines Preisnachlasses finanzielle Unterstützung gewähren.[998] Entscheidend ist, dass es sich um konzerninterne Verhaltensweisen handelt, mit denen das marktbeherrschende Unternehmen seine grundrechtlich garantierte unternehmerische Freiheit und Eigentumsfreiheit ausübt und welche die Funktion des freien Marktwettbewerbs nicht beeinträchtigen.

Es ist kein Grund ersichtlich, warum dies nicht auch für das europäische Missbrauchsverbot gelten sollte, zumal die europäische Entscheidungspraxis und Literatur das Konzernprivileg im Rahmen von Art. 101 AEUV nahezu einhellig anerkennt: Das Vorliegen einer wirtschaftlichen Einheit führt bei Art. 101 AEUV dazu, dass Absprachen oder Vereinbarungen, die grundsätzlich die Voraussetzungen eines Kartells erfüllen würden, nicht geahndet werden, weil sie im Binnenbereich der wirtschaftlichen Einheit getroffen werden und mithin als geschützte Unternehmensinterna zu behandeln sind. Unabhängig davon,

---

996 *Faull/Nikpay*, The EC Law of Competition Rn. 4.177.

997 BGH, Beschluss v. 29. Juni 1982, WuW/E BGH 1947, 1949 – *Stuttgarter Wochenblatt*; BGH, Urteil v. 12. November 1991, NJW 1992, 1827, 1828 – *Aktionsbeträge*; BGH, Urteil v. 10. Februar 2004, WuW/E DE-R 1251, 1253 f. – *Galopprennübertragung*; vgl. auch OLG Frankfurt, Urteil v. 31. August 1989, ZIP 1989, 1425, 1426 f. – *Toyota II*

998 BGH, Beschluss v. 29. Juni 1982, WuW/E BGH 1947, 1949 – *Stuttgarter Wochenblatt*; OLG Frankfurt, Urteil v. 10. Oktober 2006, WuW/E DE-R1901, 1904 – *Bahnstrom*.

ob man dies mit dem Unternehmensbegriff oder mit dem Mangel an beschränkbarem Freiraum begründet, steht fest, dass dieses Verhalten vom Kartellverbot ausgenommen ist, weil es nicht zu einer missbilligenswerten Verfälschung des schützenswerten Wettbewerbs führt.

Es leuchtet nicht ein, warum derselbe Umstand – Vorliegen einer wirtschaftlichen Einheit – nicht auch zu einer Ausnahme von Art. 102 AEUV führen sollte. Denn ein für Art. 101 und Art. 102 AEUV einheitlicher Unternehmensbegriff muss bedeuten, dass eine wirtschaftliche Einheit in beiden Tatbeständen gleichermaßen gewürdigt wird. Verhaltensweisen, die zuvorderst den Binnenbereich der wirtschaftlichen Einheit betreffen, sind nicht als missbräuchlich einzustufen. Sollte nun eingewendet werden, dass eine Diskriminierung oder eine Geschäftsverweigerung sich stets auch auf den Außenwettbewerb auswirkt, da eine Maßnahme zugunsten der eigenen Tochtergesellschaft sich zugleich gegen andere Unternehmen richtet, so ist dem entgegenzuhalten, dass dies bei Art. 101 AEUV nicht anders ist. Eine Preisabsprache zwischen einer Mutter- und einer Tochtergesellschaft oder eine von der Muttergesellschaft vorgegebene Gebietsaufteilung wirkt sich ebenso auf den Außenwettbewerb aus wie eine bevorzugte Behandlung der Tochtergesellschaft im Verhältnis zu anderen Unternehmen. Auch eine Vereinbarung im Sinne des Art. 101 Abs. 1 AEUV wird nur vorgenommen, um die eigene Wettbewerbsfähigkeit zu erhöhen und damit zugleich die Position anderer Marktteilnehmer im Verhältnis zu verschlechtern. Sie wird gerade mit Blick auf die Außenwirkungen durchgeführt.[999] Beide Verhaltensweisen haben mittelbare Auswirkungen auf den Wettbewerb. Diese Wirkungen treten jedoch hinter den Schutz der unternehmerischen Freiheit der wirtschaftlichen Einheit zurück.

Auch im Rahmen des EU-rechtlichen Missbrauchstatbestands muss das Vorliegen einer wirtschaftlichen Einheit mithin dazu führen, dass die Bevorzugung eines konzernverbundenen Unternehmens keinen Missbrauch im Sinne des Art. 102 AEUV darstellt, weil es sich in erster Linie um einen internen Vorgang handelt und es an einer missbilligenswerten Verfälschung des Wettbewerbs fehlt. Dieser Umstand kann allerdings, anders als im deutschen Recht, nicht im Rahmen der Rechtfertigungsgründe geltend gemacht, sondern muss als Teil der Missbrauchsprüfung berücksichtigt werden. Die *Prioritätenmitteilung* der Europäischen Kommission und die Rechtsprechung der Unionsgerichte beschränken die Rechtfertigungsgründe im Rahmen des Art. 102 AEUV auf zwei Fallgruppen: Dies sind objektive Gründe, die außerhalb des marktbeherrschenden Unternehmens liegen, wie etwa objektive Notwendigkeit des fraglichen Verhaltens

999 *Potrafke*, Kartellrechtswidrigkeit konzerninterner Vereinbarungen, S. 197.

aufgrund von Produktsicherheits- oder Gesundheitsstandards, und Effizienzvorteile, die den Verbrauchern zugute kommen.[1000] Das Konzernprivileg kann keinem dieser Rechtfertigungsgründe zugeordnet werden. Es greift vielmehr bereits vorher, bei der Frage, ob überhaupt ein missbräuchliches Verhalten vorliegt, ein. Dies ist aufgrund der Besonderheit des Vorliegens einer wirtschaftlichen Einheit zwischen dem marktbeherrschenden Unternehmen und dem von ihm bevorzugten Tochterunternehmen zu verneinen, da allein der Binnenbereich dieser wirtschaftlichen Einheit betroffen ist und eine Beeinträchtigung des schützenswerten Wettbewerbs nicht vorliegt.

IV. Zusammenfassung zur Anknüpfung des Konzernprivilegs und Stellungnahme

Die Untersuchung zeigt, dass die im Rahmen des Art. 101 AEUV entwickelten Theorien zur Herleitung des Konzernprivilegs auf den Missbrauchstatbestand des Art. 102 AEUV übertragbar sind. Unabhängig davon, ob man, der Rechtsprechung folgend, das Konzernprivileg aus dem Unternehmensbegriff, mit der herrschenden Literatur aus dem Fehlen einer Wettbewerbsbeschränkung oder unmittelbar aus dem übergeordneten Schutzzweck des unverfälschten Wettbewerbs ableitet, führen alle drei Sichtweisen bei konsequenter Anwendung auf das Missbrauchsverbot zu einer Privilegierung wirtschaftlicher Einheiten. Dies gilt sowohl für konzerninterne Verhaltensweisen, als auch für die Ungleichbehandlung von konzernzugehörigen und externen Unternehmen im Sinne einer Diskriminierung nach Art. 102 Abs. 2 c) AEUV.

Die untersuchten Theorien zeigen Parallelen zu den Argumentationslinien der deutschen Rechtspraxis bei ihrer Anwendung des Konzernprivilegs im Rahmen des § 19 Abs. 2 Nr. 1 GWB, wenngleich der Normtext nicht identisch zum EU-rechtlichen Missbrauchsverbot ist. Auch dort lässt sich das Konzernprivileg jedoch entweder aus dem Unternehmensbegriff („gleichartiges Unternehmen") oder aus einer fehlenden Beeinträchtigung des schützenswerten Außenwettbewerbs herleiten. Anknüpfungspunkt für Letzteres ist allerdings im deutschen Recht die fehlende Unbilligkeit bzw. Rechtfertigung des Verhaltens, was aufgrund der in Bezug auf den europäischen Missbrauchstatbestand begrenzten Rechtfertigungstatbestände nicht möglich, aber wie gezeigt auch nicht nötig ist.

Das Konzernprivileg kann folglich auch im Rahmen des Missbrauchsverbots aus unterschiedlichen Ansatzpunkten hergeleitet werden, je nachdem welchem Unternehmensbegriff man folgt und wie darauf basierend die wirtschaftliche

---

1000 Vgl. oben **§ 4 B.IV**.

Einheit – als Grundvoraussetzung des Konzernprivilegs – verstanden wird. Spricht man sich, entgegen der mittlerweile gefestigten Rechtsprechung des EuGH, gegen eine Unternehmensqualität der wirtschaftlichen Einheit aus, ist es am überzeugendsten, das Konzernprivileg aus dem Schutzgut des unverfälschten Wettbewerbs herzuleiten, welches das Leitprinzip aller europäischen Wettbewerbsregeln ist und daher Art. 101 und Art. 102 AEUV gleichermaßen zugrunde liegt. Aus dem in Art. 16 GRCh verankerten Grundrecht auf unternehmerische Freiheit und dem in Art. 17 GRCh normierten Recht auf Eigentum ergibt sich das Recht jeder natürlichen und juristischen Person, ihr Unternehmen nach eigenen Vorstellungen zu organisieren und die ihr zur Verfügung stehenden Ressourcen bestmöglich einzusetzen. Die vertikale Integration von Unternehmen auf unterschiedlichen Marktstufen in einen Konzern unter einheitlicher Leitung ist ebenso von diesem grundrechtlichen Schutz erfasst wie die Entscheidung über konzerninterne oder -externe Auftragsvergaben und die Kalkulation von Preisen. Dies gilt auch für marktbeherrschende Unternehmen. Die Entscheidung, das eigene Tochterunternehmen wirtschaftlich besser zu stellen als externe Abnehmer, ist vom Schutzbereich der unternehmerischen Freiheit und dem legitimen Interesse an der Erhaltung des erwirtschafteten Gewinns ebenso erfasst wie eine aus wirtschaftlichen Erwägungen herrührende konzerninterne Benachteiligung einzelner Tochtergesellschaften. Dieser Unternehmensschutz findet im Konzernprivileg seine Ausprägung, indem bestimmte kartellrechtliche Restriktionen auf verbundene Unternehmen für nicht anwendbar erklärt werden. Die autonome Entscheidung, der eigenen Tochtergesellschaft vorteilhafte Konditionen zu offerieren oder sie nachteilig zu behandeln, ist zunächst einmal – ebenso wie Preisabsprachen zwischen konzernverbundenen Unternehmen – ein rein unternehmensinterner Vorgang, der keinen Einfluss auf den Außenwettbewerb hat. Eine solche Ungleichbehandlung gegenüber konzernexternen Handelspartnern ist bereits deshalb nicht missbräuchlich, weil Art. 102 Abs. 2 c) AEUV die Diskriminierung nicht um ihrer selbst willen verbietet, sondern wegen ihrer wettbewerbsschädlichen Folgen.[1001] Bei einer auf den Konzernbereich beschränkten Maßnahme bleiben diese Folgen aus. Damit in Zusammenhang steht der vom BGH vielzitierte Grundsatz, dass kein Unternehmen verpflichtet werden kann, fremden Wettbewerb zu fördern.[1002] Es entspricht dem Prinzip der unternehme-

1001 *Schröter/Bartl* in: Schröter/Jakob/Klotz/Mederer, Europäisches Wettbewerbsrecht, Art. 102 AEUV Rn. 248.

1002 BGH, Urteil v. 26. Mai 1987, WuW/E BGH 2399, 2404 – *Krankentransporte*; BGH, Urteil v. 12. November 1991, WuW/E BGH 2755, 2758 – *Aktionsbeträge*; BGH, Urteil v. 13. Dezember 2005, WuW/E DE-R 1726 Rn. 18 – *Stadtwerke Dachau*; BGH,

rischen Freiheit, das Konzernprivileg auf den Diskriminierungstatbestand des Art. 102 Abs. 2 c) AEUV anzuwenden.

D. Grenzen des Konzernprivilegs

Nachdem die grundsätzliche Anwendbarkeit des Konzernprivilegs auch im Rahmen des europäischen Missbrauchstatbestands bejaht wurde, stellt sich die Frage nach den Grenzen dieses Prinzips. Dem Grundsatz der unternehmerischen und wirtschaftsstrategischen Freiheit, auf welchem die Privilegierung bestimmter Verhaltensweisen gegenüber konzernzugehörigen Unternehmen beruht, sind Grenzen zu ziehen, wenn andere gewichtige Interessen überwiegen oder wenn durch das fragliche Verhalten Rechtsgüter verletzt werden, die eine Nichtanwendung des Missbrauchstatbestands nicht mehr erlauben. Es lassen sich Fallgruppen identifizieren, in denen wettbewerbliche Zielsetzungen durch andere gesetzliche Wertungen bestimmt oder sogar überlagert werden (dazu **I.**). Die Berücksichtigung dieser Wertungen erfolgt – ebenso wie die Einbeziehung des Konzernprivilegs – im deutschen Recht im Rahmen der Interessenabwägung bei der Rechtfertigungs- bzw. Unbilligkeitsprüfung. So kann es sein, dass öffentlich-rechtliche Belange oder die Zielsetzung des sektoralen Regulierungsrechts der Anwendung des Konzernprivilegs entgegenstehen. Es ist zu untersuchen, ob derartige Grenzen auch für die Anwendung des Konzernprivilegs auf den europäischen Missbrauchstatbestand gelten und wo die Prüfung dieser Grenzen zu verorten ist.

Neben speziellen Fallgruppen ist auch zu prüfen, ob nicht eine allgemeine Grenze des Konzernprivilegs definiert werden kann, die nach abstrakten Kriterien zu bestimmen ist (dazu **II.**). Die in der deutschen Literatur und Rechtsprechung dazu existierenden Überlegungen haben überwiegend unter dem Stichwort der „Außenwirkung“ von diskriminierenden oder behindernden Maßnahmen stattgefunden. Es gilt zu untersuchen, ob dies ein geeignetes Kriterium ist oder ob die Grenze nicht anhand anderer Merkmale zu definieren ist. Diese müssen geeignet sein die Anwendung des Konzernprivilegs nicht nur auf nationaler, sondern auch auf europäischer Ebene sinnvoll zu begrenzen.

I. Spezielle Ausnahmefälle

Sowohl im deutschen als auch im europäischen Recht sind bestimmte Fallkonstellationen auszumachen, in denen gesetzliche Vorgaben oder wirtschaftspolitische

Urteil v. 11. November 2008, WuW/E DE-R 2514 Rn. 24 – *Bau und Hobby*; dagegen *Foerster*, WuW 2015, 233 ff.

Wertungen dazu führen, dass der Anwendung des grundsätzlich gültigen Konzernprivilegs Grenzen zu ziehen sind. Regelmäßig handelt es sich um Bereiche, in denen öffentlich-rechtliche Belange des Allgemeinwohls die unternehmerische Freiheit des zur wirtschaftlichen Einheit verbundenen und daher im Grundsatz privilegierten Konzerns überwiegen. Neben der öffentlichen Hand als Normadressat des Art. 102 AEUV betrifft dies den Bereich des sektorspezifischen Regulierungsrechts, der durch spezielle Gleichstellungsvorschriften gekennzeichnet ist. Zudem können auch aus anderen Rechtsbereichen stammende gesetzliche Wertungen Vorgaben für die wettbewerbsrechtliche Beurteilung enthalten, die zu einer Ausnahme vom Konzernprivileg führen können.

1. Unternehmerische Tätigkeiten der öffentlichen Hand

Ein Bereich, in dem das Konzernprivileg Einschränkungen erfahren kann, ist die wirtschaftliche Tätigkeit der öffentlichen Hand. Zunächst ist festzuhalten, dass die öffentliche Hand, sofern sie sich für ihr Handeln der Mittel des Privatrechts bedient, wie jeder andere Wirtschaftsteilnehmer an das Diskriminierungs- und Behinderungsverbot gebunden ist.[1003] Die Beurteilung einer marktbeherrschenden Stellung und die Abwägung der widerstreitenden Interessen im Rahmen der Rechtfertigungs- bzw. Unbilligkeitsprüfung erfolgen grundsätzlich nach denselben Kriterien wie bei Privaten. Dies bedeutet auch, dass es der privatwirtschaftlich handelnden öffentlichen Hand prinzipiell frei steht, ihren Geschäftsbetrieb so zu regeln, wie sie es für wirtschaftlich richtig und sinnvoll hält und insbesondere auch einem konzernverbundenen Unternehmen günstigere Konditionen einzuräumen als konzernfremden Wettbewerbsunternehmen.[1004] Zugleich heißt dies jedoch auch, dass öffentliche Interessen, die das öffentlich-rechtliche Unternehmen zur Rechtfertigung seines Verhaltens vorbringt – und die im Rahmen einer hoheitlichen Tätigkeit eine Eingriffsbefugnis darstellen würden – nicht automatisch Priorität vor den wettbewerbsrechtlichen Interessen haben, sondern (nur) vor dem Hintergrund der auf die Wettbewerbsfreiheit gerichteten Zielsetzung der Wettbewerbsvorschriften zu berücksichtigen sind.[1005]

1003 Siehe dazu oben **§ 2 A.II.3.b)**; BGH, Urteil v. 28. Juni 2005, WuW/E DE-R 1520, 1522 – *Arealnetz*; *Nothdurft* in: Langen/Bunte, Deutsches Kartellrecht, § 19 Rn. 227.

1004 Siehe dazu oben **§ 2 C.I.3.**; BGH, Urteil v. 24. Februar 2002, WuW/E DE-R 1003, 1005 – *Kommunaler Schilderprägebetrieb*.

1005 BKartA, Beschluss v. 3. November 1997, WuW/E Verg 7, 14 – *Tariftreueerklärung*; *Nothdurft* in: Langen/Bunte, Deutsches Kartellrecht, § 19 Rn. 227.

a) Deutsches Recht

Die Tatsache, dass privatwirtschaftliches Handeln der öffentlichen Hand häufig in einem engen Zusammenhang mit deren hoheitlichen Aufgaben steht, führt zu Einschränkungen bzw. unter Umständen sogar zum Wegfall des Konzernprivilegs. Die „Schilderprägerfälle" des BGH verdeutlichen dies.[1006]

aa) Schilderprägerfälle

In der Entscheidung *Schilderverkauf* ging es um die Frage, ob ein Landkreis berechtigt ist, in den Räumen der Kfz-Zulassungsstelle selbst Kfz-Kennzeichen zu verkaufen oder ob darin eine unzulässige Verknüpfung von hoheitlicher und privatwirtschaftlicher Tätigkeit zu sehen ist.[1007] Bei der Aufnahme der Tätigkeit gab es in dem Landkreis keinen privaten Anbieter von Kfz-Kennzeichen. Die Klägerin, selbst eine Herstellerin und Vertreiberin von Kfz-Kennzeichen, hatte beanstandet, durch das Anbieten der Kennzeichen in den Räumen der Zulassungsstelle verschaffe sich der beklagte Landkreis einen sachlich nicht gerechtfertigten Vorteil. Der BGH entschied zunächst, dass der Schilderverkauf zwar mit der amtlichen Tätigkeit der Kfz-Zulassung und Kennzeichenzuteilung eng verbunden sei, aber dennoch auf dem Gebiet der privatwirtschaftlichen Betätigung liege und daher am Maßstab des allgemeinen Wettbewerbsrechts zu messen sei.[1008] Der öffentlichen Hand sei es zwar grundsätzlich verwehrt, amtliche Beziehungen zur Werbung oder zum Abschluss von Verträgen auszunutzen, um sich einen Vorsprung vor privaten Mitbewerbern zu verschaffen, bei dem Verkauf der Kfz-Kennzeichen handele es sich allerdings nur um eine Hilfstätigkeit, welche in einem engen Zusammenhang mit der hoheitlichen Aufgabe der Zulassung stehe. Den Eigenverkauf hielt der BGH für grundsätzlich zulässig, weil er der im Interesse der Bürger stehenden Vereinfachung und Beschleunigung des behördlichen Zulassungsverfahrens diene. Allerdings schränkte das Gericht den wirtschaftlichen Spielraum des Landkreises insoweit ein, dass die öffentliche Hand dazu verpflichtet sei, auf die Interessen der privaten Anbieter, die ihre Schilder nur außerhalb der Räumlichkeiten der Zulassungsstelle anbieten können, Rücksicht zu nehmen. Daher seien die Bürger durch im Gebäude der Zulassungsstelle angebrachte Schilder und mündliche Hinweise der Mitarbeiter

---

1006 Vgl. zur kartellrechtlichen Beurteilung der Schilderprägerfälle *Immenga*, NJW 1995, 1921.

1007 BGH, Urteil v. 26. April 1974, GRUR 1974, 733 – *Schilderverkauf.*

1008 BGH, Urteil v. 26. April 1974, GRUR 1974, 733, 734 – *Schilderverkauf.*

auf die anderen Bezugsquellen für Kfz-Kennzeichen aufmerksam zu machen.[1009] Dadurch sei den wettbewerblichen Interessen der privaten Anbieter hinreichend Rechnung getragen.

Demgegenüber bejahte der BGH eine unbillige Behinderung im Fall *Kommunaler Schilderprägebetrieb.*[1010] In diesem Fall vermietete eine Gemeinde im Wege eines Ausschreibungsverfahrens drei Räume im Gebäude der Zulassungsstelle an Schilderprägebetriebe, wobei sie allerdings einen Raum im Vorhinein an ein eigenes Schilderprägeunternehmen vergab, welches sich nicht an dem Ausschreibungsverfahren beteiligen musste. Der BGH erkannte zwar an, dass im Fall einer Gemeinde, die sich privatwirtschaftlich betätigt, die Bevorzugung einer Tochtergesellschaft für sich genommen nicht unbillig ist, mithin das Konzernprivileg auch hier grundsätzlich Anwendung findet. Allerdings hatte die Kommune nach Ansicht des BGH ihre durch die Hoheitsverwaltung bewirkte marktbeherrschende Stellung auf dem Markt für Kfz-Zulassungen dadurch ausgenutzt, dass sie die durch die Verwaltungstätigkeit erzeugte Nachfrage unter Verdrängung leistungsbereiter privater Wettbewerber befriedigte, um für sich selbst den größten wirtschaftlichen Erfolg zu erzielen. Die Gemeinde habe ihre öffentlich-rechtliche Monopolstellung ausgenutzt und sich dadurch einen unsachlichen Vorsprung verschafft.[1011] Eine solche, private Anbieter verdrängende Erwerbstätigkeit der öffentlichen Hand sei nur dann unbedenklich, wenn es sich (1) um eine bloße Hilfstätigkeit zu einer öffentlich-rechtlichen Aufgabe handele und (2) die Versorgung der Bürger durch private Anbieter auf längere Sicht nicht zuverlässig gewährleistet erscheine.[1012] Letzteres Kriterium war im vorliegenden Fall jedoch nicht erfüllt, weil sehr wohl leistungsbereite private Anbieter zur Verfügung standen, welche die Versorgung der Bürger übernehmen konnten. Die Vorabvergabe des Raums an die eigene Tochtergesellschaft war daher nicht vom Konzernprivileg gedeckt, sondern stellte eine unbillige Behinderung dar.

Nicht um den Eigenverkauf von Kfz-Kennzeichen, sondern nur um die Vermietung von Räumlichkeiten im Gebäude bzw. auf dem Gelände der

---

1009 BGH, Urteil v. 26. April 1974, GRUR 1974, 733, 735 – *Schilderverkauf.*

1010 BGH, Urteil v. 24. September 2002, WuW/E DE-R 1003 – *Kommunaler Schilderprägebetrieb.*

1011 BGH, Urteil v. 24. September 2002, WuW/E DE-R 1003, 1005 – *Kommunaler Schilderprägebetrieb* mit Verweis auf BGH, Urteil v. 19. Juni 1986, GRUR 1987, 116, 117 – *Kommunaler Bestattungsbetrieb*; vgl. auch OLG Karlsruhe, Urteil v. 22. Februar 1995, WRP 1995, 857 – *Schilderverkauf im Bürgeramt.*

1012 BGH, Urteil v. 24. September 2002, WuW/E DE-R 1003, 1005 – *Kommunaler Schilderprägebetrieb.*

Zulassungsstelle ging es in zwei Entscheidungen aus den Jahren 1998 und 1999. In der Sache *Schilderpräger im Landratsamt* entschied der BGH, es sei weder eine missbräuchliche Ungleichbehandlung, noch eine unbillige Behinderung gegenüber dem Wettbewerb, wenn ein Landkreis einen Raum im Gebäude der Kfz-Zulassungsstelle an ein privates Schilderprägeunternehmen vergebe, sofern die Vergabe im Wege eines regelmäßig stattfindenden, angemessenen und fairen Ausschreibungsverfahrens erfolge.[1013] An einem solchen fehlte es im Fall *Beteiligungsverbot für Schilderpräger.*[1014] Dort hatte ein Landkreis eine Ausschreibung zur Vermietung von drei Containerstandplätzen für Schilderprägebetriebe auf dem Gelände der Kfz-Zulassungsstelle veranstaltet, wobei zur Teilnahme an der Ausschreibung nur ortsansässige Betriebe zugelassen wurden. Die Klägerin, ein bundesweit tätiges Unternehmen der Schilderprägebranche, wurde aus diesem Grund bei der Ausschreibung nicht berücksichtigt, was sie akzeptierte. Sie wendete sich aber gegen eine Klausel in den Mietverträgen, durch die der Landkreis es den Unternehmen, die letztlich den Zuschlag erhielten, untersagte, mit der Klägerin „in irgendeiner Form" zusammenzuarbeiten oder in einer geschäftlichen Beziehung zu stehen, „mit Ausnahme solche Beziehungen, die in dieser Branche unumgänglich bzw. üblich sind". Der BGH bestätigte die Ansicht der Klägerin, dass die Klausel einen unzulässigen Boykottaufruf darstelle. Das vom Landkreis vorgebrachte öffentliche Interesse, die einheimische Wirtschaft vor dem Wettbewerb auswärtiger Unternehmen zu schützen, sah der BGH nicht als berücksichtigungsfähig an. Vor dem Hintergrund der auf die Freiheit des Wettbewerbs gerichteten Zielsetzung des Gesetzes sei dies kein schutzwürdiges Interesse.[1015] Die durch die Ausschreibungsbegrenzung und Mietvertragsklausel bezweckte Förderung der ortsansässigen, unabhängigen Schilderprägebetriebe stelle eine unzulässige Bezugssperre und eine wettbewerbswidrige Behinderung dar.

bb) Zwischenfazit

Wenn sich die öffentliche Hand privatwirtschaftlich betätigt und dadurch in Wettbewerb zu anderen Anbietern am Markt tritt, ist ihr Verhalten am Maßstab des allgemeinen Wettbewerbsrecht zu messen. Grundsätzlich kann für ein öffentliches Unternehmen demnach auch das Konzernprivileg gelten. Der

---

1013 BGH, Urteil v. 14. Juli 1998, WuW/E DE-R 201 – *Schilderpräger im Landratsamt.*

1014 BGH, Urteil v. 28. September 1999, WuW/E DE-R 395 – *Beteiligungsverbot für Schilderpräger.*

1015 BGH, Urteil v. 28. September 1999, WuW/E DE-R 395, 398 – *Beteiligungsverbot für Schilderpräger.*

unternehmerischen Freiheit sind jedoch nach der Rechtsprechung des BGH dann Grenzen zu setzen, wenn eine durch ihre eigene Verwaltungstätigkeit erzeugte Nachfrage unter Verdrängung leistungsbereiter privater Anbieter selbst befriedigt, um für sich den größtmöglichen wirtschaftlichen Erfolg zu erzielen. Dadurch verschafft sich die öffentliche Hand einen unsachlichen Vorsprung, der nicht vom Konzernprivileg gedeckt ist. Eine privatwirtschaftliche Tätigkeit der öffentlichen Hand zur Befriedigung einer durch Verwaltungshandeln geschaffenen Nachfrage ist nur dann zulässig, wenn es sich um eine bloße Hilfstätigkeit zur Erfüllung der hoheitlichen Pflichten handelt und leistungsbereite und -fähige private Anbieter nicht verfügbar sind.

b) Europäisches Recht

Auch in der europäischen Rechtspraxis unterliegt die öffentliche Hand, sofern sie sich privatwirtschaftlich betätigt, grundsätzlich den Wettbewerbsregeln. Nach Art. 2 Abs. 1 der *Transparenzrichtlinie* ist unter einem „öffentliches Unternehmen" jedes Unternehmen zu verstehen, auf das die öffentliche Hand aufgrund Eigentums, finanzieller Beteiligung, Satzung oder sonstiger Bestimmungen, die die Tätigkeit des Unternehmens regeln, unmittelbar oder mittelbar einen beherrschenden Einfluss ausüben kann.[1016] Art. 106 AEUV verpflichtet einerseits die Mitgliedstaaten, in Bezug auf öffentliche Unternehmen, keine dem Vertrag, insbesondere den Artikeln 101 bis 109 widersprechenden Maßnahmen zu treffen oder beizubehalten. Gesetze, Verordnungen oder andere staatliche Anordnungen, durch die öffentliche Unternehmen zum Verstoß gegen die Wettbewerbsregeln gezwungen werden, sind demnach verboten. Zugleich geht daraus hervor, dass die öffentlichen Unternehmen selbst verpflichtet sind, sich kartellrechtskonform zu verhalten. Für sie gelten die Wettbewerbsregeln unmittelbar.[1017]

Die im deutschen Recht festgestellten Einschränkungen des Konzernprivilegs im Rahmen des Diskriminierungs- und Behinderungstatbestands lassen sich auch auf das europäische Recht übertragen. Zwar spricht der EuGH – wie als Ausgangsproblem dieser Arbeit formuliert – das Konzernprivileg bislang im Rahmen von Art. 102 AEUV gar nicht an, so dass dessen Nichtanwendung im Zusammenhang mit öffentlichen Unternehmen keine Ausnahme von einer Regel darstellt. Insofern ist die Situation eine etwas andere als im deutschen Recht, wo der BGH die prinzipielle Geltung der Wettbewerbsfreiheit und des Konzernprivilegs

1016 Vgl. dazu oben **§ 2 A.II.3.b)**.

1017 *Ehlermann*, ECLR 1997, S. 261; *Stadler* in: Langen/Bunte, Europäisches Kartellrecht, Art. 106 AEUV Rn. 27.

auch für Unternehmen der öffentlichen Hand bejaht, im Rahmen der Interessenabwägung aber Einschränkungen vornimmt, um der besonderen Stellung dieser Unternehmen Rechnung zu tragen (s.o. **a**)). Die diesen Einschränkungen zugrunde liegenden Überlegungen finden sich jedoch auch in der Rechtsprechung des EuGH und spiegeln einen dem deutschen Maßstab entsprechenden Umgang mit öffentlichen Unternehmen wider, ohne dass der Gerichtshof allerdings die grundsätzliche Möglichkeit eines Konzernprivilegs erwähnt.

aa) Die Rechtssache GT Link

In der Sache *GT Link* ging es um Gebühren, die für die Benutzung des dänischen Seehafens Gedser erhoben wurden.[1018] Die Beklagte DSB, ein öffentliches Unternehmen, das dem Verkehrsministerium des Staates Dänemark unterstand, erhob für die Benutzung des in seinem Eigentum befindlichen Seehafens von der Klägerin GT-Link eine Hafenabgabe. Bei GT-Link handelte es sich um ein Fährunternehmen, welches unter anderem Fährverbindungen zwischen dem Hafen von Gedser und zwei deutschen Seehäfen betrieb. Die eigenen Schiffe der DSB und diejenigen ihres Geschäftspartners DFO, einer Tochtergesellschaft der Deutschen Bahn, mussten hingegen, gemäß einer Verordnung des Verkehrsministeriums, die Abgabe für die Benutzung des Hafens von Gedser nicht entrichten. GT-Link fühlte sich durch diese Regelung benachteiligt und warf DSB vor, seine marktbeherrschende Stellung auf dem Markt für Hafendienstleistungen beim Fährverkehr zwischen Dänemark und Deutschland zu missbrauchen.

Der EuGH bestätigte zunächst seine frühere Rechtsprechung, wonach ein Unternehmen, welches auf einem wesentlichen Teil des Gemeinsamen Markts mit einem gesetzlichen Monopol ausgestattet ist, als ein Unternehmen angesehen werden kann, das eine beherrschende Stellung im Sinne des Art. 102 AEUV besitzt. Dies sei auch bei einem Eigentümer eines Verkehrshafens der Fall sei, der allein das Recht hat, Abgaben für die Benutzung des Hafens festzusetzen.[1019] Sodann stellte der Gerichtshof fest, dass die Befreiung der eigenen Fährlinie von der Zahlung der Hafenabgabe einen Missbrauch dieser beherrschenden Stellung darstellen könne, weil „dadurch gegenüber den anderen Handelspartnern des öffentlichen Unternehmens unterschiedliche Bedingungen

1018 EuGH, Urteil v. 17. Juli 1997, Rs. C-242/95, ECLI:EU:C:1997:376 – *GT Link*.

1019 EuGH, Urteil v. 17. Juli 1997, Rs. C-242/95, ECLI:EU:C:1997:376 Rn. 35 – *GT Link* mit Hinweis auf EuGH, Urteil v. 17. Mai 1994, Rs. C-18/93, ECLI:EU:C:1994:195 Rn. 40, 43 – *Corsica Ferries*; vgl. auch EuGH, Urteil v. 10 Dezember 1991, Rs. C-179/90, ECLI:EU:C:1991:464 – *Hafen von Genua*.

bei gleichwertigen Leistungen im Sinne des Artikels 86 Abs. 2 c) des Vertrags [Anm.: jetzt Art. 102 Abs. 2 c) AEUV] angewandt werden".[1020] Der EuGH geht an dieser Stelle nicht auf die Frage ein, ob DSB und seine Fährlinie eine wirtschaftliche Einheit und dadurch nach seinem eigenen Unternehmensbegriff ein einheitliches Unternehmen bilden. Ganz offensichtlich sieht er die eigene Fährlinie als „Handelspartner" der DSB an, der im Vergleich zu anderen Handelspartnern unterschiedlich behandelt wird. Die Möglichkeit einer Privilegierung dieser konzerninternen Maßnahme zieht der EuGH nicht in Betracht.

Im Ergebnis ist dem Gerichtshof in diesem Fall dennoch – und zwar aus zwei Gründen – Recht zu geben. Zum einen handelt es sich nach der ständigen Rechtsprechung des EuGH und der Kommissionspraxis bei einem Seehafen um eine wesentliche Einrichtung (*essential facility*), für die das Konzernprivileg generell keine Anwendung findet (vgl. oben **B.III.2.c)**).[1021] Zudem handelte es sich bei DSB um ein öffentliches Unternehmen, welches aufgrund seiner Eigentümerstellung am Hafen von Gedser über ein gesetzliches Monopol auf dem relevanten Markt verfügte. Diese Monopolstellung darf ein Unternehmen der öffentlichen Hand nicht dazu ausnutzen, sich selbst wirtschaftliche Vorteile gegenüber privaten Wettbewerbern zu verschaffen.[1022] Durch die Nichterhebung von Abgaben gegenüber ihrer eigenen Fährlinie hat DSB einen ebensolchen unzulässigen Vorteil verschafft, weshalb hier eine Ausnahme von der Anwendung des Konzernprivilegs gilt.

bb) Die Kommissionsentscheidung La Poste

Ähnlich stellte sich die Situation in der Kommissionssache *La Poste* dar.[1023] In der Entscheidung ging es um eine Beschwerde von französischen Postvorbereitungsdienstleistern, die sich gegen Vorschriften und Praktiken des staatlichen Postunternehmens La Poste wendeten. Postvorbereitungsdienste umfassen einerseits die Vorbereitung von Sendungen, d.h. Druck, Kuvertierung,

---

1020 EuGH, Urteil v. 17. Juli 1997, Rs. C-242/95, ECLI:EU:C:1997:376 Rn. 41 – *GT Link*

1021 EuGH, Urteil v. 17. Mai 1994, Rs. C-18/93, ECLI:EU:C:1994:195 Rn. 40, 43 – *Corsica Ferries*; vgl. auch EuGH, Urteil v. 10 Dezember 1991, Rs. C-179/90, ECLI:EU:C:1991:464 Rn. 15 – *Hafen von Genua*; Kommission, Entscheidung v. 21. Dezember 1993, ABl. 1994 L-55/52 – *Hafen von Rødby*; Kommission, Entscheidung v. 21. Dezember 1993, Abl. 1994 L-15/8 – *Stena Sealink*.

1022 Vgl. insoweit die obigen Ausführungen zum deutschen Recht und BGH, Urteil v. 24. September 2002, WuW/E DE-R 1003, 1005 – *Kommunaler Schilderprägebetrieb*; OLG Koblenz, Urteil v. 22. Februar 1995, WRP 1995, 857 – *Schilderverkauf im Bürgeramt*.

1023 Kommission, Entscheidung v. 23. Oktober 2001, ABl. L-120/19 – *La Poste*.

Etikettierung, Adressierung und Frankierung, für die Absender, bei denen es sich in der Regel um Großunternehmen handelt. Mit diesen Diensten nehmen die Postvorbereitungsunternehmen die Rolle eines Mittlers zwischen Absender und La Poste ein.[1024] Zum zweiten können Postvorbereitungsdienste Leistungen umfassen, die stellvertretend für das Postunternehmen erbracht werden, wie etwa die Vorbereitung der Postsendungen, ihre Verpackung in Postsäcke nach bestimmten Normen, die Sortierung nach Bestimmungsorten und die Einlieferung bei den zu diesem Zweck bestimmten Postämtern.[1025]

La Poste war mit drei Tochterunternehmen selbst auf dem Markt für Postvorbereitungsdienste tätig, die im Wettbewerb zu den unabhängigen Postvorbereitern standen. Diese fühlten sich benachteiligt, weil La Poste seinen Tochterunternehmen Rabatte und Konditionen gewährte, die den unabhängigen Postvorbereitungsdienstleistern, verwehrt blieben.

Bei La Poste handelte es sich um ein öffentliches Unternehmen im Sinne des Art. 106 Abs. 1 AEUV, welchem das gesetzliche Monopol für die postalische Grundversorgung in Frankreich eingeräumt worden war. Nach den seinerzeit geltenden französischen Bestimmungen legte La Poste die vertraglichen Konditionen mit seinen Geschäftspartnern selbst auf privatrechtlicher Grundlage fest. Die Kommission kam zu dem Ergebnis, dass die Präsenz von La Poste auf dem Postvorbereitungsmarkt zu einem Interessenkonflikt führe, „da das Unternehmen durch diese Anhäufung von Tätigkeitsfeldern dazu verleitet wird, direkt oder indirekt seine eigenen Tochtergesellschaften zu begünstigen und dadurch seine beherrschende Stellung zu missbrauchen“.[1026]

Dem Ergebnis ist hier aus denselben Gründen zuzustimmen wie in der Rechtssache *GT Link*. La Poste nutzte seine beherrschende Stellung auf dem Markt für die postalische Grundversorgung dazu aus, die Wettbewerber seiner Tochtergesellschaften auf dem vorgelagerten Markt für Postvorbereitungsdienste missbräuchlich zu diskriminieren, indem ihnen schlechtere Konditionen und Preise gewährt wurden als den konzernzugehörigen Postvorbereitern. Aufgrund der Konzernverbundenheit zwischen La Poste und seinen Tochtergesellschaften wäre die Anwendung des Konzernprivilegs grundsätzlich denkbar gewesen, wenngleich die Kommission dies in ihrer Entscheidung nicht anspricht. Bei La Poste handelte es sich jedoch um ein öffentliches Unternehmen, welches auf dem Markt für Postdienstleistungen mit einem gesetzlichen Monopol ausgestattet war, so dass die Postvorbereitungsdienstleister nicht in der Lage waren, La Poste

1024 Kommission, Entscheidung v. 23. Oktober 2001, ABl. L-120/19 Rn. 2 ff. – *La Poste*.
1025 Kommission, Entscheidung v. 23. Oktober 2001, ABl. L-120/19 Rn. 5 – *La Poste*.
1026 Kommission, Entscheidung v. 23. Oktober 2001, ABl. L-120/19 Rn. 70 – *La Poste*.

bei der Ausübung ihrer Tätigkeit zu umgehen. Auf eine Diskriminierung durch ein öffentliches Unternehmen in einer derartigen Monopolstellung findet das Konzernprivileg keine Anwendung.

c) *Zusammenfassung zu den unternehmerischen Tätigkeiten der öffentlichen Hand*

Die Beispiele aus der deutschen und europäischen Rechtspraxis zeigen, dass im Bereich der unternehmerischen Tätigkeiten der öffentlichen Hand unter bestimmten Umständen eine Einschränkung des Konzernprivilegs angezeigt ist. Dies bringt die besondere Position öffentlicher Unternehmen mit sich, deren unternehmerisches Handeln im Wettbewerb mit Privaten oft eng mit der hoheitlichen Aufgabenerfüllung verknüpft ist.

Daraus ergibt sich jedoch keine generelle Unanwendbarkeit des Konzernprivilegs. Sofern öffentliche Unternehmen keine durch Gesetze oder Verordnungen vermittelte herausgehobene Stellung innehaben, sondern sich als im Verhältnis zu privaten Anbietern gleichwertige Wettbewerber auf dem freien Markt betätigen, gelten für sie die allgemeinen wettbewerbs- und kartellrechtlichen Regeln, mithin auch das Konzernprivileg. Aus ihrer Natur als Unternehmen der öffentlichen Hand ergeben sich jedoch häufig Sonderstellungen, die im Rahmen des Diskriminierungs- und Behinderungstatbestands bei der Interessenabwägung zu berücksichtigen sind und unter Umständen zur Ablehnung des Konzernprivilegs führen. Dies ist etwa der Fall, wenn öffentliche Unternehmen eine gesetzliche Monopolstellung innehaben bzw. über eine wesentliche Einrichtung (*essential facility*) verfügen und die Wettbewerber auf der vor- oder nachgelagerten Marktstufe das Unternehmen aus diesem Grund nicht umgehen können. In einem solchen Fall stellt die Begünstigung eigener Tochterunternehmen eine missbräuchliche Diskriminierung bzw. Behinderung dar und ist nicht vom Konzernprivileg gedeckt. Auch außerhalb von *essential facilities* darf die öffentliche Hand eine ihr aufgrund der öffentlichen Aufgabenerfüllung verliehene Position nicht dazu ausnutzen, sich im Bereich einer damit verbundenen privatrechtlichen Tätigkeit wirtschaftliche oder strukturelle Vorteile gegenüber leistungsbereiten privaten Wettbewerbern zu verschaffen.

2. *Sektorspezifisches Regulierungsrecht*

Die Anwendung des Konzernprivilegs ist auch dort eingeschränkt, wo sektorales Regulierungsrecht Unternehmen eine Gleichbehandlung mit sich selbst auferlegt. Derartige Regelungen finden sich im deutschen ebenso wie im europäischen Recht für regulierte Wirtschaftsbereiche wie den Strom-, Gas-,

Telekommunikations-, Post- und Eisenbahnsektor.[1027] In der Regel handelt es sich um netzgebundene Märkte, so dass eine Anwendung des Konzernprivilegs häufig bereits an der *essential facilities*-Doktrin scheitern würde. Allerdings sind die Mittel des Kartellrechts nicht ausreichend, um das regulierungsrechtliche Ziel einer Marktöffnung und die Schaffung angemessener Wettbewerbskonditionen für die ehemals monopolistisch geprägte Versorgungswirtschaft zu erreichen.[1028] Art. 102 AEUV bzw. § 19 GWB sind auf den Schutz bestehenden Wettbewerbs gerichtet und erlauben eine reine *ex post*-Kontrolle. Regulierungsrechtliche Liberalisierungsvorschriften sind hingegen auf die Öffnung von Märkten für neue Wettbewerber ausgerichtet und beinhalten zudem wesentlich weitergehende Verhaltenspflichten für die Netzbetreiber als dies mit dem allgemeinen Kartellrecht zu erreichen wäre[1029]. Die beiden Bereiche greifen ineinander: Die sektorspezifischen Regeln zur Marktöffnung sollen Monopolmärkte in Wettbewerbsmärkte verwandeln und Schritt für Schritt durch die allgemeinen Wettbewerbsvorschriften ersetzt werden.[1030]

Während im deutschen Recht die spezialgesetzlichen Regulierungsvorschriften das allgemeine Kartellrecht grundsätzlich verdrängen, bleibt Art. 102 AEUV stets neben dem sektorspezifischen Regulierungsrecht anwendbar, soweit das marktbeherrschende Unternehmen noch über privatautonome Handlungsspielräume verfügt.[1031] Für den hier allein zu untersuchenden Missbrauchstatbestand gilt, dass die regulierungsrechtlichen Wertungen zu berücksichtigen sind und sie den Maßstab für die Rechtfertigungs- bzw. Billigkeitsprüfung entsprechend der

---

1027 Ausführlich *Dittmann*, Öffnung von Märkten durch kartellrechtlichen Kontrahierungszwang, S. 277 ff.

1028 *Fuchs/Möschel* in: Immenga/Mestmäcker, EU-Wettbewerbsrecht, Art. 102 AEUV Rn. 393; *Heise*, WuW 2009, 1024, 1028 ff.; *Lecheler/Hermann*, WuW 2005, 482, 484; *Schröter/Bartl* in: Schröter/Jakob/Klotz/Mederer, Europäisches Wettbewerbsrecht, Art. 102 AEUV Rn. 289.

1029 *Schwarz van Berk*, Der Zugang zu wesentlichen Einrichtungen, S. 222 f.; zum Verhältnis des europäischen Regulierungsrechts im Telekommunikationssektor zur *essential facilities* Doktrin vgl. *Holzhäuser*, Essential Facilities in der Telekommunikation, S. 213 ff.

1030 *Fuchs/Möschel* in: Immenga/Mestmäcker, EU-Wettbewerbsrecht, Art. 102 AEUV Rn. 393; *Schwarz van Berk*, Der Zugang zu wesentlichen Einrichtungen, S. 223.

1031 Kommission, Entscheidung v. 21. Mai 2003, ABl. 2003 L-263/9 Rn. 54 f.; *Fuchs/Möschel* in: Immenga/Mestmäcker, EU-Wettbewerbsrecht, Art. 102 AEUV Rn. 394 m.w.N.

gesetzlichen Zielsetzung konkretisieren.[1032] Dies kann dazu führen, dass das normalerweise im Rahmen des Diskriminierungs- und Behinderungstatbestands anzuwendende Konzernprivileg entfällt.

a) Deutsches Recht

aa) Regulierungsrechtliche Regelungen

Im deutschen Recht findet sich eine ausdrückliche Pflicht zur Gleichbehandlung in § 20 Abs. 1 Satz 1 EnWG („Betreiber von Energieversorgungsnetzen haben jedermann nach sachlich gerechtfertigten Kriterien diskriminierungsfrei Netzzugang zu gewähren"), in § 21 Abs. 1 TKG („Die Bundesnetzagentur kann auf Antrag oder von Amts wegen Betreiber öffentlicher Telekommunikationsnetze, die über beträchtliche Marktmacht verfügen, verpflichten, anderen Unternehmen Zugang nach Maßgabe dieser Vorschrift zu gewähren"), in § 14 AEG („Eisenbahninfrastrukturunternehmen sind verpflichtet, die diskriminierungsfreie Benutzung der von ihnen betriebenen Eisenbahninfrastruktur und die diskriminierungsfreie Erbringung der von ihnen angebotenen Leistungen [...] zu gewähren") und in § 29 PostG („Ist ein Lizenznehmer auf einem Markt für lizenzpflichtige Postdienstleistungen marktbeherrschend, so ist er, soweit dies nachgefragt wird, verpflichtet, auf diesem Markt anderen Anbietern von Postdienstleistungen gegen Entrichtung eines Entgelts die Zuführung von Postsendungen zu den von ihm betriebenen Postfachanlagen zu gestatten, es sei denn, dies ist sachlich nicht gerechtfertigt"). Diese sektorspezifischen Regelungen sind im Rahmen der Interessenabwägung des § 19 Abs. 2 Nr. 4 GWB zu berücksichtigen: Ein Interesse, das regulatorischen Verbotstatbeständen zuwiderläuft, ist nicht berücksichtigungsfähig.[1033]

bb) Die Entscheidung Stadtwerke Dachau

Die Entscheidung *Stadtwerke Dachau* des BGH verdeutlicht, wie regulierungsrechtliche Wertungen die kartellrechtliche Beurteilung beeinflussen.[1034] In der Sache ging es um die Weigerung eines Gasnetzbetreibers und dessen Tochtergesellschaft, ein Gasversorgungsunternehmen, Gas an einen Wettbewerber zu liefern. Die SWM-V, eine Tochtergesellschaft der Stadtwerke München GmbH, hatte die Genehmigung zur Aufnahme der allgemeinen Versorgung mit Gas für die

---

1032 BGH, Urteil v. 15. Mai 2012, WuW/E DE-R 3625 Rn. 33 – *Stromnetznutzungsentgelt V*, hier zur Billigkeitsprüfung im Rahmen des § 315 BGB; *Fuchs/Möschel* in: Immenga/Mestmäcker, GWB, § 19 GWB Rn. 339.

1033 *Fuchs/Möschel* in: Immenga/Mestmäcker, GWB, § 19 GWB Rn. 339.

1034 BGH, Urteil v. 13. Dezember 2005, WuW/E DE-R 1726 – *Stadtwerke Dachau.*

Stadt München, die Stadt Dachau und mehrere Umlandgemeinden. Der Stadtwerke München GmbH gehörte das Gasnetz der Stadt Dachau, welches sie im Dezember 2002 aufgrund einer Endschaftsbestimmung im Ende 2002 auslaufenden Konzessionsvertrags an die Stadtwerke Dachau übertrug. Das Netz, welches die Stadtwerke Dachau von den Stadtwerken München übernommen hatten, war allerdings allein an das vorgelagerte Netz der SWM-V angeschlossen, welches wiederum mit anderen Gasnetzen verbunden war. Nachdem eine zunächst geplante gesellschaftsrechtliche Kooperation zwischen den Stadtwerken München und Dachau zur gemeinsamen Versorgung der Stadt Dachau gescheitert war, teilten die Stadtwerke München den Stadtwerken Dachau mit, dass ihre Tochtergesellschaft SWM-V den Stadtwerken Dachau wegen des damit entstehenden Wettbewerbs zwischen den Versorgungsunternehmen kein Gas mehr liefern werde.[1035]

Der BGH hielt dieses Verhalten für eine missbräuchliche Ausnutzung einer marktbeherrschenden Stellung durch SWM-V. Der relevante Markt war der Bezug von Gas von einem regionalen oder überregionalen Weiterverteiler zur Versorgung der Letztverbraucher im Netz der Stadtwerke Dachau. Es spiele keine Rolle, ob SWM-V in der Vergangenheit nur die zu ihrem Konzern gehörenden Weiterverteiler mit Gas beliefert habe und damit in den Geschäftsverkehr mit anderen Weiterverteilern (noch) nicht eingetreten sei. Ein Unternehmen könne auch dann als marktbeherrschend anzusehen sein, wenn es in dem betreffenden Geschäftsverkehr noch nicht tätig sei und auch nicht tätig werden wolle.[1036]

Im Rahmen der Interessenabwägung kam der BGH zum Ergebnis, dass das Verhalten der SWM-V nicht sachlich gerechtfertigt sei. Zwar könne es auch einem marktbeherrschenden Unternehmen in der Regel nicht zugemutet werden, einen Wettbewerber entgegen der eigenen wirtschaftlichen Interessen zu beliefern. Dieses grundsätzlich anzuerkennende Interesse finde jedoch dort seine Grenzen, wo es sich gegen die Offenheit des Marktzugangs richte. SWM-Vs Weigerung, die Stadtwerke Dachau mit Gas zu beliefern, laufe dem gesetzgeberischen Ziel zuwider, den Ablauf früher bestehender Konzessionsverträge für eine Öffnung des Wettbewerbs zu nutzen. Damit würde eine Marktzutrittsschranke aufrechterhalten, die zu beseitigen das erklärte Ziel des Gesetzgebers im Zuge der Liberalisierung der Energiemärkte sei.[1037]

1035 BGH, Urteil v. 13. Dezember 2005, WuW/E DE-R 1726 Rn. 1 – *Stadtwerke Dachau.*

1036 BGH, Urteil v. 13. Dezember 2005, WuW/E DE-R 1726 Rn. 13 f. – *Stadtwerke Dachau.*

1037 BGH, Urteil v. 13. Dezember 2005, WuW/E DE-R 1726 Rn. 18 – *Stadtwerke Dachau*; Die novellierte Fassung des EnWG 2005 trat am 13. Juli 2013 in Kraft. Weitere Novellen folgten zum 4. August 2011 und zum 1. August 2014.

Das Konzerninteresse an der Förderung des eigenen wirtschaftlichen Erfolgs zulasten der Wettbewerber musste hinter diesem Zweck zurückstehen, sodass SWM-V verpflichtet wurde, solange Gas an die Stadtwerke Dachau zu liefern, bis diese einen Vertrag mit einem neuen Gasversorger abgeschlossen hatten.

cc) Zwischenfazit

Die Entscheidung zeigt, dass das Konzernprivileg grundsätzlich auch im Rahmen der leitungsgebundenen Versorgung nicht von Vornherein zu vernachlässigen ist (in diesem Fall ging es ausnahmsweise um die Bevorzugung einer Muttergesellschaft durch ihre Tochtergesellschaft, allerdings auf Veranlassung der Mutter) jedoch im Rahmen der Interessenabwägung von der gesetzlichen Zielvorstellung einer Öffnung der ehemals regulierten Märkte überlagert werden kann. Die Pflicht zur Gleichbehandlung mit sich selbst kann mithin der Anwendung des Konzernprivilegs entgegen stehen.

b) Europäisches Recht

aa) Regulierungsrechtliche Vorschriften

Auch im europäischen Recht existieren Gleichbehandlungsgebote für bestimmte Wirtschaftsbereiche.[1038] Wie im deutschen Recht handelt es sich um Vorschriften, die den Zugang zu Netzen in regulierten Sektoren betreffen. Als primärrechtliche Regelung des Unionsrechts genießt Art. 102 AEUV zwar grundsätzlich Anwendungsvorrang vor sekundärem Unionsrecht und nationalen Normen.[1039] Daher kann beispielsweise ein Entgelt, das von einer nationalen Regulierungsbehörde für zulässig im Sinne der sektorspezifischen Regelungen befunden wurde, gegen Art. 102 AEUV verstoßen, wenn dem Unternehmen ein eigener Handlungsspielraum bei der Preissetzung zusteht.[1040][1041] Dennoch dienen auch auf

1038 Allgemein zum Verhältnis des mitgliedstaatlichen Regulierungsrechts zum Missbrauchstatbestand des Art. 102 AEUV: *Ehlermann*, ECLR 1997, S. 261; vgl. auch *Dittmann*, Öffnung von Märkten durch kartellrechtlichen Kontrahierungszwang, S. 277 ff; *Schwarz van Berk*, Der Zugang zu wesentlichen Einrichtungen, S. 221 ff.

1039 *Fuchs/Möschel* in: Immenga/Mestmäcker, EU-Wettbewerbsrecht, Art. 102 AEUV Rn. 394; *Schröter/Bartl* in: Schröter/Jakob/Klotz/Mederer, Europäisches Wettbewerbsrecht, Art. 102 AEUV Rn. 289.

1040 EuG, Urteil v. 10. April 2008, Rs. T-271/03, ECLI:EU:T:2008:102 Rn. 119 ff. – *Deutsche Telekom*.

1041 Sofern hingegen das potentiell missbräuchliche Verhalten eines Unternehmens durch nationale Rechtsvorschriften zwingend vorgeschrieben ist, scheidet nach ständiger Rechtsprechung des EuGH ein Verstoß gegen Art. 102 AEUV aus, vgl. EuGH, Urteil

EU-Ebene die sektorspezifischen Zugangsverpflichtungen und Gleichstellungsregelungen als Maßstab für die kartellrechtliche Beurteilung und stehen einer Anwendung des Konzernprivilegs entgegen.

So verpflichtet Art. 32 Abs. 1 der Erdgasbinnenmarktrichtlinie[1042] die Mitgliedstaaten zur Gewährleistung eines Systems, das Dritten einen diskriminierungsfreien Zugang zum Fernleitungs- und Verteilernetz ermöglicht.[1043] Eine wortgleiche Parallelvorschrift findet sich in Art. 32 Abs. 1 der Elektrizitätsbinnenmarktrichtlinie.[1044] Im Eisenbahnsektor schreibt Art. 4 Abs. 5 der Eisenbahninfrastrukturrichtlinie[1045] den Betreibern der Schienennetze die Erhebung gleichwertiger und nichtdiskriminierender Entgelte für unterschiedliche Eisenbahnunternehmen vor.[1046]

---

v. 11. November 1997, verb. Rs. C-349/95 P & C-379/95 P, ECLI:EU:C:1997:531 Rn. 33 – *Ladbroke Racing*; EuGH, Urteil v. 114. Oktober 2010, Rs. C-280/08 P, ECLI:EU:C:2010:603 Rn. 80 – *Deutsche Telekom*.

1042 Richtlinie 2009/73/EG des Europäischen Parlaments und des Rates vom 13. Juli 2009 über gemeinsame Vorschriften für den Erdgasbinnenmarkt und zur Aufhebung der Richtlinie 2003/55/EG, ABl. 2009 L-211/94 („Erdgasbinnenmarktrichtlinie"); vgl. dazu auch Verordnung (EG) Nr. 715/2009 des Europäischen Parlaments und des Rates vom 13. Juli 2009 über die Bedingungen für den Zugang zu den Erdgasfernleitungsnetzen und zur Aufhebung der Verordnung (EG) Nr. 1775/2005, ABl. 2009 L-211/36.

1043 „Die Mitgliedstaaten gewährleisten die Einführung eines Systems für den Zugang Dritter zum Fernleitungs- und Verteilernetz und zu den LNG-Anlagen auf der Grundlage veröffentlichter Tarife; die Zugangsregelung gilt für alle zugelassenen Kunden, einschließlich Versorgungsunternehmen, und wird nach objektiven Kriterien und ohne Diskriminierung von Netzbenutzern angewandt."

1044 Richtlinie 2009/72/EG des Europäischen Parlaments und des Rates vom 13. Juli 2009 über gemeinsame Vorschriften für den Elektrizitätsbinnenmarkt und zur Aufhebung der Richtlinie 2003/54/EG, ABl. 2009 L-211/55 („Elektrizitätsbinnenmarktrichtlinie"); vgl. dazu auch Verordnung (EG) Nr. 714/2009 des Europäischen Parlaments und des Rates vom 13. Juli 2009 über die Netzzugangsbedingungen für den grenzüberschreitenden Stromhandel und zur Aufhebung der Verordnung (EG) Nr. 1228/2003, ABl. 2009 L-211/15.

1045 Richtlinie 2001/14/EG des Europäischen Parlaments und des Rates vom 26. Februar 2001 über die Zuweisung von Fahrwegskapazitäten der Eisenbahn, die Erhebung von Entgelten für die Nutzung von Eisenbahninfrastruktur und die Sicherheitsbescheinigung, ABl. 2001 L-75/29, geändert durch die Richtlinie 2007/58/EG des Europäischen Parlaments und des Rates vom 23. Oktober 2007, ABl. 2007 L-315/44.

1046 „Die Betreiber der Infrastruktur tragen dafür Sorge, dass die Anwendung der Entgeltregelung zu gleichwertigen und nichtdiskriminierenden Entgelten für

In Bezug auf Telekommunikationsnetze wird sogar explizit eine Gleichbehandlung mit konzernverbundenen Unternehmen vorausgesetzt. In der *Mitteilung über die Anwendung der Wettbewerbsregeln auf Zugangsvereinbarungen im Telekommunikationsbereich*[1047] heißt es in den Randnummern 125 und 126: „Jede sachlich unbegründete Diskriminierung in Bezug auf bestimmte Aspekte oder Bedingungen einer Zugangsvereinbarung könnte einen Missbrauch darstellen. [...] In diesem Zusammenhang ist der Netzbetreiber allgemein dazu verpflichtet, unabhängige Kunden genauso zu behandeln wie eigene Tochterunternehmen oder die eigene nachgeordnete Dienstleistungssparte." Dieses in der Mitteilung formulierte Gleichbehandlungsziel wurde in Art. 10 i.V.m. Art. 8 Abs. 2 der *Zugangsrichtlinie*[1048] aufgegriffen. Demnach können Betreibern von Kommunikationsnetzen, die über eine beträchtliche Marktmacht verfügen, Gleichbehandlungsverpflichtungen auferlegt werden. Gemäß Art. 10 Abs. 2 der Zugangsrichtlinie stellen die Gleichbehandlungsverpflichtungen „insbesondere sicher, dass der betreffende Betreiber anderen Unternehmen, die gleichartige Dienste erbringen, unter den gleichen Umständen gleichwertige Bedingungen bietet und Dienste und Informationen für Dritte zu den gleichen Bedingungen und mit der gleichen Qualität bereitstellt wie für seine eigenen Produkte oder die seiner Tochter- oder Partnerunternehmen". Die ausdrückliche Gleichstellung mit Tochter- oder Partnerunternehmen steht der Anwendung des Konzernprivilegs entgegen.

bb) Die Kommissionsentscheidung Deutsche Telekom

Zu dem Verhältnis dieser sektorspezifischen Regelungen zum Missbrauchsverbot nahm die Europäische Kommission in der Entscheidung *Deutsche Telekom* Stellung, in der es um eine Kosten-Preis-Schere ging.[1049] Die Kommission warf der Telekom vor, ihren Wettbewerbern auf dem Markt für

unterschiedliche Eisenbahnunternehmen führen, die Dienste gleichwertiger Art in ähnlichen Teilen des Markts erbringen [...]."

1047 Mitteilung über die Anwendung der Wettbewerbsregeln auf Zugangsvereinbarungen im Telekommunikationsbereich, ABl. 1998 C-265/2.

1048 Richtlinie 2002/19/EG des Europäischen Parlaments und des Rates vom 7. März 2002 über den Zugang zu elektronischen Kommunikationsnetzen und zugehörigen Einrichtungen sowie deren Zusammenschaltung, ABl. 2002 L-108/7 („Zugangsrichtlinie"), geändert durch die Richtlinie 2009/140/EG des Europäischen Parlaments und des Rates vom 25. November 2009, ABl. 2009 L-337/37.

1049 Kommission, Entscheidung v. 21. Mai 2003, COMP/37.451, 37.578 & 37.579, ABl. 2003 L-263/9 – *Deutsche Telekom.*

Telekommunikationsdienstleistungen im Festnetz für den Zugang zu dem von ihr kontrollierten Netz einen höheren Preis zu berechnen als sie selbst von ihren Endkunden verlangte. Dies führte dazu, dass die Wettbewerber bei einer kostendeckenden Kalkulation nicht in der Lage waren, ihre Dienstleistungen gegenüber den Endkunden zu konkurrenzfähigen Preisen anzubieten. Die Deutsche Telekom hatte sich darauf berufen, dass das Entgelt für die Vorleistung – Zugang zum Festnetz – durch staatliche Regulierungsvorgaben fixiert sei, weshalb ein Verstoß gegen Art. 102 AEUV nicht vorliege.[1050] In den Rn. 53 ff der Entscheidung stellte die Europäische Kommission klar, dass die Bindung an mitgliedstaatliche oder EU-rechtliche Regulierungsnormen die gleichzeitige Geltung des Wettbewerbsrechts nicht ausschließe, solange Unternehmen einen gewissen eigenen Handlungsspielraum in der Preissetzung besäßen. Sie wies insbesondere darauf hin, dass auch die *Mitteilung über Zugangsvereinbarungen im Telekommunikationsbereich* die parallele Geltung regulierungsrechtlicher und wettbewerbsrechtlicher Vorschriften anordnet. Dort heißt es wörtlich: „Im Telekommunikationsbereich bezwecken die ONP-Richtlinien [Regeln über den offenen Netzzugang] die Schaffung eines Regulierungsrahmens für Zugangsvereinbarungen. Angesichts der Detailliertheit der ONP-Regeln und der Tatsache, dass sie über die Anforderungen von Art. 86 EG-Vertrag [Anm.: jetzt Art. 102 AEUV] hinausgehen können, sollten im Telekommunikationsbereich tätige Unternehmen beachten, dass die Einhaltung der Unionsrechtlichen Wettbewerbsregeln sie nicht von der Pflicht befreit, den ihnen im Zusammenhang mit den ONP-Regeln auferlegten Verpflichtungen nachzukommen, sowie umgekehrt bei der Befolgung der ONP-Regeln auch die Wettbewerbsregeln einzuhalten".[1051] Da der Deutschen Telekom im konkreten Fall auf der Endkundenebene ein gewisser Preissetzungsspielraum zustand, kamen die Kommission und später auch das EuG zu dem Ergebnis, dass die Deutsche Telekom durch ihr Marktverhalten eine missbräuchliche Kosten-Preis-Schere verwirklicht habe.[1052]

Die Entscheidung macht deutlich, dass die Wertungen des Regulierungsrechts Maßstab für die Abwägungen im Rahmen des Art. 102 AEUV sein können und umgekehrt.

1050 Kommission, Entscheidung v. 21. Mai 2003, COMP/37.451, 37.578 & 37.579, ABl. 2003 L-263/9 Rn. 53 – *Deutsche Telekom*.

1051 Mitteilung über TK- Zugangsvereinbarungen, Rn. 22.

1052 Kommission, Entscheidung v. 21. Mai 2003, COMP/37.451, 37.578 & 37.579, ABl. 2003 L-263/9 Rn. 57 – *Deutsche Telekom*; EuG, Urteil v. 10. April 2008, Rs. T-271/03, ECLI:EU:T:2008:101 Rn. 122 ff. – *Deutsche Telekom*.

c) Zusammenfassung zum sektorspezifischen Regulierungsrecht

Das sektorspezifische Regulierungsrecht bezieht sich auf Wirtschaftsbereiche, in denen lange Zeit ein (staatliches) Monopol für die Erbringung bestimmter Versorgungsdienstleistungen gegeben war, wie die Energieversorgung, die Telekommunikationsdienste, die Eisenbahninfrastruktur und die postalische Grundversorgung. Es handelt sich in der Regel um netzgebundene Wirtschaftsbereiche. Die seit Beginn der 2000er Jahre europaweit angestrengten Liberalisierungsbemühungen haben zum Ziel, dass die ehemaligen Monopol- in Wettbewerbsmärkte umgewandelt werden und als solche grundsätzlich den allgemeinen Wettbewerbsregeln unterliegen. Auf dem Weg dorthin sollen spezielle regulierungsrechtliche Vorschriften sowohl auf nationaler als auch auf EU-Ebene dafür sorgen, dass die Marktöffnung tatsächlich gelingt. Diese enthalten regelmäßig eine ausdrückliche Verpflichtung an die Adresse der Netzbetreiber, Dritten Zugang zu ihren Netzen, und zwar zu angemessenen Konditionen zu gewähren. Häufig bedeutet dies auch die Pflicht zur Gleichbehandlung mit sich selbst. Derartige Regelungen schließen die Anwendung des Konzernprivilegs aus, da eine Bevorzugung des eigenen Tochterunternehmens dem Gleichbehandlungsgebot entgegensteht. Dies ist gerechtfertigt, da es sich bei den fraglichen Netzen in aller Regel um *essential facilities* handelt, ohne deren Nutzung ein Markteintritt Dritter und damit die angestrebte Marktliberalisierung nicht möglich ist.

3. Wertungen anderer Rechtsbereiche

Im Rahmen der Interessenabwägung bei der Prüfung einer Diskriminierung oder Behinderung nach Art. 102 AEUV bzw. § 19 GWB sind auch rechtliche Wertungen außerhalb des Kartell- und Regulierungsrechts zu beachten. Auch aus anderen Regelungen können sich wettbewerblich relevante Zielvorgaben ergeben, welche Einfluss auf die Bewertung des Verhaltens eines marktbeherrschenden Unternehmens haben.[1053] In Bezug auf das Konzernprivileg könnten dies Regelungen oder gesetzliche Wertungen sein, die eine Gleichbehandlung mit sich selbst vorschreiben, so dass die Ungleichbehandlung von konzernzugehörigen und fremden Unternehmen ausgeschlossen ist. Konkrete Fallbeispiele zum Konzernprivileg existieren zwar bislang nicht, doch die Praxis zeigt, wie sich Wertungen aus den unterschiedlichsten Rechtsbereichen auf die kartellrechtliche Interessenabwägung im Rahmen des Diskriminierungs- und Behinderungsverbots auswirken.

1053 Dazu *Nothdurft* in: Langen/Bunte, Deutsches Kartellrecht, Art. 19 Rn. 234.

a) Einfachgesetzliche Normen

aa) Die Entscheidung Importarzneimittel

In der Entscheidung *Importarzneimittel* war unter anderem eine Regelung aus dem SGB V a.F. ausschlaggebend, um einen Missbrauch des beklagten Pharmagroßhandelsunternehmens in Form einer Geschäftsverweigerung und Ungleichbehandlung zulasten eines Arzneimittelimporteurs zu bejahen.[1054] Dieser hatte sich dagegen gewandt, dass sich das beklagte Pharmagroßhandelsunternehmen, ebenso wie dessen Wettbewerber, weigerte, die von ihm importierten Arzneimittel abzunehmen. Die Preise für diese Arzneimittel lagen aufgrund niedrigerer Abgabepreise im Ausland deutlich unter den Preisen für die inländischen Originalprodukte. Das führte auch dazu, dass die Marge der Großhändler beim Weiterverkauf der Medikamente geringer war als bei inländischen Originalmedikamenten.

Das BKartA und in seinem späteren Urteil auch der BGH sahen in der Weigerung des Großhändlers, die Importarzneimittel von der Klägerin zu beziehen, eine missbräuchliche Geschäftsverweigerung und Diskriminierung gegenüber anderen Lieferanten.[1055] Diese sei auch nicht gerechtfertigt. Die Beklagte hatte unter anderem vorgetragen, die Pflicht zur Abnahme der Importarzneimittel von der Klägerin beschränke sie in ihrer Sortimentsfreiheit und sei aufgrund der geringeren Marge mit Gewinneinbußen verbunden, denn bei Abnahme und Weiterverkauf von Importarzneimitteln würde automatisch der Absatz der entsprechenden teureren Originalarzneimittel sinken, da der Gesamtbedarf sich nicht verändere. Sie hatte sich auf ihre unternehmerische Freiheit berufen, selbst über ihre Lieferanten entscheiden zu können. Der BGH hielt diese Interessen der Klägerin nicht für durchgreifend. Hinsichtlich der Gewinneinbußen stellte der BGH fest, dass diese schon wegen der Meistbegünstigungsregelung in § 129 Abs. 1 Nr. 2, Abs. 2 SGB V a.F. hinzunehmen seien. Diese bestimmte, dass immer dann, wenn der Preis eines Importarzneimittels mindestens 10% und mindestens 1 DM unter dem des gleichnamigen inländischen Arzneimittels liegt, die Apotheker verpflichtet sind, dem Kunden das günstigere Medikament zu verkaufen.[1056] Diese Verpflichtung stehe der von der Beklagten vorgetragenen

---

1054 BGH, Urteil v. 21. Februar 1995, WuW/E BGH 2990 – *Importarzneimittel.*

1055 BKartA, Entscheidung v. 14. August 1992, WuW/E BKartA 2543 – *Importarzneimittel-Boykott*; BGH, Urteil v. 21. Februar 1995, WuW/E BGH 2990, 2995 ff. – *Importarzneimittel.*

1056 Der heutige § 129 Abs. 1 Nr. 2 SGB V lautet: „Die Apotheker sind bei der Abgabe verordneter Arzneimittel an Versicherte […] verpflichtet zur Abgabe von

Gefahr entgegen, dass Apotheker aufgrund des höheren Preises vorwiegend die Originalarzneimittel an die Kunden abgeben und auf den Bezug von Importarzneimittel vom Großhandel verzichten.[1057] Demzufolge stellte die Sorge der Beklagten vor Umsatzeinbußen kein relevantes Interesse dar, welches die Abnahmeverweigerung hätte rechtfertigen können.

Die Entscheidung zeigt, dass eine eigentlich an die nachgelagerte Vertriebsstufe – die Apotheker – gerichtete Norm aus dem SGB V auch Auswirkungen auf die kartellrechtliche Beurteilung des hier streitigen Verhaltens der Großhandelsstufe haben kann. Der BGH leitete aus dieser Verpflichtung zur Abgabe preisgünstiger Importarzneimittel an die Endverbraucher die mittelbare Pflicht des Großhandels zur Abnahme und zum Weitervertrieb dieser Importarzneimittel ab. Die wettbewerbliche Zielsetzung des SGB V, den Verbrauchern Medikamente zu möglichst günstigen Preisen anzubieten, gab den Maßstab für die kartellrechtliche Interessenabwägung vor.

bb) Die Entscheidung Bahnhofsbuchhandel

Ein weiteres Beispiel für die Einbeziehung von gesetzlichen Wertungen außerhalb des GWB in die Prüfung des Diskriminierungstatbestands ist der Fall *Bahnhofsbuchhandel*,[1058] in dem es um die Direktbelieferung von Buchhandlungen an Nahverkehrsbahnhöfen und Flughäfen in Berlin ging. Die Klägerin, eine Betreiberin mehrerer Buchhandlungen an S- und U-Bahnhöfen sowie Flughäfen im Berliner Stadtgebiet, verlangte von der Beklagten, einer Herstellerin von Presseerzeugnissen, sie auch weiterhin zu Vorzugskonditionen für Bahnhofsbuchhandlungen, d.h. direkt und nicht über den Großhandel, sowie zu vergünstigten Preisen, zu beliefern. Die Beklagte hatte dies ursprünglich getan, die Direktbelieferung der Klägerin jedoch – mit einer Vorlaufzeit von einem Jahr – eingestellt und sie auf den Großhandelsbezug ihrer Presseerzeugnisse verwiesen. Die Klägerin sah darin eine Ungleichbehandlung gegenüber dem Zeitschriftenhandel auf Fernverkehrsbahnhöfen, welcher von der Beklagten nach wie vor direkt und zu Vorzugskonditionen beliefert wurden.

Traditionell wurden Buchhandlungen an Fernbahnhöfen der Deutschen Bundesbahn bevorzugt beliefert, da sie als Nebenbetriebe der Deutschen

---

preisgünstigeren importierten Arzneimitteln, deren für den Versicherten maßgeblicher Arzneimittelabgabepreis […] mindestens 15 vom Hundert oder mindestens 15 Euro niedriger ist als der Preis des Bezugsarzneimittels."

1057 BGH, Urteil v. 21. Februar 1995, WuW/E BGH 2990, 2996 f. – *Importarzneimittel*.

1058 BGH, Urteil v. 9. Juli 1998, WuW/E DE-R 134 – *Bahnhofsbuchhandel*.

Bundesbahn „an der gesetzlich vorgeschriebenen Versorgungsfunktion für Reisende teilhatten und einem gesetzlichen Betriebszwang mit entsprechenden Vertriebsanforderungen unterlagen".[1059]

Der BGH stellte fest, dass mit der Privatisierung der Bahn die entsprechenden gesetzlichen Verpflichtungen zwar weggefallen seien, der Gesetzgeber aber gleichwohl von einer fortbestehenden besonderen Versorgungsnotwendigkeit für Reisende auf Fernverkehrsbahnhöfen ausgehe. Dies komme in § 8 Ladenschlussgesetz („LSchlG") zum Ausdruck, wonach Verkaufsstellen auf Personenbahnhöfen, soweit sie den Bedürfnissen des Reiseverkehrs zu dienen bestimmt sind, nach wie vor nahezu unbeschränkte Öffnungszeiten zugestanden werden. Die Vorschrift gelte allerdings nur für Bahnhöfe, die dem Eisenbahnverkehr dienten, nicht hingegen für Omnibusbahnhöfe, U-Bahnhöfe oder Autobahntankstellen. Angesichts der vom Gesetzgeber vorgenommenen unterschiedlichen Bewertung der Versorgungsfunktion sei die Beklagte zu einer Gleichbehandlung des Zeitschriftenhandels auf Fern- und Nahverkehrsbahnhöfen auch aus kartellrechtlicher Sicht nicht verpflichtet.[1060] Daher stehe es der Beklagten frei, ohne Verstoß gegen das Diskriminierungsverbot ihr Absatzssystem so zu gestalten, wie sie es für wirtschaftlich richtig und sinnvoll halte, solange sie – wie hier geschehen – den Geschäftspartnern eine angemessene Übergangszeit gewähre. In Bezug auf den Zeitschriftenhandel an Flughäfen nahm das Gericht hingegen eine vergleichbare Versorgungsfunktion und damit eine Direktbelieferungspflicht der Beklagten an.

Aus der beschränkten Geltung des § 8 LSchlG leitete der BGH in diesem Fall einen Rechtfertigungsgrund für die Ungleichbehandlung von Zeitschriftenläden auf Fernverkehrs- und Nahverkehrsbahnhöfen ab. Mithin gab auch hier eine einfachgesetzliche Norm die Orientierung für die wettbewerbliche Beurteilung.

b) Unionsrecht

Auch unionsrechtliche Wertungen, die nicht aus dem Bereich des Missbrauchsverbots stammen, können die Interessenabwägung beeinflussen. Eine wichtige Frage ist etwa, ob eine Ausnahme vom nationalen Diskriminierungs- bzw. Behinderungsverbot gilt, wenn das Verhalten durch eine Gruppenfreistellungsvereinbarung („GVO") oder eine Einzelentscheidung der Kommission gedeckt ist.[1061]

1059 BGH, Urteil v. 9. Juli 1998, WuW/E DE-R 134, 136 – *Bahnhofsbuchhandel.*
1060 BGH, Urteil v. 9. Juli 1998, WuW/E DE-R 134, 137 – *Bahnhofsbuchhandel.*
1061 Dazu *Nothdurft* in: Langen/Bunte, Deutsches Kartellrecht, § 19 Rn. 236 ff.

In früheren Urteilen hat der BGH diese Entscheidung offen gelassen.[1062] Seit Inkrafttreten der VO 1/2003 existieren jedoch klare Regeln für die Behandlung eines Konflikts zwischen nationalem und europäischem Kartellrecht. Nach Art. 3 Abs. 2 Satz 1 VO1/2003 darf die Anwendung einzelstaatlichen Wettbewerbsrechts nicht zum Verbot von Vereinbarungen zwischen Unternehmen, Beschlüssen von Unternehmensvereinigungen und abgestimmten Verhaltensweisen führen, welche den Handel zwischen Mitgliedstaaten zu beeinträchtigen geeignet sind, aber nicht gegen Art. 101 Abs. 1 AEUV verstoßen, die Freistellungsvoraussetzungen des Art. 101 Abs. 3 AEUV erfüllen oder von einer GVO erfasst sind. In Bezug auf Kartelle besteht damit ein eindeutiger Vorrang des Unionsrechts. Demgegenüber ordnet Art. 3 Abs. 2 Satz 1 VO 1/2003 an, dass es den Mitgliedstaaten nicht verwehrt ist, strengere innerstaatliche Vorschriften zu Unterbindung oder Ahndung einseitiger Handlungen von Unternehmen zu erlassen oder anzuwenden.[1063] Sofern mithin das zu beurteilende diskriminierende oder behindernde Verhalten eine rein einseitige Maßnahme ist, gilt die Vorrangregelung des Satzes 1 nicht.

Umstritten ist allerdings, insbesondere in Bezug auf selektive Vertriebssysteme, welche Handlungen bloße einseitige Maßnahmen sind und welche sich als Vereinbarungen darstellen, die – sofern von Art. 101 Abs. 3 AEUV oder der Vertikal-GVO erfasst – dem Anwendungsbereich der nationalen Missbrauchskontrolle entzogen sind.[1064] Dabei geht es vor allen Dingen um die Frage, ob ein Händler, der aufgrund mangelnder Erfüllung der Selektionskriterien nicht zu einem nach der Vertikal-GVO rechtmäßigen selektiven Vertriebssystem eines Herstellers zugelassen wird, eine missbräuchliche Ungleichbehandlung nach § 19 Abs. 2 Nr. 1 GWB geltend machen kann. Nach überwiegender Ansicht schließt die Vorrangregelung des Art. 3 Abs. 2 Satz 1 VO 1/2003 einen solchen Zulassungsanspruch über § 19 GWB aus, weil es sich bei einem selektiven Vertriebssystem nicht um eine einseitige Maßnahme handelt.[1065] Ein Fall von

---

1062 BGH, Urteil v. 4. November 2003, WuW/E DE-R 1203, 1205 – *Depotkosmetik im Internet*; BGH, Urteil v. 13. Juli 2004, WuW/E DE-R 1335 – *Citroën*; BGH, Urteil v. 11. November 2008, WuW/E DE-R 2514 Rn. 14 – *Bau und Hobby.*

1063 Die Ausnahme einseitiger Handlungen wurde auf Drängen insbesondere des BKartA in die VO 1/2003 aufgenommen, weshalb sie als „deutsche Klausel" bekannt ist.

1064 Zum Streitstand: *Nothdurft* in: Langen/Bunte, Deutsches Kartellrecht, § 19 Rn. 239 f.; siehe auch *Bardong* in: MüKo EU-Wettbewerbsrecht, Art. 3 VO 1/2003 Rn. 99 ff.; speziell zu selektiven Vertriebssystemen *Wirtz*, WuW 2003, 1039, 1043 ff.

1065 *Rehbinder* in: Immenga/Mestmäcker, EU-Wettbewerbsrecht, Art. 3 VO 1/2003 Rn. 37; *Wirtz*, WuW 2003, 1039, 1044; a.A. *Nothdurft* in: Langen/Bunte, Deutsches Kartellrecht, § 19 Rn. 240.

Art. 3 Abs. 2 Satz 2 VO 1/2003 läge hingegen vor, wenn ein Händler nicht zugelassen wird, obwohl er die Selektionskriterien erfüllt oder im Fall von einseitigen Maßnahmen des Herstellers gegenüber den zugelassenen Händlern.[1066]

c) Zwischenfazit

Die bespielhaft genannten Entscheidungen des BGH zeigen, dass Wertungen anderer (nationaler) Rechtsvorschriften Einfluss auf die kartellrechtliche Beurteilung von Verhaltensweisen haben können. Dadurch kann auch die Anwendung des Konzernprivilegs begrenzt werden, sofern Wertungen aus nicht-kartellrechtlichen Vorschriften die grundsätzlich geltende unternehmerische Freiheit einschränken und daher einer legitimen Bevorzugung von konzernzugehörigen Unternehmen entgegen stehen.

Auch unionsrechtliche Vorgaben können den Anwendungsbereich der Wettbewerbsregeln und der damit verbundenen Prinzipien beschränken. Das Konzernprivileg kann gegebenenfalls durch entgegenstehende Wertungen anderer unionsrechtlicher Vorschriften ausgeschaltet sein. Entscheidungspraxis existiert zu diesen Fallgruppen allerdings bislang nicht.

Die Entscheidung darüber, ob Wertungen anderer Rechtsbereiche oder des Unionsrechts zur Unanwendbarkeit des Konzernprivilegs führen, bedarf einer an der Zielsetzung des Wettbewerbsrechts orientierten Abwägung. Dabei ist der einen Seite die grundrechtlich verankerte unternehmerische und wettbewerbliche Freiheit des marktbeherrschenden Unternehmens zu beachten, aus der sich das Konzernprivileg ableitet. Auf der anderen Seite ist die Bedeutung der entgegenstehenden Wertungen zu beachten.

II. Allgemeinverbindlicher Maßstab

Im nächsten Schritt gilt es zu untersuchen, ob neben den genannten konkreten Fallgruppen eine abstrakt-generelle Grenze für die Gültigkeit des Konzernprivilegs definiert werden kann. Dies betrifft die Frage, ob in bestimmten Fallkonstellationen das dem Konzernprivileg zugrundeliegende Interesse der individuellen unternehmerischen Freiheit hinter das allgemeine Interesse des Wettbewerbsschutzes zurücktreten muss, weil die Wirkungen der fraglichen Verhaltensweise eine missbilligenswerte Schädigung des Wettbewerbs darstellen. Wenn also trotz Vorliegens der grundsätzlichen Voraussetzungen des Konzernprivilegs – Bestehen einer wirtschaftlichen Einheit und Maßnahmen zur

1066 *Bardong* in: MüKo EU-Wettbewerbsrecht, Art. 3 VO 1/2003 Rn. 108 ff.; *Wirtz*, WuW 2003, 1039, 1044

Förderung konzernzugehöriger Gesellschaften – nicht die konzerninternen Aspekte überwiegen, sondern die Grenze zur missbräuchlichen Wettbewerbsbeeinträchtigung überschritten wird, kann es angebracht sein, eine Ausnahme von der Anwendung des Konzernprivilegs zu machen. Die Kriterien einer solchen Ausnahme sollen nachfolgend erarbeitet werden.

1. Deutsches Recht

In der deutschen Rechtsprechung und Literatur wird bereits seit längerer Zeit über eine „abstrakte" Grenze des Konzernprivilegs diskutiert.[1067]

a) Rechtsprechung

Die Rechtsprechung hat in mehreren Entscheidungen versucht, die Anwendbarkeit des Konzernprivilegs anhand allgemeiner Kriterien zu begrenzen.

aa) Die Entscheidung Kraftwagen-Leasing

Eine der ersten Entscheidungen, in denen der BGH sich zu einer möglichen Privilegierung von konzerninternen Fördermaßnahmen und deren Grenzen äußerte, war das Urteil *Kraftwagen-Leasing.*[1068] Die Beklagte, ein Kfz-Hersteller, hatte ihren rechtlich selbständigen Vertragshändlern untersagt, die Klägerin, eine unabhängige Leasingfirma, mit fabrikneuen PKW zu beliefern, die diese an ihre Kunden weiter verleasen wollte. Ihre eigene, konzernzugehörige Leasing GmbH belieferte die Beklagte hingegen mit fabrikneuen PKW. Die Klägerin sah darin eine unzulässige Liefersperre und forderte Schadensersatz von der Beklagten.

Der BGH erkannte zwar das wirtschaftliche Interesse der Beklagten an möglichst hohen Gewinnen als schutzwürdig an und bejahte damit grundsätzlich auch das Konzernprivileg. Jedoch hatte sich die Beklagte nach Ansicht des Gerichts „nicht auf Maßnahmen innerhalb ihres eigenen Bereichs beschränkt". Durch ihr Einwirken auf die rechtlich und wirtschaftlich selbständigen Vertragshändler habe sie diese zu einer Liefersperre gegenüber der Klägerin veranlasst und diese dadurch vom Markt abgeschnitten.[1069] Dieses Verhalten wertete der BGH nach einer umfassenden Interessenabwägung „unter der auf die Freiheit

---

1067 OLG Frankfurt, Urteil v. 31. August 1989, ZIP 1989, 1425, 1427 – *Toyota II*; aus der Literatur: *Bunte*, DB 1988, 637, 641; *ders.*, DB 1989, 309, 310; *Schwintowski*, BB 1988, 1763, 1767; *ders.*, DB 1990, 2253, 2254; zum Streitstand *Henk-Merten*, Die Kosten-Preis-Schere im Kartellrecht, S. 135 ff.

1068 BGH, Urteil v. 30. September 1971, WuW/E BGH 1211 – *Kraftwagen-Leasing.*

1069 BGH, Urteil v. 30. September 1971, WuW/E BGH 1211, 1216 – *Kraftwagen-Leasing.*

des Wettbewerbs gerichteten Zielsetzung des Gesetzes" als unbillige Behinderung der Klägerin.

Aus der Formulierung des BGH, die Beklagte habe sich mit ihrem Verhalten nicht „innerhalb ihres eigenen Bereichs" gehalten, wird deutlich, dass er die Missbräuchlichkeit des Verhaltens der Beklagten in der davon ausgehenden Wirkung auf andere Wirtschaftsstufen sieht. Durch das Verbot an die Vertragshändler, der Klägerin fabrikneue PKW zu überlassen, hatte die Beklagte demnach in den Markt der nachgelagerten Wirtschaftsstufe eingegriffen und dadurch den privilegierten Binnenbereich verlassen. Dieses Urteil gab einen ersten Hinweis darauf, dass das Konzernprivileg möglicherweise dort seine Grenze findet, wo eine Maßnahme den „eigenen" Bereich des Konzerns verlässt. Allerdings ging der BGH nicht näher darauf ein, anhand welcher Kriterien diese Grenze zu bestimmen sei.

bb) Die Entscheidung Stuttgarter Wochenblatt

Eine für die Anwendung des Konzernprivilegs richtungsweisende Entscheidung, in der sich der BGH zugleich indirekt zu dessen Grenze äußerte, war die Entscheidung *Stuttgarter Wochenblatt*.[1070] In der Sache ging es um einen Zeitungsverlag, der seiner 100%igen Tochtergesellschaft, einem Reisebüro, kostenlosen Anzeigenplatz in dem wöchentlich erscheinenden Anzeigenblatt „Stuttgarter Wochenblatt" zur Verfügung stellte. Andere Reisebüros konnten hingegen Anzeigen in der Publikation nur gegen Zahlung eines Entgelts schalten.

Die Landeskartellbehörde sah dies als diskriminierende und missbräuchliche Maßnahme (damals § 22 Abs. 4 und § 26 Abs. 2 GWB) an und erteilte eine Untersagungsverfügung. Diese wurde auf Beschwerde des Verlags und seiner Tochtergesellschaft vom OLG Stuttgart aufgehoben. Im anschließenden Rechtsbeschwerdeverfahren urteilte der BGH, die unentgeltliche Überlassung von Anzeigenraum an die Tochtergesellschaft sei als „interner Geschäftsverkehr zwischen der Muttergesellschaft und ihrer 100%igen Tochtergesellschaft" nicht vom Missbrauchsverbot erfasst. Derartige „innergesellschaftliche Vorgänge" entzögen sich einer Bewertung als missbräuchlich, diskriminierend oder behindernd.[1071] Da es allein um die unentgeltliche Erbringung von Lieferungen und Leistungen der Muttergesellschaft zugunsten der Tochtergesellschaft gehe, brauche nicht abschließend entschieden zu werden, ob und inwieweit der interne

---

1070 BGH, Beschluss v. 29. Juni 1982, WuW/E BGH 1947 – *Stuttgarter Wochenblatt.*
1071 BGH, Beschluss v. 29. Juni 1982, WuW/E BGH 1947, 1949 – *Stuttgarter Wochenblatt.*

Geschäftsverkehr mit Rücksicht auf seine Außenwirkung an den Normen des Missbrauchs- und Diskriminierungsverbots zu messen sei.

Mit diesem Urteil brachte der BGH erstmals den Begriff der „Außenwirkung" ins Spiel. Eine solche wurde für die hier zu beurteilenden unentgeltlichen konzerninternen Leistungen verneint, weshalb das Verhalten vom Konzernprivileg gedeckt war. Der BGH machte mithin das Merkmal der Außenwirkung zu dem entscheidenden Kriterium für die Frage, ob eine konzerninterne Verhaltensweise an den Missbrauchsvorschriften zu messen ist oder nicht.[1072] Einer Aussage zur genaueren Bedeutung dieses abstrakten Begriffs enthielt sich der Gerichtshof jedoch.

cc) Die Entscheidung Toyota II

Die für die Frage nach den Grenzen des Konzernprivilegs wegweisende Entscheidung ist das Urteil des OLG Frankfurt *Toyota II*. In der Rechtssache ging es darum, dass die Beklagte Toyota Deutschland ihren Vertragshändlern Zuschüsse von bis zu 4% gewährte, wenn die Kunden einen Leasingvertrag mit der konzernzugehörigen Leasinggesellschaft, einer 100%igen Tochtergesellschaft von Toyota Deutschland, abschlossen. Diesen Sonderzuschuss gaben die Vertragshändler an die Leasinggesellschaft weiter, welche dadurch die Fahrzeuge günstiger an ihre Endkunden verleasen konnten als ihre Wettbewerber, die unabhängigen Leasinggesellschaften. Nachdem die Klägerin, eine solche unabhängige Leasinggesellschaft, bereits eine einstweilige Verfügung gegen Toyota Deutschland erwirkt hatte, stellte diese ihr System dergestalt um, dass sie den Vertragshändlern anstelle des Zuschusses einen Nachlass auf die PKW gewährte. Die Klägerin sah sich dadurch weiterhin benachteiligt und verlangte von der Beklagten, ihr ebenfalls einen Nachlass zu gewähren.[1073]

Das OLG Frankfurt sah den Vorwurf der missbräuchlichen Ungleichbehandlung jedoch nicht bestätigt. Es stellte zunächst fest, die Gewährung von Sondervorteilen an die eigene Leasing-Tochter sei „in erster Linie ein Vorgang innerhalb des Konzerns" und betreffe vornehmlich die daran beteiligten Unternehmen. Auch wenn damit zugleich ein Wettbewerbsdruck für diejenigen konkurrierenden Leasingunternehmen ausgehe, die nicht in den Genuss der konzerninternen Sondervorteile kämen, rechtfertige dieser Umstand allein noch nicht die generelle Anwendbarkeit des Diskriminierungsverbots (damals § 26 Abs. 2 GWB) auf Maßnahmen innerhalb eines Konzerns. Von der Bestimmung würden nämlich Verhaltensweisen von Unternehmen ohne Marktbezug nicht erfasst.[1074]

1072 So interpretiert von *Bunte*, DB 1989, 309.

1073 OLG Frankfurt, Urteil v. 31. August 1989, ZIP 1989, 1425 – *Toyota II*.

1074 OLG Frankfurt, Urteil v. 31. August 1989, ZIP 1989, 1425, 1426 – *Toyota II*.

Das OLG Frankfurt nahm auch Bezug auf die Entscheidung *Stuttgarter Wochenblatt.* Zwar habe der BGH geäußert, dass der interne Geschäftsverkehr zwischen Mutter- und Tochtergesellschaft mit Rücksicht auf die Außenwirkung an den entsprechenden Normen zu messen sei. Dies sei jedoch nicht so zu verstehen dass jede wettbewerblich relevante Außenwirkung zu einer kartellrechtlichen Beurteilung führe. Bei einer solchen Auslegung könne nicht mehr zwischen Konzerninnenbeziehungen und wettbewerblichen Außenwirkungen unterschieden werden, weil „praktisch alle Verhaltensweisen innerhalb eines Konzerns sich wettbewerblich auswirken".[1075] Nach Ansicht des OLG Frankfurt spricht die Zielsetzung des GWB dagegen, kartellrechtliche Bestimmungen auf Beziehungen innerhalb eines Konzerns anzuwenden, die sich in erster Linie konzernrechtlich ordnen. Dies sei jedenfalls dann der Fall, wenn die Tochtergesellschaft nicht mehr wettbewerblich autonom handele, sondern den Weisungen ihrer Muttergesellschaft unterliege. Dem steht nach Ansicht des OLG nicht entgegen, dass konzerninterne Maßnahmen eine unmittelbare Wirkung auf konkurrierende Unternehmen haben können und mit ihnen unter Umständen eine Wettbewerbsbehinderung verbunden ist. Dies könne regelmäßig nur als Ausfluss des freien Wettbewerbs und damit als „wettbewerbsimmanente Reflexwirkung" angesehen werden.[1076]

Der Senat erkannte jedoch auch an, dass Fälle denkbar sind, „in denen die mit den konzerninternen Maßnahmen verbundene Außenwirkung den zulässigen und mit der Zielsetzung des GWB übereinstimmenden Rahmen einer hinzunehmenden Wettbewerbsbeschränkung überschreitet". Dies sei jedenfalls dann der Fall, wenn die Mittel und die Zielrichtung über die kartellrechtlich zulässige Behinderung hinaus unbillig erscheinen, wie etwa bei einer Abgabe von Produkten unter Einstandspreis oder zu Dumping-Preisen, sowie bei Liefersperren und Maßnahmen, welche die Wettbewerber gezielt und in wettbewerbswidriger Weise beeinträchtigen sollen.

Die Gewährung des Nachlasses von der Muttergesellschaft an die Vertragshändler und damit indirekt an die 100%ige Tochtergesellschaft sah das OLG Frankfurt allerdings als konzerninternes Verhalten, dessen Reflexwirkung von den konkurrierenden unabhängigen Leasingunternehmen hinzunehmen sei. Eine über diese Reflexwirkung hinausgehende relevante Außenwirkung sei nicht feststellbar und daher eine Anwendung des Diskriminierungsverbots nicht gerechtfertigt. Die Beklagte Toyota Deutschland habe ein berechtigtes

---

1075 OLG Frankfurt, Urteil v. 31. August 1989, ZIP 1989, 1425, 1427 – *Toyota II.*
1076 OLG Frankfurt, Urteil v. 31. August 1989, ZIP 1989, 1425, 1427 – *Toyota II.*

Interesse daran, die eigene Tochtergesellschaft vor Nachteilen zu schützen und konkurrenzfähig zu halten, welches es rechtfertige, ihr Rabatte, Zuschüsse oder ähnliche Vergünstigungen zukommen zu lassen.[1077] Zu einer Förderung eines unmittelbaren Wettbewerbers ihrer Tochtergesellschaft durch die Gewährung der gleichen günstigen Konditionen an die Klägerin sei die Beklagte hingegen nicht verpflichtet.[1078]

dd) Die Entscheidung Aktionsbeträge

Der BGH kam in der Rechtssache *Aktionsbeträge* mit einer ähnlichen, wenn auch nicht so ausführlichen Argumentation wie das OLG Frankfurt zum gleichen Ergebnis.[1079] Auch in diesem Fall ging es um die wirtschaftliche Bevorzugung einer konzernzugehörigen Leasinggesellschaft eines Kfz-Herstellers (Ford) im Wege von Preisnachlässen, durch die sich eine unabhängige Leasinggesellschaft benachteiligt fühlte. Der BGH erkannte an, dass die unabhängigen Leasingunternehmen durch die Förderungsmaßnahme der Muttergesellschaft an ihre 100%ige Tochtergesellschaft im Verhältnis zu dieser benachteiligt würden.[1080] Allerdings kam er im Rahmen der vorzunehmenden Interessenabwägung zu dem Ergebnis, dass das wirtschaftliche Interesse der beklagten Muttergesellschaft an der Förderung ihrer Tochtergesellschaft, mit der sie eine wirtschaftliche Einheit bildete, einen sachlich gerechtfertigten Grund für die Ungleichbehandlung darstelle. Die Gewährung von Zuschüssen an die Ford-Vertriebspartner sei zwar keine lediglich konzerninterne Maßnahme, die Förderung solle aber dem wirtschaftlichen Erfolg der Unternehmenseinheit dienen und sei daher zulässig.[1081]

Der BGH ging demnach zwar von einer Außenwirkung der Maßnahme aus, sah sie aber gleichwohl durch das Konzerninteresse am wirtschaftlichen Erfolg der eigenen Tochtergesellschaft gerechtfertigt. Damit erkannte der BGH an, dass auch solche Maßnahmen, die nicht allein konzernintern wirken, sondern durchaus zu einer Benachteiligung der Wettbewerber führen und mithin Außenwirkung entfalten, nicht automatisch dem Diskriminierungs- und Behinderungsverbot unterfallen. Zu der Frage, wann die benachteiligende Außenwirkung einer konzerninternen Maßnahme die wirtschaftlichen Interessen der

1077 OLG Frankfurt, Urteil v. 31. August 1989, ZIP 1989, 1425, 1428 – *Toyota II.*
1078 OLG Frankfurt, Urteil v. 31. August 1989, ZIP 1989, 1425, 1429 – *Toyota II.*
1079 BGH, Urteil v. 12. November 1991, WuW/E BGH 2755 – *Aktionsbeträge.*
1080 BGH, Urteil v. 12. November 1991, WuW/E BGH 2755, 2758 – *Aktionsbeträge.*
1081 BGH, Urteil v. 12. November 1991, WuW/E BGH 2755, 2759 – *Aktionsbeträge.*

Unternehmenseinheit überwiegt und somit das Konzernprivileg zurückstehen müsste, äußerte sich der BGH nicht.

b) Literatur

Die Literatur hat als Abgrenzungskriterium für die Beschränkung des Konzernprivilegs den Begriff der „Außenwirkung" aufgegriffen, den der BGH erstmals in der Entscheidung *Stuttgarter Wochenblatt* verwendete.[1082]

Zum Teil wird vertreten jegliche Außenwirkung einer konzerninternen Maßnahme führe dazu, dass das Konzernprivileg entfällt. *Bunte* versteht die Entscheidungen des BGH so, dass strikt zwischen Maßnahmen „innerhalb des eigenen Bereichs" und solchen Maßnahmen unterschieden werden müsse, die in den Bereich anderer Wirtschaftsstufen eingreifen. Wann immer sich eine konzerninterne Verhaltensweise wettbewerblich auswirke, sei diese nicht vom Konzernprivileg gedeckt, sondern kartellrechtlich relevant.[1083] Im Fall *Stuttgarter Wochenblatt* habe der BGH zu Recht entschieden, dass von der unentgeltlichen Gewährung von Anzeigenplatz an die eigene Tochtergesellschaft keine Außenwirkung ausgehe, weil durch die verstärkte Werbemöglichkeit der Abschluss und Inhalt von Zweitverträgen nicht beeinflusst werde. Demgegenüber werde durch Zusatzrabatte, Zuschüsse und Subventionen an konzernverbundene Unternehmen – etwa an eine herstellereigene Leasinggesellschaft – die Wahlfreiheit der Endkunden beeinflusst, weil sie durch die wirtschaftlichen Vorteile zu einer verstärkten Inanspruchnahme von herstellereigenen statt unabhängigen Leasinganbietern veranlasst würden. Damit liege ein kartellrechtlich relevanter Eingriff in eine andere Marktstufe vor. Diese Außenwirkung führe dazu, dass die konzerninterne Maßnahme der Beurteilung nach den Missbrauchsvorschriften unterliege.[1084]

Schwintowski nimmt hingegen eine Abgrenzung anhand des Marktbezugs konzerninterner Maßnahmen vor. Konzerninnenbeziehungen müssten immer dann vom Kartellrecht freigestellt sein, wenn sie sich nicht als Folge der Teilnahme am Marktwettbewerb, sondern als Folge von Weisungen der Konzernmutter darstellten. Derartige Weisungen führten nämlich dazu, dass die Tochtergesellschaft kein autonomes Wettbewerbshandeln an den Tag lege und mithin von

---

1082 *Bunte*, DB 1988, 637, 641; *ders.*, DB 1989, 309, 310; *Schwintowski*, BB 1988, 1763, 1766; *ders.*, DB 1989, 1453; *ders.*, DB 1990, 2253, 2254; zusammenfassend *Henk-Merten*, Die Kosten-Preis-Schere im Kartellrecht, S. 136 ff.

1083 *Bunte*, DB 1988, 637, 641.

1084 *Bunte*, DB 1988, 637, 641.

der konzerninternen Maßnahme keine wettbewerbsschädigende Außenwirkung ausgehen könne.[1085] Die Ansicht *Buntes*, jede konzerninterne Maßnahme, die wettbewerbliche Außenwirkung entfalte, sei der Anwendung der Missbrauchsvorschriften ausgesetzt, verneint *Schwintowski* mit der Begründung, alle Verhaltensweisen innerhalb eines Konzerns wirkten sich in irgendeiner Weise wettbewerblich aus. Dennoch seien sie grundsätzlich einer Anwendung der Kartellrechtsvorschriften entzogen, weil der wettbewerbsrechtliche Schutz nicht in einen Bereich eingreifen dürfe, der sich nicht wettbewerblich, sondern konzernrechtlich ordne.[1086] Die vom BGH in der Sache *Stuttgarter Wochenblatt* formulierte „Außenwirkung" als Grenze für das Konzernprivileg sieht *Schwintowski* dort, wo eine intern geförderte Konzerntochter selbst eine missbräuchliche Verhaltensweise an den Tag legt, also beispielsweise Produkte unter Einstandspreis verkauft. Der Verkauf unter Einstandspreis entfalte selbstverständlich Außenwirkung und sei am Maßstab des GWB zu messen, während jedoch die konzerninterne Förderungsmaßnahme selbst dem Kartellrecht entzogen sei.[1087]

In der Kommentarliteratur findet sich zu Frage der Begrenzung des Konzernprivilegs, außer den unter **I.** aufgegriffenen Darstellungen zu den speziellen Ausnahmefällen, kaum etwas. Allgemein zum Diskriminierungsverbot erklärt *Nothdurft*, das vom BGH aufgestellte Prinzip, keiner sei verpflichtet, fremden Wettbewerb zu fördern, dürfe nicht überspannt werden. Es müsse insbesondere dort begrenzt werden, wo sich eine behindernde Maßnahme als Marktzutrittssperre auswirke. In diesem Fall hätten die Interessen des marktbeherrschenden Unternehmens zurückzutreten. Auch eine wettbewerbsfeindliche Zielrichtung des Normadressaten, wie ein gezielter Ausschluss eines besonders preisaggressiven Wettbewerbers, könne dessen grundsätzlich gegebenen wirtschaftlichen Handlungsspielraum einschränken.[1088]

Eine ausführliche Auseinandersetzung mit den Grenzen der Privilegierung findet sich bei *Henk-Merten* im Zusammenhang mit ihrer Untersuchung zur Kosten-Preis-Schere. Sie stellt die Frage, ob sich vertikal integrierte Unternehmen zur Rechtfertigung einer auf eine Kosten-Preis-Schere hinauslaufenden Preisstrategie auf das Konzernprivileg berufen können und hinterfragt den von der Rechtsprechung aufgebrachten und insbesondere von *Bunte* und *Schwintowski*

1085 *Schwintowski*, BB 1988, 1763, 1766.
1086 *Schwintowski*, BB 1988, 1763, 1767.
1087 *Schwintowski*, BB 1988, 1763, 1767.
1088 *Nothdurft* in: Langen/Bunte, Deutsches Kartellrecht, § 19 Rn. 229 mit Verweis auf BGH, Urteil v. 13. Juli 2004, WuW/E DE-R 1377, 1379 – *Sparberaterin*; BGH, Urteil v. 13. Dezember 2005, WuW/E DE-R1726 Rn. 18 - *Stadtwerke Dachau*.

diskutierten Begriff der Außenwirkung.[1089] Die Ansätze des OLG Frankfurt in *Toyota II* und die Ausführungen *Schwintowskis* hält sie für vertretbar, lehnt jedoch den Begriff der Außenwirkung als zu unbestimmt ab. Es handele sich dabei um ein notwendiges, aber nicht hinreichendes Kriterium.[1090]

Zunächst stellt *Henk-Merten* fest, die alleinige Tatsache, dass ein vertikal integriertes Unternehmen seine Verbundvorteile zu seinem eigenen Vorteil nutzt, bedeute zwar unter Umständen eine Behinderung für seine Wettbewerber, sei aber noch keine missbräuchliche Behinderung. Daher handele es sich bei der Förderung von konzernverbundenen Unternehmen regelmäßig um unternehmenspolitisch begründete und daher zulässige Maßnahmen, deren Behinderungswirkung auf den Wettbewerb lediglich einen immanenten Nebeneffekt darstelle.[1091] Erst wenn der Normadressat durch einseitige Maßnahmen versuche, seine Marktmacht auf die vor- oder nachgelagerte Marktstufe auszuweiten, handele es sich um eine missbräuchliche Verhaltensweise. In diesem Fall stehe nicht mehr der konzerninterne Vorteil im Vordergrund und die Immanenzgrenze sei überschritten, so dass das Konzernprivileg nicht mehr eingreife. Demnach falle eine konzerninterne Maßnahme unter das Missbrauchsverbot, wenn sie sich in einem selbständigen Behinderungsmissbrauch gegenüber den Wettbewerbern auswirke.[1092] Nach Ansicht von *Henk-Merten*, ist diese Grenze jedenfalls dann überschritten, wenn das marktbeherrschende Unternehmen durch seine interne Fördermaßnahme eine Kosten-Preis-Schere bei den Wettbewerbern verursacht.[1093] Im Hinblick auf den Fokus ihrer Arbeit geht *Henk-Merten* auf mögliche andere Fallgruppen nicht weiter ein.

c) *Zusammenfassung zur deutschen Praxis*

In der deutschen Rechtsprechungspraxis und Literatur wurden bereits Versuche unternommen, eine abstrakte Grenze für die Anwendung des Konzernprivilegs zu formulieren. Die bisherigen Standpunkte orientieren sich überwiegend an dem vom BGH aufgebrachten Begriff der Außenwirkung.

Der BGH selbst hat dieses Kriterium zwar nicht näher konkretisiert, geht aber wohl davon aus, dass die Privilegierung endet, wenn die konzerninterne Maßnahme eine negative Beeinflussung des Marktverhaltens außerhalb der

---

1089 *Henk-Merten*, Die Kosten-Preis-Schere im Kartellrecht, S. 134 ff.

1090 *Henk-Merten*, Die Kosten-Preis-Schere im Kartellrecht, S. 139.

1091 *Henk-Merten*, Die Kosten-Preis-Schere im Kartellrecht, S. 140.

1092 *Henk-Merten*, Die Kosten-Preis-Schere im Kartellrecht, S. 140.

1093 *Henk-Merten*, Die Kosten-Preis-Schere im Kartellrecht, S. 141.

wirtschaftlichen Einheit beinhaltet. Im Fall *Kraftwagen-Leasing* wurde das Konzernprivileg verneint, weil das gegenüber den selbständigen Vertragshändlern ausgesprochene Belieferungsverbot zulasten der unabhängigen Leasinggesellschaften einen aktiven Eingriff in das Marktgeschehen der nachgelagerten Marktstufe darstellte, der über eine rein konzerninterne Förderung hinaus ging. Die Muttergesellschaft hatte sich nicht darauf beschränkt, die mit ihr zu einer wirtschaftlichen Einheit verbundene Leasing GmbH wirtschaftlich zu unterstützen, sondern auf das wettbewerbliche Handeln der wirtschaftlich und rechtlich eigenständigen Vertragshändler Einfluss genommen. Ein solches Verhalten sah der BGH nicht mehr als privilegierte interne Maßnahme an, sondern als unbillige Behinderung der unabhängigen Leasinggesellschaften.

Demgegenüber werden Verhaltensweisen, die sich auf den konzerninternen Bereich beschränken, wie die finanzielle Unterstützung einer Tochtergesellschaft durch Zuschüsse oder Rabatte, nach Ansicht des BGH vom Konzernprivileg gedeckt. Dass auch solche Maßnahmen sich mittelbar auf das Marktgeschehen auswirken, erkennt er im Urteil *Aktionsbeträge* an. Im Rahmen der Interessenabwägung kam der BGH jedoch zu dem Ergebnis, diese Wirkung müsse zugunsten des legitimen Ziels der besonderen Förderung einer eigenen Tochtergesellschaft hingenommen werden. Das Interesse des marktbeherrschenden Unternehmens, sein Absatzsystem im Rahmen des ihm zustehenden unternehmerischen Freiraums selbst zu gestalten, überwog in diesem Fall das Interesse der Klägerin, mit der konzernverbundenen Leasinggesellschaft gleichgestellt zu werden. Nicht jede Art der Außenwirkung führt mithin automatisch zur Anwendung des Missbrauchstatbestands.

Zu diesem Ergebnis kommt auch das OLG Frankfurt in seiner sehr differenzierten Auslegung des Begriffs Außenwirkung, in der das Gericht auch die unterschiedlichen Strömungen in der Literatur berücksichtigt. Dort wird zum Teil die Außenwirkung eines konzerninternen Verhaltens generell als Ausschlusskriterium für das Konzernprivileg betrachtet. Nach anderer Ansicht soll der interne Bereich vom Missbrauchsverbot ausgenommen und nur ein möglicher eigenständiger Verstoß der Tochtergesellschaft geahndet werden können. Eine neuere Literaturmeinung will aufgrund seiner Unbestimmtheit gar nicht auf das Kriterium der Außenwirkung abstellen, sondern das Konzernprivileg dann entfallen lassen, wenn durch die konzerninterne Maßnahme ein eigenständiger Missbrauchstatbestand, wie etwa eine Kosten-Preis-Schere, verwirklicht wird. Insbesondere dieser letzte Ansatz wird im Hinblick auf die Bestimmung der Grenzen des EU-rechtlichen Missbrauchsverbots noch näher zu betrachten sein.

2. *Übertragung auf das europäische Recht*

Da das Konzernprivileg im europäischen Recht bislang allein im Rahmen des Art. 101 AEUV Anwendung fand, konzentrieren sich naturgemäß auch sämtliche Überlegungen zu möglichen Grenzen desselben auf den Tatbestand des Kartellverbots.

a) Kriterium der Drittwirkung

aa) Rechtsprechung und Literaturmeinungen

In einigen älteren Urteilen des EuGH findet sich das Merkmal der „Drittwirkung" als Ausschlusskriterium für das Eingreifen des Konzernprivilegs.[1094] Demnach sollte eine Maßnahme eines marktbeherrschenden Unternehmens nur dann vom Konzernprivileg erfasst sei, wenn sie der konzerninternen Aufgabenverteilung diente. Demgegenüber sollten konzerninterne Verhaltensweisen, durch die der Wettbewerb Dritter mit einem Konzernunternehmen spürbar beschränkt werde, in den Anwendungsbereich des Kartellverbots fallen.

In der Literatur fand der Ansatz der sogenannten Drittwirkung seinerzeit breite Zustimmung,[1095] wenngleich die Rechtsprechung nicht eindeutig war. So blieb das Zusatzkriterium der konzerninternen Aufgabenverteilung etwa in der für die Anwendung des Konzernprivilegs grundlegenden Entscheidung *ICI* und in der Entscheidung *Ahmed Saeed* unerwähnt, was zu Irritation über die Linie der Rechtsprechung führte.[1096] Problematisch war von Anfang an, nach welchen konkreten Kriterien man die allein auf die konzerninterne Aufgabenverteilung gerichteten Maßnahmen von jenen mit Drittwirkung unterscheiden sollte, da der EuGH diesbezüglich keine Vorgaben gemacht hatte.[1097]

1094 EuGH, Urteil v. 31. Oktober 1974, Rs. 15/74, ECLI:EU:C:1974:114 Rn. 41 – *Centrapharm/Sterling*; Schlussanträge GA Trabucchi v. 18. September 1974 in Rs. 15/74, ECLI:EU:C:1974:90 S. 1181; EuGH, Urteil v. 4. Mai 1988, Rs. 30/87, ECLI:EU:C:1988:225 Rn. 19 – *Bodson*; siehe auch Schlussanträge GA Trabucchi v. 18. September 1974 in: Rs. 15/74, ECLI:EU:C:1974:90, S. 1180 ff.; Kommission, Entscheidung v. 16. Januar 1991, IV/32.732, ABl. 1991 L-28/32 Rn. 23 – *Ijsselcentrale u.a.*

1095 *Emmerich*, EuR 1971, S. 295, 311; *Micklitz*, EWiR 1997, S. 219, 220; *Schröter/Voet van Vormizeele* in: von der Groeben/Schwarze, Art. 101 AEUV Rn. 99 f.; *Spormann*, AWD 1970, S. 256, 262; mit Einschränkungen *Potrafke*, Kartellrechtswidrigkeit konzerninterner Vereinbarungen, S. 195 ff.

1096 EuGH, Urteil v. 14. Juli 1972, Rs. 48/69, ECLI:EU:C:1972:70 Rn. 132/135 – *ICI*; EuGH, Urteil v. 11. April 1989, Rs. 66/86, ECLI:EU:C:1989:140 Rn. 35 – *Ahmed Saeed*; dazu *Fleischer*, AG 1997, S. 491, 492.

1097 *Potrafke*, Kartellrechtswidrigkeit konzerninterner Vereinbarungen, S. 197.

Die mittlerweile herrschende Literaturmeinung spricht sich gegen das Kriterium der Drittwirkung aus. Sie vertritt die Position, das Konzernprivileg rechtfertige sich nicht aus der fehlenden Drittwirkung konzerninterner Absprachen, sondern allein aus der Tatsache, dass zwischen Konzerngesellschaften kein beschränkbarer Wettbewerb herrsche, da die wirtschaftliche Betätigung der Tochtergesellschaft zur Disposition der Mutter stehe.[1098] Die Anwendbarkeit des Kartellverbots ende dort, wo die konzerninterne Organisationsautonomie beginnt.[1099] *Schroeder* spricht von einer „geschützten Konzerninnenorganisationss phäre".[1100] Eine zusätzliche Einschränkung im Sinne eines auf die interne Aufgabenverteilung gerichteten Zwecks hält diese Ansicht für überflüssig und kaum umsetzbar, da jede interne Absprache mittelbare Drittwirkung auf das Marktgeschehen entfalte, diese Auswirkungen jedoch nicht automatisch eine missbilligenswerte Wettbewerbsschädigung darstellten.[1101] Generalanwalt *Lenz* bemerkte in seinen Schlussanträgen in der Rechtssache *Viho* zu Recht, dass es zu kaum lösbaren Abgrenzungsschwierigkeiten führen würde, wenn jeweils zu bestimmen sei, „wann eine Vereinbarung oder abgestimmte Verhaltensweise der Aufgabenverteilung im Konzern dient und wann dies nicht der Fall ist", zumal der Gerichtshof diesen Begriff in den Urteilen, in denen er ihn gebraucht hat, nicht näher erläutert habe. Das Kriterium des Drittbezugs werfe mehr Fragen auf, als es beantworte[1102]

Dem folgte der EuGH in der Entscheidung *Viho* und stellte zur Begründung der Nichtanwendbarkeit des Art. 101 Abs. 1 AEUV (ex Art. 85 Abs. 1 AEUV) allein auf das Vorliegen einer wirtschaftlichen Einheit und nicht mehr auf das Erfordernis der internen Aufgabenverteilung ab.[1103] Als positive Voraussetzung des Konzernprivilegs wird dieses Merkmal somit in der neueren Rechtsprechung und Literatur nahezu einhellig abgelehnt. Die einzigen Voraussetzungen

---

1098 *Gleiss/Hirsch*, Kommentar zum EG-Kartellrecht, Art. 85 Abs. 1 EG Rn. 199 ff.

1099 *Fleischer*, AG 1997, S. 491, 496.

1100 *Schroeder* in: Wiedemann, Handbuch des Kartellrechts, § 8 Rn. 6.

1101 *Fleischer*, AG 1997, S. 491, 497; in diesem Sinne auch *Fikentscher*, Wettbewerb und gewerblicher Rechtsschutz, S. 45; *Gleiss/Hirsch*, Kommentar zum EG-Kartellrecht, Art. 85 Abs. 1 EG Rn. 136.

1102 Schlussanträge GA Lenz v. 25. April 1996 in Rs. C-73/95 P, ECLI:EU:C:1996:164 Rn. 71 – *Viho*; ähnlich auch *Potrafke*, Kartellrechtswidrigkeit konzerninterner Vereinbarungen, S. 197, der bemerkt, es lasse sich keine klare Trennlinie ziehen, ab wann eine Absprache lediglich interne Wirkungen besitzt.

1103 EuGH, Urteil v. 24. Oktober 1996, Rs. C-73/95 P, ECLI:EU:C:1996:405 Rn. 18 – *Viho*

des Konzernprivilegs sind mithin das Vorliegen einer wirtschaftlichen Einheit und die Förderung der Konzerninteressen.[1104]

bb) Stellungnahme

Der Ablehnung des Kriteriums der internen Aufgabenverteilung als positive Tatbestandsvoraussetzung ist zuzustimmen. Es fragt sich aber, ob der Gedanke der Drittwirkung einer Maßnahme möglicherweise im Rahmen der Grenzen des Konzernprivilegs fruchtbar gemacht werden kann. Das Merkmal entspricht seinem Wesen nach der im deutschen Recht zum Teil als Ausschlusskriterium genannten Außenwirkung, allerdings mit dem Unterschied, dass der Begriff der Drittwirkung noch weniger konturiert ist als der der Außenwirkung. Beide Ansätze wollen das Konzernprivileg entfallen lassen, wenn die vom Normadressaten verwirklichte Maßnahme über den konzerninternen Bereich hinaus auch den Außenwettbewerb betrifft. Die genaue Bedeutung der Außen- bzw. Drittwirkung ist aber nach wie vor unklar. Weder der BGH noch der EuGH haben sich dazu geäußert, wann die Grenze des konzerninternen Bereichs überschritten sein soll. In der deutschen Literatur wird der Begriff der Außenwirkung, wie oben gezeigt, zum Teil sehr weit, zum Teil enger ausgelegt. Wie bereits Generalanwalt *Lenz* feststellte, ist die Abgrenzung zwischen Maßnahmen der internen Aufgabenverteilung und Maßnahmen mit Drittbezug mangels weiterer Kriterien ausgesprochen schwierig.[1105] Die bereits genannten Bedenken, dass wohl jede Maßnahme verbundener Unternehmen einerseits Teil der konzerninternen Aufgabenverteilung ist und zugleich Wirkungen auf den Außenwettbewerb entfaltet, lassen Zweifel an der Tauglichkeit des Kriteriums der Drittwirkung als Grenze des Konzernprivilegs aufkommen.

Am aufschlussreichsten im Hinblick auf die Deutung des Begriffs der Drittbzw. Außenwirkung ist noch das Urteil des OLG Frankfurt in der Sache *Toyota II.* Das OLG sah eine Ausnahme vom grundsätzlich geltenden Konzernprivileg nur dort gegeben, wo Mittel und Zielrichtung einer konzerninternen Maßnahme über die kartellrechtlich zulässige Behinderung hinaus unbillig erscheinen und nannte als Beispiele die Abgabe von Produkten unter Einstandspreis oder andere Maßnahmen, die darauf zielen, externe Unternehmen in wettbewerbswidriger Weise zu beeinträchtigen.[1106] Dem Grundansatz des OLG Frankfurt ist – auch in Bezug auf den EU-rechtlichen Begriff der Drittwirkung – zuzustimmen. Der

1104 Vgl. oben **A.**
1105 So auch *Potrafke*, Kartellrechtswidrigkeit konzerninterner Vereinbarungen, S. 197.
1106 OLG Frankfurt, Urteil v. 31. August 1989, ZIP 1989, 1425, 1427 – *Toyota II.*

Schwerpunkt konzerninterner Verhaltensweisen liegt auf der Ausübung der unternehmerischen Freiheit zugunsten des wirtschaftlichen Konzernerfolgs und ist von der unternehmerischen Freiheit der zu einer wirtschaftlichen Einheit verbundenen Unternehmen gedeckt. Die damit verbundenen Auswirkungen auf andere Marktteilnehmer sind als „wettbewerbsimmanente Reflexwirkungen" hinzunehmen, sie stellen keinen missbilligenswerten Missbrauch einer marktbeherrschenden Stellung dar. Diese Feststellung des deutschen OLG gilt auch für Art. 102 AEUV.

Hinsichtlich der Grenzziehung im Sinne einer über die bloße Reflexwirkung hinausgehenden Außenwirkung kann der Ansatz des OLG allerdings nur begrenzt überzeugen. Indem das Gericht auf eine gezielte wettbewerbswidrige Beeinträchtigung abstellt, verleiht es dem Begriff der Außenwirkung einen subjektiven Charakter. Auf das EU-rechtliche Missbrauchsverbot übertragen würde dies bedeuten, dass eine schädliche Drittwirkung konzerninternen Verhaltens zu bejahen wäre, wenn es über die typische Reflexwirkung hinaus darauf gerichtet wäre, Wettbewerber gezielt zu beeinträchtigen. Die Frage, ob subjektive Absichten Teil der in ihrer Grundstruktur objektiven Missbrauchsprüfung des Art. 102 AEUV sein können, wurde bereits oben unter **§ 4 B.III.** diskutiert. Dort wurde untersucht, ob eine wettbewerbsverfälschende Ziel- und Zweckrichtung ein notwendiges Tatbestandsmerkmal des Behinderungsmissbrauchs ist. Die in der Literatur sehr umstrittene Frage wurde mit Blick auf die Rechtsprechung der europäischen Gerichte bejaht, wobei das „Abzielen" im Sinne einer Handlungsfinalität und weniger als Schädigungsabsicht im engeren Sinne zu begreifen ist. Aufgrund eben jener vorgelagerten – nämlich bereits auf der Ebene des missbräuchlichen Verhaltens angesiedelten – Fragestellung ist die vom OLG Frankfurt vorgeschlagene „Zielrichtung einer Wettbewerbsbeeinträchtigung" als Grenze des Konzernprivilegs nicht geeignet. Denn für die Befürworter eines (subjektiven) Kriteriums lässt eine fehlende wettbewerbsfeindliche Ausrichtung des fraglichen Verhaltens bereits dessen Missbräuchlichkeit entfallen. Rührt diese fehlende Wettbewerbsfeindlichkeit aus dem Umstand her, dass es sich um ein konzerninternes Verhalten handelt, welches primär auf die Förderung der Konzerninteressen gerichtet ist, so lässt sich bereits daraus das Konzernprivileg herleiten. Eine wettbewerbsverfälschende Zielrichtung und das Konzernprivileg schließen sich mithin bereits auf dieser vorgelagerten Prüfungsebene aus. Bejaht man mit diesem Ansatz einen Fall des Konzernprivilegs, so lässt sich nicht im nächsten Schritt dessen Grenze mit der soeben abgelehnten gezielten Wettbewerbsschädigung begründen. Folgt man hingegen der überwiegenden Literaturmeinung, die Art. 102 AEUV als rein objektive Norm betrachtet und eine wettbewerbsfeindliche Zielrichtung als ungeschriebenes Tatbestandsmerkmal ablehnt, so muss auch auf der nachgelagerten Prüfungsebene „Grenzen des Konzernprivilegs" ein solches subjektives Kriterium ausscheiden. Mit dem vom OLG Frankfurt aufgebrachten Ansatz lässt sich daher der Begriff der Drittwirkung nicht überzeugend erklären.

b) Verwirklichung eines eigenständigen Missbrauchstatbestands

Die zur Abgrenzung der Begriffe „Außenwirkung" und „Drittwirkung" unternommenen Anstrengungen sind dennoch nicht ohne Wert für die Bestimmung einer allgemeinen Grenze des Konzernprivilegs. Der Gedanke einer über den internen Konzernbereich hinausgehenden Marktbeeinträchtigung ist der richtige Ansatzpunkt für die Grenzziehung. Das Konzernprivileg muss dort enden, wo das Interesse der Wettbewerber oder Geschäftspartner an einer Gleichbehandlung das schützenswerte Interesse der Konzerngesellschaften an der Ausübung ihrer unternehmerischen Freiheit und der Nutzung ihrer Verbundvorteile überwiegt. Dies ist nur der Fall, wenn der Bereich einer hinzunehmenden Wettbewerbsbeeinträchtigung, die von jeder konzerninternen Maßnahme hervorgerufen wird, überschritten wird und das Verhalten des marktbeherrschenden Unternehmens Konsequenzen hat, die mit den Zielen des europäischen Wettbewerbsrechts schlicht unvereinbar sind. Insofern geht es in der Tat um den Unterschied zwischen Außen- und Innenbereich, zwischen reiner Binnenwirkung und der (zu missbilligenden) Beeinträchtigung von Drittinteressen. Ein praktikables Kriterium für diese Grenze zu definieren ist mit den Theorien der Außen- bzw. Drittwirkung jedoch nicht gelungen.

aa) Vorschlag

Entscheidend für eine Ausnahme vom Konzernprivileg kann nur eine Schädigung des schutzwürdigen Wettbewerbs sein. *Henk-Merten* hat daher, wie oben bereits kurz angesprochen, vorgeschlagen, die Grenze des Konzernprivilegs dort zu ziehen, wo das fragliche konzerninterne Verhalten einen eigenständigen Missbrauchstatbestand verwirklicht.[1107] Zur Bestimmung der Grenze sei entscheidend, ob das Verhalten missbräuchlich sei, was bei Wettbewerbsbehinderungen nur dann der Fall sei, wenn diese unbillig sind. Nicht jedes Verhalten, dessen Wirkungen den konzerninternen Bereich verlassen, mithin Außenwirkung entfalten, sei jedoch unbillig. Daher sei die Außenwirkung lediglich ein notwendiges, aber kein hinreichendes Kriterium.[1108] *Henk-Merten* unterscheidet

1107 *Henk-Merten*, Die Kosten-Preis-Schere im Kartellrecht, S. 140.
1108 *Henk-Merten*, Die Kosten-Preis-Schere im Kartellrecht, S. 139.

zwischen wettbewerbsimmanenten Verbundvorteilen, die aus einer legitimen vertikalen Integration von Unternehmen resultieren und daher hinzunehmen sind, einerseits, und einseitigen wettbewerbsschädigenden Maßnahmen, die nur durch Ausnutzung der bestehenden Marktmacht ermöglicht werden, andererseits.[1109] Letzteres sei etwa im Fall einer Kosten-Preis-Schere der Fall, weil eine solche kein unmittelbar aus der vertikalen Integration resultierender Vorteil sei, sondern primär eine Maßnahme zur Verdrängung von Wettbewerbern darstelle.[1110]

Der Ansatz ähnelt dem des OLG Frankfurt, welches zwischen wettbewerbsimmanenten Reflexwirkungen und schädlicher Außenwirkung unterschieden hat. Allerdings stellt *Henk-Merten* nicht auf die subjektive Absicht einer Wettbewerbsbeeinträchtigung ab, sondern auf die (objektive) Verwirklichung eines eigenständigen Missbrauchstatbestands durch das konzerninterne Verhalten. Streng genommen popagiert sie eine zweistufige Prüfung: In einem ersten Schritt ist zu prüfen, ob das fragliche Verhalten überhaupt (behindernde) Auswirkungen auf den konzernexternen Wettbewerb hat und in einem zweiten Schritt, ob diese Behinderung missbräuchlich ist. Die erste Frage wird in aller Regel zu bejahen sein, denn, wie oben festgestellt, wirkt sich nahezu jede konzerninterne Maßnahme, die der Förderung der Wettbewerbsposition konzernzugehöriger Gesellschaften dient, auf den Außenwettbewerb aus und kann zu einer Beeinträchtigung der Marktposition Dritter führen. Diese Beeinträchtigung ist aber nur dann als unvereinbar mit den Wettbewerbsregeln einzustufen, wenn sie nicht ein bloßer Nebeneffekt der unternehmerischen Freiheit des Konzerns, sondern der eigentliche Kern der Maßnahme ist. In diesem Fall steht nämlich die grundsätzlich vom Konzernprivileg geschützte interne Fördermaßnahme im Hintergrund, während es vorrangig um die Verdrängung von Wettbewerbern geht.

bb) Stellungnahme

Die von *Henk-Merten* entworfene Prüfung kann überzeugen. Anhand des Kriteriums „Verwirklichung eines eigenständigen Missbrauchstatbestands" kann eine allgemeingültige Grenze des Konzernprivilegs bestimmt werden. Die Entscheidung darüber, wann tatsächlich der Bereich wettbewerbsimmanenter Behinderung überschritten ist und Missbräuchlichkeit vorliegt, kann anhand der

---

1109 *Henk-Merten*, Die Kosten-Preis-Schere im Kartellrecht, S. 140.

1110 *Henk-Merten*, Die Kosten-Preis-Schere im Kartellrecht, S. 141.

objektiven Umstände und kartellrechtlichen Wertungen entschieden werden. Dies lässt sich an zwei Beispielen demonstrieren.

(1) Kosten-Preis-Schere

Zunächst soll das von *Henk-Merten* genannte Beispiel der Kosten-Preis-Schere betrachtet werden. Eine solche kann etwa vorliegen,[1111] wenn von einem vertikal integrierten Konzern sowohl bestimmte Vorleistungen erbracht (beispielsweise von der diesen Markt beherrschenden Muttergesellschaft) als auch die Endprodukte vertrieben werden (beispielsweise durch eine mit der Muttergesellschaft zu einer wirtschaftlichen Einheit verbundene Tochtergesellschaft). Verkauft die Muttergesellschaft das Vorprodukt an externe Unternehmen zu einem Preis, der über demjenigen liegt, den die Tochtergesellschaft für das Endprodukt auf dem nachgelagerten Markt verlangt, so handelt es sich um einen Fall der Kosten-Preis-Schere, weil es dem konzernexternen Konkurrenten unmöglich gemacht wird, das Endprodukt kostendeckend und zugleich zu einem wettbewerbsfähigen Marktpreis anzubieten.

Das Konzernprivileg kann in diesem Fall nicht mehr greifen. Grundsätzlich ist es, wie oben festgestellt, einer marktbeherrschenden Konzernmutter nicht verwehrt, ihrer Tochtergesellschaft Produkte zu einem günstigeren Preis als externen Abnehmern anzubieten. Dies ist Ausdruck ihrer unternehmerischen Gestaltungs- und Kalkulationsfreiheit und daher vom Konzernprivileg gedeckt. Sobald dieser Preisunterschied jedoch eine Dimension annimmt, die den Tatbestand einer Kosten-Preis-Schere erfüllt, steht nicht mehr die schutzwürdige Förderung des wirtschaftlichen Konzerninteresses, sondern die Verdrängung von Wettbewerbern im Vordergrund. Damit ist die Grenze des Konzernprivilegs erreicht.

Mit den Kriterien zur Feststellung einer Kosten-Preis-Schere hat die Europäische Kommission sich in der Entscheidung *Deutsche Telekom* eingehend befasst.[1112] Nach mittlerweile gefestigter Entscheidungspraxis der Kommission und der europäischen Gerichte ist die Kosten-Preis-Schere regelmäßig anhand der

---

1111 Kosten-Preis-Scheren sind in unterschiedlichen Konstellationen denkbar; vgl. für einen Überblick *Henk-Merten*, Die Kosten-Preis-Schere im Kartellrecht, S. 21 ff.; *Hoffmann*, WuW 2003, 1278; *Klotz*, MMR 2008, 650; *Petzold*, Die Kosten-Preis-Schere im EU-Kartellrecht.

1112 Kommission, Entscheidung v. 21. Mai 2003, ABl. 2003 L-263/9 – *Deutsche Telekom*; bestätigt durch EuG, Urteil v. 10. April 2008, Rs. T-271/03, ECLI:EU:T:2008:101 – *Deutsche Telekom* und EuGH, Urteil v. 14. Oktober 2010, Rs. 280/08 P, ECLI:EU:C:2010:603 – *Deutsche Telekom*.

Entgelte und Kosten des vertikal integrierten Unternehmens in beherrschender Stellung zu ermitteln, während die Preisstrukturen der externen Wettbewerber unberücksichtigt bleiben und nur in Ausnahmefällen herangezogen werden.[1113] Die Berechnung kann im Einzelfall, je nach Art und Besonderheiten des betroffenen Markts, komplex sein. Entscheidend ist jedoch, dass die Feststellung einer Kosten-Preis-Schere anhand einer objektiven Vergleichsmethode möglich ist und damit eine klare Grenze für das Konzernprivileg markiert.

(2) Marktmachtüberwälzung durch Geschäftsverweigerung

Ein weiterer Fall, in dem das Konzernprivileg an eine Grenze stößt, kann durch eine Geschäftsverweigerung bzw. den Abbruch einer Geschäftsbeziehung verwirklicht werden. Wie oben dargestellt, ist auch die Entscheidung eines marktbeherrschenden Konzernunternehmens, nur (noch) verbundene Gesellschaften zu beliefern, grundsätzlich vom Konzernprivileg gedeckt, solange es sich nicht um eine *essential facility* handelt. Sollte allerdings das marktbeherrschende Unternehmen durch die Geschäftsverweigerung auf dem vorgelagerten Markt eine Monopol- oder Quasimonopolstellung haben, so würde die Verweigerung der Belieferung externer Unternehmen mittelfristig dazu führen, dass die Monopolstellung auch auf den nachgelagerten Markt übertragen wird. Das gilt auch dann, wenn das Vorprodukt nicht die Voraussetzungen einer wesentlichen Einrichtung erfüllt, weil etwa die Eigenproduktion oder die Beschaffung aus anderen Quellen zwar aufwendig, aber nicht unmöglich oder vollkommen unzumutbar ist.

Für einen solchen Fall kann das Konzernprivileg nicht mehr gelten, weil der Schwerpunkt der Maßnahme auf der Verdrängung der Wettbewerber auf dem nachgelagerten Markt und weniger auf der schutzwürdigen Förderung der Konzerninteressen liegt.

Auch in dieser Konstellation ist die Grenze des Konzernprivilegs objektiv bestimmbar. Die bestehende (Quasi-)Monopolstellung ist ein anhand bestehender Marktdaten feststellbarer Umstand. Ebenso kann auch die Marktposition des konzernverbundenen Unternehmens auf der nachgelagerten Wirtschaftsstufe und die seiner Wettbewerber mit den bekannten Instrumenten zur Marktmachtbestimmung ermittelt werden. Die aufgrund der Geschäftsverweigerung

1113 EuGH, Urteil v. 14. Oktober 2010, Rs. 280/08 P, ECLI:EU:C:2010:603 Rn. 200 ff. – *Deutsche Telekom*; EuGH, Urteil v. 17. Februar 2011, Rs. C-52/09, ECLI:EU:C:2011:83 Rn. 38 ff. – *TeliaSonera Sverige*; EuG, Urteil v. 30. November 2000, Rs. T-5/97, ECLI:EU:T:2000:278 Rn. 179 – *Industrie des poudres sphériques*; Kommission, Entscheidung v.

zu erwartenden Konsequenzen können mithin objektiv prognostiziert werden. Steht eine wettbewerbsverdrängende Marktmachtüberwälzung zu befürchten, ist das Konzernprivileg somit ausgeschlossen.

3. *Sonderfall: Schädliche Verhaltensweisen im Konzernbinnenbereich*

Die soeben definierte Grenze des Konzernprivilegs betrifft freilich nur die Fälle der Ungleichbehandlung von konzernexternen gegenüber konzernzugehörigen Unternehmen. Für den zweiten Anwendungsfall des Konzernprivilegs, die konzerninternen Verhaltensweisen, kann diese Grenze nicht gelten. Denn wie oben erarbeitet endet das Konzernprivileg genau dort, wo die Wirkungen der fraglichen Maßnahme den konzerninternen Bereich verlassen und diese Maßnahme aufgrund ihres Schwerpunkts auf der Verdrängung von Wettbewerbern als missbräuchlich einzustufen ist.

Eine rein konzerninterne Verhaltensweise, mit der etwa eine Konzernmutter ein GU oder auch eine Tochtergesellschaft benachteiligt, kann zwar möglicherweise Wirkungen auf den externen Wettbewerb entfalten, weil sie die Marktposition der betroffenen Konzerngesellschaften verändert. Insoweit gilt, dass nahezu jede (Binnen-)Maßnahme auch Implikationen für den relevanten Markt hat. Einen eigenen Missbrauchstatbestand im Sinne einer missbräuchlichen Schädigung des Wettbewerbs wird ein solches Verhalten jedoch nicht verwirklichen, da der Schwerpunkt stets auf den Konzernbinnenbereich gerichtet ist. Es kann daher nicht primär der Verdrängung von Wettbewerbern dienen. Für den Bereich des konzerninternen Verhaltens ist mithin eine kartellrechtliche Grenze des Konzernprivilegs nicht erforderlich. Es handelt sich ausschließlich um Maßnahmen, die der unternehmerischen Freiheit der Konzerngesellschaften unterfallen und vom Schutzzweck des Wettbewerbsrechts ausgenommen sind. Gegen eine nachteilige Behandlung durch die Muttergesellschaft kann sich eine Konzerngesellschaft lediglich konzernrechtlich, nicht jedoch kartellrechtlich zur Wehr setzen.

III. Problem: Geltung auch für unternehmensbezogenen Begriff des Konzernprivilegs?

Bei der Darstellung der Ausnahmefälle und der Erarbeitung einer allgemeingültigen Grenze wurde nicht zwischen den unterschiedlichen Ansätzen zur Herleitung des Konzernprivilegs unterschieden. Es sei daran erinnert, dass das Konzernprivileg teilweise aus dem Unternehmensbegriff, teilweise aus dem Tatbestandsmerkmal der Wettbewerbsbeschränkung und nach hier vertretener Ansicht aus dem übergeordneten Schutzgut des unverfälschten Wettbewerbs hergeleitet wird. Es fragt sich mithin, ob die unter **I.** genannten speziellen

Fallgruppen und die unter **II.** erarbeiteten allgemeinen Kriterien zur Begrenzung des Konzernprivilegs auf all jene Theorien anwendbar sind.

Bei genauer Betrachtung zeigt sich, dass dies nicht der Fall ist. Bis auf die Fallgruppe des sektorspezifischen Regulierungsrechts knüpfen alle Ausnahmetatbestände an materiellrechtliche Wertungen an. Sie sind im Rahmen einer Interessenabwägung bei der Prüfung der Missbräuchlichkeit des fraglichen Verhaltens zu berücksichtigen. Das betrifft sowohl das unternehmerische Handeln der öffentlichen Hand als auch die Fallgruppe der entgegenstehenden Wertungen anderer Rechtsbereiche. Auch die Frage nach der Verwirklichung eines eigenständigen Missbrauchstatbestands gegenüber externen Unternehmen als allgemeine Grenze des Konzernprivilegs stellt sich erst bei der Prüfung der Missbräuchlichkeit der Maßnahme. Sofern man das Konzernprivileg aus dem Tatbestandsmerkmal der Wettbewerbsbeeinträchtigung oder dem Schutzgut des unverfälschten Wettbewerbs herleitet, fügt sich die Berücksichtigung der Ausnahmefälle unproblematisch in das Prüfungsschema ein.

Leitet man jedoch das Konzernprivileg aus dem Unternehmensbegriff her, so wird die wirtschaftliche Einheit als ein Unternehmen im Sinne des Kartellrechts verstanden und die Verwirklichung des Diskriminierungstatbestands (Art. 102 Abs. 2 c AEUV) scheitert bereits am Tatbestandsmerkmal „Handelspartner". Da die wirtschaftliche Einheit in ihrer Gesamtheit ein Unternehmen ist, sind die konzerninternen Gesellschaften mangels eigener Unternehmensqualität keine Handelspartner im Sinne des Art. 102 Abs. 2 c) AEUV. Bejaht man folglich das Bestehen einer wirtschaftlichen Einheit, endet bereits an diesem Tatbestandsmerkmal die Prüfung und man kommt nicht mehr zur Frage der Missbräuchlichkeit des Verhaltens. Die Außenwirkung des Verhaltens ist unerheblich, weil bereits keine Diskriminierung verschiedener Unternehmen vorliegt. Die als Grenzen des Konzernprivilegs bestimmten Kriterien kommen mithin bei dieser Sichtweise nicht zur Anwendung, weil sie erst auf einer nachgelagerten Prüfungsebene angewendet werden können.

Die einzige Ausnahme ist der Bereich des sektorspezifischen Regulierungsrechts. Hier ist die Gleichbehandlung von Konzerngesellschaften und externen Geschäftspartnern gesetzlich vorgegeben. Diese Regelungen gelten unabhängig vom Charakter der wirtschaftlichen Einheit als einem einzigen oder als Zusammenschluss mehrerer Unternehmen.[1114]

1114 Siehe dazu die Ausführungen der Kommission zur parallelen Anwendbarkeit des sektorspezifischen Regulierungsrechts und Art. 102 AEUV: Mitteilung über TK-Zugangsvereinbarungen, Rn. 22.; Kommission, Entscheidung v. 21. Mai 2003, COMP/37.451, 37.578 & 37.579, ABl. 2003 L-263/9 Rn. 53 – *Deutsche Telekom.*

Es bleibt somit festzuhalten, dass die zur Begrenzung des Konzernprivilegs bestimmten Fallgruppen und Kriterien nicht anwendbar sind, wenn man das Konzernprivileg aus dem Unternehmensbegriff herleitet. In diesem Fall ist die Prüfung des Diskriminierungstatbestands mit der Feststellung beendet, dass es sich bei konzerninternen Gesellschaften nicht um Handelspartner handelt, weil die wirtschaftliche Einheit in ihrer Gesamtheit ein Unternehmen im kartellrechtlichen Sinne ist.

Zu einer weiteren Missbrauchsprüfung kommt man allerdings, wenngleich nicht unter dem Aspekt „Grenzen des Konzernprivilegs", auch nach dieser Ansicht. Hat man nämlich den Diskriminierungstatbestand mit der Begründung abgelehnt, dass eine Ungleichbehandlung von Handelspartnern nicht vorliegt, weil die wirtschaftliche Einheit insgesamt als Unternehmen zu behandeln ist, so stellt sich im nächsten Schritt die Frage, ob das Verhalten dieses einheitlichen Unternehmens nicht möglicherweise andere Missbrauchstatbestände des Art. 102 AEUV verwirklicht. Auch hier wird mithin zu prüfen sein, ob die Preispolitik des marktbeherrschenden Unternehmens etwa zu einer Kosten-Preis-Schere führt oder ob durch eine Nichtbelieferung eine missbräuchliche Marktmachtüberwälzung erfolgt. Somit verlagert sich die Prüfung lediglich vom Diskriminierungstatbestand auf eine zweite Tatbestandsprüfung.

IV. Zusammenfassung zu den Grenzen des Konzernprivilegs

Es wurde festgestellt, dass das originär beim Kartellverbot des Art. 101 AEUV angesiedelte Konzernprivileg grundsätzlich auch auf Art. 102 AEUV Anwendung findet. Dies entspricht dem Grundsatz, dass jedes Unternehmen, auch ein marktbeherrschendes Unternehmen im Konzernverbund, im Rahmen seiner unternehmerischen Freiheit, selbst über seine wirtschaftliche Strategie und die Auswahl seiner Geschäftspartner entscheiden kann.

Es hat sich allerdings gezeigt, dass die Geltung des Konzernprivilegs in bestimmten Fallkonstellationen zu begrenzen ist. Dies kann entweder durch gesetzliche Regelungen, wie etwa die Gleichbehandlungsgrundsätze des sektorspezifischen Regulierungsrechts, vorgegeben sein, oder sich aus entsprechenden Wertungen ergeben. So können sich öffentliche Unternehmen nicht auf das Konzernprivileg berufen, wenn sie sich unter Ausnutzung ihrer besonderen Position Vorteile verschaffen, die für private Anbieter nicht erreichbar sind und die es ihnen ermöglichen, Leistungen zu besseren Konditionen anzubieten, wodurch leistungsbereite private Wettbewerber verdrängt werden. Auch Wertungen anderer Rechtsbereiche können unter Umständen die Anwendung des Konzernprivilegs einschränken.

Mit der Bestimmung einer allgemeingültigen Grenze des Konzernprivilegs haben sich sowohl die deutsche als auch die europäische Rechtsprechung und Literatur schwer getan. Als Kriterium für den Ausschluss des Konzernprivilegs wird die Außenwirkung bzw. Drittwirkung des konzerninternen Verhaltens herangezogen. Die genaue Bedeutung dieser Begriffe ist allerdings bisher unklar geblieben, zumal sie in ihrer Pauschalität kaum zur Abgrenzung taugen, weil ein gewisses Maß an Marktauswirkungen keiner konzerninternen Maßnahme abgesprochen werden kann.

Die notwendige Außen- oder Drittwirkung muss daher noch um eine zusätzliche Voraussetzung ergänzt werden: die Verwirklichung eines eigenständigen Missbrauchstatbestands durch das Verhalten des konzernverbundenen Marktbeherrschers. Sofern der Schwerpunkt der konzerninternen Maßnahme nicht mehr auf der legitimen Förderung der Konzerninteressen, sondern auf der Verdrängung von Wettbewerbern liegt, ist die Grenze des Konzernprivilegs überschritten und das Verhalten ist als missbräuchlich im Sinne des Art. 102 AEUV einzustufen.

Diese Grenze gilt freilich nur für Verhaltensweisen, die auch den externen Wettbewerb betreffen und sich nicht als reine Binnenmaßnahmen der Konzerngesellschaften darstellen.

E. Prüfungsschema

Nachdem sowohl die Anwendbarkeit des Konzernprivilegs im Rahmen des Missbrauchsverbots bejaht als auch dessen Grenzen bestimmt wurden, soll in einem letzten Schritt die praktische Umsetzbarkeit dargestellt werden. Zu diesem Zweck wird nachfolgend untersucht, wie sich das Prinzip des Konzernprivilegs in das Prüfungsschema des Art. 102 AEUV einfügen lässt.

Wie oben erläutert, lässt sich das Konzernprivileg im europäischen Recht nicht bei der Rechtfertigung verorten, weil die zulässigen Rechtfertigungsgründe auf objektive Notwendigkeit und Effizienzvorteile begrenzt sind. Hinzu kommt, dass die unterschiedlichen Theorien zur Herleitung des Konzernprivilegs auch zu einem unterschiedlichen Prüfungsaufbau führen. Im Folgenden soll daher für jeden der drei aufgezeigten Wege ein Prüfungsschema erarbeitet werden.

Dabei soll von folgendem fiktiven Fall ausgegangen werden: A, die Muttergesellschaft des A-Konzerns, produziert und vertreibt Maschinen zur Herstellung von elektronischen Messgeräten. Auf diesem Markt verfügt sie über einen Marktanteil von 70%. Sie liefert die Maschinen an unterschiedliche Hersteller von elektronischen Messgeräten. Zum A-Konzern gehört auch B, eine 80%ige Tochtergesellschaft der A, die von A allein kontrolliert wird. An B liefert A die Maschinen zu einem ca. 20% günstigeren Preis als an seine externen Abnehmer. Der Kunde X, der von A Maschinen bezieht, fühlt sich durch diese Praxis benachteiligt und verlangt, zum selben Preis wie B beliefert zu werden.

I. Herleitung aus dem Unternehmensbegriff

Für diejenigen, die das Konzernprivileg aus dem Unternehmensbegriff herleiten, setzt das Prinzip beim Tatbestandsmerkmal des Handelspartners an, vgl. oben **C.I.**. Die Prüfung einer unterschiedlichen Behandlung von konzernzugehörigen und externen Unternehmen nach Art. 102 Abs. 2 c) AEUV sähe daher wie folgt aus:

1. Marktbeherrschende Stellung

Im ersten Schritt ist zu prüfen, ob das diskriminierende Unternehmen eine marktbeherrschende Stellung auf dem relevanten Markt innehat. Es erfolgt die Marktabgrenzung in sachlicher und räumlicher Hinsicht und anschließend die Prüfung der Machtverhältnisse anhand der Merkmale Marktstruktur, Unternehmensstruktur und Marktverhalten. Bei einem Marktanteil von 70% wird man wohl zu dem Ergebnis kommen, dass A eine marktbeherrschende Stellung besitzt. Da nach dieser Ansicht der Konzern in seiner Gesamtheit als Unternehmen betrachtet wird, liegt eine Einzelmarktbeherrschung des Konzerns vor.

2. Missbrauch

Anschließend ist zu prüfen, ob die Ungleichbehandlung von X und den anderen externen Abnehmern gegenüber B eine missbräuchliche Diskriminierung im Sinne des Art. 102 Abs. 2 c) AEUV darstellt.

a) Handelspartner: Konzernprivileg

Das Konzernprivileg greift nach dieser Ansicht beim Merkmal des Handelspartners ein. Sofern A und B eine wirtschaftliche Einheit bilden, was anhand der oben ausgeführten Kriterien zu prüfen wäre, besitzt B keine eigene Unternehmensqualität und ist mithin kein Handelspartner. Vielmehr ist der Konzern in seiner Gesamtheit ein Unternehmen im kartellrechtlichen Sinne. Aufgrund der alleinigen Kontrolle der Mehrheitsgesellschafterin A über die Tochtergesellschaft B ist vom Vorliegen einer die wirtschaftliche Einheit auszugehen. Die Konzernverbundenheit führt mithin dazu, dass die von A an den Tag gelegte

Ungleichbehandlung nicht den Tatbestand einer missbräuchlichen Diskriminierung von Handelspartnern verwirklicht.

b) Keine Ausnahme von der Anwendung des Konzernprivilegs

Bei der Herleitung des Konzernprivilegs aus dem Unternehmensbegriff kommen die oben dargestellten Ausnahmekriterien nicht zur Anwendung, da die Prüfung mit der Verneinung der Handelspartnereigenschaft der konzernverbundenen Gesellschaft endet. Allein die Vorgaben des sektorspezifischen Regulierungsrechts wären zu beachten, wofür es in dem hier gebildeten Fall jedoch keine Anhaltspunkte gibt.

3. Ergebnis

Das Verhalten von A stellt aufgrund der wirtschaftlichen Einheit mit B einen rein unternehmensinternen Vorgang dar, der vom Konzernprivileg gedeckt ist. Der Tatbestand einer missbräuchlichen Diskriminierung nach Art. 102 Abs. 2 c) AEUV ist durch die preisliche Bevorzugung der Tochtergesellschaft B gegenüber X nicht verwirklicht.

In einem zweiten Schritt müsste gegebenenfalls noch geprüft werden, ob das Verhalten von A eine andere Tatbestandsvariante des Art. 102 AEUV, etwa eine Kosten-Preis-Schere, erfüllt.

II. Herleitung aus dem Tatbestandsmerkmal der Wettbewerbsbeschränkung

Eine andere Ansicht leitet das Konzernprivileg – jedenfalls bei der Anwendung auf das Kartellverbot nach Art. 101 Abs. 1 AEUV – aus dem Tatbestandsmerkmal der Wettbewerbsbeschränkung her. Unter **C.II.** wurde gezeigt, dass eine solche Anknüpfung auch im Rahmen des Art. 102 Abs. 2 c) AEUV möglich ist, sofern man mit der Rechtsprechung des EuGH dem Tatbestandsmerkmal „Benachteiligung im Wettbewerb“ eine eigenständige Bedeutung im Sinne einer zielgerichteten Wettbewerbsschädigung beimisst.

1. Marktbeherrschende Stellung

Auch in diesem Szenario ist zuvorderst festzustellen, dass A auf dem relevanten Markt eine marktbeherrschende Stellung besitzt. Ein Unterschied besteht allerdings darin, dass die Vertreter der Marktbeherrschungsanknüpfung nicht den Konzern bzw. die wirtschaftliche Einheit als Unternehmen betrachten, sondern von einer Marktbeherrschung des Einzelunternehmens A ausgehen.

2. *Missbrauch*

a) Handelspartner

Aus der Unternehmensqualität der einzelnen Konzerngesellschaften folgt, dass A mit der preislichen Besserstellung ihrer Tochtergesellschaft B eine Ungleichbehandlung von Handelspartnern verwirklicht. Denn als Unternehmen, welches auf der nachgelagerten Marktstufe steht und Produkte von A bezieht, ist B, ebenso wie X, ein Handelspartner im Sinne der Norm.

b) Anwendung unterschiedlicher Bedingungen auf gleichwertige Leistungen

Der für B im Vergleich zu seinen Wettbewerbern reduzierte Preis verwirklicht eine Anwendung unterschiedlicher Bedingungen auf gleichwertige Leistungen. Die gleichwertige Leistung ist in diesen Fall die Lieferung von Maschinen zur Herstellung von Messgeräten. Für diese verlangt A von B ein geringeres Entgelt als von X und den anderen externen Abnehmern und wendet somit unterschiedliche Bedingungen an.

c) Benachteiligung im Wettbewerb: Konzernprivileg

Diese Ungleichbehandlung müsste eine Benachteiligung von X im Wettbewerb darstellen. Nach der Rechtsprechung des EuGH im Fall *British Airways* liegt eine Benachteiligung im Wettbewerb vor, wenn das Verhalten des marktbeherrschenden Unternehmens „darauf abzielt, die Wettbewerbsposition eines Teils der Handelspartner […] gegenüber den anderen zu beeinträchtigen".[1115] An dieser Stelle greift das Konzernprivileg ein: eine Maßnahme, mit der konzernverbundene Unternehmen gegenüber externen Abnehmern bevorzugt werden, zielt nicht darauf ab, die Wettbewerbsposition der externen Handelspartner zu beeinträchtigen, sondern dient vorrangig dazu, die wirtschaftlichen Konzerninteressen zu fördern. Das Verhalten der marktbeherrschenden Muttergesellschaft bezieht sich auf den Konzernbinnenbereich und ist als solches Teil ihrer durch das Konzernprivileg geschützten unternehmerischen Freiheit. Die wirtschaftliche Einheit zwischen A und B bedeutet somit, dass eine Ungleichbehandlung zugunsten konzernverbundener Unternehmen keine gezielte Wettbewerbsbenachteiligung der externen Abnehmer darstellt.

1115 EuGH, Urteil v. 15. März 2007, Rs. C-95/04, ECLI:EU:C:2007:166 Rn. 144 – *British Airways.*

d) Ausnahme von der Anwendung des Konzernprivilegs

Unmittelbar im Anschluss ist zu untersuchen, ob ein Fall vorliegt, in dem die Grenzen des Konzernprivilegs überschritten werden und das Verhalten daher ausnahmsweise doch als missbräuchlich einzustufen ist. Hier ist etwa zu prüfen, ob die Preisdifferenz für das Vorprodukt zu einer Kosten-Preis-Schere führt und somit durch die konzerninterne Bevorzugung ein eigenständiger Missbrauchstatbestand verwirklicht wird.

Ist dies nicht der Fall und ist auch keiner der anderen Ausnahmefälle einschlägig, so ist die Prüfung an dieser Stelle mit dem Ergebnis beendet, dass kein missbräuchliches Verhalten nach Art. 102 Abs. 2 c) AEUV vorliegt, weil die preisliche Besserstellung von B dem Konzernprivileg unterfällt.

3. Ergebnis

Die unterschiedliche Preissetzung von A gegenüber ihrem Tochterunternehmen B und externen Abnehmern ist aufgrund der wirtschaftlichen Einheit nicht als gezielte Wettbewerbsbeschränkung, sondern als konzerninternes Verhalten einzustufen und erfüllt daher nicht das Tatbestandsmerkmal einer Benachteiligung im Wettbewerb.

Käme man hingegen dazu, dass die Grenzen des Konzernprivilegs überschritten sind, so wäre im nächsten Prüfungsschritt zu untersuchen, ob das Verhalten des marktbeherrschenden Unternehmens aufgrund objektiver Notwendigkeit oder durch entscheidende Effizienzvorteile gerechtfertigt ist.

III. Herleitung aus dem Schutzgut des unverfälschten Wettbewerbs

Als weitere Möglichkeit der Herleitung des Konzernprivilegs wurde das Schutzgut des unverfälschten Wettbewerbs bestimmt. Diese Theorie knüpft nicht an einem Tatbestandsmerkmal der Art. 101 oder 102 AEUV an, sondern leitet das Konzernprivileg aus dem den Wettbewerbsregeln zugrundeliegenden Prinzip eines freien, von Einzelakteuren unbeeinträchtigten Wettbewerbs ab. Der Grundgedanke ist der Herleitung aus dem Tatbestandsmerkmal der Wettbewerbsbeschränkung nicht unähnlich, verzichtet aber auf das umstrittene Element einer gezielten Wettbewerbsbeeinträchtigung. In das Prüfungsschema des Art. 102 Abs. 2 c) AEUV lässt sich das Konzernprivileg nach dieser Ansicht wie folgt einfügen:

1. Marktbeherrschung

Im ersten Prüfungsschritt ist auch hier die Marktbeherrschung von A festzustellen, wovon bei einem Marktanteil von 70% wohl auszugehen sein wird.

2. *Missbrauch*

a) Handelspartner

Nach dieser Ansicht sind die konzernverbundenen Gesellschaften Unternehmen im Sinne des Kartellrechts und die wirtschaftliche Einheit lediglich eine rechtliche Konstruktion zur Würdigung der Konzernverbundenheit. Sie hat selbst keine Unternehmensqualität. Somit ist B, ebenso wie X, ein Handelspartner von A.

b) Anwendung unterschiedlicher Bedingungen auf gleichwertige Leistungen

Durch die unterschiedlich hohen Preise für die Maschinen gegenüber der Konzerntochter B und dem externen Abnehmer X wendet A unterschiedliche Bedingungen auf gleichwertige Leistungen an.

c) Missbräuchlichkeit: Konzernprivileg

Dieses Verhalten müsste jedoch auch missbräuchlich sein. Die Ungleichbehandlung von Handelspartnern ist zunächst eine objektive Feststellung. Als missbräuchlich ist dieses Verhalten nur dann einzustufen, wenn dadurch das System des unverfälschten Wettbewerbs gefährdet oder beeinträchtigt wird.

Bei der preislichen Bevorzugung eines Tochterunternehmens handelt es sich um einen konzerninternen Vorgang, der primär das Verhältnis zwischen Mutter- und Tochtergesellschaft betrifft und als solcher Ausdruck der unternehmerischen Freiheit des Konzerns und seiner Glieder ist. Die davon ausgehenden Wirkungen auf den (Außen)Wettbewerb sind als wettbewerbsimmanente Reflexwirkungen hinzunehmen. Jede unternehmerische Maßnahme, die der Förderung der eigenen Wettbewerbsposition dient, entfaltet gewisse beschränkende Auswirkungen auf den Restwettbewerb. Dies gilt unabhängig davon, ob es sich um ein konzernverbundenes Unternehmen oder ein Einzelunternehmen handelt. Die Förderung des eigenen wirtschaftlichen Erfolgs zulasten der Konkurrenten ist natürlicher Bestandteil des freien Leistungswettbewerbs. Vollzieht sich diese Förderung innerhalb einer aus zwei oder mehr Unternehmen bestehenden wirtschaftlichen Einheit, so ist dieser Binnenvorgang vom Konzernprivileg erfasst und daher nicht missbräuchlich.

d) Ausnahme von der Anwendung des Konzernprivilegs

Nachdem die Geltung des Konzernprivilegs bejaht wurde, ist zu untersuchen, ob ein Fall vorliegt, bei dem die Grenzen des Konzernprivilegs überschritten werden und deshalb das Verhalten des marktbeherrschenden Unternehmens A ausnahmsweise doch als missbräuchlich einzustufen ist. Bei A handelt es sich jedoch weder um ein öffentliches Unternehmen, noch liegen Anhaltspunkte für das Eingreifen sektorspezifischen Regulierungsrechts vor.

Weiterhin ist zu prüfen, ob durch die preisliche Besserstellung der Tochtergesellschaft B ein eigenständiger Missbrauchstatbestand verwirklicht wird, also beispielsweise die Gefahr einer Kosten-Preis-Schere besteht. Ist dies nicht der Fall, so ist die Prüfung an dieser Stelle mit dem Ergebnis beendet, dass die preisliche Ungleichbehandlung einer konzernverbundenen Tochtergesellschaft gegenüber externen Abnehmern durch die marktbeherrschende A nicht den Tatbestand einer missbräuchliche Diskriminierung von Handelspartnern erfüllt, da sich diese Maßnahme im Rahmen des Konzernprivilegs vollzieht.

e) Ergebnis

Das Verhalten der Muttergesellschaft A gegenüber ihrer Tochtergesellschaft B und der externen Abnehmerin X stell eine Anwendung unterschiedlicher Bedingungen auf gleichwertige Leistungen gegenüber Handelspartnern dar. Diese Ungleichbehandlung ist jedoch nicht missbräuchlich, da zwischen A und B eine wirtschaftliche Einheit besteht und die Bevorzugung der Tochtergesellschaft von der unternehmerischen Freiheit der Konzernmutter gedeckt ist. Durch das Verhalten wird das Schutzgut des unverfälschten Wettbewerbs nicht verletzt.

Nur falls man zu dem Ergebnis kommen sollte, dass die Grenzen des Konzernprivilegs überschritten werden, wäre in einem letzten Schritt eine mögliche Rechtfertigung aufgrund objektiver Notwendigkeit oder durch Effizienzvorteile zu prüfen.

§ 7 Befund und Fazit

Zu Beginn der Untersuchung wurde die Frage aufgeworfen, ob das sogenannte Konzernprivileg im Rahmen des europäischen Missbrauchstatbestands Geltung entfalten kann. „Konzernprivileg“ bedeutet, dass die kartellrechtlichen Verbotsvorschriften, aufgrund der engen Verbindung unterschiedlicher Einheiten innerhalb eines Konzerns, nicht zur Anwendung kommen. Dies wurde von den europäischen Institutionen bislang nur für Art. 101 AEUV bejaht. Vor dem Hintergrund der identischen Regelungsziele von Kartell- und Missbrauchsverbot stellt sich jedoch die Frage einer konsistenten Anwendung des Konzernprivilegs auch im Rahmen des Art. 102 AEUV.

Da das Konzernprivileg an das Konzept der wirtschaftlichen Einheit anknüpft, welches seinerseits vom Verständnis des europäischen Unternehmensbegriffs abhängt, wurden in **§ 2** zunächst der Unternehmensbegriff und die Voraussetzungen einer wirtschaftlichen Einheit erläutert. Darauf aufbauend konnte in **§ 3** auf die unterschiedlichen Auffassungen zur Herleitung des Konzernprivilegs eingegangen werden. Ergänzend zu den bislang etablierten Theorien wurde der Vorschlag einer Herleitung aus dem übergeordneten Schutzgut des unverfälschten Wettbewerbs gemacht. Der erste Schritt einer Einbettung des Konzernprivilegs in den Missbrauchstatbestand des Art. 102 AEUV erfolgte in **§ 4**, indem zunächst die Struktur dieser Norm erläutert und anschließend die möglichen Anwendungsbereiche für das Konzernprivileg besprochen wurden. In **§ 5** erfolgte ein kurzer Exkurs ins deutsche Recht, wo das Konzernprivileg bereits seit langer Zeit nicht nur auf das Kartell-, sondern auch auf das Missbrauchsverbot angewendet wird.

Nach dieser Vorarbeit konnte in **§ 6** sodann gezeigt werden, dass das europäische Missbrauchsverbot in der Tat Raum für die Anwendung des Konzernprivilegs bietet, und zwar unabhängig davon, welcher Herleitungstheorie man folgt.

A. Befund

Die Befunde der hiesigen Untersuchung können wie folgt zusammengefasst werden:

- Der funktionale Unternehmensbegriff des europäischen Kartellrechts setzt keine rechtliche oder wirtschaftliche Selbständigkeit der betreffenden Einheit voraus. Das für die Unternehmensqualität entscheidende Kriterium ist eine Teilnahme am Marktgeschehen, durch welche ein eigener Einfluss auf den Wettbewerb ermöglicht wird.

- Diese Fähigkeit besitzen auch rechtlich kontrollierte und wirtschaftlich abhängige Konzerngesellschaften. Sie sind als Unternehmen einzustufen, sofern sie als Wettbewerbsteilnehmer am Markt auftreten.
- Wirtschaftliche Einheiten sind keine Unternehmen. Die Bezeichnung eines Konzerns als wirtschaftliche Einheit ist lediglich eine fiktive Betrachtung, um der Macht- und Ressourcenallokation miteinander verbundener Unternehmensgruppen Rechnung zu tragen. Mangels eines eigenständigen Marktauftritts des Konzerngebildes ist dieses jedoch nicht als Unternehmen im Sinne des Kartellrechts anzusehen.
- Die zur Begründung einer wirtschaftlichen Einheit notwendige Kontrolle lässt sich mit einer analogen Anwendung des Art. 5 Abs. 4 FKVO begründen. Erforderlich ist in jedem Fall ein positives Einflussrecht der Muttergesellschaft auf das Verhalten der Tochtergesellschaft. Bloße Vetorechte und faktische Kontrolle im Sinne des Art. 3 Abs. 2 FKVO sind nicht ausreichend.
- Voraussetzung einer wirtschaftlichen Einheit im Rahmen des Konzernprivilegs ist, im Gegensatz zu Fällen der Konzernhaftung für Kartellverstöße einer Konzerngesellschaft, nicht die tatsächliche Ausübung des bestimmenden Einflusses der Muttergesellschaft. Das Bestehen der Kontrolle ist grundsätzlich ausreichend.
- Eine Ausnahme bilden allein Gemeinschaftsunternehmen und Gleichordnungskonzerne. Um eine wirtschaftliche Einheit zwischen einem GU und seinen Muttergesellschaften und im Verhältnis der Mitglieder eines Gleichordnungskonzerns zu bejahen, bedarf es des Belegs einer tatsächlichen Ausübung der Einflussrechte der Mutter- bzw. der Leitungsgesellschaften.
- Das Konzernprivileg lässt sich direkt aus dem dem europäischen Kartellrecht zugrunde liegenden Schutzzweck eines unverfälschten Wettbewerbs herleiten. Eine Anknüpfung an den Unternehmensbegriff, wie ihn die Rechtsprechung vornimmt, oder an das in Art. 101 AEUV angelegte Tatbestandsmerkmal der Wettbewerbsverfälschung ist nicht erforderlich.
- Die Herleitung aus dem Schutzgut des unverfälschten Wettbewerbs gelingt, da dieses die wettbewerbsrechtliche Rechtfertigung für die zentralen Verbotsvorschriften Art. 101 AEUV und Art. 102 AEUV darstellt.
- Selbst wenn man jedoch den hergebrachten, bei Art. 101 AEUV anknüpfenden Theorien zur Herleitung des Konzernprivilegs folgt, so hindert dies nicht an einer Übertragung des Prinzips auf das Missbrauchsverbot.
- Die deutsche Rechtspraxis beweist, dass das Konzernprivileg nicht auf das Kartellverbot beschränkt ist. Es ist ständige Rechtsprechung des BGH, dass Diskriminierungs- und Behinderungsmaßnahmen, die im Konzerninteresse erfolgen, grundsätzlich nicht als missbräuchlich einzustufen sind.

- Der Anwendungsbereich des Konzernprivilegs im Rahmen des Art. 102 AEUV liegt zum einen in Fällen der Benachteiligung von Unternehmen innerhalb einer wirtschaftlichen Einheit. Verhaltensweisen, die ihrer Gestalt nach unter das Missbrauchsverbot fallen, sind nicht verboten, wenn sie innerhalb einer wirtschaftlichen Einheit angewendet werden. Das betroffene Unternehmen kann sich dagegen mit Mitteln des Konzernrechts, nicht jedoch unter Berufung auf das Kartellrecht zur Wehr setzen.
- Der Hauptfall des Konzernprivilegs im Rahmen des Missbrauchstatbestands ist allerdings Art. 102 Abs. 2 c) AEUV, das Verbot der missbräuchlichen Diskriminierung von Handelspartnern. Liegt eine Diskriminierung eines externen zugunsten eines konzernzugehörigen Unternehmens vor, so greift das Konzernprivileg ein.
- Die Anwendung des Konzernprivilegs auf Art. 102 AEUV lässt sich sowohl mit den aus Art. 101 AEUV abgeleiteten als auch mit der hier entwickelten Theorie aus dem Schutzgut der Wettbewerbsbeschränkung begründen. Leitet man das Konzernprivileg aus dem Unternehmensbegriff her, scheitert der Diskriminierungstatbestand am Merkmal des „Handelspartners". Denn betrachtet man die wirtschaftliche Einheit als ein einziges Unternehmen im Sinne des europäischen Kartellrechts, so liegt im Fall von konzerninternem Missbrauchsverhalten keine Schädigung des Wettbewerbs vor.
- Auch die Ansicht, welche das Konzernprivileg aus der fehlenden Wettbewerbsbeschränkung herleiten will, lässt sich auf Art. 102 AEUV übertragen. Wenngleich der Wortlaut des Missbrauchsverbots nicht ausdrücklich eine Ziel- oder Zweckrichtung des Verhaltens vorsieht, setzt die Rechtsprechung des EuGH ein „Abzielen" auf wettbewerbswidrige Wirkungen voraus. An einem solchen Merkmal fehlt es bei rein konzernintern ausgerichteten Maßnahmen.
- Am überzeugendsten ist allerdings die Herleitung aus dem Schutzgut des unverfälschten Wettbewerbs. Ein Verhalten, welches auf den Konzernbinnenbereich beschränkt ist, führt *a priori* nicht notwendigerweise zu einer Beeinträchtigung des Außenwettbewerbs. Gewisse Auswirkungen auf andere Marktteilnehmer sind als Reflexwirkung einer grundrechtlich verankerten unternehmerischen Freiheit hinzunehmen. Sofern diese Wirkungen eine wettbewerbsschädliche Dimension erreichen, ist dem über eine angemessene Begrenzung des Konzernprivilegs zu begegnen.
- Die Grenzen des Konzernprivilegs ergeben sich zum einen aus gesetzlichen Vorschriften, wie etwa dem sektorspezifischen Regulierungsrecht und zum anderen aus Wertungen unterschiedlicher Rechtsbereiche. Insbesondere im Bereich des unternehmerischen Handelns der öffentlichen Hand kann das Konzernprivileg nicht immer uneingeschränkte Geltung entfalten.

- Ein allgemeiner Maßstab für die Begrenzung des Konzernprivilegs wurde bislang weder im deutschen noch im europäischen Kartellrecht definiert. Der Inhalt der Kategorien „Außenwirkung“ oder „Drittwirkung“ ist unklar geblieben.
- Die Grenze des Konzernprivilegs im Rahmen des Missbrauchstatbestands sollte daher gezogen werden, wo das fragliche Verhalten über den schützenswerten unternehmerischen Binnenbereich hinaus einen eigenständigen Missbrauchstatbestand erfüllt. Exemplarisch zu nennen sind etwa die Verwirklichung einer Kosten-Preis-Schere und die Marktmachtausdehnung auf vor- oder nachgelagerte Märkte.

B. Fazit

Das Schutzgut des europäischen Kartellrechts ist ein frei von der Beeinträchtigung einzelner Marktakteure funktionierender Wettbewerb. Zu diesem Zweck sieht das europäisch Kartellrecht zwei Kernverbotstatbestände vor: das Kartellverbot in Art. 101 AEUV und das Verbot des Missbrauchs einer marktbeherrschenden Stellung in Art. 102 AEUV. Beide Tatbestände verfolgen das einheitliche Ziel eines unverfälschten Wettbewerbs in der Europäischen Union. Beide Tatbestände richten sich an Unternehmen. Der Unternehmensbegriff ist nach der Rechtsprechung des Europäischen Gerichtshofs in beiden Normen derselbe. Demnach ist ein Unternehmen jede wirtschaftlich tätige Einheit unabhängig von ihrer Rechtsform oder der Art ihrer Finanzierung. Das entscheidende Merkmal des Unternehmensbegriffs ist die wirtschaftliche Tätigkeit, das heißt die Teilnahme der fraglichen Einheit an dem durch das Kartellrecht geschützten Marktgeschehen. Denn wer nicht selbst am Wettbewerbsgeschehen teilnimmt, kann auch nicht in das geschützte Rechtsgut eingreifen. Eine als wirtschaftliche Einheit zu verstehende Mehrzahl von miteinander Konzerngesellschaften ist in aller Regel nicht selbst als Unternehmen anzusehen, da nicht sie am Wettbewerbsgeschehen teilnimmt, sondern die einzelnen Gesellschaften.

Der hier untersuchte Begriff des Konzernprivilegs betrifft den Binnenbereich derartiger wirtschaftlicher Einheiten. Die Interaktion der zu einer wirtschaftlichen Einheit verbundenen Unternehmen stellt nach ganz herrschender Meinung kein wettbewerbliches Handeln dar. Eine Preisvorgabe oder eine Kundenaufteilung zwischen Konzernunternehmen erfüllt nicht den Tatbestand des Art. 101 AEUV, weil das Schutzgut des unverfälschten Wettbewerbs nicht betroffen ist. Dieses Privileg ist leitet sich aus den Wirtschaftsgrundrechten der unternehmerischen Freiheit und der Eigentumsfreiheit her: nicht nur das Ob, sondern auch das Wie der unternehmerischen Tätigkeit ist grundsätzlich frei.

Die Entscheidung für eine Konzernstruktur statt eines Einheitsunternehmens darf dem Unternehmer nicht zum Nachteil gereichen. Sein Interesse am wirtschaftlichen Erfolg seines Unternehmens darf er mit allen Mitteln verfolgen, die nicht zu einer missbilligenswerten Beeinträchtigung des Wettbewerbs führen. Damit unterfallen Maßnahmen, die sich innerhalb des wettbewerbsfreien Binnenbereichs einer wirtschaftlichen Einheit abspielen, der unternehmerischen Freiheit und sollten von wettbewerbsrechtlichen Verboten nicht erfasst werden.

Diese Privilegierung ist für das Kartellverbot anerkannt und findet in der europäischen Entscheidungspraxis ihren Niederschlag. Erstaunlicherweise gilt dies jedoch nicht für das Missbrauchsverbot des Art. 102 AEUV, obwohl auch im Rahmen dieses Tatbestands wirtschaftliche Einheiten auftreten, deren Binnenbeziehung bei der Anwendung der Norm Rechnung zu tragen ist. Eine Bevorzugung konzerninterner Unternehmen gegenüber externen Geschäftspartnern kann bei konsequenter Anwendung des (einheitlichen) EU-rechtlichen Unternehmensbegriffs keine missbräuchliche Diskriminierung im Sinne des Art. 102 Abs. 2 c) AEUV darstellen. Ebenso kann eine Benachteiligung von Unternehmen innerhalb einer wirtschaftlichen Einheit keinen Missbrauch darstellen, da auch eine im Konzerninteresse erfolgte „Schlechtbehandlung" von der unternehmerischen Freiheit gedeckt ist.

Die Untersuchung hat gezeigt, dass sich die bisherige Beschränkung des Konzernprivilegs auf den Tatbestand des Kartellverbots weder mit dem Wortlaut, noch mit dem Ziel des Missbrauchsverbots rechtfertigen lässt. Vielmehr gebietet es der von der Rechtsprechung propagierte einheitliche Unternehmensbegriff, die der wirtschaftlichen Einheit bei Art. 101 AEUV gewährten Privilegien auch im Rahmen des Art. 102 AEUV zur Anwendung kommen zu lassen. Denn auch innerhalb des Missbrauchstatbestands kann das gesetzliche Verbot nicht gelten, wenn sich die Verhaltensweisen auf den wettbewerbsfreien Binnenbereich einer wirtschaftlichen Einheit beschränken und daher das Schutzgut des unverfälschten Wettbewerbs nicht beeinträchtigt wird. Dies gilt auch und erst recht, wenn man die wirtschaftliche Einheit, wie der EuGH, für ein einheitliches Unternehmen hält, da sich missbräuchliche Verhaltensweisen stets gegenüber anderen Marktteilnehmern oder Handelspartnern manifestieren müssen.

Dass die Anwendung des Konzernprivilegs auf den Tatbestand des Art. 102 AEUV keineswegs systemfremd ist, hat auch der Vergleich mit der deutschen Praxis gezeigt. Der BGH bejaht seit vielen Jahrzehnten die Privilegierung konzerninterner Verhaltensweisen nicht nur beim Kartell-, sondern auch im Rahmen des Missbrauchsverbots. Dabei stellt er fest, dass die aus den privilegierten Maßnahmen entstehenden Auswirkungen auf den Marktwettbewerb grundsätzlich als Nebenfolge der unternehmerischen Freiheit hinzunehmen sind.

Die Untersuchung hat allerdings auch hervorgebracht, dass das Konzernprivileg nicht uneingeschränkt gilt. Das Schutzgut der unternehmerischen Freiheit hat unter bestimmten Umständen hinter überwiegenden wettbewerblichen Wertungen zurückzustehen. Daher erfordern Fallgruppen wie etwa die wirtschaftliche Tätigkeit der öffentlichen Hand oder der Bereich des sektorspezifischen Regulierungsrechts eine Begrenzung des Konzernprivilegs.

Wünschenswert wäre es, eine allgemeine Grenze des Konzernprivilegs anhand abstrakter Kriterien zu definieren. Eine solche hat sich bisher weder in der deutschen, noch in der europäischen Anwendungspraxis herausgebildet. Der Maßstab einer solchen Grenze kann wiederum nur die Beeinträchtigung des geschützten Marktwettbewerbs sein. Sofern sich die an sich vom Konzernprivileg gedeckten konzerninternen Verhaltensweisen nicht nur als hinzunehmender Nebeneffekt auf den schützenswerten „Außenwettbewerb" auswirken, sondern diesen in missbilligenswerter Weise beeinträchtigen, ist für eine Privilegierung kein Raum mehr. Das Konzernprivileg findet daher seine Grenze, wo das von einem konzernzugehörigen Unternehmen an den Tag gelegte Verhalten einen eigenständigen Missbrauchstatbestand verwirklicht.

Als Fazit der Untersuchung lässt sich festhalten, dass die Anwendung des Konzernprivilegs im Rahmen des Art. 102 AEUV wettbewerbsrechtlich möglich und systemgerecht ist. Die Ausklammerung des Konzernprivilegs aus dem EU-rechtlichen Missbrauchsverbots stellt eine nicht nachvollziehbare rechtlich Lücke dar, die durch konsequente Anwendung der zugrundeliegenden Begrifflichkeiten und Prinzipien geschlossen werden kann.

Literaturverzeichnis

Adam, Michael; Maier-Rigaud, Frank: The Law and Economics of Article 82 EC and the Commission Guidance Paper on Exclusionary Conduct, ZWeR 2009, S. 131-146

Albors-Llorens, Albertina: The Role of Objective Justification and Efficiencies in the Application of of Article 82 EC, CMLR 2007, 1727-1761

Basedow, Jürgen: Konsumentenwohlfahrt und Effizienz – Neue Leitbilder der Wettbewerbspolitik?, WuW 2007, S. 712-715

van Bael, Ivo; Bellis, Jean François: Competition Law of the European Community, 5. Auflage, Alphen aan den Rijn 2010

Bechtold, Rainer; Bosch, Wolfgang; Brinker, Ingo: EU-Kartellrecht, 3. Auflage, München 2014

Bechtold, Rainer: GWB – Kartellgesetz, Gesetz gegen Wettbewerbsbeschränkungen §§ 1-96, 130, 131, 8. Auflage, München 2015, zitiert: *Bechtold*, GWB

Bechtold, Rainer: Die Anwendbarkeit des § 1 GWB auf Zusammenschlüsse des § 23 Abs. 2 Nr. 1-4 GWB (mit Ausnahme der Gemeinschaftsunternehmen), WuW 1977, 460-469

Beckmerhagen, Axel: Die essential facilities doctrine im US-amerikanischen und europäischen Kartellrecht, Baden Baden 2002

Bellamy, Christopher; Child, Graham D.; Roth, P.M. (Hrsg.): European Community Law of Competition, 5. Auflage, London 2001

Benicke, Christoph: Zum Unternehmensbegriff des Europäischen Wettbewerbsrechts, EWS 1997, S. 373-379

Berg, Werner: Neue Entscheidungen des EuGH zur Anwendung des EG-Kartellrechts im Bereich der sozialen Sicherheit, EuZW 2000, S. 170-173

Bittner, Carsten: Die Verweigerung der Drittzulassung zu Infrastruktureinrichtungen unter dem Aspekt des Missbrauchsverbots aus Art. 85 EG-Vertrag, Hamburg 1998, zitiert: *Bittner*, Die Verweigerung der Drittzulassung zu Infrastruktureinrichtungen

Bornkamm, Joachim: Der Unternehmensbegriff im europäischen und deutschen Kartellrecht – „FENIN" Revisited in: Festschrift für Uwe Blaurock zum 70. Geburtstag, Tübingen 2013, S. 41-57, zitiert: *Bornkamm* in: FS Blaurock

Bornkamm, Joachim; Montag, Frank; Säcker, Franz Jürgen (Hrsg.): Münchener Kommentar zum Europäischen und Deutschen Wettbewerbsrecht (Kartellrecht), Band 1 Europäisches Wettbewerbsrecht, 2. Auflage München 2015, zitiert: *Bearbeiter* in: MüKo EU-Wettbewerbsrecht

Bornkamm, Joachim; Montag, Frank; Säcker, Franz Jürgen (Hrsg.): Münchener Kommentar zum Europäischen und Deutschen Wettbewerbsrecht (Kartellrecht), Band 2 Gesetz gegen Wettbewerbsbeschränkungen (GWB), 2. Auflage München 2015, zitiert: *Bearbeiter* in: MüKo GWB

Bos, Pierre; Stuyck, Jules; Wytinck, Peter: Concentration Control in the European Economic Community, London 1992

Bosch, Wolfgang: Haftung für kartellrechtswidriges Handeln der Tochtergesellschaft – Neue Rechtslage nach dem Urteil in der Rechtssache Elf Aquitaine/Kommission?, ZWeR 2012, S. 368-379

Bucher, Hannes: Die Anwendung des Europäischen Wettbewerbsrechts auf Träger sozialer Sicherungssysteme, Köln 2008

Bunte, Hermann-Josef: Die Anwendung des Diskriminierungsverbotes nach § 26 Abs. 2 GWB auf den Wettbewerb beim KFZ-Leasing, Der Betrieb 1988, S. 637-643

Bunte, Hermann-Josef: Zur wettbewerbsrechtlichen Bedeutung konzerninterner Vorgänge im Rahmen des § 26 Abs. 2 GWB, Der Betrieb 1989, S. 309-311

Bunte, Hermann-Josef: 6. GWB-Novelle und Missbrauch wegen Verweigerung des Zugangs zu einer „wesentlichen Einrichtung“, WuW 1997, S. 302-318

Buntscheck, Martin: Das „Konzernprivileg“ im Rahmen von Art. 81 EG-Vertrag – Analyse der Entscheidungspraxis von Kommission und Gerichtshof unter besonderer Berücksichtigung der Beziehung zwischen Gemeinschaftsunternehmen und ihren Müttern, Baden-Baden 2002, zitiert: *Buntscheck*, Das „Konzernprivileg“ im Rahmen von Art. 81 EG-Vertrag

Buntscheck, Martin: Der Gleichordnungskonzern – ein illegales Kartell?, WuW 2004, S. 374-384

Burgi, Martin: Die öffentlichen Unternehmen im Gefüge des primären Gemeinschaftsrechts, EuR 1997, S. 261-290

Burkert, Thomas O.J.: Die Zulässigkeit von Koppelungsgeschäften aus wettbewerbsrechtlicher Sicht, Baden-Baden 1992

Calliess, Christian; Ruffert, Matthias (Hrsg.): EUV/AEUV – Das Verfassungsrecht der Europäischen Union mit Europäischer Grundrechtecharta, 4. Auflage, München 2011, zitiert: *Bearbeiter* in: Calliess/Ruffert

Crones, Luisa: Grundrechtlicher Schutz von juristischen Personen im europäischen Gemeinschaftsrecht – Eine rechtsvergleichende Untersuchung zum persönlichen Anwendungsbereich der Grundfreiheiten und der Grundrechte, Baden Baden 2002, zitiert: *Crones*, Grundrechtlicher Schutz von juristischen Personen

Däuper, Olaf: Neue Anforderungen an die Fusionskontrolle in der Energiewirtschaft – Auswirkungen der aktuellen Entscheidungspraxis des

Bundeskartellamts auf die Marktstruktur in der Energiewirtschaft, WuW 2002, Seite 458-470

Dauses, Manfred A. (Hrsg.): Handbuch des EU-Wirtschaftsrechts, 35. Ergänzungslieferung, München 2014, zitiert: *Bearbeiter* in: Dauses, Handbuch des EU-Wirtschaftsrechts

de Bronett, Georg-Klaus: Europäisches Kartellverfahrensrecht – Kommentar zur VO 1/2003, 2. Auflage, Köln 2011

de Bronett, Georg-Klaus: „Unternehmen" als „wirtschaftliche Einheiten" – Das neue EU-Kartellrecht nach der Rechtsprechung des EuGH in der Rs. C-97/08 P – „Akzo Nobel", EWS 2012, S. 113-124

Dewatripont, Mathias; Legros, Patrick: ‚Essential' patents, FRAND royalties and technological standards, Journal of Industrial Economics (JIE) 2013, S. 913-927

Dittmann, Kerstin: Öffnung von Märkten durch kartellrechtlichen Kontrahierungszwang – Eine Analyse von Art. 20 Abs. 1 GWB und Art. 82 EG unter Berücksichtigung der essential facilities-doctrine, Frankfurt a.M. 2004, zitiert: *Dittmann*, Öffnung von Märkten durch kartellrechtlichen Kontrahierungszwang

Dreher, Meinrad: Die Verweigerung des Zugangs zu einer wesentlichen Einrichtung als Missbrauch der Marktbeherrschung, Der Betrieb 1999, S. 833-839

Dreher, Meinrad: Deutsche Ministererlaubnis in der Zusammenschlusskontrolle und europäisches Kartellrecht – Zugleich ein Beitrag zur Abgrenzung von Art. 81, 82 EG und FKVO, WuW 2002, S. 828-841

Dreher, Meinrad; Adam, Michael: The more economic approach to Art. 82 EC and the legal process, ZWeR 2006, S. 259-277

Ehlermann, Claus-Dieter: Managing Monopolies: The Role of the State in Controlling Market Dominance in the European Community, ECLR 1993, S. 61-69

Eilmansberger, Thomas: Verbraucherwohlfahrt, Effizienzen und ökonomische Analyse – neue Paradigmen im europäischen Kartellrecht?, ZWeR 2009, S. 437-471

Emmerich, Volker: Der gleichartigen Unternehmen üblicherweise zugängliche Geschäftsverkehr, NZKart 2015, 114-115

Emmerich, Volker: Kartellrecht, 13. Auflage, München 2014

Emmerich, Volker: Die Auslegung von Art. 85 Abs. 1 EWG-Vertrag durch die bisherige Praxis der Kommission, EuR 1971, S. 295-334

Emmerich, Volker; Habersack, Mathias: Aktien- und GmbH-Konzernrecht, 7. Auflage, München 2013

Faull, Jonathan; Nikpay, Ali: The EC Law of Competition, 2. Auflage, Oxford 2007

Fikentscher, Wolfgang: Wettbewerb und gewerblicher Rechtsschutz – Die Stellung des Rechts der Wettbewerbsbeschränkungen in der Rechtsordnung, München 1958, zitiert: *Fikentscher*, Wettbewerb und gewerblicher Rechtsschutz

Fleischer, Holger: Konzerninterne Wettbewerbsbeschränkungen und Kartellverbot – Zugleich eine Besprechung der Viho/Parker Pen-Entscheidung des Europäischen Gerichtshofs, AG 1997, S. 491-502

Fleischer, Holger; Weyer, Hartmut: Neues zur „essential facilities"-Doktrin im Europäischen Wettbewerbsrecht – Eine Besprechung der Bronner-Entscheidung des EuGH, WuW 1999, S. 350-363

Foerster, Max: Marktbeherrschende Stellung und Förderung fremden Wettbewerbs, WuW 2015, 223-245

Frenz, Walter: Handbuch Europarecht, Band 2: Europäisches Kartellrecht, 2. Auflage, Heidelberg 2015, zitiert: *Frenz*, Europäisches Kartellrecht

Frenz, Walter: Handbuch Europarecht, Band 4: Europäische Grundrechte, Heidelberg 2009, zitiert: *Frenz*, Europäische Grundrechte

Fritzsche, Jörg: „Notwendige" Wettbewerbsbeschränkungen im Spannungsfeld von Verbot und Freistellung nach Art. 85 EGV, ZHR 1996, S. 31-58

Fuchs, Andreas: Der „ebenso effiziente Wettbewerber" als Maßstab für die Missbrauchskontrolle über marktbeherrschende Unternehmen – eine kritische Würdigung in: Recht, Ordnung und Wettbewerb: Festschrift zum 70. Geburtstag von Wernhard Möschel, Baden Baden 2011, S. 241-264, zitiert: *Fuchs* in: FS Möschel

Gassner, Ulrich M.: Arzneimittel-Festbeträge: Luxemburg locuta – causa finita, WuW 2004, S. 1028-1038

Gauß, Nicolas: Die Anwendung des kartellrechtlichen Missbrauchsverbots nach Art. 82 EG (Art. 102 AEUV) in innovativen Märkten, Baden Baden 2010, zitiert: *Gauß*, Missbrauchsverbot in innovativen Märkten

Gleiss, Alfred; Hirsch, Martin; Burkert, Thomas O.J.: Kommentar zum EG-Kartellrecht, 4. Auflage, Heidelberg 1993

Grabitz, Eberhald, Hilf, Meinhard (Hrsg.): Kommentar zur Europäischen Union, Maastrichter Fassung, Band II (alt), 1. Grundlieferung 1986, München, zitiert: *Bearbeiter* in: Grabitz/Hilf, Kommentar zur Europäischen Union, Band II (alt)

Grabitz, Eberhard; Hilf, Meinhard; Nettesheim, Martin (Hrsg.): Das Recht der Europäischen Union, EUV / AEUV, 57. Ergänzungslieferung 2015, München, zitiert: *Bearbeiter* in: Grabitz/Hilf/Nettesheim

von der Groeben, Hans; Schwarze, Jürgen (Hrsg.): Europäisches Unionsrecht, 7. Auflage, Baden-Baden 2015, zitiert: *Bearbeiter* in: von der Groeben/Schwarze

Gromann, Hans-Georg: Die Gleichordnungskonzerne im Konzern- und Wettbewerbsrecht, Köln 1979

Hackel, Stefan Siegfried: Konzerndimensionales Kartellrecht – Grundsatzfragen der Zurechnung und Haftung bei Bußgeldbescheiden gegen verbundene Unternehmen, Baden Baden 2012, zitiert: *Hackel*, Konzerndimensionales Kartellrecht

Harms, Wolfgang: Konzerne im Recht der Wettbewerbsbeschränkungen, Köln, 1968

Harms, Wolfgang: Die Entwicklung des Wettbewerbsrechts der Konzerne und Gemeinschaftsunternehmen in der EWG in: Wettbewerbsordnung im Spannungsfeld zwischen Wirtschafts- und Rechtswissenschaft – Festschrift für Gunther Hartmann, Köln 1976, S. 165-186, zitiert: *Harms* in: FS Hartmann

Haupt, Heiko: Kollektive Marktbeherrschung in der europäischen Missbrauchs- und Fusionskontrolle, 2003, zitiert: *Haupt*, Kollektive Marktbeherrschung

Heise, Michael: Der Rechtsrahmen der Netzwirtschaften: Kartellrechtliche Sicherstellung des Netzzugangs?, WuW 2009, S. 1024-1036

Heitzer, Eric: Konzerne im Europäischen Wettbewerbsrecht – unter vergleichender Berücksichtigung ihrer wettbewerbsrechtlichen Behandlung durch Aufsichtsbehörden und Gerichte in den USA, Heidelberg 1999, zitiert: *Heitzer*, Konzerne im Europäischen Wettbewerbsrecht

Henk-Merten, Katrin: Die Kosten-Preis-Schere im Kartellrecht, Köln 2004

Heselhaus, F. Sebastian M.; Nowak, Carsten (Hrsg.): Handbuch der Europäischen Grundrechte, München 2006, zitiert: *Bearbeiter* in: Heselhaus/Nowak, Handbuch der europäischen Grundrechte

Heutz, Stefan: Das Spannungsverhältnis zwischen den Immaterialgüterrechten und der kartellrechtlichen Kontrolle marktbeherrschender Unternehmen, Frankfurt 2010, zitiert: *Heutz*, Immaterialgüterrecht und kartellrechtliche Kontrolle

Hohmann, Holger: Die essential facilities doctrine im Recht der Wettbewerbsbeschränkungen – Eine Untersuchung der allgemeinen Zugangsregelung zu Netzen und anderen Infrastruktureinrichtungen gem. § 19 Abs. 4 Nr. 4 GWB unter Berücksichtigung US-amerikanischer, europäischer und sektorspezifischer Erfahrungen, Baden Baden 2001, zitiert: *Hohmann*, Die essential facilities doctrine im Recht der Wettbewerbsbeschränkungen

Holzhäuser, Michael: Essential Facilities in der Telekommunikation – Der Zugang zu Netzen und anderen wesentlichen Einrichtungen im Spannungsfeld zwischen sektorspezifischer Regulierung und allgemeinem

Wettbewerbsrecht, München 2001, zitiert: *Holzhäuser*, Essential Facilities in der Telekommunikation

Huber, Ulrich: Zur kartellrechtlichen Problematik der Zusammenfassung von Konzernunternehmen unter einer einheitlichen Leitung im Sinne des § 18 AktG, ZHR 1968, S. 193-254

Ibsch, Martin: Die Übernahme der Essential-Facilities-Doktrin aus dem US-amerikanischen Kartellrecht in das europäische Wettbewerbsrecht, Frankfurt am Main 2007, zitiert: *Ibsch*, Die Übernahme der Essential-Facilities-Doktrin

Immenga, Ulrich: Wettbewerbsrechtliche Grenzen von Standortvorteilen der öffentlichen Hand dargestellt anhand der Abgabe von Kfz-Kennzeichen durch Gebietskörperschaften, NJW 1995, S. 1921-1927

Immenga, Ulrich; Mestmäcker, Ernst-Joachim (Hrsg.): Wettbewerbsrecht Band 1 EU, Teil 1, 5. Auflage, München 2012, zitiert: *Bearbeiter* in: Immenga/Mestmäcker, EU-Wettbewerbsrecht

Immenga, Ulrich; Mestmäcker, Ernst Joachim (Hrsg.): Wettbewerbsrecht Band 2 GWB/Teil 1, 5. Auflage, München 2014, zitiert: *Bearbeiter* in: Immenga/Mestmäcker, GWB

Jacob, Carolin Britt: Die Behandlung von Gleichordnungskonzernen im Deutschen und Europäischen Wettbewerbsrecht im Vergleich, Berlin 1996, zitiert: *Jacob*, Gleichordnungskonzerne

Jaeger, Wolfgang: Die Gesetzlichen Krankenkassen als Nachfrager im Wettbewerb, ZWeR 2005, S. 31-64

Jaeger, Wolfgang; Kokott, Juliane; Pohlmann, Petra; Schroeder, Dirk (Hrsg.): Frankfurter Kommentar zum Kartellrecht, Band II, EU-Kartellrecht Teil 1; Band III, EU Kartellrecht Teil 2-4, 84. Ergänzungslieferung, Köln 2015, zitiert: *Bearbeiter* in: FK EU-Kartellrecht

Jaeger, Wolfgang; Kokott, Juliane; Pohlmann, Petra; Schroeder, Dirk (Hrsg.): Frankfurter Kommentar zum Kartellrecht, Band IV, GWB, 80. Ergänzungslieferung, Köln 2015, zitiert: *Bearbeiter* in: FK GWB

Jarass, Hans D.: Charta der Grundrechte der Europäischen Union, 2. Auflage, München 2013

Jennert, Carsten: Wirtschaftliche Tätigkeit als Voraussetzung für die Anwendbarkeit des europäischen Wettbewerbsrechts, WuW 2004, S. 37-47

Jones, Alison; Sufrin, Brenda: EC Competition Law, 4. Auflage, New York 2011

Jorns, Christine: Europäische Missbrauchsaufsicht über Immaterialgüterrechte – Unter besonderer Berücksichtigung der „Essential-Facilities"-Doktrin, Baden-Baden 2007, zitiert: *Jorns*, Europäische Missbrauchsaufsicht über Immaterialgüterrechte

Kersting, Christian; Faust, Sabine: Krankenkassen im Anwendungsbereich des Europäischen Kartellrechts, WuW 2011, S. 6-16

Kersting, Christian: Social Security and Competition Law – ECJ focuses on Art. 106 (2) TFEU, JECLP 2011, S. 473-476

Kersting, Christian: Wettbewerbsrechtliche Haftung im Konzern, Der Konzern 2011, S. 445-510

Kersting, Christian: Die Rechtsprechung des EuGH zur Bußgeldhaftung in der wirtschaftlichen Einheit, WuW 2014, S. 1156-1173

Klees, Andreas: Europäisches Kartellverfahrensrecht mit Fusionskontrollverfahren, Berlin 2005

Kling, Michael: Die Haftung der Konzernmutter für Kartellverstöße ihrer Tochterunternehmen, WRP 2010, S. 506-518

Kling, Michael: Wirtschaftliche Einheit und Gemeinschaftsunternehmen – Konzernprivileg und Haftungszurechnung, ZweR 2011, S. 169-190

Klippert, Volker: Die wettbewerbsrechtliche Beurteilung von Konzernen, Berlin 1984

Klotz, Robert: Die Preis-Kosten-Schere bei regulierten Entgelten als Vorstoß gegen EG-Wettbewerbsrecht, MMR 2008, S. 650-656

Kluckert, Sebastian: Gesetzliche Krankenkassen als Normadressaten des Europäischen Wettbewerbsrechts – Zugleich ein Beitrag zum wettbewerbsrechtlichen Unternehmensbegriff im allgemeinen sowie im Bereich der sozialen Sicherheit, Berlin 2008, zitiert: *Kluckert*, Gesetzliche Krankenkassen als Normadressaten des Europäischen Wettbewerbsrechts

Koenig, Christian; Engelmann, Christina: Das Festbetrags-Urteil des EuGH: Endlich Klarheit über den gemeinschaftsrechtlichen Unternehmensbegriff im Bereich der Sozialversicherung?, EuZW 2004, S. 682-686

Kokott, Juliane; Dittert, Daniel: Die Verantwortlichkeit von Muttergesellschaften im Lichte der Rechtsprechung der Unionsgerichte, WuW 2012, S. 670-683

Koppensteiner, Hans-Georg: Kartellrecht im Unternehmensverbund in: Festschrift für Karl Peter Mailänder zum 70. Geburtstag am 23. Oktober 2006, Berlin 2006, S. 125-140, zitiert: *Koppensteiner* in: FS Mailänder

Korah, Valentine: An Introductory Guide to EC Competition Law and Practice, 9. Auflage, Portland 2007, zitiert: *Korah*, EC Competition Law and Practice

Körber, Torsten: Geistiges Eigentum, essential facilities und „Innovationsmissbrauch" – Überlegungen zum Microsoft-Fall im Lichte der EuGH-Entscheidung IMS Health GmbH, RIW 2004, S. 881-891

Krajewski, Markus: Festbetragsregelung, Krankenkassen und europäisches Wettbewerbsrecht, EWS 2004, S. 256-265

Krispenz, Sabina: Das Merkmal der wirtschaftlichen Tätigkeit im Unternehmensbegriff des Europäischen Kartellrechts, Baden-Baden 2011

Kropff, Bruno; Semler, Johannes (Hrsg.): Münchener Kommentar zum Aktiengesetz, Band 1 §§ 1-53, 4. Auflage, München 2016, zitiert: *Bearbeiter* in: MüKo Aktiengesetz

Kruse, Jörn: Vertikale Integration als Wettbewerbsproblem in: Wettbewerbspolitik im Spannungsfeld nationaler und internationaler Kartellrechtsordnungen – Festschrift für Ingo Schmidt zum 65. Geburtstag, Baden Baden 1997, S. 247-270, zitiert: *Kruse* in: FS Schmidt

Kuhn, Tilman: Preishöhenmissbrauch (excessive pricing) im deutschen und europäischen Kartellrecht, WuW 2006, S. 578-592

Künzler, Adrian: Effizienz oder Wettbewerbsfreiheit? Zur Frage nach den Aufgaben des Rechts gegen private Wettbewerbsbeschränkungen, Tübingen 2008, zitiert: *Künzler*, Effizienz oder Wettbewerbsfreiheit?

Lange, Knut Werner: Die Anwendung des europäischen Kartellverbots auf staatliche Eingriffe in das Marktgeschehen, EuR 2008, S. 3-27

Langen, Eugen; Bunte, Hermann-Josef (Hrsg.): Kommentar zum deutschen und europäischen Kartellrecht, Band 2, Europäisches Kartellrecht, 12. Auflage, Köln 2014, zitiert: *Bearbeiter* in: Langen/Bunte, Europäisches Kartellrecht

Langen, Eugen; Bunte, Hermann-Josef (Hrsg.): Kommentar zum deutschen und europäischen Kartellrecht, Band 1, Deutsches Kartellrecht, 12. Auflage, Köln 2014, zitiert: *Bearbeiter* in: Langen/Bunte, Deutsches Kartellrecht

Lecheler, Helmut; Hermann, Joachim: Energierechtliches Unbundling und EG-Wettbewerbsrecht, WuW 2005, S. 482-493

Lenz, Carl Otto; Borchardt, Klaus Dieter (Hrsg.): EU-Verträge Kommentar, 6. Auflage, Köln 2012, zitiert: *Bearbeiter* in: Lenz/Borchard, EU-Verträge

Lettl, Tobias: § 19 Abs. 4 Nr. 4 GWB und Marktbeherrschung, WuW 2011, S. 579-589

Lipowsky, Ursula: Die Zurechnung von Wettbewerbsverstößen zwischen verbundenen Unternehmen im EWG-Wettbewerbsrecht – Eine Untersuchung der Spruchpraxis von Kommission und Gerichtshof der Europäischen Gemeinschaften von 1971-1984, München 1987, zitiert: *Lipowsky*, Die Zurechnung von Wettbwerbsverstößen zwischen verbundenen Unternehmen

Loewenheim, Ulrich; Meessen, Karl M.; Riesenkampff, Alexander (Hrsg.): Kartellrecht, 2. Auflage, München 2009, zitiert: *Bearbeiter* in: Loewenheim/ Meessen/Riesenkampff

Lyons, Bruce (Hrsg.): Cases in European Competition Policy – The Economic Analysis, New York 2009, zitiert: *Bearbeiter* in: Lyons, European Competition Policy

Mäger, Thorsten (Hrsg.): Europäisches Kartellrecht, 2. Auflage, Baden-Baden 2011, zitiert: *Bearbeiter* in: Mäger, Europäisches Kartellrecht

Mariniello, Mario: Fair, reasonable and non discriminatory (FRAND) terms: a challenge for competition authorities, Journal of Competition Law and Economics (JCLE) 2011, S. 523-541

Markert, Kurt: Diskriminierung und Behinderung in der kartellrechtlichen Praxis, 3. Auflage, Köln 1989

Menz, Michael: Wirtschaftliche Einheit und Kartellverbot – Die Stellung des Konzerns im Rahmen des Kartellverbots nach deutschem, europäischem und US-amerikanischem Recht, Berlin 2004, zitiert: *Menz*, Wirtschaftliche Einheit und Kartellverbot

Mestmäcker, Ernst-Joachim; Schweitzer, Heike: Europäisches Wettbewerbsrecht, 3. Auflage, München 2014

Meyer, Jürgen (Hrsg.): Charta der Grundrechte der Europäischen Union, 4. Auflage, Baden Baden 2014, zitiert: *Bearbeiter* in: Meyer, Charta der Grundrechte der Europäischen Union

Micklitz, Hans-W.: Anmerkung zum Urteil Viho/Parker-Pen, EwiR 1997, S. 219-220

Montag, Frank: Gewerbliche Schutzrechte, wesentliche Einrichtungen und Normung im Spannungsfeld zu Art. 86 EGV, EuZW 1997, S. 71-78

Müller, Matthias: Die „Essential Facilities"-Doktrin im Europäischen Kartellrecht, EuZW 1998, S. 232-237

Müller, Tilman: Die Sonderstellung öffentlicher Unternehmen gegenüber privaten Konkurrenten im Wettbewerbsrecht der Europäischen Gemeinschaft, Köln 2008, zitiert: *Müller*, Die Sonderstellung öffentlicher Unternehmen

Mundt, Andreas: Die Bußgeldleitlinien des Bundeskartellamtes, WuW 2007, S. 458-470

O'Donoghue, Robert; Padilla, A. Jorge: The Law and Economics of Article 82 EC, Oxford 2006

Ostendorf, Patrick; Grün, Anselm: Geltung des Konzernprivilegs im Rahmen des Missbrauchsverbots im Europäischen und Deutschen Kartellrecht, WuW 2008, S. 950-961

Petzold, Daniel: Die Kosten-Preis-Schere in EU-Kartellrecht, München 2012

Pietzcker, Moritz: Wettbewerbsverhalten in Unternehmensgruppen, Stuttgart 1996

Pilny, Karl H.: Missbräuchliche Ausnutzung nach Art. 86 EWVG durch Immaterialgüterrechte – Die Magill-Entscheidung des EuGH als Schnittstelle zwischen europäischem Wettbewerbs- und nationalem Urheberrecht, GRUR Int. 1995, 954-962

Pohlmann, Petra: Der Unternehmensverbund im europäischen Kartellerecht, Berlin 1999

Potrafke, Christian: Kartellrechtswidrigkeit konzerninterner Vereinbarungen und darauf beruhender Verhaltensweisen - Nach § 1 Sherman Act, Art. 85 EWGV und §§ 25, 1 GWB, Baden Baden 1991, zitiert: *Potrafke*, Kartellrechtswidrigkeit konzerninterner Vereinbarungen

Pries, Thorsten Wilhelm: Kampfpreismissbrauch im ökonomisierten EG-Kartellrecht, Tübingen 2009

Reich, Norbert: Rechtfertigung der Festbetragsregelung durch GKV-Spitzenverbände nach Art. 86 EG?, EuZW 2000, S. 449-474

Rengeling, Hans-Werner; Szczekalla, Peter: Grundrechte in der Europäischen Union - Charta der Grundrechte und Allgemeine Rechtsgrundsätze, Köln 2004

Ridyard, Derek: Essential Facilities and the Obligation to Supply Competitors under UK and EC Competition Law, ECLR 1996, S. 438-452

Ritter, Lennart; Braun, David W.; Rawlinson, Francis: European Competition Law: A Practitioner's Guide, 2. Auflage, Den Haag 2000, zitiert: *Ritter/Braun/ Rawlinson*, European Competition Law

Rittner, Fritz; Dreher, Meinrad; Kulka, Michael: Wettbewerbs- und Kartellrecht - Eine systematische Darstellung des deutschen und europäischen Rechts, 6. Auflage, Heidelberg 2014, zitiert: *Rittner/Dreher/Kulka*, Wettbewerbs- und Kartellrecht

Sasse, Thorsten: Die Grundrechtsberechtigung juristischer Personen durch die unternehmerische Freiheit gemäß Art. 16 der Europäischen Grundrechtecharta, EuR 2012, S. 628-654

Schenke, Ralf Peter: Die AOK-Bundesverband-Entscheidung des EuGH und die Reform der gesetzlichen Krankenversicherung - Europäisches Wettbewerbsrecht als Reformmotor oder Reformbremse des Sozialversicherungsrechts?, VersR 2004, S. 1360-1366

Schmidt, Ingo, Haucap, Justus: Wettbewerbspolitik und Kartellrecht - Eine interdisziplinäre Einführung, 10. Auflage, München 2013

Schmidt, Karsten: Europäische Fusionskontrolle im System des Rechts gegen Wettbewerbsbeschränkungen, BB 1990, S. 719-725

Schmidt, Karsten: Konzentrationsprivileg und Gleichordnungsvertragskonzern - Kartellrechtsprobleme des Gleichordnungskonzerns in: Beiträge zum Handels- und Wirtschaftsrecht: Festschrift für Fritz Rittner zum 70. Geburtstag, München 1991, S. 561-581, zitiert: *Schmidt* in: FS Rittner

Schmidt, Karsten; Lutter, Marcus (Hrsg.): Aktiengesetz Kommentar, 3. Auflage, Köln 2015, zitiert: *Bearbeiter* in: Schmidt/Lutter, Aktiengesetz

Schockenhoff, Martin: Der sachlich gerechtfertigte Grund – Rechtsmethodische Anmerkungen zu § 20 Abs. 1 GWB in: Recht und Wettbewerb – Festschrift für Rainer Bechtold zum 65. Geburtstag, München 2006, S. 419-435, zitiert: *Schockenhoff* in: FS Bechtold

Scholz, Helmut: Die konzerninterne Wettbewerbsbeschränkung – Ein Beitrag zur Auslegung des Gesetzes gegen Wettbewerbsbeschränkungen, Köln 1960, zitiert: *Scholz*, Die konzerninterne Wettbewerbsbeschränkung

Schroeder, Dirk: Die Anwendung des Kartellverbotes auf verbundene Unternehmen, WuW 1988, S. 274-284

Schröter, Helmuth; Jakob, Thinam; Klotz, Robert; Mederer, Wolfgang (Hrsg.): Kommentar zum Europäischen Wettbewerbsrecht, 2. Auflage, Baden-Baden 2014, zitiert: *Bearbeiter* in: Schröter/Jacob/Klotz/Mederer, Europäisches Wettbewerbsrecht

Schütz, Jörg: Interne Willensbildung und Kartellrecht, WuW 1998, S. 335-343

Schwarz van Berk, Philip: Der Zugang zu wesentlichen Einrichtungen nach europäischem und deutschem Kartellrecht – Eine rechtsvergleichende Untersuchung der Essential Facility-Doktrin im Rahmen von Art. 82 EGV und § 19 Abs. 4 Nr. 4 GWB, Berlin 2003, zitiert: *Schwarz van Berk*, Der Zugang zu wesentlichen Einrichtungen

Schwarze, Jürgen (Hrsg.): EU-Kommentar, 3. Auflage, Baden-Baden 2012, zitiert: *Bearbeiter* in: Schwarze, EU-Kommentar

Schwarze, Jürgen: Der Grundrechtsschutz für Unternehmen in der Europäischen Grundrechte-Charta, EuZW 2001, S. 517-524

Schwintowski, Hans-Peter: Zur wettbewerbsrechtlichen Bedeutung konzerninterner Vorgänge im Rahmen des § 26 Abs. 2 GWB, BB 1988, S. 1763-1767

Schwintowski, Hans-Peter: Aktuelle und strategische wettbewerbsrechtliche Fragen des KFZ-Leasing, Der Betrieb 1990, S. 2253-2257

Schwintowski, Hans-Peter: Der Zugang zu wesentlichen Einrichtungen – Einige kritische Bemerkungen zu § 19 Abs. 4 Nr. 4 GWB unter Berücksichtigung der amerikanischen und europäischen Kartellrechtspraxis, WuW 1999, S. 842-853

Sidak, J. Gregory: The meaning of FRAND, Part I: Royalties, Journal of Competition Law and Economics (JCLE) 2013, S. 913-1053

Spormann, Kurt: Die Entwicklung der Europäischen Wettbewerbspolitik, AWD 1970, S. 156-163

Streinz, Rudolf (Hrsg.): EUV/AEUV – Vertrag über die Europäische Union und Vertrag über die Arbeitsweise der Europäischen Union, 2. Auflage, München 2012, zitiert: *Bearbeiter* in: Streinz, EUV/AEUV

Tettinger, Peter J.; Stern, Klaus (Hrsg.): Kölner Gemeinschaftskommentar zur Europäischen Grundrechte-Charta, München 2006, zitiert: *Bearbeiter* in: Tettinger/Stern, Europäische Grundrechte-Charta

Tettinger, Peter J.; Zur Grundrechtsberechtigung von Energieversorgungsunternehmen im Europäischen Gemeinschaftsrecht in: Europarecht, Energierecht, Wirtschaftsrecht: Festschrift für Bodo Börner zum 70. Geburtstag, Köln 1992, S. 625-640, zitiert: *Tettinger* in: FS Börner

Theobald, Christian; Zenke, Ines: Der Zugang zu Strom- und Gasnetzen: Eine Rechtsprechungsübersicht, WuW 2001, S. 19-36

Thomas, Stefan: Unternehmensverantwortlichkeit und –umstrukturierung nach EG-Kartellrecht, München 2005

Thomas, Stefan: Konzernprivileg und Gemeinschaftsunternehmen – Die kartellrechtliche Beurteilung konzerninterner Wettbewerbsbeschränkungen mit Gemeinschaftsunternehmen, ZWeR 2005, S. 236-259

Thomas, Stefan: Die wirtschaftliche Einheit im EU-Kartellbußgeldrecht, KSzW 2011, S. 10-14

Voet van Vormizeele, Philipp: Die EG-kartellrechtliche Haftungszurechnung im Konzern im Widerstreit zu den nationalrechtlichen Gesellschaftsrechtsordnungen, WuW 2010, S. 1008-1019

Weiß, Carsten: Der Unternehmensbegriff im europäischen und deutschen Kartellrecht – Zugleich ein Beitrag zur Frage gemeinschaftsrechtlich determinierter oder national autonomer Auslegung des kartellrechtlichen Unternehmensbegriffs, Baden-Baden 2012, zitiert: *Weiß*, Der Unternehmensbegriff im europäischen und deutschen Kartellrecht

Weiß, Wolfgang: Öffentliche Unternehmen und EGV, EuR 2000, Seite 165-190

Werner, Jens: Der Begriff der wirtschaftlichen Tätigkeit im europäischen Kartellrecht – Unter besonderer Berücksichtigung der FENIN-Rechtsprechung und ihrer Auswirkungen auf den Unternehmensbegriff des GWB, Baden-Baden 2012, zitiert: *Werner*, Der Begriff der wirtschaftlichen Tätigkeit im europäischen Kartellrecht

Weyer, Hartmut: Neue Fragen des Missbrauchs marktbeherrschender Stellungen nach § 19 GWB, AG 1999, S. 257-263

Whish, Richard; Bailey, David: Competition Law, 8. Auflage, New York 2015

Wiedemann, Gerd (Hrsg.): Handbuch des Kartellrechts, 2. Auflage, München 2008, zitiert: *Bearbeiter* in: Wiedemann, Handbuch Kartellrecht

Wirtz, Markus M.: Anwendbarkeit von § 20 GWB auf selektive Vertriebssysteme nach Inkrafttreten der VO 1/2003 – Anmerkung zum Urteil des OLG München vom 6.12.2001 „Internetvertrieb", WuW 2003, S. 1039-1045

Wirtz, Markus M.; Möller, Silke Das Diskussionspapier der Kommission zur Anwendung von Art. 82 EG auf Behinderungsmissbräuche, WuW 2006, S. 226-234

Wunderlich, Nina: Das Grundrecht der Berufsfreiheit im Europäischen Gemeinschaftsrecht – Der Schutz der Wirtschaftsteilnehmer gegenüber Eingriffen der Gemeinschaft in ihre berufliche Freiheit, Baden-Baden 2000

Wurmnest, Wolfgang: Marktmacht und Verdrängungsmissbrauch – Eine rechtsvergleichende Neubestimmung des Verhältnisses von Recht und Ökonomik in der Missbrauchsaufsicht über marktbeherrschende Unternehmen, 2. Auflage, Tübingen 2012

Zäch, Roger: Wettbewerbsrecht der Europäischen Union – Praxis von Kommission und Gerichtshof, München 1994

Zäch, Roger: Grundzüge des Europäischen Wirtschaftsrechts, 2. Auflage, Zürich/Berlin 2005

Zöllner, Wolfgang; Noack, Ulrich (Hrsg.): Kölner Kommentar zum Aktiengesetz, Band 1, 3. Auflage, Köln 2011, zitiert: *Bearbeiter* in: Kölner Kommentar zum Aktiengesetz

www.ingramcontent.com/pod-product-compliance
Ingram Content Group UK Ltd.
Pitfield, Milton Keynes, MK11 3LW, UK
UKHW021917290926
8980IPUK00015B/1318

9 783631 672945